ISBN 978-0-364-03378-4
PIBN 10722100

FB &c Ltd, Dalton House, 60 Windsor Avenue, London, SW19 2RR.
Company number 08720141. Registered in England and Wales.

For support please visit www.forgottenbooks.com

Briefwechsel

zwischen

Schiller und Goethe.

Vierte Auflage.

Erster Band,

mit einem Titelbild und einem Brieffacsimile.

Stuttgart.

Verlag der J. G. Cotta'schen Buchhandlung.

1881.

Druck von Gebrüder Kröner in Stuttgart.

Vorwort zur vierten Auflage.

Im Jahr 1878 kamen in Folge letztwilliger Verfügung Goethes die Originalhandschriften seines Briefwechsels mit Schiller zum Verkauf. Da an der Stelle, welche vermöge ihrer Bestimmung und ihrer Traditionen sich in erster Reihe berufen fühlen mußte, diesen kostbaren Schatz der deutschen Nation zu erhalten, verfügbare Mittel zur Zeit nicht vorhanden waren, drohte die Gefahr, es möchte derselbe ins Ausland wandern oder zersplittert werden. Da faßte Freiherr Carl v. Cotta, eingedenk der ruhmvollen Beziehungen, welche jene beiden Namen mit dem seinigen für immer verknüpfen, den Entschluß, die Handschriften zu erwerben und auf diese Weise ein so herrliches Besitzthum in unversehrtem Bestand dauernd dem Vaterland zu erhalten und nutzbar zu machen.

Es ist bekannt, daß in den bisherigen Ausgaben des Briefwechsels nicht alle vorhandenen Briefe mitgetheilt wurden, die mitgetheilten vielfach nicht vollständig zur Veröffentlichung kamen. Zwar hatte schon die von H. Hauff besorgte zweite Ausgabe eine Anzahl der von Goethe bei der ersten Redaction unterdrückten Briefe — gegen 20 — und Briefstellen zum Abdruck gebracht, doch blieb die Publikation noch immer eine ziemlich lückenhafte, und an diesem Zustand vermochte die dritte Auflage nichts zu ändern, trotzdem sie drei weitere, anderwärts schon gedruckte Briefe bringen durfte.

Erst jetzt, in dieser hier vorliegenden vierten Ausgabe kommt, auf Grundlage der Originalmanuscripte, das gesammte vorhandene Material vollständig zur

Veröffentlichung. Aus den Handschriften werden mitgetheilt als neu die Nummern 160, 161, 254, 263, 538, 539, 666, 680, 748, 826, 874[1]; von den Nummern 301 und 866 ist je die erste Hälfte bisher ungedruckt, namentlich erweist sich der letztgenannte Theil als der wichtigste Zuwachs, den diese neue Auflage bietet. Nr. 479 ist zuerst von G. v. Loeper im Archiv für Literaturgeschichte, Nr. 846 von C. A. H. Burkhardt in den Grenzboten und Nr. 974 von A. Cohn in „Ungedrucktes ꝛc." veröffentlicht worden. Die „Bemerkungen zu Macbeth" in Nr. 769, von Hoffmeister in seiner Schillerbiographie irrthümlich als von Schiller herrührend mitgetheilt, werden in dieser Ausgabe ihrem rechtmäßigen Urheber zugewiesen.

Leider enthält die Sammlung der Originalbriefe, wie sie von Freiherrn v. Cotta erworben wurde, weder die Summe der Briefe, die zwischen Goethe und Schiller gewechselt wurden, noch auch nur das Gesammtmaterial, wie es hier und in den bisherigen Ausgaben veröffentlicht ist. Von den Nummern 344, 392, 394, 466, 497, 557, 642, 738, 739, 741, 776, 807, 827, 830, 846, 891, 958, 974 und 975 fehlen die Originalhandschriften. Da der Complex des Briefwechsels seit der ersten Veröffentlichung im Jahr 1828 unter gerichtlichem Verschluß gehalten und dessen intakter Bestand bei der jeweiligen Eröffnung und Wiederversiegelung notariell beglaubigt wurde, so müssen die fehlenden Originalbriefe, zu denen auch die seitdem beigebrachten Urschriften der Nummern 479, 846 und 974, beziehungsweise 866 lommen, schon vor dem Jahr 1828, wahrscheinlich bereits vor der im Jahr 1824 begonnenen Redaktion des Briefwechsels, abhanden gekommen sein. Das Originalmanuscript von Nr. 814, das ebenfalls gefehlt hatte, befand sich im Besitze des Freiherrn Carl v. Beaulieu Marconnay in Dresden. Es wurde, nebst der Hälfte der Nr. 866, die gleicherweise in dessen Besitz war, dem Herausgeber zur Vervollständigung der Sammlung aufs Zuvorkommendste über-

[1] Ein weiteres, bisher ungedrucktes Billet Goethes an Schiller möge an dieser Stelle eingeschaltet werden, da sich ein sicherer Anhaltspunkt für die richtige Einordnung desselben nicht ergibt Es ist eigenhändig und lautet:

„Dürft ich Sie wohl um ein Exemplar der Piccolomini auf kurze Zeit bitten? Mit den besten „Wünschen G."

lassen, eine Freundlichkeit, die wir ebenso von der bisherigen Besitzerin der Handschrift des Briefs Nr. 479 zu rühmen haben.

Außerdem fehlen, wie schon angedeutet, Briefe gänzlich, von denen gleichfalls angenommen werden muß, daß sie schon vor der Redaktion des Briefwechsels zu Verlust gerathen sind. So viel theils aus den vorhandenen Briefen, theils aus dem Schillerkalender ermittelt werden kann, lassen sich vorläufig 15 solcher fehlender Briefe Goethes und 12 Schillers nachweisen, womit indeß die Zahl der verlorenen Stücke keineswegs abgeschlossen sein mag, da aus jenen Zeiten noch manche fehlen mögen, wo beide Dichter am gleichen Ort wohnten und der Verkehr, wenn keine persönliche Begegnung möglich war, sich auf den Austausch kurzer Billets beschränkte.

Neben der vollständigen Mittheilung der Briefe erstreckte sich die Thätigkeit des Herausgebers auf eine möglichst genaue Einordnung, resp. Datirung ursprünglich undatirter Briefe, auf die Herstellung eines authentischen Textes und Nutzbarmachung des Briefwechsels durch Beigaben, und auf eine zweckentsprechende äußere Einrichtung.

Es sind nunmehr nur noch wenige ursprünglich nicht datirte Briefe ohne Bezeichnung des Datums geblieben, und auch bei den meisten von diesen wurde die Zeit der Abfassung theils vor den Briefen selbst, theils in der jedem Band angehängten „Zusammenstellung" annähernd zu bestimmen versucht. Nicht datirt sind die Nummern 156, 160, 162, 444, 512, 680, 744, 776—78, 783, 792, 826, 890, 891, 909, 931, 956, 964, 981, 982, 999. Ein in eckige Klammern eingeschlossenes Datum zeigt an, daß dasselbe ursprünglich in den Handschriften fehlte und später beigefügt worden ist. Fehlende Ortsdaten sind meist ohne weitere Bezeichnung ergänzt.

Um einen correcten authentischen Text herzustellen, wurde als oberster Grundsatz festgehalten, den Wortlaut der Briefe in der Gestalt zu geben, wie er niedergeschrieben wurde und zur Kenntniß der Empfänger kam. Alle Aenderungen, die Goethe bei der späteren Redaktion, sei es in den Originalbriefen, sei es in der als Druckvorlage dienenden Copie vornahm oder vornehmen ließ, blieben, selbst wenn sie sich in allen bisherigen Ausgaben eingebürgert hatten, vom Text ausgeschlossen und sind in die Variantensammlung der „Zusammenstellung" verwiesen.

Ausnahmen wurden nur da zugelassen, wo der ursprüngliche Brieftext eine grammatikalische oder syntaktische Unrichtigkeit enthielt, die bei der Redaktion oder Druckcorrectur verbessert wurde. Aenderungen, die während oder unmittelbar nach der Niederschrift am Text vorgenommen wurden, sind in diesen aufgenommen und über die frühere Form ist in der „Zusammenstellung" Rechenschaft abgelegt. Dahin gehören insbesondere auch die Hörfehler, die sich bei Goethes Schreiber einschlichen und durch die das von Ersterem veröffentlichte Verzeichniß noch manche ergötzliche Bereicherung erfahren würde; so: völlig (statt: gefällig), von Metall (formidabel), tückischen (Dykischen), von Ihrem Wohl (von Hrn. Humboldt), hintan (in Gang), Väter (Feder), abscheulichen (abscheidenden) u. a. m.

Was Orthographie und Interpunction betrifft, so ist bekannt, daß sowohl Goethe als Schiller hierin ziemlich sorglos verfuhren und daß von einer consequenten Festhaltung eines bestimmten Systems bei Beiden kaum die Rede sein kann. Nachdem nun die zweite und dritte Ausgabe des Briefwechsels eine Neigung verrathen haben, die Rechtschreibung mehr in sich übereinstimmend zu machen und zu modernisiren, kehrt die vorliegende vierte zu dem von Goethe bei seiner Redaktion, freilich nicht streng und folgerichtig genug, durchgeführten Grundsatz der Anpassung an die Originale zurück, wenn sie auch im Hinblick auf ihren Leserkreis nicht gewagt hat, hierin völlig consequent zu verfahren und einen diplomatisch getreuen Abdruck der Handschriften zu liefern. Bei Eigennamen war nicht die Schreibweise der Briefe, sondern die als richtig rezipirte Form zu geben; also nicht Humbold, Ifland, Meier, sondern Humboldt, Iffland und Meyer. Im Uebrigen wurden die orthographischen Eigenthümlichkeiten der beiden Briefschreiber thunlichst berücksichtigt; Vieles mußte dabei dem subjectiven Ermessen des Herausgebers überlassen bleiben, und es läßt sich mit ihm hadern, daß er einzelne veraltete Schreibweisen, wie „Ahndung" für „Ahnung", beseitigt, andere, wie z. B. „ohngefähr", „weitläuftig" u. dgl., geschont hat. Aehnlich verhält es sich mit der Interpunction. Die Schillers bietet an sich weniger Schwierigkeiten. Goethe hatte sein bestimmtes System, das er namentlich, wenn er seine Dictate durchcorrigirte, in Anwendung brachte, an welches er sich aber, wenn er seine Briefe selbst schrieb, so wenig band, daß er zum Beispiel oft zwei und drei völlig selbständige Perioden weder durch einen

Punkt oder ein anderes Unterscheidungszeichen, noch dadurch auseinander hielt, daß er das erste Wort des neuen Satzes mit großem Anfangsbuchstaben schrieb. In solchen Fällen hielt sich der Herausgeber nicht an die Originale, sondern an die durch die Ausgaben eingeführte Satztrennung.

Ueber Einzelnheiten dieser Ausgabe sei noch Folgendes bemerkt:

Die ganz von Goethes Hand geschriebenen Briefe sind mit einem voranstehenden Sternchen bezeichnet.

Zu dem Schreiben Goethes Nr. 107 vom 6.—10. Oktober 1795 sind zwei auf demselben Briefbogen stehende Xenien mit abgedruckt, deren Abfassung selbstverständlich einige Monate später fällt, und zu Schillers Brief Nr. 142 wird ein von Goethe beigefügtes, später unterdrücktes politisches Epigramm mitgetheilt; alle drei Distichen wären, streng genommen, in die „Zusammenstellung" zu verweisen gewesen, wurden aber ausnahmsweise im Text belassen, um eine lebendige Veranschaulichung des Zusammenwirkens beider Dichter beim Xeniengericht zu geben.

Nicht wieder mitabgedruckt ist der Brief Schillers an H. Meyer vom 5. Februar 1795, der in nur sehr losem Zusammenhang mit dem Briefwechsel steht; Schillers Brief an Professor W. Süveru in Berlin ist nebst der Antwort des Herzogs Karl August auf des Dichters Gesuch um Gehaltserhöhung in den Anhang des II. Bandes verwiesen, wo auch die schönen Briefe Goethes an Schillers Gattin aus „Charlotte von Schiller und ihre Freunde", II, 234—241, ihren Platz gefunden haben, zu denen noch der durch Burkhardt im Jahrgang 1873 der Grenzboten mitgetheilte vom 16. Dezember 1803 hinzugekommen ist.

Die jedem Bande angehängte „Zusammenstellung" gibt Rechenschaft über das Verhältniß dieser Ausgabe zu den Handschriften, sowie über ihre Abweichungen von den bisherigen drei Editionen, und liefert so eine fortlaufende, übersichtliche Geschichte des Textes. Offenbare Schreibversehen in den Originalmanuscripten, sofern sie ohne Einfluß auf die Textgestaltung blieben, und unwesentliche Varianten der Ausgaben, wenn sie sich nicht über den Charakter orthographischer Abweichungen erheben, sind unberücksichtigt gelassen. Außerdem enthält die „Zusammenstellung" Nachweise über die ersten Drucke einzelner Schriftstücke, über das Fehlen anderer und über die muthmaßliche Abfassung undatirter Briefe.

Das ziemlich erweiterte Register soll gewissermaßen die Stelle eines Commentars vertreten und sucht über Personen und Sachen ergiebigeren Aufschluß zu vermitteln, als ihn das für seine Zeit und seine Zwecke gewiß sehr brauchbare Verzeichniß zu geben vermochte, welches H. Hauff der zweiten Auflage beigefügt. Von wesentlichem Nutzen waren dem Herausgeber hierbei Düntzers „Uebersichten und Erläuterungen", wie er sich überhaupt diesem Gelehrten und außerdem noch den Herren Prof. Bernays, Wold. Freiherrn v. Biedermann, Wilh. Fielitz und R. Köhler für manche persönliche Winke und Förderungen zu wärmstem Danke verpflichtet bekennt.

Die schöne, den beiden vorangegangenen Ausgaben fehlende Zuschrift, mit welcher Goethe im Jahr 1829 den Briefwechsel dem König Ludwig von Bayern widmete, möge die Korrespondenz eröffnen.

W. Vollmer.

An

Seine Majestät

den

König von Bayern.

Allerdurchlauchtigster,

Allergnädigst regierender König und Herr,

In Bezug auf die von Ew. Königl. Majestät zu meinem unvergeßlichen Freunde gnädigst gefaßte Neigung mußte mir gar oft, bei abschließlicher Durchsicht des mit ihm vieljährig gepflogenen Briefwechsels, die Ueberzeugung beigehen: wie sehr demselben das Glück, Ew. Majestät anzugehören, wäre zu wünschen gewesen. Jetzt da ich nach beendigter Arbeit von ihm abermals zu scheiden genöthigt bin, beschäftigen mich ganz eigene, jedoch dieser Lage nicht ungemäße Gedanken.

In Zeiten, wenn uns eine wichtige, auf unser Leben einflußreiche Person verläßt, pflegen wir auf unser eigenes Selbst zurückzukehren, gewohnt nur dasjenige schmerzlich zu empfinden, was wir persönlich für die Folge zu entbehren haben. In meiner Lage war dieß von der größten Bedeutung: denn mir fehlte nunmehr eine innig vertraute Theilnahme, ich vermißte eine geistreiche Anregung und was nur einen löblichen Wetteifer befördern konnte. Dieß empfand ich damals auf's schmerzlichste; aber der Gedanke, wie viel auch Er von Glück und Genuß verloren, drang sich mir erst lebhaft auf, seit ich Ew. Majestät höchster Gunst und Gnade, Theilnahme und Mittheilung, Auszeichnung und Bereicherung, wodurch ich frische Anmuth über meine hohen Jahre verbreitet sah, mich zu erfreuen hatte.

Nun ward ich zu dem Gedanken und der Vorstellung geführt, daß auf Ew. Majestät ausgesprochene Gesinnungen dieses alles dem Freunde in hohem Maße wiederfahren wäre; um so erwünschter und förderlicher, als er das Glück in frischen vermögsamen Jahren hätte genießen können. Durch allerhöchste Gunst wäre sein Daseyn durchaus erleichtert, häusliche Sorgen entfernt, seine Umgebung erweitert, derselbe auch wohl in ein heilsameres besseres Klima versetzt worden, seine Arbeiten hätte man dadurch belebt und beschleunigt gesehen, dem höchsten Gönner selbst zu fortwährender Freude, und der Welt zu dauernder Erbauung.

Wäre nun das Leben des Dichters auf diese Weise Ew. Majestät gewidmet gewesen, so dürfen wohl auch diese Briefe, die einen wichtigen Theil des strebsamsten Daseyns darstellen, Allerhöchstdenenselben bescheiden vorgelegt werden. Sie geben ein treues unmittelbares Bild, und lassen erfreulich sehen: wie in Freundschaft und Einigkeit mit manchen untereinander Wohlgesinnten, besonders auch mit mir, er unablässig gestrebt und gewirkt, und, wenn auch körperlich leidend, im Geistigen doch immer sich gleich und über alles Gemeine und Mittlere stets erhaben gewesen.

Seyen also diese sorgfältig erhaltenen Erinnerungen hiemit zur rechten Stelle gebracht, in der Ueberzeugung, Ew. Majestät werden gegen den Ueberbliebenen, sowohl aus eigner höchster Bewegung, als auch um des abgeschiedenen Freundes willen, die bisher zugewandte Gnade fernerhin bewahren, damit, wenn es mir auch nicht verliehen war, in jene ausgebreitete königliche Thätigkeit eingeordnet mitzuwirken, mir doch das erhebende Gefühl fortdaure, mit dankbarem Herzen die großen Unternehmungen segnend, dem Geleisteten und dessen weitausgreifendem Einfluß nicht fremd geblieben zu seyn.

In reinster Verehrung mit unverbrüchlicher Dankbarkeit lebenswierig verharrend

Weimar den 18. October 1829.

Ew. Königl. Majestät

allerunterthänigster Diener

Johann Wolfgang von Goethe.

1. An Goethe.

Hochwohlgeborner Herr,
Hochzuverehrender Herr Geheimer Rath!

Beiliegendes Blatt enthält den Wunsch einer, Sie unbegrenzt hochschätzenden, Gesellschaft, die Zeitschrift, von der die Rede ist, mit Ihren Beiträgen zu beehren, über deren Rang und Werth nur Eine Stimme unter uns sein kann. Der Entschluß Euer Hochwohlgeboren, diese Unternehmung durch Ihren Beitritt zu unterstützen, wird für den glücklichen Erfolg derselben entscheidend sein, und mit größter Bereitwilligkeit unterwerfen wir uns allen Bedingungen, unter welchen Sie uns denselben [1] zusagen wollen.

Hier in Jena haben sich die HH. Fichte, Woltmann und von Humboldt zur Herausgabe dieser Zeitschrift mit mir[2] vereinigt, und da, einer nothwendigen Einrichtung gemäß, über alle einlaufenden Manuscripte die Urtheile eines engern Ausschusses eingeholt werden sollen, so würden Ew. Hochwohlgeboren uns unendlich verpflichten, wenn Sie erlauben wollten, daß Ihnen zu Zeiten eins der eingesandten Manuscripte dürfte zur Beurtheilung vorgelegt werden. Je größer und näher der Antheil ist, dessen Sie unsre Unternehmung[3] würdigen, desto mehr wird der Werth derselben bei demjenigen Publicum steigen, dessen Beifall uns der wichtigste ist. Hochachtungsvoll verharre ich

Euer Hochwohlgeboren
gehorsamster Diener und aufrichtigster Verehrer

Jena 13. Juni 1794.

F. Schiller.

Die Horen.[4]

Unter diesem Titel wird mit dem Anfang des Jahrs 1795 eine Monatsschrift erscheinen, zu deren Verfertigung eine Gesellschaft bekannter Gelehrten sich vereinigt hat. Sie wird sich über alles verbreiten, was mit Geschmack und philosophischem Geiste behandelt werden kann, und also sowohl philosophischen Untersuchungen, als historischen und poetischen[5] Darstellungen offen stehen. Alles, was entweder bloß den gelehrten Leser interessiren, oder was bloß den nichtgelehrten befriedigen kann, wird davon ausgeschlossen sein; vorzüglich aber und unbedingt wird sie sich alles verbieten, was sich auf Staatsreligion und politische Verfassung bezieht. Man widmet sie der schönen Welt zum Unterricht und zur Bildung, und der gelehrten zu einer freien Forschung der Wahrheit und zu einem fruchtbaren Umtausch der Ideen; und indem man bemüht sein wird, die Wissenschaft selbst, durch den innern Gehalt, zu bereichern, hofft man zugleich den Kreis der Leser durch die Form zu erweitern.

Unter der großen Menge von Zeitschriften ähnlichen Inhalts dürfte es vielleicht schwer sein, Gehör zu finden, und, nach so vielen verunglückten Versuchen in dieser Art, noch schwerer, sich Glauben zu verschaffen. Ob die Herausgeber der gegenwärtigen Monatsschrift gegründetere Hoffnungen[6] haben, wird sich am besten aus den Mitteln abnehmen lassen, die man zu Erreichung jenes Zweckes eingeschlagen hat.

Nur der innere Werth einer literarischen Unternehmung ist es, der ihr ein dauerndes Glück bei dem Publicum versichern kann; auf der andern Seite aber ist es nur dieses Glück, welches ihrem Urheber den Muth und die Kräfte gibt, etwas beträchtliches auf ihren[7] Werth zu verwenden. Die große Schwierigkeit also ist, daß der Erfolg gewissermaßen schon realisirt sein müßte[8], um den Aufwand, durch den allein er zu realisiren ist, möglich zu machen. Aus diesem Zirkel ist kein anderer Ausweg, als daß ein unternehmender Mann an jenen problematischen Erfolg so viel wage, als etwa nöthig sein dürfte, ihn gewiß zu machen.

Für Zeitschriften dieses Inhalts fehlt es gar nicht an einem zahlreichen Publicum, aber in dieses Publicum theilen sich zu viele einzelne Journale. Würde man die Käufer aller hieher gehörigen Journale zusammenzählen, so würde sich eine Anzahl entdecken lassen, welche hinreichend wäre, auch die kostbarste Unternehmung im Gange zu erhalten. Diese ganze Anzahl nun steht derjenigen Zeitschrift zu Gebot, die alle die Vortheile in sich vereinigt, wodurch jene Schriften im einzelnen bestehn, ohne den Kaufpreis einer einzelnen unter denselben beträchtlich zu übersteigen.

Jeder Schriftsteller von Verdienst hat in der lesenden Welt seinen eigenen Kreis, und selbst der am meisten gelesene hat nur einen größern[9] Kreis in derselben. So weit ist es noch nicht mit der Cultur der Deutschen gekommen, daß sich das, was den Besten gefällt, in Jedermanns Händen finden sollte. Treten nun die vorzüglichsten Schriftsteller der Nation in eine literarische Association zusammen, so vereinigen sie eben dadurch das vorher getheilt gewesene Publicum, und das Werk, an welchem alle Antheil nehmen, wird die ganze lesende Welt zu seinem Publicum haben. Dadurch aber ist man im Stande, jedem Einzelnen alle die Vortheile anzubieten, die der allerweiteste Kreis der Leser und Käufer einem Autor nur immer verschaffen kann.

Ein Verleger, der diesem Unternehmen in jeder Rücksicht gewachsen ist, hat sich bereits in dem Buchhändler Cotta von Tübingen[10] gefunden, und ist bereit, ste ins Werk zu richten, sobald die erforderliche Anzahl von Mitarbeitern sich zusammengefunden haben wird. Jeder Schriftsteller, an den man diese Anzeige sendet, wird also zum Beitritt an dieser Societät eingeladen, und man hofft dafür gesorgt zu haben, daß er in keiner Gesellschaft, die seiner unwürdig wäre, vor dem Publicum auftreten soll. Da aber die ganze Unternehmung nur unter der Bedingung einer gehörigen Anzahl von Theilnehmern möglich ist, so kann man keinem der eingeladenen Schriftsteller zugestehn, seinen Beitritt bis nach Erscheinung des Journals aufzuschieben, weil man schon vorläufig wissen muß, auf wen man zu rechnen hat, um an die Ausführung auch nur denken zu können. Sobald aber die erforderliche Anzahl sich zusammengefunden hat, wird solches jedem Theilnehmer an der Zeitschrift unverzüglich bekannt gemacht werden.

Jeden Monat ist man übereingekommen, ein Stück von 9 Bogen in Median zu liefern; der gedruckte Bogen wird mit sechs[11] Louisd'ors in Golde bezahlt. Dafür verspricht der Verfasser, von diesen einmal abgedruckten Aufsätzen drei Jahre nach ihrer Erscheinung keinen andern öffentlichen Gebrauch zu machen, es sei denn, daß beträchtliche Veränderungen damit vorgenommen worden wären.

Obgleich von denjenigen Gelehrten, deren Beiträge man sich ausbittet, nichts, was ihrer selbst und einer solchen Zeitschrift nicht ganz würdig wäre, zu befürchten ist, so hat man doch, aus leicht begreiflichen Gründen, die Verfügung getroffen, daß kein Manuscript eher dem Druck übergeben werde, als bis es einer dazu bestimmten Anzahl von Mitgliedern zur Beurtheilung vorgelegt worden ist. Dieser Convention werden sich die H. H. Theilnehmer um so eher unterwerfen, als sie versichert sein können, daß höchstens nur die relative Zweckmäßigkeit ihrer Beiträge in Rücksicht auf den Plan und das Interesse des Journals zur Frage kommen kann. Eigenmächtige Abänderungen wird weder der Redacteur noch der Ausschuß sich in den Manuscripten erlauben. Sollten welche nöthig sein, so versteht es sich von selbst, daß man den Verfasser ersuchen wird, sie selbst vorzunehmen. Der Abdruck der Manuscripte wird sich nach der Ordnung richten, in der sie eingesandt werden, soweit dieses mit der nöthigen Mannigfaltigkeit des Inhalts in den einzelnen Monatsstücken bestehen kann. Eben diese Mannigfaltigkeit macht die Verfügung nothwendig, daß kein Beitrag durch mehr als drei Stücke fortgesetzt werde, und in keinem einzelnen Stück mehr als sechzig Seiten einnehme.

Briefe und Manuscripte sendet man an den Redacteur dieser Monatsschrift, der den Hn. Hn. Verfassern für ihre eingesandten Beiträge steht, und bereit ist, jedem, sobald es verlangt wird, Rechnung davon abzulegen.

Daß von dieser Anzeige kein öffentlicher Gebrauch zu machen sei, wird kaum nöthig sein zu erinnern.

Jena am 13. Juni 1794.

Friedrich Schiller,
Hofrath und Professor zu Jena.

* 2. An Schiller.

Ew. Wohlgeboren

eröffnen mir eine doppelt angenehme Aussicht, sowohl auf die Zeitschrift welche Sie herauszugeben gedenken, als auf die Theilnahme zu der Sie mich einladen. Ich werde mit Freuden und von [1] ganzem Herzen von der Gesellschaft sein.

Sollte unter meinen ungedruckten Sachen sich etwas finden das zu einer solchen Sammlung zweckmäßig wäre, so theile ich es gerne mit; gewiß aber wird eine nähere Verbindung mit so wackern Männern, als die Unternehmer sind, manches, das bei mir ins Stocken gerathen ist, wieder in einen lebhaften Gang bringen.

Schon eine sehr interessante Unterhaltung wird es werden, sich über die Grundsätze zu vereinigen, nach welchen man die eingesendeten Schriften zu prüfen hat, wie über Gehalt und Form zu wachen, um diese Zeitschrift vor andern auszuzeichnen und sie bei ihren Vorzügen wenigstens eine Reihe von Jahren zu erhalten.

Ich hoffe bald mündlich hierüber zu sprechen und empfehle mich Ihnen und Ihren geschätzten Mitarbeitern aufs beste.

Weimar 24. Juni 1794.

Goethe.

* 3. An Schiller.

Sie erhalten hierbei die Schocherische Abhandlung mit Danke zurück; das was ich davon verstehe, gefällt mir recht wohl, das übrige wird er mit der Zeit ja wohl aufklären.

Zugleich sende Diderot und Moritz und hoffe dadurch meine Sendung nützlich und angenehm zu machen.

Erhalten Sie mir ein freundschaftliches Andenken und sein Sie versichert, daß ich mich auf eine öftere Auswechslung der Ideen mit Ihnen recht lebhaft freue. Empfehlen Sie mich in Ihrem Zirkel. Unvermuthet wird es mir zur Pflicht, mit nach Dessau zu gehen, und ich entbehre dadurch ein baldiges Wiedersehen meiner Jenaischen Freunde.

Weimar den 25. Juli 1794.

Goethe.

4. An Goethe.

Jena den 23. August 1794.

Man brachte mir gestern die angenehme Nachricht, daß Sie von Ihrer Reise wieder zurückgekommen seien. Wir haben also wieder Hoffnung, Sie vielleicht bald einmal bei uns zu sehen, welches ich an meinem Theil herzlich wünsche. Die neulichen Unterhaltungen mit Ihnen haben meine ganze Ideenmasse in Bewegung gebracht, denn sie betrafen einen Gegenstand, der mich seit etlichen Jahren lebhaft beschäftigt. Ueber so manches, worüber ich mit mir selbst nicht recht einig werden konnte, hat die Anschauung Ihres Geistes (denn so muß ich den Totaleindruck Ihrer Ideen auf mich nennen) ein unerwartetes Licht in mir angesteckt. Mir fehlte das Object, der Körper, zu mehreren speculativischen Ideen, und Sie brachten mich auf die Spur davon. Ihr beobachtender Blick, der so still und rein auf den Dingen ruht, setzt Sie nie in Gefahr, auf den Abweg zu gerathen, in den sowohl die Speculation als die willkürliche und bloß sich selbst gehorchende Einbildungskraft sich so leicht verirrt. In Ihrer richtigen Intuition liegt alles und weit vollständiger, was die Analysis mühsam sucht, und nur weil es als ein Ganzes in Ihnen liegt, ist Ihnen Ihr eigener Reichthum verborgen; denn leider wissen wir nur das, was wir scheiden. Geister Ihrer Art wissen daher selten, wie weit sie gedrungen sind, und wie wenig Ursache sie haben, von der Philosophie zu borgen, die nur von ihnen lernen kann. Diese kann bloß zergliedern, was ihr gegeben wird, aber das Geben selbst ist nicht die Sache des Analytikers, sondern des Genies, welches unter dem dunkeln, aber sichern Einfluß reiner Vernunft nach objectiven Gesetzen verbindet.

Lange schon habe ich, obgleich aus ziemlicher Ferne, dem Gang Ihres Geistes zugesehen, und den Weg, den Sie sich vorgezeichnet haben, mit immer erneuerter[1] Bewunderung bemerkt. Sie suchen das Nothwendige der Natur, aber Sie suchen es auf dem schweresten Wege, vor welchem jede schwächere Kraft sich wohl hüten wird. Sie nehmen die ganze Natur zusammen, um über das Einzelne Licht zu bekommen; in der Allheit ihrer Erscheinungsarten suchen Sie den Erklärungsgrund für das Individuum auf. Von der einfachen Organisation steigen Sie, Schritt vor Schritt, zu der mehr verwickelten hinauf, um endlich die verwickeltste von allen, den Menschen, genetisch aus den Materialien des ganzen Naturgebäudes zu erbauen. Dadurch, daß Sie ihn der Natur gleichsam nacherschaffen, suchen Sie in seine verborgene Technik einzudringen. Eine große und wahrhaft heldenmäßige Idee, die zur Genüge zeigt, wie sehr Ihr Geist das reiche Ganze seiner Vorstellungen in einer schönen Einheit zusammenhält. Sie können niemals gehofft haben, daß Ihr Leben zu einem solchen Ziele zureichen werde, aber einen solchen Weg auch nur einzuschlagen, ist mehr werth, als jeden andern zu endigen, — und Sie haben gewählt, wie Achill in der Ilias zwischen Phthia und der Unsterblichkeit. Wären Sie als ein Grieche, ja nur als ein Italiener geboren worden, und hätte schon von der Wiege an eine auserlesene Natur und eine idealisirende Kunst Sie umgeben, so wäre Ihr Weg unendlich verkürzt, vielleicht ganz überflüssig gemacht worden. Schon in die erste Anschauung der Dinge hätten Sie dann die Form des Nothwendigen aufgenommen, und mit Ihren ersten Erfahrungen hätte sich der große Styl in Ihuen entwickelt. Nun, da Sie ein Deutscher geboren sind, da Ihr griechischer Geist in diese nordische Schöpfung geworfen wurde, so blieb Ihnen keine andere Wahl, als entweder selbst zum nordischen Künstler zu werden, oder Ihrer Imagination das, was ihr die Wirklichkeit vorenthielt, durch Nachhülfe der Denkkraft zu ersetzen, und so gleichsam von innen heraus und auf einem rationalen Wege ein[2] Griechenland zu gebären. In derjenigen Lebensepoche, wo die Seele sich aus der äußern Welt ihre innere bildet, von mangelhaften Gestalten umringt, hatten Sie schon eine wilde und nordische Natur in sich aufgenommen, als Ihr siegendes, seinem Material überlegenes Genie diesen Mangel von innen entdeckte, und von außen her durch die Bekanntschaft mit der griechischen Natur davon vergewissert wurde. Jetzt mußten Sie die alte, Ihrer Einbildungskraft schon aufgedrungene schlechtere Natur nach dem besseren Muster, das Ihr bildender Geist sich erschuf, corrigiren, und das kann nun freilich nicht anders als nach leitenden Begriffen von Statten gehen. Aber diese logische Richtung, welche der Geist bei[3] der Reflexion zu nehmen genöthigt ist, verträgt sich nicht wohl mit der ästhetischen, durch welche allein er bildet. Sie hatten[4] also eine Arbeit mehr: denn so wie Sie von der Anschauung zur Abstraction übergingen, so mußten Sie nun rückwärts Begriffe wieder in Intuitionen umsetzen[5], und Gedanken in Gefühle verwandeln, weil nur durch diese das Genie hervorbringen kann.

So ungefähr beurtheile ich den Gang Ihres Geistes, und ob ich Recht habe, werden Sie selbst am besten wissen. Was Sie aber schwerlich wissen können (weil das Genie sich immer selbst das größte Geheimniß ist[6]), ist die schöne Uebereinstimmung Ihres philosophischen Instinctes mit den reinsten Resultaten der speculirenden Vernunft. Beim ersten Anblicke zwar scheint es, als könnte es keine großeren Opposita geben, als den speculativen Geist, der von der Einheit, und den intuitiven, der von der Mannigfaltigkeit ausgeht. Sucht aber der erste mit keuschem und treuem Sinn die Erfahrung, und sucht der letzte mit selbstthätiger freier Denkkraft das Gesetz, so kann es gar nicht fehlen, daß nicht beide einander auf halbem Wege begegnen werden. Zwar hat der intuitive Geist nur mit Individuen und der speculative nur mit Gattungen zu thun. Ist aber der intuitive genialisch, und sucht er in dem Empirischen den Charakter der Nothwendigkeit auf, so wird er zwar immer Individuen, aber mit dem Charakter der Gattung erzeugen; und ist der speculative Geist genialisch, und verliert er, indem er sich darüber erhebt, die Erfahrung nicht, so wird er zwar immer nur Gattungen, aber mit der Moglichkeit des Lebens und mit gegründeter Beziehung auf wirkliche Objecte erzeugen.

Aber ich bemerke, daß ich anstatt eines Briefes eine Abhandlung zu schreiben im Begriff bin — verzeihen Sie es dem lebhaften Interesse, womit dieser Gegenstand mich erfüllt hat; und sollten Sie Ihr Bild in diesem Spiegel nicht erkennen, so bitte ich sehr, fliehen Sie ihn darum nicht.

Die kleine Schrift von Moritz, die Herr v. Humboldt sich noch auf[7] einige Tage ausbittet, habe ich mit großem Interesse gelesen, und danke derselben[8] einige sehr wichtige Belehrungen. Es ist eine wahre Freude, sich von einem instinctartigen Verfahren, welches auch gar leicht irre führen kann, eine deutliche Rechenschaft zu geben, und so Gefühle durch Gesetze zu berichtigen. Wenn man die Moritzischen Ideen verfolgt, so sieht man nach und nach in die Anarchie der

Sprache eine gar schöne Ordnung kommen, und entdeckt sich bei dieser Gelegenheit gleich der Mangel und die Grenze unserer Sprache sehr, so erfährt man doch auch ihre Stärke, und weiß nun, wie und wozu man sie zu brauchen hat.

Das Product von Diderot, besonders der erste Theil, ist sehr unterhaltend, und für einen solchen Gegenstand auch mit einer recht erbaulichen Decenz behandelt. Auch diese Schrift bitte ich noch einige Tage hier behalten zu dürfen.

Es wäre nun doch gut, wenn man das neue Journal bald in Gang bringen könnte, und da es Ihnen vielleicht gefällt, gleich das erste Stück desselben zu eröffnen, so nehme ich mir die Freiheit, bei Ihnen anzufragen, ob Sie Ihren Roman nicht nach und nach darin erscheinen lassen wollen? Ob und wie bald Sie ihn aber auch für unser Journal bestimmen, so würden Sie mir durch Mittheilung desselben eine sehr große Gunst erzeigen. Meine Freunde so wie meine Frau empfehlen sich Ihrem gütigen Andenken, und ich verharre hochachtungsvoll

Ihr

gehorsamster Diener
F. Schiller.

* 5. An Schiller.

Zu meinem Geburtstage, der mir diese Woche erscheint, hätte mir kein angenehmer Geschenk werden können als Ihr Brief, in welchem Sie mit freundschaftlicher Hand die Summe meiner Existenz ziehen und mich durch Ihre Theilnahme zu einem emsigern und lebhafteren Gebrauch meiner Kräfte aufmuntern.

Reiner Genuß und wahrer Nutzen kann nur wechselseitig sein, und ich freue mich, Ihnen gelegentlich zu entwickeln: was mir Ihre Unterhaltung gewährt hat, wie ich von jenen Tagen an auch eine Epoche rechne, und wie zufrieden ich bin, ohne sonderliche Aufmunterung, auf meinem Wege fortgegangen zu sein, da es nun scheint als wenn wir, nach einem so unvermutheten Begegnen, mit einander fortwandern müßten. Ich habe den redlichen und so seltenen Ernst der in allem erscheint was Sie geschrieben und gethan haben, immer zu schätzen gewußt, und ich darf nunmehr Anspruch machen, durch Sie selbst mit dem Gange Ihres Geistes, besonders in den letzten Jahren, bekannt zu werden. Haben wir uns wechselseitig die Punkte klar gemacht, wohin wir gegenwärtig gelangt sind, so werden wir desto ununterbrochner gemeinschaftlich arbeiten können.

Alles was an und in mir ist werde ich mit Freuden mittheilen. Denn da ich sehr lebhaft fühle, daß mein Unternehmen das Maß der menschlichen Kräfte und ihre irdische[1] Dauer weit übersteigt, so möchte ich manches bei Ihnen deponiren und dadurch nicht allein erhalten, sondern auch beleben.

Wie groß der Vortheil Ihrer Theilnehmung für mich sein wird, werden Sie bald selbst sehen, wenn Sie, bei näherer Bekanntschaft, eine Art Dunkelheit und Zaudern bei mir entdecken werden[2], über die ich nicht Herr werden kann, wenn ich mich ihrer gleich sehr[3] deutlich bewußt bin. Doch dergleichen Phänomene finden sich mehr in unsrer Natur, von der wir uns denn doch gerne regieren lassen, wenn sie nur nicht gar zu tyrannisch ist.

Ich hoffe bald einige Zeit bei Ihnen zuzubringen, und dann wollen wir manches durchsprechen.

Leider habe ich meinen Roman, wenige Wochen vor Ihrer Einladung, an Unger gegeben und die ersten gedruckten Bogen sind schon in meinen Händen. Mehr als einmal habe ich diese Zeit gedacht, daß er für die Zeitschrift recht schicklich gewesen wäre; es ist das einzige was ich noch habe, was Masse macht, und das eine Art von problematischer Composition ist, wie sie die guten Deutschen lieben.

Das erste Buch schicke ich, sobald die Aushängebogen beisammen sind. Die Schrift ist schon so lange geschrieben, daß ich im eigentlichsten Sinne jetzt[4] nur der Herausgeber bin.

Wäre sonst unter meinen Ideen etwas das zu jenem Zweck aufgestellt werden könnte, so würden wir uns leicht über die schicklichste Form vereinigen und die Ausführung sollte uns nicht aufhalten.

Leben Sie recht wohl und gedenken mein in Ihrem Kreise.

Ettersburg, den 27. August 1794.

Goethe.

* 6. An Schiller.

Beiliegende Blätter darf ich nur einem Freunde schicken von dem ich hoffen kann daß er mir entgegen kommt. Indem ich sie wieder durchlese, erschein' ich mir wie jener Knabe der den Ocean in das Grübchen zu schöpfen unternahm. Indessen erlauben Sie mir künftig mehr solche Impromptüs; sie werden die Unterhaltung anreizen, beleben und ihr eine Richtung geben. Leben Sie recht wohl.

Weimar, den 30. August 1794.

Goethe.

7. An Goethe.

Jena den 31. August 1794.

Bei meiner Zurückkunft aus Weißenfels, wo ich mit meinem Freunde Körner aus Dresden eine Zusammenkunft gehabt, erhielt ich Ihren vorletzten Brief, dessen Inhalt mir doppelt erfreulich war. Denn ich ersehe daraus, daß ich in meiner Ansicht Ihres Wesens Ihrem eigenen Gefühl begegnete, und daß Ihnen die Aufrichtigkeit, mit der ich mein Herz darin sprechen ließ, nicht mißfiel. Unsre späte, aber mir manche schöne Hoffnung erweckende, Bekanntschaft ist mir abermals ein Beweis, wie viel besser man oft thut, den Zufall machen zu lassen, als ihm durch zu viele Geschäftigkeit vorzugreifen. Wie lebhaft auch immer mein Verlangen war, in ein näheres Verhältniß zu Ihnen zu treten, als zwischen dem Geist des Schriftstellers und seinem aufmerksamsten Leser möglich ist, so begreife ich doch nunmehr vollkommen, daß die so sehr verschiedenen Bahnen, auf denen Sie und ich wandelten, uns nicht wohl früher, als gerade jetzt, mit Nutzen zusammen führen konnten. Nun kann ich aber hoffen, daß wir, so viel von dem Wege noch übrig sein mag, in Gemeinschaft durchwandeln werden, und mit um so größerm Gewinn, da die letzten Gefährten auf einer langen Reise sich immer am meisten zu sagen haben.

Erwarten Sie bei mir keinen großen materialen Reichthum von Ideen; dieß ist es was ich bei Ihnen finden werde. Mein Bedürfniß und Streben ist, aus Wenigem Viel zu machen, und wenn Sie meine Armuth an allem was man erworbene Erkenntniß[1] nennt, einmal näher kennen sollten, so finden Sie vielleicht, daß es mir in manchen Stücken damit mag gelungen sein. Weil mein Gedankenkreis kleiner ist, so durchlaufe ich ihn eben darum schneller und öfter, und kann eben darum meine kleine Baarschaft besser nutzen, und eine Mannigfaltigkeit, die dem Inhalte fehlt, durch die Form erzeugen. Sie bestreben sich Ihre große Ideenwelt zu simplificiren, ich suche Varietät für meine kleinen Besitzungen. Sie haben ein Königreich zu regieren, ich nur eine etwas zahlreiche Familie von Begriffen, die ich herzlich gern zu einer kleinen Welt erweitern möchte.

Ihr Geist wirkt in einem außerordentlichen Grade intuitiv, und alle Ihre denkenden Kräfte scheinen auf die Imagination, als ihre gemeinschaftliche Repräsentantin, gleichsam compromittirt zu haben. Im Grund ist dieß das Höchste, was der Mensch aus sich machen kann, sobald es ihm gelingt, seine Anschauung zu generalisiren und seine Empfindung gesetzgebend zu machen. Darnach streben Sie, und in wie hohem Grade haben Sie es schon erreicht! Mein Verstand wirkt eigentlich mehr symbolisirend, und so schwebe ich, als eine Zwitterart, zwischen dem Begriff und der Anschauung, zwischen der Regel und der Empfindung, zwischen dem technischen Kopf und dem Genie. Dieß ist es, was mir, besonders in frühern Jahren, sowohl auf dem Felde der Speculation als der Dichtkunst ein ziemlich linkisches Ansehen gegeben; denn gewöhnlich übereilte mich der Poet, wo ich philosophiren sollte, und der philosophische Geist, wo ich dichten wollte. Noch jetzt begegnet es mir häufig genug, daß die Einbildungskraft meine Abstractionen, und der kalte Verstand meine Dichtung stört. Kann ich dieser beiden Kräfte in so weit Meister werden, daß ich einer jeden durch meine Freiheit ihre Grenzen bestimmen kann, so erwartet mich noch ein schönes Loos; leider aber, nachdem ich meine moralischen Kräfte recht zu kennen und zu gebrauchen angefangen, droht eine Krankheit, meine physischen zu untergraben. Eine große und allgemeine Geistesrevolution werde ich schwerlich Zeit haben in mir zu vollenden, aber ich werde thun was ich kann, und wenn endlich das Gebäude zusammenfällt, so habe ich doch vielleicht das Erhaltungswerthe aus dem Brande geflüchtet.

Sie wollten, daß ich von mir selbst reden sollte, und ich machte von dieser Erlaubniß Gebrauch. Mit Vertrauen lege ich Ihnen diese Geständnisse hin, und ich darf hoffen, daß Sie sie mit Liebe aufnehmen.

Ich enthalte mich heute ins Detail Ihres Aufsatzes zu gehen, der unsre Unterhaltungen über diesen Gegenstand gleich auf die fruchtbarste Spur einleitet. Meine eigenen, auf einem verschiedenen Wege angestellten Recherchen haben mich auf ein ziemlich damit übereinstimmendes Resultat geführt, und in beifolgenden Papieren finden Sie vielleicht Ideen, die den Ihrigen begegnen. Sie sind vor anderthalb Jahren hingeworfen worden, und sowohl in dieser Rücksicht, als ihrer localen Veranlassung wegen (denn sie waren für einen nachsichtigen Freund bestimmt) kann ihre rohe Gestalt auf Entschuldigung Anspruch machen. Seitdem haben sie allerdings ein besseres Fundament und eine größere Bestimmtheit in mir erhalten, die sie den Ihrigen ungleich näher bringen dürfte.

Daß Wilhelm Meister für unser Journal verloren sein soll, kann ich nicht genug beklagen. Indessen hoffe ich von Ihrem fruchtbaren Geiste und Ihrem freundschaftlichen Eifer für unsre Unternehmung einen Ersatz dieses Verlustes, wobei die Freunde Ihres Genius alsdann doppelt gewinnen. In dem Stück der Thalia, die ich hier beilege, finden Sie einige Ideen von Körner über Declamation, die Ihnen nicht mißfallen werden. Alles bei uns empfiehlt sich Ihrem freundschaftlichen Andenken, und ich bin mit der herzlichsten Verehrung

der Ihrige

Schiller.

* 8. An Schiller.

Die mir übersendeten Manuscripte sowohl, als das Bruchstück der Entwicklung des Erhabenen habe mit viel Vergnügen gelesen und mich daraus aufs neue überzeugt, daß uns nicht allein dieselben Gegenstände interessiren, sondern daß wir auch in der Art sie anzusehen meistens übereinkommen. Ueber alle Hauptpunkte, sehe ich, sind wir einig, und was die Abweichungen der Standpunkte, der Verbindungsart, des Ausdrucks betrifft, so zeugen diese von dem Reichthum des Objects und der ihm correspondirenden Mannigfaltigkeit der Subjecte. Ich würde Sie nun ersuchen: mir nach und nach alles, was Sie über diese Materie schon geschrieben und drucken lassen, mitzutheilen, damit man ohne Zeitverlust das Vergangene nachholte.

Dabei hätte ich Ihnen einen Vorschlag zu thun: Nächste Woche geht der Hof nach Eisenach, und ich werde vierzehn Tage so allein und unabhängig sein, als ich sobald nicht wieder vor mir sehe. Wollten Sie mich nicht in dieser Zeit besuchen? bei mir wohnen und bleiben? Sie würden jede Art von Arbeit ruhig vornehmen konnen. Wir besprächen uns in bequemen Stunden, sähen Freunde die uns am ähnlichsten gesinnt wären, und würden nicht ohne Nutzen scheiden. Sie sollten ganz nach Ihrer Art und Weise leben und sich wie zu Hause möglichst einrichten. Dadurch würde ich in den Stand gesetzt, Ihnen von meinen Sammlungen das Wichtigste zu zeigen, und mehrere Fäden würden sich zwischen uns anknüpfen. Vom vierzehnten an würden Sie mich zu Ihrer Aufnahme bereit und ledig finden.

Bis dahin verspare ich so manches das ich zu sagen habe, und wünsche indessen recht wohl zu leben.

Haben Sie wohl Charis von Ramdohr gesehen? Ich habe mit allen natürlichen und künstlichen Organen meines Individuums das Buch anzufassen gesucht, aber noch keine Seite daran gefunden von der ich mir den Inhalt zueignen könnte.

Leben Sie recht wohl und grüßen die Ihrigen.

Weimar den 4. September 1794.

Goethe.

---

9. An Goethe.

Jena den 7. September 1794.

Mit Freuden nehme ich Ihre gütige Einladung nach W. an, doch mit der ernstlichen Bitte, daß Sie in keinem einzigen Stück Ihrer häuslichen Ordnung auf mich rechnen mögen, denn leider nöthigen mich meine Krämpfe gewöhnlich, den ganzen Morgen dem Schlaf zu widmen, weil sie mir des Nachts keine Ruhe lassen, und überhaupt wird es mir nie so gut, auch den Tag über auf eine bestimmte Stunde sicher zählen zu dürfen. Sie werden mir also erlauben, mich in Ihrem Hause als einen völlig Fremden zu betrachten, auf den nicht geachtet wird, und dadurch, daß ich mich ganz isolire, der Verlegenheit zu entgehen, jemand anders von meinem Befinden abhängen zu lassen. Die Ordnung, die jedem andern Menschen wohl macht, ist mein gefährlichster Feind, denn ich darf nur in einer bestimmten Zeit etwas Bestimmtes vornehmen müssen, so bin ich sicher, daß es mir nicht möglich sein wird.

Entschuldigen Sie diese Präliminarien, die ich nothwendigerweise vorhergehen lassen mußte, um meine Existenz bei Ihuen auch nur möglich zu machen. Ich bitte bloß um die leidige Freiheit, bei Ihuen trauk sein zu dürfen.

Schon ging ich damit um, Ihuen einen Aufenthalt in meinem Hause anzubieten, als ich Ihre Einladung erhielt. Meine Frau ist mit dem Kiude auf drei Wochen[1] nach Rudolstadt, um den Blattern auszuweichen, die Hr. v. Humboldt seinem[2] Kleinen inoculiren ließ. Ich bin ganz allein und könnte Ihuen eine dequeme Wohnung einräumen. Außer Humboldt sehe ich selten jemand, und seit langer Zeit kommt keine Metaphysik über meine Schwelle.

Mit Ramdohrs Charis ist es mir sonderbar ergangen. Beim ersten Durchblättern hat mir vor seiner närrischen Schreibart und vor seiner horriblen Philosophie gegraut, und ich schickte ihn uber Hals und Kopf dem Buchhändler wieder. Als ich nachher in einer gelehrten Zeitung einige Stellen aus seiner Schrift über die niederländische Schule angeführt faud, gewann ich ein besseres Vertrauen zu ihm, und nahm seine Charis wieder vor, welche mir nicht ganz unnütz gewesen ist. Was er im Allgemeinen über die Empfindungen, den Geschmack und die Schönheit sagt, ist freilich hochst unbefriedigend und, um nicht etwas schlimmeres zu sagen, eine wahre Reichsfreiherrliche Philosophie; aber den empirischen Theil seines Buchs, wo er von dem Charakteristischen der verschiedenen Künste redet und einer jeden ihre Sphäre und ihre Grenzen bestimmt, habe ich sehr brauchbar gefunden. Man sieht, daß er hier in seiner Sphäre ist, und durch einen langen Aufenthalt unter Kunstwerken sich eine, gewiß nicht gemeine, Fertigkeit des Geschmacks erworben hat. Hier in diesem Theile spricht der unterrichtete Mann, der, wo nicht eine entscheidende, doch eine mitzählende Stimme hat. Aber es kann wohl sein, daß er den Werth, den er hier für mich nothwendig[3] haben mußte, für Sie völlig verliert, weil die Erfahrungen, auf die er sich stützt, Ihnen etwas bekanntes sind, und Sie also schlechterdings nichts neues bei ihm vorfinden konnten. Gerade das, was Sie eigentlich suchten, ist ihm im höchsten Grade verunglückt, und was ihm geglückt ist, brauchen Sie nicht. Es sollte mich wundern, wenn ihn die Kantianer ruhig abziehen ließen, und die Gegner dieser Philosophie nicht ihre Partei durch ihn zu verstärken suchten.

Da Sie doch einmal jenes Bruchstück von mir über das Erhabene gelesen haben, so lege ich hier den Anfang bei, wo Sie vielleicht einige Ideen finden, die über den ästhetischen Ausdruck der Leidenschaft etwas bestimmen können. Einige frühere Aufsätze von mir über ästhetische Gegenstände befriedigen mich nicht genug, um sie Ihnen vorzulegen, und einige spätere, die noch ungedruckt sind, werde ich mitbringen. Vielleicht interessirt Sie eine Recension von mir über Matthissons Gedichte in der A. L. Z. die in dieser Woche wird ausgegeben werden. Bei der Anarchie, welche noch immer in der poetischen Kritik herrscht, und bei dem gänzlichen Mangel objectiver Geschmacksgesetze befindet sich der Kunstrichter immer in großer Verlegenheit, wenn er seine Behauptung durch Gründe unterstützen will; denn kein Gesetzbuch ist da, worauf er sich berufen könnte. Will er ehrlich sein, so muß er entweder gar schweigen, oder er muß (was man auch nicht immer gerne hat) zugleich der Gesetzgeber und der Richter sein. Ich habe in jener Recension die letzte Partei ergriffen, und mit welchem Rechte oder Glück, das möchte ich am liebsten von Ihnen hören.

Ich erhalte so eben die Recension und lege sie bei.

Fr. Schiller.

---

* 10. An Schiller.

Haben Sie Dank für die Zusage kommen zu wollen. Eine völlige Freiheit nach Ihrer Weise zu leben werden Sie finden. Haben Sie die Güte mir den Tag anzuzeigen wenn Sie kommen, damit ich mich einrichte.

Vielleicht besucht uns Herr v. Humboldt einmal, vielleicht gehe ich mit Ihnen zurück. Doch wollen wir auch alles dieß dem Genio des Tags überlassen. Haben Sie Charis so bringen Sie das Buch mit.

Einige schöne Landschaften, die eben aus Neapel kommen, werden uns beim Gespräch über diese Materie zur Seite stehen.

Leben Sie recht wohl und empfehlen mich den Ihrigen.

Weimar den 10. September 1794.

Goethe.

So eben erhalte einige Exemplare der englischen Iphigenie und lege eines bei.

---

11. An Goethe.

Jena den 12. September 1794.

Sie haben mir, vom 14ten an, einen Tag zu bestimmen überlassen. Ich werde also, mit Ihrer Erlaubniß, Sonntag Nachmittag bei Ihuen eintreffen, weil ich so wenig als möglich von dem Vergnügen, das Sie mir bereiten, verlieren möchte. Herr v. Humboldt, den Ihre Einladung sehr erfreut, wird mich begleiten, um einige Stunden mit Ihuen zu verleben.

Ramdohr war vor einigen Tagen hier, und hat sich wahrscheinlich auch bei Ihuen gemeldet. Wie er mir sagt, schreibt er jetzt an einem Buch über die Liebe, worin bewiesen sein wird, daß reine Liebe nur bei den Griechen statt gefunden habe. Seine Ideen über Schönheit holt er ziemlich tief von unten herauf, denn er ruft dabei den Geschlechtstrieb zu Hülfe.

Die englische Iphigenia erfreute mich sehr. So viel ich davon urtheilen kann, paßt diese fremde Kleidung ihr gut an, und man wird lebhaft an die große Verwandtschaft beider Sprachen erinnert.

Friedrich Jacobi will mit an den Horen arbeiten, welches unsern Kreis auf eine angenehme Art [1] erweitert. Mir ist er ein sehr interessantes Individuum, obgleich ich gestehen muß, daß ich mir seine Producte nicht assimiliren kann.

Charis ist hier nirgends zu bekommen, aber eine Abhandlung von Maimon über den Schönheitsbegriff, die lesenswerth ist, will ich mitbringen.

Meine Frau trägt mir auf, Ihuen recht viel freundschaftliches zu sagen. Ich sende ihr die englische Iphigenia, was ihr große Freude machen wird.

Schiller.

---

12. An Goethe.

Jena 29. September 1794.

Ich sehe mich wieder hier, aber mit meinem Sinn bin ich noch immer in Weimar. Es wird mir Zeit kosten, alle die Ideen zu entwirren, die Sie in mir aufgeregt haben; aber keine einzige, hoffe ich, soll verloren sein. Es war meine Absicht, diese vierzehn Tage bloß dazu anzuwenden, so viel von Ihuen zu empfangen, als meine Receptivität erlaubt; die Zeit wird es nun lehren, ob diese Aussaat bei mir aufgehen wird.

Bei meiner Zurückkunft faud ich einen Brief von unserm Horenverleger [1], der voll Eifer und Entschlossenheit ist, das große Werk bald zu beginnen. Ich hatte ihm absichtlich noch einmal alle Schwierigkeiten und alle möglichen Gefahren dieses Unternehmens vorgestellt, um ihm Gelegenheit zu geben, mit möglichster Ueberlegung diesen Schritt zu thun. Er findet aber, nach Erwägung aller Umstände, daß keine Unternehmung versprechender .sein kann, und hat eine genaue Abrechnung mit seinen Kräften gehalten. Auf seine unermüdete Thätigkeit in Verbreitung des Journals, so wie auf seine Pünktlichkeit im Bezahlen können wir zählen.

Er äußert den Wunsch, daß wir seinem Associé, einem jungen Gelehrten, in unserm Ausschuß eine consultative Stimme geben möchten. Ich kann es ihm nicht verargen, daß er in dem Senat, der über seinen Geldbeutel disponiren soll, gern einen guten Freund haben möchte. Dazu kommt, daß dieser junge Mann, der sich Zahn nennt, zu der Handelscompagnie in Calw gehört, [2] die das Cottaische Unternehmen deckt, und die so beträchtlich ist, daß man schon bei mehreren Extremitäten in Würtemberg auf ihren Credit gerechnet hat [3]. Ich glaube daher, daß man wohl thut, diesen Mann so sehr als möglich in das Interesse unsrer Unternehmung zu ziehen, und ihm also wohl eine rathgebende Stimme in unserm Ausschuß zugestehen kann. Weil dieß ein Geschäft betrifft, das ad Acta kommt, so bitte ich Sie, beifolgendes Blatt, wenn Sie mit dem Inhalt einverstanden sind, zu unterschreiben.

Da ich nächster Tage an Herrn Arends schreiben will, so ersuche ich Sie, mir seine Adresse gütigst mitzutheilen. Sie sprachen neulich davon, daß Sie Herrn Hirt in Rom veranlassen wollten, uns das neueste, was im artistischen Fach in Italien vorgeht, zu communiciren. Dieß würde gewiß nützlich sein, und ich bitte, gelegentlich daran zu denken.

Die Luft ist heute so drückend, daß ich es bei diesem Redactionsgeschäfte bewenden lassen muß. Herr v. Ramdohr hat hier, wie ich höre, über den Empfang, den er in Dresden bei Ihuen faud, nicht zum besten gesprochen. Er ist hier so sehr für einen Kunstkenner bekannt, daß ihn Loder [3] mit sich zum Tischler führte, um eine ganz gewöhnliche Commode, die er da machen läßt, in Augenschein zu nehmen.

Schiller.

* 13. An Schiller.

Wir wissen nun, mein Werthester, aus unsrer vierzehntägigen Conferenz: daß wir in Principien einig sind und daß [1] die Kreise unsers Empfindens, Denkens und Wirkens theils coindiciren, theils sich berühren; daraus wird sich für beide gar mancherlei Gutes ergeben. Für die Horen habe ich fortgefahren zu denken und angefangen zu arbeiten; besonders sinne ich auf Vehikel und Masken, wodurch und unter welchen wir dem Publico [2] manches zuschieben können. Gegen die Aufnahme des Herrn Zahns habe nichts zu erinnern, gebe aber, da ich wünschte, daß Sie alle Expeditionen allein unterschrieben, meine Beistimmung auf einem besonderen Blatt zu den Acten.

Leben Sie recht wohl und vergessen nicht ganz meines diätetischen Rathes. Ich hoffe bald etwas schicken zu können und erwarte Ihre Anregung über diese oder jene Gegenstände zu schreiben.

Weimar den 1. October 1794.

Goethe.

Herrn Arends wird Ihr Brief nicht verfehlen, wenn Sie nur Baumeister auf die Adresse setzen; er ist in Hamburg bekannt genug.

Hirt und Albrecht vergesse ich nicht. Danken Sie Herrn von Humboldt für die Recension des Woldemars; ich habe sie so eben mit dem größten Antheil gelesen.

* 14. An Schiller.

Daß die Herausgeber der Horen Herrn Zahn aus Tübingen in ihre Societät aufnehmen und demselben ein consultatives Votum, in den Angelegenheiten welche diese Monatsschrift betreffen, bewilligen, finde ich den Umständen ganz angemessen. Es versteht sich, daß dieses Verhältniß nur so lange dauern kann, als Herr Cotta Verleger ist.

Weimar, den 1. October 1794.

Goethe.

* 15. An Schiller.

Da das gerettete Venedig nicht nächsten Sonnabend, sondern erst Dienstag gegeben wird; auch nicht eben von dem Gewicht ist, daß es Sie herüberziehen sollte; so wollte ich Ihnen überlassen: ob Sie nicht mit Ihrer lieben Gattin Sonnabend den 18ten herüberkommen wollten, wo wir Don Carlos geben? Wenn Sie auch nicht ganz von der Aufführung erbaut werden sollten, so wäre doch das Talent unsrer Schauspieler, zu dem bekannten Zwecke, bei dieser Gelegenheit am sichersten zu prüfen. Leben Sie recht wohl und gedenken mein.

Weimar, den 8. October 1794.

Goethe.

16. An Goethe.

Jena den 8. October 1794.

Entschuldigen Sie das lange Ausbleiben dieses Briefes, der unsre Correspondenz eröffnen soll. Einige dringende Geschäfte für die Lit. Zeitung und die Thalia, die vorher abgethan sein mußten, haben ihn gegen meinen Wunsch und Willen verzögert.

Es wird nun auf Sie ankommen, ob der Pfad, den ich hier einschlage, ferner verfolgt werden soll. Mir schien es nöthig, da wir uns in der Folge so oft darauf geführt sehen könnten, unsre Begriffe über das Wesen des Schönen vor der Hand ins Klare zu setzen.

Mit Hofrath Schütz habe ich unsere Angelegenheit ziemlich in Ordnung gebracht. Der Hauptanstoß, und eigentlich der einzige, ist die große Kostenvermehrung für die Herren Redacteurs, wenn sie von dem nämlichen Buche jährlich zwölf Recensionen liefern sollen, da sie nur zu einer einzigen eigentlich verpflichtet sind. Es wird aber wahrscheinlich arrangirt werden können, daß der Verleger der Horen die Hälfte der Unkosten ihnen abnimmt. Durch diese Auskunft hoffen sie auch den übrigen Herausgebern von Journalen, die sonst eine gleiche Begünstigung fordern könnten, den Mund zu stopfen.

Nach Ihrem Roman, den Sie mir communiciren wollten, verlangt mich sehr. Schütz hat mir angetragen, diesen Theil zu recensiren, und ich bin sehr geneigt, ihm zu willfahren; besonders da ich ihn ungern in andre Hände kommen sehe.

Humboldts und meine Frau begrüßen Sie freundschaftlich, und ich bin Ihnen nahe mit allem, was in mir lebt und denkt.

Schiller.

---

17. An Goethe.

Jena den 17. October 1794.

Wenn ich meiner Gesundheit trauen darf, welche durch das schlechte Wetter wieder beunruhigt worden ist, so komme ich morgen Nachmittag mit meiner Frau nach Weimar; doch bitte ich Sie, mich nicht eigentlich zu erwarten, weil jetzt noch wenig Wahrscheinlichkeit dazu vorhanden ist.

Ich gebe jetzt meinen Briefen an den Pr. v. Aug. die letzte Hand, weil ich den Anfang derselben für das erste Stück der Horen bestimmt habe. Künftigen Dienstag hoffe ich sie Ihnen zusenden zu können. Mein erstes wird alsdann sein, die neulich berührte Materie fortzusetzen, [1] die ich an einer gefährlichen Stelle fallen ließ[2]. Den Elegien und der Epistel sehen wir mit großem Verlangen entgegen.

Alles empfiehlt sich Ihnen hier aufs beste.

Schiller.

* 18. An Schiller.

Wahrscheinlich wären Sie mit der Aufführung des Carlos nicht ganz unzufrieden gewesen, wenn wir das Vergnügen gehabt hätten, Sie hier zu sehen; wenden Sie nur manchmal Ihre Gedanken den Malthefer Rittern zu.

Zu Ende dieser Woche sende ich wahrscheinlich die Elegien; sie sind zum Theil schon abgeschrieben, nur halten mich noch einige widerspänstige Verse hier und da auf.

Gegen Ihren ersten Brief erhalten Sie auch einige Blätter; schon habe ich sie dictirt, muß aber einiges umschreiben. Ich komme mir gar wunderlich vor, wenn ich theoretisiren soll.

Gedenken Sie mein mit den Ihrigen.

Herrn Gerning, der diesen Brief überbringt, gönnen Sie ja wohl eine Viertelstunde.

Leben Sie recht wohl.

Weimar, den 19.[1] October 1794.

Goethe.

---

19. An Goethe.

Jena den 20. October 1794.

Hier mache ich denn also den Anfang, den Tanz der Horen zu beginnen, und sende Ihnen, was von meinen Briefen an den Prinzen für das erste Stück bestimmt ist. Ohne Zweifel wird es durch Ihre und meine Beiträge bis auf wenige Blätter voll werden. Vielleicht könnten wir einen kleinen Beitrag von Herdern gleich für das erste Stück erhalten, welches mir gar angenehm wäre. Uebrigens ist, wenn gleich keine Mannigfaltigkeit der Autoren, doch Mannigfaltigkeit der Materien genug in dem ersten Stücke, wie Sie finden werden.

Mein Debüt in den Horen ist zum wenigsten keine Captatio benevolentiae bei dem Publicum. Ich konnte es aber nicht schonender behandeln, und ich bin gewiß, daß Sie in diesem Stücke meiner Meinung sind. Ich wünschte, Sie wären es auch in den übrigen, denn ich muß gestehen, daß meine wahre ernstliche Meinung in diesen Briefen spricht. Ich habe über den politischen Jammer noch nie eine Feder angesetzt, und was ich in diesen Briefen davon sagte[1], geschah bloß, um in alle Ewigkeit nichts mehr davon zu sagen; aber ich glaube, daß das Bekenntniß, das ich darin[2] ablege, nicht ganz überflüssig ist. So verschieden die Werkzeuge auch sind, mit denen Sie und ich die Welt anfassen, und so verschieden die offensiven und defensiven Waffen, die wir führen, so glaube ich doch, daß wir auf Einen Hauptpunkt zielen. Sie werden in diesen Briefen Ihr Portrait finden, worunter ich gern Ihren Namen geschrieben hätte, wenn ich es nicht haßte, dem Gefühl denkender Leser vorzugreifen. Keiner, dessen Urtheil für

Sie Werth haben kann, wird es verkennen, denn ich weiß, daß ich es gut gefaßt und treffend genug gezeichnet habe.

Es würde mir lieb sein, wenn Sie Zeit fänden, das Manuscript bald zu lesen, und es dann Herdern schickten, den ich präveniren werde; denn es soll ja, nach unsren Statuten, noch in mehrere Hände, ehe es abgeschickt werden kann, und wir wollen doch bald Anstalten zum Abdruck der Horen machen.

Wissen Sie vielleicht schon, daß Engel in Berlin seine Theaterdirection niedergelegt hat, und jetzt in Schwerin, ganz außer Diensten, lebt? Er hat von jährlich 1500 Rthlrn., die er als Besoldung zog, ganz und gar nichts behalten. Wie ich höre, ist er jetzt sehr fleißig mit seiner Feder, und mir hat er nächstens einen Aufsatz zu schicken versprochen.

Ich habe jetzt wegen des Musenalmanachs, von dem ich Ihnen neulich in W. schon erzählte, mit dem Juden Buchhändler ordentlich contrahirt, und er wird künftige Michaelismesse erscheinen. Auf Ihre Güte, die mich nicht im Stiche lassen wird, zähle ich dabei sehr. Mir ist diese Entreprise, dem Geschäfte nach, eine sehr unbedeutende Vermehrung der Last, aber für meine ökonomischen Zwecke desto glücklicher, weil ich sie auch bei einer schwachen Gesundheit fortführen und dadurch meine Unabhängigkeit sichern kann.

Mit großem Verlangen sehe ich allem entgegen, was Ihr letzter Brief mir verspricht.

Wir alle empfehlen uns Ihrem Andenken bestens.

Schiller.

* 20. An Schiller.

Das mir übersandte Manuscript habe sogleich mit großem Vergnügen gelesen; ich schlürfte[1] es auf Einen Zug hinunter. Wie uns ein köstlicher, unsrer Natur analoger Trank willig hinunter schleicht und auf der Zunge schon durch gute Stimmung des Nervensystems seine heilsame Wirkung zeigt, so waren mir diese Briefe angenehm und wohlthätig, und wie sollte es anders sein, da ich das was ich für Recht seit langer Zeit erkannte, was ich theils lebte, theils zu leben[2] wünschte, auf eine so zusammenhängende und edle Weise vorgetragen fand? Auch Meyer hat seine große Freude daran, und sein reiner, unbestechlicher Blick war mir eine gute Gewähr. In diesem behaglichen Zustande hätte mich Herders beiliegendes Billet beinahe gestört, der uns, die wir an dieser Vorstellungsart Freude haben, einer Einseitigkeit beschuldigen möchte. Da man aber im Reiche der Erscheinungen es überhaupt nicht so genau nehmen darf, und es immer schon tröstlich genug ist, mit einer Anzahl geprüfter Menschen, eher zum Nutzen als Schaden seiner selbst und seiner Zeitgenossen, zu irren; so wollen wir[3] getrost und unverrückt[4] so fort leben und wirken und uns in unserm Sein und Wollen ein Ganzes denken, um unser Stückwerk nur einigermaßen vollständig zu machen. Die Briefe behalte ich noch einige Tage, um sie nochmals mit Meyern zu genießen.

Hier folgen die Elegien. Ich wünschte daß Sie sie nicht aus Händen gäben, sondern sie denen, die noch über ihre Admissibilität zu urtheilen haben, vorläsen. Alsdann erbitte ich mir sie zurück, um vielleicht noch einiges zu retouschiren. Finden Sie etwas zu erinnern, so bitte ich es anzuzeigen.

Die Epistel wird abgeschrieben und folgt mit einigen Kleinigkeiten bald; dann muß ich eine Pause machen, denn das dritte Buch des Romans fordert meine Aufmerksamkeit. Noch habe ich die Aushängebogen des ersten nicht; sobald sie anlangen, sind sie bei Ihuen.

Wegen des Almanachs werde ich Ihnen den Vorschlag thun: ein Büchelchen Epigramme[5] ein- oder anzurücken. Getrennt bedeuten sie nichts; wir würden aber wohl aus einigen hunderten, die mitunter nicht producibel sind, doch eine Anzahl auswählen können, die sich auf einander beziehen und ein Ganzes bilden. Das nächste Mal daß wir zusammenkommen, sollen Sie die leichtfertige Brut im Neste beisammen[6] sehen.

Leben Sie recht wohl und lassen mich unter den Ihrigen gegenwärtig sein.

Weimar den 26. October 1794.

Goethe.

Schreiben Sie mir doch was Sie noch etwa zu den Horen von mir wünschen und wann Sie es branchten[7]. Die zweite Epistel wird in der ersten Stunde guten Humors auch fertig.

21. An Goethe.

Jena den 28. October 1794.

Daß Sie mit meinen Ideen einstimmig und mit der Ausführung derselben zufrieden sind, erfreut mich nicht wenig, und dient mir auf dem Wege, den ich betreten habe, zu einer sehr nöthigen Ermunterung. Zwar sollten Dinge, die sich im Felde der bloßen Vernunft ausmachen lassen, oder sich doch dafür ausgeben, fest genug auf innern und objectiven Gründen ruhen und das Criterium der Wahrheit in sich selber tragen; aber eine solche Philosophie giebt es noch nicht, und die meinige ist noch weit davon entfernt. Endlich beruht doch die Hauptsache auf dem Zeugnisse der Empfindung, und bedarf also einer subjectiven Sanction, die nur die Beistimmung unbefangener Gemüther ihr verschaffen kann. Meyers Stimme ist mir hier bedeutend und schätzbar, und tröstet mich über den Widerspruch Herders, der mir meinen Kantischen Glauben, wie es scheint, nicht verzeihen kann. Ich erwarte auch von den Gegnern der neuen Philosophie die Duldung nicht, die man einem jeden andern System, von dem man sich nicht besser überzeugt hätte, sonst widerfahren lassen möchte; denn die Kantische Philosophie übt in den Hauptpunkten selbst keine Duldung aus, und trägt einen viel zu rigoristischen Charakter, als daß eine Accomodation mit ihr möglich wäre. Aber dieß macht ihr in meinen Augen Ehre, denn es beweist, wie wenig sie die Willkür vertragen kann. Eine solche Philosophie will daher auch nicht mit bloßem Kopfschütteln abgefertigt sein. Im offenen, hellen und zugänglichen Feld der Untersuchung erbaut sie ihr System, sucht nie den Schatten und reservirt dem Privatgefühl nichts, aber so, wie sie ihre Nachbarn behandelt, will sie wieder behandelt sein, und es ist ihr zu verzeihen, wenn sie nichts als Beweisgründe achtet. Es erschreckt mich gar nicht, zu denken, daß das Gesetz der Veränderung, vor welchem kein menschliches und kein göttliches Werl Gnade findet, auch die Form dieser Philosophie, so wie jede andere, zerstören wird; aber die Fundamente derselben[1] werden dieß Schicksal nicht zu fürchten haben, denn so alt das Menschengeschlecht ist, und so lange es eine Vernunft giebt, hat man sie stillschweigend anerkannt, und im Ganzen darnach gehandelt.

Mit der Philosophie unsers Freundes Fichte dürfte es nicht diese Bewandtniß haben. Schon regen sich starke Gegner in seiner eignen Gemeinde, die es nächstens laut sagen werden, daß alles auf einen subjectiven Spinozismus hinausläuft. Er hat einen seiner alten akademischen Freunde, einen gewissen Weißhuhn, veranlaßt hieher zu ziehen, wahrscheinlich in der Meinung, sein eigenes Reich durch ihn auszubreiten. Dieser aber, nach allem was ich von ihm höre, ein trefflicher philosophischer Kopf, glaubt schon ein Loch in sein System gemacht zu haben und wird gegen ihn schreiben. Nach den mündlichen Aeußerungen Fichte's, denn in seinem Buch war noch nicht davon die Rede, ist das Ich auch durch seine Vorstellungen erschaffend, und alle Realität ist nur in dem Ich. Die Welt ist ihm nur ein Ball, den das Ich geworfen hat und den es bei der Reflexion wieder fängt!! Sonach hätte er seine Gottheit wirklich declarirt, wie wir neulich erwarteten.

Für die Elegien danken wir Ihnen alle sehr. Es herrscht darin eine Wärme, eine Zartheit und ein ächter körnigter Dichtergeist, der einem herrlich wohlthut unter den Geburten der jetzigen Dichterwelt. Es ist eine wahre Geistererscheinung des guten poetischen Genius. Einige kleine Züge habe ich ungern darin vermißt, doch begreife ich, daß sie aufgeopfert werden mußten. Ueber einige Stellen bin ich im Zweifel, den ich bei der Zurücksendung bemerken will.

Da Sie mich auffordern, Ihnen zu sagen, was ich für die ersten Stücke noch von Ihrer Hand wünsche, so erinnere ich Sie an Ihre Idee, die Geschichte des ehrlichen Procurators aus dem Boccaz zu bearbeiten. Wie ich schon an sich selbst der Darstellung vor der Untersuchung den Vorzug gebe, so bin ich hier um so mehr der Meinung, weil in den drei ersten Stücken der Horen schon etwas zu viel philosophirt werden dürfte, und an poetischen Aufsätzen Mangel ist. Wäre dieser Umstand nicht, so würde ich Sie an den Aufsatz über Landschaftmalerei erinnern. Nach den jetzigen Arrangements würde zu Anfang des Januars das dritte Stück der Horen abgeschickt werden müssen. Rechne ich nun, daß in dem ersten Stück Ihre Elegien und die erste Epistel, in dem zweiten die zweite Epistel, und was Sie etwa diese Woche noch schicken, und in dem dritten wieder eine Epistel und die Geschichte aus dem Boccaz von Ihuen erscheint, so ist jedem dieser drei Stücke sein Werth schon gewiß.

Ihr gütiges Anerbieten, die Epigramme betreffend, ist das vortheilhafteste für den Almanach. Auf welche Art man es anzufangen hat, um sie nicht zu trennen, darüber wird sich noch sprechen lassen. Vielleicht ginge es doch an, mehrere Lieferungen daraus[2] zu macheń, davon jede doch unabhängig von der andern bestehen könnte.

Daß Professor Meyer wieder in Weimar ist, erfreut mich zu hören, und ich bitte Sie, uns recht bald mit einander[3] in Bekanntschaft zu bringen. Vielleicht entschließt er sich zu einer kleinen Excursion hieher, und damit diese auch für den Künstler nicht ganz zwecklos sei, so habe ich ihm eine Büste von einem deutschen Bildhauer aufzuweisen, die, wie ich sagen zu können glaube, das Auge des ächten Kunstrichters nicht zu fürchten hat. Vielleicht entschließt sich Herr Meyer, gleich diesen Winter etwas für die Horen aufzusetzen.

An die Maltheser gehe ich gewiß, sobald ich meine Briefe, von denen Sie nur den dritten Theil gelesen, und noch einen kleinen Versuch über das Naive vollendet haben werde; dieß dürfte aber den Rest dieses Jahrs noch hinwegnehmen. Für den Geburtstag der Herzogin kann ich also dieses Stück nicht versprechen, aber mit Ende des Winters denle ich wohl damit fertig zu sein. Ich spreche hier wie ein gesunder und rüstiger Mensch, der über seine Zeit zu gebieten hat; aber bei der Ausführung wird mich das Nicht-Ich schon erinnern.

Erhalten Sie uns Ihr gütiges Andenken. Sie leben in dem unsrigen.

Schiller.

* 22. An Schiller.

Hierbei folgen Ihre Briefe mit Dank zurück. Hatte ich das erstemal sie bloß als betrachtender Mensch gelesen und dabei viel, ich darf fast sagen völlige, Uebereinstimmung mit meiner Denkensweise gefunden, so las ich sie das zweitemal im praktischen Sinne und beobachtete genau: ob ich etwas fände das mich als handelnden Menschen von seinem Wege ableiten könnte; aber auch da faud ich mich nur gestärkt und gefördert, und wir wollen uns also mit freiem Zutrauen dieser Harmonie erfreuen.

Meine erste Epistel liegt bei, mit einigen Kleinigkeiten. Die zweite mache ich fertig; die Erzählung soll zu Ende des Jahrs bereit sein und hoffentlich eine dritte Epistel.

Beiliegender Brief von Maimon nebst dem Aufsatze wird Sie interessiren.

Geben Sie ihn nicht aus der Hand. Vielleicht besuche ich Sie bald mit Meyer. Leben Sie recht wohl.

Weimar den 28. October 1794.

Goethe.

---

* 23. An Schiller.

Morgen frühe gegen[1] 10 Uhr hoffe ich mit Meyern in Jena einzutreffen und einige vergnügte Tage in Ihrer Nähe zuzubringen. Ich wünsche daß ich Sie recht wohl antreffen möge.

Weimar den 1. November 1794.

Goethe.

---

24. An Goethe.

Jena den 16. November 1794.

Dieses unholde Wetter, das alle Empfindungswerkzeuge zuschließt, hat mich in voriger Woche für alles was Leben heißt vernichtet, und mir ist, da ich aus diesem Geistesschlummer wieder zu mir selbst komme, als ob ich Sie nach einem langen Zwischenraum wieder fände. Herzlich verlangt mich nach einer freundlichen Spur von Ihnen. Damit etwas bei Ihnen sei, was mich Ihnen zuweilen vergegenwärtigt, so gönnen Sie beifolgendem Bilde irgend einen Platz in Ihrem Hanse, welchen Sie wollen, nur nicht den, wo Sie das Reinholdische[1] Portrait begraben haben.

Hier folgen auch auf Verlangen die Elegien nebst den Stolbergen mit meinem verbindlichsten Danke zurück. Das erste Manuscript der Horen ist vorgestern an den Buchhändler abgegangen. Ich habe ihm geschrieben, daß er den Rest des ersten Stücks in vierzehn Tagen zu erwarten habe.

Das Lustspiel, die Wittwe, das Sie neulich mitnahmen, erbitte ich mir auf vierzehn Tage zurück. Es soll in der Thalia abgedruckt werden, mit welcher Sie es alsdann zurückerhalten, wenn Sie Lust haben, Gebrauch davon zu machen.

Auf ein Manuscript von Meyern habe ich diese Woche mit Verlangen gewartet. Wollen Sie mich in sein Andenken zurückrufen? Herr v. Humboldt wird auf den nächsten Sonnabend seine Reise nach Erfurt[2] antreten.

Wir alle empfehlen uns Ihrer freundschaftlichen Erinnerung.

Schiller.

---

* 25. An Schiller.

Hier schicke ich das Manuscript und wünsche daß ich das rechte Maß und den gehörigen Ton möge getroffen haben. Ich erbitte mir es bald wieder zurück, weil hier und da noch einige Pinselstriche nöthig sind um gewisse Stellen in ihr Licht zu setzen. Kann ich die zweite Epistel und die erste Erzählung zum zweiten Stücke stellen, so wollen wir sie folgen lassen und die Elegien zum dritten aufheben, wo nicht, so mögen diese voraus. Zu den kleinen Erzählungen habe ich große Lust, nach der Last die einem so ein pseudo epos als der Roman ist auflegt.

Unger (der mitunter zu strudeln scheint) schickt mir den Schluß des ersten Buches und vergißt die Mitte. Sobald die fehlenden sechs Bogen ankommen, sende ich diesen Prologum.

Herr v. Humboldt ist neulich zu einer ästhetisch-kritischen Session gekommen; ich weiß nicht wie sie ihn unterhalten hat.

Mich verlangt sehr zu hören wie Sie mit Ihren Arbeiten stehen? noch mehr, etwas ausgeführt zu lesen.

Sie erhalten ja wohl die Aushängebogen der Monatschrift, daß wir ihre Physiognomie früher als das Publicum kennen lernen.

Leben Sie recht wohl. Ich habe wieder eine Menge Sachen, von denen ich mich mit Ihnen unterhalten möchte.

Weimar, den 27. November 1794. Abends.

Goethe.

26. An Goethe.

Jena den 29. November 1794.

Sie haben mich mit der unerwartet schnellen Lieferung des Eingangs zu Ihren Erzählungen sehr angenehm überrascht, und ich bin Ihuen doppelt dankbar dafür. Nach meinem Urtheil ist das Ganze sehr zweckmäßig eingeleitet, und besonders finde ich den strittigen Punkt sehr glücklich ins Reine gebracht. Nur ist es Schade, daß der Leser zu [1] wenig auf einmal zu übersehen bekommt, und daher nicht so im Staude ist, die nothwendigen Beziehungen des Gesagten auf das Ganze gehörig zu beurtheilen. Es wäre daher zu wünschen gewesen, daß gleich die erste Erzählung hätte können mitgegeben werden. Aber ich möchte nicht gerne in meinen Wünschen unbescheiden sein und Sie veranlassen, Ihre Theilnahme an den Horen als ein Onus zu betrachten. Ich unterdrücke also diesen Wunsch, und versichere Ihuen bloß, daß wenn Sie ihn, ohne sich zu belästigen, realisiren können, Sie mir ein großes Geschenk machen würden.

Nach dem Ueberschlag den ich gemacht (und ich habe einige Blätter durch die Worte gezählt), kann das Manuscript nicht mehr als zwei und einen halben Bogen betragen, daß also noch immer ein ganzer Bogen zu füllen übrig bleibt. Wenn es auf keine andere Art zu machen ist, so will ich zu diesem siebenten Bogen Rath schaffen, und ein Morceau aus der Niederländischen Geschichte, das für sich interessiren kann, die Belagerung von Antwerpen unter Philipp II., die viel Merkwürdiges hat, kurz beschreiben. Diese Arbeit macht mir weniger Mühe, und es würde der kleine Nebenzweck dabei erreicht, daß schon im ersten Stück das historische Feld besetzt wäre. Es versteht sich aber, daß dieses Expediens, wenigstens für das erste Stück, unterbleibt, sobald Hoffnung da ist, noch mehr von Ihren Erzählungen zu erhalten. Daß die Erscheinung dieses ersten Stücks nun um eine Woche verzögert wird, kann freilich nicht vermieden werden; indessen ist das Uebel so groß nicht, und vielleicht können wir es dadurch gut machen, daß das zweite Stück gleich eine Woche nachher erscheint.

Weil ich mich in meiner Annonce an das Publicum auf unsere Keuschheit in politischen Urtheilen berufen werde, so gebe ich Ihnen zu bedenken, ob an dem, was Sie dem Geheime Rath in den Mund legen, eine Partei des Publicums, und nicht die am wenigsten zahlreiche, nicht vielleicht Anstoß nehmen dürfte? Obgleich hier nicht der Autor, sondern ein Interlocutor spricht, so ist das Gewicht doch auf seiner Seite, und wir haben uns mehr vor dem was scheint als was ist in Acht zu nehmen. Diese Anmerkung kommt von dem Redacteur. Als bloßer Leser würde ich ein Vorwort für den Geh. Rath[2] einlegen, daß Sie ihn doch durch den hitzigen Karl, wenn er sein Unrecht eingesehen, möchten zurückholen und in unserer Gesellschaft bleiben lassen. Auch würde ich mich des alten Geistlichen gegen seine unbarmherzige Gegnerin annehmen, die es ihm fast zu arg macht.

Ich glaubte aus einigen Zügen, besonders aus einer größern Umständlichkeit der Erzählung am Anfange schließen zu können, daß Sie die Absicht haben, die Vermuthung bei dem Leser zu erwecken, daß etwas wirklich vorgefallenes im Spiele sei. Da Sie im Verlauf der Erzählungen ohnehin mit der Auslegungssucht oft Ihr[3] Spiel treiben werden, so wäre es wenigstens nicht übel, gleich damit anzufangen und das Vehikel selbst, in dieser Rücksicht, problematisch zu machen. Sie werden mir meine eigene Auslegungssucht zu Gute halten.

Die Aushängebogen der Horen werden mir von Woche zu Woche geschickt werden; ich zweifle indeß, ob wir vor vierzehn Tagen den ersten zu erwarten haben.

Die Sottise von Herrn Unger ist mir sehr verdrießlich; denn ich harre mit einer wahren Sehnsucht auf diese Schrift. Aber mit nicht weniger Verlangen würde ich die Bruchstücke von Ihrem Faust, die noch nicht gedruckt sind, lesen; denn ich gestehe Ihnen, daß mir das, was ich von diesem Stücke[4] gelesen, der Torso des Herkules ist. Es herrscht in diesen Scenen eine Kraft und eine Fülle des Genies, die den besten[5] Meister unverkennbar zeigt, und ich möchte diese große und kühne Natur, die darin athmet, so weit als möglich verfolgen.

Herr v. Humboldt, der sich Ihnen aufs beste empfiehlt, ist noch ganz voll von dem Eindruck, den Ihre Art, den Homer vorzutragen, auf ihn gemacht hat, und er hat in uns allen ein solches Verlangen daruach erweckt, daß wir Ihnen, wenn Sie wieder auf einige Tage hieher kommen, keine Ruhe lassen werden, bis Sie auch eine solche Sitzung mit uns halten.

Mit meinen ästhetischen Briefen ist es bisher sehr langsam gegangen, aber die Sache erforderte es[6], und ich kann nun[7] hoffen, daß das Gebäude in den Fundamenten gut beschaffen ist. Wenn nicht diese kleine historische Arbeit dazwischen käme, so könnte ich Ihnen vielleicht in acht bis zehn Tagen eine Lieferung zuschicken.

Alles bei uns empfiehlt sich Ihrem freundschaftlichen Andenken.

Ganz der Ihrige

Schiller.

* 27. An Schiller.

Mir ist sehr erfreulich, daß Sie mit meinem Prologus im Ganzen und im Hauptpunkte nicht unzufrieden sind; mehr als diesen kann ich aber fürs erste Stück nicht liefern. Ich will ihn noch einmal durchgehen, dem Geheime Rath und Louisen Sordinen[1] auflegen und Carlen[2] vielleicht noch ein Forte geben, so wird's ja wohl ins gleiche kommen. Ihr historischer Aufsatz wird dem Stücke gewiß wohlthun: es gewinnt an erwünschter Mannigfaltigkeit. Ins zweite Stück hoffe ich die Erzählung zu bringen; überhaupt gedenke ich aber wie die Erzählerin in der Tausend und Einen Nacht zu verfahren. Ich freue mich Ihre Anmerkungen sogleich zu nutzen und dadurch neues Leben in diese Composition zu bringen. Die gleiche Wohlthat hoffe ich für den Roman. Lassen Sie mich nur nicht lange auf die Fortsetzung Ihrer Briefe warten.

Von Faust kann ich jetzt nichts mittheilen; ich wage nicht das Paket aufzuschnüren, das ihn gefangen hält. Ich könnte nicht abschreiben ohne auszuarbeiten, und dazu fühle ich mir keinen Muth. Kann mich künftig etwas dazu vermögen, so ist es gewiß Ihre Theilnahme.

Daß Herr von Humboldt mit unsern homerischen Unterhaltungen zufrieden ist, beruhigt mich sehr, denn ich habe mich nicht ohne Sorge dazu entschlossen. Ein gemeinsamer Genuß hat so große Reize, und doch wird er so oft durch die Verschiedenheit der Theilnehmer gestört. Bis jetzt hat noch immer ein guter Genius über unsere Stunden gewacht. Es wäre recht schön, wenn wir auch einmal einige Bücher zusammen genössen.

Leben Sie recht wohl und lassen mich nicht ferne von Sich und den Ihrigen sein.

Weimar den 2. December 1794.

Goethe.

28. An Goethe.

Jena, den 3. December 1794.

Da ich eben einen Brief von Cotta erhalte, worin er wünscht und verspricht, noch vor Ende dieses Monats das erste Horenstück zu versenden, wenn es nicht an Manuscripte fehle, so bitte ich Sie, mir die Erzählungen womöglich Freitags zu übersenden, wo ich sie abschicken kann. Sieben Tage lang bleiben die Briefe unterwegs, und noch zweimal so viele Zeit wird ohngefähr nöthig sein, den Rest des Stücks abzudrucken und es zu broschiren. Leider sehe ich voraus, daß mein historischer Beitrag zu diesem Stück nicht wird fertig werden können, besonders da meine Unpäßlichkeit mir zwei Tage weggenommen hat, und die Ankündigung des Journals für das Publicum wohl auch mehrere Tage kosten dürfte. Indessen hoffe ich, daß diese Ankündigung selbst, welche dem ersten Stücke soll beigedruckt werden, einigermaßen zur Ergänzung dienen soll.

Da die Post sogleich abgeht, so habe ich nur so viel Zeit, um Ihnen für die Güte, mit der Sie meine Bemerkungen aufnahmen, und für den übrigen Inhalt Ihres Briefs von ganzem Herzen zu danken.

Schiller.

* 29. An Schiller.

Hierbei das Manuscript; ich habe daran gethan was die Zeit erlaubte, Sie oder Herr v. Humboldt sehn es ja vielleicht noch einmal durch.

Ich habe den Schlußstrich weggestrichen, weil mir eingefallen ist, daß ich wohl noch auf eine schickliche Weise etwas anhängen könnte. Wird es eher fertig als Ihre Anzeige, so könnte es zugleich mit abgehen. Schreiben Sie mir nur durch den rückkehrenden Boten: ob Ihnen etwas von einer Gespenstermäßigen Mystificationsgeschichte bekannt sei, welche vor vielen Jahren Mdlle. Clairon begegnet sein soll? und ob vielleicht in irgend einem Journal das Mährchen schon gedruckt ist? Wäre das nicht, so lieferte ich sie noch und wir fingen so recht vom Unglaublichen an, welches uns sogleich ein unendliches Zutrauen erwerben würde. Ich wünschte doch daß das erste Stück mit voller Ladung erschiene [1]. Sie fragen ja wohl bei einigen fleißigen Journallesern wegen der Claironischen Geschichte nach, oder stellen die Anfrage an den Bücherverleiher [2] Voigt, der doch so etwas wissen sollte.

Leben Sie recht wohl und halten Sie sich frisch. Möchten Sie doch durch körperliche Zufälle nicht so oft in Ihrer schönen Geistesthätigkeit gestört werden!

Weimar den 5. December 1794.

Goethe.

30. An Goethe.

Jena den 6. December 1794.

Indem ich eben aus dem Bette steige, erhalte ich Ihr Paket zu meiner großen Freude und Beruhigung. Nach der Gespenstermäßigen Geschichte will ich mich mit dem heutigen Tage sogleich sorgfältig umthun. Ich habe nichts davon weder gelesen noch gehört.

Fichte hat noch einen vierten Aufsatz zu diesem ersten Stücke, binnen heut und acht Tagen, zu liefern versprochen, da er unter seinen Papieren Materialien dazu vorräthig hat. Die Ladung wird also voll sein, und da das Avertissement noch extra vorgedruckt wird, werden wir sogar übercomplet haben. Wenn Sie indessen, während daß das erste Stück gedruckt wird, mit der Continuation der Unterhaltungen fertig werden sollten, so ist der Setzer sogleich für das zweite Stück beschäftigt. Für dieses, denke ich, wird Ihre zweite Epistel, die Fortsetzung der Unterhaltungen, die Fortsetzung meiner Briefe, und die Belagerungsgeschichte von Antwerpen hinreichend sein.

Cotta wünscht gar zu sehr, daß zu den einzelnen Aufsätzen die Namen gedruckt werden möchten. Man könnte ihm, däucht mir, unter der Restriction willfahren, daß er bei denjenigen Aufsätzen wegbliebe, wo der Verfasser nicht gleich genannt sein will. Bei Ihren Elegien, die ohnehin kein Leser, dem es nicht ganz an Judicium gebricht, verkennen kann, wird gar kein Namen nöthig sein. Sollten Sie bei den Unterhaltungen entweder gar nicht genannt, oder nur mit einem simpeln G. bezeichnet zu werden wünschen, so werden Sie die Güte haben, mich in Ihrem nächsten Briefe davon zu benachrichtigen. Ohnehin kämen die Namen nicht unter die Aufsätze zu stehen, sondern würden bloß auf dem Inhaltsverzeichniß erwähnt.

In Ansehung der Recensionen des Journals in der Lit. Zeitung ist nunmehr arrangirt, daß alle drei Monate eine ausführliche Recension davon gemacht wird. Das erste Stück wird jedoch gleich in der ersten Woche des Januar weitläuftig angezeigt. Cotta wird die Kosten der Recensionen tragen, und die Recensenten werden Mitglieder unsrer Societät sein. Wir können also so weitläuftig sein, als wir wollen, und loben wollen wir uns nicht für die Langeweile, da man dem Publicum doch alles vormachen muß.

Mit meiner Gesundheit geht es heute wieder recht brav, und ich werde mich sogleich an das Avertissement machen.

Ganz der Ihrige

Schiller.

---

* 31. An Schiller.

Endlich kommt das erste Buch von Wilhelm Schüler, der, ich weiß nicht wie, den Namen Meister erwischt hat. Leider werden Sie die beiden ersten Bücher nur sehen, wenn das Erz ihnen schon die bleibende Form gegeben; demohngeachtet sagen Sie mir Ihre offne Meinung, sagen Sie mir was man wünscht und erwartet. Die folgenden werden Sie noch im biegsamen Manuscript sehen und mir Ihren freundschaftlichen Rath nicht versagen[1].

An den Unterhaltungen will ich sachte fortarbeiten, vor allem andern aber die zweite Epistel endigen. Ich hoffe es soll alles gut und leicht gehen, wenn wir nur erst im Gange sind.

Cotta mag recht haben, daß er Namen verlangt; er kennt das Publicum, das mehr auf den Stempel als den Gehalt sieht. Ich will daher den übrigen Mitarbeitern die Entscheidung wegen ihrer Beiträge völlig überlassen haben, nur was die meinigen betrifft muß ich bitten, daß sie sämmtlich anonym erscheinen; dadurch wird mir ganz allein möglich, mit Freiheit und Laune, bei meinen übrigen Verhältnissen, an Ihrem Journale Theil nehmen zu können.

Wollten Sie, wenn Sie Druckfehler oder sonst etwas im Romane bemerken, die Güte haben die Stelle mit Bleistift anzustreichen?

Ich freue mich bald wieder etwas von Ihuen zu lesen und besonders Sie vielleicht nach dem neuen Jahre auf einige Zeit zu sehen.

Meyer grüßt vielmals[2] und ich empfehle mich Ihrem Andenken.

Weimar den 6. December 1794.

G.

---

32. An Goethe.

Jena den 9. December 1794.

Mit wahrer Herzenslust habe ich das erste Buch Wilhelm Meisters durchlesen und verschlungen, und ich danke demselben einen Genuß, wie ich lange nicht, und nie als durch Sie gehabt habe. Es könnte mich ordentlich verdrießen, wenn ich das Mißtrauen, mit dem Sie von diesem trefflichen[1] Product Ihres Genies sprechen, einer andern Ursache zuschreiben müßte, als der Größe der Forderungen, die Ihr Geist jederzeit an sich selbst machen muß. Denn ich finde auch nicht Etwas darin, was nicht in der schönsten Harmonie mit dem lieblichen Ganzen stünde. Erwarten Sie heute kein näheres Detail meines Urtheils. Die Horen und deren Ankündigung, nebst dem[2] Posttag, zerstreuen mich zu sehr, als daß ich mein Gemüth zu einem solchen Zwecke gehörig sammeln könnte. Wenn ich die Bogen noch einige Zeit hier behalten darf, so will ich mir mehr Zeit dazu nehmen und versuchen, ob ich etwas von dem fernern Gang der Geschichte und der Entwicklung der Charaktere diviniren kann. Herr v. Humboldt hat sich auch[3] recht daran gelabt, und findet, wie ich, Ihren Geist in seiner ganzen männlichen Jugend, stillen Kraft und schöpferischen Fülle. Gewiß wird diese Wirkung allgemein sein. Alles hält sich darin so einfach und schön in sich selbst zusammen, und mit wenigem ist so viel ausgerichtet. Ich gestehe, ich fürchtete mich anfangs, daß wegen der langen Zwischenzeit, die zwischen dem ersten Wurfe und der letzten Hand verstrichen sein muß, eine kleine Ungleichheit, wenn auch nur des Alters, sichtbar sein möchte. Aber davon ist auch nicht eine Spur zu sehen. Die kühnen poetischen Stellen, die aus der stillen Fluth des Ganzen wie einzelne

Blitze vorschlagen, machen eine treffliche Wirkung, erheben und füllen das Gemüth. Ueber die schöne Charakteristik will ich heute noch nichts sagen. Eben so wenig von der lebendigen und bis zum Greifen treffenden Natur, die in allen Schilderungen herrscht, und die Ihuen überhaupt in keinem Producte versagen kann. Von der Treue des Gemäldes einer theatralischen Wirthschaft und Liebschaft kann ich mit vieler Competenz urtheilen, indem ich mit beidem[4] besser bekannt bin, als ich zu wünschen Ursache habe. Die Apologie des Handels ist herrlich und in einem großen Sinn. Aber daß Sie neben dieser die Neigung des HauptHelden noch mit einem gewissen Ruhm behaupten konnten, ist gewiß keiner der geringsten Siege, welche die Form über die Materie errang. Doch ich sollte mich gar nicht in das Innere einlassen, weil ich es in diesem Augenblicke nicht weiter durchführen kann.

Auf Ihren und unser aller Namen habe ich bei Cotta Arrest gelegt, [5] und er mag sich, wenn auch murrend, darein ergeben[6]. Das Avertissement habe ich heute zu meiner großen Erleichterung geendigt, und es wird dem Intelligenzblatt der Lit. Zeitung beigeschlossen werden. Ihr Versprechen, nach Weihnachten auf eine Zeitlang hieher zu kommen, ist mir sehr tröstlich, und läßt mich mit etwas heiterern[7] Gemüth in diesen traurigen Winter blicken, der nie mein Freund gewesen ist.

Von der Geschichte, Mlle. Clairon betreffend, habe ich nichts in Erfahrung bringen können. Doch erwarte ich noch einige Nachrichten darüber. Meiner Frau ist es noch erinnerlich davon gehört zu haben, daß in Bayreuth bei Oeffnung eines alten Gebäudes die alten Markgrafen sich hätten sehen lassen und geweissagt hätten. Hufeland, der Jurist[8], der sonst wie jener gute Freund de rebus omnibus et de[9] quibusdam aliis zu sprechen weiß, wußte mir nichts davon zu sagen.

Alles empfiehlt sich Ihnen aufs beste und freut sich über Ihre versprochene Hieherkunft sehr.

Schiller.

* 33. An Schiller.

Sie haben mir durch das gute Zeugniß, das Sie dem ersten Buche meines Romans geben, sehr wohlgethan. Nach den sonderbaren Schicksalen, welche diese Production von innen und außen gehabt hat, wäre es kein Wunder wenn ich ganz und gar confus darüber würde. Ich habe mich zuletzt blos an meine Idee gehalten und will mich freuen wenn sie mich aus diesem Labyrinthe herausleitet.

Behalten Sie das erste Buch so lange Sie wollen, indeß kommt das zweite, und das dritte lesen Sie im Manuscripte: so finden Sie mehr Standpunkte zum Urtheil. Ich wünsche, daß Ihr Genuß sich mit den folgenden Büchern nicht mindere, sondern mehre. Da ich nebst der Ihrigen auch Hrn. v. Humboldts Stimme habe, werde ich desto fleißiger und unverdroßner fortarbeiten.

Das Verschweigen der Namen, die ja doch in der Annonce genannt werden sollten, im einzelnen vermehrt gewiß das Interesse; nur müssen die Aufsätze interessant sein.

Wegen der Claironischen Geschichte bin ich nun beruhigt, und nun bitte ich nichts weiter davon zu sagen, bis wir sie produciren.

Leben Sie recht wohl. Ich hoffe, daß es mir so wohl werden soll das neue Jahr mit Ihnen anzufangen.

Weimar den 10. December 1794.

G.

34. An Goethe.

Jena den 22. December 1794.

Hier erhalten Sie endlich eine Anschauung der Horen, von der ich wünsche, daß sie Ihnen gefallen möchte. Etwas eng ist der Druck ausgefallen, wobei das Publicum mehr profitirt als wir. Doch kann man in der Folge, besonders in den poetischen Stücken, eine Aenderung treffen und sich etwas breiter machen. Für den ganz ersten Anfang ist es mir nicht unlieb, daß die großen Aufsätze scheinbar zusammen gehen. Auch werde ich dafür sorgen, daß Cotta diejenigen von uns, welche viel contribuiren, und bei denen also die Verengerung des Druckes im Ganzen ein Object macht, auf irgend eine Art entschädigt. [1]Ohnehin ist es in unserem Contract, daß nach Absatz von 2000 Exemplarien an uns mehr bezahlt werden muß, aber außer diesem muß er noch mehr thun[2].

Ich hoffe daß Sie keine Druckfehler finden sollen. Mir wenigstens ist keiner aufgefallen. Lettern und Format geben dem Buch ein solides und dauerhaftes Ansehen, und unterscheiden es sehr vortheilhaft von dem Haufen der Journale. Auch das Papier ist derb, und scheint es ordentlich auf die Dauer anzulegen.

Cotta liegt mir sehr um Manuscript für das zweite Stück an; ich sollicitire daher um die zweite Epistel.

Diese Bogen bitte ich mir zurückzuschicken, weil Hofr. Schütz, der das erste Stück recensiren wird [3], sich bogenweise gern damit bekannt machen möchte. Eine Probe des Umschlags habe ich auch bestellt, und werde solche über acht Tage erhalten.

Herzlich freue ich mich auf Ihre baldige Zurückkunft nach Jena. Frau von Kalb ist seit einigen Tagen hier.

Schiller.

* 35. An Schiller.

Die Bogen kehren sogleich zurück. Druck und Papier nehmen sich gut aus, besonders die Prosa. Die Hexameter verlieren durch die bald einzelnen bald doppelten Zeilen den Rhythmus fürs Auge.

[1]Unsere Erklärung über das Honorar dächte ich versparten wir bis das erste Stück da ist, und dann machte man seinen Calcul und seine Bedingungen, denn freilich unsere Feldfrüchte über Herrn Cottas beliebigen Scheffel messen zu lassen, möchte in der Continuation nicht dienlich sein[2].

Hier die zweite Epistel. Ihre zweite Hälfte mag die dritte Epistel werden und das dritte Stück anfangen.

Ich will nun auch an die Gespenstergeschichten gehen. Vor Ende des Jahrs bring' ich noch manches bei Seite, um Sie mit desto freierem Muthe im neuen begrüßen zu können.

Lassen Sie doch die Manuscripte von Cotta zurückkommen; es ist in manchem Betracht gut.

Leben Sie recht wohl und grüßen Frau v. Kalb[3], die dießmal leider nur in der Ferne an mir vorbeigegangen ist.

Weimar den 23. December 1794.

Goethe.

* 36. An Schiller.

Wegen des alten Obereits schreibe ich Ihnen heute noch ein Wort. Er scheint in großen Nöthen zu sein; ich habe zwanzig Rthlr. für ihn, die ich Ihuen Sonnabend schicke. Wollten Sie ihm wohl indeß etwas reichen? und überhaupt das Geld bei Sich behalten und ihm nach und nach etwas geben, denn er wird nie mit diesem Werkzeuge umzugehen lernen. Leben Sie recht wohl. Mein drittes Buch ist fertig, und alles scheint sich so zu legen, daß ich mit Heiterkeit Sie nach dem neuen Jahre sehen kann.

Weimar, den 25. December 1794.

G.

1795.

37. An Goethe.

Jena den 2. Jannar 1795.

Meine besten Wünsche zu dem neuen Jahre, und noch einen herzlichen Dank für das verflossene, das mir durch Ihre Freundschaft vor allen übrigen ausgezeichnet und unvergeßlich ist.

Ich habe es mit vielem Fleiße beschlossen, und um etwas vollendet zu haben, wenn Sie kommen, habe ich mir in diesen letzten Tagen etwas zugemuthet. Nnn bin ich mit dieser Arbeit zu Ende, und sie kann Ihnen, wenn Sie kommen, vorgelegt werden.

Die Epistel, für die ich Ihnen bestens danke, liegt noch bei mir; denn da das andre, was zunächst darauf folgen sollte, noch nicht fertig war, so konnte ich sie allein nicht abschicken. Auch pressirte es weniger, weil mir noch mehr Manuscript zum ersten Stück der Horen abgefordert wurde, da selbst die Fichte'sche Abhandlung nicht reichte, und also die Erscheinung dieses Stücks um vierzehn Tage verzögert wird.

Herr Professor Meyer wird mich entschuldigen, daß ich einen Theil seines Aufsatzes ohne seine specielle Erlaubniß noch für dieses erste[1] Stück abgeschickt habe. Es war nicht möglich, ihm solchen nach meiner Bearbeitung wieder vorzulegen, weil ich ihn noch an demselben Posttag mußte abgehn lassen. Indessen glaube ich ihn im[2] Voraus versichern zu können, daß er damit zufrieden sein werde, weil meine Aenderungen sich schlechterdings nur auf das Aeußere beschränkten. Dieser Aufsatz hat mir sehr viel Freude gemacht, und er wird ein sehr schätzbares Stück für die Horen sein. Es ist etwas so äußerst seltenes, daß ein Mann wie Meyer Gelegenheit hat, die Kunst in Italien zu studiren, oder daß einer, der diese Gelegenheit hat, gerade ein Meyer ist.

Die Klopstockische Ode, von der Sie schreiben, habe ich nicht gelesen, und wenn Sie solche noch haben, bitte ich sie mitzubringen. Der Titel läßt schon eine solche Geburt erwarten.

Auf die Fortsetzung Meisters, die Sie doch auch mitbringen werden, freue ich mich gar sehr, und ich kann sie jetzt recht genießen, da ich nach einer individuellen Darstellung ordentlich lechze.

Möchten Sie uns doch einige Scenen aus dem Faust noch zu hören geben. Frau von Kalb, die etwas davon wußte, hat mich neuerdings äußerst begierig darnach gemacht, und ich wüßte nicht, was mir in der ganzen dichterischen Welt jetzt mehr Freude machen könnte.

Ihre Aufträge wegen Obereit werden besorgt. Gegenwärtig hat er noch zu leben, weil ihm von Meiningen Geld geschickt worden ist. Etwas von den vier Louisdor wird man nothwendig auf seine Bekleidung wenden müssen, besonders, da man ihm dadurch die Möglichkeit verschafft, fremde Tische zu besuchen, von denen ihn bis jetzt sein philosophischer Cynismus ausgeschlossen hat.

Ich hoffe in wenigen[3] Tagen entweder Sie selbst zu sehen, oder doch von der Zeit Ihrer Ankunft Nachricht zu erhalten.

Alles empfiehlt sich Ihnen aufs beste.

Schiller.

* 38. An Schiller.

Viel Glück zum neuen Jahre! Lassen Sie uns dieses zubringen, wie wir das vorige geendigt haben, mit wechselseitiger Theilnahme an dem was wir lieben und treiben. Wenn sich die Gleichgesinnten nicht anfassen, was soll aus der Gesellschaft und der Geselligkeit werden! Ich freue mich, in der Hoffnung, daß Einwirkung und Vertrauen sich zwischen uns immer vermehren werden.

Hier der erste Band des Romans. Das zweite Exemplar für Humboldts. Möge das zweite Buch Ihnen wie das erste Freude machen. Das dritte bringe ich im Manuscript mit.

Die Gespenstergeschichten denke[1] ich zur rechten Zeit zu liefern.

Auf Ihre Arbeit bin ich voller Verlangen. Meyer grüßt. Wir kommen wahrscheinlich Sonntags den 11. In der Zwischenzeit hören Sie noch von mir. Leben Sie recht wohl.

Weimar den 3. Januar 1795.

G.

* 39. An Schiller.

Hier erscheint auch das dritte Buch, dem ich eine gute Aufnahme wünsche.

Sonnabends erhalten Sie mein Mährchen für die Horen; ich wünsche daß ich meines großen Vorfahren in Beschreibung der Ahnungen und Visionen nicht ganz unwürdig möge geblieben sein.

Sonntag Nachmittags sehe ich Sie. Abends habe ich mich mit Hofr. Loder in den Clubb engagirt.

Meyer kommt mit und grüßt Sie bestens. Ich freue mich sehr auf Ihre neue Arbeit und habe mir schon manchmal gedacht, welchen Weg Sie wohl möchten genommen haben? werde mir's aber wohl nicht erdenken.

Leben Sie recht wohl und empfehlen mich den Ihrigen.

Weimar den 7. Januar 1795.

G.

40. An Goethe.

Jena den 7. Jannar 1795.

Für das überschickte Exemplar des Romans empfangen Sie meinen besten Dank. Ich kann das Gefühl, das mich beim Lesen dieser Schrift, und zwar in zunehmendem[1] Grade, je weiter ich darin komme, durchdringt und besitzt, nicht besser als durch eine süße und innige Behaglichkeit, durch ein Gefühl geistiger[2] und leiblicher Gesundheit ausdrücken, und ich wollte dafür bürgen, daß es dasselbe bei allen Lesern im Ganzen sein muß.

Ich erkläre mir dieses Wohlsein von der durchgängig darin herrschenden ruhigen Klarheit, Glätte und Durchsichtigkeit, die auch nicht das geringste zurückläßt, was das Gemüth unbefriedigt und unruhig läßt, und die Bewegung desselben nicht weiter treibt als nöthig ist, um ein fröhliches Leben in dem Menschen anzufachen und zu erhalten. Ueber das einzelne sage ich Ihuen nichts, bis ich das dritte Buch gelesen habe, dem ich mit Sehnsucht entgegen sehe.

Ich kann Ihuen nicht ausdrücken, wie peinlich mir das Gefühl oft ist, von einem Product dieser Art in das philosophische Wesen hineinzusehen. Dort ist alles so heiter, so lebendig, so harmonisch aufgelöst und so menschlich wahr, hier alles so strenge, so rigid und abstract, und so höchst unnatürlich, weil alle Natur nur Synthesis und alle[3] Philosophie Antithesis ist. Zwar darf ich mir das Zeugniß geben, in meinen Speculationen der Natur so treu geblieben zu sein, als sich mit dem Begriff der Analysis verträgt; ja vielleicht bin ich ihr treuer geblieben, als unsre Kantianer für erlaubt und für möglich hielten. Aber dennoch fühle ich nicht weniger lebhaft den unendlichen Abstand zwischen dem Leben und dem Raisonnement — und kann mich nicht enthalten in einem solchen melancholischen Augenblick für einen Mangel in meiner Natur auszulegen, was ich in einer heitern Stunde bloß für eine natürliche Eigenschaft der Sache ansehen muß. So viel ist indeß gewiß, der Dichter ist der einzige wahre M e n s c h, und der beste Philosoph ist nur eine Caricatur gegen ihn.

Daß ich voll Erwartung bin, zu wissen, was Sie zu meiner Metaphysik des Schönen sagen, darf ich Ihnen nicht erst versichern. Wie das Schöne selbst aus dem ganzen Menschen genommen ist, so ist diese meine Analysis desselben aus m e i n e r ganzen Menschheit heraus genommen, und es muß mir allzuviel daran liegen, zu wissen, wie diese mit der Ihrigen zusammen stimmt.

Ihr Hiersein wird eine Quelle von Geistes- und Herzensnahrung für mich sein. Besonders sehne ich mich auch darnach, gewisse Dichterwerke in Gemeinschaft mit Ihnen zu genießen.

Sie versprachen mir, mich bei Gelegenheit Ihre Epigramme hören zu lassen. Es wäre eine große Freude mehr für mich, wenn dieses bei Ihrem jetzigen Aufenthalt in Jena anginge, da es doch problematisch ist, wie bald ich nach W. kommen kann.

Meyern bitte ich mich recht freundschaftlich[4] zu empfehlen. Alles bei uns freut sich[5] auf Ihre beiderseitige Ankunft herzlich und niemand mehr als Ihr

aufrichtigster Verehrer und Freund

Schiller.

Eben da ich schließen will, erhalte ich die willkommene Fortsetzung Meisters. Tausend Dank dafür!

---

* 41. An Schiller.

Dem Vorsatze, Sie morgen zu sehen und einige Zeit in Ihrer Nähe zu bleiben, hat sich nichts entgegengestellt; ich wünsche Sie wohl und munter anzutreffen.

Beikommendes Manuscript habe ich nach der Abschrift nicht wieder durchsehen können. Es sollte mir lieb sein, wenn Ihnen meine Bemühung mit dem großen Hennings zu wetteifern nicht mißfiele.

Leben Sie recht wohl und grüßen Frau und Freunde.

Weimar den 10. Jannar 1795.

G.

---

42. An Goethe.

Jena den 25. Jannar 1795.

Wären Sie einen Tag länger bei uns geblieben, so hätten wir den Advent der Horen zusammen feiern können. Gestern kamen sie, und hier übersende ich Ihnen die gebührenden Exemplare nebst einem für unsern Freund Meyer. Es stehen Ihnen mehrere zu Dienst, sobald Sie deren benöthigt sein sollten. Ich wünschte nur, daß die äußere Gestalt Ihrer beider Beifall haben möchte.

Cotta schreibt sehr zufrieden. Es sind bereits so viele Bestellungen gemacht worden, daß er sich einen recht großen Absatz verspricht; welches im Mund eines Verlegers eine glaubwürdige Versicherung ist.

Da ich diese Tage ein Paket an Jacobi zu schicken habe, so bitte ich Sie, mir den bewußten Brief an ihn zum Einschluß zu senden, weil ich Sie mit meinem Paket nicht belästigen mag. Auch wünschte ich zu wissen, ob Sie etwa schon eins von Ihren Exemplarien dem Herzog zugedacht haben, in welchem Fall ich es unterlassen würde, ihm eins zu präsentiren.

Aus den überschickten Göttinnen habe ich mit Vergnügen ersehen[1], daß sie[2] und unser großer Ofenfreund die kalte Region glücklich passirt sind. Die colossalische Frau freut mich sehr, und ich werde ihr oft gegenüber stehen, und auch der göttlichen Jungfrau, welche, den Kummer über die Sterblichkeit abgerechnet, ganz vortrefflich ist.

Alles empfiehlt sich Ihrem Andenken bestens. Ganz der Ihrige

Sch.

* 43. An Schiller.

Für die übersendeten Exemplare Horen danke ich; sie nehmen sich noch ganz artig aus. Eins der kleinen Exemplare hab' ich in Ihrem Namen dem Herzog überreicht und wünschte daß Sie ihm bei dieser Gelegenheit ein Wort schrieben.

Ich zweifle nicht daß das Journal gut gehen wird.

Mein drittes Buch ist fort; ich habe es nochmals durchgesehen und Ihre Bemerkungen dabei vor Angen gehabt.

Diese Woche vergeht unter anhaltender Theaterqual; dann soll es wieder frisch an die vorgesetzten[1] Arbeiten gehen. Ich wünsche Gesundheit und Lust zu den Ihrigen.

Meyer grüßt. Nehmen Sie wiederholten Dank für alles Gute das Sie uns in Jena gegönnt.

Weimar den 27. Januar 1795.

G.

[2] Noch etwas: da ich wünschte daß der Aufsatz des Herrn v. Humboldt, wie alle andern, im Zweifel wegen des Verfassers ließe, so wäre vielleicht gut, das Citat wo der Bruder angeführt ist wegzulassen, besonders da es fast das einzige ist und Muthmaßungen erregen und bestärken könnte. Zwar weiß ich wohl, daß wir sehr offenbar Versteckens spielen, doch halte ich es für sehr ersprießlich, daß der Leser wenigstens erst urtheilen muß, ehe er erfährt wer sein Autor sei[3].

G.

[4] Bitte um das Paket an Jakobi das ich sogleich absenden werde.

G.

44. An Goethe.

Jena den 28. Januar 1795.

Ich danke Ihnen sehr dafür, daß Sie so gütig waren, dem Herzog in meinem Namen ein Exemplar der Horen zu überreichen. Es folgt solches hier zurück, und da ich auf den nächsten Sonnabend noch einige neue Exemplare von Cotta zu erwarten habe, so lege ich zu Ihrem Gebrauche noch einige, nebst dem Paket an Jacobi, bei.

An den Herzog habe ich heute geschrieben. Was er zu unsern Horen sagt, werde ich wohl einmal von Ihnen hören.

Endlich habe ich die merkwürdige Recension der Horen von Schütz[1] in Manuscript gelesen. Für unsern Zweck ist sie ganz gut, und um vieles besser als für unsern Geschmack. Die Bilder aus Utopien mochten seine Imagination noch nicht ganz verlassen haben, als er sie niederschrieb; denn vom Essen ist reichlich die Rede darin.

Es ist zu loben, daß er aus der Epistel viele Stellen angeführt hat. Gegen mich hat er einiges auf dem Herzen, was er mir aber nicht zeigen wollte, um keiner Collusion sich schuldig zu machen. Es soll mir lieb sein, wenn er dadurch auf eine geschickte Art den Ruf der Unparteilichkeit behauptet.

An Herdern schrieb ich dieser Tage, und bitte Sie sehr, wenn Sie Gelegenheit finden, mein Gesuch bei ihm zu unterstützen.

Mich haben seit Ihrer Abreise von hier die Musen nicht viel besuchen wollen, und es muß besser gehen, wenn ich dem Centaur des vierten Stücks Ehre machen soll.

Die Kinder haben die Blattern bekommen und auf eine sehr glückliche Art, ohne alle übeln Zufälle. Alles empfiehlt sich Ihnen aufs beste.

Sch.

---

* 45. An Schiller.

Wie sehr wünsche ich, daß Sie mein viertes Buch bei guter Gesundheit und Stimmung antreffen und Sie einige Stunden unterhalten möge. Darf ich bitten anzustreichen was Ihnen bedenklich vorkommt. Herrn[1] v. Humboldt und den Damen empfehle ich gleichfalls meinen Helden und seine Gesellschaft.

Komme ich Sonnabend nicht, wie ich doch hoffen kann, so hören Sie mehr von mir. Meyer grüßt vielmals.

Weimar den 11. Februar 1795.

G.

* 46. An Schiller.

Sie sagten mir neulich, daß Sie bald zu uns herüber zu kommen gedachten. Ob nun schon, wie ich fürchte, das abermals eingefallene kalte Wetter Sie abhalten wird, so wollte ich doch auf jeden Fall einen Vorschlag thun.

Sie könnten beide bei mir einkehren, oder wenn auch das Frauchen sich lieber wo anders einquartirte, so wünschte ich doch, daß Sie wieder das alte Quartier bezögen. Machen Sie es ganz nach Ihrem Sinne; Sie sind mir beide herzlich willkommen.

Durch den guten Muth, den mir die neuliche Unterredung eingeflößt, belebt, habe ich schon das Schema zum fünften und sechsten Buche ausgearbeitet. Wie viel vortheilhafter ist es, sich in andern als in sich selbst zu bespiegeln.

Kennen Sie die Kantischen Beobachtungen über das Gefühl des Schönen und Erhabenen von 1771? Es wäre eine recht artige Schrift, wenn die Worte schön und erhaben auf dem Titel gar nicht stünden und im Büchelchen selbst seltner vorkämen. Es ist voll allerliebster Bemerkungen über die Menschen, und man sieht seine Grundsätze schon keimen. Gewiß kennen Sie es schon.

Ist denn von dem abwesenden Herrn v. Humboldt noch keine Nachricht eingegangen? Empfehlen Sie mich in Ihrem Kreise, und fahren Sie fort mich durch Ihre Liebe und Ihr Vertrauen zu erquicken und zu erheben.

Weimar den 18. Februar 1795.

G.

47. An Goethe.

Jena den 19. Februar 1795.

Das elende Wetter hat wieder allen meinen Muth mit fortgenommen, und meine Thürschwelle ist wieder die alte Grenze meiner Wünsche und meiner Wanderschaft. Wie gern will ich von Ihrer Einladung Gebrauch machen, sobald ich meiner Gesundheit ein wenig trauen kann, sollte ich Sie auch nur auf etliche Stunden sehen. Mich verlangt herzlich darnach, und meine Frau, die sich sehr auf diesen Besuch bei Ihnen freut, wird mir keine Ruhe lassen, ihn auszuführen.

Ich gab Ihnen neulich treu den Eindruck zurück, den Wilhelm Meister auf mich machte, und es[1] ist also, wie billig, Ihr eigenes Feuer, an dem Sie sich wärmen. Körner schrieb mir vor einigen Tagen mit unendlicher Zufriedenheit davon, und auf sein Urtheil ist zu bauen. Nie habe ich einen Kunstrichter gefunden, der sich durch die Nebenwerke an einem poetischen Product so wenig von dem Hauptwerke abziehen ließe. Er findet in W. Meister alle Kraft aus Werthers Leiden, nur gebändigt durch einen männlichen Geist, und zu der ruhigen Anmuth eines vollendeten Kunstwerks geläutert.

Was Sie von der kleinen Schrift Kants schreiben, erinnere ich mich bei

Lesung derselben auch empfunden zu haben. Die Ausführung ist bloß anthropologisch, und über die letzten Gründe des Schönen lernt man darin nichts. Aber als Physik und Naturgeschichte des Erhabenen und Schönen enthält es manchen fruchtbaren Stoff. Für die ernsthafte Materie schien mir der Styl etwas zu spielend und blumenreich; ein sonderbarer Fehler an einem Kant, der aber wieder sehr begreiflich ist.

Herder hat uns mit einem gar glücklich gewählten und ausgeführten Aufsatz beschenkt, worin der so gangbare Begriff vom eigenen Schicksal beleuchtet wird. Materien dieser Art sind für unsern Gebrauch vorzüglich passend, weil sie etwas mystisches an sich haben, und durch die Behandlung doch an irgend eine allgemeine Wahrheit angeknüpft werden.

Weil doch eben vom Schicksal die Rede ist, so muß ich Ihnen sagen, daß ich dieser Tage auch über mein Schicksal etwas entschieden habe. Meine Landsleute haben mir die Ehre angethan, mich nach Tübingen zu vociren, wo man sich jetzt sehr mit Reformen zu beschäftigen scheint. Aber da ich doch einmal zum akademischen Lehrer unbrauchbar gemacht bin, so will ich lieber hier in Jena, wo ich gern bin und wo möglich leben und sterben will, als irgend anderswo müßig gehen. Ich hab' es also ausgeschlagen, und mache mir daraus kein Verdienst; denn meine Neigung entschied schon allein die ganze Sache, so daß ich gar nicht nöthig hatte, mich der Verbindlichkeiten zu erinnern, die ich unserm guten Herzog schuldig bin, und die ich ihm am liebsten vor allen andern schuldig sein mag. Für meine Existenz glaube ich nichts besorgen zu dürfen, so lange ich noch einigermaßen die Feder führen kann, und so lasse ich den Himmel walten, der mich noch nie verlassen hat.

Herr v. Humboldt aus Bayreuth ist noch nicht hier, und hat über seine Ankunft auch noch nichts bestimmtes geschrieben.

Hier folgen auch die Weißhuhnischen Blätter, von denen ich Ihuen neulich sagte. Ich bitte mir sie bald zurück.

Herzlich empfehlen wir uns alle Ihrem Andenken.

Sch.

* 48. An Schiller.

Wie sehr freue ich mich daß Sie in Jena bleiben mögen, und daß Ihr Vaterland Sie nicht hat wieder anziehen können. Ich hoffe wir wollen noch manches zusammen treiben und ausarbeiten.

Ich bitte um das Manuscript des vierten Buches und werde die Synonymen balde zurückschicken. So wird ja der Stundentanz immer reger werden.

Leben Sie recht wohl. Nächstens mehr.

Weimar den 21. Februar 1795.

G.

49. An Goethe.

Jena den 22. Februar 1795.

Ihrem Verlangen gemäß folgt hier das vierte Buch des W. Meister. Wo ich einigen Anstoß faud, habe ich einen Strich am Rande gemacht, dessen Bedentung Sie bald finden werden. Wo Sie sie nicht finden, da wird auch nichts verloren sein.

Eine etwas wichtigere Bemerkung muß ich bei Gelegenheit des Geldgeschenkes machen, das Wilhelm von der Gräfin durch die Hände des Barons erhält und annimmt. Mir däucht — und so schien es auch Humboldten — daß nach dem zarten Verhältnisse zwischen ihm und der Gräfin, diese ihm ein solches Geschenk und durch eine fremde Hand nicht anbieten, und er nicht annehmen dürfe. Ich suchte im Context nach etwas, was ihre und seine Delicatesse retten könnte, und glaube, daß diese dadurch geschont werden würde, wenn ihm dieses Geschenk als Remboursement für gehabte Unkosten gegeben und unter diesem Titel von ihm angenommen würde. Entscheiden Sie nun selbst. So wie es dasteht, stnzt der Leser und wird verlegen, wie er das Zartgefühl des Helden retten soll.

Uebrigens habe ich beim zweiten Durchlesen wieder neues Vergnügen über die unendliche Wahrheit der Schilderungen und über die treffliche Entwicklung des Hamlet empfunden. Was die letztere betrifft, so wünschte ich, bloß in Rücksicht auf die Verkettung des ganzen und der Mannigfaltigkeit wegen, die sonst in einem so hohen Grade behauptet worden ist, daß diese Materie nicht so unmittelbar hinter einander vorgetragen, sondern, wenn es anginge, durch einige bedeutende Zwischenumstände hätte unterbrochen werden können. Bei der ersten Zusammenkunft mit Serlo kommt sie zu schnell wieder aufs Tapet, und nachher im Zimmer Aureliens gleich wieder. Indeß sind dieß Kleinigkeiten, die dem Leser gar nicht auffallen würden, wenn Sie ihm nicht selbst durch alles Vorhergehende die Erwartung der höchsten Varietät beigebracht hätten.

Körner, der mir gestern schrieb, hat mir ausdrücklich anbefohlen, Ihuen für das hohe Vergnügen zu danken, das ihm Wilh. Meister verschafft. Er hat sich nicht versagen können etwas daraus in Musik zu setzen, welches er Ihnen durch mich vorlegt. Eins ist auf die Mandoline und das andre auf das Clavier. Die erstere findet sich wohl irgendwo in Weimar.

Noch muß ich Sie ernstlich bitten, sich unsers dritten Stücks der Horen zu erinnern. Cotta bittet mich dringend ihm die Manuscripte früher zu schicken, und meint, daß der zehnte des Monats der späteste Termin sein müsse, an welchem er das Manuscript beisammen[1] haben müsse. Es müsse also am dritten von hier abgehen können. Glauben Sie wohl, um diese Zeit mit dem Procurator fertig zu sein? Meine Mahnung darf Sie aber keineswegs belästigen, denn Sie haben völlig freie Wahl, ihn entweder für das dritte oder vierte Stück zu bestimmen, weil doch eines von diesen beiden Stücken von Ihnen übergangen werden soll.

Herzlich empfehlen wir uns Ihnen alle, und Meyern bitte ich von meiner Seite bestens zu grüßen.

Schiller.

* 50. An Schiller.

Ihre gütige kritische Sorgfalt für mein Werk hat mir aufs[1] neue Lust und Muth gemacht das vierte Buch nochmals durchzugehen. Ihre Obelos habe ich wohl verstanden und die Winke benutzt, auch den übrigen Desideriis hoffe ich abhelfen zu können und bei dieser Gelegenheit noch manches Gute im Ganzen zu wirken. Da ich aber gleich daran gehen muß, so werden Sie mich vom dritten Stück entschuldigen, dagegen soll der Procurator, in völliger Zierlichkeit, zum vierten aufwarten[2].

Die Synonymen die hier zurückkommen haben sehr meinen Beifall; die Ausarbeitung ist sehr geistreich und an manchen Stellen überraschend artig. Der Eingang dagegen scheint mir weniger lesbar, obgleich gut gedacht und zweckmäßig.

Des Verfassers Grille, nicht unter der Akademie stehen zu wollen, ist nun mit Bericht herüber gekommen. Die Akademie verlangt Satisfaction, weil er den Prorector unverschämt gescholten hat u. s. w. — Da Sie sich seiner annehmen, so sagen Sie mir nur was man einigermaßen plausibles für ihn anführen kann. Denn ein Forum privilegiatum gegen ein gemeines zu vertauschen ist doch gar zu transcendent. Der Stadtrath kann ihn nicht einmal aufnehmen, ohne daß er sich den gewöhnlichen Conditionen unterwirft. Man kann von ihm Beweis verlangen, daß er zweihundert Thaler einbringt, er muß Bürger werden und was des Zeugs mehr ist. Wäre es möglich ihn zu disponiren, daß er mit der Akademie Friede machte, so ließe sich durch Voigt der jetzt Prorector[3] ist wohl alles in Güte abthun.

Ich hoffe Sie bald wieder, und wär' es nur auf einige Stunden, zu besuchen. Lassen Sie mich auch abwesend nicht ferne sein.

Körnern versichern Sie, daß mich seine Theilnahme unendlich freut. Die Romanze denke ich bald auf dem Theater zu hören.

Leben Sie recht wohl.

Weimar den 25. Februar 1795.

G.

51. An Goethe.

Jena den 27. Februar 1795.

Wenn die freundlichen Tage, die wir hier haben, auch von Ihnen genossen werden, so wünsche ich dem vierten Buch von W. Meister dazu Glück. Mich hat diese Ankündigung des Frühlings recht erquickt und über mein Geschäft, das dessen sehr bedurfte, ein neues Leben ausgegossen. Wie sind wir doch mit aller unsrer geprahlten Selbstständigkeit an die Kräfte der Natur angebunden, und was ist unser Wille, wenn die Natur versagt! Worüber ich schon fünf Wochen fruchtlos[1] brütete, das hat ein milder Sonnenblick binnen drei Tagen in mir gelöst; freilich mag meine bisherige Beharrlichkeit diese Entwicklung vorbereitet haben, aber die Entwicklung selbst brachte mir doch die erwärmende Sonne mit.

Ich bemächtige mich meines Stoffes immer mehr und entdecke mit jedem Schritt, den ich vorwärts thue, wie fest und sicher der Grund ist, auf welchem ich baute. Einen Einwurf, der das Ganze umstürzen könnte, habe ich von nun an nicht mehr zu fürchten, und gegen einzelne Irrthümer in der Anwendung wird die strenge Verbindung des Ganzen selbst mich sicher stellen, wie den Mathematiker die Rechnung selbst vor jedem Rechnungsfehler warnt.

Mit unserm Transcendental-Philosophen, der die akademische Freiheit so wenig zu schätzen weiß, habe ich — da er selbst nicht sichtbar ist — durch Niethammers Mediation es dahin geleitet, daß er sich mit dem zeitigen Prorector friedlich setzen will, und also wahrscheinlich auch wird in Frieden gelassen werden. Ich habe keine Ursache zu glauben, daß er Facta verdreht hat; wenn er aber die Wahrheit sagt, so hat sich Hr. Prof. Schmidt das Prädicat, das er ihm gegeben, selbst zuzuschreiben; denn, wie Weißhuhn versichert[2], so hat ihm derselbe mit ausdrücklichen Worten versichert, daß er bis auf Ostern in Ruhe gelassen und ihm keine Erklärung, seines Hierbleibens wegen, abgefordert werden solle; nachher aber hat er sein gegebenes Wort abgeläugnet u. dgl. Da Weißhuhn meinte, daß ein solches Betragen nicht von dem Prorector Schmidt, sondern von dem Prof. Schmidt herrühren köune, so hat er, bei allem Respect gegen den ersten, den andern impertinent gefunden.

Die neuen Horen sind fertig, und ein Exemplar davon ist mir schon mit der Briefpost zugeschickt worden. Morgen erwarte ich das Palet. Wir haben in dem zweiten Heft die Schuld völlig getilgt, die wir in dem ersten machten, denn es enthält anstatt 7 Bogen 8 und 1/4[3] Bogen.

Ihrem Versprechen gemäß können wir mit jedem Tag einen Besuch von Ihuen erwarten, worauf ich mich herzlich freue. Alles ist wohl und empfiehlt sich Ihnen aufs beste.

Schiller.

N. S. Die Synonymen haben Sie letzthin beizulegen vergessen.

---

* 52. An Schiller.

Hierbei die vergeßnen Synonymen. Ich las ein Stückchen davon in meiner gestrigen Gesellschaft vor, ohne zu sagen woher es lomme noch wohin es gehe. Man gab ihm vielen Beifall.

Ueberhaupt wird es nicht übel sein, wenn ich manchmal etwas von unsern Manuscripten voraus lese. Es sind doch immer wieder ein Dutzend Menschen die dem Product dadurch geneigter und aufs nächste Stück aufmerksam werden.

Die Weißh. Sache will ich aufhalten, bis ich von Ihuen Nachricht einer amicalen Beendigung habe.

Zu der glücklichen Annäherung an Ihren Zweck geb' ich meinen Segen. Wir können nichts thun als den Holzstoß erbauen und recht trocknen; er fangt[1] alsdann Feuer zur rechten Zeit und wir verwundern uns selbst darüber.

Hierbei auch ein Brief von Jakobi. Sie werden sehen daß es ihm ganz gut geht. Sein Antheil an Ihren Briefen ist mir sehr[2] lieb. Sein Urtheil über meinen ersten Band sei Ihnen zur Revision übergeben.

Leben Sie recht wohl, ich sehe Sie baldmöglichst.

Weimar den 28. Februar 1795.

G.

53. An Goethe.

Jena den 1. März 1795.

Hier übersende ich Ihnen einstweilen vier Exemplarien der Horen, wovon ich eins an den Herzog zu überreichen bitte. Die übrigen werden nachfolgen.

Die Jacobische Kritik hat mich nicht im geringsten gewundert; denn ein Individuum wie Er muß eben so nothwendig durch die schonungslose Wahrheit Ihrer Naturgemälde beleidigt werden, als Ihr Individuum ihm dazu Anlaß geben muß. Jacobi ist einer von denen, die in den Darstellungen des Dichters nur ihre Ideen suchen, und das was sein soll höher halten als das was ist; der Grund des Streits liegt also hier schon in den ersten Principien, und es ist völlig unmöglich, daß man einander versteht.

Sobald mir einer merken läßt, daß ihm in poetischen Darstellungen irgend etwas näher anliegt als die innre Nothwendigkeit und Wahrheit, so gebe ich ihn auf. Könnte er Ihnen[1] zeigen, daß die Unsittlichkeit Ihrer Gemälde nicht aus der Natur des Objects fließt und daß die Art, wie Sie dasselbe behandeln, nur von Ihrem Subject sich herschreibt, so würden Sie allerdings dafür verantwortlich sein, aber nicht deßwegen weil Sie[2] vor dem moralischen, sondern weil Sie vor dem ästhetischen Forum fehlten. Aber ich möchte sehen, wie er das zeigen wollte.

Ein Besuch stört mich, und ich will das Paket nicht aufhalten.

Weißhuhn war eben bei mir. Er will sich morgen inscribiren lassen. Leben Sie recht wohl.

Sch.

54. An Goethe.

Jena den 8. März 1795.

Meine Hoffnung, Sie diese Woche hier zu sehen, war vergebens; doch hoffe ich, daß sie mir bloß durch Ihren Eifer zu arbeiten vereitelt worden ist. Aber weder von Ihnen zu hören noch zu sehen, ist etwas, wozu ich mich kaum mehr gewöhnen kann.

Ich bin sehr erwartend, von Ihrer gegenwärtigen Beschäftigung zu hören[1]. Mir ist gesagt worden, daß Sie den dritten Band von Meister schon auf Johannis würden drucken lassen. Das ginge schneller als ich dachte; aber so sehr es mich für den Meister freut, so leid sollte es mir thun, daß Sie dadurch auf eine so lange Zeit den Horen entführt werden.

Ueber das Schicksal des zweiten Stücks habe ich noch kein Urtheil einziehen können; vielleicht haben Sie in Weimar etwas lustiges gehört.

Ist unser Freund Meyer mit seinem Aufsatze zufrieden? Ich wünschte, er wäre es. Dieser Aufsatz, schreibt mir Cotta, hat vielen sehr gefallen, und ich zweifle gar nicht, daß wir Ehre damit einlegen.

Hier sende ich Ihnen noch vier Horenstücke, worunter eins für Hrn. Meyer ist. Sollten Sie, anstatt der Schreibpapier-Exemplare, noch eins oder zwei auf Postpapier brauchen, so sind Sie so gütig es zu bemerken und mir die auf Schreibpapier zurückzusenden. Alles empfiehlt sich Ihnen bestens.

Sch.

---

* 55. An Schiller.

Ohngeachtet einer lebhaften Sehnsucht Sie wiederzusehen und zu sprechen, konnte ich diese Woche doch nicht vom Platze kommen. Einige Schauspieler die ich in Gastrollen beurtheilen wollte, das üble Wetter und ein Rheumatism, den ich mir durch Verkältung zugezogen hatte, haben mich stufenweise gehindert und noch seh' ich nicht, wann und wie ich abkommen werde.

Lassen Sie mich indessen sagen daß ich fleißig war, daß der größte Theil des vierten Buchs abgegangen ist und daß der Procurator auch durchgearbeitet ist. Ich wünsche daß die Art, wie ich die Geschichte gefaßt und ausgeführt, Ihnen nicht mißfallen möge.

Wenn mein Roman in seinen bestimmten Epochen erscheinen kann, will ich zufrieden sein; an eine Beschleunigung ist nicht zu denken. An den Horen den Theil zu nehmen den Sie wünschen, wird mich nichts abhalten. Wenn ich Zeit und Stunde zusammennehme und abtheile, so kann ich dies Jahr vieles bei Seite bringen.

Vom zweiten Stücke der Horen habe noch nichts gehört, das erste spukt aber schon genug in Deutschland.

Meyer dankt für die Redaction seiner Ideen; es ist nur weniges was anders gestellt sein könnte, doch das wird uns niemand herausfinden. Er arbeitet jetzt an einer Darstellung Perugins, Bellins und Mantegnas.

Aus der Beilage sehen Sie welche Monatsschriften künftig in unser Haus kommen. Ich lasse die Inhaltstafel jedes Stücks abschreiben und füge eine kleine Recension dazu. Wenn wir's nur einmal ein halb Jahr haben, so können wir unsre Collegen schon übersehen.

Wenn wir uns streng und mannigfaltig erhalten, so stehen wir bald oben an, denn alle übrigen Journale tragen mehr Ballast als Waare; und da uns daran gelegen ist unsre Arbeit zu weiterer eigner Ausbildung zu benutzen, so kann nur gutes dadurch entstehen und gewirkt werden.

Für die übersendeten Horen-Exemplare danke ich vielmals. Die zweite Sendung ist mit der ersten übereinstimmend; vier auf Schreibpapier und eben so viel auf Postpapier.

Jakobi entschuldigt sich daß er noch nichts geschickt hat.

Ich wünsche daß gutes Wetter mir einen schnellen Ritt zu Ihnen erlauben möge, denn ich verlange sehr nach einer Unterredung und nach Ihren bisherigen Arbeiten. Empfehlen Sie mich den Ihrigen.

Weimar den 11. März 1795.

G.

* 56. An Schiller.

Vorige Woche bin ich von einem sonderbaren Instincte befallen worden, der glücklicherweise noch fortdauert. Ich bekam Lust das religiöse Buch meines Romans auszuarbeiten, und da das Ganze auf den edelsten Täuschungen und auf der zartesten Verwechslung des subjectiven und objectiven beruht, so gehörte mehr Stimmung und Sammlung dazu als vielleicht zu einem andern Theile. Und doch wäre, wie Sie seiner Zeit sehen werden, eine solche Darstellung unmöglich gewesen, wenn ich nicht früher die Studien nach der Natur dazu gesammelt hätte. Durch dieses Buch, das ich vor Palmarum zu endigen denke, bin ich ganz unvermuthet in meiner Arbeit sehr gefördert, indem es vor- und rückwärts weist und indem es begränzt, zugleich leitet und führt. Der Procurator ist auch geschrieben und darf nur durchgesehen werden. Sie können ihn also zur rechten Zeit haben.

Ich hoffe es soll mich nichts abhalten Palmarum zu Ihnen zu kommen und einige Wochen bei Ihnen zu bleiben; da wollen wir uns einmal wieder etwas [1] zu Gute thun.

Mich verlangt nach Ihren letzten Arbeiten; Ihre ersten haben wir gedruckt mit Vergnügen wiedergelesen.

Im Weimarischen Publico rumoren die Horen gewaltig, mir ist aber weder ein reines pro noch contra vorgekommen; man ist eigentlich nur dahinter her, man reißt sich die Stücke aus den Händen, und mehr wollen wir nicht für den Anfang.

Herr v. Humboldt wird recht fleißig gewesen sein; ich hoffe auch mit ihm mich über anatomica wieder zu unterhalten. Ich habe ihm einige, zwar sehr natürliche, doch interessante Präparate zurecht gelegt. Grüßen Sie ihn herzlich und die Damen. Der Procurator ist vor der Thüre. Leben Sie wohl und lieben mich, es ist nicht einseitig.

Weimar den 18. März 1795.

G.

* 57. An Schiller.

Dem Procurator, der hier erscheint, wünsche ich gute Aufnahme.

Haben Sie die Güte mir ihn bald zurückzuschicken, weil ich ihn des Styls wegen gern noch einigemal durchgehen möchte.

Ich arbeite alles weg, was mich hindern könnte, mich bald in Ihrer Nähe zu freuen und zu erbauen.

Weimar den 19. März 1795.

G.

58. An Goethe.

Jena den 19. März 1795.

Auf das Gemälde, das Sie jetzt entworfen haben, bin ich nicht wenig neugierig. Es kann weniger als irgend ein andres aus Ihrer Individualität fließen, denn gerade dieß scheint mir eine Saite zu sein, die bei Ihnen, und schwerlich zu Ihrem Unglück, am seltensten anschlägt. Um so erwartender bin ich wie Sie das heterogene Ding mit Ihrem Wesen gemischt haben werden. Religiöse Schwärmerei ist und kann nur Gemüthern eigen sein, die beschauend und [1] müßig in sich selbst versinken, und nichts scheint mir weniger Ihr Casus zu sein als dieses. Ich zweifle keinen Augenblick, daß Ihre Darstellung wahr sein wird — aber das ist sie alsdann lediglich durch die Macht Ihres Genies und nicht durch die Hülfe Ihres Subjects.

Ich bin seit einiger Zeit meinen philosophischen Arbeiten untreu geworden [2], um in der Geschwindigkeit etwas für das vierte Stück der Horen zu schaffen. Das Loos traf die bewußte Belagerung von Antwerpen, welche auch schon ganz erträglich vorwärts gerückt ist. Die Stadt soll übergegangen sein, wenn Sie kommen. Erst an dieser Arbeit sehe ich, wie anstrengend meine vorige gewesen; denn ohne mich gerade zu vernachlässigen, kommt sie mir bloß [3] wie ein Spiel vor, und nur die Menge elenden Zeugs, die ich nachlesen muß, und die mein Gedächtniß anstrengt, erinnert mich, daß ich arbeite. Freilich giebt sie mir auch nur einen magern Genuß; ich hoffe aber, es geht mir wie den Köchen, die selbst wenig Appetit haben, aber ihn bei andern erregen.

Sie würden mir einen großen Dienst erweisen, wenn Sie mir den sehnlich erwarteten Procurator bis Montag[4] gewiß schicken könnten. Ich würde alsdann nicht genöthigt sein, den Anfang meiner Geschichte in den Druck zu geben, ehe das Ende fertig ist. Sollten Sie aber verhindert sein, so bitte ich mir es noch Sonnabends zu wissen zu thun. Doch hoffe ich das Beste.

Mich freut herzlich, daß Sie die Ostern mit uns zubringen wollen, und ich bedarf auch wieder einer lebhaften Anregung von außen von einer freundschaftlichen Hand.

Meyern bitte ich herzlich zu grüßen. Ich wünschte, daß er uns bald wieder etwas liefern möchte. Das Siegel für die Horen habe ich noch nicht erhalten.

Alles empfiehlt sich Ihnen und erwartet Sie mit Verlangen.

Sch.

[5]Den 20. Diesen Morgen erhalte ich Ihr Paket, welches mich in jeder Rücksicht froh überraschte. Die Erzählung liest sich mit ungemeinem Interesse; was mich besonders erfreute, war die Entwicklung. Ich gestehe, daß ich diese erwartete, und ich hätte mich nicht zufrieden geben können, wenn Sie hier das Original nicht verlassen hätten. Wenn ich mich nämlich anders recht[6] erinnere, so entscheidet beim Boccaz bloß die zeitig erfolgte Rückkehr des Alten das Glück der Kur.

Könnten Sie das Manuscript mir Montags früh zurücksenden, so geschähe mir dadurch eine große Gefälligkeit. Sie werden wenig mehr dabei zu thun finden[7]

---

* 59. An Schiller.

Das Manuscript schicke ich morgen Abend mit der reitenden Post an Sie ab.

Montags geht der Schluß des vierten Buches an Unger.

Nächste Woche hoffe ich alles was mir noch obliegt abzuthun und recht frei zu Ihnen zu kommen.

Zur Eroberung von Antwerpen wünsche ich Glück; sie wird in den Horen guten Effect machen.

Empfehlen Sie mich Ihren Nächsten. Meyer grüßt; er ist auf alle Weise fleißig. Ich wünsche Ihnen die beste Wirkung des langsam eintretenden Frühjahrs und hoffe daß wir bis zur Jahresfeier unserer Bekanntschaft noch manches zusammen werden[1] gearbeitet haben.

Weimar den 21. März 1795.

G.

60. An Goethe.

Jena den 25. März 1795.

Ich erhielt heute wieder einen Brief, worin mir der alte Antrag von Tübingen mit dem Zusatz erneuert wurde, daß ich von allen öffentlichen Functionen dispensirt sein und völlige Freiheit haben solle, ganz nach meinem Sinn auf die Studirenden zu wirken u. s. f. Ob ich nun gleich meine erste Entschließung nicht geändert habe und auch nicht leicht ändern werde, so haben sich mir doch bei dieser Gelegenheit einige ernsthafte Ueberlegungen in Rücksicht auf die Zukunft aufgedrungen, welche mich von der Nothwendigkeit überzeugen, mir einige Sicherheit auf den Fall zu verschaffen, daß zunehmende Kränklichkeit an schriftstellerischen Arbeiten mich verhindern sollte. Ich schrieb deßhalb an den Herrn G. R. Voigt, und bat ihn, mir von unserm Herrn eine Versicherung auszuwirken, daß mir in jenem äußersten Fall mein Gehalt verdoppelt werden solle. Wird mir dieses zugesichert, so hoffe ich es so spät als möglich oder nie zu gebrauchen; ich bin aber doch wegen der Zukunft beruhigt, und das ist alles was ich vor der Hand[1] verlangen kann.

Da Sie vielleicht davon sprechen hören und sich nicht gleich darein zu finden gewußt haben möchten, so wollte ich Ihnen in zwei Worten davon Nachricht geben.

Nächsten Sonntag erwarten wir Sie mit Verlangen. Alles begrüßt Sie.

Sch.

* 61. An Schiller.

Gestern konnte ich mich, ohngeachtet einiger sehr leeren Stunden, nicht überwinden nochmals zu Ihnen zu gehen und förmlich Abschied zu nehmen; ich verließ Jena sehr ungern und danke Ihnen nochmals herzlich für Ihre Theilnehmung und Mittheilung. Hier vor allen Dingen die Elegien, die ich mir bald möglichst zurück erbitte; sie sollen dann, auf die gehörige Seitenzahl eingetheilt, abgeschrieben erscheinen.

Für den Kalender habe ich einiges, besonders für die Herrn X. Y. Z.[1] gefunden, das nächstens mit dem übrigen folgt. Erinnern Sie mich manchmal an die Desiderata, damit mein guter Wille zur That werde.

Leben Sie recht wohl und grüßen die Ihrigen und die Freunde.

Weimar den 3. Mai 1795.

G.

62. An Goethe.

Jena den 4. Mai 1795.

Eben erhalte ich die Elegien mit Ihren freundschaftlichen Zeilen. Ich habe Sie seit Ihrer Abreise jeden Abend vermißt; man gewöhnt sich so gern an das Gute. Mit meiner Gesundheit geht es langsam besser, und in einigen Tagen hoffe ich wieder im Gange zu sein.

Mit rechter Ungeduld erwarte ich, was Sie mir für den Almanach schicken wollen. Eher kann ich meine poetische Baarschaft zu diesem Werkchen nicht übersehen.

Die Elegien werde ich gleich vor die Hand nehmen, und hoffe Ihnen solche Freitags zurück zu schicken.

Huber schreibt mir, daß er Ihren Meister ins Französische zu übersetzen Lust habe. Soll ich ihn aufmuntern oder davon abzurathen suchen?

Verlassen Sie sich darauf, daß ich Ihrem Gedächtniß zu Hülfe kommen werde. Ich schenke Ihnen kein Versprechen. Der Chronologie der Horen nach würden Sie jetzt bald wieder auf die Unterhaltungen zu denken haben. Vielleicht schlägt auch unterdessen eine gute Stunde für die Epistel.

Meine Frau empfiehlt sich Ihnen recht freundlich. An Meyern bitte meinen herzlichen Gruß zu machen.

Schiller.

---

63. An Schiller.

Weimar den 12. Mai 1795.

Die Sendung der Elegien hat mich in elegischen Umständen nach dem gewöhnlichen Sinne, das heißt in erbärmlichen angetroffen. Nach dem guten Leben in Jena, wo ich nebst so mancher Seelenspeise auch der warmen freien Luft genoß, hat mich hier die kalte Witterung sehr unfreundlich empfangen, und einige Stunden, in denen ich dem Zug ausgesetzt war, brachten mir ein Flußfieber zu Wege, das mir die rechte Hälfte des Kopfs sehr schmerzlich angriff und zugleich die linke unbrauchbar machte. Nun bin ich so weit wieder hergestellt, daß ich ohne Schmerzen ziemlich zufrieden in meiner Stube an die rückständigen Arbeiten gehen kann.

Mit den Elegien wird nicht viel zu thun sein, als daß man die zweite und die sechzehnte wegläßt: denn ihr zerstümmeltes Ansehn wird auffallend sein, wenn man statt der anstößigen Stellen nicht etwas currenteres hinein restaurirte, wozu ich mich aber ganz und gar ungeschickt fühle. Auch wird man sie hinter einander wegdrucken müssen, wie es eben trifft: denn jede auf einer andern Seite anzufangen scheint, ich mag auch zählen und rechnen wie ich will, nicht thunlich. Bei der Menge Zeilen unsrer Seite würden mehr als einmal unschickliche Räume übrig bleiben. Doch überlasse ich Ihnen das, und schicke nächstens das Manuscript. Der zweite Band des Romans stockt irgend bei einem Spediteur; ich sollte ihn schon lange haben, und wünschte ihn mitschicken zu können. Ich bin nun am fünften Buch und hoffe vor Pfingsten nicht viel mehr übrig zu lassen.

Meyer ist sehr fleißig. Er hat bisher vortreffliche Sachen gemacht; mir ist, als wenn ihm mit jedem Tage Gedanke und Ausführung besser gelängen.

Haben Sie die Güte mir bald Nachricht von Ihrem Befinden zu geben, und ob nichts Neues eingelaufen ist. Jacobi hat abermals durch Fritz von Stein sein Versprechen prorogirt.

Den 14. Mai 1795.

Dieses Blatt, das einige Tage liegen geblieben, will ich wenigstens der heutigen Post nicht vorenthalten.

Haben Sie die Abhandlung über den Styl in den bildenden Künsten im Aprilmonat des Merkurs gesehen? Das, worüber wir alle einig sind, ist recht gut und brav gesagt; aber daß doch der Genius, der dem Philosophen vor aller Erfahrung beiwohnt, ihn nicht auch zupft und warnt, wenn er sich bei unvollständiger Erfahrung zu prostituiren Anstalt macht. Wahrlich in diesem Aufsatz sind Stellen, die des Herrn von Rochows nicht unwürdig wären.

Lassen Sie mich bald hören, wie Sie sich befinden.

G.

64. An Goethe.

Jena den 15. Mai 1795.

Daß Sie sich nicht wohl befanden, erfuhr ich erst vorgestern, und beklagte Sie aufrichtig. Wer so wenig gewöhnt ist, krank zu sein, wie Sie, dem muß es gar unleidlich vorkommen. Daß die jetzige Witterung auf mich keinen guten Einfluß hatte, ist etwas so gewöhnliches, daß ich nicht davon reden mag.

Freilich verliere ich die ganze zweite[1] Elegie sehr ungern. Ich hätte geglaubt, daß selbst die sichtbare Unvollständigkeit derselben keinen Schaden bei dem Leser thun würde[2], weil man leicht darauf verfallen kann, eine absichtliche Reticenz darunter zu muthmaßen. Uebrigens kann man ja der Schamhaftigkeit, die von einem Journal gefordert wird, dieses Opfer bringen, da Sie in einigen Jahren, wenn Sie die Elegien besonders sammeln, alles was jetzt gestrichen wird, wieder herstellen können[3]. Gern wünschte ich Montag früh die Elegien oder doch einen Bogen derselben zu haben, um sie abschicken zu können. Mit meinem Aufsatz hoffe ich endlich noch fertig zu werden, wenn kein besonderer Unfall dazwischen kommt.

An andern Beiträgen ist nichts eingelaufen, und das siebente Stück steht noch ganz in Gottes allmächtiger Hand.

Cotta ist mit der Messe ziemlich zufrieden. Es sind ihm zwar von den

Exemplarien die er in Commission gegeben, manche remittirt, aber auch eben so viele wieder neu bestellt worden, so daß der Calcul im Ganzen dadurch nichts gelitten hat. Nur bittet er sehr um größere Mannigfaltigkeit der Aufsätze. Viele klagen über die abstracten Materien, viele sind auch an Ihren Unterhaltungen irre, weil sie, wie sie sich ausdrücken, noch nicht absehen können, was damit werden soll. Sie sehen, unsre deutschen Gäste verläugnen sich nicht; sie müssen immer wissen, was sie essen, wenn es ihnen recht schmecken soll. Sie müssen einen Begriff davon haben.

Ich sprach noch kürzlich mit Humboldt darüber; es ist jetzt platterdings unmöglich mit irgend einer Schrift, sie mag noch so gut oder noch so schlecht sein, in Deutschland ein allgemeines Glück zu machen. Das Publicum hat nicht mehr die Einheit des Kindergeschmacks, und noch weniger die Einheit einer vollendeten Bildung. Es ist in der Mitte zwischen beiden, und das ist für schlechte Autoren eine herrliche Zeit, aber für solche, die nicht bloß Geld verdienen wollen, desto schlechter. Ich bin jetzt sehr neugierig zu hören, wie von Ihrem Meister wird geurtheilt werden, was nämlich die öffentlichen Sprecher sagen; denn daß das Publicum darüber getheilt ist, versteht sich ja von selbst.

Von hiesigen Novitäten[4] weiß ich Ihnen nichts zu melden[5]; denn mit Freund Fichte ist die reichste Quelle von Absurditäten versiegt. Freund Woltmann hat wieder eine sehr[6] unglückliche Geburt und in einem sehr anmaßenden Ton von sich ausgehen lassen. Es ist ein gedruckter Plan zu seinen historischen Vorlesungen: ein warnender Küchenzettel, der auch den hungrigsten Gast verscheuchen müßte.

Daß Schütz wieder sehr krank war, sich aber wieder besser befindet, wissen Sie ohne Zweifel.

Ihre Beiträge zu dem Musen-Almanach erwarte ich mit rechter Begierde; Herder wird auch etwas dafür thun.

Reichardt hat sich durch Hufeland zu einem Mitarbeiter an den Horen anbieten lassen.

Haben Sie die Luise von Voß schon gelesen, die jetzt heraus ist? Ich kann Sie Ihuen schicken. Den Aufsatz im Deutschen Merkur werde ich mir geben lassen.

Meyern wünsche viel Glück zu seiner Arbeit. Grüßen Sie ihn herzlich von mir. Alles empfiehlt sich Ihnen herzlich.

Sch.

N. S.

Cotta schickte mir nicht mehr als diese zwei Horen. Ich glaube, daß ich Ihuen deren drei zu schicken hatte.

65. An Schiller.

Ehe mein Paket abgeht erhalt' ich das Ihrige, und nun noch einige Worte. Von den Elegien soll morgen Abend mit[1] der reitenden Post etwas abgehen; ich wünsche, daß ja kein Unfall Ihren Aufsatz unterbrechen möge. Zum siebenten Stück kann ich Ihnen nahe an zwei Bogen versprechen.

Lassen Sie uns nur unsern Gang unverrückt fortgehen; wir wissen was wir geben können und wen wir vor uns haben. Ich kenne das Possenspiel des deutschen[2] Autorwesens schon zwanzig Jahre in- und auswendig; es muß nur fortgespielt werden, weiter ist dabei nichts zu sagen.

R. ist nicht abzuweisen, aber seine Zudringlichkeit werden Sie sehr in Schranken halten müssen.

Luise habe ich noch nicht gesehen; Sie werden mir eine Gefälligkeit erzeigen sie zu schicken. Ich lege Ihnen einen Band von Herders Terpsichore bei, den ich mir bald zurück erbitte und der Ihuen viel Freude machen wird.

Mein Uebel ist wieder ziemlich vorüber. Ich hatte mich schon eingerichtet, Sie wenigstens auf einen halben Tag zu besuchen; nun muß ich es bis auf Trinitatis anstehen lassen. Die nächsten vierzehn Tage halten mich die Proben von Claudine fest.

Leben Sie recht wohl und grüßen Sie unsre Freunde.

Im Moniteur steht, daß Deutschland hauptsächlich wegen der Philosophie berühmt sei, und daß ein Mr. Kant und sein Schüler Mr. Fichte den Deutschen eigentlich die Lichter aufsteckten.

Weimar den 16. Mai 1795.

G.

Mit den Exemplaren der Horen sind wir nicht ganz in Ordnung. Es hat indeß so viel nicht zu sagen; Herr Cotta ist ja wohl so artig, am Ende des halben Jahres zu completiren.

---

66. An Schiller.

Hier erhalten Sie, mein Werthester, endlich den zweiten Band Wilhelms. Ich wünsche ihm auch bei seiner öffentlichen Erscheinung die Fortdauer Ihrer Neigung. Ich suche nun das fünfte Buch in Ordnung zu bringen, und da das sechste[1] schon fertig ist, so hoffe ich vor Ende dieses Monats mich für diesen Sommer frei gearbeitet zu haben. Ich wünsche bald zu hören wie es Ihnen gelingt.

Beiliegende Exemplare bitte ich nach der Aufschrift gefällig[2] zu vertheilen.

Leben Sie recht wohl.

Weimar den 16. Mai 1795.

G.

* 67. An Schiller.

Hier, mein Werthester, die Elegien. Die zwei sind ausgelassen. Die angezeichnete Stelle[1] in der sechsten habe ich stehen lassen. Man versteht sie nicht, das ist wohl wahr; aber man braucht ja auch Noten, zu einem alten nicht allein, sondern auch zu einem benachbarten Schriftsteller.

[2] Wolfs Vorrede zur Ilias habe ich gelesen, sie ist interessant genug, hat mich aber schlecht erbaut. Die Idee mag gut sein und die Bemühung ist respektabel, wenn nur nicht diese Herrn, um ihre schwachen Flanken zu decken, gelegentlich die fruchtbarsten Gärten des ästhetischen Reichs verwüsten und in leidige Verschanzungen verwandeln müßten. Und am Ende ist mehr subjektives als man denkt in diesem ganzen Krame. Ich freue mich bald mit Ihnen darüber zu sprechen. Eine tüchtige Epistel habe ich diesen Freunden dereinst zugedacht[3].

Herr v. Humboldt hat uns durch seinen Besuch gestern aufs angenehmste überrascht. Grüßen Sie ihn aufs beste.

Leben Sie recht wohl. Die übrigen Elegien folgen, und ich, will's Gott, bald auch[4].

Weimar den 17. Mai 1795.

G.

Die Einrichtung des Drucks überlasse ich Ihnen ganz. Vielleicht lassen sie sich noch[5] schicklich rücken.

---

68. An Goethe.

Jena den 18.[1] Mai 1795.

Nur zwei Worte, um Ihnen den Empfang der Elegien zu melden, und für den zweiten Theil Meisters meinen und meiner Frau herzlichen Dank zu sagen. Was ich in der Geschwindigkeit (denn ich wollte ihn gleich binden lassen) von Serlos Geschichte las, ist äußerst unterhaltend, und ich freue mich nun schon auf den Eindruck, den dieser Theil im Zusammenhang auf mich machen wird.

Zu den Elegien wollten Sie Anmerkungen geben, welches gewiß nicht überflüssig wäre. Da solche am Ende derselben, wie man es jetzt gewöhnlich zu halten pflegt, folgen könnten, so wäre dazu noch bis Montag Zeit. Das Publicum läßt sich gern alles erklären.

Daß Sie wieder besser sind, hat mir Herr v. Humboldt zu meiner herzlichen Freude versichert. Ich habe ihm auf Ihre Erlaubniß die Terpsichore gegeben, die mir Herder unterdessen geschickt hat. So weit ich darin las, ist es eine sehr glückliche Arbeit, und ein solcher Dichter war es in jedem Betrachte werth, in einer so schönen Form aus der Vergessenheit aufzustehen.

Wenn wir zu den Ueberschriften der einzelnen[2] Elegien recht viel Raum übrig lassen, so können wir jede auf einer eigenen Seite anfangen, ohne daß sie zu hoch oben aufhört. Ich werde denselben Druck wie bei den[3] Episteln dazu nehmen lassen. Und so wandre denn der Centaur in einer guten Stunde in die Welt!

Mich erfreut sehr, Sie in einigen Wochen zu sehen. Wenn ich darauf rechnen kann, daß Sie am letzten des Monats gewiß hier sind, so hoffe ich Ihnen meine Briefe noch vorher lesen zu können, ehe sie abgehen, welches mir sehr lieb sein sollte.

Daß Sie für das siebente Stück so freundlich sorgen, dafür sei Ihnen tausend Dank gesagt. Unterdessen haben sich wieder drei Mitarbeiter gemeldet, deren Arbeiten ich alle nicht brauchen kann.

Leben Sie recht wohl.

Sch.

* 69. An Schiller.

Die letzten Elegien folgen denn auch und mögen mit gutem Omen abgehen.

Nun sollen Liedchen folgen und was dem Almanach frommen könnte.

Ich bin fleißig und nachdenklich und möchte Sie über Vieles sprechen. Vielleicht komm' ich bald.

Leben Sie recht wohl und grüßen die liebe Frau.

Weimar den 18. Mai 1795.

G.

70. An Goethe.

Jena den 21. Mai 1795.

Der Ueberbringer dieses, Herr Michaelis aus Strelitz, ist der Verleger meines Musen-Almanachs. Wenn Sie ihm einige Augenblicke widmen wollten, so würde ich Sie bitten, mit ihm und unserm Freund Meyer zu deliberiren, ob aus[1] den Beiträgen, die Sie zu dem Almanach bestimmt haben (die Epigramme mit eingeschlossen), nicht einige[2] Stoff zu Vignetten geben[3], die vielleicht Meyer skizziren würde. Die Gewohnheit fordert dergleichen Verzierungen, und hier weiß ich noch keinen Stoff dazu. Hätten Sie unter Ihren kleinen Gedichten einige Romanzen oder dergleichen, so würde sich daraus am besten etwas machen lassen. Der Almanach wird bei Hrn. Unger gedruckt und soll elegant werden.

Ich ließ Sie durch Herrn Gerning bitten, mich den Tag wissen zu lassen, wo Claudine gespielt wird, um, wenn es mir etwa möglich wäre, die Vorstellung mit anzusehen oder doch meiner Frau das Vergnügen zu machen. Aber diese wird wahrscheinlich die Masern bekommen, und so hebt sich denn das ganze Plänchen.

Herzlich verlangt mich, Sie bald wieder hier[4] zu sehen.

Michaelis wird Ihnen auch sagen, daß in seinen Gegenden starke Nachfrage nach Ihrem Meister ist[5].

Dieser Brief möge Sie bei der besten Gesundheit finden.

Sch.

* 71. An Schiller.

Ich danke Ihnen recht sehr, daß Sie mir die Sorge über Ihren Fieberanfall durch die liebe Frau, die ich bestens grüße, so bald benommen haben; möge doch Karl auch die Masern glücklich überstehen.

Mir ist es gleich bei meiner Rückkunft übel ergangen; ein Recidiv des Backengeschwulstes überfiel mich und da ich die Sache leicht nahm, ward sie stufenweise so arg, daß ich von Humboldt nicht einmal Abschied nehmen konnte. Jetzt ist das Uebel im Fallen. Ich habe indessen am Roman abschreiben lassen und schicke vielleicht die erste Hälfte des fünften Buches, die auch Epoche macht, nächsten Sonnabend.

Die Horen habe erhalten.

Hierbei ein Tragelaph von der ersten Sorte.

Meyer grüßt und ist sehr fleißig.

Leben Sie wohl und lassen mich bald wissen wie es Ihnen und den Ihrigen geht und was Sie arbeiten.

Weimar den 10. Juni 1795.

G.

* 72. An Schiller.

Hier die Hälfte des fünften Buches; sie macht Epoche, drum durft' ich sie senden. Ich wünsche ihr gute Aufnahme. Mein Uebel hat meine Plane[1] geändert, so mußt' ich mit dieser Arbeit vorrücken. Verzeihen Sie die Schreibfehler und vergessen des Bleistifts nicht. Wenn Sie und Humboldt es gelesen haben, bitte ich es bald zurück. Da ich ungeduldig bin körperlich zu leiden, werde ich wohl nach Carlsbad gehen, das mich ehemals auf lange Zeit von gleichen Uebeln befreite. Leben Sie wohl. Für den Kalender nächstens etwas, auch für die Horen. Ich bin erwartend wie Ihnen ein Einfall gefällt, den ich habe, die Jurisdiction der Horen und der Journale überhaupt zu erweitern. Sie erhalten einen Brief eines Mitarbeiters.

Mögen Sie doch recht wohl sein und in Ihren Arbeiten nicht gehindert.

Weimar den 11. Juni 1795.

G.

Was macht Carl?

73. An Goethe.

Jena den 12. Juni 1795.

Daß Sie aufs neue krank geworden, habe ich von Herrn v. Humboldt mit herzlichem Bedauern gehört, und daß Sie uns, einer solchen Ursache wegen, auf eine Zeit lang verlassen, beklage ich noch mehr. Sie waren in einer so frischen und heitern Thätigkeit, und der Sprudel ist eine schlechte Hippokrene, wenigstens so lang er getrunken wird. Möchten Sie indeß nur bald im Stande sein, abzureisen, um desto zeitiger wieder bei uns zu sein.

Mein Fieber hat mich seit vier oder fünf Tagen verlassen, und ich bin gegenwärtig mit meinem Befinden ganz wohl zufrieden. Könnte ich es ebenso mit meiner Thätigkeit sein! Aber der Uebergang von einem Geschäft zum andern[1] war mir von jeher ein harter Staud, und jetzt vollends, wo ich von Metaphysik zu Gedichten hinüber springen soll. Indessen habe ich mir so gut es angeht eine Brücke gebaut, und mache den Anfang mit einer gereimten Epistel, welche Poesie des Lebens überschrieben ist, und also, wie Sie sehen, an die Materie, die ich verlassen habe, grenzt. Könnten Sie kommen, und Ihren Geist auch nur sechs Wochen lang und nur so viel ich davon in mich aufnehmen kann, in mich hauchen, so würde mir geholfen sein.

Der Centaur ist nun glücklich ausgerüstet und mit ihm die erste Semestre der Horen. Für die andern ist mir ein klein wenig bang, wenn ich an den kleinen Vorrath gedenke. Sind Sie indessen nur gesund und frei und geht es mir selbst nicht schlechter als es in diesem Jahre gegangen ist, so ist nicht zu verzagen. Sehr neugierig bin ich auf den versprochenen Brief. Kann ich aber auch noch auf die Fortsetzung der Unterhaltungen für das siebente Stück zählen?

Das fünfte Buch Meisters, das ich vor einigen Augenblicken erhielt, wird in instanti vorgenommen. Ich freue mich nicht wenig darauf, und wünschte nur gleich auch den Rest des Buchs zu haben.

Das ist ein prächtiger Patron, der Hesperus, den Sie mir neulich schickten. Er gehört ganz zum Tragelaphen-Geschlecht, ist aber dabei gar nicht ohne Imagination und Laune, und hat manchmal einen recht tollen Einfall, so daß er eine lustige Lectüre für die langen Nächte ist. Er gefällt mir noch besser als die Lebensläufe.

Meine Frau ist wieder besser und mit Karln geht es recht gut. Wenn Sie durchreisen, welches wohl bald sein wird, finden Sie uns wie ich hoffe auf besserem Weg.

Meyern bitte recht schön zu grüßen. Leben Sie recht wohl, und werden Sie baldmöglichst gesund.

Sch.

74. An Schiller.

Hierbei die Concepte von den bewußten Briefen, an denen sich noch manches wird retouchiren lassen, wenn Sie mit den Hauptideen zufrieden sind. Dergleichen Aufsätze sind wie Würfel im Brettspiele; es entsteht meist etwas daraus was man nicht deult, aber es muß doch etwas daraus entstehen. Vor Ende dieses Monats geh' ich von hier nicht weg, und lasse Ihnen noch für das siebente Stück eine[1] gewöhnliche Portion Unterhaltungen zurück. Bis dahin ist auch die zweite Hälfte des fünften Buchs abgeschrieben, und so hätten wir uns der Widerwärtigkeit so gut als möglich zu unsern Arbeiten bedient. Leben Sie recht wohl, thun Sie desgleichen; möge Ihnen die Epistel recht gut gerathen.

Weimar den 13. Juni 1795.

Goethe.

75. An Goethe.

Jena den 15. Juni 1795.

Dieses fünfte Buch Meisters habe ich mit einer ordentlichen Trunkenheit, und mit einer einzigen ungetheilten Empfindung durchlesen[1]. Selbst im Meister ist nichts, was mich so Schlag auf Schlag ergriffen und in seinem Wirbel unfreiwillig mit fortgenommen hätte. Erst am Ende kam ich zu einer ruhigen Besinnung. Wenn ich bedenke, durch wie einfache Mittel Sie ein so hinreißendes Interesse zu bewirken wußten, so muß ich mich noch mehr verwundern. Auch was das Einzelne betrifft, so fand ich darin treffliche Stellen. Meisters Rechtfertigung gegen Werner seines Uebertritts zum Theater wegen, dieser Uebertritt selbst, Serlo, der Souffleur, Philine, die wilde Nacht auf dem Theater u. dgl. sind ausnehmend glücklich behandelt. Aus der Erscheinung des anonymen Geistes haben Sie so viel Parthie zu ziehen gewußt, daß ich darüber nichts mehr zu sagen weiß. Die ganze Idee gehört zu den glücklichsten die ich kenne, und Sie wußten das Interesse, das darin lag, bis auf den letzten Tropfen auszuschöpfen. Am Ende freilich erwartet jedermann den Geist bei der Tafel zu sehen, aber da Sie selbst an diesen Umstand erinnern, so begreift man wohl, daß die Nichterscheinung ihre guten Ursachen haben müsse. Ueber die Person des Gespenstes werden so viele Hypothesen gemacht werden, als mögliche Subjecte dazu in dem Romane vorhanden sind. Die Majorität bei uns will schlechterdings, daß Mariane der Geist sei, oder doch damit in Verbindung stehe. Auch sind wir geneigt, den weiblichen Kobold, der Meistern in seinem Schlafzimmer in die Arme zu packen kriegt, für Eine Person mit dem Geist zu halten. Bei der letztern Erscheinung habe ich aber doch auch an Mignon gedacht, die an dem heutigen Abend sehr viele Offenbarungen über ihr Geschlecht scheint erhalten zu haben. Sie sehen aus dieser kleinen hermeneutischen Probe, wie gut Sie Ihr[2] Geheimniß zu bewahren gewußt.

Das Einzige, was ich gegen dieses fünfte Buch zu erinnern habe, ist, daß es mir zuweilen vorkam, als ob Sie demjenigen Theile, der das Schauspielwesen ausschließend angeht, mehr Raum gegeben hätten, als sich mit der freien und weiten Idee des Ganzen verträgt. Es sieht zuweilen aus, als schrieben Sie für den Schauspieler, da Sie doch nur von dem Schauspieler schreiben wollen. Die Sorgfalt, welche Sie gewissen kleinen Details in dieser Gattung widmen, und die Aufmerksamkeit auf einzelne kleine Kunstvortheile, die zwar dem Schauspieler und Director, aber nicht dem Publicum wichtig sind, bringen den falschen Schein eines besondern Zweckes in die Darstellung, und wer einen solchen Zweck auch nicht vermuthet, der möchte Ihnen gar Schuld geben, daß eine Privatvorliebe für diese Gegenstände Ihuen zu mächtig geworden sei. Könnten Sie diesen Theil des Werks füglich in engere Grenzen einschließen, so würde dieß gewiß gut für das Ganze sein.

Jetzt noch ein Wort über Ihre Briefe an den Redacteur der Horen. Ich habe schon ehemals daran gedacht, daß wir wohl daran thun würden, einen kritischen Fechtplatz in den Horen zu eröffnen. Aufsätze dieses Inhalts bringen ein augenblickliches Leben in das Journal, und erregen ein sicheres Interesse beim Publicum. Nur dürften wir, glaube ich, das Heft nicht aus den Händen geben, welches geschehen würde, wenn wir dem Publicum und den Autoren ein gewisses Recht durch unsre förmliche Einladung einräumten. Von dem Publicum hätten wir sicherlich nur die elendesten Stimmen zu erwarten, und die Autoren würden sich, wie man Beispiele hat, sehr beschwerlich machen. Mein Vorschlag wäre, daß wir die Angriffe aus unserm eigenen Mittel[3] machen müßten; wollten dann die Autoren sich in den Horen vertheidigen, so müßten sie sich den Bedingungen unterwerfen, die wir ihnen vorschreiben wollen. Auch wäre deßhalb mein Rath, sogleich mit der That und nicht mit der Proposition anzufangen. Es schadet uns nichts, wenn man uns für unbändig und ungezogen hält.

Was würden Sie dazu sagen, wenn ich mich, im Namen eines Herrn von X., gegen den Verfasser von Wilhelm Meister beschwerte, daß er sich so gern bei dem Schauspieler-Volk aufhält, und die gute Societät in seinem Roman vermeidet? (Sicherlich ist dieß der allgemeine Stein des Anstoßes, den die feine Welt an dem Meister nimmt, und es wäre nicht überflüssig, auch nicht uninteressant, die Köpfe darüber zurecht zu stellen.) Wenn Sie antworten wollen, so will ich Ihnen einen solchen Brief fabriciren.

Ich hoffe, daß es mit Ihrer Gesundheit jetzt wieder besser geht. Der Himmel segne Ihre Geschäfte und hebe Ihnen noch recht viele so schöne Stunden auf, wie die waren, in denen Sie den Meister schrieben.

Auf die Beiträge zu dem Almanach und auf die Unterhaltungen, wozu Sie mir Hoffnung gemacht haben, harre ich mit großem Verlangen. In meinem Haus geht es besser. Alles grüßt Sie.

Sch.

76. An Schiller.

Ihre Zufriedenheit mit dem fünften Buche des Romans war mir höchst erfreulich und hat mich zur Arbeit, die mir noch bevorsteht, gestärkt. Es ist mir sehr angenehm, daß die wunderlichen und spaßhaften Geheimnisse ihre Wirkung thun und daß mir, nach Ihrem Zeugnisse, die Ausführung der angelegten Situationen geglückt ist. Um so lieber habe ich Ihre Erinnerungen, wegen des theoretisch-praktischen Gewäsches, genutzt und bei einigen Stellen die Scheere wirken lassen. Dergleichen Reste der frühern Behandlung wird man nie ganz los, ob ich gleich das erste Manuscript fast um ein Drittel verkürzt habe.

Ueber das was mit dem Briefe an den Herausgeber, oder bei Gelegenheit desselben anzufangen ist, werden wir bei einer Unterredung leicht einig werden. Ich werde etwa zu Ende der andern Woche bei Ihnen sein und wo möglich die versprochene Erzählung mitbringen.

Auf den Sonnabend schicke ich Meyers Aufsatz über Johann Bellin; er ist sehr schön, nur leider zu kurz. Haben Sie die Güte uns die Einleitung, die Sie schon in Händen haben, wieder zurückzuschicken, weil noch einiges darin zu suppliren ist. Wenn er den Mantegna noch dazu fügen könnte, so wär' es ein Gewinn für das siebente Stück.

Es ist mir angenehm, daß Ihuen der neue Tragelaph nicht ganz zuwider ist; es ist wirklich Schade für den Menschen, er scheint sehr isolirt zu leben und kann deßwegen bei manchen guten Parthien seiner Individualität nicht zu Reinigung seines Geschmacks lommen. Es scheint leider, daß er selbst die beste Gesellschaft ist, mit der er umgeht. Sie erhalten noch zwei Bände dieses wunderlichen Werks.

Die vier Wochen in Carlsbad denke ich einer Revision meiner naturwissenschaftlichen Bemühungen zu widmen; ich will sehen, daß ich ein Schema dessen was ich schon gethan habe und wohin ich mich zunächst wenden muß, aufsetze, um nur erst ein Fachwerk für die vielen zerstreuten Erfahrungen und Betrachtungen bereit zu haben.

Was sagen Sie zu einer Schrift, aus der ich Ihnen beiliegende Stelle abschreiben lasse?

[1]Leben Sie recht wohl mit den Ihrigen und grüßen Humboldts.

Weimar den 18. Juni 1795.

Goethe.

---

77. An Goethe.

Jena den 19. Juni 1795.

Hier folgt das Manuscript von Meyern, nebst meinem besten Gruß. Daß ich sobald etwas von ihm zu erwarten habe, ist mir sehr tröstlich. Wenn es ihm indessen bloß an Zeit fehlt, um noch den Mantegna folgen zu lassen, so kann ich ihm diese vielleicht geben, da ich von Freund Fichte einen Aufsatz erwarte, und nun auf die Unterhaltungen sicher rechnen darf. Nächsten Montag kann ich bestimmter wissen, wie ich daran bin.

Daß Sie meine Erinnerungen das fünfte Buch des Romans betreffend Ihrer Aufmerksamkeit werth achten, freut mich und giebt mir neuen Muth. Ich fühle indessen mit der Liebe, die ich für dieses Werk Ihres Geistes hege, auch alle Eifersucht wegen[1] des Eindrucks, den es auf andere macht, und ich möchte mit dem nicht gut Freund sein, der es nicht zu schätzen wüßte.

Aus welchem Tollhause Sie das vortreffliche Fragment mögen aufgegriffen haben, weiß ich nicht, aber nur ein Verrückter kann so schreiben. Freund Obereit könnte es wohl geschrieben haben, doch zweifle ich daran. Es hat mir vielen Spaß gemacht.

Gleich geht die Post. Ich freue mich sehr darauf, Sie bald wieder zu sehen.

Sch.

* 78. An Schiller.

Eine Erzählung für die Horen und ein Blättchen für den Almanach mögen meine Vorläufer sein. Montags bin ich bei Ihnen und es wird sich manches bereden lassen. Voß grüßt und bietet eine antiquarische Abhandlung über die Hähne der Götter und allenfalls ein Stück alte Geographie an.

Herder verspricht baldigst etwas über den Homer. Wenn noch was von Jakobi käme, so wäre es recht gut.

Ich verlange zu sehen was Sie gearbeitet haben.

Empfehlen Sie mich Ihrer lieben Frauen und Humboldts; ich freue mich Sie wieder zu sehen.

Weimar den 27. Juni 1795.

Goethe.

79. An Goethe.

Jena den 6. Juli 1795.

Eine große Expedition der Horen, die ich heute habe, läßt mir nur einige Augenblicke frei, um Sie zu Ihrer Ankunft im Karlsbad, welche wie ich hoffe glücklich gewesen ist, zu begrüßen. Ich freue mich, daß ich von den dreißig Tagen Ihrer Abwesenheit viere wegstreichen darf.

Von Fichte habe ich einen Brief erhalten, worin er mir zwar das Unrecht, das ich ihm gethan, sehr lebhaft demonstrirt, dabei aber sehr bemüht ist, nicht mit mir zu brechen. Bei aller nicht unterdrückten Empfindlichkeit hat er sich sehr zu mäßigen gewußt, und ist bemüht den raisonnablen zu spielen. Daß er mir

Schuld giebt, seine Schrift ganz mißverstanden zu haben, ist eine Sache die sich von selbst versteht. Daß ich ihm aber Verworrenheit der Begriffe über seinen Gegenstand Schuld gab, das hat er mir kaum verzeihen können. Er will mir seinen Aufsatz, wenn er ganz fertig ist, zum Lesen schicken und erwartet, daß ich alsdann mein übereiltes Urtheil widerrufen werde. So stehen die Sachen, und ich muß ihm das Zeugniß geben, daß er sich in dieser kritischen Situation noch ganz gut benommen hat. Sie sollen seine Epistel leseu, wenn Sie zurück lommen.

Von hiesigen Novitäten weiß ich Ihuen nichts zu schreiben, als daß die Tochter vom Hofr. Schütz wirklich gestorben ist, er selbst aber sich erträglich befindet.

Woltmann, der mich vor einigen Tagen besuchte, versicherte mir, daß nicht Fichte, sondern ein gewisser Fernow[1] (ein junger Maler, der hier studirte, auch Gedichte macht und mit Baggesen[2] eine Zeit lang reiste) Verfasser des Aufsatzes im Merkur über den Styl in den bildenden Künsten sei. Baggesen[2] selbst erzählte dieses, und erklärte dabei, daß jener Aufsatz das sublimste sei, was je über diesen Gegenstand geschrieben worden. Ich hoffe also Sie werden dem großen Ich in Osmannstädt im Herzen Abbitte thun, und wenigstens diese Sünde von seinem schuldigen[3] Haupte nehmen.

Woltmann sagt mir, daß er angefangen habe, an einem Roman zu arbeiten, welches ich freilich mit seiner übrigen historischen Activität nicht recht reimen kann.

Von Humboldt habe[4] noch keine Nachricht. Daß Ihr Aufenthalt im Karlsbad recht fruchtbar für Ihre Gesundheit und für die mitgenommenen Beschäftigungen sein möchte, wünsche ich von Herzen. Sollte sich eine Gelegenheit finden, mir den Rest des fünften Buchs zu schicken, so würden Sie mir eine große Freude damit machen.

Von den Horen habe ich zwei Exemplarien nach Ihrer Vorschrift verschickt.

Meine Frau empfiehlt sich Ihuen bestens. Leben Sie recht wohl und behalten uns in freundschaftlichem Angedenken.

Sch.

---

* 80. An Schiller.

Die Gelegenheit Ihuen durch Fräulein von Göchhausen diesen Brief zu übersenden versäume ich nicht. Nach überstandenen leidlichen und bösen Wegen bin ich am vierten Abends angelangt; das Wetter war bis heute äußerst schlecht, und der erste Sonnenblick scheint nur vorübergehend zu sein. Die Gesellschaft ist zahlreich und gut; man beklagt sich, wie immer, über den Mangel an Harmonie, und jeder lebt auf seine Weise. Ich habe nur gesehen und geschwätzt; was sonst werden und gedeihen wird muß abgewartet werden. Auf alle Fälle habe ich gleich einen kleinen Roman aus dem Stegreife angeknüpft, der höchst nöthig ist um einen Morgens um fünf Uhr aus dem Bette zu locken. Hoffentlich werden wir die

Gesinnungen dergestalt mäßigen und die Begebenheiten so zu leiten wissen, daß er vierzehn Tage aushalten kann.

Als berühmter Schriftsteller bin ich übrigens recht gut aufgenommen worden, wobei es doch nicht an Demüthigungen[1] gefehlt hat. Z. B. sagte mir ein allerliebstes Weibchen: sie habe meine letzten Schriften mit dem größten Vergnügen gelesen, besonders habe sie Giaffar der Barmecide[2] über alle Maßen interessirt. Sie können denken, daß ich mit der größten Bescheidenheit mich in Freund Klingers hinterlaßne arabische Garderobe[3] einhüllte und so meiner Gönnerin in dem vortheilhaftesten Lichte erschien[4]. Und ich darf nicht fürchten daß sie in diesen drei Wochen aus ihrem Irrthume gerissen wird.

Die vielen Menschen, unter denen sehr interessante sind, lerne ich nach und nach leunen und werde Ihnen manches zu erzählen haben.

Indem ich auf meiner Herreise einige alte Mährchen durchdachte, ist mir verschiednes über die Behandlungsart derselben durch den Kopf gegangen. Ich will ehstens eins schreiben, damit wir einen Text vor uns haben. Leben Sie recht wohl mit den Ihrigen und denken mein.

Carlsbad, den 8. Juli 1795.

G.

* 81. An Schiller.

Carlsbad den 19. Juli 1795.

Ihren lieben Brief vom 6ten habe ich erst den 17ten erhalten; wie danke ich Ihnen, daß Sie mir in den Strudel einer ganz fremden Welt eine freundliche Stimme erschallen lassen. Gegenwärtiges nimmt Frl. von Beulwitz mit, ich hoffe es soll bald bei Ihnen anlangen.

Die Cur schlägt sehr gut an, ich halte mich aber auch wie ein ächter Curgast und bringe meine Tage in einem absoluten Nichtsthun zu, bin beständig unter den Menschen, da es denn nicht an Unterhaltung und an kleinen Abenteuern fehlt. Ich werde mancherlei zu erzählen haben.

Dagegen ist aber auch weder das fünfte Buch des Romans abgeschrieben, noch irgend ein Epigramm gelungen, und wenn die andre Hälfte meines hiesigen Aufenthaltes[1] der ersten gleich ist, so werde ich an guten Werken arm zurückkehren.

Mir war sehr lieb zu hören, daß das Oßmannstädter Ich sich zusammengenommen hat, und daß auf Ihre Erklärung kein Bruch erfolgt ist; vielleicht lernt er nach und nach Widerspruch ertragen.

Auch mir ist durch Madame Brun[2] die sublime Abhandlung Fernows[3] im Merkur angepriesen und also der Name des Autors entdeckt worden. Leider spukt also dieser Geist anmaßlicher Halbheit auch in Rom, und unsre Freundin wird[4] wahrscheinlicher Weise dort mit den drei Stylen näher bekannt werden. Welch eine sonderbare Mischung von Selbstbetrug und Klarheit diese Frau[5] zu ihrer Existenz braucht[6], ist kaum denkbar, und was sie und ihr[7] Cirkel sich für eine Terminologie gemacht haben[8], um das zu beseitigen was ihnen nicht ansteht, und das was sie besitzen als die Schlange Mosis aufzustellen, ist höchst merkwürdig.

Doch ausführlich von allem diesem und anderm[9] wenn ich zurückkomme. Die Finger erstarren mir vor[10] Kälte; das Wetter ist entsetzlich und die Unbehaglichkeit allgemein.

Leben Sie desto wohler und wärmer und gedenken mein.

G.

82. An Goethe.

Jena den 20. Juli 1795.

Daß ich seit den letzten zwölf Tagen mich schlimm befunden, und dadurch abgehalten worden, Ihnen Nachricht von mir zu geben, hat meine Frau Ihnen geschrieben. Hoffentlich haben Sie diesen und einen Brief von mir, der vier Tage nach Ihuen von hier abging, richtig erhalten.

Der Ihrige hat mich sehr erfreut, und ich wünsche herzlich, daß Ihnen die Klingerische[1] Maske recht viele freundliche Abenteuer zuwenden möge. Ich halte es für gar nichts schlechtes, sich unter einem solchen Namen[2] bei Damen wohl aufgenommen zu sehen, denn das schwierigste ist alsdann schon abgethan.

Ich bin gleich ungeduldig zu hören, wie Sie mit Ihrer Gesundheit und mit Ihren Beschäftigungen vorwärts gerückt sind. Auf den Rest des fünften Buchs freue ich mich sehr. Was ich unterdessen[3] von dem Centaur erfahren, klang noch ganz gut. Ueber die Elegien freut sich alles und niemand denkt daran, sich daran zu skandalisiren. Die eigentlich gefürchteten Gerichtshöfe haben freilich noch nicht gesprochen. Auch ich habe über meinen Antheil an dem Centaur mein Theil Lob weg, ja ich bin noch glücklicher sogar als Sie; denn kaum acht Tage nach Erscheinung dieses Stücks erhielt ich von einem Leipziger Schriftsteller ein förmliches Gedicht zu meinem Lobe.

Es sind unterdessen zwei neue Aufsätze von Orten, wo ich nichts erwartete, für die Horen eingelaufen. Der eine darunter handelt von griechischer und gothischer Baukunst und enthält, in einem ziemlich vernachlässigten Styl und bei vielem unbedeutenden, manchen sinnreichen Einfall. Nach langen Deliberationen, ob ich ihn aufnehmen solle, bestimmte mich die Zweckmäßigkeit und Neuheit des Gegenstandes für die Horen, besonders da er nicht groß ist, ihn aufzunehmen. Der zweite, auch nicht einmal einen Bogen stark, untersucht die Ideen der Alten vom Schicksal. Er ist von einem vortrefflichen Kopf und scharfen Denker, und ich werde ihn daher ohne Anstand brauchen können. Erst vor einer Stunde erhielt ich ihn.

Jacobi hat nun seine Abhandlung geschickt. Sie enthält viel Vortreffliches besonders über die Billigkeit in Beurtheilung fremder Vorstellungsarten, und athmet durchaus eine liberale Philosophie. Den Gegenstand kann ich Ihnen nicht wohl bestimmen. Unter der Aufschrift: Zufällige Ergießungen eines einsamen Denkers (in Briefen an Ernestine) wird von mancherlei Dingen gehandelt.

Von Herdern habe ich weder Manuscript noch Nachricht seit vielen Wochen. Humboldt ist glücklich angelangt, hat aber seine Mutter sehr krank angetroffen.

Meine Poesien rücken sehr langsam vorwärts, da ich ganze Wochen lang zu jeder Arbeit untüchtig war. Etwas sollen Sie aber doch finden, wenn Sie kommen. Von hiesigen Novitäten weiß ich Ihnen gar nichts zu schreiben.

Leben Sie recht wohl, und der Himmel bringe Sie gesund und heiter zurück.

Sch.

* 83. An Schiller.

Ein Brief kann doch noch früher als ich selbst ankommen, darum will ich Ihnen für Ihr letztes danken. Ihr erster Brief war eilf Tage unterwegs, der zweite fünf und der letzte sieben. So ungleich gehen die Posten hierher.

Es thut mir leid, daß Sie inzwischen aus Noth gefeiert haben, indeß meine Tagedieberei willkürlich genug war. Ich habe mein einmal angefangnes Leben fortgesetzt, nur mit der Gesellschaft existirt und mich dabei ganz wohl befunden. Man könnte hundert Meilen reisen und würde nicht so viel Menschen und so nah sehn. Niemand ist zu Hause, deswegen ist jeder zugänglicher und zeigt sich doch auch eher von seiner günstigen Seite. Das fünfte Buch ist abgeschrieben, und das sechste kann in einigen Tagen fertig sein. An den Epigrammen ist wenig geschehen und sonst gar nichts.

Ich wünsche Glück zu den neuen Beiträgen und bin neugierig sie zu lesen.

Nach Ihnen ist viel Nachfrage und ich antworte je nachdem die Menschen sind. Ueberhaupt hat das Publicum nur den dunkelsten Begriff vom Schriftsteller. Man hört nur uralte Reminiscenzen; von seinem Gange und Fortschritte nehmen die wenigsten Notiz. Doch muß ich billig sein und sagen, daß ich einige gefunden habe, die hierin eine merkwürdige Ausnahme machen.

Das sechste Stück der Horen ist noch nicht in diese Gebirge gedrungen; ich habe bei Calve von Prag schon Beschlag darauf gelegt.

Leben Sie wohl, grüßen Sie die liebe Frau.

Carlsbad den 29. Juli 1795.

G.

84. An Goethe.

[Jena den 11. August 1795.][1]

Die Erwartung steigt noch immer, aber man sieht doch schon von ferne, daß der Wald anfängt lichter zu werden. Die Erinnerung an Marianen thut viel Wirkung und Mignon wächst mit jedem Buch mehr heran. Der düstre Harfenspieler wird immer düsterer und geisterhafter und Philine gefällt mir noch immer trefflich wohl. Man freut sich, wie Sie in diesem Buch vorhergegangene Personen und Scenen wieder ins Gedächtniß bringen.

Der vielen Schreibfehler[2] wegen, auch wegen einiger Ungleichheiten in der Schreibart (bald des Publicums, bald des Publici u. s. w.) ist noch viel Aufmerksamkeit zu empfehlen. In dem Gedicht am Schluß haben Sie ein Wort lang gebraucht, das durch die Stellung nothwendig kurz wird, und ein Zeitwort kurz, das lang bleiben muß.

Verzeihen Sie mein Geschmiere. Ich muß eilen, um das Manuscript nicht länger aufzuhalten.

Bald hoffe ich wieder von Ihnen zu hören und wünsche Glück zur Ankunft in Weimar. Meyern meinen freundlichen Gruß.

Sch.

85. An Schiller.

Hier schicke ich Ihnen endlich die Sammlung Epigramme, auf einzelnen Blättern, numerirt, und der[1] bessern Ordnung willen noch ein Register dabei; meinen Namen wünschte ich aus mehreren Ursachen nicht auf dem[2] Titel. Mit den Motto's halte ich für[3] rathsam auf die Antiquität hinzudeuten.

Bei der Zusammenstellung habe ich zwar die zusammengehörigen hintereinander rangirt, auch eine gewisse Gradation und Mannigfaltigkeit zu bewirken gesucht, dabei aber, um alle Steifheit zu vermeiden, vorn herein unter das venetianische Local Vorläufer der übrigen Arten gemischt. Einige die Sie durchstrichen hatten, habe ich durch Modification annehmlich zu machen gesucht. Nr. 78 wünsche ich, so unbedeutend es ist, an diesem Platze, um die Schule zu reizen und zu ärgern, die, wie ich höre, über mein Stillschweigen triumphirt und ausstreut: ich würde die Sache fallen lassen. Haben Sie sonst noch ein Bedenken, so theilen Sie mir es mit, wenn es die Zeit erlaubt, wo nicht, so helfen Sie ihm selbst ohne Anstand ab.

Ich wünschte einige Exemplare von diesem Büchlein besonders zu erhalten, um sie zum Gebrauch bei einer künftigen neuen Ausgabe bei Seite zu legen.

Wollten Sie wegen der Druckfehler noch besondere Warnung ergehen lassen; in den Elegien sind einige sehr unangenehme eingeschlichen.

Sobald der Almanach heraus ist, könnte man zu den Elegien und Epigrammen kurze Noten machen, dabei der Druckfehler erwähnen und den Aufsatz in die Horen einrücken, welches von mancherlei Nutzen sein würde; wie leicht könnte man dieser wirklich unentbehrlichen Noten am Ende des Büchleins mit einigen Worten gedenken.

Ich schicke dieses Paket durch einen Boten, damit es Ihnen so früh als möglich zukomme, und damit ich den Roman wieder zurück erhalte, mit welchem ich auch nicht länger zaudern darf.

Ich sehe voraus, daß ich Anfangs September[4] nach Ilmenau muß und daß ich unter zehn bis vierzehn Tagen dort nicht loskomme; bis dahin liegt noch vielerlei auf mir und ich wünschte noch von Ihnen zu wissen, was Sie zu den Horen bedürfen. Soviel ich übersehe, könnte ich folgendes leisten:

August.	Unterhaltungen, Schluß der letzten Geschichte. Hymnus, den ich mir zu diesem Ende zurück erbitte.
September.	Drama und Roman.
	Das Mährchen. Ich würde die Unterhaltungen damit schließen, und es würde vielleicht nicht übel sein, wenn sie durch ein Product der Einbildungskraft gleichsam ins Unendliche ausliefen.
October.	Fortsetzung des Mährchens.
	Noten zu den Elegien und Epigrammen.
November und December.	Ankündigung von Cellini, und wenn es möglich wäre, etwas von Faust.

Mit diesem letzten geht mir's wie mit einem Pulver, das sich aus seiner Auflösung nun einmal niedergesetzt hat; so lange Sie dran rütteln, scheint es sich wieder zu vereinigen, sobald ich wieder für mich bin, setzt es sich nach und nach zu Boden.

Schreiben Sie mir vor allem wie Sie sich befinden und wie Ihre Arbeiten gehn, und leben recht wohl.

Weimar den 17. August 1795.

G.

86. An Goethe.

Jena den 17. August 1795.

Ich nahm Ihre neuliche Zusage nach dem Buchstaben und rechnete darauf, Sie morgen, als den Dienstag, gewiß hier zu sehen: dieß ist Ursache, daß ich den Meister so lange behielt und Ihnen auch nichts darüber schrieb. Sehr hätte ich gewünscht, mit Ihnen über dieses sechste[1] Buch mündlich zu sprechen, weil man sich in einem Brief nicht auf alles besinnt und zu solchen Sachen der Dialog unentbehrlich ist. Mir däucht, daß Sie den Gegenstand von keiner glücklichern Seite hätte fassen können, als die Art ist wie Sie den stillen Verkehr der Person mit dem heiligen in sich eröffnen. Dieses Verhältniß ist zart und fein, und der Gang, den Sie es nehmen lassen, äußerst übereinstimmend mit der Natur.

Der Uebergang von der Religion überhaupt zu der christlichen durch die Erfahrung der Sünde ist meisterhaft gedacht. Ueberhaupt sind die leitenden Ideen des Ganzen trefflich, nur, fürchte ich, etwas zu leise angedeutet. Auch will ich Ihnen nicht dafür stehen, daß nicht manchen Lesern vorkommen wird, als wenn die Geschichte stille stände. Hätte sich manches näher zusammenrücken, anderes kürzer fassen, hingegen einige Hauptideen mehr ausbreiten lassen, so würde es vielleicht nicht übel gewesen sein. Ihr Bestreben, durch Vermeidung der trivialen Terminologie der Andacht ihren Gegenstand zu purificiren und gleichsam wieder ehrlich zu machen, ist mir nicht entgangen; aber einige Stellen habe ich doch angestrichen, an denen, wie ich fürchte, ein christliches Gemüth eine zu „leichtsinnige"[2] Behandlung tadeln könnte.

Dieß wenige über das, was Sie gesagt und angedeutet. Dieser Gegenstand ist aber von einer solchen Art, daß man auch über das, was nicht gesagt ist, zu sprechen versucht wird. Zwar ist dieses Buch noch nicht geschlossen, und ich weiß also nicht, was etwa noch nachkommen kann, aber die Erscheinung des Oheims und seiner gesunden Vernunft scheint mir doch eine Krise herbeizuführen. Ist dieses, so scheint mir die Materie doch zu schnell abgethan: denn mir däucht, daß über das Eigenthümliche christlicher Religion und christlicher Religionsschwärmerei noch zu wenig gesagt sei; daß dasjenige, was diese Religion einer schönen Seele sein kann, oder vielmehr was eine schöne Seele daraus machen kann, noch nicht genug angedeutet sei. Ich finde in der christlichen Religion virtualiter die Anlage zu dem höchsten und edelsten, und die verschiedenen Erscheinungen derselben im Leben scheinen mir bloß deßwegen so widrig und abgeschmackt, weil sie verfehlte Darstellungen dieses höchsten sind. Hält man sich an den eigenthümlichen[3] Charakterzug des Christenthums, der es von allen monotheistischen Religionen unterscheidet, so liegt er in nichts anderm als in der Aufhebung des Gesetzes oder[4] des Kantischen Imperativs, an dessen Stelle das Christenthum eine freie Neigung gesetzt haben will. Es ist also in seiner reinen Form Darstellung schöner Sittlichkeit oder der Menschwerdung des heiligen, und in diesem Sinn die einzige ästhetische Religion; daher ich es mir auch erkläre, warum diese Religion bei der weiblichen Natur so viel Glück gemacht, und nur in Weibern noch in einer gewissen erträglichen Form angetroffen wird. Doch ich mag in einem Brief über diese kitzlichte Materie nichts weiter vorbringen, und bemerke bloß noch, daß ich diese Saite ein wenig hätte mögen klingen[5] hören.

Ihre Wünsche, die Epigramme betreffend, sollen pünktlich erfüllet werden. Die Druckfehler in den Elegien haben mich auch sehr verdrossen, und ich habe den wichtigsten im Intelligenzblatt der Lit. Z. sogleich anzeigen lassen; es sind aber Fehler des Copisten, nicht des Setzers, und lassen sich also künftig um so eher verhüten.

Mit der Ausführung dessen, was Sie für die restirenden Monate in die Horen versprechen, werden Sie mir große Freude machen, und noch einmal wiederhole ich meine Fürbitte wegen Faust. Lassen Sie es auch nur eine Scene von zwei oder drei Seiten sein. Das Mährchen wird mich recht herzlich erfreuen und die Unterhaltungen für dieses Jahr schön schließen.

Ich habe in dieser Woche mich zwar körperlich nicht besser befunden, aber doch Lust und Laune zu einigen Gedichten gehabt, die meine Sammlung vermehren werden.

Meine Frau wünscht zu erfahren, ob die Nadeln, in welche Sie das sechste Buch neulich gepackt haben, Symbole von Gewissensbissen vorstellen sollen.

Leben Sie recht wohl. Ich sehne mich Sie bald zu sehen und unsern Freund Meyer.

Schiller.

87. An Schiller.

Hierbei überschicke ich einige Stücke Horen, die ich überflüssig habe. Können Sie mir dagegen gelegentlich Nr. I und II auf Schreibpapier und Nr. IV auf holländisch Papier verschaffen, so wären meine übrigen Exemplare complet.

[1] Da Meyer nun sich zur Abreise aufschickt, werden wir Sie bald möglichst besuchen um uns Ihren Rath und Segen zu erbitten.

Grüßen Sie die liebe Fran und leben recht wohl.

Den 17. August 1795.

G.

88. An Schiller.

An dem Hymnus, der hierbei folgt, habe ich soviel gethan als die Kürze der Zeit und die Zerstreuung, in der ich mich befinde, erlauben wollen. Den Beschluß der Geschichte und den Uebergang zum Mährchen übersende ich baldmöglichst, ich glaube aber nicht, daß es einen gedruckten Bogen ausfüllen wird. Zu dem Mährchen selbst habe ich guten Muth; es unterhält mich und wird also doch wohl[1] auch einigermaßen für andere unterhaltend sein.

Ihr Zeugniß, daß ich mit meinem sechsten[2] Buche wenigstens glücklich vor der Klippe vorbeigeschifft bin, ist mir von großem Werthe, und Ihre weitern Bemerkungen über diese Materie haben mich sehr erfreut und ermuntert. Da die Freundin des sechsten Buchs aus der Erscheinung des Oheims sich nur so viel zueignet, als in ihren Kram taugt, und ich die christliche Religion in ihrem reinsten[3] Sinne erst im achten Buche in einer folgenden Generation erscheinen lasse, auch ganz mit dem was Sie darüber schreiben einverstanden bin, so werden Sie wohl am Ende nichts Wesentliches vermissen, besonders wenn wir die Materie noch einmal durchsprechen.

Freilich bin ich sehr leise aufgetreten und habe vielleicht dadurch, daß ich jede Art von Dogmatisiren vermeiden und meine Absichten völlig verbergen wollte, den Effect aufs große Publicum etwas geschwächt; es ist schwer in solchen Fällen den Mittelweg zu halten.

Leben Sie recht wohl; Meyer grüßt[4] vielmals. Sagen Sie der lieben Frau, daß sie meine symbolischen Nadeln gesund brauchen und verlieren möge. Nächstens mehr.

Weimar den 18. August 1795.

G.

* 89. An Schiller.

Mehr ein Uebersprung als ein Uebergang vom bürgerlichen Leben zum Mährchen ist mein diesmaliger Beitrag geworden. Nehmen Sie damit vorlieb.

Herders Homer, den ich so eben mit Meyern gelesen, ist fürtrefflich gerathen und wird den Horen zu großem Schmucke gereichen; ich will treiben daß Sie den Aufsatz morgen mit den Botenweibern erhalten. Die erste Portion des Mährchens erhalten Sie vor Ende des Monats. Leben Sie recht wohl.

Weimar den 21. August 1795.

G.

90. An Goethe.

Freitag Abends 21.[1] August.

Ich erinnre mich, wie ich einmal vor sieben Jahren in Weimar saß und mir alles Geld bis etwa auf zwei Groschen Porto ausgegangen war, ohne daß ich wußte woher neues zu bekommen. In dieser Extremität denken Sie sich meine angenehme Bestürzung, als mir eine längst vergessene Schuld der Literatur-Zeitung an demselben Tage übersendet wurde. Das war in der That Gottes Finger, und das ist auch Ihre heutige Mission. Ich wußte in der That nicht, was ich Cottaen, der Manuscript für das neunte Stück nöthig hat, heute senden sollte; und Sie als ein wahrer Himmelsbote senden mir zwar nur etwa einen halben Bogen, aber doch genug um mit dem Apollo einen ganzen auszumachen.

Ich werde kaum Zeit haben dieses Manuscript noch zu lesen, ob ich es gleich in orthographischer Rücksicht sorgfältig durchlaufen will.

Auf Ihr Mährchen freue ich mich sehr, denn es scheint unter sehr guten Auspicien zur Welt zu kommen.

Herders Abhandlung soll mir auch eine recht angenehme Apparition sein.

Humboldt begrüßt Sie. Ich werde Ihnen allerlei Curiosa, die Horen und auch etwas den Meister betreffend, zu erzählen haben, wenn Sie hieher kommen, welches ich bald zu thun herzlich bitte.

Leben Sie recht wohl.

Sch.

* 91. An Schiller.

Es freut mich daß meine kleine Gabe zur rechten Zeit kam. Die erste Hälfte des Mährchens sollte nach meiner Rechnung auch ins neunte Stück kommen; in wiefern es nöthig oder thunlich sei, wollen wir Montags bereden[1], da ich Sie mit Meyern zu besuchen gedenke. Abends gehe ich zurück, denn Mittwochs muß ich endlich nach Ilmenau, von da ich etwa in acht Tagen zurückkomme.

Nur soviel zur Nachricht. Die Botenweiber packen ein.

Weimar den 22. August 1795.

G.

* 92. An Schiller.

Morgen frühe gehe ich mit Geh. Rath Voigt nach Ilmenau und würde bei meinen Streifereien noch heitrer[1] sein, wenn ich Sie zu Hause wohl und nicht so oft durch Krankheit an so manchem Guten gehindert wüßte. Meyer grüßt. Ich wünsche zu vernehmen, daß der gute Effect des Mährchens nachgekommen ist und die Folge den anfänglichen bösen Eindruck wieder ausgelöscht hat. Wenn ich Ihnen Lebewohl sage, so heißt das immer: gebrauchen Sie wie bisher der guten Stunden zu unsrer Freude.

Weimar den 25.[2] August 1795.

G.

* 93. An Schiller.

Aus dem gesellig müßigen Carlsbad hätte ich in keine entgegengesetztere Existenz kommen können als in das einsam thätige Ilmenau. Die wenigen Tage die ich hier bin sind mir sehr schnell verstrichen[1], und ich muß noch acht Tage hier bleiben, wenn ich in den Geschäften nach Wunsch klar werden will. Ich war immer gerne hier und bin es noch; ich glaube, es kommt von der Harmonie in der hier alles steht: Gegend, Menschen, Klima, Thun und Lassen. Ein stilles, mäßiges, ökonomisches Streben, und überall den[2] Uebergang vom Handwerk zum Maschinenwerk, und bei der Abgeschnittenheit einen größern[3] Verkehr mit der Welt als manches Städtchen im flachen zugänglichen Lande. Noch habe ich auch keine Idee gehabt als die hierher paßte, es war aber sehr nothwendig daß ich das Pensum vor Winters absolvirte. Leben Sie recht wohl in andern Regionen und gedenken mein mit den Ihrigen.

Ilmenau den 29. August 1795.

G.

94. An Goethe.

Jena den 29. August 1795.

Das Mährchen ist bunt und lustig genug, und ich finde die Idee, deren Sie einmal erwähnten, „das gegenseitige Hülfleisten der Kräfte und das Zurückweisen auf einander," recht[1] artig ausgeführt. Meiner Frau hat es viel Vergnügen gemacht; sie findet es im Voltairischen Geschmack, und ich muß ihr Recht geben. Uebrigens haben Sie durch diese Behandlungsweise sich die Verbindlichkeit aufgelegt, daß alles Symbol sei. Man kann sich nicht enthalten, in allem eine Bedeutung zu suchen. Die vier Könige präsentiren sich gar prächtig, und die Schlange als Brücke ist eine charmante Figur. Sehr charakteristisch ist die schöne Lilie mit ihrem Mops. Das Ganze zeigt sich überhaupt als die Production einer sehr fröhlichen Stimmung. Doch hätte ich gewünscht, das Ende wäre nicht vom Anfang getrennt, weil doch beide Hälften einander zu sehr bedürfen, und der Leser nicht immer behält, was er gelesen. Liegt Ihnen also nichts daran, ob es getrennt oder ganz[2] erscheint, so will ich das nächste Stück damit anfangen; ich weiß zum Glück für das neunte Rath, und kommt dann das Mährchen im zehnten Stück auf einmal ganz, so ist es um so willkommener.

An dem Epigramm, das ich beilege, fehlt der Schluß. Seien Sie so gütig, es mir mit ehester Gelegenheit zurückzuschicken.

Mit meiner Gesundheit geht es noch nicht viel besser. Ich fürchte, ich muß die lebhaften Bewegungen büßen, in die mein Poetisiren mich versetzte. Zum Philosophiren ist schon der halbe Mensch genug und die andere Hälfte kann ausruhen; aber die Musen fangen einen aus.

Seien Sie herzlich gegrüßt zu Ihrem Geburtstag.

Sch.

N. S.

An den Herzog habe ich noch kein Exemplar des achten Stücks gesendet. Sie sind wohl so gütig es zu besorgen.

Wenn Sie Herrn v. Humboldt zu schreiben haben, so kann ich den Brief einschließen.

---

95. An Goethe.

Jena den 31. August 1795.

Nur zwei Worte heute, Ihuen für Ihr Andenken aus Ilmenau zu danken. Es ist heute der Expeditionstag der Horen, wo ich immer viel zu schreiben habe, da ich die Pakete benutze, um Briefe einzuschließen.

Zu einem kleinen „prosaischen" Amüsement lege ich Ihnen den Extraet[1] der Subscriptionsliste für die Horen bei, den mir Cotta heute gesendet hat.

Meinen und Herrn von Humboldts Brief, den ich Ihuen nebst den Horen-

Paketen vorgestern nach Weimar gesendet, haben Sie, weil es ein großes Paket ist, wohl nicht erhalten. Es ist mir aber daran gelegen, auf einige Punkte daraus schnell Ihre Resolution zu erfahren.

1) Schlug ich Ihnen vor, ob wir das Mährchen nicht lieber auf einmal im zehnten Stück geben wollen. Das Publicum ist immer mit dem Abbrechen unzufrieden, und jetzt müssen wir es bei guter Laune erhalten. Für das neunte Stück weiß ich Rath; dieß darf Sie also nicht bestimmen, wenn Sie sonst nicht wünschen, daß es getrennt erscheint.

2) Fehlt zu dem 101. Epigramme der letzte halbe Pentameter

— — — Es deutet die fallende Blüthe dem Gärtner,
Daß die liebliche Frucht

Wollen Sie mir diese zwei Punkte mit dem schnellsten beantworten?

Mögen Sie in dem stillen geschäftigen Kreis, wo Sie jetzt sind, recht zufrieden sein und sich unserer mit Liebe erinnern. Frau von Kalb ist seit einigen Tagen hier und bleibt noch einige Tage. Meine Frau grüßt Sie schönstens.

Sch.

N. S.

In Nr. 29[2] steht unterständig, wovon ich nicht weiß, ob es Schreibfehler ist. Es geradezu dafür zu nehmen und unverständig dafür zu setzen, wäre in dem Contexte, worin es steht, eine zu große Commentators-Freiheit. Uebrigens kenne ich kein solches Wort, wenn es wirklich unterständig heißen soll. Resolviren Sie baldmöglichst darauf.

---

* 96. An Schiller.

Eben da ich Ihren Brief erhalte, geht eine Gelegenheit nach Weimar. Also einen schönen Gruß aus diesen stillen Gebirgen, in denen ich das schönste Wetter erlebt habe.

Das[1] Epigramm kommt zurück und ter ist in be verwandelt, so mag's wohl noch hingehen.

Der letzte Pentameter des 101. Epigramms mag heißen:

Daß die liebliche Frucht schwellend im Herbste gedeiht.

Das Mährchen wünschte ich getrennt, weil eben bei so einer Production eine Hauptabsicht ist die Neugierde zu erregen. Es wird zwar immer auch am Ende noch Räthsel genug bleiben.

Zu dem Zug der Horen wünsche ich Glück; möge sich die Lust und Liebe des Publicums verdoppeln.

Frau von Kalb und Ihrer lieben Frauen empfehlen Sie mich.

Sonntag Abend bin ich in Weimar und hoffe Sie bald zu sehen. Leben Sie recht wohl[2].

Ilmenau den 3. September 1795.

G.

* 97. An Schiller.

Das Paket der Horen mit Ihrem und Hrn. v.[1] Humboldts Brief hat mich freundlich empfangen, als ich von Ilmenau zurückkam, und ich schreibe zum ersten Gruße nur einige Worte.

Hier das Epigramm, weil Sie wohl keine Abschrift davon haben.

Jakobis Aufsatz ist wunderlich genug. Seinem Ludwig, Lear und Oedipus habe ich, als ein Profaner, nichts abgewinnen können; das zweite aber hat sehr viel Gutes, und wenn man von seiner Erklärung über Vorstellungsarten nun auch seine Vorstellungsart abzieht, so wird man sie sich leicht übersetzen können.

Die gute Aufnahme meines Mährchens erfreut mich und muntert mich auf. Wenn nur Einer von den hundert Kobolden des Alten von Ferney drinne[2] spukt, so bin ich schon zufrieden. Wenn es zusammen ist, wünsche ich über die Intention und das Gelingen Ihre Gedanken zu hören.

Die zweite Hälfte des Mährchens und der Schluß des sechsten Buches des Romans sind nun meine nächsten Arbeiten. Waun müssen Sie das Mährchen haben?

Möchte Ihuen doch Ihr erster Austritt ins Gebiet der Dichtkunst nach einer so langen Pause besser bekommen sein. Könnten Sie doch einige Zeit sich Ruhe lassen!

Grüßen Sie die liebe Frau und behalten mich lieb.

Weimar den 7. September 1795.

G.

98. An Goethe.

Jena den 9. September 1795.

Zur Zurückkunft nach W. wünschen wir Ihuen Glück. Warum kann ich nicht diese kleinen Veränderungen mit Ihnen theilen, die Leib und Seele stärken!

Das Mährchen kann nun erst im zehnten Stück der Horen erscheinen, da ich in der Zeit, daß ich Ihre Resolution[1] erwartete, das nächste beste aus meinen Abhandlungen zum neunten Stück habe absenden müssen. Auch ist es im zehnten Stück noch nöthiger, weil ich zu diesem sonst noch keine glänzende Aussichten habe. Wollen Sie es alsdann noch getrennt, so kann der Schluß im eilften Stücke nachfolgen. Ich bin aber nie für das Trennen, wo dieses irgend zu verhindern ist, weil man das Publicum nicht genug dazu anhalten kann, das Ganze an einer Sache zu übersehen und darnach zu urtheilen.

Wenn das sechste Buch des Meisters fertig ist, so deuken Sie doch wohl noch auf etwas zu den Horen, was in eins der letzten Stücke kaun eingerückt werden. Wir müssen jetzt mit allen Segeln zu fahren suchen, denn ich weiß von mehrern Orten, auch aus Cottas Briefen, daß wir gar nicht sicher sind, unsere dermaligen Subscribenten auch fürs nächste Jahr zu behalten.

Für das neunte Stück habe ich noch redlich gethan, was ich kounte. Ich habe alle die größeren und kleineren Gedichte von mir, welche für den Almanach nicht schlechterdings nöthig waren, darin eingerückt, so daß dieses Stück nun siebzehn Artikel enthält, worüber man gewaltige Augen machen wird. Das Inhaltsverzeichniß will ich Ihnen beilegen.

Diese Zeit über, daß Sie weg sind, habe ich zwischen prosaischen und poetischen Arbeiten abgewechselt. Eine über das Naive angefangene Abhandlung scheint gelingen zu wollen, die Materie wenigstens entwickelt sich, und ich sehe mich auf einigen sehr glücklichen Spuren.

Ich hoffe wir sehen Sie bald wieder. Meine Frau begrüßt Sie.

Sch.

99. An Goethe.

Jena den 13. September 1795.

Nur ein kleines Lebenszeichen. Ich kann mich gar nicht daran gewöhnen, Ihuen acht Tage nichts zu sagen und nichts von Ihnen zu hören.

Souft ist hier bei mir alles[1] in altem guten und schlechten Staud[2]. Aus dem Zimmer kann ich noch immer nicht, aber die Arbeiten gehen darum doch ihren Gang. Sie denke ich mir jetzt sehr mit Meyers Instruction beschäftigt, der wahrscheinlich bald abreist. Grüßen Sie ihn aufs beste von mir.

Ich wünschte zu wissen, ob es bei Vicenza ist, wo die schöne Brücke mit Einem Bogen (über die Etsch, wie ich denke) geführt ist. Schreiben Sie mir doch ein Wort darüber. Ich brauche diese Brücke zu einem Hexameter.

Wenn Sie sich nur entschließen wollten, für die drei letzten Horenstücke noch ein Almosen von einem Dutzend Epigramme oder ähnlicher poetischen kleinen[3] Sachen beizusteuern. Ich will auch Herdern darum ersuchen, und selbst einige Gedanken dafür zu ertappen suchen. Solche kleine Sachen vermehren auf eine wohlfeile Art die Zahl, erfreuen dabei jeden Leser, und prangen auf dem Inhaltsverzeichniß der Stücke so gut als die größten Sachen. Dadurch habe ich es gezwungen, daß das neunte Stück siebzehn Artikel enthält.

In dem neuesten Stück des Archivs der Zeit findet sich eine Replik auf Ihren Aufsatz: Litterarischer Sansculottism. Ich habe sie aber noch nicht gelesen, nur bloß die Anzeige davon in der Hamburger Zeitung. Sollten Sie das Stück in Weimar bald erhalten, so seien Sie doch so gütig es mir mitzutheilen.

Der Almanach kommt noch zu Staude, und wird gerade jetzt unter dem

Druck sein. Humboldt wird nun in drei Wochen wieder hier sein, wenn nichts dazwischen kommt.

Mein Frau grüßt Sie bestens. Seien Sie nicht zu fleißig, und bleiben Sie auch nicht zu lang von Jena weg.

Sch.

Neuntes Stück[4].

1) Reich der Schatten.
2) Beiträge zur Geschichte der neuern[5] bildenden Kunst.
3) Unterhaltungen. Fortsetzung.
4) Hymne auf Apollo.
5) Schwarzburg. Gedicht[6] von Madame Mereau.
6) Herders Homer[7].
7) Natur und Schule, von mir.
8) Verschleiertes Bild, item.
9) Ueber die nothwendigen Grenzen des Schönen, besonders im Vortrag philosophischer Wahrheiten. Abhandlung von mir.
10) Deutsche Treue.
11) An einen Weltverbesserer.
12) Antike an einen Wanderer.
13) Der philosophische Egoist.
14) Das Höchste.
15) Weisheit und Klugheit.
16) Ilias.
17) Unsterblichkeit.

(10–17: Gedichte von mir.)

* 100. An Schiller.

Diese Tage habe ich Ihnen nicht geschrieben, weil ich einen Besuch zu Ihnen vorhatte, der mir aber [1] nicht gelungen ist. Meyer bereitet sich zur Abreise und arbeitet noch eine colorirte Zeichnung von den drei Parzen aus, die Sie sehen sollen. Ich wünsche ihm nur Gesundheit, sonst geht er ausgestattet mit allen guten Gaben. Es ist ein herrlicher Mensch. Was mich betrifft so habe ich, wie Sie wohl fühlen, auch nur diese Zeit auf Einem Fuß gestanden und mit dem andern mich schon nach den Alpen bewegt. Die Mineralogie [2] und geologische Base, die anfängliche und fortschreitende und gestörte Cultur des Landes habe ich von unten herauf theils zu gründen, theils zu überblicken gesucht und mich auch von oben herein, von der Kunstseite, noch mit Meyern auf alle Weise verständiget. Und doch sind das alles nur Schulvorübungen. Ein guter Geist helfe uns zum Schauen, zum rechten Begriff und zum fröhlichen Wiedersehen.

An die Horen denke ich täglich und hoffe auch noch etwas zu leisten. Möchten Sie doch des schönen Wetters unter freiem Himmel genossen haben!

Der gezüchtigte Thersit krümmt sich, wie ich höre, erbärmlich, bittet ab und fleht nur, daß man ihn leben lasse. Noch hab' ich das Stück nicht gesehen.

Leben Sie recht wohl und glauben Sie meiner Weissagung, daß mit dem neuen Jahre die Subscribenten der Horen sich [3] eher vermehren als vermindern werden.

Weimar den 14. September 1795.

G.

---

* 101. An Schiller.

Ueber Ihre Anfrage wegen der Brücke habe ich etwas zu sagen unterlassen, das ich jetzt nachhole. Bei Vicenz ist keine merkwürdige einbogigte [1] Brücke. Die zwei daselbst, von Palladio erbaut, sind dreibogigt [1]. Auch ist mir außer dem Rialto zu [2] Venedig keine der Art in jenen Gegenden erinnerlich.

Außer dem Pater peccavi des litterarischen Sanskülotten ist noch für die Horen ein günstiger Stern erschienen, indem Genz [3] vor den Briefen über ästhetische Erziehung große Reverenzen in seiner Monatschrift macht. Das kommt alles zur rechten Zeit und zu überlegen wäre es, ob man nicht vor Ende des Jahrs sich über einiges erklärte und unter die Autoren und Recensenten Hoffnung und Furcht verbreitete?

Nächstens besuchen wir Sie. Haben Sie die Güte mir das Mährchen zurück zu schicken, es soll vollendet zurückkehren. Leben Sie recht wohl.

Weimar den 16. September 1795.

G.

---

102. An Goethe.

Jena den 18. September 1795.

Nach Verlangen folgt hier das Mährchen. Wenn ich es nur in acht Tagen zurück erhalte, so kommt es noch recht zum Druck.

Für die tröstlichen Nachrichten, die Sie mir von den Horen geben, danke ich herzlich. Auch ich hoffe, daß uns die letzten Stücke wieder Glück bringen sollen. Sie enthalten gerade von demjenigen, was man an den vorhergehenden vermißte, viel: nämlich Poesie und Erzählung. Vor einigen Tagen schickte mir auch Engel wieder einen, über drei gedruckte Bogen starken, Aufsatz von einem für das Publicum sehr passenden Inhalt, theils Dialog, theils Erzählung; kein Wunderwerk des Genies freilich, aber gerade so, wie unsre werthen Leser es lieben. Daß aber auch diejenigen etwas erhalten, welche für dergleichen Oblationen zu gut sind, werden Sie noch sorgen, wie ich fröhlich und festiglich glaube.

Für das zehnte Stück wäre durch das Mährchen gesorgt. Es ist also nur noch das eilfte, worauf es ankommt, und worin wir unsre Stärke concentriren müssen. Besonders ist es auch um Mannigfaltigkeit zu thun.

Wenn Sie doch auch Herdern bewegen wollten, kleine Sachen, wie Epigramme im Geschmack der Anthologie ꝛc. in die letzten Stücke zu stiften.

Humboldt schreibt mir aus Berlin, daß man von den drei letztherausgekommenen Horenstücken sehr gut spreche.

Wenn Sie das Archiv der Zeit und die Genzische Monatschrift früher als ich erhalten, so sind Sie wohl so gütig, mir die prächtigen Sachen auch mitzutheilen.

Ich freue mich Sie bald hier zu sehen. Wir beide grüßen Sie bestens.

Sch.

* 103. An Schiller.

Das Mährchen ist fertig und wird in neuer Abschrift Sonnabends aufwarten. Es war recht gut daß Sie es zurückhielten, theils weil noch manches zurecht gerückt werden kounte, theils weil es doch nicht übermäßig groß geworden ist. Ich bitte besonders die liebe Frau es nochmals von vorne zu leseu.

In der Mitte der andern Woche hoffe ich zu kommen mit Meyern; seine Abwesenheit wird mir sehr fühlbar werden. Wenn ich nur im Winter einige Zeit bei Ihuen sein kann!

Ich habe viel zu sagen und zu fragen und hoffe Sie wohl zu finden und manches gearbeitete. Grüßen Sie doch Humboldts vielmals.

Weimar den 23. September 1795.

G.

* 104. An Schiller.

Wie ich in [1] dieser letzten unruhigen Zeit meine Tonne gewälzt habe, wird Ihuen, werther Maun, aus beiliegendem bekannt werden. Selig sind die da Mährchen schreiben; denn Mährchen sind à l'ordre du jour. Der Landgraf von Darmstadt ist mit 200 Pferden in Eisenach angelangt und die dortigen Emigrirten drohen sich auf uns zu repliiren. Der Churfürst von Aschaffenburg wird in Erfurt erwartet.

Ach! warum steht der Tempel nicht am Flusse!
Ach! warum ist die Brücke nicht gebaut!

Ich wünsche indessen, weil wir doch immer Menschen und Autoren bleiben, daß Ihuen meine Production nicht mißfallen möge. Wie ernsthaft jede Kleinigkeit wird, sobald man sie kunstmäßig behandelt, hab' ich auch diesmal wieder erfahren. Ich hoffe die achtzehn Figuren dieses Dramatis sollen, als so viel Räthsel, dem Räthselliebenden willkommen sein.

Meyer packt und wir erscheinen bald; hoffentlich haben Sie uns mit mancherlei zu regaliren. Leben Sie recht wohl.

Weimar den 26. September 1795.

G.

105. An Goethe.

Ich höre von unserm Freunde, der sich Ihnen noch [1] bestens empfiehlt, daß Sie sich ganz in Ihr Zimmer vergraben hätten, um Ihren Roman zu expediren, weil Unger pressirt. Meine besten Wünsche zu diesem Geschäft. Ich bin voll Erwartung, diesen dritten Theil beisammen zu sehen.

Uebermorgen werden wir Sie also wieder sehen, worauf ich mich herzlich freue und lange gehofft habe.

Humboldt kommt diesen Winter nicht mehr hieher, welches mir sehr unangenehm ist.

Seien Sie doch so gütig, mir das Archiv der Zeit, welches die berühmte Antwort auf Ihren Angriff enthält, so wie auch das Stück der neuen Monatsschrift, worin m e i n L o b stehen soll, mitzubringen. Ich kann beides hier nicht zu Gesicht bekommen.

Ein Rudel Gedichte erwartet Sie hier.

Ich höre mit Vergnügen, daß Sie damit umgehen, uns eine neue Acquisition für die Horen zu verschaffen, von der ich im Voraus eine sehr [2] gute Meinung habe.

Das Mährchen hat uns recht unterhalten, und es gefällt gewiß allgemein. Mündlich ein Mehreres.

Jena den 2. October 1795.

Leben Sie recht wohl.

Sch.

* 106. An Schiller.

Der Wunsch Sie wieder zu sehen ist mir diese Zeit her immer vereitelt worden. Morgen hoffe ich bei Ihnen zu sein und zu vernehmen was Sie in dem Zwischenraume gearbeitet haben.

Daß mir, nach Ihrem Urtheil, das Mährchen geglückt ist, macht mir viel Freude, und ich wünsche über das ganze Genre nunmehr mit Ihnen zu sprechen und noch einige Versuche zu machen.

Der Schluß des sechsten Buches meines Romans geht Montags ab und dieser Band wird gedruckt bald aufwarten. Im folgenden rollt der Stein den Berg hinab und das meiste ist schon geschrieben und fertig.

Die verlangten Monatschriften lasse ich aufsuchen, sie wo möglich mitzubringen.

Die Knebelischen Elegien sind recht gefunden und in mehr als Einem Sinne gut und heilsam. Vielleicht bringe ich einige mit. Vielmals Adieu.

Den 3. October 1795.

G.

---

107. An Schiller.

[Weimar den 6. October 1795.] [1]

Anstatt gestern von Ihnen fortzueilen, wäre ich lieber geblieben, und die Unbehaglichkeit eines unbefriedigten Zustandes hat mich auf dem ganzen Wege begleitet. In so kurzer Zeit giebt man vielerlei Themata an und führt keins aus, und so vielerlei man auch rege macht, kommt doch wenig zur Runde und Reife.

Ihren Gedichten hab' ich auf meiner Rückkehr hauptsächlich nachgedacht; sie haben besondere Vorzüge, und ich möchte sagen, sie sind nun wie ich sie vormals von Ihnen hoffte. Diese sonderbare Mischung von Anschauen und Abstraction, die in Ihrer Natur ist, zeigt sich nun in vollkommenem Gleichgewicht, und alle übrigen poetischen Tugenden treten in schöner Ordnung auf. Mit Vergnügen werde ich sie gedruckt wiederfinden, sie selbst wiederholt genießen und den Genuß mit andern theilen. Das kleine Gedicht in Stanzen an das Publicum würde den diesjährigen Jahrgang der Horen sehr schicklich und anmuthig [2] schließen.

Ich habe mich sogleich mit der Frau von Stael beschäftigt und finde mehr Arbeit dabei als ich dachte; indessen will ich sie durchsetzen, denn es ist nicht viel; das Ganze giebt höchstens [3] fünf und fünfzig Blätter meines Manuscripts. Die erste Abtheilung von ein und zwanzig Blättern sollen Sie bald haben. Ich werde mich in einer kleinen Vorrede an den Herausgeber über die Art erklären, wie ich bei der Uebersetzung verfahren bin. Um Ihnen kleine Zurechtweisungen zu ersparen, hab' ich ihre Worte unserm Sinne genähert, und zugleich die französische Unbestimmtheit nach unserer deutschen Art etwas genauer zu deuten gesucht. Im einzelnen werden Sie sehr viel Gutes finden, da sie aber einseitig und doch wieder gescheut und ehrlich ist, so kann sie mit sich selbst auf keine Weise einig werden; als Text aber können Sie es gewiß fürtrefflich brauchen. Ich wünschte, daß Sie sich die Mühe gäben, in Ihrer Arbeit so klar und galant als möglich zu sein, damit man es ihr in der Folge zuschicken und dadurch einen Anfang machen könnte, den Tanz der Horen auch in das umgeschaffne Frankreich hinüber zu leiten.

* [4] Weimar den 10. October 1795.

So weit hatte ich vor einigen Tagen dictirt, nun sage ich Ihuen nochmals Adieu, ich gehe erst morgen frühe weg. Das Staelische Werk erhalten Sie bald, halb oder ganz. Was die gute Frau mit sich selbst eins und uneins ist!

Von Frankfurt schreibe ich bald. Leben Sie recht wohl mit den Ihrigen. Grüßen Sie Humboldt; von Frankfurt schreibe ich auch ihm. Wenn mein Roman ankommt erhalten Sie vier Exemplare, wovon Humboldt, Loder, Prof. Hufeland die drei erhalten. Wenn Humboldt nicht [5], wie ich hoffe, das seinige schon in Berlin weggenommen hat.

G.

[6] „Welch ein erhabner Gedanke! uns lehrt der unsterbliche Meister
Künstlich zu spalten den Strahl, den wir nur einfach gekannt."
Das ist ein pfäffischer Einfall! denn lange spaltet die Kirche
Ihren Gott sich in drei, wie ihr in sieben das Licht.

---

* 108. [1] An Schiller.

Bald werde ich Sie wieder sehen, denn meine Reise nach Frankfurt hat nicht statt. Die Frau von Stael wird wohl noch vor mir aufwarten; die Abschrift ist bald fertig. Haben Sie denn etwa Humboldt ein Wort wegen des Quartiers gesagt? Es wäre gar artig wenn ich sein Stübchen beziehen könnte, da im Schlosse die Fußtapfen des Militairs sobald nicht auszulöschen sind. Ich bin mit Herz, Sinn und Gedauken nur an dem Roman und will nicht wanken bis ich ihn überwunden habe. Leben Sie recht wohl und denken mein bei Ihren Arbeiten und grüßen die liebe Frau.

Eisenach den 16. October 1795.

G.

---

109. An Goethe.

Jena den 16. October 1795.

Hätte ich vermuthen können, daß Sie länger in Eisenach bleiben würden, so würde ich es nicht so lange haben anstehen lassen, Ihnen zu schreiben. Es ist mir in der That lieb, Sie noch ferne von den Händeln am Main zu wissen. Der Schatten des Riesen könnte Sie leicht etwas unsanft anfassen. Es kommt mir oft wunderlich vor, mir Sie so in die Welt hinein geworfen zu denken, indem ich zwischen meinen papiernen Fensterscheiben sitze, und auch nur Papier vor mir habe, und daß wir uns doch nahe sein und einander verstehen können.

Ihr Brief von Weimar hat mir große Freude gemacht. Es giebt gegen

Eine Stunde des Muths und Vertrauens immer zehen, wo ich kleinmüthig bin und nicht weiß, was ich von mir denken soll. Da kommt mir eine solche Anschauung meiner selbst außer mir recht zum Troste. Auch Herder hat mir über meine Gedichte kürzlich viel erfreuendes geschrieben.

Soviel habe ich nun aus gewisser Erfahrung, daß nur strenge Bestimmtheit der Gedanken zu einer Leichtigkeit verhilft. Sonst glaubte ich das Gegentheil und fürchtete Härte und Steifigkeit. Ich bin jetzt in der That froh, daß ich mir es nicht habe verdrießen lassen, einen sauren Weg einzuschlagen, den ich oft für die poetisirende Einbildungskraft verderblich hielt. Aber freilich spannt diese Thätigkeit sehr an, denn wenn der Philosoph seine Einbildungskraft und der Dichter seine Abstractionskraft ruhen lassen darf, so muß ich, bei dieser Art von Productionen, diese beiden Kräfte immer in gleicher Anspannung erhalten, und nur durch eine ewige Bewegung in mir kann ich die zwei heterogenen Elemente in einer Art von Solution erhalten.

Den Staelischen Bogen sehe ich mit vieler Erwartung entgegen. Wenn es irgend der Raum erlaubt, so bin ich auch dafür, sogleich das Ganze in Ein Stück zu setzen. Meine Bemerkungen bringe ich alsdann in dem nächsten Stücke nach. Der Leser hat unterdessen die seinigen darüber angestellt, und hört mir mit mehr Interesse zu. Auch würde ich schwerlich in der kurzen Frist, die zu dem eilften Stücke noch übrig[1] ist, damit fertig werden können, wenn ich auch die Uebersetzung auf den nächsten Montag erhalte. Herder hat für das eilfte Stück auch einen Aufsatz über die Grazien geschickt, in welchem er diese misbrauchten Gestalten in ihre alten Rechte zu restituiren sucht. Er verspricht noch einen Aufsatz für das zwölfte Stück. Ich hoffe mit der Abhandlung über das Naive, die nur etliche Bogen stark wird, und [wie ich denke sehr populär geschrieben ist, noch für das eilfte Stück fertig zu werden. An kleinen poetischen Zugaben fehlt es auch nicht. Hier erhalten Sie einige Schnurren von mir. Die Theilung der Erde hätten Sie billig in Frankfurt auf der Zeile vom Fenster aus lesen sollen, wo eigentlich das Terrain dazu ist. Wenn sie Ihnen Spaß macht, so lesen Sie sie dem Herzog vor.

Bei dem andern Stück habe ich mich über den Satz des Widerspruchs lustig gemacht; die Philosophie erscheint immer lächerlich, wenn sie aus eigenem Mittel, ohne ihre Abhängigkeit von der Erfahrung zu gestehen, das Wissen erweitern und der Welt Gesetze geben will.

Daß Sie den Meister bald vornehmen wollen, ist mir sehr lieb. Ich werde dann nicht säumen, mich des Ganzen zu bemächtigen, und wenn es mir möglich ist, so will ich eine neue Art von Kritik, nach einer genetischen Methode, dabei versuchen, wenn diese anders, wie ich jetzt noch nicht präcis zu sagen weiß, etwas Mögliches ist.

Meine Frau und meine Schwiegermutter, die gegenwärtig hier ist, empfehlen sich Ihnen aufs beste. Es ist hier bei mir angefragt worden, wo Sie gegenwärtig wären, ich habe aber unnöthig gefunden, es zu sagen. Erhalten Sie

Nachrichten von unserem italienischen Wanderer, so bitte ich, sie mir auch mitzutheilen.

Leben Sie recht wohl.

Sch.

* 110. An Schiller.

Ob ich gleich schon Mittwoch wieder hoffe in Weimar zu sein, so schicke Ihuen doch die Abhandlung voraus; ich habe sie nicht einmal in der Abschrift durchsehen können. Hie und da läßt sich noch einiges retouchiren. Vielleicht besuche ich Sie zu Ende der Woche und wir sehen uns früher wieder als ich dachte. Wie ist das zerstreute Leben doch ein leeres Leben; man erfährt nur gerade das was man nicht wissen mag. Ich freue mich recht Sie wieder zu sehen.

Eisenach den 17. October 1795.

G.

111. An Goethe.

Jena den 19. October 1795. [1]

Seien Sie mir willkommen in Weimar! Ich bin recht froh Sie wieder in der Nähe zu wissen. Daß Sie die letzten acht Tage nicht haben hier sein können, that [2] mir sehr leid. Ich befand mich bei dem schönen Wetter merklich leichter und bin auch heute wieder spazieren gefahren, welches mir ganz wohl bekam. Freilich ist auch dafür [3] mehrere Tage nichts gearbeitet worden.

Die Frau Stael [4] erwarte mit Begierde.

Meinen Brief, den ich Ihuen vorigen Freitag nach Eisenach schrieb, haben Sie vermuthlich noch nicht erhalten, und waren abgereist, eh er dort ankam.

Von Humboldt erwarte ich des Quartiers wegen Antwort. Ich habe es, weil ich noch nicht weiß, ob sein Logis in abtretbarem Staude ist, nur so sachte berührt, daß er nicht genirt ist, es auch mit Stillschweigen zu übergehen [5]. Es wäre mir gar lieb, wenn Ihuen eine rechte Bequemlichkeit hier könnte verschafft werden.

Zu dem Roman wünsche ich alles Glück und Segen. Ich zweifle gar nicht, daß es jetzt das vortheilhafteste für das ganze ist, wenn Sie ununterbrochen darin leben. Daun halte ich es für keinen unbedeutenden Gewinn, wenn Sie den letzten Baud einige Monate früher fertig haben, als er in Druck gegeben werden muß. Sie haben eine große Rechnung abzuschließen. Wie leicht vergißt sich da eine Kleinigkeit.

Finden Sie unter Ihren Papieren den Brief, den ich Ihuen im vorigen Jahre nach meiner Zurückkunft von Jena zur Eröffnung einer ästhetischen Correspondenz schrieb, so haben Sie die Güte ihn mir zu schicken. Ich denke jetzt etwas daraus zu machen. Meine Frau und Schwiegermutter, die auf einige Wochen hier ist, empfehlen sich.

Sch.

112.[1] An Goethe.

[Jena den 24. October 1795.][1]

Ich habe mit dem Expressen, der Ihnen diesen Brief bringt, ein Intelligenzblatt der Lit. Zeitung in Correctur an Herdern geschickt, worin ein höchst grober und beleidigender Ausfall Wolfs in Halle auf den Herderischen Aufsatz im neunten Horenstück abgedruckt ist. Ich finde es schlechterdings nöthig, wie Sie gewiß auch finden werden, daß Herder irgendwo darauf replicirt. Sie werden aber finden, daß nicht wohl etwas anders geschehen kann, als den Philister zu persifliren.

Mir wäre es sehr lieb, wenn Sie den Ausfall lesen, und mit Herdern darüber communiciren könnten, ehe Sie hieher kommen, so könnten wir vielleicht gemeinschaftlich etwas beschließen.

Vielleicht sehe ich Sie morgen, welches mir recht angenehm sein würde, denn wir haben uns wieder vielerlei zu sagen.

Ich habe meine Abhandlung über das Naive einen Posttag zurückbehalten, um sie Ihnen, wenn Sie morgen oder übermorgen kämen, noch vorlesen zu können.

Meine Frau und Schwiegermutter empfehlen sich.

Sch.

* 113. An Schiller.

Ich bin neugierig zu vernehmen was uns das Intelligenzblatt bringt; schon gestern in der Comödie hört' ich davon summen.

Heute komme ich nicht, mein Lieber, aber ich hoffe bald. Jeden Tag erwarte ich einen neuen Weltbürger in meinem Hause, den ich doch gern freundlich empfangen möchte. Indessen ist das Schloß von den militairischen Effluvien gereinigt und ich kann einige Tage bei Ihnen bleiben.

Leben Sie recht wohl, empfehlen mich den Damen und behalten mich lieb.

In diesen letzten zerstreuten Tagen habe ich meine Italiänischen Collectaneen vorgenommen und zu ordnen angefangen und mit viel Freude gesehen: daß, mit einiger Beharrlichkeit, ein wundersames Werk wird zusammengestellt werden können.

Haben Sie keine Abschrift vom Aufsatz übers Naive?

Weimar den 25. October 1795.

G.

Jene Blätter nach denen Sie fragten habe ich noch nicht gefunden, sie liegen aber gewiß nicht weit.

---

114. An Goethe.

Jena den 26. October 1795.

Zu dem neuen Hausgenossen gratulire ich im Voraus. Lassen Sie ihn immer ein Mädchen sein, so können wir uns noch am Ende[1] mit einander verschwägern.

Ich habe Ihnen vorgestern von der Mad. Stael zu schreiben vergessen. Das Produkt ist mit[2] vielem Geiste geschrieben, und da es darin mehr wetterleuchtet als ordentlicher Tag ist, so qualificirt es sich gar nicht übel zum Commentiren. Eine eigentliche Harmonie hineinzubringen möchte schwer sein und auch die Mühe nicht genug lohnen. Im einzelnen aber läßt es sich versuchen, auch habe ich mir schon etliche Materien daraus gewählt, die auch sonst nicht außer der Zeit sein werden.

Sie haben einigemal den Ausdruck: verführen von der Poesie gebraucht. Ich wünschte zu wissen, wie dieß im Original heißt, ob es bloß täuschen überhaupt bedeutet, weil verführen auch in ästhetischer Bedeutung einen Nebenbegriff hat.

Es freut mich, daß Sie in Ihren italienischen Papieren so viel Ausbeute finden. Ich war immer auf diese Papiere sehr begierig, nach dem wenigen zu urtheilen, was Sie davon haben laut werden lassen. Erinnern Sie sich bei diesen Nachforschungen auch der Horen und leiten Sie einen Arm dieses Paktolus hinein.

Ich bin begierig, was Sie zu dem Wolfischen Ausfall sagen werden, wenn Sie ihn gelesen. Herder wünscht, daß ich bloß als Redacteur etwas darüber sagen möchte, insofern auch die Horen mit getroffen werden sollten; und da ich es nicht für rathsam halte, ganz zu schweigen und dem Philister[3] gleich anfangs das letzte Wort zu lassen, so will ich es lieber thun, als daß ganz geschwiegen wird.

Ich habe die zwei neuen Musenalmanache gelesen, die über die Maßen dürftig und elend sind. [4]Voß hat 29 Stücke in den seinigen geliefert, worunter Sie vergeblich ein einziges gutes suchen, und die meisten abominabel sind[5]. Ich habe sie[6] Herdern mitgegeben.

Leben Sie recht wohl. Ich hoffe bald wieder von Ihnen zu hören.

Die Meinigen grüßen.

Sch.

---

* 115. An Schiller.

Seit meiner Rückkunft habe ich mich noch nicht wiederfinden können, hier also nur indessen das verlangte Manuscript.

Ich habe, glaub' ich, auch noch nichts über die Gedichte gesagt die Sie mir nach Eisenach schickten; sie sind sehr artig, besonders das Theil des Dichters ganz allerliebst, wahr, treffend und tröstlich.

Sollten Sie sich nicht nunmehr überall umsehn und sammeln, was gegen die Horen im allgemeinen und besondern gesagt ist, und hielten am Schluß des Jahrs darüber ein kurzes [1] Gericht, bei welcher Gelegenheit der Günstling der Zeit auch vorkommen könnte? Das hallische philosophische Journal soll sich auch ungebührlich betragen haben. Wenn man dergleichen Dinge in Bündlein bindet, brennen sie besser.

Leben Sie recht wohl. Lieben Sie mich. Empfehlen Sie mich der lieben Frauen und Ihrer Frau Mutter. Das Schwiegertöchterchen säumt noch.

Weimar den 28. October 1795.

Goethe.

116. An Goethe.

Sonntag Abends. [1. Nov.] [1]

Ich bin ungeduldig wieder ein Lebenszeichen von Ihnen zu erhalten. Mir ist als wenn ich gar lange nichts von Ihnen erfahren hätte. Das Evenement im Hause ist, wie ich hoffe, glücklich vorbeigegangen.

Wir leben jetzt recht in den Zeiten der Fehde. Es ist eine wahre Ecclesia militans — die Horen meine ich. Außer den Völkern, die Herr Jacob in Halle [2] commandirt und die Herr Manso [3] in der Bibliothek d. S. W. hat ausrücken lassen, und außer Wolfs [3] schwerer Cavallerie haben wir auch nächstens vom Berliner Nicolai einen derben Angriff zu erwarten. Im zehnten Theil seiner Reisen soll er fast von nichts als von den Horen handeln und über die Anwendungen [4] Kantischer Philosophie herfallen, wobei er alles unbesehen, das Gute wie das Horrible, was diese Philosophie ausgeheckt, in einen Topf werfen soll. Es läßt sich wohl noch davon reden, ob man überall nur auf diese Plattituden antworten soll. Ich möchte noch lieber etwas ausdenken, wie man seine Gleichgültigkeit dagegen recht anschaulich zu erkennen geben kann. Nicolain sollten wir aber doch von nun an in Text und Noten, und wo Gelegenheit sich zeigt, mit einer recht insignen Geringschätzung behandeln.

Haben Sie die neuen Musenalmanache gesehen? Sie sind horribel.

Leben Sie recht wohl.

Sch.

* 117. An Schiller.

Statt eines artigen Mädchens ist endlich ein zarter Knabe angekommen und so läge denn eine von meinen Sorgen in der Wiege. Nun wäre es an Ihnen, zu Bildung der Schwägerschaft und zu Vermehrung der dichtrischen Familie für ein Mädchen zu sorgen. Ich komme nun bald und bedarf wirklich eines Gesprächs wie ich es mit Ihnen führen kann; ich habe Ihnen viel zu sagen. Noch immer bin ich nicht auf den Pfaden der Dichtung. Durch äußre Veranlassung habe ich in der Baukunst mich wieder umgesehen und habe einiges bei dieser Gelegenheit zusammengestellt, das Urtheil über solche Kunstwerke zu erleichtern und zu fixiren.

Von Meyern habe ich einen Brief von München mit sehr schönen Nachrichten von diesem Orte, auch von Nürnberg. Ich bringe sie mit. Sagen Sie mir wie Sie sich befinden und gedenken mein.

Weimar den 1. November 1795.

G.

---

118. An Goethe.

Jena den 4. Novbr. 1795.

Zum neuen Ankömmling meinen herzlichen Glückwunsch. Ich hätte Ihnen wohl ein Pärchen gönnen mögen, aber dazu kann ja Rath werden. Nunmehr hoffe ich auch, Sie bald hier zu sehen, und freue mich recht darauf. Humboldten ist es sehr angenehm, wenn Sie sein Logis ganz als das Ihrige ansehen wollen. Das einzige Bedenken dabei war, daß Hellfeld, der sich im Contract ausbedungen daß keine Aftermiethe stattfinden dürfte [1], vielleicht eine Einwendung machen möchte. Weil aber hier ja von keiner Miethe die Rede ist, so wird er nicht so albern sein, sich auf den Contract zu berufen. Ich habe zum Ueberfluß einen Brief von Humboldt an ihn in Händen, den ich, sobald Sie ihn bloß mit einem kleinen Billet an Hellfeld begleiten wollen, worin Sie um Uebergabe des Schlüssels bitten, an ihn abliefern will. Er wird, wenn Sie ihm diese Ehre anthun [2], sehr bereitwillig sein. Sie werden sich gewiß in dieser Wohnung besser als im Schlosse gefallen.

Ihre Elegien haben, wie Ihnen der eingeschlossene Brief des D. Gros an Hrn. v. Humboldt zeigen wird, auch in der lateinischen Welt einen großen und gar keinen unwichtigen Bewunderer gefunden. Ich lege den Brief in Natura bei; vielleicht gefällt es Ihnen zu Realisirung des Wunsches, den der Verfasser desselben äußert, etwas beizutragen. Mir däucht, daß ich Ihnen schon von demselben etwas erzählt habe; so viel kann ich mit Gewißheit versichern, daß unsere Akademie an diesem Manne keine unwichtige Acquisition machen würde. Ich kenne wenige aus der neuen Generation, die einen so gesunden Kopf, so viel gründlichen Verstand und eine so solide Beurtheilungskraft haben. Im juristischen Fach hat man ihn in Göttingen sehr geachtet.

Auf den Meister warte ich mit rechter Ungeduld. Eilfertigkeit ist, wie es scheint, Ungers Sache nicht.

Leben Sie recht wohl. Meine Frau empfiehlt sich aufs beste.

Sch.

Die Horen sind Ihnen doch letzten Montag richtig zugekommen? Das achte Exemplar für Meyer habe ich an Fräulein von Imhof abgeben lassen[3], wie unser Freund verordnet[4] hat. Die Exemplare sind schlecht conditionirt, und ich habe die Ihrigen noch dazu ausgesucht. Cotta entschuldigt sich mit dem Krieg, der die Papierlieferung gestört habe.

119. An Goethe.

Jena den 20. November 1795.

Den Verlust, den Sie erlitten, haben wir herzlich beklagt. Sie können sich aber damit trösten, daß er so früh erfolgt ist, und mehr Ihre Hoffnung trifft. Ich könnte mich schwer darein finden, wenn mir mit meinem Kleinen jetzt noch ein Unglück begegnete.

Seit etwa sechs Tagen habe ich mich ganz leidlich befunden, und die gute Zeit auch brav benutzt, um in meiner Abhandlung vorzurücken.

Schlegel schrieb mir kürzlich und schickte[1] etwas für die Horen. Er ist sehr entzückt über das Mährchen; auch Humboldts haben große Freude daran. Werden Sie vielleicht Muße finden das neue noch für den Jannar fertig zu bringen? Wenn ich es in den ersten Tagen des Januars spätestens hätte, so könnte es noch in das erste Stück kommen. Mir wäre dieß ungemein lieb, da wir doch gut anfangen müssen, und ich noch nichts im Fach der Darstellung habe.

Ueber den neuen Theil des Meisters, wofür wir Ihnen schönstens danken, habe ich schon allerlei Urtheil eingezogen. Jedermann findet das sechste Buch an sich selbst sehr interessant, wahr und schön, aber man fühlt sich dadurch im Fortschritt aufgehalten. Freilich ist dieses Urtheil kein ästhetisches, denn beim ersten Lesen, besonders einer Erzählung, dringt mehr die Neugierde auf den Erfolg und das Ende, als der Geschmack auf das Ganze.

Sind Sie noch Willens den letzten Theil ein Jahr lang zurückzuhalten?

Herr v. Soden[2] schickt mir heute eine schreckliche Production: Aurora oder das Kind der Hölle, die eine elende Nachahmung der Biondetta ist. Prächtig ist der Gedanke, daß er die ganze Zauberei als eine bloße Maschinerie einer Liebhaberin des Helden entwickelt, die ihn dadurch erobern will. So verpufft endlich das ganze Pathos. Auch das übrige ist dieses weisen Einfalls würdig.

Leben Sie recht wohl und alle Musen seien mit Ihnen. Meine Frau grüßt.

Sch.

120. An Schiller.

Heute habe ich 21 properzische Elegien von Knebeln erhalten, ich werde sie sorgfältig durchgehen und was ich dabei bemerke dem Uebersetzer mittheilen, denn da er sich so viel[1] Mühe gegeben, so möchte wohl ohne seine Beistimmung nichts zu verändern sein.

Ich wünschte daß Sie Cottaen ansönnen, dieses Manuscript, dessen künftiger Bogenbetrag sich leicht ausrechnen läßt, sogleich zu bezahlen. Ich habe zwar hierzu keinen unmittelbaren Anlaß, aber es sieht doch gleich[2] viel artiger aus, muntert zu fleißiger Mitarbeit auf und dient zur Verbreitung des guten Rufs der Horen. Da ein Buchhändler so oft Vorschüsse geben muß, so kann er auch wohl einmal ein Manuscript beim Empfang bezahlen. Knebel wünscht, daß sie auf dreimal gedruckt werden, ich glaube auch, daß das die rechte Proportion ist, und so würden dadurch die drei ersten Horenstücke des künftigen Jahrs decorirt. Ich will sorgen daß sie zur rechten Zeit in Ihren Händen sind.

Haben Sie schon die abscheuliche Vorrede Stolbergs zu seinen platonischen Gesprächen gelesen? Die Blößen die er darin giebt sind so abgeschmackt und unleidlich, daß ich große Lust habe drein[3] zu fahren und ihn zu züchtigen. Es ist sehr leicht die unsinnige Unbilligkeit dieses bornirten Volks anschaulich zu machen, man hat dabei das vernünftige Publicum auf seiner Seite und es giebt eine Art Kriegserklärung gegen die Halbheit, die wir nun in allen Fächern beunruhigen müssen. Durch die geheime Fehde des Verschweigens, Verruckens und Verdruckens, die sie gegen uns führt, hat sie lange verdient daß ihrer nun auch in Ehren und zwar in der Continuation gedacht werde.

Bei meinen wissenschaftlichen Arbeiten die ich nach und nach zusammenstelle, finde ich es doppelt nöthig, und nicht zu umgehen. Ich denke gegen Recensenten, Journalisten, Magazinsammler und Compendienschreiber sehr frank zu Werke zu gehen und mich darüber, in einer Vor- oder Nachrede, gegen das Publicum unbewunden zu erklären und besonders in diesem Falle keinem seine Renitenz und Reticenz passiren zu[4] lassen.

Was sagen Sie z. B. dazu, daß Lichtenberg, mit dem ich in Briefwechsel über die bekannten optischen Dinge, und übrigens in einem ganz leidlichen Verhältniß stehe, in seiner neuen Ausgabe von Erxlebens Compendio, meiner Versuche auch nicht einmal erwähnt, da man doch gerade nur um des neuesten willen ein Compendium wieder auflegt und die Herren in ihre durchschoßnen Bücher sich sonst alles geschwind genug zu notiren pflegen. Wie viel Arten giebt es nicht so eine Schrift auch nur im Vorbeigehen abzufertigen, aber auf keine derselben kounte sich der witzige Kopf in diesem Augenblicke besinnen.

Die ästhetische und sentimentale Stimmung ist in diesem Augenblick ferne von mir, was denken Sie wie es dem armen [5]Roman gehen werde? Ich brauche die Zeit indessen wie ich kann und es ist bei der Ebbe zu hoffen, daß die Fluth wiederkehren werde[6].

Ich erhalte Ihren lieben Brief und danke für den Antheil dessen ich schon versichert war. Man weiß in solchen Fällen nicht ob man besser thut sich dem Schmerz natürlich zu überlassen, oder sich durch die Beihülfen die uns die Cultur anbietet zusammen zu nehmen. Entschließt man sich zu dem letzten, wie ich es immer thue, so ist man dadurch nur für einen Augenblick gebessert und ich habe bemerkt, daß die Natur durch andere Krisen immer wieder ihr Recht behauptet.

Das sechste Buch meines Romans hat auch hier[7] guten Effect gemacht; freilich weiß der arme Leser bei solchen Productionen niemals wie er dran ist, denn er bedenkt nicht, daß er diese Bücher gar nicht in die Hand nehmen würde, wenn man nicht verstünde seine Denkkraft, seine Empfindung und seine Wißbegierde zum besten zu haben.

Die Zeugnisse für mein Mährchen sind mir sehr viel werth, und ich werde künftig auch in dieser Gattung mit mehr Zuversicht zu Werke gehen.

Der letzte Band des Romans kann auf alle Fälle vor Michaeli nicht erscheinen; es wäre sehr artig wenn wir die Plane, von denen Sie neulich[8] sprachen, darauf richteten.

Das neue Mährchen kann wohl schwerlich im December fertig werden; selbst darf ich nicht wohl ohne etwas auf eine oder andere Weise über die Auslegung des ersten gesagt zu haben, zu jenem übergehen. Kaun ich etwas zierliches dieser Art noch im December leisten, so soll es mir lieb sein auch auf diese Weise an dem ersten Eintritt ins Jahr Theil zu nehmen.

[9] Leben Sie recht wohl! Mögen wir recht lange uns der unsrigen und unserer Freundschaft erfreuen. Zum neuen Jahre hoffe ich Sie wieder auf einige Zeit zu besuchen.

Weimar den 21. November 1795.

G.

121. An Goethe.

Jena den 23. November 1795.

Auf die Knebelsche[1] Arbeit bin ich sehr neugierig, und zweifle nicht, daß die beßre Gattung unsrer Leser uns dafür danken wird. Dem größern Theil freilich werden wir nicht damit gefallen, das weiß ich vorher: den kann man nur durch Aufsätze von dem Schlage, wie Lorenz Stark ist, gewinnen. Sie glauben nicht, wie allgemein man sich an diesem Aufsatz erlustigt. Noch von keinem ist so viel Redens gewesen.

[2]Was den Vorschuß für die Knebelschen[3] Elegien betrifft, so glaube ich nur, wir werden Cottaen gerade jetzt, wo sein Muth in Ansehung der Horen durch das häufige Aufkündigen der Subscription etwas Ebbe ist, nicht sehr damit erbauen. Indeß, bezahlen wird er gewiß, wenn darauf bestanden wird; aber ich möchte es ihm gerne[4] jetzt ersparen. Ich weiß nicht, wie hoch die Summe sich etwa belaufen wird; ist sie mäßig, so will ich als Redacteur statt Cotta sie bezahlen. Vielleicht wird der Zweck auch schon erreicht, wenn man etwa sogleich die Hälfte abträgt, und den Rest in der Messe. Die Bezahlung würde dann immer noch vor dem

Abdruck des ganzen Manuscripts erfolgen, denn ich wäre nicht dafür, die drei Lieferungen ununterbrochen in den drei ersten Monaten zu machen, sondern immer einen Monat ausfallen zu lassen. Sechs oder acht Bogen von Einerlei Autor, unter Einerlei Titel und noch außerdem Uebersetzung würden, zu schnell hintereinander, zu einförmig gefunden werden.

Wenn Sie also glauben daß ein Vorschuß von etwa 20 Louisdor jetzt gleich bezahlt von Wirkung sein würde, so liegt die Summe parat, und wir brauchen Cotta gar nicht dazu. Ich weiß er steht schon mit 60 Louisdor bei Fichte im Vorschuß, und Gott weiß! — wann er da zu seinem Geld kommen wird. Mehrere kleine Aufsätze wie z. B. Weißhuhns rc. sind auch schon von ihm bezahlt.

Doch genug von diesem Artikel[5]. Ihr Unwille über die Stolberge, Lichtenberge[6] und Consorten hat sich auch mir mitgetheilt, und ich bin's herzlich zufrieden, wenn Sie ihnen eins anhängen wollen. Indeß, das ist die histoire du jour. Es war nie anders und wird nie anders werden. Seien Sie versichert, wenn Sie einen Roman, eine Comödie geschrieben haben, so müssen Sie ewig einen Roman, eine Comödie schreiben. Weiter wird von Ihuen nichts erwartet, nichts anerkannt — und hätte der berühmte Hr. Newton mit einer Comödie debütirt, so würde man ihm nicht nur seine Optik, sondern seine Astronomie selbst lange verkümmert haben. Hätten Sie den Spaß sich gemacht, Ihre optischen Entdeckungen unter dem Namen unsers Professor Voigts[7] oder eines ähnlichen Cathederhelden in die Welt zu bringen, Sie würden Wunder daran erlebt haben. Es liegt gewiß weniger an der Neuerung selbst, als an der Person, von der sie herrührt, daß diese Philister sich so dagegen verhärten.

Stolbergs[8] Delictum wünschte ich in Augenschein nehmen zu können. Können Sie mir's auf einen Posttag verschaffen, so wird es mir sehr lieb sein. Bei diesem Menschen ist Dünkel mit Unvermögen in so hohem Grade gepaart, daß ich kein Mitleid mit ihm haben kann. Der närrische Mensch, der Jenisch in Berlin, der sich in alles mischen muß, hat auch die Recensionen der Horen gelesen, und in dem ersten Feuer einen Aufsatz über mich und meinen schriftstellerischen Charakter geschrieben, der eine Apologie gegen jene Anklagen vorstellen soll. Humboldt[9] hat ihn zum Glück von Genz, in dessen Monatschrift derselbe bestimmt war, in Manuscript erhalten, und den Abdruck noch hintertrieben. Doch bin ich nicht davor sicher, daß er ihn nicht anderswo drucken läßt. Es ist ein ganz eigenes Unglück, daß ich, bei so heftigen und zahlreichen Feinden, doch noch am meisten von dem Unverstand eines Freundes zu fürchten habe, und die wenigen Stimmen, die für mich sprechen wollen, über Hals und Kopf zum Schweigen bringen muß.

Eine Beurtheilung Ihres Meisters werde ich im August oder September künftigen Jahrs sehr ausführlich liefern können, und dann soll es, denke ich, recht à propos sein, der letzte Theil mag nun auf Michaelis 96 oder Ostern 97 herauskommen. Vielleicht findet sich ein Morceau im vierten Theil, das Sie auf Ostern 96, wo das Publicum das ganze erwartet, ihm zur einstweiligen Befriedigung hingeben können.

Von Archenholz habe ich endlich gestern einen braven historischen Aufsatz, betitelt: Sobiesky, erhalten, der noch im letzten Stücke der Horen erscheinen muß. Freilich hätte ich viel darum gegeben, wenn Sie für das erste Stück im zweiten Jahrgang etwas hätten thun können. Vielleicht haben Sie auch Lust, in diesem Stück den Krieg zu eröffnen?

Sie werden von Herdern meine Abhandlung über die Sentimentalischen Dichter erhalten, davon Sie bis jetzt noch den wenigsten Theil gehört, und die ich noch einmal ganz durchzulesen bitte. Ich hoffe, Sie sollen damit zufrieden sein; es ist mir in dieser Art nicht leicht etwas besser gelungen. Ich glaube, dieses jüngste Gericht über den größten Theil der deutschen Dichter wird am Schluß des Jahrgangs eine gute Wirkung thun, und unsern Herren Kritikern besonders viel zu denken geben. Mein Ton ist freimüthig und fest, obgleich wie ich hoffe überall mit der gehörigen Schonung. Unterwegs habe ich freilich so viel als möglich effleurirt, und es sind wenige, die unverwundet aus dem Treffen kommen.

Auch über die Naturalität und ihre Rechte (in Rücksicht auf die Elegien) habe ich mich weitläuftig herausgelassen, bei welcher Gelegenheit Wieland einen kleinen Streifschuß bekommt. Aber ich kann nicht dafür, und da man sich nie bedacht hat (auch Wieland nicht), die Meinung über meine Fehler zu unterdrücken, im Gegentheil sie mich öfters derb genug hören ließ, so habe ich jetzt, da ich zufälliger Weise das gute Spiel in die Hände bekam, auch meine Meinung nicht verschwiegen.

Leben Sie recht wohl. Ich freue mich wenn wir nach Neujahr wieder eine Strecke lang miteinander leben können.

Sch.

122. An Schiller.

Hier schicke ich Ihnen sogleich die neueste Sudelei des gräflichen Saalbaders. Die angestrichene Stelle der Vorrede ist's eigentlich worauf man einmal, wenn man nichts bessers zu thun hat, losschlagen muß. Wie unwissend überhaupt diese Menschen sind ist unglaublich; denn wem ist unbekannt, daß die Christen von jeher alles was vernünftig[1] und gut war sich dadurch zueigneten, daß sie es dem λογος zuschrieben? und meine liebe Christin thut pag. 304 eben das und man wird dem guten Wesen darüber nicht feind werden.

Ein Brief von Prinz August, den ich Ihnen beilege, wird Ihnen Vergnügen machen; es ist keine der schlimmsten Productionen seiner ganz eignen Laune.

Das Exemplar von Humboldt erbitte ich mir wieder zurück; er hat das seine schon in Berlin weggenommen.

Hederichs Lexikon wünschte ich auch wieder und das siebente Stück der Horen im kleinen Format.

Auf Ihren Aufsatz verlange ich sehr. Das was ich von Ihren Ideen kenne hat mir in dieser letzten Zeit im praktischen manchen Vortheil gebracht; so wenig man mit Bewußtsein erfindet, so sehr bedarf man des Bewußtseins besonders bei längern Arbeiten. Uebrigens kann ich niemand übel nehmen, wenn er lange gepaßt hat und nun einmal Trümpfe in die Hände kriegt, daß er sie auch ausspielt.

[2]Wegen des Honorars der neuen Elegien läßt sich's noch überlegen. Der Vorschlag 20 Louisdor zu zahlen und das übrige alsdann bis zum Abdruck bewenden zu lassen, hat meinen Beifall. Es ist doch so etwas zum Anbiß und wird guten Effect thun, auf alle Fälle hat es Zeit bis auf Neujahr.

Der Weißhuhnische Aufsatz im sechsten Hefte des Niethammerischen Journals hat mir sehr wohl gefallen. Diese Art zu philosophiren liegt mir viel näher als die Fichtische; wir wollen den Aufsatz doch einmal mit einander leseu, ich wünschte über einiges Ihre Gedanken zu hören. Bei Zusammenstellung meiner physikalischen Erfahrungen ist es mir schon, wie ich finde, von großem Nnzen daß ich etwas mehr als sonst in den philosophischen Kampfplatz hinunter sehe. Eben erhalte ich Ihren Aufsatz und freue mich ihn in der nächsten ruhigen Stunde zu leseu.[1] Sobald Sie etwas gewisseres wegen der Subscription der Horen erfahren, so schreiben Sie mir es doch.

Leben Sie recht wohl.

Weimar den 25. November 1795.

G.

123. An Schiller.

Ihre Abhandlung schicke ich hier mit vielem Danke zurück. Da diese Theorie mich selbst so gut behandelt, so ist nichts natürlicher als daß ich den Principien Beifall gebe und daß mir die Folgerungen richtig erscheinen. Ich würde aber mehr Mißtrauen darein setzen, wenn ich mich nicht anfangs selbst in einem polemischen Zustand gegen Ihre Meinung befunden hätte. Denn es ist Ihuen nicht unbekannt daß ich, aus einer allzu großen Vorliebe für die alte Dichtung, gegen die neuere oft ungerecht war. Nach Ihrer Lehre kann ich erst selbst mit mir einig werden, da ich das nicht mehr zu schelten brauche, was ein unwiderstehlicher Trieb mich doch, unter gewissen Bedingungen, hervorzubringen nöthigte, und es ist eine sehr angenehme Empfindung mit sich selbst und seinen Zeitgenossen nicht ganz unzufrieden zu sein.

Ich bin diese Tage wieder an den Roman gegangen und habe alle Ursache mich daran zu halten. Die Forderungen wozu der Leser durch die ersten Theile berechtigt wird, sind wirklich, der Materie und Form nach, ungeheuer. Man sieht selten eher wie viel man schuldig ist, als bis man wirklich einmal reine Wirthschaft machen und bezahlen will. Doch habe ich guten Muth. Es kommt alles darauf an, daß man die Zeit wohl braucht und keine Stimmung versäumt. Leben Sie recht wohl.

Weimar den 29. November 1795.

G.

124. An Goethe.

Jena den 29. November 1795.

Der Brief des Prinzen August hat mich unterhalten. Er hat, für einen Prinzen besonders, viel guten Humor.

Könnten wir nicht durch diesen Prinzen Vergünstigung erhalten, die Diderotische Erzählung La Religieuse, die sich in dem geschriebenen Journale befindet und, so viel ich weiß, noch nicht übersetzt ist, für die Horen zu übersetzen? Aus demselben ist auch Jaques le Fataliste gezogen und in Berlin bei Unger übersetzt herausgekommen. [1]Ich kann's nicht lassen: bei einem Prinzen fällt mir immer zuerst ein, ob er nicht zu etwas gut sei[2]?

Hier das verlangte siebente Stück.

Ich erwarte in dieser Woche Exemplarien von dem Musen-Almanach.

Wenn es angeht, so will auch ich zu der Weimarischen Journal-Gesellschaft förmlich treten, und kann drei Journale dazu stiften, entweder

Clio, oder

Posselts Europäische Annalen, oder

Flora.

Hätte man diese Journale schon und wollte sie nicht abbestellen, so will ich den gewöhnlichen Antheil an Geld bezahlen.

Bei dieser Gelegenheit fällt mir ein, daß ich an den Herrn —us[3] (ich weiß die Anfangssilben nicht), der mir das Siegel zu den Horen gestochen, noch eine halbe Carolin zu bezahlen habe. Mögen Sie wohl so gütig sein und diese Zahlung einstweilen an ihn leisten?

Die Stolbergische[4] Vorrede ist wieder etwas horribles. So eine vornehme Seichtigkeit, eine anmaßungsvolle Impotenz, und die gesuchte, offenbar nur gesuchte Frömmelei — auch in einer Vorrede zum Plato Jesum Christum zu loben!

Von Jacobi hab' ich eine Ewigkeit lang nichts gehört, da er mir doch, Höflichkeits halber, über einige Gedichte die ich ihm geschickt, und auf Verlangen geschickt, etwas hätte sagen sollen.

Wenn Sie meinen Aufsatz etwa mit der heutigen Post nicht hätten abgehen lassen, so sind Sie wohl so gütig ihn Dienstags auf die Post zu geben, es sei denn daß Sie ihn länger brauchen könnten. Ich wollte ihn Humboldten senden. Sehr erwartend bin ich auf Ihre Meinung darüber. Wenn ich jetzt zurücksehe, wie weit ich mich hier, ohne Führer, bloß mit Hülfe der Principien, die aus dem Ganzen meines Systems fließen, gewagt, so freut mich die Fruchtbarkeit dieser Principien gar sehr, und ich verspreche mir noch mehr davon für die Zukunft.

Der Rest des Aufsatzes, der jetzt erst fertig geworden, und die Idylle abhandelt, ist noch nicht copirt. Sie erhalten ihn morgen oder übermorgen. Ein Nachtrag zu dem Aufsatz kommt unter der Aufschrift: Ueber Platitude und Ueberspannung (die zwei Klippen des Naiven und Sentimentalen) im Januar. Hier habe ich Lust, eine kleine Hasenjagd in unserer Literatur anzustellen und besonders etliche gute Freunde, wie Nicolai und Consorten, zu regaliren.

Leben Sie recht herzlich wohl.

Sch.

125. An Goethe.

Die Horen, die mir dießmal die Zeit sehr lang gemacht haben, erfolgen hier. Zwei Exemplare haben Sie von diesem Stücke noch gut. Cotta, [1] dem der Kopf etwas unrecht stehen muß [2], hat mir nicht weniger als sieben Exemplare weniger eingepackt, und die er schickt, die auf Postpapier nämlich, sind alle schlecht conditionirt. Es ist mein Trost, daß mit dem neuen Jahrgang auch besser Papier genommen wird.

Ich hörte lange nichts von Ihnen, und habe auch selbst lange geschwiegen. Das üble Wetter hat mich sehr gedrückt, so daß ich aus Nacht Tag und aus Tag Nacht machen mußte. Es ist auch jetzt noch nicht besser und die Arbeit geht langsam. Aber sie ist mir unter den Händen wichtiger geworden, und ich hoffe das neue Jahr meinerseits mit einem ziemlich interessanten Aufsatz zu eröffnen, wenn ich ihn bis dahin vollenden kann.

Möchten Sie doch auch Einen Ihrer Geister in dem neuen Jahrstück erscheinen lassen. Den Staelischen Aufsatz muß ich, der Varietät wegen, zum zweiten [3] Stück liegen lassen, da alles von Dichtern und Dichtungstheorien handelt.

Hier sendet der Musen-Almanach ein kleines epigrammatisches Honorar. Es wird nicht hinreichen die Zecchinen zu ersetzen, die über den Epigrammen darauf gegangen sind. Aber das übrige rechnen Sie auf die schönen Bettinen und Lacerten! Exemplarien hat mir der dumme Mensch, der Michaelis, noch keine gesendet.

Man sagt hier, daß Iffland nächste Woche in Weimar sein werde. Da wird ja Thalia und Melpomene recht frohlocken. Vielleicht bringen Sie ihn einmal auch hieher. Es würde mich freuen, einen alten Bekannten wieder zu sehen.

Meine Frau grüßt aufs beste. Leben Sie heiter und thätig.

Den 8. December 1795.

Sch.

Nur zwei Worte erbitte mir auf einem besondern Blatt über den Empfang, für Michaelis.

Die reitende Post sendet mir mein Paket zurück, und will es, des Geldes wegen, nicht nehmen. Weil die fahrende Post erst Montags abgeht, so sende ich einstweilen die Horen. Was für klägliche Postanstalten [4]!

126. An Schiller.

Auf beiliegendem Blättchen erhalten Sie Nachricht wegen der Journale; wollten Sie nun deßfalls das nöthige mit den Botenweibern arrangiren, so könnten Sie die Stücke ordentlich erhalten.

Hier kommen auch meine Elegien; ich wünsche daß Sie damit zufrieden sein mögen, es ist noch zuletzt allerlei daran gethan worden; doch wie man mit eigenen Sachen selten fertig wird, so wird man es mit Uebersetzungen niemals. Haben Sie noch etwas zu erinnern, so theilen Sie es mir gefällig mit. Es wäre gut, wenn diese neuen Stücke zusammen erscheinen könnten. Sie machen zusammen nicht über anderthalb Bogen; die übrigen sollen nach und nach eintreffen.

Wie sieht es übrigens mit dem Vorrath aufs nächste Vierteljahr aus, und was hören Sie von der neuen Subscription?

Wenn Sie die Abhandlung über die sentimentalischen Dichter wieder zurück haben, wünschte ich sie noch einmal zu leseu; wegen des Schlusses habe ich noch einige Scrupel, und wenn einen der Geist warnt, so soll man es wenigstens nicht verschweigen. Da das Ganze so weit und breit ist, so scheint es mir bei näherer Ueberlegung zu enge und zu spitz auszulaufen, und da diese Spitze grade zwischen mir und einem alten Freunde hineinfällt, so macht's mir wirklich ein wenig bange. Doch davon mündlich. Heute nur ein Lebewohl.

Weimar den 9. December 1795.

G.

127. An Goethe.

Jena den 13. December 1795.

Mein Aufsatz über die Sentimentalischen Dichter, den ich doppelt copiren ließ, ist schon seit drei Wochen zum Druck abgeschickt, aber Sie können des Schlusses wegen außer Sorgen sein. Sie haben nur gelesen, was damals fertig war; zu diesem aber sind noch acht Seiten, die Idylle [1] betreffend, gekommen, womit der Aufsatz für das zwölfte Horenstück schließt. Der eigentliche Schluß aber erfolgt erst im ersten Stück des neuen Jahrs. Sie und W. fallen also noch in die Breite, und ich denke wenn der Aufsatz ordentlich geendigt sein wird, soll der Totaleindruck und das Sachinteresse jeder Privatbeziehung vorbeugen.

[2] Die Elegien sende ich hier nebst meinen Anmerkungen darüber zurück. Ich habe es mit diesen mit Fleiß etwas genau genommen, weil man bei einer Uebersetzung, und zwar nicht mit Unrecht, eine größere Strenge in Kleinigkeiten fordert, als bei einem Originalwerk, und wir auch die Voßischen — Rigoristen auf dem Nacken haben. Da ich diese Lieferung erst in acht Tagen abzuschicken brauche, so ist noch Zeit, jenen Kleinigkeiten abzuhelfen, wenn Sie von meinen Anmerkungen Gebrauch machen wollen.

Sonst bin ich mit der Uebersetzung in hohem Grade zufrieden. Sie ist ganz in den Geist des Autors eingegangen, und jene kleinen Härten abgerechnet, ungemein fließend und ungezwungen.

Hier das Geld, so ich neulich nicht habe mitschicken können. Auf Neujahr werde ich 20 Louisdor für den Properz senden [3].

Leben Sie recht wohl.

Sch.

128. An Schiller.

Für das übersendete, über welches hier eine Quittung beiliegt, danke ich zum schönsten. Es scheint, da wir Dichter bei der Theilung der Erde zu kurz gekommen sind, uns ein wichtiges Privilegium geschenkt zu sein, daß uns nämlich unsere Thorheiten bezahlt werden.

Das Gedicht, worauf ich hier anspiele, findet großen Beifall, und die Lente sind höchst neugierig wer es wohl gemacht habe?

Uebrigens sind gegenwärtig [1] die Hundsposttage das Werk, worauf unser feineres Publicum seinen Ueberfluß von Beifall ergießt; ich wünschte daß der arme Teufel [2] in Hof bei diesen traurigen Wintertagen etwas angenehmes davon empfände.

Wenn jener Aufsatz sich nicht gerade mit der bedenklichen Note schließt, so wird dadurch ihre Wirkung geringer werden, und wir müssen abwarten was daraus erfolgt.

Haben Sie beiliegenden Hymnus schon gesehen, mit dem man Sie beehrt hat? Ich habe ihn auf alle Fälle abschreiben lassen. Man sieht auch hieraus, daß man im literarischen jenen Sämann, der nur säete ohne viel zu fragen wo es hinfiel, nachahmen soll.

Von den Anmerkungen zu den Elegien wollen wir, so viel die Zeit erlaubt, Gebrauch machen. In so einer wunderlichen Sprache wie die deutsche ist, bleibt freilich immer etwas zu wünschen übrig.

Zum Jennerstücke arbeitete ich gerne etwas, aber der Roman nimmt mir jetzt, zu meinem Glücke, alle Zeit weg. Dieser letzte Band mußte sich nothwendig selbst machen oder er kounte gar nicht fertig werden, und die Ausarbeitung drängt sich mir jetzt recht auf, und der lange zusammengetragene und gestellte Holzstoß fängt endlich an zu brennen.

Länger als Februar rath' ich den Staelischen Aufsatz nicht zurück zu schieben, weil Ostern derselbe nebst den Erzählungen wahrscheinlich übersetzt erscheinen wird. Die französischen Exemplare fangen an sich in Deutschland auszubreiten.

Vielleicht kann ich zum März jenes zweite Mährchen, von dem ich eine 3
Skizze vorgetragen, fertig schreiben und dabei mit einem kleinen Eingang über die Auslegung des ersten wegschlüpfen. Daß dieses seine Wirkung nicht verfehlt, sehen Sie aus beiliegendem Briefe des Prinzen.

Es wäre sehr gut, wenn man von der Religieuse für die Horen Gebrauch machen könnte. Sie könnten dazu die Erlaubniß durch Herdern am besten erhalten; ich mag nicht gerne darüber anfragen, weil mir bei dieser Gelegenheit die Travestirung der Clairon'schen Geschichte könnte zu Gemüthe geführt werden.

Iffland kommt sobald nicht; sie sind von den Ueberwindern in Mannheim zu spielen gezwungen. Gegen Ostern oder nach Ostern hofft er zu kommen.

Ich bereite mich Sie aufs Neuejahr besuchen zu können, denn mich verlangt sehr den ganzen Kreis Ihrer theoretischen Arbeiten nun einmal mit Ihnen zu durchlaufen und mich dadurch zu den Arbeiten, die vor mir liegen, zu stärken. Ich habe Ihre Principien und Deductionen desto lieber, da sie mir unser Verhältniß sichern und mir eine wachsende Uebereinstimmung versprechen; denn leider sind es öfter die Meinungen über die Dinge als die Dinge selbst wodurch die Menschen getrennt werden, wovon wir in Weimar die betrübtesten Beispiele täglich erfahren.

4 Leben Sie recht wohl und grüßen die liebe Frau. Wird denn ein wenig gezeichnet?

Weimar den 15. December 1795.

G.

129. An Goethe

Jena den 17. December 1795.

Wie beneide ich Sie um Ihre jetzige poetische Stimmung, die Ihnen erlaubt recht in Ihrem Roman zu leben. Ich habe mich lange nicht so prosaisch gefühlt, als in diesen Tagen und es ist hohe Zeit, daß ich für eine Weile die philosophische Bude schließe. Das Herz schmachtet nach einem betastlichen Object.

Es ist prächtig[1], daß der scharfsinnige Prinz sich in den mystischen Sinn des Mährchens so recht verbissen hat. Hoffentlich lassen Sie ihn eine Weile zappeln; ja wenn Sie es auch nicht thäten, er glaubte Ihnen auf Ihr eigenes Wort nicht, daß er keine gute Nase gehabt habe.

Daß in Weimar jetzt die Hundsposttage grassiren, ist mir ordentlich psychologisch merkwürdig; denn man sollte sich nicht träumen lassen, daß derselbe

Geschmack so ganz heterogene Massen vertragen könnte, als diese Production und Clara du Plessis ist. Nicht leicht ist mir ein solches Beispiel von Charakterlosigkeit bei einer ganzen Societät vorgekommen.

Das Gedicht, welches Sie mir so gütig waren copiren zu lassen, hat der Verfasser vorigen Sommer in Manuscript an mich gesendet. Es freut mich, daß man doch hie und da etwas wachsen und blühen sieht, und lieb ist mir die öffentliche Erscheinung gerade jetzt, da es die Widersacher gewaltig verdrießen wird.

Cotta, der mir vor einigen Tagen schrieb, weiß von der neuen Subscription noch nichts zu sagen. Daraus, daß jetzt noch nicht schon abbestellt wird, schließe ich doch etwas gutes.

Herdern will ich zu disponiren suchen, daß er die Religieuse übersetzt. Den Staelischen Aufsatz bringe ich nicht später als im Februar. Eine Uebersetzung gleich im ersten Stück, wo schon eine poetische sich findet, würden uns die Herren auch aufgemutzt haben.

Leben Sie recht wohl. Meine Frau dankt schönstens für Ihr Andenken. Gezeichnet ist nicht viel worden.

Sch.

130. An Schiller.

Von Ihren gütigen und gegründeten Anmerkungen haben wir bei den Elegien, die hier zurückkommen, so viel als möglich Gebrauch gemacht; es ist freilich möglich auf einem solchen Wege diese Art Arbeiten immer der Vollkommenheit näher zu bringen.

Ich habe diese Tage, in Hoffnung von meinem Herrn Collegen was zu lernen, den vortrefflichen Herrn Stark gelesen und studirt. Ich könnte nicht sagen daß ich sehr auferbauet worden wäre. Vorn herein hat es wirklich einigen Schein der uns bestechen kann, in der Folge aber leistet es doch gar zu wenig.

Dagegen habe ich an den Novellen des Cervantes einen wahren Schatz gefunden, sowohl der Unterhaltung als der Belehrung. Wie sehr freut man sich, wenn man das anerkannte Gute auch anerkennen kann, und wie sehr wird man auf seinem Wege gefördert, wenn man Arbeiten sieht die nach eben den Grundsätzen gebildet sind, nach denen wir nach unserm Maße und in unserm Kreise selbst verfahren.

[1]Leben Sie recht wohl. Bald mehr.

Weimar den 17. December 1795.

G.

131. An Goethe.

Jena den 23.[1] December 1795.

Für die Elegien danke ich schönstens. Ich denke nicht, daß jetzt noch etwas darin sein sollte, was den Krittlern Gelegenheit geben könnte, über kleinen[2] Versehen gegen den schönen Geist des Ganzen sich zu verhärten.

Lorenz Stark ist, wie mir Humboldt schrieb, ehmals zu einer Comödie bestimmt gewesen, und nun zufälliger Weise in die erzählende Form gegossen worden. Ein ziemlich leichter Ton empfiehlt es, aber es ist mehr die Leichtigkeit des Leeren als die Leichtigkeit des Schönen. Solchen Geistern wie Herrn E. ist das Platte so gefährlich, wenn sie wahr und naiv sein wollen. Aber die göttliche Platitude: das ist eben der Empfehlungsbrief.

Haben Sie denn auch die schönen Abbildungen vom Seifersdorfer Thal mit Herrn Beckers (in Dresden) Beschreibungen gesehen? Als einem so großen Liebhaber von Kunstgärten und sentimentalischen Productionen empfehle ich Ihnen dieses Werk. Es verdient neben Racknitz Schrift eine gelegentlich würdige Erwähnung in den Horen.

Mit der Religieuse von Diderot weist mich Herder an Sie zurück; auch meint er, daß sie entweder schon übersetzt sei, oder mit anderu Erzählungen von Diderot künftige Ostern erscheinen werde. Es scheint demnach für uns keine sichere Entreprise zu sein.

Der Himmel verlängere Ihnen jetzt nur die gute Laune, um den Roman zu endigen. Ich bin unglaublich gespannt auf die Entwicklung und freue mich recht auf ein ordentliches Studium des Ganzen.

Das Glück, welches das kleine Gedicht die Theilung der Erde zu machen scheint, kommt mit auf Ihre Rechnung, denn schon von vielen hörte ich, daß man es Ihnen zuschreibt. Hingegen ist mir von andern der literarische Sanscülottism zugeschrieben worden.

Von der zu erwartenden Recension der Horen durch Schütz hörte ich gestern, daß es Ernst damit sei, und daß wir sie in wenigen Wochen zu Gesicht bekommen werden. Ob ich sie noch in Manuscript zu lesen bekomme, zweifle ich, da ich mit Schützen seit einiger Zeit weniger Verkehr habe. Er hat aber doch dem jungen[3] Schlegel den poetischen Theil derselben zu recensiren aufgetragen, sowie auch die Unterhaltungen u. s. w., und dieser hat die Recension, wie er mir heute schrieb, schon an Schütz gesendet. [4]Wenn er nichts in diese Arbeit hineinpfuscht, so erwarte ich etwas gutes davon[5].

Von Cotta habe nichts wieder gehört, und der Almanach ist auch noch nicht[6] angelangt.

Zum heiligen Christ wünschen wir alles Gute. Möchten Sie ihn hier bei uns zubringen! Leben Sie recht wohl.

Sch.

* 132. An Schiller.

Mit Verlangen warte ich aufs neue Jahr und suche mancherlei kleine Geschäfte abzuthun, um Sie wieder mit Freiheit auf einige Zeit [1] besuchen zu können. Ich wünsche nur daß ich Sie wohl und poetisch thätig antreffen möge, denn es ist das nun einmal der beste Zustand den Gott den Menschen hat gönnen wollen. Mein Roman ruht nun nicht bis er sich fertig macht, worüber ich sehr vergnügt bin, denn mitten unter allen Zerstreuungen treibt er sein Wesen immer fort.

Ich habe sonst noch manches mitzutheilen. Hier liegt z. B. eine Erklärung der dramatischen Personen des Mährchens bei, von Freundin Charlotte. Schicken Sie mir doch geschwind eine andere Erklärung dagegen die ich ihr mittheilen könnte.

Den Einfall auf alle Zeitschriften Epigramme, jedes in einem einzigen Disticho, zu machen, wie die Xenia des Martials sind, der mir dieser Tage gekommen [2] ist, müssen wir cultiviren und eine solche Sammlung in Ihren Musenalmanach des nächsten Jahres bringen. Wir müssen nur viele machen und die besten aussuchen. Hier ein Paar zur Probe.

[3] Daß Cotta über die Subscription der Horen nicht herauswill gefällt mir nicht ganz, wo ich hinhöre spricht man von vermehrter Subscription.

Wird sich denn dieser edle Sosias mit seinem Gold und Silber auf das Fest Epiphaniae einfinden? Weihrauch und Myrrhen wollen wir ihm erlassen [4].

Des P. Castels Schrift Optique des Couleurs 1740 habe ich in diesen Tagen erhalten; der lebhafte Franzos macht mich recht glücklich. Ich kann künftig ganze Stellen daraus abdrucken [5] lassen und der Heerde zeigen, daß das wahre Verhältniß der Sache schon 1739 in Frankreich öffentlich bekannt gewesen, aber auch damals unterdrückt worden ist.

Ich habe noch geschwind einige Varianten zur Erklärung gesetzt; wenn Sie auch noch die Summe vermehren, so wird eine Verwirrung ohne Ende aus diesen Aufklärungen [6] zu hoffen sein.

Die Xenia nächstens.

Den 23. December 1795.

G.

NB. Die roth unterstrichnen sind meine Varianten.

---

133. An Goethe.

Jena den 25. December 1795.

Hier einen kleinen Beitrag zu der Interpretation des Mährchens. Er ist mager genug, da Sie mir mit dem besten schon zuvorgekommen sind. In dergleichen Dingen erfindet die Phantasie selbst nicht so viel, als die Tollheit der Menschen wirklich ausheckt, und ich bin überzeugt: die schon vorhandenen Auslegungen werden alles Denken übersteigen.

[1] Was Sie von der vermehrten Subscription auf die Horen schreiben, überraschte [2] mich, und es möchte wohl nur sehr particulär sein, denn daß die Summe im Ganzen abnehmen muß, ist nach dem erstaunlichen Geschrei, nach den Klagen so vieler Buchhändler selbst, wie z. B. Ungers in Berlin und andrer, keine Frage. [3] Auf Cottas Aufrichtigkeit dürfen wir uns, bis auf einen gewissen Punkt wenigstens, ganz sicher verlassen. Er hat mehr Eitelkeit als Eigennutz und er fürchtet sich zu sehr, daß mein Eifer erkalten möchte, als daß er dasjenige verschweigen könnte, was ihn beleben kann [4].

Was die Goldlieferung [5] anbetrifft, so vergaßen [6] Sie, daß die Zahlung von einer Ostermesse zur andern ist ausgemacht worden. Etliche Tage vor Jubilate erscheint Cotta mit einer Geldkatze um den Leib, und zwar pünktlich wie „eine wohlberechnete Sonnenfinsterniß," um das Honorar für das ganze Jahr abzutragen. Früher wollte ich ihm nicht gern eine starke Zahlung zumuthen, da er sich einmal auf die Abrede verläßt, ob er gleich, sobald man es fordert, damit parat sein wird [7].

Eben sendet mir Woltmann ein selbstverfertigtes Trauerspiel nebst einer [8] Operette. Ich hab' es noch nicht angesehen, werde Ihnen aber, wenn Sie hier sind, hoffentlich allerlei davon zu erzählen haben.

In zehn bis zwölf Tagen werden Sie die Horen in der L. Z. recensirt lesen. Den poetischen Theil hat glücklicherweise [9] Schlegel und nicht Schütz [10] recensirt. Dieser [11] hat sich bloß das philosophische und historische vorbehalten.

Leben Sie recht wohl.

Schiller.

134. An Schiller.

Ein paar Producte, wie die hierbei kommenden Schriften sind, dürfen Ihnen nicht unbekannt bleiben; vielleicht sind sie noch nicht zu Ihnen gelangt. Den Theater-Kalender erbitte mir bald wieder zurück.

Mit hundert Xenien, wie hier ein Dutzend beiliegen, könnte man sich sowohl dem Publico als seinen Collegen aufs angenehmste empfehlen.

Es ist recht gut, daß die Recension des poetischen Theils der Horen in die Hände eines Mannes aus der neuen Generation gefallen ist; mit der alten werden wir wohl niemals einig werden. Vielleicht lese ich sie bei Ihnen, denn wenn es mir möglich ist, geh' ich den dritten Jannar von hier ab.

Daß man uns in unsern Arbeiten verwechselt, ist mir sehr angenehm; es zeigt daß wir immer mehr die Manier los werden und ins allgemeine Gute übergehen. Und dann ist zu bedenken, daß wir eine schöne Breite einnehmen können, wenn wir mit Einer Haud zusammenhalten und mit der andern so weit ausreichen als die Natur uns erlaubt hat.

Ich danke für den Beitrag zur Auslegung des Mährchens; wir wurden freilich noch ein bischen zusehen. Ich hoffe aber doch noch auf eine günstige Wendung in den Unterhaltungen meinen beliebigen Spaß darüber machen zu können.

Wollte doch Gott, daß Woltmanns Trauerspiel producibel wäre! ich würde es gleich aufführen lassen. Alles will schreiben und schreibt und wir leiden auf dem Theater die bitterste Noth.

[1] Die Abbildung des Seifersdorfer Unwesens [2] kenn' ich, Sie kennen ja wohl auch die Trude, die es bewohnt und die es so ausgeschmückt hat. Wielands Empfang und Bewirthung daselbst im Sommer 1794 gäbe eine vortreffliche Geschichte, wenn er sie auffetzen wollte wie er sie erzählt.

Cotta wollen wir also auf Jubilate erwarten, ich hatte wirklich vergessen daß dieser Termin festgesetzt worden [3].

Leben Sie recht wohl; ich suche mich von allem was mich halten und zerstreuen köunte los zu machen, um in Ihrer Nähe wieder einige gute Zeit zuzubringen.

Weimar den 26. December 1795.

G.

---

135. An Goethe.

Jena den 29. December 1795.

Der Gedanke mit den Xenien ist prächtig und muß ausgeführt werden. Die Sie mir heute schickten, haben mich sehr ergötzt, besonders die Götter und Göttinnen darunter. Solche Titel begünstigen einen guten Einfall gleich besser. Ich denke aber, wenn wir das Hundert voll machen wollen, werden wir auch über einzelne Werke herfallen müssen, und welcher reichliche Stoff findet sich da! Sobald wir uns nur selbst nicht ganz schonen, können wir heiliges und profanes angreifen. Welchen Stoff bietet uns nicht die Stolbergische Sippschaft, Racknitz, Ramdohr, die metaphysische Welt, mit ihren Ichs und Nicht-Ichs, Freund Nicolai unser geschworener Feind, die Leipziger Geschmacksherberge, Thümmel, Göschen als sein Stallmeister, u. dgl. dar!

Gestern empfing ich die abgedruckten Bogen von den Sentimentalischen Dichtern, welche also auch noch in der großen Recension in der Literatur-Zeitung mit begriffen werden können. [1] Ich habe Schützen schon gesprochen seitdem er sie geleseu, und ob er sie gleich erbärmlich schlecht versteht, so ist er doch nicht so sehr dadurch erschreckt worden, als ich glaubte; ich ließ ihn [2] merken, daß ich sein Urtheil darüber zwar [3] nicht geniren wolle, aber jeder determinirte Widerspruch gegen meine Urtheile würde mich schlechterdings zu einer Replique nöthigen, bei welcher, da ich sie mit Beweisen belegen müßte, die Autoren, deren er sich annehmen wollte, leicht ins Gedränge kommen könnten. Er wird sie also wohl sehr leise anrühren [4].

Die Recension wird sehr groß werden, da allein der poetische Theil mehr als ein ganzes Zeitungsblatt füllen soll. Auch ich arbeite einiges daran; so z. B. ist mir der Archenholzische Aufsatz im letzten Stück zur Recension übergeben, weil Schütz sonst nicht fertig wird. Diese Recension wird also eine rechte Harlekins-Jacke werden. Vor dem sechsten erscheint aber nichts davon.

Woltmanns Trauerspiel ist erbärmlich und in keiner Rücksicht brauchbar. Ein Ding ohne Charakter, ohne Wahrscheinlichkeit, ohne alle menschliche Natur. Erträglicher noch ist die Operette, obgleich nur gegen das Trauerspiel erträglich.

Haben Sie eine Zoonomie, die ein gewisser [5] Hofrath Brandis herausgegeben, gelesen? Ihre Schrift über die Metamorphosen [6] ist darin mit großer Achtung behandelt. Aber lächerlich ist's, daß weil Ihr Name vor dem Buche steht und Sie Romane und Trauerspiele geschrieben, man schlechterdings auch daran erinnert werden muß. „Ein neuer Beweis," meint der gute [7] Freund, bei dieser Gelegenheit, „wie günstig der Dichtergeist auch für wissenschaftliche Wahrheit sei."

Auf Ihre baldige Hieherkunft freue ich mich nicht wenig. Wir wollen wieder einmal alles recht durch einander bewegen. Sie bringen wohl Ihren jetzigen „Strickstrumpf" den Roman auch mit? Und dann soll es auch heißen: nulla dies sine Epigrammate.

Sie sprechen von einer so großen Theurung in der Theater-Welt. Ist Ihnen nicht schon der Gedanke gekommen ein Stück von Terenz für die neue Bühne zu versuchen? Die Adelphi hat ein gewisser Romanus schon vor 30 Jahren gut bearbeitet, wenigstens nach Lessings Zeugniß. Es wäre doch in der That des Versuches werth. Seit einiger Zeit lese ich wieder mehr in den alten Lateinern und der Terenz ist mir zuerst in die Hände gefallen. Ich übersetzte meiner Frau die Adelphi aus dem Stegreif, und das große Interesse, das wir daran genommen, läßt mich eine allgemein [8] gute Wirkung erwarten. Gerade dieses Stück hat eine herrliche Wahrheit und Natur, viel Leben im Gange, schnell decidirte und scharf bestimmte Charaktere und durchaus einen angenehmen Humor.

Der Theater-Kalender enthält gewaltig viel Namen und blutwenig Sachen. Ich für mein Theil bin [9] übrigens gut weggekommen: aber in welcher Gesellschaft erblickt man sich da! Ihnen wird ja ein Julius Cäsar großmüthig zugeschrieben, den Sie dem Publicum wohl schuldig bleiben werden.

Worin schreibt aber Freund Böttiger [10] nicht!

Leben Sie recht wohl. Meine Frau grüßt bestens.

Sch.

136. An Schiller.

[Weimar den 30. December 1795.] [1]

Ich freue mich sehr, daß die Xenien bei Ihuen Eingang und Beifall gefunden haben, und ich bin völlig der Meinung, daß wir weiter um uns greifen müssen. Wie werden sich Charis und Johann prächtig neben einander ausnehmen! wir müssen diese Kleinigkeiten nur ins Gelag hineinschreiben und zuletzt sorgfältig auswählen. Ueber uns selbst dürfen wir nur das was die albernen Bursche sagen, in Verse bringen, und so verstecken wir uns noch gar hinter die Form der Irouie.

Die Recension der Horen wird also ein rechtes Wunderding, auch passen unsere Concurrenten mit Heißhunger darauf, und sie falle aus wie sie will, so giebt's gewiß wieder Händel.

Was Brandis in seinem Werke über die Lebenskraft über meine Metamorphose sagt, erinnere ich mich, aber nicht der Stelle die Sie anführen; wahrscheinlich hat er derselben, in seiner Uebersetzung der Darwinischen Zoonomie, nochmals gedacht, da Darwin auch das Unglück hat vorher als Dichter (im englischen Sinne dieses [2] Worts) bekannt zu sein.

Nur die höchste Dürftigkeit ließ mich von Jenes [3] Tragödie etwas gutes hoffen. Gestern ist wieder ein detestables Stück von Ziegler aufgeführt worden: Barbarei und Größe, wobei sie so barbarisch zugehauen haben, daß ein Schauspieler fast um seine Nase gekommen ist. Wie heißt doch der Titel der Bearbeitung der Adelphen? Ich erinnere mich ihrer aus den früheſten Zeiten her.

Ich verlange recht Sie wieder zu sehen und in dem stillen Schlosse zu arbeiten; mein Leben ist, diese vier Wochen her, ein solches Quodlibet in welchem sich hunderterlei Arten von Geschäftigkeiten mit [4] hunderterlei Arten von Müßiggang krenzen, mein Roman gleicht indessen einem Strickstrumpf der bei langsamer Arbeit schmutzig wird. Indessen wird er im Kopfe überreif und das ist das Beste.

Von Meyern habe ich einen Brief aus Rom, er ist glücklich daselbst angelangt und sitzt nun freilich im Rohre; aber er beschwert sich bitterlich über die anderu Gesellen, die auch da sitzen, Pfeifen schneiden und ihm die Ohren voll dudeln. Deutschland kann sich nicht entlaufen und wenn es nach Rom liefe, überall wird es von der Platitüde begleitet, wie der Engländer von seinem Theekessel. Er hofft bald von sich und Hirt etwas für die Horen zu schicken.

Hierbei ein Brief von Obereit der in seiner Art wieder recht merkwürdig ist; ich will sehen, daß ich dem armen alten [5] Maun etwas von unsern Herrschaften heraus bettle.

[6] Leben Sie recht [7] wohl und behalten mich lieb.

G.

137. An Goethe.

[Jena den 30. Dezember 1795.] [1]

Hier ein Exemplar des Almanachs für den ersten Hunger. Humboldt sendet mir heute deren drei aus Berlin. Von dem Buchhändler selbst ist noch nichts angekommen; um uns schöne Exemplare zu geben, läßt er uns vielleicht noch Wochen lang darauf warten.

Salve zum neuen Jahr!

Mittwoch Abends.

Sch.

1 7 9 6.

* 138. An Schiller.

Nur soviel will ich in der Kürze melden: daß endlich die Möglichkeit erscheint mich von hier los zu machen, und daß ich morgen, zwischen drei und vier [1], bei Ihuen einzutreffen hoffe. Ich freue mich sehr Sie wieder zu sehen.

Weimar den 2. Januar 1796.

G.

139. An Goethe.

[Jena den 17. Jan. 1796.] [1]

Hier folgen vier Almanache und sechs und sechzig Xenien. Ehe Sie [2] Weimar erreichen, werden mit denen die Sie schon fertig haben nah [3] an achtzig daraus werden. Reisen Sie glücklich, unsre guten Wünsche sind mit Ihuen.

Sch.

140. An Goethe.

Jeua den 18. Jänner 1796.

Wir haben dem armen Thiere, dem Michaelis, doch Unrecht gethan. Die neulich überschickten zehn Exemplare waren nur für die Mitarbeiter ad extra bestimmt; heute ist erst das eigentliche Paket, welches die Exemplarien für Sie, Herdern und mich enthält, angelangt, und dieses ist zwölf Tage über die Zeit unterwegs geblieben. Ich sende Ihnen daher hier noch drei Exemplare auf Atlas (*). Die noch restirenden Bogen von den Epigrammen verschreibe ich mit der heutigen Post. Sollten Sie eins von den schlechtern Exemplarien überflüssig haben, so kann ich es bei dem Buchhändler wieder anbringen. Leben Sie recht wohl.

Sch.

Die Gesundbrunnen zu N. N.

Seltsames Laud! Hier haben die Bäche Geschmack und die Quelleu;
Bei den Bewohnern allein hab' ich noch keinen verspürt.

(*) Zwei Kalender bringt das Botenmädchen. Die Post nahm sie nicht an.

* 141. An Schiller.

Vielen Dank für die schönen Exemplare; hier kommt ein geringeres zurück. Jedermann spricht gut [1] von dem Almanach. Es ist eine allgemeine Nachfrage darnach.

Die Epigramme sind noch nicht abgeschrieben, auch fürchte ich Sie werden mir so vorauslaufen daß ich Sie nicht einholen kann. Die nächsten vierzehn Tage seh' ich wie schon verschwunden an. Die neue Oper wird uns noch viel zu schaffen machen, es wird aber auch ein lustiges und erbauliches Werk. Leben Sie recht wohl und haben noch tausend Dauk für alles Gute und Liebe. Sobald als möglich besuche ich Sie wieder.

Weimar den 20. Januar 1796.

G.

142. An Goethe.

Jena den 22. Januar 1796.

Hier eine kleine Lieferung von Epigrammen. Was Ihnen darunter nicht gefällt, lassen Sie nur gar nicht abschreiben. Es geht mit diesen kleinen Späßen doch nicht so rasch als man glauben sollte, da man keine Suite von Gedauken und Gefühlen dazu benutzen kann, wie bei einer längeren Arbeit. Sie wollen sich ihr ursprüngliches Recht als Glückliche Einfälle nicht nehmen lassen. Ich zweifle deßwegen, ob ich, bei meinem Müßiggange, Ihuen soweit vorkommen werde als Sie denken, denn in die Länge geht es doch nicht, ich muß mich zu größern Sachen entschließen, und die Epigramme auf den Augenblick ankommen lassen. Doch soll kein Posttag leer sein, und so rücken wir doch in vier, fünf Monaten weit genug vor.

Ihre Epigramme im Almanach machen großes Glück, wie ich immer aufs neu in Erfahrung bringe, und bei Lenten, von deren Urtheil man keine Schande hat. Daß der Almanach in Weimar neben den Emigrirten und den Hundsposttagen noch aufkommen kann, ist mir sehr tröstlich zu vernehmen.

Darf ich Sie mit einem kleinen Auftrage belästigen? Ich wünschte drei und sechzig Ellen Tapeten von schöner grüner Farbe und zwei und sechzig Ellen Einfassung, welche ich ganz Ihrem Geschmack und Ihrer Farbentheorie überlasse.

Wollten Sie Herrn Gerning [1] darnach schicken, und allenfalls Ordre geben, daß ich sie in sechs bis acht Tagen haben kann?

Leben Sie recht wohl. Meine Frau grüßt.

Sch.

An einen gewissen moralischen Dichter.

Ja, der Mensch ist ein elender [2] Wicht, ich weiß — doch das wollt' ich
Eben vergessen und kam, ach wie gereut mich's! zu dir.

Jakob [3] der Kantianer.

Kantische Worte sollte der hohle Schädel nicht fassen?
Sieht man in hohler Nuß doch den Kalender versteckt [4].

[5] *Freiheit.*

Freiheit ist ein herrlicher Schmuck. Doch steht er, wir sehen's,
Jeglicher Menge so schlecht als nur das Halsband dem Schwein.

---

143. An Schiller.

Die nächsten acht [1] Tage werde ich ein sehr buntes Leben führen. Heute kommt die Darmstädter Herrschaft, morgen ist Cour, Diner, Concert, Souper und Redoute. Montag Don Juan. Die übrige Woche geht auf Proben hin, denn den 30. sind die Advokaten von Iffland und den 2. die neue Oper. Dann will ich aber auch mich wieder [2] sobald als möglich sammeln und sehen was ich leisten kann. Das achte Buch erscheint mir indessen oft zwischen allen diesen fremden Gestalten durch und ich hoffe, es soll sich nun bei der ersten Gelegenheit auch fertig machen.

In den letzten Epigrammen die Sie mir senden ist ein herrlicher Humor, und ich werde sie deßhalb alle abschreiben lassen; was am Ende nicht in der Gesellschaft bleiben kann, wird sich wie ein fremder Körper schon separiren.

[3] Die verlangten Papiertapeten, sowie die [4] Bordüren sind hier, fertig, nicht zu haben; ich schicke hier Muster von beiden aus Frankfurt [5]. Das Stück Tapete ist eine Elle breit, und hält zwanzig Ellen. Sie müßten also zu 63 Ellen 4 Stücke nehmen und behielten so viel übrig. Das Stück kostete vor einem Jahre 1 Gulden 20 Kreuzer. Von der beikommenden Bordüre hält das Stück 40 Ellen und kostet $3^1/_2$ Gulden, Sie brauchten also davon 2 Stück. Sie steht auf grün sehr gut, wollte man sie lebhafter haben, so giebt es auch schöne Rosenbordüren von derselben Breite. Wenn Sie mir die Muster geschwind [6] zurückschicken, so könnte ich Montag Abends nach Frankfurt schreiben, und Sie würden das verlangte doch ziemlich bald erhalten. Mehr Umstände macht es wenn man hier die Papiere

wollte färben lassen, besonders da Ekebrecht gegenwärtig sehr mit den Decorationen beschäftigt ist. [7]

[8] Leben Sie recht wohl und genießen des schönen Wetters.

Den 23. Januar 1796.

G.

144. An Goethe.

Jena den 24. Jänner 1796.

Für einen Schriftsteller, der mit der Katastrophe eines Romans, mit tausend Epigrammen und zwei weitläuftigen Erzählungen aus Italien und China beschäftigt ist, haben Sie diese nächsten zehn Tage ganz leidliche Zerstreuungen. Aber was Ihnen die Zeit nimmt giebt sie Ihnen dafür wieder an Stoff, und am Ende sind Sie weiter gekommen als ich, der seine Gegenstände aus den Nägeln saugen muß. Heute indessen habe ich auch eine Zerstreuung, denn Charlotte Kalb [1] wird hier sein.

[2] Es thut mir leid, daß meine Tapeten-Angelegenheit Ihnen [3] mehr als ein paar Worte losten soll. Da Sie indessen so gütig sein wollen, diese Verzierung an meinem Horizonte zu besorgen, so bitte ich Sie mir 4 Stücke von der grünen Tapete und 2 von Rosa-Bordüren [4] (wenn diese auch 40 Ellen halten) aus Frankfurt kommen zu lassen. Ich ziehe die Rosa-Bordüren der Lebhaftigkeit wegen dem beiliegenden Muster vor [5].

Woltmann war gestern drei Stunden lang allein bei mir, und ich habe es glücklich durchgesetzt, daß von den zwei Theaterstücken keine Silbe gesprochen wurde. Er war übrigens sehr artig, und sehr [6] freigebig an Lob über Ihre und meine Arbeiten — ohne doch ein Fünkchen Barmherzigkeit bei mir, seines Stücks wegen, zu erwecken.

Leben Sie recht wohl. Hier wieder einige Xenien, daß die Observanz nicht verletzt wird.

Schiller.

145. An Schiller.

Mit der ganzen Sammlung unserer kleinen Gedichte bin ich noch nicht zu Staude; hier kommt einstweilen mein Beitrag von dieser Woche. Wenn wir unsere vorgesetzte Zahl ausfüllen wollen, so werden wir noch einige unserer nächsten Angelegenheiten behandeln müssen, denn wo das Herz voll ist, geht der Mund über, und dann ist es eine herrliche Gelegenheit die Sachen aus der Studirstube und Recensentenwelt in das weitere Publicum hinaus zu spielen, wo dann einer oder der andere gewiß Feuer fängt, der sonst die Sache hätte vor sich vorbeistreichen lassen.

Mir fangen diese Tage nun[1] an recht bunt zu werden; man übernimmt immer mehr als man ausführen kann. Leben Sie wohl[2] und grüßen Sie Ihre liebe Frau.

Weimar den 27. Januar 1796.

G.

---

146. An Goethe.

[Jena, den 27. Januar 1796.][1]

Sie haben mich mit dem reichen Vorrath von Xenien, den Sie geschickt haben, recht angenehm überrascht. Die den Newton betreffen, werden Sie zwar, auch durch den Stoff, kenntlich machen, aber bei dieser gelehrten Streitsache, die niemand Lebenden namentlich[2] betrifft, hat dieses auch nichts zu sagen. Die angestrichenen haben uns am meisten erfreut.

Denken Sie darauf, Reichardten unsern soi-disant Freund mit einigen Xenien zu beehren. Ich lese eben eine Recension der Horen in seinem Journal Deutschland, welches Unger edirt, wo er sich über die Unterhaltungen und auch noch andre Aufsätze schrecklich emancipirt hat. Der Aufsatz[3] von Fichte und Woltmann sind beide in einem weitläuftigen Auszug mitgetheilt, und als musterhaft aufgestellt[4]. Das fünfte Stück (das schlechteste von allen) ist als das interessanteste vorgestellt, Vossens Gedichte, der Rhodische Genius von Humboldt sehr herausgestrichen und was des Zeuges mehr ist[5]. Es ist durchaus mit einem nicht genug verhehlten Ingrimm geschrieben. Als das wichtigste Werk der neuern[6] deutschen Literatur wird Heinses musikalischer Roman weitläuftig, doch hab' ich nicht gelesen wie? beurtheilt.

Wir müssen Reichardt, der uns so ohne allen Grund und Schonung angreift, auch in den Horen, bitter verfolgen.

Hier wieder einige Pfähle ins Fleisch unserer Collegen. Wählen Sie darunter was Ihnen ansteht.

Leben Sie recht wohl. Meine Frau empfiehlt sich aufs beste.

Sch.

---

147. An Schiller.

Der erste Act wäre überstanden! ein Aufzug, den ich zur gestrigen Redoute arrangiren half; es ging alles gut ab, obgleich der Saal übermäßig voll war. Da man jetzt bloß in Distichen spricht, so mußte der türkische Hof selbst sein Compliment an die Herzogin in dieser Versart darbringen, wie Sie aus der Beilage sehen werden. Eine andere Gesellschaft hatte einen Zug von gemischten Masken aufgeführt, unter welchen sich ein paar Irrlichter sehr zu ihrem Vortheil ausnahmen; sie waren sehr artig gemacht und streuten, indem sie sich drehten und schüttelten, Goldblättchen und Gedichte aus.

Die Distichа nehmen täglich zu, sie steigen nunmehr gegen zweihundert. Ich lege das neuste Modejournal bei wegen der Abhandlung pag. 18 über die Xenien. Der Verfasser denkt wohl nicht daß ihm auch eins fürs nächste Jahr zubereitet werde. Wie arm und ungeschickt doch im Grund diese Menschen sind! nur zwei solcher Gedichtchen, und noch dazu so schlecht übersetzt, zur Probe zu geben! Es ist aber als wenn alles geistreiche diesen feuerfarbnen Einbaud flöhe.

Ich habe die Abhandlung Cellini's über die Goldschmieds- und Bildhauerarbeit von Göttingen erhalten; da ich ihn nun doch[1] geschwind leseu und ausziehen muß, so wird die[2] kleine Biographie wahrscheinlich dadurch gefördert[3] werden. Leben Sie recht wohl und grüßen Ihre liebe Frau.

Fast hätte ich das beste vergessen. Ich habe einen gar schönen und guten Brief von Meyer erhalten der seinen Zustand recht deutlich darstellt. Seine unwiderstehliche Neigung gründlich zu sein und etwas ausführliches zu arbeiten, kommt bei der ungeheuern Menge von Gegenständen die er beschreibt und beurtheilt, und bei dem Reize anderer die er nachbilden möchte, sehr ins Gedränge. Er fragt mich um Rath und ich werde ihn an seinen Genius zurückweisen.

In einem Brief an die Herzogin Mutter steht eine lustige Stelle über die Künstler, welche jetzt Kantische Ideen in allegorischen Bildern darstellen. Wenn es nicht bloß Persiflage ist, so haben wir da[4] die tollste Erscheinung die vor dem jüngsten Tage der Kunst vorhergehen kann.

Aus Ihrem Briefe seh' ich erst daß die Monatschriften Deutschland und Frankreich Einen Verfasser haben. Hat er sich emancipiret, so soll er dagegen mit Karnevals-Gips-Drageen auf seinen Büffelrock begrüßt werden, daß man ihn für einen Perückenmacher halten soll. Wir kennen diesen falschen Freund schon lange und haben ihm bloß seine allgemeinen Unarten nachgesehen, weil er seinen besondern Tribut regelmäßig abtrug; sobald er aber Miene macht diesen zu versagen so wollen wir ihm gleich einen Bassa von drei brennenden Fuchsschwänzen zuschicken. Ein Dutzend Disticha sind ihm schon gewidmet, welche künftigen Mittewoch, geliebt[5] es Gott, anlangen werden. Indessen nochmals ein Lebewohl.

Weimar den 30. Januar 1796.

G.

148. An Schiller.

Jena den 31. Jänner 1796.

Ich wünsche Glück zu dem erwünschten Ausgang der Festivität, die sich ganz artig und lieblich mag ausgenommen haben. Die Irrlichter haben mich besonders gefreut.

Meyers Briefe bringen Sie wohl mit, wenn Sie herkommen. Ich bin sehr erwartend, wie es sich nach und nach in ihm klären und präcipitiren wird. Da die Nachricht von den Kantischen Configurationen nur in dem Briefe an die Herzogin vorkommt, so ist sie hoffentlich ein Spaß; eine so köstliche Neuigkeit würde er wohl Ihnen[1] bestimmter gemeldet haben.

Daß Reichardt der Herausgeber des J. Deutschland ist, darauf können Sie sich verlassen; sowie auch darauf, daß er sich (oder doch der Recensent, welches uns hier ganz Eins ist) gegen die Unterhaltungen sehr viel herausnimmt, obgleich er Sie bei andern Veranlassungen in der nämlichen Recension mit vollen Backen lobt. Das Product ist unendlich miserabel. Heinses Buch, davon ich die Recension nun näher angesehen, ist sehr getadelt, welches mich ordentlich verdrießt, da eine Dummheit weniger zu rügen ist.

Für unsere Xenien haben sich indessen allerlei Ideen, die aber noch nicht ganz reif sind, bei mir entwickelt. Ich denke auch, daß wenn Sie etwa zu Ende dieser Woche kommen, Sie ein hundert und darüber bei mir[2] finden sollen. Wir müssen die guten Freunde in allen erdenklichen[3] Formen verfolgen, und selbst das poetische Interesse fordert eine solche Varietät innerhalb unsers strengen Gesetzes, bei einem Monodistichon zu bleiben. Ich habe dieser Tage den Homer zur Hand genommen, und in dem Gericht das er über die Freier ergehen läßt eine prächtige Quelle von Parodien entdeckt, die auch schon zum Theil ausgeführt sind; eben so auch in der Nekyomantie[4], um die verstorbenen Autoren und hie und da auch die lebenden zu plagen. Denken Sie auf eine Introduction Newtons in der Unterwelt — Wir müssen auch hierin unsere Arbeiten in einander verschränken.

Beim Schlusse denke ich geben wir noch eine Komödie in Epigrammen. Was meinen Sie?

Meine Frau grüßt Sie schönstens. Kommen Sie nur recht bald.

Sch.

---

149. An Schiller.

Die erste Abschrift der Xenien ist endlich fertig geworden und ich schicke sie sogleich um so mehr, da ich vor dem 14ten dieses nicht nach Jena kommen kann. Sie sehen zusammen schon ganz lustig aus; nur wird es ganz gut sein, wenn wieder einmal eine poetische Ader durch die Sammlung durchfließt. Meine letzten sind, wie Sie finden werden, ganz prosaisch, welches, da ihnen keine Anschauung zum Grunde liegt, bei meiner Art wohl nicht anders sein kann.

Vielleicht schicke ich Ihnen das siebente Buch meines Romans in kurzer[1] Zeit. Ich arbeite es jetzt nur aus dem Guffe des Dictirens ins Reine; was weiter daran zu thun ist wird sich finden, wenn das achte Buch eben so weit ist und wir das ganze recht lebhaft und ernsthaft durchgesprochen haben.

Ich habe diese Tage das Werk des Cellini über das mechanische verschiedener

Künste von Göttingen erhalten. Es ist trefflich geschrieben, und sowohl die Vorrede als das Werk selbst giebt über den wunderbaren Mann schöne Aufschlüsse. Ich habe mich daher gleich wieder an sein Leben gemacht, allein die Schwierigkeiten der Behandlung bleiben immer dieselben. Ich will nur anfangen einige interessante Stellen zu übersetzen und erwarten was sich weiter macht. An einem Leben ist ohnedem[2] weiter nichts, nach meiner realistischen Vorstellungsart, als das Detail, besonders nun gar bei einem Particulier, wo keine Resultate zu denken sind deren Weite und Breite uns allenfalls imponiren könnten, und bei einem Künstler, dessen Werke, die bleibenden Wirkungen seines Daseins, nicht vor unsern Augen stehen. Vielleicht bringe ich noch, ehe ich zu Ihnen komme, ein hübsches Pensum zusammen, und es wird sich alsdann näher ergeben was zu thun ist.

Wie kommt es, daß das neue Stück der Horen so lange außen bleibt?

Die erste Repräsentation der neuen Oper ist glücklich vorbei und wir haben den Beifall der Masse; sie nimmt sich auch wirklich zusammen recht artig aus. Die Musik ist nicht tief, aber angenehm; die Kleider und Decorationen thaten gute Wirkung. Ich werde Ihnen ehestertags das Buch schicken, damit Sie doch sehen was das deutsche Theater für einen wunderlichen und erzdeutschen Gang nimmt. Leben Sie recht wohl, [3]und grüßen Ihre liebe Frau. Ich hoffe bald aus meiner, für den stärksten Realisten zu starken, Lebensart zu Ihnen in den Hafen zu gelangen.

Weimar den 4. Februar 1796.

G.

---

150. An Goethe.

Jena den 5. Februar 1796.

Die Sammlung wächst uns unter den Händen, daß es eine Lust ist. Es hat mich gefreut auch mehrere politische unter den neuen anzutreffen; denn da wir doch zuverlässig an den unsichern Orten confiscirt werden, so sähe ich nicht, warum wir es nicht auch von dieser Seite verdienen sollten. Sie finden vierzig bis zwei und vierzig neue von mir; gegen achtzig andre die zusammen gehören und in Kleinigkeiten noch nicht ganz fertig sind, behalte ich noch zurück. Reichardt ist gut recommandirt, aber er muß es noch mehr werden. Man muß ihn auch als Musiker angreifen, weil es doch auch da nicht so ganz richtig ist, und es ist billig, daß er auch bis in seine letzte Festung hinein verfolgt wird, da er uns auf unserem legitimen Boden den Krieg machte.

Daß Sie mit einzelnen Partien aus dem Cellini anfangen wollen, ist mir sehr[1] lieb zu hören. Das wird Sie am besten hineinbringen; denn wo es die Sache leidet, halte ich es immer für besser, nicht mit dem Anfang anzufangen, der immer das schwerste und das[2] leerste ist. Sie schreiben mir nichts[3], ob ich von Ihnen etwas für das dritte Horenstück zu hoffen habe. Dieß müßte ich aber freilich binnen drei, vier[4] Wochen spätestens haben. Jetzt lebe ich noch von dem abscheulichen Tourville[5]. Von dem Properz wünschte ich binnen acht Tagen die zweite Lieferung. Herder hat sich auf unbestimmte Zeit von den Horen dispensirt. Ich weiß nicht, wo diese Kälte herkommt, oder ob er wirklich durch eine andere Arbeit abgehalten wird.

Daß die Horen von diesem ersten Monat noch nicht hier sind, ist eigentlich meine Schuld, weil mein Aufsatz, der, den Sie hier lasen, erst vor vier Wochen abging. Drei Wochen gehen auf die Hin- und Herreise und eine Woche auf den Druck auf. Morgen kommen die Exemplare gewiß, denn das per[6] Briefpost übermachte habe ich schon seit dem Montag in Händen. Der neue Druck nimmt sich besser aus, auch das Papier wird mehr Beifall haben.

Auf das neue aus dem Meister freue ich mich, wie auf ein Fest. Auch ich werde, ehe wir über das Ganze sprechen, mich mit dem bisherigen noch mehr familiarisiren.

Körner schreibt mir, daß er zu Ende Mais hieher zu kommen und vierzehn Tage hier zuzubringen hoffe, worauf ich mich sehr freue. Gewiß wird sein Hiersein auch Ihnen Vergnügen machen. Da auch Schlegel dieses Frühjahr kommt, und vermuthlich auch Funk einen Monat hier zubringt, so wird es ziemlich lebhaft bei mir werden.

[7]An Knebeln will ich mit dem Horen-Exemplare, das ich an Sie beilegen werde, abschläglich 15 Louisdors senden. Da der Properz nicht soviel Bogen füllt, als ich anfangs dachte, so wird diese Summe, die über die Hälfte des ganzen Honorars beträgt, schon anständig genug sein.

Leben Sie recht wohl. Meine Frau grüßt schönstens.

Sch.

151. An Goethe.

Hier endlich die neuverjüngte Hore des 1796sten Jahrs. Sie nimmt sich munterer und ungleich moderner aus als die alte, und mich verdrießt, daß wir nicht gleich Anfangs so klug gewesen sind.

[1] Für dieses erste Jahr werden die Autoren bei dem weiten Druck noch nichts gewinnen, weil Cotta bei Abschaffung der alten Schrift, bei dem neuen Papier und dem Umschlag neue Kosten gehabt. Es wird also für dieses Jahr, wie er sich ausgebeten, so viel von dem Honorar abgezogen, als das Verhältniß zu dem alten Drucke beträgt.

Daß die Abbestellungen beträchtlich sein mochten, ersehe ich sowohl aus dem kleineren Paket, welches an die hiesigen Buchhandlungen[2] an mich eingeschlossen worden, als auch daraus, daß die hiesige sächsische Post von vier Exemplarien zwei abbestellte. Wir wollen hoffen, daß dieses Verhältniß nicht durch ganz

Deutschland geht. Cottas Klagen sind sehr mäßig und man spürt ihm noch gute Hoffnung an.

Hiebei an Knebeln eine Hore nebst 15 Louisdors[3], ein Exemplar an den Herzog und sechs für Sie. Beilage an Herdern bitte besorgen zu lassen.

Kennen Sie einen Medailleur Abramson[4] in Berlin und haben Sie etwas von seinen Arbeiten gesehen? Er schreibt an mich, meiner Zeichnung wegen, um eine Medaille zu machen. Ich möchte aber doch wissen, was an ihm ist.

Hier einige Dutzend neue Xenien, die seit heut und gestern in Einem Raptus entstanden. Lassen Sie das wandernde Exemplar bald reich ausgestattet wieder zu mir gelangen.

Leben Sie recht wohl.

Den 7. Februar.

Sch.

---

152. An Schiller.

Nachdem uns die Redoute eine Nacht weggenommen, und wir ziemlich spät aufgestanden sind, will ich, um das angekommene Paket nicht aufzuhalten, nur mit wenig Worten anzeigen, daß die Horen in ihrem neuen Gewande und etwas modernerm Putze, der sie recht gut kleidet, nebst dem beiliegenden Gelde bei mir angekommen sind. Die Elegien hoff' ich auf den Sonnabend wenn gleich nicht abgeschrieben zu schicken, und denke den Montag darauf selbst zu kommen, wo wir denn unsere Zustände und Plane durchdenken und durchsprechen werden. Leben Sie recht wohl. Den Beschluß der Abhandlung über die naiven und sentimentalischen Dichter und Menschen habe ich mit großem Vergnügen wieder gelesen; auch höre ich von auswärts daß die ersten Abschnitte sehr gut aufgenommen sind. Es kommt nur jetzt darauf an, immer dieselbe Stelle zu treffen, und die Wirkung wird wohl nicht ausbleiben.

Weimar den 10. Februar 1796.

G.

[1] Die Bordüren, hoff' ich, werden Ihnen gefallen, nur muß man Acht haben, daß sie nicht falsch aufgeklebt werden; sie haben zweierlei Lichtseiten, um sie rechts und links gegen die Fenster wenden zu können, auch ist zu bemerken daß die Boukets fallen. Die Leute geben nicht immer acht auf diese Hauptpunkte, sie haben mir in meinem Hause eine solche Bordüre ganz falsch aufgeklebt, deßwegen ich dieses zur Warnung melde. Ich will das Paket auch von hier frankiren und den Betrag zusammennotiren.

153. An Schiller.

Wenn Sie nur die versprochenen Elegien nicht so nothwendig brauchten[1]! denn ich weiß nicht wie ich damit einhalten soll. Schon seit acht Tagen bin ich darüber und[2] mit Knebel in Conferenz; dadurch ist die Abschrift wieder unrein geworden und muß noch einmal gemacht werden. Wenn es möglich wäre noch acht Tage Aufschub zu geben, so sollte alles in der Ordnung sein. Ich leide noch immer unsäglich am Carneval, und durch die abermalige Ankunft von fremden Prinzen werden unsere Theater- und Tanzlustbarkeiten verruckt und gehäuft.

Da ich zum dritten Stücke noch nichts zu liefern weiß, habe ich meine alten Papiere durchgesehen, und darin wunderliches Zeug, aber meist individuelles und momentanes gefunden, daß es nicht zu brauchen ist. Um wenigstens meinen guten Willen zu zeigen, schicke ich hier eine sehr subjective Schweizerreise. Urtheilen Sie in wiefern etwas zu brauchen ist; vielleicht wenn man noch irgend ein leidenschaftliches Mährchen dazu erfände, so könnte es gehen. Die Gegenden sind hundertmal betreten und beschrieben, doch betritt man sie wieder und liest die Beschreibungen noch einmal. Sagen Sie mir Ihre Gedanken darüber. Es versteht sich von selbst, daß alles was die Personen bezeichnet, müßte vertilgt werden.

Leben Sie recht wohl! Mit großer Sehnsucht hoff' ich auf den Augenblick Sie wieder zu sehen.

Meyer hat wieder geschrieben; er negociirt die Aldobrandinische Hochzeit copiren zu dürfen. Wie sehr wünschte ich dieses herrliche Werk in unserm Besitz zu sehen. Die Nachricht von den Kantischen Gemälden ist wahr; es steht auch schon eine Nachricht im Merkur, die ich aber leider übersehen habe.

Weimar den 12. Februar 1796.

G.

154. An Goethe.

Jena den 12. Februar 1796.

Den schönsten Dank für die Mühe, die Sie mit den Tapeten u. s. w. übernommen haben. Die Borduren werden sehr gut aussehen. Ich freue mich auf die schönern Wände, die mich nun umgeben werden.

Diese Woche habe ich wieder viel schlaflose Nächte gehabt, und sehr an Krämpfen gelitten. Es ist noch nicht besser, daher ich auch mit meinen Arbeiten nicht vorwärts gekommen bin, und wahrscheinlich haben Sie mich jetzt in den Xenien überholt. Hätte ich meine Zeit nur wenigstens auf eine lustigere Art verloren.

Humboldt wird Ihnen morgen wahrscheinlich selbst schreiben. Mir schrieb er kürzlich, daß jetzt kein Caviar zu schicken sei.

Haben Sie doch die Güte, wenn Sie hieher kommen, 1) einige Mondlandschaften und 2) die Komödiensammlung der letztern[1] Jahre mitzubringen.

Ich habe vorige Messe ein Buch herausgegeben, das ich gestern angefangen habe zu lesen. Es ist ein neuer Theil der Mémoires, Brantomes Charakteristiken enthaltend, die manchmal recht naiv sind, und die zwar den Gegenstand sehr schlecht, ihn selbst aber desto besser charakterisiren.

Diese Sammlung läuft noch immer unter meinem Namen, obgleich ich mich öffentlich davon losgesagt. Dieß gehört auch zu den Germanismen.

Leben Sie recht wohl. Ich freue mich von Herzen auf Ihre Ankunft.

Sch.

---

155. An Schiller.

Da ich doch nicht wissen kann, ob Sie nicht die Elegien nöthig brauchen, so will ich sie lieber heute schicken, obgleich nur drei davon abgeschrieben sind. Die übrigen sind lesbar und Sie würden nicht gehindert sein. Können und wollen Sie solche aufheben bis ich hinüber komme, so läßt sich vielleicht über eins und das andere noch sprechen.

[1]Für die überschickten 15 Louisdor dankt der Autor aufs beste[2].

Der Medailleur Abramson in Berlin ist geschickt; wenn Sie ihm gönnen wollen daß er Ihre Medaille macht, so würde ich rathen sich von unserm Klauer en Medaillon erst bossiren zu lassen und einen Gipsabguß nach Berlin zu schicken; hiernach kann er besser arbeiten als nach irgend[3] einer Zeichnung, und wer sollte die bei uns auch machen? Schade daß Meyer nicht da ist, so könnte man auch gleich etwas vernünftiges zur Gegenseite erfinden. [4]Der Medailleur müßte Klauern bezahlen[5].

Bei dem Briefe vom 7. Februar sollen ein Dutzend Xenien liegen, ich habe sie aber nicht gefunden, ob ich gleich die beiliegenden Horenexemplare auf das sorgfältigste durchgeblättert habe. Leider hat mich auch in diesen Tagen weder etwas Xenialisches noch Genialisches angewandelt; ich hoffe mehr als jemals auf eine Ortveränderung, um zu mir selbst zu kommen; leider weiß ich noch nicht ob ich Montags kommen kann.

Es ist mir herzlich leid, daß Sie wieder so viel gelitten haben und daß Ihre Einsamkeit Ihnen nicht zu gute kommt, indeß mich die Zerstreuung von einer wünschenswerthen Thätigkeit abhält. Ich freue mich auch wieder einmal[6] einige Worte von Humboldt zu hören; er hat wohlgethan, bei diesem weichen Wetter keinen Caviar zu schicken.

Vielleicht könnte man aus der Schweizerreise, die ich Ihnen gestern schickte, die einzelnen ausführlichen Tableaus, zum Beispiel das Münsterthal, die Aussicht vom Jura ꝛc. herausziehen und ohne Zusammenhang hinstellen. Doch das werden Sie am besten beurtheilen; ich hatte nicht Zeit die Hefte, die ich Ihnen schickte durchzulesen und kann über ihren Werth und Unwerth nicht urtheilen.

Meyer hat wieder geschrieben; wahrscheinlich ist er jetzt über der Aldobrandini=

schen Hochzeit. Er hat die Art, die Antiken zu beobachten, die er in Dresden angefangen hatte, fortgesetzt; er schreibt: Nun kommt es auf zarte Bemerkungen an: der Zeichnung der Augen, der Art, wie die Linien sich schwingen und sich begegnen, wie der Mund gezeichnet und gearbeitet ist[7], wie die Haare angesetzt sind, was für Kenntnisse der Künstler gehabt, welcher Theorie er gefolgt sei.

Er hofft auch dem Raphael noch eine neue Seite abzugewinnen.

Weimar den 13. Februar 1796.

G.

156. An Goethe.

Daß Sie den Abend nicht kommen können, beklag' ich. Ich befinde mich ganz erträglich, und wir hätten allerlei durchschwatzen können.

Eben ist Niethammer da; wir debattiren über den Begriff des Rechts, und da wird zuweilen ordentlich vernünftig gesprochen.

Auch die kleine Tänzerin vom letzten Ball ist da.

Leben Sie recht wohl. Morgen Abend kommen Sie doch desto[1] zeitiger?

Sch.

157. An Goethe.

Jena den 18. März 1796.

Seit Ihrer Abwesenheit ist es mir noch immer ganz erträglich gegangen, und ich will[1] recht wohl zufrieden sein, wenn es in Weimar nur so continuirt. Ich habe an meinen Wallenstein gedacht, sonst aber nichts gearbeitet. Einige Xenien hoffe ich vor der merkwürdigen Constellation noch zu Staude zu bringen.

Die Zurüstungen zu einem so verwickelten Ganzen, wie ein Drama ist, setzen das Gemüth doch in eine gar sonderbare Bewegung. Schon die allererste Operation, eine gewisse Methode für das Geschäft zu suchen, um nicht zwecklos herumzutappen, ist keine Kleinigkeit. Jetzt bin ich erst an dem Knochengebäude, und ich finde, daß von diesem, eben so wie in der menschlichen Structur, auch in dieser dramatischen alles abhängt. Ich möchte wissen, wie Sie in solchen Fällen zu Werk gegangen sind. Bei mir ist die Empfindung anfangs ohne bestimmten und klaren Gegenstand; dieser bildet sich erst später. Eine gewisse musikalische Gemüthsstimmung geht vorher, und auf diese folgt bei mir erst die poetische Idee.

Nach einem Brief von Charlotte Kalb[2] hatten wir heute Herdern hier zu erwarten. Ich habe aber nichts von ihm gesehen.

Leben Sie recht wohl. Hier Cellini, der vorgestern vergessen wurde. Meine Frau grüßt bestens.

Sch.

158. An Schiller.

Cellini wartet hier auf. Ehe Sie zurückkommen hoffe ich einen guten Anfang zu der folgenden Lieferung gemacht zu haben.

Auch liegt die Anzeige zu Egmont bei, wozu ich nach Standesgebühr die Titulaturen zu setzen bitte. Ich wünsche das Blatt durch den Boten wieder zurück zu erhalten.

Die guten Wirkungen unserer vierwöchentlichen Abenteuer werden wir erst nach einiger Zeit der Ruhe und Sammlung empfinden.

Leben Sie recht wohl und haben Sie nochmals Dank für den treuen Beistand.

Weimar den 21. April 1796.[1]

G.

159. An Goethe.

Jena den 21. April 1796.

Den schönsten Dank für die prompte Uebersendung des Cellini.

Das Personenverzeichniß von Egmont folgt hier specificirt und titulirt zurück.

Wir sind gestern recht wohl hier angelangt, aber mit der halben Seele bin ich noch immer in Weimar. Wie gut der dortige Aufenthalt im physischen und moralischen auf mich gewirkt, fühlte ich schon unmittelbar und es wird sich gewiß in That und Wirkung beweisen. Leben Sie recht wohl. Meine Frau empfiehlt sich aufs beste. Montag Abends, noch voll und trunken von der Repräsentation des Egmont, sehen wir uns wieder.

Sch.

[1] Der Ueberbringer bringt zugleich einige Kofferstränge, die wir von Ihnen mitgenommen.

160. An Schiller.

[Jena, im Mai 1796.]

Ich will mich heute Abend und vielleicht morgen den ganzen Tag in der künstlichen Wüste halten, um zu sehen wie es geht und ob ich vielleicht in Ihrer Nähe bleiben kann, welches ich so sehr wünschte. Grüßen Sie die Freunde schönstens. Könnte Körner nicht bald nach Dresden schreiben und die Victoria kommen lassen? Er könnte den Besitzer ersuchen, den genauesten Preis anzuzeigen, und zusichern, daß er entweder die Statue oder das Geld selbst mit zurück bringen wolle. Nur wäre zu bitten, daß sie recht gut eingepackt würde. Leben Sie recht wohl.

G.

* 161. An Schiller.

[Jena den 20. Mai 1796.]

Ich werde durch einen Boten nach Weimar berufen und gehe sogleich dahin ab. Heute Abend bin ich wieder da und sehe Sie morgen. Diese Fahrt mache ich gern nach unserer gestrigen Lektüre, denn wie sehr diese mich vorwärts gebracht hat ist nicht auszudrücken. Schicken Sie doch das Manuscript mit diesem Billet an die kleine Frau, wir wollen hoffen daß diese Erweiterung des Publici uns auch etwas fördern werde. Hier einige Xenien und tausend Dank für alles gute. Viel Grüße der Frauen. August freut sich auf Carlen.

G.

* 162. An Schiller.

[Jena, im Mai 1796.] [1]

Eine nicht hält mich zurück, gar zwei sind's, die mir gebieten.

Die schöne Uebung in Distichen wird uns, wie ich hoffe, endlich dahin führen daß wir uns in einzelnen Hexametern bedeutend ausdrücken. Lassen Sie mich fragen: wann Sie Ihre Villeggiatur antreten? und ob ich Sie heute nach Tische zu Hause antreffe? Ich bitte um den Glastubus und das große hohle Prisma.

Der Roman rückt gut von der Stelle. Ich befinde mich in einer wahrhaft poetischen Stimmung, denn ich weiß in mehr als Einem Sinne nicht recht was ich will noch soll.

So geht es auch mit meiner Rückkehr nach Weimar. Zur nächsten Lieferung Cellini habe ich einen Stammbaum der Medicis aufgesetzt, insofern sie in dieser Lebensbeschreibung genannt werden.

Was macht das Frauchen? Leben Sie recht wohl und lieben mich. [2] Auf Hero und Leander habe ich große Hoffnung, wenn mir nur der Schatz nicht wieder versinkt [3].

G.

163. An Goethe.

Jena den 10. Juni 1796.

Mögen Sie jetzt wieder in Ruhe sein und die Arbeit gut von statten gehen. Ich bin recht verlangend nach der Ausführung Ihrer vielfachen Ideen, und erwarte recht bald etwas davon. Um die Abschrift der zwei fertigen Stücke bitte ich nochmals. Auch erinnere ich Sie an den Brief den Sie Zeltern in Berlin schreiben wollen, und worin ich nur in zwei Worten unsers Almanachs zu gedenken bitte. Ich werde, wenn Sie es vorbereitet, alsdann auch an ihn schreiben und ihm etwas zu componiren schicken.

Hier sende ich Ihnen einige Schriftproben für den Druck des Almanachs. Ich habe dazu mein neuestes Gedicht gewählt, dem ich eine gute Aufnahme wünsche.

Die Proben sehen noch nach nichts aus, weil sie nur roh sind abgezogen worden, aber ich wünschte zu wissen, welche Schrift Sie vorziehen (*).

Hier folgen auch die Zeichnungen von Hirt, nebst dem Manuscript des Meisters.

Meine Frau grüßt aufs schönste. Zwieback soll nach Verlangen geliefert werden [1].

Leben Sie recht wohl. Sch.

(*) Die Proben folgen auf den Montag. Göpferdt ist nicht ganz fertig geworden.[2]

---

164. An Schiller.

Nachdem ich glücklich in Weimar angekommen bin, habe ich mich sogleich dem strengsten Fleiß ergeben; Cellini, und ich hoffe der Roman, sollen bald davon zeugen. Haben Sie die Güte mir [1] das siebente Buch [2] nächstens zurückzuschicken. Hier folgen die versprochenen Epigramme; es sind doch dreißig an der Zahl! Leider ist auch hier der Haß doppelt so stark als die Liebe. Sobald Sie mit der Zusammenstellung fertig sind, so schicken Sie mir das Ganze ja gleich. Dadurch wird manches Xenion, das noch unvollendet da liegt, gewiß völlig fertig, und zu neuen giebt es wieder Anlaß.

Das eine, der Gefährliche, habe ich nach Ihrer Idee gemacht; vielleicht nehmen Sie die Veränderung auf. Ueberhaupt wird mich beim Durchgehen der übrigen im allgemeinen der Gedanke leiten, daß wir bei aller Bitterkeit uns vor criminellen Inculpationen hüten.

Die Idylle und noch sonst irgend ein Gedicht sollen bald auch kommen. Ich genieße nun in meinem Hause den völligsten Urlaub, und erfreue mich über die ungeheuern Pensa die ich vor mir sehe. Haben Sie nochmals Dank für alles gute. Leben Sie recht wohl und lassen mir [3] ja von sich und von den Ihrigen bald etwas hören.

Weimar den 10. Juni 1796.

G.

Der Roman ist heute früh angekommen; in wenig Tagen hören Sie und erhalten Sie mehr. Die Zeichnungen zu Hirts Manuscript lagen nicht bei; es war wie es scheint eine Göpferdtsche Papierprobe.

---

165. An Goethe.

Jena den 12. [1] Juni 1796.

Die gestern überschickten Xenien haben uns viel Freude gemacht, und so überwiegend auch der Haß daran Theil hat, so lieblich ist das Contingent der

Liebe dazu ausgefallen. Ich will die Musen recht dringend bitten, mir auch einen Beitrag dazu zu bescheren. Einstweilen nehmen Sie meine Ceres, als die erste poetische Gabe in diesem Jahre, freundlich auf und fänden Sie einen Anstoß darin, so machen Sie mich doch darauf aufmerksam.

Die Xenien hoffe ich Ihnen auf den nächsten Freitag in Abschrift schicken zu können. Ich bin auch sehr dafür, daß wir nichts criminelles berühren, und überhaupt das Gebiet des frohen Humors so wenig als möglich verlassen. Sind doch die Musen keine Scharfrichter! Aber schenken wollen wir den Herren auch nichts.

Körner schreibt, daß die Victorie für acht Louisdor erhandelt und also Ihre sei. Er grüßt Sie mit seinem ganzen Hause aufs schönste.

Leben Sie recht wohl.

Sch.

Herder schrieb mir gestern, und sehr freundschaftlich, schickte mir auch die Humanität. Er verspricht Beiträge sowohl zu den Horen als zum Almanach.

---

166. An Schiller.

Hier kommt, mein Bester! eine ziemliche Sendung. Das Stück Cellini ist um fünf geschriebene Bogen kürzer geworden, die ich überhaupt auslassen will; sie enthalten die weitere Reise nach Frankreich und, weil er diesmal keine Arbeit findet, seine Rückkehr nach Rom. Ich werde davon nur einen kleinen Auszug geben, und so kann das nächste Stück seine Gefangenschaft in der Engelsburg enthalten, deren umständliche Erzählung ich auch abkürzen und etwa wieder vierzehn bis fünfzehn geschriebene Bogen liefern will.

Zugleich kommt auch die Idylle und die Parodie, nicht weniger die Schriftprobe zurück.

Das Gedicht ist gar schön gerathen, die Gegenwart und die Allegorie, die Einbildungskraft und Empfindung [1], das Bedeutende und die Deutung schlingen sich gar schön in einander; ich wünschte es bald zu besitzen.

Die große Schrift gefällt mir ganz wohl. Wenn Sie einen Corrector finden, der vor dem Abdruck nicht allein die falschen, sondern auch die schlechten, ausgedruckten, ungleichen Buchstaben ausmerzt, und man sich beim Druck mit der Schwärze und sonst alle Mühe giebt, so wird kein großer Unterschied gegen den vorigen Almanach bemerklich werden. Es wäre recht gut wenn Sie sich auch wegen des Papiers [2] und sonst bald entschieden und sodann anfangen ließen zu drucken. Ich will meine kleinen Beiträge aufs möglichste beschleunigen. Das Gedicht des Cellini auf seine Gefangenschaft werden Sie und Herr Schlegel beurtheilen, ob es der Mühe einer Uebersetzung werth ist. Das Sonett habe ich schon neulich geschickt; Sie werden es allenfalls an dem bezeichneten Orte einrücken, so wie ich bitte die beikommende Sendung Cellini mit der Feder in der Haud zu lesen; ich habe es nur ein einzigmal durchgehen können.

Die Kupfer will ich sogleich besorgen. Wenn ich erst weiß wer sie macht und was sie kosten sollen, schreibe ich das weitere.

Das siebente Buch des Romans geh' ich nochmals durch und hoffe es Donnerstag abzuschicken. Es fehlt nur ein äußeres Compelle, so ist das achte Buch fertig und dann können wir uns doch auf manche Weise extendiren. Ich habe einen Brief von Meyer der die gegenwärtige Angst- und Confusion in Rom nicht genug beschreiben kann; er selbst wird nun wohl[3] nach Neapel sein.

Körnern danken Sie recht sehr für die Bemühung[4] wegen der Victorie. Das Kunstwerk wird mir immer werther; es ist wirklich unschätzbar.

Herders zwei neue Bände habe ich auch mit großem Antheil gelesen. Der siebente besonders scheint mir vortrefflich gesehen, gedacht und geschrieben: der achte so viel treffliches er enthält, macht einem nicht wohl und es ist dem Verfasser auch nicht wohl gewesen, da er ihn schrieb. Eine gewisse Zurückhaltung, eine gewisse Vorsicht, ein Drehen und Wenden, ein Ignoriren, ein kärgliches Vertheilen von Lob und Tadel macht besonders das was er von deutscher Literatur sagt äußerst mager. Es kann auch an meiner augenblicklichen Stimmung liegen, mir kommt aber immer vor, wenn man von Schriften, wie von Handlungen, nicht mit einer liebevollen Theilnahme, nicht mit einem gewissen parteiischen Enthusiasmus spricht, so bleibt so wenig daran das der[5] Rede gar nicht werth ist. Lust, Freude, Theilnahme an den Dingen ist das einzige reelle, und was wieder Realität hervorbringt; alles andere ist eitel und vereitelt nur.

Weimar den 14. Juni 1796.

G.

167. An Goethe.

Jena den 17. Juni 1796

Die Antwort[1] auf Ihren lieben Brief verschieb' ich bis Montag und melde Ihnen hiemit bloß, daß wir heut Abend Voß erwarten, der sich schon durch ein Brieflein angekündigt hat. Er kann nur Einen Tag bleiben, reist Sonntag mit dem frühesten wieder fort und kommt nicht nach Weimar.

Sie hätte er sehr gewünscht hier zu treffen. Es steht also bei Ihuen, ob Sie ihm[2] dieses Vergnügen machen wollen, wozu wir Sie freundlichst einladen. Er kommt von Gibichenstein und bringt hoffentlich auch noch Reichardten mit — eine Scene, worauf ich mich beinahe freute.

Leben Sie recht wohl.

Sch.

Es ist jetzt[3] gleich 10 Uhr Abends und Voß ist noch nicht hier — doch zweifle ich gar nicht, daß er kommt.

168. An Schiller.

Es thut mir recht leid, daß ich Voß nicht sehe; gute persönliche Verhältnisse sollte man ja nicht versäumen von Zeit zu Zeit durch die Gegenwart wieder [1] zu erneuern. Leider darf ich mich gegenwärtig [2] nicht einen Augenblick zerstreuen; der Roman ist so gut und glücklich [3] im Gange, daß Sie, wenn es so fort geht, heute über acht Tage das achte Buch erhalten können, und da hätten wir denn doch eine sonderbare Epoche unter sonderbaren Aspecten geschlossen.

Grüßen Sie Voßen recht sehr und erneuern auch in meinem Namen ein Verhältniß, das seiner Natur nach immer besser werden kann.

Sollten noch andere Gäste, wie ich nicht hoffe, gegenwärtig sein, so will ich für dieselben gleich ein Gastgeschenk eingelegt haben:

Komm nur von Gibichenstein, von Malepartus! Du bist doch
Reineke nicht, du bist doch nur halb Bär und halb Wolf.

Leben Sie recht wohl, grüßen Sie Ihre liebe Frau und Schlegeln. Ich habe Ihuen viel zu sagen und werde es, wenn das Glück gut ist, gleich in solche Formen bringen daß Sie es zu den Horen und Almanach brauchen können. Adieu.

Weimar den 18. Juni 1796.

G.

[4] Fast hätte ich vergessen zu sagen, daß Richter hier ist. Er wird Sie mit Knebeln besuchen und Ihuen gewiß recht wohl gefallen.

169. An Goethe.

Jena den 18. Juni 1796.

Voß ist noch nicht hier, wenigstens hab' ich noch nichts von ihm gesehen. Da ich sehr zweifle, ob Sie kommen werden, so lasse ich diesen Brief, zu dem sich eine schöne Gelegenheit darbietet, immer abgehen.

Die Idylle hat mich beim zweiten Lesen so innig, ja noch inniger als beim ersten bewegt. Gewiß gehört sie unter das schönste was Sie gemacht haben, so voll Einfalt ist sie, bei einer unergründlichen Tiefe der Empfindung. Durch die Eilfertigkeit, welche das wartende Schiffsvolk in die Handlung bringt, wird der Schauplatz für die zwei Liebenden so enge, so drangvoll und so bedeutend der Zustand, daß dieser Moment wirklich den Gehalt eines ganzen Lebens bekommt. Es würde schwer sein, einen zweiten Fall zu erdenken, wo die Blume des Dichterischen von einem Gegenstande so rein und so glücklich abgebrochen wird. Daß Sie die Eifersucht so dicht daneben stellen, und das Glück so schnell durch die Furcht wieder verschlingen lassen, weiß ich vor meinem Gefühl noch nicht ganz zu rechtfertigen, obgleich ich nichts befriedigendes dagegen einwenden kann. Dieses fühle ich nur, daß ich die glückliche Trunkenheit, mit der Alexis das Mädchen verläßt und sich einschifft, gerne immer festhalten möchte.

Herders Buch machte mir ziemlich dieselbe Empfindung wie Ihnen, nur daß ich auch hier, wie gewöhnlich bei seinen Schriften, immer mehr von dem [1] was ich zu besitzen glaubte verliere, als ich an neuen Realitäten dabei gewinne. Er wirkt dadurch, daß er immer aufs Verbinden ausgeht und zusammenfaßt, was andere trennen, immer mehr zerstörend als ordnend auf mich. Seine unversöhnliche Feindschaft gegen den Reim [2] ist mir auch viel zu weit getrieben, und was er dagegen aufbringt, halte ich bei weitem nicht für bedeutend genug. Der Ursprung des Reims mag noch so gemein und unpoetisch sein, man muß sich an den Eindruck halten, den er macht, und dieser läßt sich durch kein Raisonnement wegdisputiren.

An seinen Confessionen über die deutsche Literatur verdrießt mich, noch außer der Kälte für das gute, auch die sonderbare Art von Toleranz gegen das elende; es kostet ihn eben so wenig mit Achtung von einem Nicolai, Eschenburg u. a. zu reden, als von dem bedeutendsten, und auf eine sonderbare Art wirft er die Stolberge und mich, Kosegarten und wie viel [3] andere in Einen Brei zusammen. Seine Verehrung gegen Kleist, Gerstenberg und Geßner — und überhaupt gegen alles verstorbene und vermoderte hält gleichen Schritt mit seiner Kälte gegen das lebendige.

Sie haben unterdessen Richtern kennen lernen. Ich bin sehr begierig, wie Sie ihn gefunden haben. Charlotte Kalb [4] ist hier um die Frau v. Stein [5] zu pflegen. Sie sagt mir, daß es sich mit Iffland so gut als zerschlagen habe, und spricht überhaupt mit großer Kälte von dieser Acquisition für das Weimarische Theater. Der Enthusiasmus für Iffland scheint sich noch einige Monate früher, als wir dachten, verloren zu haben.

Humboldt wird Ihnen nun wohl schon selbst geschrieben haben. Er ist von der Idylle ganz außerordentlich befriedigt. Auch schreibt er, daß der Cellini außerordentlich gefalle.

Die Xenien erhalten Sie auf den Montag. Zur Verknüpfung der verschiedenartigen Materien sind noch manche neue nöthig, wobei ich auf Ihren guten Genius meine Hoffnung setze. Die Homerischen Parodien habe ich, weil sie sich an das Ganze nicht anschließen wollen, herauswerfen müssen, und ich weiß noch nicht recht, wie ich die Todtenerscheinungen werde unterbringen können. Gar zu gern hätte ich die lieblichen und gefälligen Xenien an das Ende gesetzt, denn auf den Sturm muß die Klarheit folgen. Auch mir sind einige in dieser Gattung gelungen, und wenn jeder von uns nur noch ein Dutzend in dieser Art liefert, so werden die Xenien sehr gefällig enden.

Leben Sie recht wohl. Meine Frau grüßt Sie aufs schönste. Mit ihrer Gesundheit ist es noch das alte.

Sch.

170. An Goethe.

Jena den 20. Juni 1796.

Voß ist noch nicht gekommen; er schrieb nur kurz, daß unangenehme Störer die Reise rückgängig machten. Es thut mir wirklich leid, seine persönliche Bekanntschaft nicht gemacht zu haben, indessen wäre sie mit einem sehr unangenehmen Auftritt erkauft worden, weil Reichardt, wie ich heute von Hallischen Fremden erfuhr, ihn wirklich hat begleiten wollen. Die unvermeidliche Grobheit, die ich gegen diesen Gast hätte beweisen müssen, würde Voßen in große Verlegenheit gesetzt, und wahrscheinlich ganz und gar verstimmt haben.

Zu den Progressen die der Roman macht wünsche ich von Herzen Glück. Der Tag der mir den Rest bringt, soll auch mir ein Fest sein.

Die neue Lieferung Cellini hat mich wieder sehr unterhalten. Die Krankheitsgeschichte ist ganz prächtig; auch die Begebenheiten in Florenz interessiren sehr und schließen sich schön an die Geschichte dieses Hauses. Die närrische Mixtur von Galanterie und Grobheit in dem Freund Benvenuto ist gar amüsant.

Die Xenien kann ich heute noch nicht mitschicken. Mein Abschreiber ist ausgeblieben.

Leben Sie recht wohl. Alle Nenne seien mit Ihnen!

[1] Meine Frau grüßt schön. Den Zwieback haben Sie wohl [2], nebst meinem [3] Briefe vom Sonnabend erhalten [4].

Sch.

171. An Schiller.

Ihre zwei lieben und werthen Briefe, nebst dem Zwieback, habe ich erhalten und da heute früh das Pensum am Romane geschrieben ist, will ich dieses Blatt für morgen voraus dictiren.

Noch rückt das achte Buch ununterbrochen fort, und wenn ich die zusammentreffenden Umstände bedenke, wodurch etwas beinahe unmögliches, auf einem ganz natürlichen Wege, noch endlich wirklich wird, so möchte man beinahe abergläubisch werden. So viel ist gewiß, daß mir gegenwärtig die lange Gewohnheit, Kräfte, zufällige Ereignisse, Stimmungen und wie sich uns angenehmes und unangenehmes aufdringen mag, im Augenblicke zu nutzen, sehr zu statten kommt; doch scheint meine Hoffnung es schon künftigen Sonnabend zu schicken voreilig gewesen zu sein.

Ihr Gedicht, die Klage der Ceres, hat mich wieder an verschiedene Versuche erinnert, die ich mir vorgenommen hatte, um jene Idee, die Sie so freundlich aufgenommen und behandelt haben, noch weiter zu begründen. Einige sind mir auch ganz unvermuthet geglückt, und da ich eben voraussehen kann in diesen schönen Sommermonaten einige Zeit zu Hause zu bleiben, so habe ich gleich Anstalt gemacht eine Anzahl Pflanzen im Finstern zu erziehen, und alsdann meine Erfahrungen mit denen, die schon bekannt sind, zu vergleichen.

Daß Voß nicht gekommen ist, gefällt mir nicht an ihm, besonders da Sie sich, wie ich erst aus Ihrem Briefe sehe, noch einander nicht persönlich kennen. Es ist das eine Art von Schluderei und Unattention, deren man sich wohl in jüngern Jahren leider schuldig macht, vor der man sich aber, wenn man einmal Menschen schätzen lernt, so sehr als möglich hüten sollte. Am Ende hat ihn doch Reichardt abgehalten; denn daß diesem bei seinem Halbverhältniß zu uns nicht wohl sein kann ist nur zu deutlich.

Zelter in Berlin ist präparirt. Es wäre gut, wenn Sie nun auch gleich an ihn schrieben. Ich habe ein Lied Mignons das ich gerne in Ihren Almanach setzen möchte; im Roman wird es nur erwähnt. Es wäre die Frage ob man Ungern selbst darüber nicht[1] ein vertraulich Wort sagen sollte; wenn auch eine solche Erklärung auskäme, so wäre doch die Kriegserklärung geschehen, zu der wir je eher je lieber schreiten sollten.

Xenien habe ich wieder einige Dutzend, nur gerade nicht von der nothwendigsten Gattung.

Daß die Idylle bei näherer Betrachtung Stand und Stich hält, freut mich sehr. Für die Eifersucht am Ende habe ich zwei Gründe. Einen aus der Natur: weil wirklich jedes unerwartete und unverdiente Liebesglück die Furcht des Verlustes unmittelbar auf der Ferse nach sich führt[2]; und einen aus der Kunst, weil die Idylle durchaus einen pathetischen Gang hat und also das leidenschaftliche bis gegen das Ende gesteigert werden mußte, da sie denn durch die Abschiedsverbeugung des Dichters wieder ins leidliche und heitere zurückgeführt wird. Soviel zur Rechtfertigung des unerklärlichen Instinctes, durch welchen solche Dinge hervorgebracht werden.

Richter ist ein so complicirtes Wesen, daß ich mir die Zeit nicht nehmen kann Ihnen meine Meinung über ihn zu sagen; Sie müssen und werden ihn sehen und wir werden uns gern über ihn unterhalten. Hier scheint es ihm übrigens wie seinen Schriften zu gehn; man schätzt ihn bald zu hoch, bald zu tief und niemand weiß das wunderliche Wesen recht anzufassen.

Mit Cellini glückt es uns[3] durchaus und da es auch unsere Convenienz ist, so lassen Sie uns das Eisen schmieden, so lange es warm bleibt. Sagen Sie mir wann Sie wieder eine Lieferung brauchen.

Hier lege ich Ihnen ein Pasquill bei, das Sie in eine ganz eigene Welt führen wird, und das, ob es schon sehr ungleich ist, doch einige Capitalspässe enthält und gewisse Hasenfüße, Heuchler, Philister und Pedanten toll genug durchnimmt. Lassen Sie es niemand sehen und schicken es gleich wieder zurück.

Abgeschickt den 22. Juni 1796.

G.

172. An Goethe.

Jena den 24. Juni 1796.

Sie haben wohl recht, daß die Broschüre mich in eine eigene Welt führen werde: Mein Lebenlang hätte ich in mir selbst so eine Fratzensammlung nicht zusammenbringen können, und jeder Strich trägt den Stempel daß man aus der Natur geschöpft hat. Es ist wirklich kein unmerkwürdiges Machwerk, so grob und plump es auch ist, und hat mich recht divertirt. Auch das gefällt mir, daß die politischen[1] Feindschaften doch auch einen humoristischen Ausdruck zu nehmen anfangen. Es sollte wirklich Nachahmer finden.

Meyers Lebhaftigkeit hat mich recht belustigt, und daß er mitten in seinem Italien die deutschen Affen und Esel sich so herzlich angelegen sein läßt. Schreiben Sie ihm nur, daß es ganz von ihm abhänge, wann[2] er sich in dieses Gefecht der Trojer und Achäer mischen wolle. Er kann es gleich in dem ersten Brief thun, den er an Sie schreibt, und den wir drucken lassen können.

Humboldt schrieb mir vorigen Mittwoch nur zwei Zeilen, um sein Nichtschreiben zu entschuldigen, auch bei Ihnen. Er wird Ihnen morgen die Idylle zurücksenden, auf die er gerne ausführlich antworten wollte. Seine Mutter wird bald sterben und das hält ihn denn wahrscheinlich länger[3] in B. fest.

An Zelter schreibe ich, sobald ich ihm etwas zu senden weiß. Riethen Sie mir, meine Ceres componiren zu lassen? Für den Gesang wär' sie wohl ein gutes Thema, wenn sie nicht zu groß ist. Indeß haben wir, außer dem was von Ihuen ist, wenig anderes für die Musik zu hoffen.

Daß Sie ein Lied aus dem Meister in den Almanach geben können, ist köstlich. Nun wahrhaftig, wir wollen auf den dießjährigen Almanach uns etwas einbilden.

Die Xenien erhalten Sie Montag früh ganz gewiß. Es sind, nach Abzug der weggebliebenen, noch sechshundert dreißig bis vierzig, und ich denke nicht, daß mehr als fünfzehn oder zwanzig von diesen werden ausgemustert werden. Da der Zusammenhang und die Vollständigkeit wohl noch achtzig neue nöthig machen, so wird die Zahl wohl auf siebenhundert bleiben.

Montag ein mehreres. Leben Sie recht wohl.

Sch.

---

173. An Schiller.

Es ist mir sehr lieb, daß Ihnen das Fastnachtsspiel aus der andern Welt den gehörigen Spaß gemacht hat. Ich will doch nach den neuesten Reichstagssachen fragen, und besonders nach einigen Broschüren, die in dieser angeführt sind; es wäre lustig wenn wir auch ein Dutzend Xenien in jene Weltgegend werfen könnten.

Schicken Sie mir diese[1] lustigen Brüder nicht eher, als bis Sie den Roman haben; er kommt zu Aufang künftiger Woche, durch einen eigenen Boten, der die Xenien, wenn Sie solche parat halten, alsdann mit zurücknehmen kann. Lesen Sie das Manuscript erst mit freundschaftlichem Genuß und dann mit Prüfung und sprechen Sie mich los, wenn Sie können. Manche Stellen verlangen noch mehr Ausführung, manche fordern sie, und doch weiß ich kaum was zu thun ist; denn die Ansprüche, die dieses Buch an mich macht, sind unendlich und dürfen, der Natur der Sache nach, nicht ganz befriedigt werden, obgleich alles gewissermaßen aufgelöst werden muß. Meine ganze Zuversicht ruht auf Ihren Forderungen und Ihrer Absolution. Das Manuscript ist mir unter den Händen gewachsen, und überhaupt hätte ich, wenn ich in der Darstellung hätte wollen weitläufiger sein, und mehr Wasser des Raisonnements hätte zugießen wollen, ganz bequem aus dem letzten Bande zwei Bände machen können; so mag er denn aber doch in seiner concentrirten Gestalt besser und nachhaltiger wirken.

Grüßen Sie Humboldt wenn Sie ihm schreiben. An Zelter wollen wir ehestens etwas zusammenmachen, alsdann können Sie ja auch die Ceres zum Versuche mitschicken. Leben Sie recht wohl, grüßen[2] Sie die liebe Frau, und schreiben Sie mir bald etwas von Ihrem beiderseitigen Befinden.

Weimar den 25. Juni 1796.

G.

174. An Schiller.

Hier schicke ich endlich das große Werk und kann mich kaum freuen daß es so weit ist; denn von einem so langen Wege kommt man immer ermüdet an. Ich habe es auch nur einmal durchsehen können, und Sie werden also noch manches nach der Intention[1] zu suppliren haben. Es muß auf alle Fälle noch einmal durchgearbeitet und abgeschrieben werden.

Wenn Sie dem Boten die Xenien mit zurückgeben lönneu, so soll es mir angenehm sein.

Ich habe in den nächsten zehn bis zwölf Tagen manches in allerlei Geschäften nachzuholen, mit denen ich wenigstens in Connexion bleiben muß; alsdann hoffe ich die Horen und den Almanach am besten zu bedenken.

Das Lied von Mignon habe ich, wie Sie sehen werden, des Effects wegen, doch einschalten müssen; es giebt aber vielleicht ein anderes das im Almanach nachzubringen ist.

Leben Sie recht wohl; möge Sie diese Sendung recht gesund antreffen. Ich wünsche dieses Buch nicht eher zurück als bis ich ganz bei mir aufgeräumt habe. Ich hoffe bald von Ihuen zu hören.

Weimar den 26. Juni 1796.

G.

175. An Goethe.

Jena den 27. Juni 1796.

Herzlichen Dank für die Sendung. Sie trifft mich bei heiterm Sinne, und ich hoffe, sie mit ganzer Seele zu genießen.

Der Abschied von einer langen und wichtigen Arbeit ist immer mehr traurig als erfreulich. Das ausgespannte Gemüth sinkt zu schnell zusammen, und die Kraft kann sich nicht sogleich zu einem neuen Gegenstand wenden. Eigentlich sollten Sie jetzt etwas zu handeln bekommen, und einen lebendigen Stoff bearbeiten.

Von den Xenien sende ich durch den Boten was fertig ist. Noch achtzig sind ohngefähr zurück [1], die das Botenmädchen bringen soll. Ich bin eben daran, diese, es sind gerade die freundlichen, mit einigen neuen zu vermehren, die eine glückliche Stimmung mir dargeboten hat. Ueberhaupt hoffe ich, daß der Schluß sehr gut ausfallen soll. Sie werden unter den hier folgenden gegen hundert neue Bekannte finden, und einige ältere vermissen. Warum ich diese wegließ, läßt sich mündlich sagen. Streichen Sie nun ohne Schonung alles, was Ihnen aus irgend einer Rücksicht anstößig ist, weg. Unser Vorrath leidet eine strenge Wahl.

In das Manuscript lassen Sie Ihren Spiritus nichts schreiben. Ich schickte dasselbe gern an Humboldt, der durch die Verschiedenheit der Handschrift dem Verfasser nicht auf die Spur geführt werden soll. Fallen Ihnen Ueberschriften ein, so bitte ich sie mit dem Bleistift zu bemerken.

Um die Zahl der poetischen und gefälligen Xenien zu vermehren, wünschte ich Sie zu veranlassen, daß Sie durch die wichtigsten Antiken und die schönern [2] italienischen Malerwerke eine Wanderung anstellten. Diese Gestalten leben in Ihrer Seele, und eine gute Stimmung wird Ihnen über jede einen schönen Einfall darbieten. Sie sind um so passendere Stoffe, da es lauter Individua sind.

Leben Sie recht wohl, freuen Sie sich des Lebens und Ihres Werks. Wer hätte denn in der Welt sonst Ursache zur Freude?

Meine Frau grüßt Sie herzlich und schmachtet recht nach dem achten Buche.

Sch.

176. An Goethe.

Erwarten Sie heute noch nichts Bestimmtes von mir über den Eindruck den das achte Buch auf mich gemacht. Ich bin beunruhigt und bin befriedigt, Verlangen und Ruhe sind wunderbar vermischt [1]. Aus der Masse der Eindrücke, die ich empfangen, ragt mir in diesem Augenblick Mignons Bild am stärksten hervor. Ob die [2] so stark interessirte Empfindung hier noch mehr fordert, als ihr gegeben worden [3], weiß ich jetzt noch nicht zu sagen. Es könnte auch zufällig sein, denn beim Aufschlagen des Manuscripts fiel mein Blick zuerst auf das Lied, und dieß bewegte mich so tief, daß ich den Eindruck nachher nicht mehr auslöschen konnte.

Das Merkwürdigste an dem Totaleindruck scheint mir dieses zu sein, daß Ernst und Schmerz durchaus wie ein Schattenspiel versinken und der leichte Humor vollkommen darüber Meister wird. Zum Theil ist mir dieses aus der leisen und leichten Behandlung erklärlich; ich glaube aber noch einen andern Grund davon in der theatralischen und romantischen Herbeiführung und Stellung der Begebenheiten zu entdecken. Das Pathetische erinnert an den Roman, alles übrige an die Wahrheit des Lebens. Die schmerzhaftesten Schläge, die das Herz bekommt, verlieren sich schnell wieder, so stark sie auch gefühlt werden, weil sie durch etwas wunderbares herbeigeführt wurden, und deßwegen schneller als alles andere an die Kunst erinnern. Wie es auch sei, so viel ist gewiß, daß der Ernst in dem Roman nur Spiel, und das Spiel in demselben der wahre und eigentliche Ernst ist, daß der Schmerz der Schein, und die Ruhe die einzige Realität ist.

Der so weise aufgesparte Friedrich, der durch seine Turbulenz am Ende die reife Frucht vom Baume schüttelt und zusammenweht was zusammen gehört, erscheint bei der Katastrophe gerade so, wie einer, der uns aus einem bänglichen Traum durch Lachen aufweckt. Der Traum flieht zu den andern Schatten, aber sein Bild bleibt übrig, um in die Gegenwart einen höheren Geist, in die Ruhe und Heiterkeit einen poetischen Gehalt, eine unendliche Tiefe zu legen. Diese Tiefe bei einer ruhigen Fläche, die überhaupt genommen Ihnen so eigenthümlich ist, ist ein vorzüglicher Charakterzug des gegenwärtigen Romans.

Aber ich will mir heute nichts mehr darüber zu sagen erlauben, so sehr es mich auch drängt; ich könnte Ihnen doch jetzt nichts reifes geben. Könnten Sie mir vielleicht das Concept vom siebenten Buche, wovon die Abschrift für Ungern gemacht worden ist, schicken, so wäre mir's sehr dienlich, das Ganze durch alle seine Details zu begleiten. Obgleich ich es noch in frischem [4] Gedächtniß habe, so könnte mir doch manches kleinere Glied der Verbindung entschlüpft sein.

Wie trefflich sich dieses achte Buch an das sechste anschließt und wie viel überhaupt durch die Anticipation des letztern gewonnen worden ist, sehe ich klar ein. Ich möchte durchaus keine andere Stellung der Geschichte als gerade diese. Man kennt die Familie schon so lange ehe sie eigentlich kommt, man glaubt in eine ganz anfanglose Bekanntschaft zu blicken, es ist eine Art von optischem Kunstgriff der eine treffliche Wirkung macht.

Einen köstlichen Gebrauch haben Sie von des Großvaters Sammlung zu machen gewußt; sie ist ordentlich eine mitspielende Person, und rückt selbst an das lebendige.

Doch genug für heute. Auf den Sonnabend hoffe ich Ihnen mehr zu sagen.

Hier der Rest der Xenien. Was heute folgt, ist wie Sie sehen noch nicht in dem gehörigen Zusammenhang, und alle meine Versuche, die verschiedenen Gruppen zusammen zu bringen, sind mir mißglückt. Vielleicht helfen Sie mir aus der

Noth. Es wäre gar zu schön, wenn wir diese letzte Partie recht reich ausstatten könnten.

Wenn ich den neuen Cellini in drei Wochen erhalte, so ist es gerade noch Zeit.

Leben Sie recht wohl. Herzliche Grüße von meiner Frau, die eben im Roman vertieft ist.

Vom Hesperus habe ich Ihnen noch nichts geschrieben. Ich habe ihn ziemlich gefunden, wie ich ihn erwartete; fremd wie einer der aus dem Mond gefallen ist, voll guten Willens und herzlich geneigt, die Dinge außer sich zu sehen, nur nicht mit dem Organ, womit man sieht. Doch sprach ich ihn nur einmal und kann also noch wenig von ihm sagen.

Jena den 28. Juni 1796.

Sch.

---

177. An Schiller.

Herzlich froh bin ich, daß wir auch endlich diese Epoche erreicht haben und daß ich Ihre ersten Laute über das achte Buch vernehme. Unendlich viel ist mir das Zeugniß werth daß ich, im Ganzen, das was meiner Natur gemäß ist, auch hier, der Natur des Werks gemäß hervorgebracht habe. Ich schicke hier das siebente Buch und werde, wenn ich Ihre Gesinnungen erst [1] umständlicher weiß, mich mit Lust nochmals ans achte begeben.

Etwa acht Tage wird meine Zeit durch äußere Geschäfte aufgezehrt werden, welches auch recht gut ist [2], denn man würde zuletzt über die Märchen selbst zur Fabel. Alsdann sollen die Xenien, Cellini und der Roman den übrigen Juli in sich theilen. Ich habe beinah Ihre Lebensart erwählt und geh' auch kaum aus dem Hause.

Die neuen Xenien von der würdigen, ernsten [3] und zarten Art sind Ihnen sehr glücklich gerathen; ich habe zur Completirung dieser Sammlung, auch von meiner Seite, allerlei Aussichten, wenn sich nur die Stimmung dazu findet.

Es ist mir doch lieb daß Sie Richtern gesehen haben; seine Wahrheitsliebe und sein Wunsch etwas in sich aufzunehmen, hat mich auch für ihn [4] eingenommen. Doch der gesellige Mensch ist eine Art von theoretischem Menschen, und wenn ich es recht bedenke, so zweifle ich ob Richter im praktischen Sinne sich jemals uns nähern wird, ob er gleich im Theoretischen viele Anmuthung zu uns zu haben scheint.

Leben Sie recht wohl und lassen uns diesen Monat viel an einander schreiben, denn das, was geschehen soll verlangt viel Aufmunterung.

Weimar den 29. Juni 1796.

G.

178. An Schiller.

Da ich nicht weiß, ob ich morgen früh Ihnen werde etwas sagen können, indem ich von allerlei äußeren Dingen gedrängt bin, so schicke ich einstweilen das Belobungsschreiben[1], welches ich von Humboldt erhalten habe. Sowohl das viele Gute was er sagt, als auch die kleinen Erinnerungen nöthigen mich auf dem schmalen Wege auf dem ich wandle desto vorsichtiger zu sein; ich hoffe von Ihren Bemerkungen über das achte Buch eine gleiche Wohlthat. Leben Sie recht wohl; nächstens mehr.

Weimar den 1. Juli 1796.

G.

---

179. An Goethe.

Jena den 2. Juli 1796.

Ich habe nun alle acht Bücher des Romans aufs neue, obgleich nur sehr flüchtig durchlaufen, und schon allein die Masse ist so stark, daß ich in zwei Tagen kaum damit fertig worden bin. Billig sollte ich also heute noch nichts schreiben, denn die erstaunliche und unerhörte Mannigfaltigkeit, die darin, im eigentlichsten Sinne, versteckt ist, überwältigt mich. Ich gestehe, daß ich bis jetzt zwar die Stätigkeit, aber noch nicht die Einheit recht gefaßt habe, obwohl ich keinen Augenblick zweifle, daß ich auch über diese noch völlige Klarheit erhalten werde, wenn bei Producten dieser Art die Stätigkeit nicht schon mehr als die halbe Einheit ist.

Da Sie, unter diesen Umständen, nicht wohl etwas ganz genugthuendes von mir erwarten können, und doch etwas zu hören wünschen, so nehmen Sie mit einzelnen Bemerkungen vorlieb, die auch nicht ganz ohne Werth sind, da sie ein unmittelbares Gefühl aussprechen werden. Dafür verspreche ich Ihnen, daß diesen ganzen Monat über die Unterhaltung über den Roman nie versiegen soll. Eine würdige und wahrhaft ästhetische Schätzung des ganzen Kunstwerks ist eine große Unternehmung. Ich werde ihr die nächsten vier Monate ganz widmen, und mit Freuden. Ohnehin gehört es zu dem schönsten Glück meines Daseins, daß ich die Vollendung dieses Products erlebte, daß sie noch in die Periode meiner strebenden Kräfte fällt, daß ich aus dieser reinen Quelle noch schöpfen kann; und das schöne Verhältniß, das unter uns ist, macht es mir zu einer gewissen Religion, Ihre Sache hierin zu der meinigen zu machen, alles was in mir Realität ist, zu dem reinsten Spiegel des Geistes auszubilden, der in dieser Hülle lebt, und so, in einem höheren Sinne des Worts, den Namen Ihres Freundes zu verdienen. Wie lebhaft habe ich bei dieser Gelegenheit erfahren, daß das Vortreffliche eine Macht ist, daß es auf selbstsüchtige Gemüther auch nur als eine Macht wirken kann, daß es dem Vortrefflichen gegenüber keine Freiheit giebt als die Liebe.

Ich kann Ihnen nicht beschreiben, wie sehr mich die Wahrheit, das schöne Leben, die einfache Fülle dieses Werks bewegte[1]. Die Bewegung ist zwar noch unruhiger als sie sein wird, wenn ich mich desselben ganz bemächtigt habe, und das wird dann eine wichtige Krise meines Geistes sein; sie ist aber doch der Effect des Schönen, nur des Schönen, und die Unruhe rührt bloß davon her, weil der Verstand die Empfindung noch nicht hat einholen können. Ich verstehe Sie nun ganz, wenn Sie sagten, daß es eigentlich das Schöne, das Wahre sei, was Sie, oft bis zu Thränen, rühren könne. Ruhig und tief, klar und doch unbegreiflich wie die Natur, so wirkt es und so steht es da, und alles, auch das kleinste Nebenwerk, zeigt die schöne Gleichheit[2] des Gemüths, aus welchem alles geflossen ist.

Aber ich kann diesen Eindrücken noch keine Sprache geben, auch will ich jetzt nur bei dem achten Buche stehen bleiben. Wie ist es Ihnen gelungen, den großen so weit auseinander geworfenen Kreis und Schauplatz von Personen und Begebenheiten wieder so eng zusammen zu rücken! Es steht da wie ein schönes Planetensystem; alles gehört zusammen, und nur die italienischen Figuren knüpfen, wie Kometengestalten, und auch so schauerlich wie diese, das System an ein entferntes und größeres an. Auch laufen alle diese Gestalten, sowie auch Mariane und Aurelie, völlig wieder aus dem Systeme heraus und lösen sich als fremdartige Wesen davon ab, nachdem sie bloß dazu gedient haben, eine poetische Bewegung darin hervor zu bringen. Wie schön gedacht ist es, daß Sie das praktisch ungeheure, das furchtbar pathetische im Schicksal Mignons und des Harfenspielers von dem theoretisch ungeheuern, von den Mißgeburten des Verstandes ableiten, so daß der reinen und gesunden Natur nichts dadurch aufgebürdet wird. Nur im Schooß des dummen Aberglaubens werden diese monstrosen Schicksale ausgeheckt, die Mignon und den Harfenspieler verfolgen. Selbst Aurelia wird nur durch ihre Unnatur, durch ihre Mannweiblichkeit zerstört. Gegen Marianen allein möchte ich Sie eines poetischen Eigennutzes beschuldigen. Fast möchte ich sagen, daß sie dem Roman zum Opfer geworden, da sie der Natur nach zu retten war. Um *sie* werden daher immer noch bittere Thränen fließen, wenn man sich bei den drei andern gern von dem Individuum ab zu der Idee des Ganzen wendet.

Wilhelms Verirrung zu Theresen ist trefflich gedacht, motivirt, behandelt und noch trefflicher benutzt. Manchen Leser wird sie anfangs recht erschrecken, denn Theresen verspreche ich wenig Gönner; desto schöner reißen Sie ihn aber[3] aus seiner Unruhe. Ich wüßte nicht, wie dieses falsche Verhältniß zärter, feiner, edler hätte gelöst werden können. Wie würden sich die Richardsons und alle andern gefallen haben, eine Scene daraus zu machen, und über dem Auskramen von delicaten Sentiments recht undelicat gewesen sein. Nur Ein kleines Bedenken hab' ich dabei. Theresens muthige und entschlossene Widersetzlichkeit gegen die Partei, welche ihr ihren Bräutigam rauben will, selbst bei der erneuerten Möglichkeit Lotharn zu besitzen, ist ganz in der Natur und trefflich; auch daß Wilhelm einen tiefen Unwillen und einen gewissen Schmerz über die Neckerei der Menschen und des Schicksals zeigt, finde ich sehr gegründet — nur, däucht mir, sollte er den Verlust eines Glücks weniger tief[4] beklagen, das schon angefangen hatte, keines mehr für ihn zu sein. In Nataliens Nähe müßte ihm, scheint mir, seine wieder erlangte Freiheit ein höheres Gut sein, als er zeigt. Ich fühle wohl die Complication dieses Zustands und was die Delicatesse forderte, aber auf der anderu Seite beleidigt es einigermaßen die Delicatesse gegen Natalien, daß er noch im Staud ist, ihr gegenüber den Verlust einer Therese zu beklagen!

Eins, was ich in der Verknüpfung der Begebenheiten auch besonders bewundre, ist der große Vortheil, den Sie von jenem falschen Verhältniß Wilhelms zu Theresen zu ziehen gewußt haben, um das wahre und gewünschte Ziel, Nataliens und Wilhelms Verbindung, zu beschleunigen. Auf keinem andern Weg hätte dieses so schön und natürlich geschehen können, als gerade auf dem eingeschlagenen, der davon zu entfernen drohte. Jetzt kann es mit höchster Unschuld und Reinheit ausgesprochen werden, daß Wilhelm und Natalie für einander gehören, und die Briefe Theresens an Natalien leiten es auf das schönste ein. Solche Erfindungen sind von der ersten Schönheit, denn sie vereinigen alles, was nur gewünscht werden kann, ja was ganz unvereinbar scheinet; sie verwickeln und enthalten schon die Auflösung in sich, sie beunruhigen und führen zur Ruhe, sie erreichen das Ziel, indem sie davon mit Gewalt zu entfernen scheinen.

Mignons Tod, so vorbereitet er ist, wirkt sehr gewaltig und tief, ja so tief, daß es manchem vorkommen wird, Sie verlassen denselben zu schnell. Dies war beim ersten Lesen meine sehr stark markirte Empfindung; beim zweiten, wo die Ueberraschung nicht mehr war, empfand ich es weniger, fürchte aber doch, daß Sie hier um eines Haares Breite zu weit gegangen sein möchten. Mignon hat gerade vor dieser Katastrophe angefangen weiblicher, weicher[5] zu erscheinen und dadurch mehr durch sich selbst zu interessiren; die abstoßende Fremdartigkeit dieser Natur hatte nachgelassen, mit der nachlassenden Kraft hatte sich jene Heftigkeit in etwas verloren, die von ihr zurückschreckte. Besonders schmelzte das letzte Lied das Herz zu der tiefsten Rührung. Es fällt daher auf, wenn unmittelbar nach dem angreifenden Auftritt ihres Todes der Arzt eine Speculation auf ihren Leichnam macht, und das[6] lebendige Wesen, die Person so schnell vergessen kann, um sie nur als das Werkzeug eines artistischen Versuches zu betrachten; ebenso fällt es auf, daß Wilhelm, der doch die Ursache ihres Todes ist und es auch weiß, in diesem Augenblick für jene Instrumententasche Augen hat, und in Erinnerungen[7] vergangener Scenen sich verlieren kann, da die Gegenwart ihn doch so[8] ganz besitzen sollte.

Sollten Sie in diesem Falle auch vor[9] der Natur ganz Recht behalten, so zweifle ich, ob Sie auch gegen die „sentimentalischen" Forderungen der Leser es behalten werden, und deßwegen möchte ich Ihuen rathen — um die Aufnahme einer an sich so herrlich vorbereiteten und durchgeführten Scene bei dem Leser durch nichts zu stören — einige Rücksicht darauf zu nehmen.

Sonst finde ich alles, was Sie mit Mignon, lebend und todt, vornehmen, ganz außerordentlich schön. Besonders qualificirt sich dieses reine und poetische[10]

Wesen so trefflich zu diesem poetischen Leichenbegängniß. In seiner isolirten Gestalt, seiner geheimnißvollen Existenz, seiner Reinheit und Unschuld repräsentirt es die Stufe des Alters auf der es steht so rein, es kann zu der reinsten Wehmuth und zu einer wahr menschlichen Trauer bewegen, weil sich nichts als die Menschheit in ihm darstellte. Was bei jedem andern Individuum unstatthaft — ja in gewissem Sinne[11] empörend sein würde, wird hier erhaben und edel.

Gerne hätte ich die Erscheinung des Markese in der Familie noch durch etwas anders als durch seine Kunstliebhaberei motivirt gesehen. Er ist gar zu unentbehrlich zur Entwicklung, und die Nothdurft seiner Dazwischenkunft könnte leicht stärker als die innere Nothwendigkeit derselben in die Augen fallen. Sie haben durch die Organisation des übrigen Ganzen den Leser selbst verwöhnt und ihn zu strengeren Forderungen berechtigt, als man bei Romanen gewöhnlich mitbringen darf. Wäre nicht aus diesem Markese eine alte Bekanntschaft des Lothario oder des Oheims zu machen und seine Herreise selbst mehr ins Ganze zu verflechten?

Die Katastrophe so wie die ganze Geschichte des Harfenspielers erregt das höchste Interesse. Wie vortrefflich ich es finde, daß Sie diese ungeheuren Schicksale von frommen Fratzen ableiten, habe ich oben schon erwähnt. Der Einfall des Beichtvaters, eine leichte Schuld ins ungeheure zu malen, um ein schweres Verbrechen, das er aus Menschlichkeit verschweigt, dadurch abbüßen zu lassen, ist himmlisch in seiner Art, und ein würdiger Repräsentant dieser ganzen Denkungsweise. Vielleicht werden Sie Speratens Geschichte noch ein klein wenig ins kürzere ziehen, da sie in den Schluß fällt, wo man ungeduldiger zum Ziele eilt.

Daß der Harfner der Vater Mignons ist, und daß Sie selbst dieses eigentlich nicht aussprechen, es dem Leser gar nicht hinschieben, macht nur desto mehr Effect. Man macht diese Betrachtung nun selbst, erinnert sich, wie nahe sich diese zwei geheimnißvollen Naturen lebten, und blickt in eine unergründliche Tiefe des Schicksals hinab.

Aber nichts mehr für heute. Meine Frau legt noch ein Brieflein bei und sagt Ihnen ihre Empfindungen bei dem achten Buche.

Leben Sie jetzt wohl, mein geliebter, mein verehrter Freund! Wie rührt es mich, wenn ich denke, daß[12] was wir sonst nur in der weiten Ferne eines begünstigten Alterthums suchen und kaum finden, mir in Ihnen so nahe ist. Wundern Sie sich nicht mehr, wenn es so wenige giebt, die Sie zu verstehen fähig und würdig sind. Die bewundernswürdige Natur, Wahrheit und Leichtigkeit Ihrer Schilderungen entfernt bei dem gemeinen Volk der Beurtheiler allen Gedanken an die Schwierigkeit, an die Größe der Kunst, und bei denen, die dem Künstler zu folgen im Staude sein könnten, die auf die Mittel wodurch er wirkt, aufmerksam sind, wirkt die genialische Kraft, welche sie hier handeln sehen, so feindlich und vernichtend, bringt ihr bedürftiges Selbst so sehr ins Gedränge, daß sie es mit Gewalt von sich stoßen, aber im Herzen und nur de mauvaise grace Ihnen gewiß am lebhaftesten huldigen. Sch.

180. An Goethe.

Jena den 3. Juli 1796.

Ich habe nun Wilhelms Betragen bei dem Verlust seiner Therese im ganzen Zusammenhang reiflich erwogen, und nehme alle meine vorige Bedenklichkeiten zurück. So wie es ist, muß es sein. Sie haben darin die höchste Delicatesse bewiesen, ohne im geringsten gegen die Wahrheit der Empfindung zu verstoßen.

Es ist zu bewundern, wie schön und wahr die drei Charaktere der Stiftsdame, Nataliens und Theresens nuancirt sind. Die zwei ersten sind heilige, die zwei andern sind wahre und menschliche Naturen; aber eben darum weil Natalie heilig und menschlich zugleich ist, so erscheint sie wie ein Engel, da die Stiftsdame nur eine Heilige, Therese nur eine vollkommene Irdische ist. Natalie und Therese sind beide Realistinnen; aber bei Theresen zeigt sich auch die Beschränkung des Realism, bei Natalien nur der Gehalt desselben. Ich wünschte [1] daß die Stiftsdame ihr das Prädicat einer schönen Seele nicht weggenommen hätte, denn nur Natalie ist eigentlich eine rein ästhetische Natur. Wie schön daß sie die Liebe, als einen Affect, als etwas ausschließendes und besonderes gar nicht kennt, weil die Liebe ihre Natur, ihr permanenter Charakter ist. Auch die Stiftsdame kennt eigentlich die Liebe nicht — aber aus einem unendlich verschiedenen Grunde.

Wenn ich Sie recht verstanden habe, so ist es gar nicht ohne Absicht geschehen, daß Sie Natalien unmittelbar von dem Gespräch über die Liebe und über ihre Unbekanntschaft mit dieser Leidenschaft den Uebergang zu dem Saal der Vergangenheit nehmen lassen. Gerade die Gemüthsstimmung, in welche man durch diesen Saal versetzt wird, erhebt über alle Leidenschaft, die Ruhe der Schönheit bemächtiget sich der Seele, und diese giebt den besten Aufschluß über Nataliens liebefreie und doch so liebevolle Natur.

Dieser Saal der Vergangenheit vermischt die ästhetische Welt, das Reich der Schatten im idealen Sinn, auf eine herrliche Weise mit dem lebendigen und wirklichen, so wie überhaupt aller Gebrauch, den Sie von den Kunstwerken gemacht, solche gar trefflich mit dem Ganzen verbindet. Es ist ein so froher freier Schritt aus der gebundenen engen Gegenwart heraus, und führt doch immer so schön zu ihr zurücke. Auch der Uebergang von dem mittlern Sarkophag [2] zu Mignon und zu der wirklichen Geschichte ist von der höchsten Wirkung. Die Inschrift: gedenke zu leben ist trefflich, und wird es noch viel mehr, da sie an das verwünschte Memento mori erinnert, und so schön darüber triumphirt.

Der Oheim mit seinen sonderbaren Idiosynkrasien für gewisse Naturkörper ist gar interessant. Gerade solche Naturen haben eine so bestimmte Individualität und so ein starkes Maß von Empfänglichkeit, als der Oheim besitzen muß, um das zu sein, was er ist. Seine Bemerkung [3] über die Musik und daß sie ganz rein zu dem Ohre sprechen solle ist auch voll Wahrheit. Es ist unverkennbar, daß Sie in diesen Charakter am meisten von Ihrer eigenen Natur gelegt haben.

Lothario hebt sich unter allen Hauptcharakteren am wenigsten heraus, aber aus ganz objectiven Gründen. Ein Charakter wie dieser kann in dem Medium, durch welches der Dichter wirkt, nie ganz erscheinen. Keine einzelne Handlung oder Rede stellt ihn dar; man muß ihn sehen, man muß ihn selbst hören, man muß mit ihm leben. Deßwegen ist es genug, daß die, welche mit ihm leben, in dem Vertrauen und in der Hochschätzung gegen ihn so ganz einig sind, daß alle Weiber ihn lieben, die immer nach dem Totaleindruck richten, und daß wir auf die Quellen seiner Bildung aufmerksam gemacht werden. Es ist bei diesem Charakter der Imagination des Lesers weit mehr überlassen als bei den andern, und mit dem vollkommensten Rechte; denn er ist ästhetisch, er muß also von dem Leser selbst producirt werden, aber nicht willkürlich, sondern nach Gesetzen, die Sie auch bestimmt genug gegeben haben. Nnr seine Annäherung an das Ideal macht, daß diese Bestimmtheit der Züge nie zur Schärfe werden kann.

Jarno bleibt sich bis ans Ende gleich, und seine Wahl in Rücksicht auf Lydien setzt seinem Charakter die Krone auf. Wie gut haben Sie doch Ihre[4] Weiber unterzubringen gewußt! — Charaktere wie Wilhelm, wie Lothario können nur glücklich sein durch Verbindung mit einem harmonirenden Wesen; ein Mensch wie Jarno kann es nur mit einem contrastirenden werden; dieser muß immer etwas zu thun und zu denken und zu unterscheiden haben.

Die gute Gräfin fährt bei der poetischen Wirthsrechnung nicht zum besten; aber auch hier haben Sie völlig der Natur gemäß gehandelt. Ein Charakter wie dieser kann nie auf sich selbst gestellt werden; es giebt keine Entwicklung für ihn, die ihm seine Ruhe und sein Wohlbefinden garantiren könnte; immer bleibt er in der Gewalt der Umstände, und daher ist eine Art negativen Zustandes alles, was für ihn geschehen kann. Das ist freilich für den Betrachter nicht erfreulich, aber es ist so, und der Künstler spricht hier bloß das Naturgesetz aus. Bei Gelegenheit der Gräfin muß ich bemerken, daß mir ihre Erscheinung im achten Buche nicht gehörig motivirt zu sein scheint. Sie kommt zu der Entwicklung, aber nicht **aus** derselben.

Der Graf soutenirt seinen Charakter trefflich, und auch dieses muß ich loben, daß Sie ihn durch seine so gut getroffenen Einrichtungen im Hause an dem Unglück des Harfenspielers schuld sein lassen. Mit aller Liebe zur Ordnung müssen solche Pedanten immer nur Unordnung stiften.

Die Unart des kleinen Felix, aus der Flasche zu trinken, die nachher einen so wichtigen Erfolg herbeiführt, gehört auch zu den glücklichsten Ideen des Plans. Es giebt mehrere dieser Art im Roman, die insgesammt sehr schön erfunden sind. Sie knüpfen auf eine so simple und naturgemäße Art das Gleichgültige an das Bedeutende und umgekehrt, und verschmelzen die Nothwendigkeit mit dem Zufall.

Gar sehr habe ich mich über Werners traurige Verwandlung gefreut. Ein solcher Philister kounte allenfalls durch die Jugend und durch seinen Umgang mit Wilhelm eine Zeitlang emporgetragen werden; sobald diese zwei Eugel von ihm weichen, fällt er wie recht und billig der Materie anheim, und muß endlich selber darüber erstaunen, wie weit er hinter seinem Freunde zurückgeblieben ist. Diese Figur ist auch deßwegen so wohlthätig für das Ganze, weil sie den Realism, zu welchem Sie den Helden des Romans zurückführen, erklärt und veredelt. Jetzt steht er in einer schönen menschlichen Mitte da, gleich weit von der Phantasterei und der[5] Philisterhaftigkeit, und indem Sie ihn von dem Hange[6] zur ersten so glücklich heilen, haben Sie vor der letztern nicht weniger gewarnt.

Werner erinnert mich an einen wichtigen chronologischen Verstoß, den ich in dem Roman zu bemerken glaube. Ohne Zweifel ist es Ihre Meinung nicht, daß Mignon wenn sie stirbt ein und zwanzig Jahre und Felix zu derselben Zeit zehn oder eilf Jahre alt sein soll. Auch der blonde Friedrich sollte wohl bei seiner letzten Erscheinung noch nicht etliche und zwanzig Jahr alt sein u. s. f. Dennoch ist es wirklich so, denn von Wilhelms Engagement bei Serlo bis zu seiner Zurückkunft auf Lotharios Schloß sind wenigstens sechs Jahre verflossen. Werner der im fünften Buche noch unverheirathet war, hat am Anfang des achten schon mehrere Jungens, die „schreiben und rechnen, handeln und trödeln, und deren jedem er schon ein eigenes Gewerb eingerichtet hat". Ich denke mir also den ersten zwischen dem fünften und sechsten, den zweiten zwischen dem vierten und fünften Jahr; und da er sich doch auch nicht gleich nach des Vaters Tode hat trauen lassen und die Kinder auch nicht gleich da waren, so kommen zwischen sechs und sieben Jahre heraus, die zwischen dem fünften und achten Buche verflossen sein müssen.

Humboldts Brief folgt hier zurücke. Er sagt sehr viel wahres über die Idylle; einiges scheint er mir nicht ganz so empfunden zu haben, wie ich's empfinde. So ist mir die treffliche Stelle:

„Ewig, sagte sie leise"

nicht sowohl ihres Ernstes wegen schön, der sich von selbst versteht, sondern weil das Geheimniß des Herzens in diesem einzigen Worte auf einmal und ganz, mit seinem unendlichen Gefolge, herausstürzt. Dieses einzige Wort, an dieser Stelle, ist statt einer ganzen langen Liebesgeschichte, und nun stehen die zwei Liebenden so gegen einander, als wenn das Verhältniß schon Jahre lang existirt hätte.

Die Kleinigkeiten, die er tadelt, verlieren sich in dem schönen Ganzen; indessen möchte doch einige Rücksicht darauf zu nehmen sein, und seine Gründe sind nicht zu verwerfen. Zwei Trochäen in dem vordern Hemipentameter haben freilich zu viel schleppendes, und so ist es auch mit den übrigen Stellen. Der Gegensatz mit dem für einander und an einander ist freilich etwas spielend, wenn man es strenge nehmen will — und strenge nimmt man es immer gern mit Ihnen.

Leben Sie recht wohl. Ich habe eine ziemliche Epistel geschrieben, möchten Sie so gerne lesen, als ich schrieb.

Sch.

181. An Goethe.

Jena den 5. Juli 1796.

Jetzt da ich das Ganze des Romans mehr im Ange habe, kann ich nicht genug sagen, wie glücklich der Charakter des Helden von Ihnen gewählt worden ist, wenn sich so etwas wählen ließe. Kein anderer hätte sich so gut zu einem Träger der Begebenheiten geschickt, und wenn ich auch ganz davon abstrahire, daß nur an einem solchen Charakter das Problem aufgeworfen und aufgelöst werden kounte, so hätte schon zur bloßen Darstellung des Ganzen kein anderer so gut gepaßt. Nicht nur der Gegenstand verlangte ihn, auch der Leser brauchte ihn. Sein Hang zum reflectiren hält den Leser im raschesten Laufe der Handlung still, und nöthigt ihn immer vor- und rückwärts zu sehen und über alles was sich ereignet zu denken. Er sammelt so zu sagen den Geist, den Sinn, den innern Gehalt von allem ein, was um ihn herum vorgeht, verwandelt jedes dunlle Gefühl in einen Begriff und Gedanken, spricht jedes einzelne in einer allgemeineren Formel aus, legt uns von allem die Bedeutung näher, und indem er dadurch seinen eigenen Charakter erfüllt, erfüllt er zugleich aufs vollkommenste den Zweck des ganzen.

Der Staud und die äußre Lage, aus der Sie ihn wählten, macht ihn dazu besonders geschickt. Eine gewisse Welt ist ihm nun ganz neu, er wird lebhafter davon frappirt und während daß er beschäftigt ist, sich dieselbe zu assimiliren, führt er auch uns in das innere derselben und zeigt uns, was darin reales für den Menschen enthalten ist. In ihm wohnt ein reines und moralisches Bild der Menschheit, an diesem prüft er jede äußere Erscheinung derselben, und indem von der einen Seite die Erfahrung seine schwankenden Ideen mehr bestimmen hilft, rectificirt eben diese Idee, diese[1] innere Empfindung gegenseitig wieder die Erfahrung. Auf diese Art hilft Ihuen dieser Charakter wunderbar, in allen vorkommenden Fällen und Verhältnissen, das rein menschliche aufzufinden und zusammen zu leseu. Sein Gemüth ist zwar ein treuer, aber doch kein bloß passiver Spiegel der Welt, und obgleich seine Phantasie auf sein Sehen Einfluß hat, so ist dieses doch nur idealistisch, nicht phantastisch, poetisch aber nicht schwärmerisch; es liegt dabei keine Willkür der spielenden Einbildungskraft, sondern eine schöne moralische Freiheit zum Grunde.

Ueberaus wahr und treffend schildert ihn seine Unzufriedenheit mit sich selbst, wenn er Theresen seine Lebensgeschichte auffetzt. Sein Werth liegt in seinem Gemüth, nicht in seinen Wirkungen, in seinem Streben, nicht in seinem Handeln; daher muß ihm sein Leben, sobald er einem andern davon Rechenschaft geben will, so gehaltleer vorkommen. Dagegen kann eine Therese und ähnliche Charaktere ihren Werth immer in baarer Münze aufzählen, immer durch ein äußres Object documentiren. Daß Sie aber Theresen einen Sinn, eine Gerechtigkeit für jene höhere Natur geben, ist wieder ein sehr[2] schöner und zarter Charakterzug; in ihrer klaren Seele muß sich auch das, was sie nicht in sich hat, abspiegeln können, dadurch erheben Sie sie auf einmal über alle jene bornirte Naturen, die über ihr dürftiges Selbst auch in der Vorstellung nicht hinaus[3] können. Daß endlich ein Gemüth wie Theresens an eine ihr selbst so fremde Vorstellungs- und Empfindungsweise glaubt, daß sie das Herz, welches derselben fähig ist, liebt und achtet, ist zugleich ein schöner Beweis für die objective Realität derselben, der jeden Leser dieser Stelle erfreuen muß.

Es hat mich auch in dem achten Buche sehr gefreut, daß Wilhelm anfängt, sich jenen imposanten Autoritäten, Jarno und dem Abbé, gegenüber mehr zu fühlen. Auch dieß ist ein Beweis, daß er seine Lehrjahre ziemlich zurückgelegt hat, und Jarno antwortet bei dieser Gelegenheit ganz aus meiner Seele: „Sie sind bitter, das ist recht schön und gut, wenn Sie nur erst einmal[4] recht böse werden, so wird es noch besser sein.“ — Ich gestehe, daß es mir ohne diesen Beweis von Selbstgefühl bei unserm Helden peinlich sein würde, ihn mir mit dieser Klasse so eng verbunden zu denken[5], wie nachher durch die Verbindung mit Natalien geschieht. Bei dem lebhaften Gefühl für die Vorzüge des Adels und bei dem ehrlichen Mißtrauen gegen sich selbst und seinen Staud, das er bei so vielen Gelegenheiten an den Tag legt, scheint er nicht ganz qualificirt zu sein, in diesen Verhältnissen[6] eine vollkommene Freiheit behaupten zu können, und selbst noch jetzt, da Sie ihn muthiger und selbstständiger zeigen, kann man sich einer gewissen Sorge um ihn nicht erwehren. Wird er den Bürger je vergessen können, und muß er das nicht, wenn sich sein Schicksal vollkommen schön entwickeln soll? Ich fürchte, er wird ihn nie ganz vergessen: er hat mir zuviel darüber reflectirt; er wird, was er einmal so bestimmt außer sich sah, nie vollkommen in sich hineinbringen können. Lotharios vornehmes Wesen wird ihn, so wie Nataliens doppelte Würde des Standes und des Herzens, immer in einer gewissen Inferiorität erhalten. Denke ich mir ihn zugleich als den Schwager des Grafen, der das Vornehme seines Standes auch durch gar nichts ästhetisches mildert, vielmehr durch Pedanterie noch recht heraussetzt, so kann mir zuweilen bange für ihn werden.

Es ist übrigens sehr[7] schön, daß Sie, bei aller gebührenden Achtung für gewisse äußere positive Formen, sobald es auf etwas rein menschliches ankommt, Geburt und Staud in ihre völlige Nullität zurückweisen und zwar, wie billig, ohne auch nur ein Wort darüber zu verlieren. Aber was ich für eine offenbare Schönheit halte, werden Sie schwerlich allgemein gebilliget sehen. Manchem wird es wunderbar vorkommen, daß ein Roman, der so gar nichts „Sansculottisches“ hat, vielmehr an manchen Stellen der Aristokratie das Wort zu reden scheint, mit drei Heirathen endigt, die alle drei Mißheirathen sind. Da ich an der Entwicklung selbst nichts anders wünsche als es ist, und doch den wahren Geist des Werkes auch in Kleinigkeiten und Zufälligkeiten nicht gerne verkannt sehe, so gebe ich Ihnen zu bedenken, ob der falschen Beurtheilung nicht noch durch ein Paar Worte „in Lotharios Munde“ zu begegnen wäre. Ich sage in Lotharios Munde, denn dieser ist der aristokratischte[8] Charakter, er findet bei den Lesern aus seiner Klasse am meisten Glauben, bei ihm fällt die Mésalliance auch am stärksten auf. Zugleich gäbe dieses eine Gelegenheit, die nicht so oft vorkommt, Lotharios vollendeten Charakter zu zeigen. Ich meine auch nicht, daß dieses bei der Gelegenheit selbst geschehen sollte, auf welche der Leser es anzuwenden hat; desto besser vielmehr, wenn es unabhängig von jeder Anwendung und nicht als Regel für einen einzelnen Fall, aus seiner Natur herausgesprochen wird.

Was Lothario betrifft, so könnte zwar gesagt werden, daß Theresens illegitime und bürgerliche Abkunft[9] ein Familiengeheimniß sei; aber desto schlimmer, dürften alsdann manche[10] sagen, so muß er die Welt hintergehen, um seinen Kindern die Vortheile seines Standes zuzuwenden. Sie werden selbst am besten wissen, wie viel oder wie wenig Rücksicht auf diese Armseligkeiten zu nehmen sein möchte.

Für heute nichts weiter. Sie haben nun allerlei durcheinander von mir gehört und werden noch manches hören, wie ich voraussehe; möchte etwas darunter sein, was Ihuen dienlich ist!

Leben Sie wohl und heiter.

Sch.

Sollten Sie den Vieilleville in den nächsten acht Tagen entbehren können, so bittet meine Frau darum und auch ich wünschte eine Nachtlectüre darin zu finden.

[11]Haben Sie auch die Güte mir die Auslage zu nennen, die Sie für meine Tapeten gehabt haben, und zugleich zwei Laubthaler dazu zu setzen, die ich Sie an Herrn Facius für das Horenpetschaft auszulegen bat. Der Caviar, den Humboldt Ihuen schickte[12], und worüber ich mich mit ihm berechne, beträgt acht Reichsthaler, welches ich für eine genossene Speise ziemlich viel finde.

182. An Schiller.

Gleich, nachdem ich Ihren ersten Brief erhalten hatte, fing ich an Ihuen etwas darauf zu sagen; nun überraschen mich, in meinen wahrhaft irdischen Geschäften, Ihre zwei folgenden Briefe, wahrhaft als Stimmen aus einer andern Welt, auf die ich nur horchen kann. Fahren Sie fort mich zu erquicken und aufzumuntern! Durch Ihre Bedenken setzen Sie mich in den Staud das achte Buch, sobald ich es wieder angreife, zu vollenden. Ich habe schon fast für alle Ihre Desideria eine Auskunft, durch die sich, selbst in meinem Geiste, das Ganze auch an diesen Punkten mehr verbindet, wahrer[1] und lieblicher wird. Werden Sie nicht müde mir durchaus Ihre Meinung zu sagen und behalten Sie das Buch noch diese acht Tage bei sich. Was Sie von Cellini bedürfen bringe ich indeß vorwärts; ich schreibe Ihuen nur summarisch was ich am achten Buche noch zu arbeiten denke[2], und alsdann[3] soll die letzte Abschrift Anfang August aus unsern Händen sein.

Ihre Briefe sind jetzt meine einzige Unterhaltung, und wie dankbar ich

Ihnen sei daß Sie mir so auf einmal über so vieles weghelfen[4], werden Sie fühlen. Leben Sie recht wohl und grüßen Sie die liebe Frau.

Weimar den 5. Juli 1796.

G.

183. An Goethe.

Mittwoch Abend. [Jena den 6. Juli 1796.][1]

Ich wollte mich diesen Nachmittag mit Ihnen und dem Meister beschäftigen, aber ich habe keinen freien Augenblick gehabt und mein Zimmer wurde nicht leer von Besuchen. Jetzt da ich schreibe ist die Kalbische und Steinische[2] Familie da; man spricht sehr viel von der Idylle und meint, daß „sie Sachen enthalte, die noch gar nicht seien von einem Sterblichen ausgesprochen worden." — Trotz aller Entzückung darüber skandalisirte sich doch die Familie Kalb[3] an dem Päckchen, das dem Helden nachgetragen würde, welches sie für einen großen Fleck an dem schönen Werke hält. Das Product sei so reich, und der Held führe sich doch wie ein armer Mann auf.

Sie können denken, daß ich bei dieser Kritik aus den Wolken fiel. Es war mir so neu, daß ich glaubte, sie spräche von einem andern Producte. Ich versicherte ihr aber, daß ich mich an einer solchen Art von Armuth nicht stieße, wenn nur der andere Reichthum da sei.

Leben Sie recht wohl. Auf den Freitag mehr.

Sch.

184. An Schiller.

Herzlich danke ich Ihnen für Ihren erquickenden Brief und für die Mittheilung dessen, was Sie bei dem Roman, besonders bei dem achten Buche, empfunden und gedacht. Wenn dieses nach Ihrem Sinne ist, so werden Sie auch Ihren eigenen Einfluß darauf nicht verkennen, denn gewiß ohne unser Verhältniß hätte ich das Ganze kaum, wenigstens nicht auf diese Weise, zu Stande bringen können. Hundertmal, wenn ich mich mit Ihnen über Theorie und Beispiel unterhielt, hatte ich die Situationen im Sinne die jetzt vor Ihnen liegen, und beurtheilte sie im Stillen nach den Grundsätzen über die wir uns vereinigten. Auch nun schützt mich Ihre warnende Freundschaft vor ein Paar in die Augen fallenden Mängeln, bei einigen Ihrer Bemerkungen habe ich das[1] sogleich gefunden wie zu helfen sei, und werde bei der neuen Abschrift davon Gebrauch machen.

Wie selten findet man bei den Geschäften und Handlungen des gemeinen Lebens die gewünschte Theilnahme, und in diesem hohen ästhetischen Falle ist sie kaum zu hoffen, denn wie viele Menschen sehen das Kunstwerk an sich selbst, wie viele können es übersehen und dann ist es[2] doch nur die Neigung, die alles sehen kann was es enthält, und die reine Neigung, die dabei noch sehen kann was ihm mangelt. Und was wäre nicht noch alles hinzuzusetzen um den einzigen Fall auszudrücken, in dem ich mich nur mit Ihnen befinde.

So weit war ich gleich nach Ihrem ersten Briefe gekommen, äußere und innere Hindernisse hielten mich ab fortzufahren; auch fühle ich wohl, daß ich, selbst wenn ich ganz ruhig wäre, Ihnen gegen Ihre Betrachtungen keine Betrachtungen zurückgeben könnte. Was Sie mir sagen' muß, im Ganzen und Einzelnen, in mir praktisch werden, damit das achte Buch sich Ihrer Theilnahme recht zu erfreuen habe. Fahren Sie fort, mich mit meinem eigenen Werke bekannt zu machen, schon habe ich in Gedanken Ihren Erinnerungen entgegen gearbeitet, etwa künftigen Mittewoch will ich die Art und Weise von dem, was ich zu thun gedenke, nur summarisch anzeigen. Sonnabend den 16. wünschte ich das Manuscript zurück und am gleichen Tage soll Cellini aufwarten.

Sobald die Xenien abgeschrieben sind, schicke ich Ihr Exemplar zurück und arbeite indessen in meins hinein.

Ich habe die Idylle Knebeln gegeben, um sie in Umlauf zu setzen; einige Bemerkungen, die er mir ins Haus brachte, sowie die, welche Sie mir mittheilen, überzeugen mich wieder aufs neue, daß es unsern Hörern und Lesern eigentlich an der Aufmerksamkeit fehlt, die ein so obligates Werk verlangt. Was ihnen gleich einleuchtet das nehmen sie wohl willig auf, über alles woran sie sich nach ihrer Art stoßen, urtheilen sie auch schnell ab, ohne vor noch rückwärts, ohne auf den Sinn und Zusammenhang zu sehen, ohne zu bedenken, daß sie eigentlich den Dichter zu fragen haben, warum er dieses und jenes so und nicht anders machte? Ist doch deutlich genug ausgedrückt:

Sorglich reichte die Mutter ein **nach bereitetes** Bündel.

Es ist also keinesweges die ganze Equipage, die schon lange auf dem Schiff ist und dort sein muß, die Alte erscheint nur, in ihrer Mutter- und Frauenart, thätig im einzelnen, der Vater umfaßt die ganze Idee der Reise in seinem Segen. Der Sohn nimmt das Päckchen selbst[3], da der Knabe schon wieder weg ist, und um der Pietät gegen die Mutter willen und um das einfache goldne Alter anzuzeigen, wo man sich auch wohl selbst einen Dienst leistete. Nun erscheint, in der Gradation, auch das Mädchen gebend, liebend und mehr als[4] segnend, der Knabe kommt wieder zurück, drängt, und ist zum tragen bei der Hand, da Alexis sich selbst kaum nach dem Schiffe tragen kann. Doch warum sag' ich das? und warum Ihnen? — Von der andern Seite betrachtet sollte man vielleicht die Menschen, sobald sie nur einen guten Willen gegen etwas zeigen, auch mit gutem Willen mit seinen ästhetischen Gründen bekannt machen. Nun sieht man aber, daß man nie ins Ganze wirken kann, und daß die Leser immer am einzelnen hängen, da vergeht einem denn[5] Lust und Muth und man überläßt sie in Gottes Namen sich selbst. Leben Sie recht wohl, grüßen Sie die liebe Frau und danken ihr für das Briefchen; ich wünsche bald wieder von Ihnen zu hören.

Donnerstag [7. Juli.][6]

G.

185. An Goethe.

Jena den 8. Juli 1796.

Da Sie mir das achte Buch noch eine Woche lassen können, so will ich mich in meinen Bemerkungen vor der Hand besonders auf dieses Buch einschränken; ist dann das Ganze einmal aus Ihren Händen in die weite Welt, so können wir uns mehr über die Form des Ganzen unterhalten, und Sie erweisen mir dann den Gegendienst, mein Urtheil zu rectificiren.

Vorzüglich sind es zwei Punkte, die ich Ihnen, vor der gänzlichen Abschließung des Buches, noch empfehlen möchte.

Der Roman, sowie er da ist, nähert sich in mehrern Stücken der Epopee, unter andern auch darin, daß er Maschinen hat, die in gewissem Sinne die Götter oder das regierende Schicksal darin vorstellen. Der Gegenstand forderte dieses Meisters Lehrjahre sind keine bloß [1] blinde Wirkung der Natur, sie sind eine Art von Experiment. Ein verborgen wirkender höherer Verstand, die Mächte des Thurms, begleiten ihn mit ihrer Aufmerksamkeit, und ohne die Natur in ihrem freien Gange zu stören, beobachten, leiten sie ihn von ferne und zu einem Zwecke, davon er selbst keine Ahnung hat, noch haben darf. So leise und locker auch dieser Einfluß von außen ist, so ist er doch wirklich da, und zu Erreichung des poetischen Zwecks war er unentbehrlich. Lehrjahre sind ein Verhältnißbegriff, sie fordern ihr Correlatum, die Meisterschaft, und zwar muß die Idee von dieser letzten jene erst erklären und begründen. Nun kann aber diese Idee der Meisterschaft, die nur das Werk der[2] gereiften und vollendeten Erfahrung ist, den Helden des Romans nicht selbst leiten; sie kann und darf nicht, als sein Zweck und sein Ziel vor ihm stehen, denn sobald er das Ziel sich dächte, so hätte er es eo ipso auch erreicht; sie muß also als Führerin hinter ihm stehen. Auf diese Art erhält das Ganze eine schöne Zweckmäßigkeit, ohne daß der Held einen Zweck hätte; der Verstand findet also ein Geschäft ausgeführt, indeß die Einbildungskraft völlig ihre Freiheit behauptet.

Daß Sie aber auch selbst bei diesem Geschäfte, diesem Zweck — dem einzigen in dem ganzen Roman, der wirklich ausgesprochen wird, selbst bei dieser geheimen Führung Wilhelms durch Jarno und den Abbé, alles Schwere und Strenge vermieden, und die Motive dazu eher aus einer Grille, einer Menschlichkeit, als aus moralischen Quellen hergenommen haben, ist eine von den Ihnen eigensten

Schönheiten. Der Begriff einer Maschinerie wird dadurch wieder aufgehoben, indem doch die Wirkung davon bleibt, und alles bleibt, was die Form betrifft, in den Grenzen der Natur; nur das Resultat ist mehr, als die bloße sich selbst überlassene Natur hätte leisten können.

Bei dem allen aber hätte ich doch gewünscht, daß Sie das Bedeutende dieser Maschinerie, die nothwendige Beziehung derselben auf das innere Wesen, dem Leser ein wenig näher gelegt hätten. Dieser sollte doch immer klar in die Oekonomie des Ganzen blicken, wenn diese gleich den handelnden Personen verborgen bleiben muß. Viele Leser, fürchte ich, werden in jenem geheimen Einfluß bloß ein theatralisches Spiel und einen Kunstgriff zu finden glauben, um die Verwicklung zu vermehren, Ueberraschungen zu erregen u. dgl. Das achte Buch giebt nun zwar einen historischen Aufschluß über alle einzelnen Ereignisse, die durch jene Maschinerie gewirkt wurden, aber den ästhetischen Aufschluß über den innern Geist, über die poetische Nothwendigkeit jener Anstalten giebt es [3] nicht befriedigend genug; auch ich selbst habe mich erst bei dem zweiten und dritten Lesen davon überzeugen lönneu.

Wenn ich überhaupt an dem Ganzen noch etwas auszustellen hätte, so wäre es dieses: „daß bei dem großen und tiefen Ernste, der in allem einzelnen herrscht und durch den es so mächtig wirkt, die Einbildungskraft zu frei mit dem Ganzen zu spielen scheint.“ — Mir däucht, daß Sie hier die freie Grazie der Bewegung etwas weiter getrieben haben, als sich mit dem poetischen Ernste verträgt, daß Sie über dem gerechten Abscheu vor allem schwerfälligen, methodischen und steifen sich dem auderu Extrem genähert haben. Ich glaube zu bemerken, daß eine gewisse Condescendenz gegen die schwache Seite des Publicums Sie verleitet hat, einen mehr theatralischen Zweck und durch mehr theatralische Mittel, als bei einem Roman nöthig und billig ist, zu verfolgen.

Wenn je eine poetische Erzählung der Hülfe des wunderbaren und überraschenden entbehren konnte, so ist es Ihr Roman; und gar leicht kann einem solchen Werke schaden, was ihm nicht nützt. Es kann geschehen, daß die Aufmerksamkeit mehr auf das Zufällige geheftet wird, und daß das Interesse des Lesers sich consumirt, Räthsel aufzulösen, da es auf den innern Geist concentrirt bleiben sollte. Es kann geschehen, sage ich, und wissen wir nicht beide, daß es wirklich schon geschehen ist?

Es wäre also die Frage, ob jenem Fehler, wenn es einer ist, nicht noch im achten Buche zu begegnen wäre. Ohnehin träfe er nur die Darstellung der Idee; an der Idee selbst bleibt gar nichts zu wünschen übrig. Es wäre also bloß nöthig, dem Leser dasjenige etwas bedeutender zu machen, was er bis jetzt zu frivol behandelte, und jene theatralischen Vorfälle, die er nur als ein Spiel der Imagination ansehen mochte, durch eine deutlicher [4] ausgesprochene Beziehung auf den höchsten Ernst des Gedichtes, auch vor der Vernunft zu legitimiren, wie es wohl implicite, aber nicht explicite geschehen ist. Der Abbé scheint mir diesen Auftrag recht gut besorgen zu können, und er wird dadurch auch sich selbst mehr zu empfehlen Gelegenheit haben. Vielleicht wäre es auch [5] nicht überflüssig, wenn noch im achten Buch der nähern Veranlassung erwähnt würde, die Wilhelmen zu einem Gegenstand von des Abbé pädagogischen Planen machte. Diese Plane bekämen dadurch eine speciellere Beziehung, und Wilhelms Individuum würde für die Gesellschaft auch bedeutender erscheinen.

Sie haben in dem achten Buch verschiedene Winke hingeworfen, was Sie unter den Lehrjahren und der [6] Meisterschaft gedacht wissen wollen. Da der Ideen-Inhalt eines Dichterwerks [7], vollends bei einem Publicum wie das unsrige, so vorzüglich in Betrachtung kommt und oft das einzige ist, dessen man sich nachher noch erinnert, so ist es von Bedeutung, daß Sie hier völlig begriffen werden. Die Winke sind sehr schön, nur nicht hinreichend scheinen sie mir. Sie wollten freilich den Leser mehr selbst finden lassen, als ihn geradezu belehren; aber eben weil Sie [8] doch etwas heraussagen, so glaubt man, dieses sei nun auch alles, und so haben Sie Ihre Idee enger beschränkt, als wenn Sie es dem Leser ganz und gar überlassen hätten, sie herauszusuchen.

Wenn ich das Ziel, bei welchem Wilhelm nach einer langen Reihe von Verirrungen endlich anlangt, mit dürren Worten auszusprechen hätte, so würde ich sagen: „er tritt von einem leeren und unbestimmten Ideal in ein bestimmtes thätiges Leben, aber ohne die idealisirende Kraft dabei einzubüßen." Die zwei entgegengesetzten Abwege von diesem glücklichen Zustand sind in dem Roman dargestellt, und zwar in allen möglichen Nüancen und Stufen. Von jener unglücklichen Expedition an, wo er ein Schauspiel aufführen will, ohne an den Inhalt gedacht zu haben, bis auf den Augenblick, wo er — Theresen zu seiner Gattin wählt, hat er gleichsam den ganzen Kreis der Menschheit *einseitig* durchlaufen; jene zwei Extreme sind die beiden höchsten Gegensätze, deren ein Charakter wie der seinige nur fähig ist, und daraus muß nun die Harmonie entspringen. [9] Daß er nun, unter der schönen und heitern Führung der Natur (durch Felix) von dem idealischen zum reellen, von einem vagen [10] Streben zum Handeln und zur Erkenntniß des wirklichen übergeht, ohne doch dasjenige dabei einzubüßen, was in jenem ersten strebenden Zustand reales war, daß er Bestimmtheit erlangt, ohne die schöne Bestimmbarkeit zu verlieren, daß er sich begrenzen lernt, aber in dieser Begrenzung selbst, durch die Form, wieder den Durchgang zum unendlichen findet u. s. f. — dieses nenne ich die Krise seines Lebens, das Ende seiner Lehrjahre, und dazu scheinen sich mir alle Anstalten in dem Werk auf das vollkommenste zu vereinigen. Das schöne [11] Naturverhältniß zu seinem Kinde, und die Verbindung mit Nataliens edler Weiblichkeit garantiren diesen Zustand der geistigen Gesundheit, und wir sehen ihn, wir scheiden von ihm auf einem Wege, der zu einer endlosen Vollkommenheit führet.

Die Art nun, wie *Sie* sich über den Begriff der *Lehrjahre* und der *Meisterschaft* erklären, scheint beiden eine engere Grenze zu setzen. Sie verstehen unter den ersten bloß den Irrthum, dasjenige außer sich zu suchen, was der innere Mensch selbst hervorbringen muß; unter der zweiten die Ueberzeugung von der Irrigkeit [12] jenes Suchens, von der Nothwendigkeit des eignen Hervorbringens u. s. w. Aber läßt sich das ganze Leben Wilhelms, so wie es in dem Romane vor uns liegt, wirklich auch vollkommen unter diesem Begriffe fassen und erschöpfen? Wird durch diese Formel alles verständlich? Und kann er nun bloß dadurch, daß sich das Vaterherz bei ihm erklärt, wie am Schluß des siebenten Buchs geschieht, losgesprochen werden? Was ich also hier wünschte, wäre dieses, daß die Beziehung aller einzelnen Glieder des Romans auf jenen philosophischen Begriff noch etwas klarer gemacht würde. Ich möchte sagen, die Fabel ist vollkommen wahr; auch die Moral der Fabel ist vollkommen wahr; aber das Verhältniß der einen zu der andern springt noch nicht deutlich genug in die Augen.

Ich weiß nicht, ob ich mich bei diesen beiden Erinnerungen recht habe verständlich machen können; die Frage greift ins Ganze, und so ist es schwer, sie am einzelnen gehörig darzulegen. Ein Wink ist aber hier auch schon genug.

Ehe Sie mir das Exemplar der Xenien senden, so haben Sie doch die Güte, darin gerade auszustreichen, was Sie heraus wünschen, und zu unterstreichen, 'was Sie geändert wünschen. Ich kann dann eher meine Maßregeln nehmen, was noch zu thun ist.

Möchte doch für die kleinen lieblichen Gedichte, die Sie noch zum Almanach geben wollten, und zu dem in petto habenden Gedicht von Mignon noch Stimmung und Zeit sich finden! Der Glanz des Almanachs beruht eigentlich ganz auf Ihren Beiträgen. Ich lebe und webe jetzt wieder in der Kritik, um mir den Meister recht klar zu machen, und kann nicht viel mehr für den Almanach thun. Dann kommen die Wochen meiner Frau, die der poetischen Stimmung nicht günstig sein werden.

Sie empfiehlt sich Ihnen herzlich.

Leben Sie recht wohl. Sonntag Abends hoffe ich Ihnen wieder etwas zu sagen.

Sch.

Wollten Sie wohl so gütig sein und mir den fünften Baud der großen Muratorischen Sammlung aus der Bibliothek in W. verschaffen?

[13] Noch ein kleines Anliegen.

Ich möchte gern Ihren Kopf vor den neuen Musenalmanach setzen, und habe heute an Bolt in Berlin geschrieben, ob er diese Arbeit noch übernehmen kann. Nnn wünschte ich ihn aber lieber nach einem Gemälde, als nach Lipsens Kupferstich, und frage an: ob Sie sich entschließen könnten, das Portrait von Meyer dazu herzugeben?

Wollten Sie dieses nicht gern aus der Haud lassen, so erlaubten Sie mir doch, daß ich es copiren ließe, wenn sich in Weimar ein erträglicher Maler dazu findet?

186. An Schiller.

Indem ich Ihnen, auf einem besondern Blatt, die einzelnen Stellen verzeichne, die ich nach Ihren Bemerkungen zu ändern und zu suppliren gedenke, so habe ich Ihnen für Ihren heutigen Brief den höchsten Dank zu sagen, indem Sie mich, durch die in demselben enthaltnen Erinnerungen, nöthigen auf die eigentliche Vollendung des Ganzen aufmerksam zu sein. Ich bitte Sie nicht abzulassen, um, ich möchte wohl sagen, mich aus meinen eignen Gränzen hinaus zu treiben. Der Fehler, den Sie mit Recht bemerken, kommt aus meiner innersten Natur, aus einem gewissen realistischen Tic, durch den ich meine Existenz, meine Handlungen, meine Schriften den Menschen aus den Augen zu rücken behaglich finde. So werde ich immer gerne incognito reisen, das geringere Kleid vor dem bessern wählen, und, in der Unterredung mit Fremden oder Halbbekannten, den unbedeutendern Gegenstand oder doch den weniger bedeutenden Ausdruck vorziehen, mich leichtsinniger betragen als ich bin, und mich so, ich möchte sagen, zwischen mich selbst und zwischen meine eigene Erscheinung stellen. Sie wissen recht gut, theils wie es ist, theils wie es zusammenhängt.

Nach dieser allgemeinen Beichte will ich gern zur besondern übergehn: daß ich ohne Ihren Antrieb und Anstoß, wider besser Wissen und Gewissen, mich auch dieser Eigenheit bei diesem Roman hätte hingehen [1] lassen, welches denn doch, bei dem ungeheuern Aufwand, der darauf gemacht ist, unverzeihlich gewesen wäre, da alles das, was gefordert werden kann, theils so leicht zu erkennen, theils so bequem zu machen ist.

So läßt sich, wenn die frühe Aufmerksamkeit des Abbés auf Wilhelmen rein ausgesprochen wird, ein ganz eigenes Licht und geistiger Schein über das Ganze werfen, und doch habe ich es versäumt; kaum daß ich mich entschließen konnte, durch Wernern, etwas zu Gunsten seines Aeußerlichen zu sagen.

Ich hatte den Lehrbrief im siebenten Buch abgebrochen, in dem man bis jetzt nur wenige Denksprüche über Kunst und Kunstsinn liest. Die zweite Hälfte sollte bedeutende Worte über Leben und Lebenssinn enthalten, und ich hatte die schönste Gelegenheit, durch einen mündlichen Commentar des Abbés, die Ereignisse überhaupt, besonders aber die durch die Mächte des Thurms herbeigeführten Ereignisse zu erklären und zu legitimiren, und so jene Maschinerie von dem Verdacht eines kalten Romanbedürfnisses zu retten und ihr einen ästhetischen Werth zu geben, oder vielmehr ihren ästhetischen Werth ins Licht zu stellen. — Sie sehen daß ich mit Ihren Bemerkungen völlig einstimmig bin.

Es ist keine Frage daß die scheinbaren, von mir ausgesprochenen Resultate viel beschränkter sind als der Inhalt des Werks, und ich komme mir vor wie einer, der, nachdem er viele und große Zahlen über einander gestellt, endlich muthwillig selbst Additionsfehler machte, um die letzte Summe aus, Gott weiß, was [2] für einer Grille, zu verringern.

Ich bin Ihnen, wie für so vieles, auch dafür den lebhaftesten Dank schuldig, daß Sie, noch zur rechten Zeit, auf so eine [3] entschiedene Art, diese perverse Manier zur Sprache bringen und ich werde gewiß, insofern es mir möglich ist, Ihren gerechten Wünschen entgegen gehn. Ich darf den Inhalt Ihres Briefes nur selbst an die schicklichen Orte vertheilen, so ist der Sache schon geholfen. Und sollte mir's ja begegnen, wie denn die menschlichen Verkehrtheiten unüberwindliche Hindernisse sind, daß mir doch die letzten bedeutenden Worte nicht aus der Brust wollten, so werde ich Sie bitten zuletzt, mit einigen kecken Pinselstrichen, das noch selbst hinzuzufügen, was ich, durch die sonderbarste Naturnothwendigkeit gebunden, nicht auszusprechen vermag. Fahren Sie diese Woche noch fort mich zu erinnern und zu beleben, ich will indeß für Cellini und wo möglich für den Almanach sorgen.

Weimar den 9. Juli 1796.

G.

187. An Schiller.

Die Xenien erhalten Sie mit meinem Gutachten zurück; die ernsthaften und wohlmeinenden sind gegenwärtig so mächtig, daß man denen Lumpenhunden, die angegriffen sind, mißgönnt, daß ihrer in so guter Gesellschaft erwähnt wird.

Wegen des Portraits sehe ich nicht, wie wir es machen wollen. Es ist niemand hier der es zu diesem Endzweck copiren könnte; das Original selbst wegzugeben ist allzugefährlich, auch ist Bolt ein gefälliger aber, wie mir's scheint, kein gründlicher Künstler. Wie wär' es? Sie versparten Ihre freundschaftliche Absicht bis auf Meyers Zurückkunft, da wir denn in jedem Sinne etwas gutes erwarten können.

Grüßen Sie Ihre liebe Frau. Wollten Sie uns in dem Falle daß sich die Familie vermehrt, für die erste Zeit Carln herüberschicken, so würde er Augusten sehr willkommen sein und in Gesellschaft der vielen Kinder, die sich in meinem Hause und Garten versammeln, sich recht wohl befinden. Leben Sie wohl [1].

Weimar den 9. Juli 1796.

G.

[2] Muratori folgt. Vieilleville werden Sie erhalten haben.

Die Rechnung nächstens.

Durch verschiedne Einschränkungen wird die nächste Sendung Cellini auch nur drei gedruckte Bogen und einige Blätter [3].

188. An Goethe.

Jena den 9. Juli 1796.

Es ist mir sehr lieb zu hören, daß ich Ihnen meine Gedanken über jene zwei Punkte habe klar machen können und daß Sie Rücksicht darauf nehmen wollen. Das, was Sie Ihren realistischen Tic nennen, sollen Sie dabei gar nicht verläugnen. Auch das gehört zu Ihrer poetischen Individualität, und in den Grenzen von dieser müssen Sie ja bleiben; alle Schönheit in dem Werk muß Ihre Schönheit sein. Es kommt also bloß darauf an, aus dieser subjectiven Eigenheit einen objectiven Gewinn für das Werk zu ziehen, welches gewiß gelingt, sobald Sie wollen. Dem Inhalte nach muß in dem Werk alles liegen, was zu seiner Erklärung nöthig ist, und der Form nach muß es nothwendig darin liegen, der innere Zusammenhang muß es mit sich bringen — aber wie fest oder locker es zusammenhängen soll, darüber muß Ihre eigenste Natur entscheiden. Dem Leser würde es freilich bequemer sein, wenn Sie selbst ihm die Momente worauf es ankommt blank und baar zuzählten, daß er sie nur in Empfang zu nehmen brauchte; sicherlich aber hält es ihn bei dem Buche fester, und führt ihn öfter zu demselben zurück, wenn er sich selber helfen muß. Haben Sie also nur dafür gesorgt, daß er gewiß findet, wenn er mit gutem Willen und hellen Augen sucht, so ersparen Sie ihm ja das Suchen nicht. Das Resultat eines solchen Ganzen muß immer die eigene, freie, nur nicht willkürliche Production des Lesers sein; es muß eine Art von Belohnung bleiben, die nur dem würdigen zu Theil wird, indem sie dem unwürdigen sich entziehet.

Ich will, um es nicht zu vergessen, noch einige Erinnerungen hersetzen, worauf ich, in Rücksicht auf jene geheime Maschinerie, zu achten bitte. 1) Man wird wissen wollen, zu welchem Ende der Abbé oder sein Helfershelfer den Geist des alten Hamlet spielt. 2) Daß der Schleier mit dem Zettelchen „Flieh, flieh ꝛc." zweimal erwähnt wird, erregt Erwartungen, daß diese Erfindung zu keinem unbedeutenden Zwecke diene. Warum, möchte man fragen, treibt man Wilhelmen von der Einen Seite von dem Theater, da man ihm doch von der andern zur Aufführung seines Lieblingsstücks und zu seinem Debüt behülflich ist? Man erwartet auf diese zwei Fragen eine mehr specielle Antwort, als Jarno bis jetzt gegeben hat. 3) Möchte man wohl auch [1] gerne wissen, ob der Abbé und seine Freunde, vor der Erscheinung Werners im Schlosse, schon gewußt, daß sie es bei dem Gutskauf mit einem so genauen Freund und Verwandten zu thun haben? ihrem Benehmen nach scheint es fast so, und so wundert man sich wieder über das Geheimniß, das sie[2] Wilhelmen daraus gemacht haben. 4) Wäre doch zu wünschen, daß man die Quelle erführe, aus welcher der Abbé die Nachrichten von Theresens Abkunft schöpfte, besonders da es doch etwas befremdet, daß dieser wichtige Umstand so genau dabei interessirten Personen und die sonst so gut bedient[3] sind, bis auf den Moment, wo der Dichter ihn braucht, hat ein Geheimniß bleiben können.

Es ist wohl ein bloßer Zufall, daß die zweite Hälfte des Lehrbriefs weggeblieben ist, aber ein geschickter Gebrauch des Zufalls bringt in der Kunst, wie im Leben, oft das trefflichste hervor. Mir däucht, diese zweite Hälfte des Lehrbriefs könnte im achten Buch, an einer weit bedeutenderen Stelle und mit ganz andern Vortheilen nachgebracht werden. Die Ereignisse sind unterdessen vorwärts gerückt: Wilhelm selbst hat sich mehr entwickelt: er sowohl als der Leser sind auf jene praktischen Resultate über das Leben und den Lebensgebrauch weit besser vorbereitet; auch der Saal der Vergangenheit und Nataliens nähere Bekanntschaft können eine günstigere Stimmung dazu herbeigeführt haben. Ich riethe deßwegen sehr, jene Hälfte des Lehrbriefs ja nicht wegzulassen, sondern wo möglich den philosophischen Inhalt des Werkes — deutlicher oder versteckter — darin niederzulegen. Ohnehin kann, bei einem Publicum wie nun einmal das deutsche ist, zu Rechtfertigung einer Absicht, und hier namentlich noch zu Rechtfertigung des Titels, der vor dem Buche steht und jene Absicht deutlich ausspricht, nie [4] zu viel geschehen.

Zu meiner nicht geringen Zufriedenheit habe ich in dem achten Buche auch ein paar Zeilen gefunden, die gegen die Metaphysik Fronte machen, und auf das speculative Bedürfniß im Menschen Beziehung haben. Nur etwas schmal und klein ist das Almosen ausgefallen, das Sie der armen Göttin reichen, und ich weiß nicht, ob man Sie[5] mit dieser kargen Gabe quittiren kann. Sie werden wohl wissen, von welcher Stelle ich hier rede, denn ich glaube es ihr anzusehen, daß sie mit vielem Bedacht darein gekommen ist.

Ich gestehe es, es ist etwas stark, in unserm speculativischen Zeitalter einen Roman von diesem Inhalt und von diesem weiten Umfang zu schreiben, worin „das einzige was Noth ist" so leise abgeführt wird — einen so sentimentalischen Charakter, wie Wilhelm doch immer bleibt, seine Lehrjahre ohne Hülfe jener würdigen Führerin vollenden zu lassen. Das schlimmste ist, daß er sie wirklich in allem Ernste vollendet, welches von der Wichtigkeit jener Führerin eben nicht die beste Meinung erweckt.

Aber im Ernste — woher mag es lommen, daß Sie einen Menschen haben erziehen und fertig machen können, ohne auf Bedürfnisse zu stoßen, denen die Philosophie nur begegnen kann? Ich bin überzeugt, daß dieses bloß[6] der ästhetischen Richtung zuzuschreiben ist, die Sie in dem ganzen Romane genommen. Innerhalb der ästhetischen Geistesstimmung regt sich kein Bedürfniß nach jenen Trostgründen, die aus der Speculation geschöpft werden müssen; sie hat Selbstständigkeit, Unendlichkeit in sich; nur wenn sich das Sinnliche und das[7] Moralische im Menschen feindlich entgegen streben, muß bei der reinen Vernunft Hülfe gesucht werden. Die gesunde und schöne Natur braucht, wie Sie selbst sagen, keine Moral, kein Naturrecht, keine politische Metaphysik: Sie hätten eben so gut auch hinzusetzen können, sie braucht keine Gottheit, keine Unsterblichkeit um sich zu stützen und zu halten. Jene drei Punkte, um die zuletzt alle Speculation sich dreht, geben einem sinnlich ausgebildeten Gemüth zwar Stoff zu einem poetischen Spiel, aber sie können nie zu ernstlichen Angelegenheiten und Bedürfnissen werden.

Das einzige könnte man vielleicht noch dagegen erinnern, daß unser Freund jene ästhetische Freiheit noch nicht so ganz besitzt, die ihn vollkommen sicher stellte, in gewisse Verlegenheiten nie zu gerathen, gewisser Hülfsmittel (der Speculation) nie zu bedürfen. Ihm fehlt es nicht an einem gewissen philosophischen Hange[8], der allen sentimentalen Naturen eigen ist, und käme er also einmal ins Speculative hinein, so möchte es bei diesem Mangel eines philosophischen Fundaments, bedenklich um ihn stehen: denn nur die Philosophie kann das Philosophiren unschädlich machen; ohne sie führt es unausbleiblich zum Mysticism. (Die Stiftsdame selbst ist ein Beweis dafür. Ein gewisser ästhetischer Mangel machte ihr die Speculation zum Bedürfniß, und sie verirrte zur Herrenhuterei, weil ihr die Philosophie nicht zu Hülfe kam; als Mann hätte sie vielleicht alle Irrgänge der Metaphysik durchwandert.)

Nun ergeht aber die Forderung an Sie (der Sie auch sonst überall ein so hohes Genüge gethan), Ihren Zögling mit vollkommener Selbstständigkeit, Sicherheit, Freiheit und gleichsam architektonischer Festigkeit so hinzustellen, wie er ewig stehen kann, ohne einer äußern Stütze zu bedürfen; man will ihn also durch eine ästhetische Reife auch selbst über das Bedürfniß einer philosophischen Bildung, die er sich nicht gegeben hat, vollkommen hinweggesetzt sehen. Es fragt sich jetzt: ist er Realist genug, um nie nöthig zu haben, sich an der reinen Vernunft zu halten? Ist er es aber nicht — sollte für die Bedürfnisse des[9] Idealisten nicht etwas mehr gesorgt sein?

Sie werden vielleicht denken, daß ich bloß einen künstlichen Umweg nehme, um Sie doch in die Philosophie hineinzutreiben; aber was ich noch etwa vermisse, kann sicherlich auch in Ihrer Form vollkommen gut abgethan werden. Mein Wunsch geht bloß dahin, daß Sie die Materien quaestionis nicht umgehen, sondern ganz auf Ihre Weise lösen möchten. Was bei Ihnen selbst alles speculative Wissen ersetzt, und alle Bedürfnisse dazu Ihnen fremd macht, wird auch bei Meistern vollkommen genug sein. Sie haben den Oheim schon sehr vieles sagen lassen, und auch Meister berührt den Punkt einigemal sehr glücklich; es wäre also nicht so gar viel mehr zu thun. Könnte ich nur in Ihre Denkweise dasjenige einkleiden, was ich im Reich der Schatten und in den ästhetischen Briefen, der meinigen gemäß, ausgesprochen habe, so wollten wir sehr bald einig sein.

Was Sie über Wilhelms Aeußerliches Wernern in den Mund gelegt, ist von ungemein guter Wirkung für das Ganze. Es ist mir eingefallen[10], ob Sie den Grafen, der am Ende des achten Buches erscheint, nicht auch dazu nutzen könnten, Wilhelmen zu völligen Ehren zu bringen. Wie, wenn der Graf, der Ceremonienmeister des Romans, ihn[11] durch sein achtungsvolles Betragen und durch eine gewisse Art der Behandlung, die ich Ihnen nicht näher zu bezeichnen brauche, ihn auf einmal aus seinem Staude heraus in einen höheren stellte, und ihm dadurch auf gewisse Art den noch fehlenden Adel ertheilte? Gewiß, wenn selbst der Graf ihn distinguirte, so wäre das Werk gethan.

Ueber Wilhelms Benehmen im Saal der Vergangenheit, wenn er diesen zum erstenmal mit Natalien betritt, habe ich noch eine Erinnerung zu machen. Er ist mir hier noch zu sehr der alte Wilhelm, der im Hause des Großvaters am liebsten bei dem kranken Königssohn verweilte, und den der Fremde, im ersten Buch, auf einem so unrechten Wege findet. Auch noch jetzt bleibt er fast ausschließend bei dem bloßen Stoff der Kunstwerke stehen und poetisirt mir zu sehr damit. Wäre hier nicht der Ort gewesen, den Anfang einer glücklicheren Krise bei ihm zu zeigen, ihn zwar nicht als Kenner, denn das ist unmöglich, aber doch als einen mehr objectiven Betrachter darzustellen, so daß etwa ein Freund, wie unser Meyer, Hoffnung von ihm fassen könnte?

Sie haben Jarno schon im siebenten Buche so glücklich dazu gebraucht, durch seine harte und trockene Manier eine Wahrheit heraus zu sagen, die den Helden so wie den Leser auf einmal um einen großen Schritt weiter bringt: ich meine die Stelle, wo er Wilhelmen das Talent zum Schauspieler rund weg abspricht. Nun ist mir beigefallen, ob er ihm nicht in Rücksicht auf Theresen und Natalien, einen ähnlichen Dienst, mit gleich gutem Erfolg für das Ganze, leisten könnte. Jarno scheint mir der rechte Mann zu sein, Wilhelmen zu sagen, daß Therese ihn nicht glücklich machen könne[12], und ihm einen Wink zu geben, welcher weibliche Charakter für ihn tauge. Solche einzelne dürrgesprochene Worte, im rechten Moment gesagt, entbinden auf einmal den Leser von einer schweren Last, und wirken wie ein Blitz, der die ganze Scene erleuchtet[13].

Montag [11. Juli][14] früh.

Ein Besuch hinderte mich gestern diesen Brief abzusenden. Heute kann ich nichts mehr hinzusetzen, da es zu unruhig bei mir zugeht. Meine Frau ist ihrer Niederkunft nahe und Starke vermuthet sie schon heute. Für Ihr freundschaftliches Anerbieten, den Karl zu sich zu nehmen, danken wir Ihnen herzlich. Er ist uns nicht zur Last, da wir einige Personen mehr zur Bedienung angenommen und die Disposition mit den Zimmern gemacht haben, daß er nicht stört. Für Vieilleville und Muratori danke ich Ihnen bestens. Schlegel ist mit seiner Frau wieder hier angekommen; die kleine Paulus ist eilig nach Schwaben abgereist, ihre kranke Mutter zu besuchen. Leben Sie recht wohl. Auf den Mittwoch hoffe ich Ihnen mit erleichtertem Herzen weitere Nachricht zu geben.

Sch.

---

189. An Goethe.

Montag [11. Juli][1] Nachmittag 3 Uhr.

Vor zwei Stunden erfolgte die Niederkunft der kleinen Frau über Erwarten geschwind und ging unter Starkes Beistand leicht und glücklich vorüber. Meine

Wünsche sind in jeder Rücksicht erfüllt, denn es ist ein Junge, frisch und stark wie das Ansehen es giebt. Sie können wohl denken, wie leicht mir's ums Herz ist, um so mehr, da ich dieser Epoche nicht ohne Sorge, die Krämpfe möchten die Geburt übereilen, entgegen sah.

Jetzt also kann ich meine kleine Familie anfangen zu zählen; es ist eine eigene Empfindung, und der Schritt von Eins zu Zwei ist viel größer als ich dachte.

Leben Sie wohl. Die Frau grüßt; sie ist, die Schwäche abgerechnet, recht wohl auf.

Sch.

190. An Schiller.

Zu dem neuen Ankömmling wünsche ich von Herzen Glück; mögen Sie recht viel Freude an dem Knabenpaar erleben. Grüßen Sie Ihre liebe Frau auf das beste und schönste von mir.

Künftigen Sonnabend, wenn mir es möglich ist, komme ich Sie zu besuchen. Ueber den Roman müssen wir nun nothwendig mündlich conferiren, auch wegen der Xenien und mancher anderer Dinge, die ich auf dem Herzen habe; bei jenem wird die Hauptfrage sein: wo sich die Lehrjahre schließen, die eigentlich gegeben werden sollen, und inwiefern man Absicht hat, künftig die Figuren etwa noch einmal auftreten zu lassen. Ihr heutiger Brief deutet mir eigentlich auf eine Fortsetzung des Werks, wozu ich denn auch wohl Idee und Lust habe, doch davon eben mündlich. Was rückwärts nothwendig ist, muß gethan werden, so wie man vorwärts deuten muß, aber es müssen Verzahnungen stehen bleiben, die, so gut wie der Plan selbst, auf eine weitere Fortsetzung deuten; hierüber wünsche ich mich recht mit Ihnen auszusprechen. Schicken Sie mir nichts mit den Botenweibern und behalten das Manuscript. Die Xenien, Cellini und sonst noch was vielleicht bringe ich mit. Grüßen Sie Schlegeln und seine Frau; ich freue mich beide diesmal zu finden.

Daß die kleine Freundin, bei so einem unangenehmen Anlaß, und in so einer [1] kritischen Zeit, die Reise macht, ist mir nicht halb recht; es sieht in Schwaben wie am Ober- und Unterrheine höchst mißlich aus.

Leben Sie recht wohl in Ihrem friedlichen Thal und genießen der schönen Jahrszeit wenigstens aus dem Fenster.

Weimar den 12. Juli[2] 1796.

G.

191. An Goethe.

Dienstag Abend. 12. Juli.

Noch steht es um die kleine Gesellschaft so gut, als man's nur wünschen kann. Meine Frau getraut sich, selbst zu stillen, welches mir auch sehr erwünscht ist.

Donnerstag wird die Taufe sein. Wenn die Umstände so ruhig bleiben, wie [1] sie jetzt sind, so wird mein Gemüth heiter genug sein, das achte Buch des Romans noch einmal mit Besonnenheit zu durchgehen, ehe ich es Ihnen zurücksende.

Es hat nichts zu sagen, wenn die nächste Lieferung des Cellini auch kleiner ausfällt. Ich habe allerlei, nicht unbrauchbares, das Monatstück zu füllen.

Sie haben mir noch nicht geschrieben, wie es mit der Zeichnung und dem Kupferstich zu Hirts Aufsatze steht.

Daß ich Ihren Kopf nicht zu dem dießjährigen Almanach bekommen kann, thut mir sehr leid. Eine Verzierung müssen wir einmal haben und das wäre doch[2] die vernünftigste gewesen. Da ich unter den lebendigen keinen andern Kopf mag, so werde ich das Porträt von Uz, der kürzlich verstorben[3] ist, zu bekommen suchen. Es giebt uns so ein Ansehen von Billigkeit und Honeteté, wenn wir einem aus der alten Zeit diese Ehre erweisen. Vielleicht können Sie mir durch Knebeln dazu verhelfen. Ich bezahle gern was ein Gemälde oder eine Zeichnung kosten kann.

Leben Sie aufs beste wohl. Meine Frau grüßt schön. Frau Charlotte wird das Kind heben; es ist ihr eine große Angelegenheit, und sie verwunderte sich, daß sie es nicht in Ihrer Gesellschaft sollte, besonders da der Junge auch einen Wilhelm unter seinen Namen hat.

Leben Sie recht wohl.

Sch.

* 192. An Schiller.

Weimar den 13. Juli 1796.

Viel Glück zum guten Fortgang alles dessen was sich aufs neue Lebendige bezieht. Grüßen Sie die liebe Frau und Frau Gevatterin. Zur Taufe hätte ich mich ohngebeten eingestellt, wenn mich diese Ceremonien nicht gar zu sehr verstimmten. Ich komme dafür Sonnabends und wir wollen ein paar frohe Tage genießen. [1] Leben Sie wohl. Heute erlebe ich auch eine eigne Epoche, mein Ehstand ist eben acht Jahre und die französische Revolution sieben Jahre alt[2].

G.

Die Kupferstiche zu Hirts Abhandlung sind in der[3] Arbeit und sollen gut werden. Den einen wollte man nicht unter vier Carolin machen, der andere soll etwas wohlfeiler kommen. Es ist freilich viel und genaue Arbeit daran.

Knebel werde ich um Uz angehen.

193. An Schiller.

In Hofrath Loders Gesellschaft bin ich gestern recht geschwinde herübergekommen. Am Roman wird eifrig abgeschrieben. Hente früh beim Pyrmonter habe ich mir einen kleinen Aufsatz ausgedacht, durch den ich zuerst mir und Ihnen Rechenschaft von meiner Methode die Natur zu beobachten zu geben gedenke, woraus künftig ein Vorbericht zu meinen Arbeiten dieser Art formirt werden kann. Hier ein Naturproduct das in dieser Jahrszeit geschwind verzehrt werden muß. Ich wünsche daß es wohl schmecken und bekommen möge.

Weimar den 20. Juli 1796

G.

194. An Goethe.

[Jena den 22. Juli 1796 [1].]

Nur zwei Zeilen zum Gruß nebst unserm [2] schönsten Dank für den Fisch, der uns, nämlich meiner Schwiegermutter und mir und Schlegels die wir dazu geladen, ganz vortrefflich geschmeckt hat.

Ich bin von einer Depesche an Cotta und allerlei kleinen Nothdürftigkeiten so erschöpft und ermüdet, daß ich heute nichts mehr schreiben kann noch [3] will. Die Frankfurter Begebenheiten sollen Sie und Ihre Mutter, wie ich hoffe, nicht so schwer betroffen haben noch betreffen. Erfahren Sie etwas, was man in Zeitungen nicht lesen kann, über diese Vorfälle, so lassen Sie es mir doch auch zukommen. Leben Sie recht wohl.

Abends um 10 Uhr.

Sch.

Hier sagte man heute, der Coadjutor sei gefangen.

195. An Schiller.

Ich babe zwei Briefe von Meyer erhalten die mich sehr beruhigen. Er hat sich mit einem Landsmanne nach Florenz zurückgezogen und ist lustig und guter Dinge, recensirt schon die Arbeiten des Cellini und ist unglaublich erbaut von den Arbeiten der ältern Florentiner.

Hierbei ein Briefchen das ich niemand zu zeigen bitte; wenn ich etwas weiter erfahre, so theile ich es mit. Frankfurt hat doch mehr gelitten als wahrscheinlich war.

Am Roman wird fleißig abgeschrieben. Künftigen Mittwoch hoffe ich die größte Hälfte zu überschicken. Es ist recht gut, daß ich so weit bin und köstlich daß Sie mir in der Beurtheilung beistehn. In den jetzigen Augenblicken möchte die nöthige Sammlung und Concentration kaum möglich sein.

Leben Sie recht wohl.

Weimar den 22. Juli 1796.

G.

[1] Den 23. Juli.

Hier noch einige Nachrichten.

Chursachsen macht Anstalten zu einem Cordon.

Die Franzosen haben die Oesterreicher bei Gemünden repoussirt und waren also nur noch 5 Meilen von Würzburg. Wahrscheinlich sind sie dort schon angelangt und finden erstaunliche Magazine und gerettete Schätze.

Nach allen Nachrichten gehen die Sächsischen Contingente[2] zurück. Die Oesterreicher gehen hinter die Donau; Würzburg muß 12,000 Pferde stellen um sie retro zu spediren.

Würtemberg macht Friede und hat schon Waffenstillstand. Mannheim soll so gut wie verloren sein. Der Kaiserliche Hof läßt 30,000 Mann aus Böhmen und Galizien kommen.

Frankfurt hat 174 Häuser verloren, zahlt acht Millionen Livres Geld, $1^1/_2$ Million Tuch und Zeug und eine Menge Vivres; dafür[3] soll kein Einwohner ohne Urtheil und Recht mortificirt werden.

So lauten ohngefähr die tröstlichen Nachrichten von verschiedenen Orten und Enden. Das Schicksal unserer[4] Gegenden beruht bloß darauf: ob es möglich sein wird Zeit zu gewinnen. Einem ersten Anlauf und einer Streiferei wird man allenfalls widerstehen können. Daß der König von Preußen in Pyrmont und also doch die letzte Instanz bei der Hand ist, daß ihm und dem Landgrafen von Hessen selbst viel daran gelegen sein muß einen Frieden für Chursachsen zu vermitteln, daß die Franzosen genug zu thun haben den Oesterreichern durch Franken, Schwaben und[5] Baiern nach Böhmen zu folgen und sie auf ihrem eignen Grund und Boden zu bezwingen, das zusammen läßt uns einige Hoffnung schöpfen, wenn nicht diese, wie so viele andere, zu nichte wird.

Von meiner Mutter habe ich noch keine Nachricht; sie wohnt auf dem großen Platz wo die Hauptwache steht und sieht grade die Zeil hinauf; sie hat also den ganzen Halbkreis der Stadt der bombardirt [6]wurde, vor ihren[7] Augen gehabt.

Ich habe indessen fortgefahren meine Tonne zu wälzen. Wie die Abschrift des Romans vorrückt, habe ich die verschiedenen desiderata zu erledigen gesucht; mit welchem Glück werden Sie beurtheilen.

Leben Sie recht wohl. Die Nachricht vom Coadjutor ist nicht wahrscheinlich, er hatte Raum und Zeit genug sich nach Ulm zurückzuziehen; sogar das Condésche Corps, das in Freiburg stand, scheint sich gerettet zu haben. Was ich weiter vernehme erfahren Sie auch.

G.

196. An Goethe.

Jena den 25.[1] Juli 1796.

In diesen letzten Tagen habe ich mich nicht wohl genug gefühlt, um über etwas, was uns interessirt, zu reden; auch heute enthalt' ich mich, denn der Kopf ist mir von einer schlaflosen Nacht zerstört.

Die politischen Dinge, denen ich so gern immer auswich, rücken einem doch nachgerade sehr zu Leibe. Die Franzosen sind in Stuttgart, wohin die Kaiserlichen sich anfangs geworfen haben sollen, so daß jene die Stadt beschießen mußten. Ich kann das aber nicht glauben, da Stuttgart kaum Mauern hat, und es keinem Menschen der bei Sinnen ist, einfallen kann, sich auch nur drei Stunden darin halten zu wollen. Von meiner Familie habe ich seit mehreren Wochen keine Nachricht; die gegenwärtige ist aus einem Briefe der kleinen Paulus. Der Zusammenhang zwischen Stuttgart und Schorndorf war damals wie die Kleine schrieb gehemmt, und so sind also auch die Posten von daher abgeschnitten gewesen.

Hier in meinem Hause geht es noch ganz gut, nur daß aus dem Stillen meiner Frau nichts zu werden scheint, weil nichts mehr kommt.

Neulich erfuhr ich, daß Stolberg und wer sonst noch bei ihm war den Meister feierlich verbrannt habe, bis auf das sechste Buch, welches er wie Arndts Paradiesgärtlein rettete und besonders binden ließ. Er hält es in allem Ernste für eine Anempfehlung der Herrenhuterei, und hat sich sehr daran erbaut.

Von Baggesen spukt ein Epigramm auf meinen Musenalmanach, worin die Epigramme übel wegkommen sollen. Die Pointe ist, daß „nachdem man erst idealische Figuren an dem Leser vorübergehen lassen, endlich ein venetianischer Nachttopf über ihn ausgeleert werde." — Das Urtheil wenigstens sieht einem begossenen Hunde sehr ähnlich. Ich empfehle Ihnen diese beiden Avis zu bestem Gebrauche. Haben Sie die Güte mir, was Sie noch von Xenien haben, zu senden, weil es jetzt mit dem Drucke sehr ernst ist.

Mein voriger Musenalmanach ist in Wien verboten; wir haben also in Rücksicht auf den neuen um so weniger zu schonen.

Folgendes Epigramm ist das neueste aus Berlin, wie Sie sehn werden.

Unger
über seine beiden Verlagsschriften:
„Wilhelm Meister" und das Journal „Deutschland".

Der Lettern neuen Schnitt dem Leser zu empfehlen,
Mußt' ich des Meisters Werk zur Ersten Probe wählen,
Die Zweite ist, und dann ist alles abgethan,
Wenn selbst des Pfuschers Werk sie nicht verrufen kann.

Leben Sie recht wohl. Das abgeschriebene achte Buch soll mich wieder aufs neue in Bewegung setzen. Ueber die naturhistorischen Dinge mündlich. Herder hat zum Almanach mancherlei geschickt; auch einiges wovon geschriebne steht:

facit indignatio versum
Qualemcunque potest.

Die Frau grüßt bestens.

Sch.

197. An Schiller.

Ich schicke hier einen guten Brief von Meyer; es ist der zweite den ich von Florenz erhalte, wo er sich ganz wohl befindet: ich wünsche nur daß er sich mit recht breiter Ruhe daselbst festsetzen möge.

Auf den Sonnabend schicke ich wohl noch ein paar Dutzend Xenien. Könnten Sie mir nicht, wie Sie beim Almanach vorwärts rucken, das Manuskript erst[1] herüberschicken. Ich habe in den Xenien manche Stellen verändert, auch hie und da noch Ueberschriften gefunden, vielleicht wäre etwas davon zu brauchen.

Die Abschrift des Romans geht vorwärts und ich finde noch mancherlei darin zu thun; ich hoffe ihn den 3. oder den 6. August zu schicken; den 10. besuche ich Sie und da, hoff' ich, wollen wir bald zum Schluß kommen.

Bis dahin wird sich auch wohl das politische Unheil mehr aufgeklärt haben; Thüringen und Sachsen hat, so scheint es, Frist sich zu besinnen, und das ist schon viel Glück.

Kants Aufsatz über die vornehme Art zu philosophiren, hat mir viel Freude gemacht; auch durch diese Schrift wird die Scheidung dessen was nicht zusammen gehört immer lebhafter befördert.

Die Auto da Fe der Stolberge und die Epigramme der Baggesen sollen ihnen übel bekommen; sie haben ja so nur einen Credit weil man sie tolerirt hat, und es wird keine große Mühe kosten sie in den Kreis zu bannen wohin sie gehören. Leben Sie recht wohl! Ich wünsche Ihrer Frau bei der Veränderung gute Gesundheit und dem Kleinen, bei seiner neuen Nahrung, Gedeihen. Ich werde indessen so fleißig als möglich sein, um einige Zeit in Ruhe bei Ihnen bleiben und mich über manche neue Unternehmung mit Ihnen unterhalten zu können.

Weimar den 26. Juli 1796.

G.

198. An Schiller.

Sie haben so oft, nebst anderen Freunden gewünscht, daß unsere Schauspieler manchmal in Jena spielen möchten; so eben tritt eine Epoche ein, wo wir sie von Lauchstädt aus zu Ihuen schicken können; ist alsdann das Theater einmal eingerichtet, so versteht sich daß die Sache im Gang bleiben kann. Schreiben Sie mir doch ein wenig die Disposition der Gemüther, bringen Sie besonders die Frauens [1] in Bewegung.

Der Herzog hat (unter uns gesagt) mir die Sache ganz überlassen; an Gotha hat man ein Compliment hierüber gemacht, und sie haben auch nichts dagegen; doch soll und mag ich die Sache nicht ohne Beistimmung der Akademie vornehmen. Ich werde sie aber nicht eher durch den Prorektor an den Senat bringen, als bis ich gewiß Majora vor mir habe. Lassen Sie also durch Ihre Bekannte und Freunde das Wünschenswerthe einer solchen neuen Erscheinung recht ausbreiten und sagen[2] mir bald Nachricht wie es aussieht?

Ich wünschte[3] die Mère coupable auf kurze Zeit zu haben; ist sie noch in Ihren Händen oder können Sie solche geschwind haben, so kann Herr[4] Hofkammerrath[5] Kirms, der dieses bringt, sie Abends mitnehmen.

Hier ein Brief von meiner Mutter.

Schreiben Sie mir wie die Ihrigen sich befinden.

Uebrigens ist alles in solcher Confusion und Bewegung, daß die ästhetische Stimmung, die erforderlich wäre den Roman nach unseren Wünschen zu vollenden nur als eine Wundergabe erwartet werden lann. Indessen ist auch daran nicht ganz zu verzweifeln. Leben Sie recht wohl.

Weimar den 28. Juli 1796.

G.

199. An Goethe.

[Jena den 28. Juli 1796.] [1]

Hier die Xenien, welche mir baldmöglichst zurückzusenden bitte. Was ausgestrichen ist, bleibt theils weg, theils ist es schon gedruckt oder für den Druck herausgeschrieben. Aenderungen in dem ausgestrichenen sind also entweder unnöthig oder auch schon zu spät. Die Namen unter den einzelnen Versen bedeuten nichts, und es ist auch nicht dabei geblieben.

Für die Komödie will ich Stimmen zu werben suchen und gleich bei dem Hausherrn anfangen, der sonst dazu geneigt gewesen ist. Für meine Frau besonders wird es mir sehr lieb sein, wenn es zur Ausführung kommt. Diese befindet sich recht erträglich; der Kleine leidet viel von Säure und Krämpfen, doch scheint er sich nach und nach an die neue Nahrung zu gewöhnen. Man sollte nicht denken, daß man bei so viel Sorgen von innen und außen einen leidlichen Humor behalten oder gar Verse machen könnte. Aber die Verse sind vielleicht auch darnach.

Für den Roman fürchte ich übrigens gar nichts. Das wenige was noch zu thun ist hängt von ein paar glücklichen Apperçus ab, und im äußern Gedränge pflegt man oft die wunderbarsten Offenbarungen zu erhalten.

Meyers Stimme aus Florenz hat mich recht erquickt und erfreut. Es ist eine Lust ihn zu hören, mit welcher zarten Empfänglichkeit er das Schöne aufnimmt, und bei einem so denkenden und analysirenden Geist, wie der seinige, ist diese Rührungsfähigkeit, diese offene Hingebung eine unendlich schätzbare Eigenschaft.

Seine Idee zu einem Bilde scheint mir überaus glücklich und malerisch zu sein. Schreiben Sie ihm, so bitte ich ihm recht viel freundschaftliches von mir zu sagen.

Die Idylle ist abgedruckt und ich werde den Probebogen nächstens schicken. Die zur Eisbahn gehörigen Xenien (Mittelalter und Individualität abgerechnet) habe ich in Ein Gedicht zusammen geruckt und die einzelnen Ueberschriften weggelassen. Dasselbe läßt sich im Kleinen auch noch bei einigen andern thun und wird die Mannigfaltigkeit der Formen vermehren. Vielleicht haben Sie auch Lust die Newtoniana so zu ordnen.

Für den Brief Ihrer Mutter danken wir schönstens. Außer dem, was er historisches enthält, interessirte uns die Naivetät ihrer eignen Art und Weise.

Der Himmel weiß, wie es uns noch ergehen wird. Unter diesen [2] Umständen werden Sie Meyers tröstliche Nachrichten über die Hinreise nach Italien schwerlich benützen können.

Leben Sie recht wohl. Meine Frau grüßt schön.

Sch.

200. An Schiller.

Die Xenien kommen sogleich wieder zurück; ich habe nur wenige Anmerkungen gemacht und erinnere nur noch daß wir in Eudämonia das i lang gebraucht haben, welches wohl nach dem Accent, nicht aber nach der Quantität richtig ist. Wahrscheinlich brauchen Sie diese paar Epigramme nicht.

Ueberhaupt will ich Ihnen nicht läugnen, daß es mir einen Augenblick recht wehe gethan hat unser schönes Karten- und Luftgebäude, mit den Augen des Leibes, so zerstört, zerrissen, zerstrichen und zerstreut zu sehen. Die Idee war zu schön, zu eigen und einzig als daß ich mich nicht, besonders da sich bei mir eine Idee, ein Wunsch leicht fixirt, darüber betrüben sollte für immer darauf renunciiren zu müssen. Doch mag es denn auch an dem Spasse genug sein den uns der Gedanke indessen gemacht hat; es mag genug sein daß nun so viel Stoff da ist, der zu einem andern Körper nun wieder verarbeitet werden kann. Die Zusammenstellung in Ihrem Almanach wird mich schon wieder trösten, nur bitte ich meinen Namen so wenig als möglich unter die Gedichte zu setzen. Die wenigen welche ich die Zeit hervorgebracht habe muß ich für den Augenblick liegen lassen; ich bringe sie mit, wenn ich komme und bis dahin wird der neue Körper des Almanachs schon so lebendig und mächtig sein, um sie sich zu assimiliren.

Noch eins; ich wünschte daß alles wegbliebe, was in unserm Kreise und unsern Verhältnissen unangenehm wirken könnte; in der ersten Form forderte, trug, entschuldigte eins das andere; jetzt wird jedes Gedicht nur aus freiem Vorsatz und Willen eingeschaltet und wirkt auch nur einzeln für sich.

Vom Roman ist gar nichts zu sagen; er hält einen Mittagsschlaf und ich hoffe er soll gegen Abend desto frischer wieder aufstehn.

In meinen Beobachtungen über Pflanzen und Insecten habe ich fortgefahren und bin ganz glücklich darin [1] gewesen. Ich finde, daß wenn man den Grundsatz der Stetigkeit recht gefaßt hat und sich dessen mit Leichtigkeit zu bedienen weiß, man weder zum Entdecken noch zum Vortrag bei organischen Naturen etwas weiter braucht. Ich werde ihn jetzt auch an elementarischen und geistigen Naturen probiren, und er mag mir eine Zeit lang zum Hebel und zur Handhabe bei meinen schweren Unternehmungen dienen.

Das französische Ungewitter streift noch immer jenseit des Thüringer Waldes hin; wir wollen das Gebürge, das uns sonst die kalten Winde schickt, künftig als eine Gottheit verehren, wenn es diesmal die Eigenschaften einer Wetterscheide [2] hat.

Da in Rudolstadt Vogelschießen ist, so geht unsere Schauspielergesellschaft den 11ten dahin, und die Wünsche des Jenaischen Publicums nach einer anmuthigen Unterhaltung im September können indessen laut werden.

Schreiben Sie mir wenn Sie wieder [3] eine Lieferung von Cellini brauchen.

Ich wünsche zu hören daß Sie mit den Ihrigen sich recht wohl befinden. Was haben Sie für Nachricht aus Schwaben? Die Sächsischen Contingente [4] sollen bei Kronach sein. Ob man sie brauchen wird das Voigtland und den Saalgrund vor Streifereien zu decken, ob man an der Werre noch einen andern Cordon ziehen wird, ob man Neutralität und Waffenstillstand durch Preußen vermitteln wird, überhaupt welche Art von Gewitterableiter man brauchen kann und will, muß sich in Kurzem aufklären. Leben Sie recht wohl. Ich wünsche eine ruhige und beruhigte Zeit bald in Ihrer Nähe zuzubringen.

Weimar den 30. Juli 1796.

G.

---

201. An Goethe.

Jena den 31. Juli 1796.

Sie können sich von den Xenien nicht ungerner [1] trennen, als ich selbst. Außer der Neuheit und interessanten Eigenthümlichkeit der Idee ist der Gedanke, ein gewisses Ganzes in Gemeinschaft mit Ihnen auszuführen, so reizend für mich gewesen. Aber seien Sie versichert, daß ich die Idee nicht meiner Convenienz aufgeopfert habe. Zu einem Ganzen, so wie es auch von dem liberalsten Leser gefordert werden konnte, fehlte noch unübersehlich viel; eine mühsame Redaction hat mich mit diesem Mangel gar sehr bekannt gemacht. Selbst wenn wir die zwei letzten [2] Monate ausschließend dazu hätten widmen können, würde weder der satyrische noch der andere Theil die nöthige Vollständigkeit erlangt haben. Das ganze Werk ein Jahr länger liegen zu lassen erlaubte weder das Bedürfniß des Almanachs, noch wäre es wegen [3] der vielen Anspielungen auf das neueste in der Literatur, welches nach einem Jahre sein Interesse verliert, zu wagen gewesen: und was dieser Rücksichten mehr sind, die ich Ihnen mündlich anführen will. Uebrigens ist uns diese Idee und Form noch gar nicht verloren, denn es ist noch so erstaunlich viel Stoff zurück, daß dasjenige, was wir aus dem alten noch etwa dazu nehmen, darin verschwinden wird.

Ihren Namen nenne ich sparsam. Selbst bei denjenigen politischen, welche niemanden angreifen [4], und vor welchen man sich gefreut haben würde ihn zu finden, habe ich ihn weggelassen, weil man diese mit den andern, auf Reichardt gehenden, in Verbindung vermuthen könnte. Stolberg kann nicht geschont werden, und das wollen Sie wohl selbst nicht, und Schlosser wird nie genauer bezeichnet, als eine allgemeine Satyre auf die Frommen erfordert. Außerdem kommen diese Hiebe auf die Stolbergische Secte in einer solchen Verbindung vor, daß jeder mich als den Urheber sogleich erkennen muß; ich bin mit Stolberg in einer gerechten Fehde und habe keine Schonung nöthig. Wieland soll mit der zierlichen Jungfrau in Weimar wegkommen, worüber er sich nicht beklagen kann. Uebrigens erscheinen diese Odiosa erst in der zweiten Hälfte des Almanachs, so daß Sie bei Ihrem Hiersein noch herauswerfen können, was Ihnen gut dünkt. Um Iffland nicht weh zu thun, will ich in dem Dialog mit Shakespeare lauter Schröderische und Kotzebuische Stücke bezeichnen. Sie sind wohl so gütig und lassen mir vom Spiritus das Personal aus fünf oder sechs Kotzebuischen und Schröderischen [5] Stücken abschreiben, daß ich darauf anspielen kann.

Der Cellini pressirt dießmal nicht; denn leider kann ich schon mehrere Posttage nichts mehr an Cotta bringen; die Post nimmt nichts nach Stuttgart und Tübingen an. Auch die letzte Lieferung des Cellini liegt noch da, die für das achte Stück bestimmt ist, und Cotta kann das Manuscript zu dem siebenten, welches bei der Einnahme von Stuttgart noch unterwegs war, nicht empfangen haben.

Aus Schwaben sind seit acht Tagen keine Nachrichten mehr angelangt; ich weiß nicht wie es um meine Familie steht, noch wo sie sich jetzt aufhält.

Aus Coburg wird heute geschrieben, daß die Franzosen in wenig Tagen darin einrücken würden, daß aber niemand etwas fürchte. Der allerfurchtsamste Hypochondrist von der Welt Herr Heß [6] schreibt dieses an seine Frau, die hier ist; es muß also wohl wahr sein.

Es ist gut, wenn man den Jenensern Zeit läßt, ihre Furcht vor den Franzosen los zu werden, ehe man ihnen die Komödie zeigt. Es giebt gar gewissenhafte Leute hier, die bei einer so großen öffentlichen Calamität ein Vergnügen für unschicklich halten.

Da wie ich höre das Mannheimer Theater auf ein Jahr suspendirt ist, so werden Sie Iffland wohl wieder in Weimar haben können. Es wäre zu wünschen, daß sich das Weimarische Theater bei dieser Gelegenheit mit einer Schauspielerin recrutiren könnte. Mlle. Witthöft, oder wie sie jetzt heißt, würde wohl eine sehr gute Eroberung sein.

Bei mir ist alles wohl auf, und der Kleine gewöhnt sich nach und nach. Meine Frau grüßt Sie bestens.

Leben Sie recht wohl. Ich freue mich, wenn Sie wieder hier sind, auch von den naturhistorischen Sachen wieder zu hören.

Sch.

202. An Goethe.

Nach langem Hin- und Herüberschwanken kommt jedes Ding doch endlich in seine wagrechte Lage. Die erste Idee der Xenien war eigentlich eine fröhliche Posse, ein Schabernack, auf den Moment berechnet, und war auch so ganz recht. Nachher regte sich ein gewisser Ueberfluß und der Trieb zersprengte das Gefäß. Nun habe ich aber, nach nochmaligem Beschlafen der Sache, die natürlichste Auskunft von der Welt gefunden, Ihre Wünsche und die Convenienz des Almanachs zugleich zu befriedigen.

Was eigentlich den Anspruch auf eine gewisse Universalität erregte und mich bei der Redaction in die große Verlegenheit brachte, waren die philosophischen und rein poetischen, kurz die unschuldigen Xenien; also eben die, welche in der ersten Idee auch nicht gewesen waren. Wenn wir diese in dem vordern und gesetzten Theile des Almanachs, unter den andern Gedichten bringen, die lustigen hingegen unter dem [1] Namen Xenien und als ein eigenes Ganze [2], wie voriges Jahr die Epigramme, dem ersten Theile anschließen, so ist geholfen. Auf Einem Haufen beisammen und mit keinen ernsthaften untermischt, verlieren sie sehr vieles von ihrer Bitterkeit, der allgemein herrschende Humor entschuldigt jedes einzelne, so wie Sie neulich schon bemerkten, und zugleich stellen sie wirklich ein gewisses Ganzes vor. Auch die Hiebe auf Reichardt wollen wir unter dem Haufen zerstreuen und nicht, wie erst geschehen war, an die Spitze stellen. Von der einen Seite war die Ehre und von der andern die Beleidigung zu groß, die wir ihm durch diese Auszeichnung anthaten. Und so wären also die Xenien (wenn Sie meinen [3] Gedanken gut heißen, wie ich denke [4]) zu ihrer ersten Natur zurückgelehrt, und wir hätten doch auch zugleich nicht Ursache, die Abweichung von jener zu bereuen, weil sie uns manches gute und schöne hat finden lassen.

Und da nach dem neuen Plane diejenigen politischen Xenien von Ihuen, welche bloß Lehren enthalten und gar niemand treffen, von den satyrischen ganz getrennt sind, so habe ich unter jene Ihren Namen gesetzt. Er gehört davor, weil sich diese Confessionen an die Epigramme vom vorigen Jahr und selbst an den Meister anschließen und, in Form und Inhalt, unverkennbar Ihren Stempel tragen.

Ich habe heute wieder keine Nachricht aus Schwaben erhalten; es scheint, daß wir ganz abgeschnitten sind. Hr. v. Funk der mir heute schrieb hat aus

Artern, seinem gewöhnlichen Quartier, in die Gegend von Langensalza vorrücken müssen. Doch muß man dort nicht viel fürchten, denn er hält diese Stellung für unnütz.

Leben Sie recht wohl.

Jena den 1. August 1796.

Sch.

---

203. An Schiller.

Sie werden, mein Lieber, noch manchmal in diesen Tagen zur Geduld gegen mich aufgefordert werden; denn jetzt, da die Zeit herbeikommt in welcher ich abreisen sollte, fühle ich nur zu sehr was ich verliere, indem mir eine so nahe Hoffnung aufgeschoben wird, welches in meinem Alter so gut als vernichtet heißt. Was ich noch von Cultur bedarf kounte ich nur auf jenem Wege finden; was ich vermag kounte ich nur auf jene Weise nützen und anwenden, und ich war sicher in unsern engen Bezirk einen großen Schatz zurückzubringen, bei welchem wir uns der Zeit, die ich entfernt von Ihnen zugebracht hätte, künftig doppelt erfreut haben würden. Des guten Meyers Beobachtungen schmerzen mich; er hat selbst nur den halben Genuß davon, wenn sie für mich nur Worte bleiben sollen; und daß ich jetzt keine Arbeit vor mir sehe die mich beleben und erheben könnte, macht mich auch verdrießlich. Eine große Reise und viele von allen Seiten zudringende Gegenstände wären [1] mir nöthiger als jemals; ich mag es indessen nehmen wie ich will, so wäre es thöricht gegenwärtig aufzubrechen, und wir müssen uns also drein finden.

Ich hoffe Sie bald zu besuchen und es freut mich, daß Sie sich einen Weg ausgedacht haben, wie wir den Spaß mit den Xenien nicht verlieren. Ich glaube es ist der ganz richtige, und der Kalender behält seine vorige Form und zeichnet sich vor allen anderu durch Vorspiel und Nachspiel aus; er wird nicht bunt durch Vermischung heterogener Dichtungsarten, und wird doch so mannigfaltig als möglich. Wer weiß was uns einfällt, um übers Jahr wieder [2] auf eine ähnliche Weise zu interessiren. Von allem übrigen sage ich heute nichts. Leben Sie recht wohl. Grüßen Sie Ihre liebe Frau; ich wünsche Sie mit den Ihrigen wohl und vergnügt anzutreffen.

Weimar den 2. August 1796.

G.

---

204. An Goethe.

Jena den 5. August 1796.

Matthisson ist heute hier durchgereist, er kommt unmittelbar aus Italien über Triest und Wien. Seinen Versicherungen nach soll die Reise nach Italien nicht so bedenklich sein. Er glaubt der Weg von Triest nach Rom über Ancona sollte keine Schwierigkeit haben. Es ist ihm selbst auf der Reise keine Unannehmlichkeit begegnet, und aufgehalten wurde er bloß in Nürnberg, wo es an Pferden fehlte. Wenn es also binnen drei, vier Wochen entschieden würde, ob Sie für Haus und Herd nichts zu fürchten haben, so wäre die Reise doch noch[1] nicht aufzugeben. Auch Hirt hat Italien verlassen; Matthisson hat sich in Wien von demselben getrennt; doch sagt er Hirt würde auch[2] hieher kommen. Von Meyern wußte er nicht mehr zu erzählen, als wir wissen, und überhaupt hat er nicht viel neues über die neuesten Ereignisse zu erzählen gehabt.

Ich sende Ihnen hier eine Anzahl ernsthafter Xenien, die ich, aus den Ihrigen und den Meinigen gemischt, in Einen Strauß zusammen gebunden habe, damit doch auch, in Absicht auf die ernsthaften Stücke, die Idee einiger beiderseitigen Vereinigung in etwas erfüllet werde. Haben Sie die Güte, das Manuscript anzusehen und zu bemerken, wo Sie etwas anders wünschen. Fänden Sie keine Erinnerung zu machen, so erbitte ich mir das Manuscript mit retournirendem Botenmädchen zurück, um es gleich an Göpferdt zu geben.

Von andern Sachen das nächstemal. Ich bin nicht allein. Möge Sie dieser Brief heiter und beruhigt finden! Bei mir ist alles wohl[3] und meine Frau läßt Sie herzlich grüßen.

Sch.

205. An Schiller.

Die ci-devant Xenien nehmen sich, in ihrer jetzigen Zusammenstellung, sehr gut aus, und wird diese ernste Gesellschaft gewiß auch gut aufgenommen werden. Könnten Sie noch die paar fehlenden Ueberschriften finden, so würde es sehr schön sein; mir hat der Geist in diesen kurzen Stunden nichts eingeben wollen. Die nächste Woche bin ich bei Ihnen, und ich hoffe unser Zusammensein soll nicht unfruchtbar bleiben; wir werden manches vollenden und uns zu manchem entschließen können. Von naturhistorischen Dingen habe ich manches Gute zu erzählen.

Ich habe in diesen Tagen das schönste Phänomen, das ich in der organischen Natur kenne (welches viel gesagt ist), entdeckt und schicke Ihnen geschwind die Beschreibung davon. Ich weiß nicht ob es bekannt ist; ist es aber, so verdienen die Naturforscher Tadel, daß sie so ein wichtig Phänomen nicht auf allen Straßen predigen, anstatt die Wißbegierigen mit so vielen matten Details zu quälen. Sagen Sie niemand nichts davon. Ich habe zwar die Beobachtung nur an Einer[1] Art machen können, wahrscheinlich aber ist es bei allen so, welches sich noch[2] diesen Herbst entscheiden muß. Da die Veränderung so schnell vorgeht, und man nur wegen der Kleine des Raums die Bewegung nicht sehen kann, so ist es wie ein Mährchen, wenn man den Geschöpfen zusieht; denn es will was heißen in zwölf Minuten um einen halben[3] Zoll in der[4] Länge und proportionirlich in der Breite zu wachsen und also gleichsam im Quadrate zuzunehmen! und die vier Flügel auf einmal! Ich will sehen ob es nicht möglich ist Ihnen dieses Phänomen unter die Augen zu bringen. Leben Sie recht wohl! Unter uns gesagt, ich hoffe Ihnen Friede und Ruhe für Thüringen und Obersachsen mitbringen zu können.

Weimar den 6. August 1796.

G.[5]

Nachschrift.

Es versteht sich von selbst, daß man sich dieses Wachsthum nicht vorzustellen hat, als wenn die festen Theile der Flügel in so kurzer Zeit um so vieles zunähmen; sondern ich denke mir die Flügel aus der feinsten tela cellulosa schon völlig fertig, die nun durch das Einstreben[6] irgend einer elastischen Flüssigkeit, sie sei nun Luft-, Dunst- oder Feuchtartig, in so großer Schnelle ausgedehnt wird. Ich bin überzeugt, daß man bei Entwickelung der Blumen eben so etwas wird bemerken können.

---

206. An Goethe.

Jena den 8. August 1796.

Ihre neue Entdeckung ist in der That wunderbar; sie scheint bedeutend und auf eine wichtige Spur zu führen. Sie erinnerte mich an die schnelle und gewaltsame Entwicklung, welche in dem Herzen und den Lungen des neugeborenen Thiers vorgeht. Daß der Schmetterling die Lichtseite so sehr vermeidet, ist auch etwas merkwürdiges, und muß abermals auf den Einfluß des Lichts auf organische Naturen aufmerksam machen.

Ich wünschte sehr, das Phänomen selbst zu sehen. Sie setzen diese Tage wahrscheinlich Ihre Versuche[1] fort, und werden mir, wenn Sie hieher kommen, mehreres davon zu erzählen haben.

Hier wird allgemein erzählt, daß in Weißenfels eine Zusammenkunft zwischen dem Churfürsten von Sachsen, einigen Herzogen von Sachsen, ja selbst dem König von Preußen im Werke sei. Die Sachsen würden die Stadt Erfurt besetzen und was des Gerüchtes mehr ist. Aus Schwaben ist noch immer keine Nachricht gekommen, und ich kann keine dorthin bringen.

Schlegels Bruder ist hier; er macht einen recht guten Eindruck und verspricht viel. Humboldt hat eine große Reise nach dem nördlichen Deutschland bis auf die Insel Rügen angetreten, wird die Freunde und Feinde in Eutin und Wandsbeck besuchen und uns allerlei kurzweiliges zu melden haben. Ich konnte nicht recht begreifen, was ihn auf einmal ankam, sich dorthin in Bewegung zu setzen.

Das achte Buch ruht wohl noch?

Haben Sie nicht eine Schrift über die Herkulanischen Entdeckungen? Ich bin gerade jetzt einiger Details darüber bedürftig und bitte Sie darum. Schon in Volkmanns Geschichte findet man glaube ich mehreres davon.

In meinem Hause steht's gut. Wir freuen uns alle (denn Karl gehört auch dazu) auf Ihre Hieherkunft.

Kommen Sie ja recht bald!

Sch.

207. An Schiller.

Mein Paket war gemacht; ich hoffte wieder einige gute Zeit mit Ihnen zuzubringen. Leider halten mich verschiedene Umstände zurück, und ich weiß nicht, wenn ich Sie sehen werde.

Was Sie eigentlich von den Herkulanischen Entdeckungen zu wissen wünschen, möchte ich näher wissen, um Ihnen zweckmäßig aushelfen zu können. Ich schicke Ihuen hierbei den Volkmann; auch ist in der Büttnerischen Bibliothek ein Buch:

Beschreibung von Heracleia, aus dem Italiänischen des Don Marcello Venuti. Frankfurt und Leipzig 1749.

Schicken Sie mir doch mein Blatt über die Schmetterlinge zurück. Das Phänomen scheint allgemein zu sein; ich habe es indessen bei anderu Schmetterlingen und auch bei Schlupfwespen bemerkt. Ich bin mehr als jemals überzeugt, daß man durch den Begriff der Stetigkeit den organischen Naturen trefflich beikommen kann. Ich bin jetzt daran mir einen Plan zur Beobachtung aufzusetzen, wodurch ich im Staude sein werde jede einzelne Bemerkung an ihre Stelle zu setzen, es mag dazwischen fehlen was will; habe ich das einmal gezwungen, so ist alles, was jetzt verwirrt, erfreulich und willkommen. Denn wenn ich meine vielen, ungeschickten Collectaneen ansehe, so möchte ich wohl schwerlich Zeit und Stimmung finden sie zu sondern und zu nutzen.

Der Roman giebt auch wieder Lebenszeichen von sich. Ich habe zu Ihren Ideen Körper nach meiner Art gefunden; ob Sie jene geistigen Wesen in ihrer irdischen Gestalt wieder kennen[1] werden, weiß ich nicht. Fast möchte ich das Werk zum Drucke schicken, ohne es Ihnen weiter zu zeigen. Es liegt in der Verschiedenheit unserer Naturen, daß es Ihre Forderungen niemals ganz[2] befriedigen kann; und selbst das giebt, wenn Sie dereinst sich über das Ganze erklären, gewiß wieder zu mancher schönen Bemerkung Anlaß.

Lassen Sie mich von Zeit zu Zeit etwas vom Almanach hören. Hier ein kleiner Beitrag; ich habe nichts dagegen, wenn Sie ihn brauchen können, daß mein Name darunter stehe. Eigentlich hat eine arrogante Aeußerung des Herrn Richter, in einem Briefe an Knebel, mich in diese Disposition gesetzt.

Lassen Sie mich ja wissen was Humboldt schreibt.

In einigen Tagen wird Herr Legationsrath Mattei sich bei Ihuen melden;

nehmen Sie ihn freundlich auf; er war Hofmeister bei dem Grafen Forstenburg, [3] natürlichem Sohn des Herzogs von Braunschweig [4], und zugleich an dessen Mutter, Frau von Brankoni, attachirt und hat mit beiden ein ziemliches Stück Welt gesehen. Leben Sie recht wohl.

Weimar den 10. August 1796.

G.

---

208. An Goethe.

[Jena den 10. August 1796.] [1]

Eben erhalte ich Ihren Brief, und will nur das Manuscript geschwind fortschicken das Sie begehren. Für den Volkmann und die übrigen Notizen danke ich Ihnen aufs beste. Der Chinese soll warm in die Druckerei kommen; das ist die wahre Abfertigung für dieses Volk.

Daß Sie nicht sogleich kommen können ist mir recht verdrießlich. Ich hätte jetzt so gern mein Lämpchen bei Ihnen angezündet. In Absicht auf den Roman thun Sie sehr wohl, fremden Vorstellungen, die sich Ihrer Natur nicht leicht assimiliren lassen, keinen Raum zu geben. Hier ist alles aus Einem Stück; und selbst wenn eine kleine Lücke wäre, was noch immer nicht erwiesen ist, so ist es besser, sie bleibt auf Ihre Art, als daß sie durch eine fremde Art ausgefüllt wird. Doch davon nächstens mehr.

Auf den Freitag sende ich Ihnen auch Almanachs-Bogen.

Leben Sie recht wohl.

Sch.

---

209. An Goethe.

[Jena den 12. August 1796.] [1]

Ich bin heute in ein Gedicht hinein gerathen, worüber ich den Botentag rein vergessen habe. Eben mahnt mich meine Frau, die Ihnen Zwieback schickt, und ich habe nur noch zu ein paar Worten Zeit.

Hier Proben von bessern und schlechtern Abdrücken der ersten Almanachs-Bogen. Der vierte ist jetzt unter der Presse, und es läßt sich an, als ob wir in der ersten Woche Septembers [2] damit zu Stande sein könnten. Er wird erstaunlich reich werden, und von dem vorjährigen völlig verschieden. Wenn ich Ihre Idylle gegen die Epigramme im vorigen Jahr abrechne, so wird der dießjährige wohl den Preis davon tragen. Mit meinen Arbeiten darin bin ich viel besser zufrieden, als ich es mit denen im vorigen Jahr bin. Ich empfinde es ganz erstaunlich, was Ihr näheres Einwirken auf mich in mir verändert hat, und obgleich an der Art und an dem Vermögen selbst nichts anders gemacht werden kann, so ist doch eine große Länterung mit mir vorgegangen. Einige Sachen, die ich jetzt unter Händen habe, dringen mir diese Bemerkung auf.

Herrn Mattei habe ich noch nicht gesehen; er soll mir willkommen sein, wenn er erscheint. Mein Schwager, der Legationsrath von Wolzogen, mit seiner Frau ist gegenwärtig hier; er hat sich mehrere Jahre mit der Architektur abgegeben, und da es ihm gar[3] nicht an Kopf fehlt, er auch gereist ist, so werden Sie ihn nicht leer finden.

Leben Sie recht wohl, und bleiben Sie nicht zu lange mehr aus. Ich wünschte jetzt gar sehr, das achte Buch wieder zu haben; kann ich es nicht bald erhalten?

Sch.

210. An Schiller.

Ihre freundliche Zuschrift, begleitet von den ersten Bogen des Almanachs und den guten Zwiebäcken, waren mir sehr erfreulich; sie trafen mich mitten im Fleiße von allerlei Art. Der Almanach macht wirklich ein stattliches[1] Gesicht und das Ganze kann nicht anders als reich und mannigfaltig werden. Könnten Sie nicht, da Sie doch einige Blätter umdrucken lassen, auch gleich die Eisbahn mitnehmen? Wie sie jetzt steht, verspricht sie ein Ganzes zu sein, das sie nicht leistet, und die zwei einzelnen Distichen am Ende machen den Begriff davon[2] noch schwankender. Ich schicke Ihnen hierbei wie ich wünschte daß sie abgedruckt würden. Die Distichen würden durch einen kleinen Strich getrennt, und da ich noch einige hinzugethan habe, so machten sie eine Art von Folge und leiteten die künftigen ein, die auf eben diese Weise stehen werden. Sophie Mereau hat sich recht gut[3] gehalten. Der Imperativ nimmt sich recht[4] lustig aus. Man sieht recht bei diesem Falle wie die Poesie einen falschen Gedanken wahr machen kann, weil der Appell ans Gefühl sie gut kleidet. Mir ist aufgefallen wie das Gedicht von Conz[5] doch eigentlich nur gute Prosa ist, und wie wunderlich die Kobolde sich in der übrigen hellen Gesellschaft ausnehmen. Es ist aber recht gut, daß Sie von allen diesen beliebten Arten etwas aufnehmen. Haben Sie nicht auch noch eine leidliche Romanze? Bei der Redaction der Xenien hoffe ich gegenwärtig zu sein und meine neusten noch unterzubringen. Bis künftigen Mittwoch hoffe ich manches überstanden zu haben; bis dahin werde ich mir auch die Frage, ob ich Ihnen das achte Buch nochmals schicke? beantworten können. Ich müßte mich sehr irren, oder ich muß künftig diesen letzten Band zu zwei Bänden erweitern, um etwas mehr Proportion in die Ausführung der verschiedenen Gegenstände zu bringen.

Was sagen Sie zu beiliegender Wundergeschichte? Sie ist aus der Florentiner Zeitung genommen; lassen Sie es doch abschreiben und theilen es einigen Freunden mit. Merkwürdig ist das Mandat das man zu gleicher Zeit, zur Sicherstellung der französischen Commissarien, die man erwartet, vom Quirinal publicirt hat;

es werden darin die unmittelbarsten, strengsten Strafen demjenigen, der sie nur im mindesten beleidigte, oder sich bei allem was geschehen könnte (wahrscheinlich ist der Transport der Kunstsachen gemeint) nur im mindesten regte und rührte, ohne prozessualische Form, angedroht.

Meyer hat geschrieben und ist recht gutes Muths; er hat schon angefangen die Madonna della Seggiola zu copiren, und wird sich nachher wahrscheinlich an einen Theil eines trefflichen Bildes von Michelange machen; er hofft immer noch auf mein nächstes Kommen.

Die nächste Woche werde ich auch mehr sagen können wie unsere Politica stehen. Das Sächsische Contingent bleibt im Voigtlande; die übrigen Truppen sind denn doch so vertheilt daß der Cordon eine Gestalt hat; demohngeachtet wird wohl das beste was zu hoffen ist nicht von Macht und Gewalt, sondern von höhern Verhältnissen und höhern Constellationen abhängen.

Grüßen Sie alles was Sie umgiebt; ich freue mich Sie bald wieder zu sehen, wie ich denn von unserer Wechselwirkung noch Folgen hoffe, die wir jetzt gar noch[6] nicht ahnen können. Leben Sie recht wohl.

Weimar den 13. August 1796.

G.

211. An Goethe.

Endlich habe ich Briefe aus Schwaben, die mich zwar nicht viel unterrichten, aber im Ganzen doch beruhigen. Cottas Briefe lege ich bei. Meine Familie hat wenig von den Kriegsunruhen, desto mehr aber von den Krankheits-Umständen meines Vaters gelitten, der einem langsamen Tod auf einem sehr schmerzhaften Krankenlager entgegen schmachtet. Meine jüngste Schwester, von der ich Ihnen im vorigen März erzählt, ist schon im April gestorben, und meine zweite dem Tode mit Mühe entgangen.

Weil ich vor der Hand nur über Frankfurt Briefe[1] nach Schwaben bringen kann und mir an der gegenwärtigen Bestellung an Cotta alles liegt, so ersuche ich Sie, eingeschlossenes an Ihre Frau Mutter nach Frankfurt einzuschließen, und die schnellste Absendung nach Stuttgart zu empfehlen.

Zugleich haben Sie die Güte, mich wissen zu lassen, an wen in Weimar ich mich der Decke zum Almanach wegen, von welcher Cotta schreibt, zu wenden habe?

Morgen mit dem Botenmädchen ein mehreres, heute habe ich alle Hände voll zu thun.

Leben Sie aufs beste wohl.

Eben erfahre ich, daß man auf hiesiger Post Briefe nach Stuttgart über Frankfurt annimmt. Ich brauche Sie also nicht zu belästigen.

Jena den 15. August 1796.

Sch.

Die Eisbahn kann noch recht gut umgedruckt werden, da ohnehin auf demselben Bogen zwei Blätter umgedruckt werden.

212. An Schiller.

Künftigen Donnerstag Abend hoffe ich bei Ihnen zu sein; indessen schicke ich hier ein Paket Allerlei voraus:

1) Die Aetzdrücke zu der Hirtischen Abhandlung; die durch den Grabstichel ausgearbeiteten sind zu nochmaliger Correctur in meiner Hand.
2) Die Cottaischen Briefe. Eine Kupferplatte zum Deckel des Musenalmanachs kann in vierzehn Tagen fertig sein; nur die Zeichnung wird einige Schwierigkeit machen. Meyer hat einige, die trefflich sind, ich weiß nicht zu was für Kalendern erfunden und stechen lassen; ich bringe sie mit. Am Ende componiren wir selbst eine schickliche Bordüre, lassen das Mittelfeld frei, setzen vorne ein ernsthaftes und hinten ein lustiges Xenion drauf, so ist die Sache abgethan und doch wieder was neues.
3) La Mère coupable.
4) Ein Publicum, welches die Situation von Rom, verbunden mit jenen Wundergeschichten, gar wohl erkennen läßt.
5) Ein nagelneues Mährchen, dessen Verfasser Sie wohl erkennen werden. Sollte man nicht aus diesem Product, wenn man es übersetzte und ihm etwas gäbe und nähme, einen interessanten Beitrag zu den Horen machen können? Wenigstens ist die demokratische Tendenz eines so rein aristokratischen Quellwassers einzig in ihrer Art, und man könnte, wie ich mir's imaginire, aus der Production, mit wenigem Aufwand [1], noch manchen Vortheil ziehen.

Das achte Buch des Romans soll noch von hier abgehen, damit, was mir gelungen sein möchte, Sie im Druck überrasche, und was daran ermangeln mag, uns Unterhaltung für künftige Stunden gewähre; denn was den Augenblick betrifft so bin ich, wie von einer großen Debauche, recht ermüdet daran, und wünsche Sinn und Gedanken wo anders hinzulenken.

Es thut mir sehr leid, daß Ihre Familiennachrichten so traurig sind. Da es im allgemeinen so übel geht, sollte man billig im einzelnen erfreut werden. Es soll mir sehr angenehm sein Ihre Frau Schwägerin wiederzusehen, und Ihren Herrn Schwager kennen zu lernen. [2] Leben Sie recht wohl.

Weimar am 16. August 1796.

G.

213. An Schiller.

Ob wir gleich mehr als jemals vom Augenblick abhängen, so hoffe ich doch es soll mich nichts hindern, Morgen Abend bei Ihnen zu sein. Die tabulas votivas bringe ich morgen [1] wieder mit. Ihre Distichen sind außerordentlich schön und sie werden gewiß einen trefflichen Effeet machen. Wenn es möglich ist daß die Deutschen begreifen, daß man ein guter tüchtiger Kerl sein kann, ohne gerade ein Philister und [2] ein Matz zu sein, so müssen Ihre schönen [3] Sprüche das gute Werk vollbringen, indem die großen Verhältnisse der menschlichen Natur mit so viel Adel, Freiheit und Kühnheit dargestellt sind.

Weit entfernt daß ich die Aufnahme gewisser Arbeiten in den Almanach tadle; denn man sucht dort gefällige [4] Mannigfaltigkeit, Abwechslung des Tons und der Vorstellungsart; man will Masse und Menge haben, der gute Geschmack freut sich zu unterscheiden, und der schlechte hat Gelegenheit sich zu bestärken, indem man ihn zum besten hat.

Von so vielem andern mündlich. Ich hoffe wir wollen diesmal wieder zusammen eine gute Strecke vorwärts kommen. Da ich den Roman los bin, so habe ich schon wieder zu tausend andern Dingen Lust. Leben Sie recht wohl.

Weimar den 17. August 1796.'

G.

---

214. An Goethe.

Jena den 5. October 1796.

Möchten Sie glücklich angelangt sein und alles bei sich wohl gefunden haben!

Endlich hab' ich ein anderthalb Tausend Titelkupfer erhalten, wovon ich hier vor der Hand zweihundert sende. So viel Exemplare denk' ich soll der Buchbinder auf den Freitag Nachmittag fertig kriegen, welche mir dann durch einen Expressen zu senden bitte. Die Musiknoten sind nicht gekommen; diese können also nicht mehr mit versendet werden.

Ich sende hier auch hundert und fünfzig Titelblätter. Weil eine der drei Sendungen an den Buchbinder unmittelbar aus Ihrem Hanse erfolgt ist, so vermuthe ich, daß auch schon eine Quantität Titelbogen mit nach Weimar abgegangen sein wird. Sollte dieß nicht sein, so bitte ich, mich davon zu benachrichtigen.

Humboldt schreibt mir, daß man in Berlin über Ihre Idylle [1], davon aus Carlsbad und Teplitz Exemplare dahin gekommen, ganz entzückt sei.

Leben Sie recht wohl. Hier ist alles wohl und grüßt Sie aufs schönste [2].

Sollte der Buchbinder Freitag gegen drei oder vier weniger als hundert Exemplare fertig kriegen, so ist es unnöthig [3] einen Expressen zu senden, und das Botenmädchen kann alsdann Sonnabends alles, was fertig ist, mitbringen.

Sch.

215. An Schiller.

Aus dem ruhigen Zustande, den ich in Ihrer Nähe zugebracht habe, bin ich gleich auf ganz andere Schauplätze gerufen worden; gestern und vorgestern war ich auf Ettersburg und in Schwansee, und heute früh hat uns ein Brand in der Jakobsvorstadt in Bewegung gesetzt. Von Bertuchs Hause sieht man gerade hinüber in die Lücke.

Indessen haben unsere mordbrennerischen Füchse auch schon angefangen ihre Wirkung zu thun. Des Verwunderns und Rathens ist kein Ende. Ich bitte Sie um alles, ja kein zweifelhaftes zu gestehen, denn der Sinn der Räthsel wird wie ich sehe tausendfach.

An dem Buchbinder will ich treiben was ich kann. Dienstag erhalten Sie eine Ladung; schicken Sie aber nur wieder Titelblätter und Kupfer; ich schreibe baldmöglichst wie wir überhaupt stehen.

Wenn es Ihuen recht ist, so will ich das eine incomplete Exemplar dazu benutzen um die Druckfehler zu notiren; machen Sie sich auf die zweite Ausgabe bereit und veranstalten Sie solche in klein Octav, wie Sie neulich sagten.

Hier folgt ein reiner Abdruck der Hirtischen Platte; sie soll Montags nach Frankfurt; wenn ich die Fortsetzung des Manuscripts erhalte, corrigire ich auch die andere. Schreiben Sie mir nur bei Zeiten, worin ich Ihnen beistehen kann, denn ich sehe viele Zerstreuung voraus. Sagen Sie doch Ihrem Herrn Schwager, nebst vielen Empfehlungen, er möge den Scheffauerschen Antrag nicht geradezu ablehnen; ich habe einen Gedauken darüber den ich Ihuen nächstens mittheilen will. Leben Sie recht wohl und grüßen Sie die Frauenzimmer schönstens.

Weimar den 8. October 1796.

G.

---

216. An Goethe.

Jena den 9. October 1796.

Ich habe durch meinen Schwager diesen Morgen hundert Terpsichore und hundert Titelblätter gesendet; aber nach meiner Rechnung ist beides schon längst nach Weimar geliefert gewesen, und diese heut überschickten Abdrücke von Titel und Kupfer mußte ich von den rohen Exemplarien des Almanachs nehmen. Beide sind also verloren gegangen, wenn sie nicht entweder bei Ihnen oder bei dem Buchbinder liegen. In meinem Brief vom 5. müßte es glaube ich stehen, wie viel Terpsichores ich Mittwoch Abends geschickt habe.

Mit den Titelblättern ist es eben so. Ich muß hundert von diesen neu drucken lassen; es ist Schade um das Geld. So sehe ich mich frühe für das Böse gestraft, das wir den schlechten Autoren erzeigt haben. Ich kann Ihuen nicht beschreiben, mit wie vielen kleinen fatalen Details mich die Besorgung des

Almanachs in diesen Tagen plagt, und die zu späte Sendung der Melodien macht mir schon allein drei und sechzig neue Pakete nothwendig. Es ist weder die Zeit noch die Gelegenheit die Melodien noch zu binden; sie mögen so mitlaufen; ohnehin dankt niemand den Aufwand und die Mühe.

Auf neue Decken wartet der hiesige Buchbinder mit Schmerzen. Sollte mein Schwager mir heute nichts mitbringen, so bitte ich Sie inständig, mir morgen mit dem frühesten zu schicken, was bis dahin fertig werden kann. Ich begreife nicht warum uns der Abdrucker sechs Tage gar nichts mehr geschickt hat.

Hier wird noch immer nach Almanachs gefragt, aber nach lauter guten Exemplaren, womit mir gar kein Dienst geschieht. Ich fürchte wir setzen die schlechteren nicht ab, und da der guten nur fünfhundert sind, so wird es zugleich an Almanachen für die Käufer und an Käufern für die Almanache fehlen.

Wie sind Sie mit der Musik zufrieden? Was ich, in einem sehr unvollkommenen Vortrag, davon gehört, hat mir sehr gefallen. Mignon ist rührend und lieblich; auch der Besuch von mir hat einen sehr angenehmen Ausdruck. Wollen Sie so gütig sein, von beiliegenden sieben Exemplaren der Melodien sechs an Herder und eins an Geheimerath Voigt abgeben zu lassen?

Einen Brief von Körner lege ich bei, weil er einiges über den Almanach enthält. Wir sollten ordentlich Acta über alle schriftliche und gedruckte Urtheile vom Almanach halten, um einmal, wenn es der Mühe werth ist, daraus referiren zu können.

Ich habe nicht aufgeschrieben, wie viel Exemplare des Almanachs der Buchbinder in Weimar hat. Nach dem Bestand der Auflage, die bei mir liegt und bei dem hiesigen Buchbinder noch restirt, müßten noch etwa[2] hundert und achtzig in Weimar sein. Wollen Sie durch Geist nachsehen lassen?

Alles befindet sich hier leidlich wohl und grüßt Sie aufs beste.

Sch.

217. An Schiller.

Ihr Herr Schwager bringt mir, zu meiner großen Zufriedenheit, die Titelblätter und Kupfer wie auch die Melodien; wäre alles nur vierzehn Tage früher beisammen gewesen, so hätten wir uns der ganzen Expedition erfreuen können.

Die Hoffmannische Buchhandlung[1] prätendirt mit Cotta in Verhältniß zu stehen und verlangt funfzehn bis zwanzig Exemplare auf Rechnung. Soll ich sie ihr geben? oder baar Geld, versteht sich mit einem Viertel Rabat, verlangen?

Leben Sie recht wohl; nächstens mehr.

Weimar den 9. October 1796.

G.

218. An Goethe.

Jena den 10. October 1796.

Hoffmann in Weimar steht bereits auf dem Cottaischen Speditionszettel; Sie können ihm also, auch dem Industrie-Comptoir, wenn es welche haben will, Exemplare des Almanachs auf Rechnung abliefern lassen. Sie sind so gütig und bemerken auf beiliegenden Preiszetteln wie viel Exemplarien an beide Handlungen abzugeben sind, und lassen einen Empfangschein für mich geben. Sollten Velin- oder holländische Exemplarien gewünscht werden, so müßte ich das Mittwoch früh spätestens erfahren.

Zugleich sende ich einen Vorrath von[1] Melodien; was zu viel ist, werden Sie so gütig sein mir auf den Sonnabend zurückzusenden.

Von hiesigen Buchhandlungen[2] sind nunmehr zwei und siebenzig Exemplare verlangt und abgegeben worden. Gehen in Weimar achtundzwanzig ab, so sind wir in diesen zwei Orten, die etwa zwölftausend Menschen enthalten, hundert Exemplare los geworden. Es wird interessant sein, den actuellen Zustand der poetischen Lectüre in deutschen Städten aus diesen Beispielen zu ersehen. Ich bin überzeugt, daß in Thüringen und im Brandenburgischen, vielleicht noch in Hamburg und umliegenden Orten, der dritte Theil unserer Leser und Käufer sich finden wird.

Ich bitte sehr um den Rest der Decken. Hirts Aufsatz sende ich morgen. Den Abdruck des Kupfers will ich an Cotta vor der Kupferplatte voran laufen lassen.

Heute geht das zweite Drittheil der ganzen Auflage des Almanachs nach Leipzig ab.

Leben Sie recht wohl und schreiben mir bald wieder, mich zu erquicken und zu stärken.

Sch.

---

219. An Schiller.

Leider häufen und verdoppeln sich die Unannehmlichkeiten eines Geschäfts wie das ist das Sie übernommen haben, und ich fürchte Sie werden noch manches Unheil des Selbstverlags dabei erleben.

Wir erinnern uns keiner Titelkupfer und Titelblätter als derer die wir abgeliefert haben. Geist hat alle Exemplare, die nach Jena in unser Quartier kamen, gezählt und gepackt und keine Titelblätter dabei gefunden.

Ihr Brief vom 5. October spricht von zweihundert Titelkupfern, die Sie auch geschickt haben. Durch Ihren Herru Schwager erhielt ich noch hundert, und die wären also complet; nun brauche ich noch funfzig Titelblätter und zwei und siebenzig Exemplare, und so hat der Buchbinder alles was zu dreihunderten gehört; complet abgeliefert sind:

	50
Hierbei kommen	124
	174.

Uebergeben Sie ja, wenn es zur zweiten Auflage kommen sollte, das Ganze irgend jemand zur Besorgung. Man verdirbt sich durch dergleichen mechanische Bemühungen, auf die man nicht eingerichtet ist und die man nicht mit der gehörigen Präcision treibt, den 'ganzen Spaß und hat erst am Ende, wo alles zusammentreffen soll, den Verdruß weil es an allen Euden fehlt.

Ueber die Musik kann ich noch nichts sagen. Ich habe sie gehört, aber das ist bei den Zelterischen Compositionen noch nicht genug; er hat viel Eigenheit die man ihm erst abgewinnen muß.

Leben Sie recht wohl. Ich schicke den Körner'schen Brief hier zurück. Da wir das Publikum kennen, so wird uns schwerlich auch bei dieser Gelegenheit eine neue Erscheinung entgegen kommen. Wenn ich Starken und den Buchbinder bezahlt habe, so schicke ich die Rechnung.

Weimar den 10. October 1796.

G.

[1] Hier noch zu besserer Uebersicht ein Auszug wie wir mit dem Buchbinder stehn.

Er erhielt Exemplare:

erste Sendung	50
zweite „	100
dritte „	50
vierte „	28
	228.
Titelkupfer . .	200
zweite Sendung .	100
	300.
Titelblätter . .	150
zweite Sendung .	100
	250.
Umschläge auf einmal	300.[1]

---

220. An Goethe.

Jena den 11. October 1796.

Aus der Berechnung des nach Weimar gesandten ersehe ich nun, daß mir gerade hundert Druckpapier-Exemplare fehlen, die mir wahrscheinlich Göpferdt nicht gesandt hat, denn aus meinem Hause können sie nicht weggekommen sein, da von da aus nie etwas als nach Weimar exportirt wurde. So fehlen mir gleichfalls Titelblätter und Titelkupfer, welche freilich leichter zu ersetzen sind. Es ist fatal, daß Göpferdt just auf der Messe ist, wo er noch zehn Tage bleibt.

Ich habe die Paketirung und Emballage der gestrigen Leipziger Lieferung an den hiesigen Buchhändler Gabler übergeben; aber das nahm mir nur einen Theil der Arbeit: denn die Bestimmung dessen, was in jedes Paket kommen sollte, bei der vierfachen Verschiedenheit der Exemplare, das Ueberschreiben der Speditionszettel 2c. blieb mir noch immer und so noch eine Menge Kleinigkeiten.

Das letzte Paket geht auf den Sonnabend und dann ist die Last mir vom Halse.

Unterdessen habe ich nichts mehr vom Almanach gehört, als daß unsere gute Freundin S** hier die auf Manso gerichteten Xenien abgeschrieben und an Gottern geschickt hat, welcher sehr davon soll erschreckt worden sein.

Eben diese erzählt auch schon vom siebenten und Anfang des achten Buchs Ihres Wilhelm Meisters, den sie gedruckt will gelesen haben. Es ist doch sonderbar, daß die S**[1] früher die gedruckten Bogen Ihres Romans erhält, als Sie selbst.

Leben Sie recht wohl.

Die zwei und siebenzig Exemplare des Almanachs welche noch zu dreihundert fehlen kann ich nicht mehr senden, weil ich zu denjenigen, die der hiesige Buchbinder[2] schon angefangen zu heften, die in Weimar überflüssigen zwei und siebenzig Titelkupfer haben muß. Haben Sie also die Güte mir diese zwei und siebenzig Kupfer nebst den Decken, die dazu gehören, so wie auch die noch übrigen zwei und zwanzig Titelblätter senden zu lassen. Der Weimarische Buchbinder hat noch keine Arbeit dabei gehabt; ich muß also den hiesigen vorgehen lassen, der alles schon gefalzt und geheftet und dem nur diese Kupfer und Titel noch fehlen.

Leben Sie recht wohl.

Sch.

---

221. An Schiller.

Nun hoffe ich bald zu hören, daß Sie von der Sorge und Qual, die Ihnen der Almanach gemacht hat, befreit sind; wenn man nur auch der lieben Ruhe zu genießen recht fähig wäre; denn man lädt sich, wie die entbundenen Weiber, doch bald wieder eine neue Last auf.

Die zweitausend Exemplare der Decken sind nun abgeliefert.

Hierzu folgen:

Titelblätter	26.
Decken	71.
Titelkupfer	81.

Das ist nun alles theils zu viel, theils zu wenig; die hundert Exemplare, die Ihnen fehlen, müssen sich aber auf alle Fälle finden.

Morgen früh liefert mir der Buchbinder seine letzten Exemplare; ich will gleich zwanzig davon an Hoffmanns geben, und die übrigen liegen lassen bis das Industrie-Comptoir von Leipzig zurückkommt. Die Berechnung von den Exemplarien die durch meine Hand gegangen sind schicke ich Sonnabends; es wird alles so leidlich zutreffen.

Alsdann soll auch die Geldrechnung folgen. Eine Abschrift von Starkes Rechnung, die ich bezahlt habe, liegt hier bei; Sie erhalten alsdann alles auf Einem Blatte.

Heute nichts weiter. Heil unserer Freundin[1] S., daß sie unsere Gedichte abschriftlich verbreiten und sich um unsere Aushängebogen mehr als wir selbst bekümmern will! Solchen Glauben habe ich in Israel selten funden.

Die guten Exemplare für Hoffmann schicken Sie mir ja wohl.

Sieben und zwanzig Melodien habe ich im letzten Paket erhalten. Leben Sie recht wohl; nächstens mehr.

Weimar den 12. October 1796.

G.

---

222. An Goethe.

Jena 12. October 1796.

Nach und nach kommen wir zur Ordnung und Ruhe. Das vermißte Hundert Exemplarien hat sich gefunden und Titelkupfer sind bestellt, so viel noch zu dem zwanzigsten Hundert fehlen. Titelblätter hat Göpferdt zum Glück über die Zahl drucken lassen, so daß sich noch ein Vorrath beim Buchbinder fand. Gebunden ist jetzt alles, was gebunden werden sollte; zwei große Lieferungen, vier Centner schwer, sind nach Leipzig; wegen des an Cotta ins Reich bestimmten Quantums habe ich schon mit dem Fuhrmann contrahirt, der es in etlichen Tagen nach Frankfurt mitnimmt. Mit dem Sonnabend fällt mir die ganze Last vom Halse.

Die Nachfrage nach Exemplarien ist hier noch immer stark; aber alles will Schreibpapierne, die uns gerade fehlen, und Postpapierne habe ich keine mehr vorräthig. Hier erhalten Sie das letzte für Hoffmann. Können Sie das übercomplete in Gelb Papier gebundene, das Sie von mir in Händen[1] haben, schonen, so ist mir's lieb, weil wir jetzt alle gute Exemplare zu Rath halten müssen. Ich habe einzelne Bogen defecter Exemplare auf Velin- und Postpapier, woraus wir zu dem Behuf der Correctur noch ein vollständig Exemplar zusammen bringen können.

Hier allein sind sieben Velin- und acht holländische Exemplarien aufgebraucht worden, und beinahe noch einmal so viel wäre gegangen, wenn ich noch vorräthig gehabt hätte. Auch habe ich mir's für alle künftige Fälle zur Regel gemacht, alles was ich drucken lasse gut und kostbar drucken zu lassen: so geht es am gewissesten ab, denn auch der elendeste Lump will nicht mehr mit Lumpen vorlieb nehmen.

Die erste Lieferung, so viel nämlich davon in Ein Heft kommt, habe nebst dem [2] Abdruck des Kupfers heute abgesendet. Der Rest ist noch nicht ganz abgeschrieben.

Unterdessen erinnern Sie sich doch auch wieder des Cellini. Wie froh wäre ich, wenn wir noch etwas neues und lustiges zu lesen zum Schluß des zweiten Horen-Jahrgangs auftreiben könnten!

Wenn Sie doch gelegentlich Herdern bedeuten wollten, daß er noch keine Horenstücke haben kann. Er hat davon gehört, daß einzelne Stücke (die mir Cotta durch Briefpost geschickt) in Weimar spuken, und glaubt man hätte ihn vergessen.

Für den Hecht danken wir schönstens und wünschten [3] sehr, daß Sie ihn mit uns verzehren möchten. [4]

Alles grüßt.

Sch.

223. An Goethe.

Jena den 14. October 1796.

Endlich habe ich alle Speditions-Arbeit mir vom Halse geschafft, um eine neue, wiewohl lustigere zu beginnen. Ohne kleine Confusionen ist es freilich nicht abgegangen, doch sind sie zum Glück von keiner Bedeutung, und das Ganze ist doch glücklich beendigt. Möchte nun nicht ganz weggeworfene Arbeit sein, was wir körperlich und geistig daran gewendet haben. Doch so was belohnt sich zum Glück, wie das Kindermachen, von selbst.

Gestern war Blumenbach hier und auch bei mir. Nach dem, was neulich von ihm gesprochen worden, wunderte ich mich nicht wenig, die Aeußerung von ihm zu hören: „er preise sich glücklich, daß er die Wissenschaft, an der er mit ganzer Seele hänge, als Beruf betreiben dürfe." Auch Lavater ist hier, ich hab' ihn aber nicht gesehen. An Paulus, den er kürzlich etwas gröblich behandelte, schrieb er ein Billet, und bittet um eine Zusammenkunft. [1] Machen Sie sich in Weimar auf ihn gefaßt [2]. Die Mereau ist wieder hier. Von ihr hab' ich Ihnen was zu erzählen.

Leben Sie recht wohl. Lassen Sie mich bald wieder etwas von Ihnen hören. Alles grüßt.

Sch.

224. An Schiller.

Sie erhalten hierbei auch die Rechnung, mit der Abschrift der einzelnen Quittungen, und so wäre auch das berichtigt. Die 95 Rthlr. 9 Gr. Ueberschuß wünschte ich für Rechnung Herru Cotta's inne zu behalten, indem er uns doch zu unserer Italiänischen Expedition [1] Zwischenzahlungen auf das Honorar der Horen versprochen hat. Wegen der hier gebundenen Exemplarien liegt eine Berechnung bei. Können Sie mir beiliegenden, nur halbgedruckten Bogen gegen einen vollkommenen auswechseln, so wird noch eins gebunden und wir sind vollkommen richtig. Ich schicke Ihnen das erste Holländische zurück und eins von meinen Velin, dagegen ich mir zwei geringe genommen habe. Ebenso folgt auch eine Lage die zu viel war.

Auch hat man mir noch Abdrücke der Decke geschickt, die sich, ich weiß nicht wo, versteckt hatten. Ich hoffe Sie sollen nun genug haben; auf alle Fälle läßt sich dieser Mangel am leichtesten ersetzen; ich werde die Platte zu mir nehmen.

Weiter wüßte ich nun nichts, und wünsche diesem Werke gut zu fahren. Im Ganzen finde ich nur einerlei Wirkung: jedermann findet sich vom Phänomen frappirt und jedermann nimmt sich zusammen, um mit anscheinender Liberalität und mehr oder weniger erzwungenem Behagen darüber zu sprechen, und geben Sie einmal acht, ob das nicht meist der Fall sein wird.

Für die sonderbare Nachricht, daß der Prophet in Jena sei, danke ich aufs beste. Ich werde mich seiner zu enthalten suchen und bin sehr neugierig auf das was Sie von ihm sagen werden. Blumenbach war auch bei mir; er hatte einen sehr interessanten Mumienkopf bei sich.

Wenn die Conferenz zwischen dem Propheten und Paulus zu Staude kommt, so zieht der Letzte [2] wahrscheinlich den Kürzern und muß sich noch bedauken, daß er beleidigt worden ist. Es kostet dem Propheten nichts sich bis zur niederträchtigsten Schmeichelei erst zu assimiliren, um seine herrschsüchtigen Klauen nachher desto sichrer einschlagen zu können.

Sagen Sie mir doch etwas von der Geschichte der kleinen Schönheit.

Ein Heft Cellini ohngefähr zwölf Bogen Manuscript kommt bald; alsdann giebt es noch zwei Abtheilungen die ich gleich hintereinander vornehmen will, da ich mich völlig unfähig fühle etwas anders zu thun. Die zwei armen letzten Gesänge werden noch eine Zeit im Limbo verweilen müssen. Es ist wirklich eine Art der fürchterlichsten Prosa hier in Weimar, wovon man außerdem nicht wohl einen Begriff hätte.

Ich lege auch das letzte Buch meines Romans bei, da mir [3] die letzten Bogen des siebenten Buchs fehlen. Wahrscheinlich hat Unger sie, nach seiner löblichen Gewohnheit, durch Einschlag geschickt und sie liegen, ich weiß nicht wo. Sobald die guten Exemplare kommen, erhalten Sie eins davon.

Gestern ist meine Freitags-Gesellschaft wieder angegangen; ich werde sie aber wohl nur alle **14** Tage halten und dazu einladen lassen.

Leben Sie recht wohl und grüßen Sie alles.

Weimar den 15. October 1796.

G.

Noch etwas: können Sie mir nicht über einen gewissen Hauptmann Rösch aus Stuttgart einige Nachricht geben? vielleicht haben Sie ihn persönlich gekannt. Von seinen guten Kenntnissen sind wir informirt; es wäre jetzt hauptsächlich von seiner Person, seinem Charakter und übrigem Wesen die Rede.

---

225. An Goethe.

Jena den 16. October 1796.

Hier erfolgen endlich zwei Monatstücke Horen; gestern wurden sie mir von Leipzig geschickt. Der Buchhändler Böhme, an den ich die Almanache geliefert, schreibt mir zugleich den Empfang der zwei ersten Ballen, und daß alle Exemplarien die ich vorräthig bei ihm niedergelegt (es sind etwa vier und vierzig, ohne die rohen Exemplare) schon vergriffen seien. Dieß ist wirklich viel, denn es ging zugleich eine ansehnliche Partie Exemplare für mehr als fünfzehn Leipziger Buchhändler mit, die also nicht zugereicht hat. Es muß ein fürchterliches Reißen darum sein und wir werden wohl auf eine zweite Auflage denken müssen.

Böhme hat nun in einem dritten Ballen zwei hundert fünf und zwanzig broschirte und wieder eine Anzahl roher Exemplare erhalten. Sobald er mir schreibt, daß diese über zwei Drittheile abgesetzt sei, so will ich zur neuen Auflage Anstalten machen lassen. Die Post ist so schlecht mit dem zweiten Ballen umgegangen, daß die Nässe einige Dutzend Exemplare verdorben haben soll. Es ist dieß der Ballen, den Gabler gepackt hat; der meinige ist wohlbehalten angelangt.

Sie müssen doch das neue Stück vom Journal Deutschland lesen. Das Insect hat das Stechen wieder nicht lassen können. Wirklich, wir sollten es noch zu Tode hetzen, sonst ist keine Ruhe vor ihm. Gegen den Cellini hat er seinen bösen Willen ausgeübt, und um Sie zu chicaniren die Stellen angepriesen, auch zum Theil extrahirt, die Sie ausgelassen haben ꝛc. Von dem Aufsatz der Stael spricht er mit größter Verachtung.

Mit Lavatern habe ich Sie vorgestern unnützerweise fürchten gemacht. Es ist sein Bruder gewesen, der hier war.

Reichardt soll auch in Leipzig sein; Niethammer und Paulus aber haben ihn nicht gesehen. Schlegel ist noch in Leipzig, wo sich die Herzen vermuthlich gegen einander ergießen werden.

Leben Sie recht wohl.

Sch.

[Den 17. October [1].]

Eben erhalt' ich einen recht schönen Brief von Körner über den Almanach. Sie sollen ihn morgen erhalten, wo ich auch noch sechs Horen zu senden habe.

226. An Schiller.

Beiliegendes Paket war schon vorgestern Abend beisammen, ich lege noch das Heft Cellini bei, welches indessen fertig geworden. Sie sehen es ja wohl noch einmal durch und lassen es abschreiben.

Aus dem Propheten ist ein Prophetenkind geworden, das ich aber auch nicht zu sehen wünsche, da ich, nach dem erhabenen Beispiel des Judengottes, meinen Zorn bis in die vierte Generation behalte.

Die drei ersten Gesänge des neuen Gedichtes sind nun so ziemlich durchgearbeitet, ich werde nunmehr an den vierten gehen. Alle vier zusammen werden etwa 1400 Hexameter haben, so daß, mit den zwei letzten Gesängen, das Gedicht wohl auf 2000 anwachsen kann.

Auch werden Fisch' und Vögel anatomirt, und geht alles neben einander seinen alten Gang. Leben Sie recht wohl und lassen Sie mich bald hören daß Sie leidlich gesund und fleißig sind.

Weimar den 18. [1] October 1796.

G.

227. An Goethe.

Hier sende ich Ihnen Körners Brief, der bei der Unbedeutenheit [1] und Flachheit des gewöhnlichen Urtheils ein recht tröstlicher Laut ist. Senden Sie ihn mir, sobald Sie ihn gelesen, zurück.

Ich habe mir nicht gemerkt, wie viel Exemplare der Horen von jedem Monat und jeder Sorte ich Ihnen gestern gesendet, und kann darum heute den Rest nicht nachsenden.

Humboldts schrieben neulich, daß sie mit Ende dieser Woche von Berlin abreisen, sich unterwegs zehn Tage aufhalten und etwa den 1sten November hier eintreffen würden.

Von den Xenien habe weiter nichts erfahren. Schlegel, der wieder angekommen, war zu kurze Zeit in Leipzig, da er auch einen Abstecher nach Dessau gemacht, um viel erfahren zu können. Bei seiner Zurückkunft von Dessau, sagt [2] er, hätten sie schon sehr in Leipzig rumort.

Ich höre, daß man unter andern auch [3] die Herzogin in W. unter der zierlichen Jungfrau versteht.

Das Xenion: „Wieland! Wie reich ist dein Geist ꝛc.“ halten einige für eine Satyre auf Wieland und auf die neue Ausgabe! u. s. f.

Leben Sie wohl[4]. Man unterbricht mich.

Jena den 18. October 1796.

Sch.

---

228. An Schiller.

Recht vielen Dank für den überschickten Körnerischen Brief. Eine so wahrhaft freundschaftliche und doch so kritisch motivirte Theilnahme ist eine seltne Erscheinung. Ich will gedachte Blätter noch einige Tage behalten um verschiedne Gedichte, die ich noch nicht einmal gelesen habe, bei dieser Gelegenheit anzusehen. Grüßen Sie den Freund recht vielmals und danken ihm auch von mir; sagen Sie ihm etwas von meinem neuen Gedichte und versichern Sie ihm, daß ich mich freue es dereinst in seinen Händen zu sehen.

Den Spitz von Gibichenstein müssen wir nun eine Weile bellen lassen bis wir ihn einmal wieder [1] tüchtig treffen. Ueberhaupt aber sind alle Oppositions-Männer, die sich aufs negiren legen und gern dem was ist etwas abrupfen möchten, wie jene Bewegungsleugner zu behandeln: man muß nur unabläßig vor ihren Angen gelassen auf und abgehen.

Hinter seinem Anpreisen der ausgelassenen Stellen des Cellini, fürchte ich, steckt was anders. Da er das Original hat, fürchte ich, übersetzt er die fehlenden Stellen und läßt das Ganze nachdrucken, denn er ist zu allem fähig. Ich will daher die zwei letzten[2] Lieferungen, die ohnedem zusammen gehören, erst ins künftige Jahr geben, mein Manuscript indessen completiren und eine vollständige Ausgabe ankündigen; denn das Gefrage daruach ist sehr stark und die zerstreute Lectüre im Journal macht schon jedermann ungeduldig.

Wenn Sie an Boie schreiben so fragen Sie ihn doch ob er mir die englische Uebersetzung, die ich von ihm durch Eschenburg habe, überlassen will. Ich will gern bezahlen was sie kostet und noch ein Exemplar meiner Uebersetzung, wenn sie einmal ganz herauskommt, versprechen.

Auf Humboldts Ankunft freue ich mich recht sehr. Sobald er da ist, besuche ich Sie wohl einmal, wenn es auch nur ein Tag ist.

Vom siebenten und achten Stück haben Sie mir von jedem zwei Exemplare, eins auf blaulichem, eins auf gelblichem Papier geschickt. Ich bitte bald um die übrigen, denn man quält mich gewaltig darum.

Leben Sie recht wohl; grüßen Sie alles und sagen Sie mir bald daß Sie eine neue Arbeit angefangen haben.

Weimar den 19. October 1796.

G.

Könnten Sie mir nicht ein fünftes Stück der Horen von diesem Jahr, von welcher Papiersorte es auch sei, noch überlassen?

[3]Mein Pack Dienstag[4] mit der fahrenden Post ist doch angekommen?

229. An Goethe.

Jena den 19. October 1796.

Mit dem heutigen Paket haben Sie mir eine recht unverhoffte Freude gemacht. Ich fiel auch gleich über das achte Buch des Meisters her und empfing aufs neue die ganze volle Ladung desselben. Es ist zum Erstaunen, wie sich der epische und philosophische Gehalt in demselben drängt. Was innerhalb der Form liegt, macht ein so schönes Ganze[1], und nach außen berührt sie das unendliche, die Kunst und das Leben. In der That kann man von diesem Roman sagen: er ist nirgends beschränkt als durch die rein ästhetische Form, und wo die Form darin aufhört, da hängt er mit dem unendlichen zusammen. Ich möchte ihn einer schönen Insel vergleichen, die zwischen zwei Meeren liegt.

Ihre Veränderungen finde ich zureichend und vollkommen in dem Geist und Sinne des Ganzen. Vielleicht, wenn das neue gleich mit dem alten entstanden wäre, möchten Sie hie und da mit Einem Strich geleistet haben, was jetzt mit mehrern geschieht; aber das kann wohl keinem fühlbar werden, der es zum erstenmal in seiner jetzigen Gestalt liest. Meine Grille mit etwas deutlicherer Pronunciation der Hauptidee abgerechnet, wüßte ich nun[2] in der That nichts mehr, was vermißt werden könnte. Stünde indessen nicht Lehrjahre auf dem Titel, so würde ich den didaktischen Theil in diesem achten Buch für[3] fast zu überwiegend halten. Mehrere philosophische Gedanken haben jetzt offenbar an Klarheit und Faßlichkeit gewonnen.

In der unmittelbaren Scene nach Mignons Tod fehlt nun auch nichts mehr, was das Herz in diesem Augenblick fordern kann; nur hätte ich gewünscht, daß der Uebergang zu einem neuen Interesse mit einem neuen Capitel möchte bezeichnet worden sein.

Der Markese ist jetzt recht befriedigend eingeführt. Der Graf macht sich vortrefflich. Jarno und Lothario haben bei Gelegenheit der neuen Zusätze auch an Interesse gewonnen.

Nehmen Sie nun zu der glücklichen Beendigung dieser großen Krise meinen Glückwunsch an, und lassen Sie uns nun bei diesem Anlaß horchen, was für ein Publicum wir haben.

Für die überschickten Rechnungen danke ich. Mit dem Geld werde ich's nach Ihrem Sinn arrangiren; ohnehin haben Sie für Ihren Antheil an dem Almanach ja 24 Louisdors[4] gut, und noch mehr, wenn wir eine zweite Auflage erleben. Auch für den Cellini danke ich bestens. Das Schiff kann nun wieder flott gemacht werden. Vor einem Augenblick ist auch ein historischer Aufsatz von Funk angelangt.

[5]Den Major Rösch kenne ich, und noch spezieller kennt ihn mein Schwager. Außer seinen mathematischen, taktischen und architektonischen Kenntnissen, worin er aber sehr vorzüglich ist, ist er freilich sehr beschränkt und ungebildet. Er hat viel gemeines und pedantisches und so wacker er als Lehrer ist, so wenig kann ihn sein übriger Anstand und sein Geschmack in einem Kreise, worin man Welt verlangt, empfehlen. Uebrigens ist er ein braver und sanfter Maun mit dem gut zu leben ist, und seine Schwachheiten belustigen mehr als daß sie drücken[6].

Sch.

230. An Schiller.

Die Exemplare des letzten Bandes sind endlich angekommen und ich schicke gleich hier ein Halbdutzend

für Sie,
Loder[1],
Justizrath Hufeland,
Hofrath Hufeland,
Griesbach und
Humboldt.

Auch folgt der Körnerische Brief, den ich mit vielem Vergnügen mit den Gedichten verglichen habe. Ich wünsche bald zu erfahren, was er über den Roman sagt. Leben Sie recht wohl. Ich arbeite jetzt nur, um diese paar Monate zu überstehen und die ungünstige Zeit der kurzen Tage und des traurigen Wetters nicht ganz unnütz zu verleben[2].

Weimar den 22. October 1796.

G.

231. An Goethe.

Jena den 23. October 1796.

Herzlichen Dank für den Meister, der mich noch oft erquicken und beleben soll. Die vier andern Exemplare habe ich abgeliefert; aber Sie schreiben von sechsen, und ich habe deren nur fünf erhalten. Das Humboldtische fehlt noch.

Dieser[1] ist von unserm Almanach nicht wenig überrascht worden und hat recht darin geschwelgt; auch die Xenien haben den heitern Eindruck auf ihn gemacht, den wir wünschen. Es ist mir wieder eine angenehme Entdeckung, daß der Eindruck des Ganzen doch jedem liberaleren[2] Gemüth gefällig und ergötzlich ist. In Berlin, schreibt er, sei zwar großes Reißen darnach, aber doch habe er nichts, weder interessantes noch kurzweiliges darüber erfahren. Die Meisten kämen entweder mit moralischen Gemeinplätzen angestochen, oder sie belachen alles ohne Unterschied wie eine literarische Hatze. Unter den vordern Stücken die er noch nicht kannte hat die Eisbahn von Ihnen und die Musen in der Mark ihn vorzüglich erfreut; von mir die Geschlechter, der Besuch und vor den Tabulis votivis hat er, wie auch Genz, einen großen Respect; aber eine Auseinandersetzung unsres beiderseitigen Eigenthums an diesen gemeinschaftlichen Productionen findet er sehr schwer. Von den Xenien schreibt er, daß sie sämmtlich Ihnen in die Schuhe geschoben würden, worin man in Berlin noch mehr durch Hufeland bestärkt worden sei, der behauptet habe, alle von Ihrer Hand gelesen zu haben.

Sonst habe ich neuerdings nichts von dem Almanach gehört, und denke, wir werden auch nur zu bald inne werden, wie wenig jetzt auf einen allgemeinen Sinn bei dem Publicum zu rechnen ist.

Humboldt hofft in acht Tagen hier sein zu können. Ich freue mich darauf, wieder eine Weile mit ihm zu leben. Stolbergen, schreibt er, habe er in Eutin nicht gefunden, weil er gerade in Kopenhagen gewesen sei, und von Claudius wisse er durchaus nichts zu sagen, er sei eine völlige Null[3].

Ihre Schweizer Briefe interessiren jeden[4], der sie liest, und ich bin ordentlich froh, daß ich Ihnen diese habe abjagen können. Es ist auch wahr, sie geben ein ungemein lebendiges Bild der Gegenwart, aus der sie floßen, und ohne ein kunstmäßiges Entstehen stellen sie sich recht natürlich und geschickt in ein Ganzes zusammen.

Der Beschluß Meisters hat meine Schwägerin sehr gerührt, und ich finde auch hier meine Erwartung von dem, was den Haupteffect macht bestätigt. Immer ist es doch das Pathetische, was die Seele zuerst in Anspruch nimmt; erst späterhin vereinigt sich das Gefühl zum Genuß des ruhigen Schönen. Mignon wird wahrscheinlich bei jedem ersten und auch zweiten Lesen die tiefste Furche zurücklassen; aber ich glaube doch, daß es Ihuen gelungen sein wird, wornach Sie strebten — diese pathetische Rührung in eine schöne aufzulösen.

Wie lieb ist mir's, daß Sie bald wieder auf einige Tage kommen wollen. Jetzt, nachdem ich die Arbeit mit dem Almanach abgeworfen, bedarf ich eines neuen lebendigen Interesse[5] so sehr. Zwar habe ich den Wallenstein vorgenommen, aber ich gehe noch immer darum herum, und warte auf eine mächtige Hand, die mich ganz hinein wirft. Die Jahrszeit drückt mich wie Sie und ich meine oft, mit einem heitern Sonnenblick müßte es gehen.

Leben Sie aufs beste wohl. Ich muß Sie noch bitten mir sowohl von dem Kupferstecher als von dem Buchbinder die Almanachsrechnung besonders aufsetzen zu lassen; ich sende Mittwoch die ganze Rechnung an Cotta, und wünschte deßwegen jeden Beleg besonders zu haben. Das, was für den Hirtischen Aufsatz ist, ist er ja wohl so gut noch besonders aufzusetzen, und beides, so wie auch der Buchbinder, zu quittiren.

Leben Sie recht wohl. Alles grüßt.

Sch.

232. An Goethe.

Jena den 25. October 1796.

Nur einen Gruß für heute, zur Begleitung dieser Zwiebacke, welche Ihnen meine Frau schickt. Wir hoffen, Sie sind, so wie wir, durch das heutige freundliche Wetter wieder aufgeheitert worden.

Ich sende hier den Rest des Hirtischen Aufsatzes, wenn Sie etwa einen leeren Augenblick dazu anwenden wollten. Sie senden ihn wohl Sonnabend durch das Botenmädchen wieder.

Nnn mahnt es mich doch, für etwas zu sorgen, wodurch der zweite Jahrgang der Horen brillant beschlossen würde: denn von dem Erfolg des nächsten Abonnement scheint das fernere Schicksal der Horen abzuhängen. Noch seh' ich nichts vor mir und von dem Himmel ist in diesen zwei Jahren so wenig gefallen, daß ich kein sonderliches Vertrauen zu diesen zufälligen Gaben habe. In der That müssen wir der schrecklichen Schwere des Hirtischen [1] Aufsatzes etwas entgegen setzen.

Wenn Sie doch noch so ein Paket Briefe fänden, wie die aus der Schweiz; alle Redactionsarbeit nähme ich Ihnen mit Freuden ab.

Von Neuigkeiten weiß ich nichts zu berichten. Schlegel erzählt, daß der Herzog von Gotha über die Xenien sehr ungehalten sei und zwar wegen Schlichtegrolls, den er sehr hoch halte. Auch hör' ich, daß sich Schütz, der Recension unsers Almanachs wegen, nicht zu rathen und zu helfen wisse [2]. Ich glaub' es wohl.

Leben Sie recht wohl.

Sch.

---

233. An Schiller.

Die Schachtel der Zwiebacke kommt hier mit vielem Danke zurück. Ich habe statt dieser Speise ein paar [1] Stück des philosophischen Journals hineingelegt, die ich doppelt habe und die ich Niethammern wieder zu geben bitte.

Den Hirtischen [2] Aufsatz finde ich nicht; er wird wohl nachkommen.

An das letzte Stück der Horen dieses Jahres wie an die ersten des folgenden habe ich auch schon gedacht; es ist mir aber leider noch kein Rath erschienen. Was ich von alten Sachen habe, hat keine rechte Gestalt und ist eigentlich verlegene Waare. Das Tagebuch meiner Reise von Weimar bis Rom, meine Briefe von dorther, und was sonst allenfalls davon unter meinen Papieren liegt, könnte nur durch mich redigirt werden; und dann hat alles, was ich in dieser Epoche aufgeschrieben, mehr den Charakter eines Menschen der einem Druck entgeht, als der in Freiheit lebt, eines Strebenden, der erst nach und nach gewahr wird, daß er den Gegenständen, die er sich zuzueignen denkt, nicht gewachsen ist, und der am Ende seiner Laufbahn erst fühlt, daß er erst jetzt fähig wäre von vorn anzufangen. Zu einer absichtlichen Composition umgearbeitet würden solche Actenstücke wohl einigen Werth erlangen; aber so in ihrer lieben Natur sind sie gar zu naiv.

Mit dem Weimarischen Publicum bin ich im Ganzen wegen des Almanachs ziemlich zufrieden, doch ist der Gang immer eben derselbe; die Xenien verkaufen die Tabulas votivas und was sonst gutes und ernsthaftes in dem Büchlein stehen mag. Daß man nicht überall mit uns zufrieden sein sollte, war ja die Absicht, und daß man in Gotha ungehalten ist, ist recht gut; man hat dort mit der größten Gemüthsruhe zugesehen, wenn man mir und meinen Freunden höchst unartig begegnete; und da das literarische Faustrecht noch nicht abgeschafft ist, so bedienen wir uns der reinen Befugniß uns selbst Recht zu verschaffen, und den nekrologischen Schnabel zu verrufen, der unserm armen Moritz, gleich nach dem Tode, die Augen aushackte. Ich erwarte nur daß mir jemand was merken läßt, da ich mich denn so lustig und artig als möglich expectoriren werde.

Ich wünsche sehr zu hören daß der Wallenstein Sie ergriffe; es würde Ihnen und dem deutschen Theater recht wohl bekommen.

Ich habe diese Tage angefangen die Eingeweide der Thiere näher zu betrachten[3], und wenn ich hübsch fleißig fortfahre, so hoff' ich diesen Winter diesen Theil der organischen Natur recht gut durchzuarbeiten. Leben Sie recht wohl. Ich wünsche gar sehr Sie bald wieder zu sehen.

Weimar den 26. October 1796.

G.

---

234. An Goethe.

Jena den 28. October 1796.

Sie erhalten hier das neunte Horenstück, sechs Exemplare für Sie, eins für den Herzog, eins[1] für Meyern. Inlage an Herdern und Knebeln bitte abgeben zu lassen.

Heute Vormittag ist Fr. v. Humboldt mit ihren Kindern hier angekommen. Er ist noch in Halle bei Wolfen, und wird in drei Tagen hier sein.

Humboldts waren noch[2] in den letzten Tagen, als unser Almanach dahin kam, in Berlin. Er soll gewaltiges Aufsehen da gemacht haben. Nicolai nennt ihn den Furien-Almanach. Zöllner und Biester sollen ganz entzückt darüber sein. (Sie sehen, daß es uns mit Biestern gelungen ist.) Dieser findet die Xenien noch viel zu mäßig geschrieben. Ein anderer meinte, jetzt wäre noch eine Landplage mehr in der Welt, weil man sich jedes Jahr vor dem Almanach zu fürchten habe. Meyer, der Poet, meinte, wir beide hätten einander in den Xenien selbst heruntergerissen, und ich habe das Distichon: Wohlfeile Achtung pag. 221 auf Sie gemacht!!

Woltmann war gestern bei mir und wollte wissen, daß Wieland von den

Xenien gesagt habe: Er bedaure nur, daß Voß[3] darin gelobt sei, weil so viel andere ehrliche Lente mißhandelt wären. Woltmann glaubt steif und fest, daß mit dem nekrologischen Raben, der hinter Wieland krächze, niemand als Böttiger[4] gemeint sei.

Endlich ist denn der erste gedruckte Angriff auf die Xenien geschehen, und wenn alle dem gleich sind, so haben wir freilich nichts dabei zu thun. Dieser Angriff steht in — dem Reichsanzeiger. Schütz hat ihn mir communicirt: er besteht aus einem Distichon, wo aber der Pentameter — vor dem Hexameter steht. Sie können sich nichts erbärmlichers denken. Die Xenien werden hämisch gescholten.

Die jungen Nepoten hat Schlegel noch nicht heraus. Er fragte uns heute wieder daruach.

Was Sie aber belustigen wird ist ein Artikel in dem neuen Leipziger Intelligenzblatt, welches in Folio herauskommt. Hier hat ein ehrlicher Anonymus sich der Horen gegen Reichardt angenommen. Zwar sind beide nicht genannt, aber unverkennbar bezeichnet. Er rügt es sehr scharf, daß dieser Herausgeber von zwei Journalen das erste in dem andern unverschämt lobe, und gegen ein andres Journal einen schändlichen Neid blicken lasse. Vor jetzt wolle er es bei diesem Winke bewenden lassen; aber er droht ihm hart zu Leib zu rücken, wenn dieser Wink nichts fruchte.

Für heute sei es mit diesen Novitäten genug. Wir sind hier ganz wohl auf; ich rücke langsam in meiner Arbeit fort.

Leben Sie recht wohl.

Sch.

[5]Den Voßischen Almanach hab' ich gesehen. Er ist miserable.

---

235. An Schiller.

Ich bin genöthigt auf einige Tage nach Ilmenau zu gehen und danke nur noch geschwind für die übersendeten Horen. Es ist lustig daß wir durch Humboldt den Rumor erfahren, den der Almanach in Berlin macht; er wird nun auch erzählen können wie es in Halle aussieht. Sobald ich wieder komme, besuche ich Sie. Gotha ist auch in großer Bewegung über unsere Verwegenheit. Hierbei ein Blättchen Distichen vom Prinzen August[1], der die Sache noch artig genug nimmt. Der Hirtische[2] Aufsatz kommt hier zurück. So füge ich auch die Kupferplatte bei. Ein schönes Glück wär's wenn mir in Ilmenau noch ein Stück des epischen Gedichts gelänge; die große Einsamkeit scheint etwas zu versprechen.

Meyer hat wieder geschrieben; seine Copie ist fertig[3], er geht nun an fernere Beschreibung der Alterthümer. Leben Sie recht wohl und schreiben mir nur immer hierher; man schickt mir die Briefe nach. Grüßen Sie Humboldts vielmal und Ihre liebe Frau. Mich verlangt recht Sie bald wieder zu sehen.

Weimar den 29. October 1796.

G.

236. An Goethe.

Jena den 31. October 1796.

Ich begrüße Sie in Ihrem einsamen Thal und wünsche, daß Ihnen die holdeste aller Musen da begegnen möge. Wenigstens können Sie dort das Städtchen Ihres Hermanns finden, und einen Apotheker oder[1] ein grünes Haus mit Stuccatorarbeit gibt es dort wohl auch.

Körner hat mir heute über Ihren Meister geschrieben. Ich lege seinen Brief bei; er wird Sie in Ihrer Einsamkeit nicht übel stimmen.

Von Leipzig habe ich auch wieder einen Brief, worin man meldet, daß die sämmtlichen Exemplarien, welche ich vorräthig hingesandt, vergriffen seien, und dringend um neue schreibt. Es sind nämlich außer denen für Cotta und seinen District 900—1000 Exemplare in Paketen an bestimmte Buchhandlungen verpackt worden, und außer diesen habe ich nach und nach 435 an den Commissionär geschickt, wenn etwa nachgefordert würden. Diese letztern[2] sind also weg, und so ist es wahrscheinlich genug, daß jene, die in Paketen verschickt worden, nicht retour kommen werden. Selbst die schadhaften sind bis auf ein einziges Exemplar verkauft. Ich habe deßwegen alles was ich noch hier habe, zusammengesucht und auch an Mlle. Vulpius[3] geschrieben, mir, wenn sie dazu kommen kann, die bei Ihnen noch vorräthig liegenden auf Druckpapier zu senden. Alles zusammen möchte kaum 73 Exemplare betragen, und also schwerlich zureichen, weil mir der Commissionär schreibt, daß noch sehr viel bestellt sei. Deßwegen habe ich heute an Cotta geschrieben und ihn zu einer neuen Auflage ermuntert, die ich hier, sowohl des Risico als der lästigen Besorgung wegen, nicht gern veranstalten mag. Es ist seine Sache, er mag sich also rathen, und der Zeitgewinn von zwölf bis vierzehn Tagen ist so beträchtlich nicht.

Die Gothaischen[1] Epigramme sind zwar noch ganz liberal ausgefallen, aber ich gestehe doch, daß mir diese Art, unsre Sache zu nehmen, gerade die allerfatalste ist. Es blickt nichts daraus hervor, als eine Schonung der Leerheit und Flachheit, und ich weiß nichts impertinenteres, als von einer Seite dem Erbärmlichen nachzulaufen, und dann, wenn jemand demselben zu Leibe geht, zu thun, als ob man es bloß geduldet hätte — erst es dem Guten entgegen zu setzen, und dann sich zu stellen, als ob es grausam wäre, es mit demselben vergleichen zu wollen. Der Pentameter:

Unser Wasser erfrischt ꝛc.

ist merkwürdig, und ganz erstaunlich expressiv für diese ganze Klasse.

nicht hier. Alles grüßt Sie aufs beste.

Sch.

237. An Goethe.

Jena den 2. November 1796.

Nur einen kleinen Gruß für heute. Humboldt ist gestern angekommen; er empfiehlt sich Ihnen aufs beste und freut sich gar sehr auf Sie. Er ist wohl und heiter, seine Frau aber, die schwanger ist, befindet sich nicht zum besten. Wenig hätte gefehlt, so wäre er mit Reichardt hier angekommen; er hat ihm nur durch List entgehen können. Reichardt wird in vierzehn Tagen hier sein; wie er sagt, um Friedrich Schlegeln von hier weg nach Gibichenstein zu nehmen. Das heiß ich recht vom Teufel geholt werden.

Er soll sich bei den Xenien sehr sentimentalisch benehmen und weil ihm Schlegel versichert, Sie hätten keinen Antheil an denen, die auf ihn gehen, so soll er sehr getröstet sein, und Humboldt meint, Sie wären vor seinem Besuch keineswegs sicher. Er glaube, bei Ihnen noch immer was zu gelten. Auch hat er Ihre Stücke im Almanach sehr gelobt gegen Humboldt. Sie haben also Ihre Absicht mit ihm vor der Hand noch nicht erreicht, wie es scheint: er ist und bleibt vor der Welt Ihr Freund, wenigstens in seinen Augen, und wird sich auch wahrscheinlich jetzt mehr als je dafür auszugeben suchen.

In Halle soll Wolf und besonders Eberhard mit den Xenien sehr zufrieden sein, selbst Klein, der Verwandte Nicolais. Mehrere Particularitäten mündlich, weil ich heute einen starken Posttag habe.

Dreißig Stücke des Almanachs hat man mir von Ihrem Hanse heute richtig gesendet.

Leben Sie wohl; wir alle grüßen Sie.

Sch.

238. An Schiller.

Ihre beiden Briefe, werthester Freund, habe ich erst spät in Ilmenau erhalten, wohin, wie nach Cimmerien, die Boten langsam gehen, die Sonne selten in dieser Jahrszeit dringt, der Almanach aber doch früh genug den Weg gefunden hat. Ich stehe vorerst dabei stille, daß wir mit beiden Werklein im Ganzen den gehörigen Effect gethan haben; einzelne Aeußerungen können dem Autor selten wohlthun. Man steht denn doch am Ziel, es mag nahe oder fern gesteckt sein, wenn einen der Leser gewahr wird. Nun kommen sie, gehen, rennen und trippeln auch wohl herbei, andere bleiben unterweges stehen, andere kehren gar um, andere winken und verlangen man solle wieder zu ihnen zurückkehren, ins platte Laud, aus dem man sich mit so vieler Mühe herausgearbeitet. So muß man die allgemeine Aufmerksamkeit für das Resultat nehmen und sich ganz im Stillen mit denjenigen freuen, die uns Neigung und Einsicht endlich am reinsten nähert; so habe ich Ihuen das nähere Verhältniß zu Körnern und Humboldt zu verdanken, welches mir in meiner Lage höchst erquicklich ist.

Durch die unmittelbare Berührung mit den Gebürgen und durch das Voigtische Mineralienkabinet bin ich diese Zeit her wieder in das Steinreich geführt worden. Es ist mir sehr lieb, daß ich so zufälligerweise diese Betrachtungen erneuert habe, ohne welche denn doch die berühmte Morphologie nicht vollständig werden würde. Ich habe diesmal diesen Naturen einige gute Ansichten abgewonnen, die ich gelegentlich mittheilen werde.

Sonst habe ich aber auch nicht den Saum des Kleides einer Muse erblickt, ja selbst zur Prosa habe ich mich untüchtig gefunden, und weder Production noch Reproduction ließ sich im geringsten spüren. Das weitere müssen wir nun geduldig erwarten. Wann ich Sie sehen kann, weiß ich noch nicht; in der ersten Zeit darf ich von hier nicht weg; vielleicht komme ich nur einmal auf einen Tag, um Humboldts zu begrüßen und manches zu besprechen. Leben Sie recht wohl und grüßen alles was Sie umgiebt. Das Exemplar für Humboldt liegt hier bei.

Weimar den 12. November 1796.

G.

---

239. An Goethe.

Jena den 13. November 1796.

Es ist mir ein rechter Trost, Sie wieder in unserer Nähe zu wissen; noch nie ist mir eine Trennung von Ihuen so lang vorgekommen wie die jetzige, obgleich ich weniger als sonst mich allein befunden habe. Ich freue mich, wenn Sie mir Ihre neuen Entdeckungen für die Morphologie mittheilen; die poetische Stunde wird schon schlagen.

Hier ist in Ihrer Abwesenheit nichts neues vorgefallen; auch aus der literarischen Welt habe ich nichts in Erfahrung gebracht. Hier des Coadjutors Brief, die Xenien betreffend; Sie sehen daraus, daß man viel sündigen kann, wenn man sich nur erst in einen recht moralischen Ruf gesetzt hat.

An der neuen Auflage des Almanachs wird eben jetzt hier in Jena gedruckt; denn eine reifere Ueberlegung hat mich doch veranlaßt, dieses Geschäft lieber hier gleich vornehmen zu lassen, als in Tübingen; Göpferdt hat sich verbindlich gemacht, mit Anfang Decembers damit fertig zu sein. Ich werde Ihuen nächste Woche Papier zu der Decke senden, davon wir jetzt, außer den vorräthigen Abdrücken, noch vierhundert fünfundzwanzig neue brauchen. Anch habe ich die

Boltische Kupferplatte der Terpsichore hier, wovon doch wohl auch in Weimar die nöthigen Abdrücke gemacht werden können.

Ich habe in dieser Zeit die Quellen zu meinem Wallenstein fleißig studirt, und in der Oekonomie des Stücks einige nicht unbedeutende Fortschritte gewonnen. Je mehr ich meine Ideen über die Form des Stücks rectificire, desto ungeheurer erscheint mir die Masse, die zu beherrschen ist, und wahrlich, ohne einen gewissen kühnen Glauben an mich selbst würde ich schwerlich fortfahren können.

Haben Sie Böttigers[1] Schrift über Iffland, so bitte ich Sie, sie uns zu schicken. Man erzählt so viel närrisches davon; besonders soll ein Brief von der Frau Charlotte[2] darin zu finden sein.

Noch lege ich Ihuen ein Blättchen Hexameter (¹) bei, welche in Breslau von einem Champion des Herru Manso, gegen Sie oder mich, gemacht worden sind. Es ist doch sonderbar, daß unsere bisherigen Angreifer im Silbenmaße schon verunglücken.

Alexander von Humboldt soll über die Xenien recht entzückt sein, sagt mir sein Bruder. Das ist doch wieder eine neue Natur, die sich diesen Stoff assimiliren kann.

Leben Sie recht wohl. Es grüßt Sie alles aufs beste; Humboldts, die für den Meister herzlich danken, sehnen sich, Sie zu sehen. Alles ist wohl bei mir.

Sch.

240. An Schiller.

Die Actenstücke, die ich heute von Ihuen erhalte, kommen sogleich zurück. Bei dem einen ist es wirklich merkwürdig daß unsere Gegner bis jetzt das Element nicht finden können, worin wir uns bewegen; bei dem andern zeigt sich eine gewisse höhere Vorstellungsart, die denn auch ganz gut ist; sähe nur nicht die Neigung zu dem erquicklichen Wasser auch hier so klar mit durch.

Die oberdeutsche Literaturzeitung lege ich bei und bitte[1] mir sie bald zurück. Eine solche leichte, oberflächliche, aber wohlmeinende Behandlung des Ganzen ist nicht unerwünscht. Der Recensent ist wenigstens von vorn bis hinten à son aise, ein Fall in dem nicht jeder sein möchte. Die Druckfehler in den angeführten Gedichten sind lustig genug.

Das verlangte Buch folgt auch. Ein solches Flick- und Lappenwerk ist nicht leicht erschienen. Wenn Künstler und Kunstwerke sich nicht immer, wie die Bleimännchen, wieder von selbst auf die Beine stellten, so müßten sie durch solche Freunde für ewig mit dem Kopf in den Quark gepflanzt werden. Bei der Ohnmacht des Verfassers ist es auffallend wie er sich durch gewisse Stiche selbst seinem eignen Helden formidabel[2] machen will. Sein böser Wille gegen Sie leuchtet aus mehrern Stellen hervor. Ich habe einen boshaften Einfall wie man ihn, durch eine sophistische Wendung, in Tort setzen und ihn auf seinem eignen Grund und Boden schlagen könnte. Wenn der Spaß Ihren Beifall hat, so führe ich ihn aus; er ist, wie mich dünkt, sans replique, wie jener vom literarischen Sansculottismus. Doch davon mündlich.

Meyer grüßt schönstens; er hält sich sehr wacker in Florenz sowohl arbeitend als betrachtend; nur wird ihm freilich die Einsamkeit mitunter sehr lästig. Leben Sie recht wohl, und grüßen alles was Ihnen nah ist.

Weimar den 14.[3] November 1796.

G.

241. An Schiller.

Einige Dinge die ich gestern zurückließ, will ich doch gleich nachbringen. Erstlich gratulire ich zu der zweiten Auflage; es war wohl nicht anders zu thun als daß Sie solche in Jena drucken ließen. Schicken Sie mir das Papier bald, denn man wird hier nicht gleich gefördert. Einige Buchstabenbemerkungen, sonst Druckfehler genannt, schicke ich Ihnen ehestens. Wie stark gedenken Sie diese Auflage zu machen? Wir können noch die dritte erleben.

[1]Voßens Almanach ist über die Maßen schlecht, es thut mir leid für ihn und unser Verhältniß zu ihm, denn man muß seinen Nebenbuhlern doch einigermaßen gleich sein wenn man sie nicht hassen soll. Die Mattherzigkeit der sämmtlichen Compagnie ist unglaublich und ohne die Paar Uebersetzungen wäre beinah das Bändchen völlig leer. Doch leugne ich nicht, daß wir den Creator Spiritus wohl zum Freunde haben müssen, wenn wir das nächste Jahr nicht zurück, sondern vorwärts treten wollen [2].

Das Angenehmste, was Sie mir aber melden können, ist Ihre Beharrlichkeit an Wallenstein und Ihr Glaube an die Möglichkeit einer Vollendung; denn nach dem tollen Wagestück mit den Xenien müssen wir uns bloß großer und würdiger Kunstwerke befleißigen und unsere proteische Natur, zu Beschämung aller Gegner, in die Gestalten des Edlen und Guten umwandeln.

Die drei ersten Gesänge meines epischen Gedichts sind fleißig durchgearbeitet, und abermals abgeschrieben. Ich freue mich darauf sie Humboldts gelegentlich vorzulesen.

Die englische Uebersetzung von Cellini, die ich durch Eschenburg erhalten habe, gehört Boie, wie sein eingeschriebner Name zeigt. Wenn Sie ihm gelegentlich schreiben, so fragen Sie ihn doch, ob er mir sie überlassen will; ich will ihm gerne dafür zahlen, was er verlangt, und ihm noch außerdem, wenn meine Arbeit künftig [3] besonders gedruckt erscheint, ein Exemplar davon versprechen. Am englischen ist mir in mehr als Einem Betracht gelegen; besonders hat es ein sehr wohlgestochenes Portrait, das ich ausschneiden müßte um es dereinst copiren zu lassen. Diese ganze Arbeit zu vollenden und auch nur ohne Noten zu ajustiren, brauche ich noch das Restchen vom Jahre.

Die Naturbetrachtungen freuen mich sehr. Es scheint eigen und doch ist es natürlich, daß zuletzt eine Art von subjectivem Ganzen herauskommen muß. Es wird wenn Sie wollen eigentlich die Welt des Auges, die durch Gestalt und Farbe erschöpft wird. Denn wenn ich recht Acht gebe, so brauche ich die Hülfsmittel anderer Sinne nur sparsam, und alles Raisonnement verwandelt sich in eine Art von Darstellung.

So viel vor heute mit einem herzlichen Lebewohl.

Weimar den 15. November 1796.

G.

242. An Goethe.

Jena den 18. November 1796.

In Kopenhagen ist man auf die Xenien ganz grimmig, wie mir die Schimmelmann heute schreibt, die zwar eine liberalere Sentimentalität hat, und — wenn sie nur könnte, gerne gerecht gegen uns wäre. Daran dürfen wir überhaupt gar nicht denken, daß man unser Product seiner Natur nach würdigt; die es am besten mit uns meinen, bringen es nur zur Toleranz.

Mir wird bei allen Urtheilen dieser Art, die ich noch gehört, die miserable Rolle des Verführten zu Theil; Sie haben doch noch den Trost des Verführers.

Es ist zwar sehr gut, und für mich besonders, jetzt etwas Bedeutendes und Ernsthaftes ins Publicum zu bringen; aber wenn ich bedenke, daß das Größeste und Höchste, selbst für sentimentalische Leser von Ihnen geleistet, noch ganz neuerdings im Meister und selbst im Almanach von Ihnen geleistet worden ist, ohne daß das Publicum seiner Empfindlichkeit über kleine Angriffe Herr werden könnte, so hoffe ich in der That kaum, es jemals, durch etwas in meiner Art Gutes und Vollendetes, zu einem bessern Willen zu bringen. Ihnen wird man Ihre Wahrheit, Ihre tiefe Natur nie verzeihen, und mir, wenn ich hier von mir reden darf, wird der starke Gegensatz meiner Natur gegen die Zeit und gegen die Masse das Publicum nie zum Freund machen können. Es ist nur gut, daß dieß auch so gar nothwendig nicht ist, um mich in Thätigkeit zu setzen und zu erhalten. Ihnen kann es vollends gleichgültig sein, und jetzt besonders, da trotz alles Geschwätzes der Geschmack der Bessern ganz offenbar eine solche Richtung nimmt, die zu der vollkommensten Anerkennung Ihres Verdienstes führen muß.

Hier lege ich Ihnen einen weitläuftigen Brief von Körner über Meister bei, der sehr viel Schönes und Gutes enthält. Sie senden ihn mir wohl gleich durch das Botenmädchen wieder, da ich ihn gerne copiren lassen und für das zwölfte Stück der Horen brauchen möchte, wenn Sie nichts dagegen haben.

Von dem Almanach lasse ich nur fünfhundert Exemplare, aber auf lauter gutem Papier, auflegen. Größer durfte ich die Auflage nicht wohl machen, da die Gründe für dieselbe nur von dem Absatz in Leipzig hergenommen worden, der Absatz im übrigen Deutschland aber noch problematisch ist, weil wir nicht wissen, ob von den versendeten Exemplarien nicht viele retourniren. Werden indessen von der neuen Auflage nur zweihundert Exemplare verkauft, so ist sie bezahlt, welches ich jetzt, da alles durch meine Hände gegangen, bei Heller und Pfenning [1] berechnen kann.

An den Almanach für das nächste Jahr wage ich jetzt noch gar nicht zu denken, und alle meine Hoffnung ist nach Ihnen gewendet. Denn das sehe ich nun ein, daß der Wallenstein mir den ganzen Winter und wohl fast den ganzen Sommer kosten kann, weil ich den widerspenstigen Stoff zu behandeln habe, dem ich nur durch ein heroisches Ausharren etwas abgewinnen kann. Da mir außerdem noch so manche selbst der gemeinsten Mittel fehlen, wodurch man sich das Leben und die Menschen näher bringt, aus seinem engen Dasein heraus und auf eine größere Bühne tritt, so muß ich wie ein Thier, dem gewisse Organe fehlen, mit denen die ich habe, mehr thun lernen und die Hände gleichsam mit den Füßen ersetzen. In der That verliere ich darüber eine unsägliche Kraft und Zeit, daß ich die Schranken meiner zufälligen Lage überwinde, und mir eigene Werkzeuge zubereite, um einen so fremden Gegenstand, als mir die lebendige und besonders die politische Welt ist, zu ergreifen. Recht ungeduldig bin ich, mit meiner tragischen Fabel vom [2] Wallenstein nur erst so weit zu kommen, daß ich ihrer Qualification zur Tragödie vollkommen gewiß bin; denn wenn ich es anders fände, so würde ich zwar die Arbeit nicht ganz aufgeben, weil ich immer schon so viel daran gebildet habe, um ein würdiges dramatisches Tableau daraus zu machen, aber ich würde doch die Maltheser noch vorher ausarbeiten, die bei einer viel einfacheren Organisation entschieden zur Tragödie qualificirt sind.

Leben Sie aufs beste wohl; wir sehnen uns alle recht herzlich, Sie zu sehen.

[3] Mein Schwager hat, wie ich höre, wegen Henderichs Stelle an den Herzog von Weimar geschrieben; ich wünschte es herzlich, daß er seinen Wunsch erreichte, zweifle aber sehr daran, ob ich gleich überzeugt bin, daß er in Weimar auf manche Art brauchbar sein würde.

Anbei erhalten Sie die Kupferplatte von Bolt, nebst Papier zu Abdrücken. Leben Sie wohl [4].

Sch.

243. An Schiller.

Der Körnerische Brief hat mir sehr viel Freude gemacht, um so mehr als er mich in einer entschieden ästhetischen Einsamkeit antraf. Die Klarheit und Freiheit, womit er seinen Gegenstand übersieht, ist wirklich bewundernswerth; er schwebt über dem Ganzen, übersieht die Theile mit Eigenheit und Freiheit [1], nimmt bald da bald dort einen Beleg zu seinem Urtheil heraus, decomponirt das Werk um es nach seiner Art wieder zusammen zu stellen, und bringt lieber das was die Einheit stört, die er sucht oder findet, für diesmal bei Seite, als daß er, wie gewöhnlich die Leser thun, sich erst dabei aufhalten, oder gar recht darauf lehnen sollte. Die unterstrichene Stelle hat mir besonders wohlgethan, da ich besonders auf diesen Punkt eine ununterbrochene Aufmerksamkeit gerichtet habe und nach meinem Gefühl dieses der Hauptfaden sein mußte, der im Stillen alles zusammenhält und ohne den kein Roman etwas werth sein kann. Bei diesem Aufsatz ist es aber auch überhaupt sehr auffallend, daß sich der Leser productiv [2] verhalten muß, wenn er an irgend einer Production theilnehmen will. Von den passiven Theilnahmen habe ich leider schon die betrübtesten Beispiele wieder erlebt, und es ist nur immer eine Wiederholung des Refrains: ich kann's zu Kopf nicht bringen! Freilich faßt der Kopf kein Kunstproduct als nur in Gesellschaft mit dem Herzen.

So hat mir neulich jemand geschrieben, daß er die Stelle im zweiten Bande, Seite 138: „Nein! rief er aus, du bildest dir ein, du abgestorbener Weltmann, „daß du ein Freund sein könnest. Alles was du mir anbieten magst, ist der „Empfindung nicht werth die mich an diese Unglücklichen bindet!" zum Mittelpunkt des Ganzen gemacht und seinen Umkreis daraus gezogen habe, dazu passe aber der letzte Theil nicht und er wisse nichts damit zu machen.

So versicherte mir ein andrer, meine Idylle sei ein fürtrefflich Gedicht, nur sei ihm noch nicht klar, ob man nicht besser thäte es in zwei oder drei Gedichte zu separiren.

Möchte bei solchen Aeußerungen nicht die Hippokrene zu Eis erstarren und Pegasus sich mausern! [3] Doch das war vor fünf und zwanzig Jahren, als ich anfing, eben so und wird so sein wenn ich lange geendigt habe. Indessen ist nicht zu leugnen daß es doch aussieht, als wenn gewisse Einsichten und Grundsätze, ohne die man sich eigentlich keinem Kunstwerk nähern sollte, nach und nach allgemeiner werden müßten.

Meyer grüßt herzlich von Florenz; er hat endlich auch die Idylle erhalten; es wäre doch gut wenn wir ihm durch Cotta und Escher einen ganzen Almanach zuspediren könnten.

Ich hoffe daß die Kopenhagner und alle gebildete Anwohner der Ostsee aus unsern Xenien ein neues Argument für die wirkliche und unwiderlegliche Existenz des Teufels nehmen werden, wodurch wir ihnen denn doch einen sehr wesentlichen Dienst geleistet haben. Freilich ist es von der andern Seite sehr schmerzlich daß ihnen die unschätzbare Freiheit, leer und abgeschmackt zu sein, auf eine so unfreundliche Art verkümmert wird.

Körners Aufsatz qualificirt sich, wie mich dünkt, recht gut zu den Horen; bei der leichten und doch so guten Art wie das Ganze behandelt ist, werden sich die Contorsionen, die sich von andern Beurtheilern erwarten lassen, desto wunderlicher ausnehmen.

Uebrigens wird es höchst nothwendig daß ich Sie bald sehe; es ist doch gar manches zu besprechen. Ich verlange sehr Ihre Fortschritte am Wallenstein zu erfahren.

[4] Von dem Dienstgesuch habe ich etwas gehört, aber keine Gesinnung oder Meinung darüber, doch zweifle ich auch am Gelingen. [5]

Leben Sie recht wohl und grüßen die Freunde.

Weimar den 19. November 1796.

G.

244. An Goethe.

Jena den 22. November 1796.

Wahrscheinlich werden Sie Humboldten morgen sehen, der auf einige Tage nach Erfurt verreist. Er wünscht sehr, den Abend mit Ihnen zubringen zu können. Er bringt auch das zehnte Horenstück mit, wobei ich Sie auf eine Erzählung Agnes [1] von Lilien aufmerksam mache.

Sie haben vielleicht das neueste Stück vom Archiv der Zeit schon gesehen, wo ein Ausfall auf Sie vom alten Klopstock sich befindet. Es hat ihn verdrossen, das Sie in Ihren Epigrammen vom vorigen Jahr sich beklagen, deutsch schreiben zu müssen, und er macht daher seinem Unwillen in einem Epigramme Luft, das freilich sehr kläglich ist. Dieses steht in einer Fortsetzung seiner grammatischen Gespräche, und das Urtheil!! spricht:

„Goethe! du dauerst dich, daß du mich schreibest? [2] Wenn du mich kenntest,
Wäre dieß dir nicht Gram. Goethe, du dauerst mich auch!"

Humboldt wird Ihnen auch von einer Recension des jungen Schlegels über Woldemar und von einem fulminanten grünen Brief Jacobis über diese Recension erzählen, was Sie sehr belustigen wird. Es steht auch schon etwas über unsere Xenien in diesem Briefe.

Wann werden wir Sie aber wieder einmal hier sehen? Ich sehne mich herzlich darnach; es ist mir als wenn mir etwas an [3] dem Element fehlte, worin ich leben soll.

Cotta beklagt sich, daß ihm Escher auf die an ihn abgeschickte Geldanweisung und auf drei Briefe noch nicht geantwortet. Er mußte ihm das Geld anweisen, weil damals keine fahrende Post in jene Gegend ging.

Sobald der neue Almanach fertig ist, sende ich ein Exemplar davon durch Eschern an Meyer ab. Grüßen Sie diesen recht herzlich von uns.

Ich habe Besuch und muß schließen. Leben Sie recht wohl.

Sch.

245. An Schiller.

Auf einem Kartenblatt finden Sie hier beiliegend einige Bemerkungen zu den Xenien; vielleicht können Sie noch Gebrauch davon machen.

Humboldts werden erst Dienstag wieder von Erfurt hierher kommen und zu Mittag mit mir essen; ich wünschte Sie könnten sich entschließen an gedachtem Tage mit Ihrer lieben Frau herüber zu kommen. Sie blieben die Nacht hier und führen Mittwoch wieder mit Humboldts [1] zurück. Die gegenwärtige Witterung fordert fast ein so heroisches Unternehmen.

Da ich nicht sehe daß ich sobald einige Zeit bei Ihnen zubringen kann, so komme ich vielleicht nur auf einen Tag; denn es sind gar viele Dinge bei denen ich den Mangel Ihrer Theilnahme spüre.

Ich lege einen Brief von Humboldt bei, der Ihnen Freude machen wird. Es ist doch sehr tröstlich, solche theilnehmende Freunde und Nachbarn zu haben; aus meinem eignen Kreise ist mir noch nichts dergleichen zugekommen. Leben Sie recht wohl [2] und nehmen meine Einladung zu Herzen.

Weimar den 26. November 1796.

G.

246. An Goethe.

Jena den 28. November 1796.

Von Ihrer freundlichen Einladung werde ich schwerlich Gebrauch machen können, da ich die miserable Jahrzeit [1] und Witterung in allen Nerven spüre und mich nur [2] so eben hinhalte. Dafür hoffe ich, wenn auch nur für Einen Tag, Sie bald zu sehen, von Ihren neuesten Entdeckungen und Bemerkungen zu hören, und Sie zugleich von meinem eigenen Zustand zu unterhalten.

Mit dem Wallenstein geht es zwar jetzt noch [3] sehr langsam, weil ich noch immer das meiste mit dem rohen Stoff zu thun habe, der noch nicht ganz beisammen ist, aber ich fühle mich ihm noch immer gewachsen, und in die Form habe ich manchen hellen bestimmten Blick gethan. Was ich *will* und *soll*, auch was ich *habe*, ist mir jetzt ziemlich klar; es kommt nun noch bloß darauf an, mit dem was ich in mir und vor mir habe, das auszurichten, was ich will und was ich soll. In Rücksicht auf den *Geist*, in welchem ich arbeite, werden Sie wahrscheinlich mit mir zufrieden sein. Es will mir ganz gut gelingen, meinen Stoff außer mir zu halten und nur den Gegenstand zu geben. Beinahe möchte ich sagen, das Sujet interessirt mich gar nicht, und ich habe nie eine solche Kälte für meinen Gegenstand mit einer solchen Wärme für die Arbeit in mir vereinigt. Den Hauptcharakter so wie die meisten Nebencharaktere tractire ich wirklich bis jetzt mit der reinen Liebe des Künstlers; bloß für den nächsten nach dem Hauptcharakter, den jungen Piccolomini, bin ich durch meine eigene Zuneigung interessirt, wobei das Ganze übrigens eher gewinnen als verlieren soll.

Was die dramatische Handlung, als die Hauptsache, anbetrifft, so will mir der wahrhaft undankbare und unpoetische Stoff freilich noch nicht ganz pariren; es sind noch Lücken im Gange, und manches will sich gar nicht in die engen

Grenzen einer Tragödien-Oekonomie herein begeben. Auch ist das Proton Pseudos in der Katastrophe, wodurch sie für eine tragische Entwicklung so ungeschickt ist, noch nicht ganz überwunden. Das eigentliche Schicksal thut noch zu wenig, und der eigne Fehler des Helden noch zu viel zu seinem Unglück. Mich tröstet hier aber einigermaßen das Beispiel des Macbeth, wo das Schicksal ebenfalls weit weniger Schuld hat als der Mensch, daß er zu Grunde geht.

Doch von diesen und andern Haken mündlich.

Humboldts Erinnerungen gegen den Körnerischen Brief scheinen mir nicht unbedeutend, obgleich er, was den Charakter des Meister betrifft, auf der entgegengesetzten Seite zu weit zu gehen scheint. Körner hat diesen Charakter zu sehr als den eigentlichen Held des Romans betrachtet; der Titel und das alte Herkommen, in jedem Roman ꝛc. einen Helden haben zu müssen, hat ihn verführt. Wilhelm Meister ist zwar die nothwendigste, aber nicht die wichtigste Person; eben das gehört zu den Eigenthümlichkeiten Ihres Romans, daß er keine solche wichtigste Person hat und braucht. An ihm und um ihn geschieht alles, aber nicht eigentlich seinetwegen; eben weil die Dinge um ihn her die Energien, Er aber die Bildsamkeit darstellt und ausdrückt, so muß er ein ganz auder Verhältniß zu den Mitcharakteren haben, als der Held in andern Romanen hat.

Hingegen finde ich Humboldt gegen diesen Charakter auch viel zu ungerecht, und ich begreife nicht recht, wie er das Geschäft, das der Dichter sich in dem Romane aufgab, wirklich für geendet halten kann, wenn der Meister das bestimmungslose [4] und gehaltlose Geschöpf wäre, wofür er ihn erklärt. Wenn nicht wirklich die Menschheit, nach ihrem ganzen Gehalt, in dem Meister hervorgerufen und ins Spiel gesetzt ist, so ist der Roman nicht fertig. und wenn Meister dazu überhaupt nicht fähig ist, so hätten Sie diesen Charakter nicht wählen dürfen. Freilich ist es für den Roman ein zarter und heikeligter [5] Umstand, daß er, in der Person des Meister, weder mit einer entschiednen Individualität noch mit einer durchgeführten Individualität schließt, sondern mit einem Mitteldinge zwischen belden. Der Charakter ist individual [6], aber nur den Schranken und nicht dem Gehalt nach, und er ist ideal, aber nur dem Vermögen nach. Er versagt uns sonach die nächste Befriedigung die wir fordern (die Bestimmtheit), und verspricht uns eine höhere und höchste, die wir ihm aber auf eine ferne Zukunft creditiren müssen.

Komisch genug ist's, wie bei einem solchen Producte so viel Streit in den Urtheilen noch möglich ist.

Leben Sie recht wohl und grüßen Sie Humboldts von uns.

Sch.

---

247. An Schiller.

Mit Humboldts habe ich gestern einen sehr vergnügten Tag zugebracht, wobei ich bis gegen Mittag die Hoffnung unterhielt Sie hier zu sehen. Wenn übrigens diese Stunden auch für Sie nützlich und angenehm verflossen sind, so freut es mich recht sehr [1]; möge es immer so fortgehen, bis Sie Ihren Zweck erreichen.

Starke verspricht mir noch auf heute Abdrücke, und ich hoffe sie mit gegenwärtigem zu senden.

Burgsdorf hat mir in seinem Betragen und in dem wenigen was er sprach recht wohl gefallen.

Ein neues Werk der Frau von Stael de l'influence des Passions etc. ist sehr interessant; es ist im [2] beständigen Anschauen einer sehr weiten und großen Welt geschrieben in der sie gelebt hat, und voll [3] geistreichen, zarten und kühnen Bemerkungen.

Weimar am 30. November 1796.

G.

248. An Schiller.

Eine sehr schöne Eisbahn bei dem herrlichen Wetter hat mich abgehalten Ihnen diese Tage zu schreiben und ich sage Ihnen noch am Abend eines sehr heitern Tages einige Worte.

Das Werk der Frau von Stael, wovon Ihnen Herr von Humboldt wird gesagt haben, kommt in einigen Tagen. Es ist äußerst interessant zu sehen wie eine so höchst passionirte Natur, durch das grimmige Läuterfeuer einer solchen Revolution, an der sie so viel Antheil nehmen mußte, durchgeht und, ich möchte sagen, nur das geistreich menschliche an ihr übrig bleibt. Vielleicht ließ [1] sich eine Art von Auszug der höchsten Sprüche in einer Folge machen und für die Horen gebrauchen, vielleicht nähme man nur ein einzeln Capitel, aber bald; denn zu Ostern ist die Uebersetzung gewiß da. Hierüber überlasse ich Ihnen das Urtheil.

Ob ich gleich vermuthe, daß der böse Wille unserer Gäste auch Exemplare nach Jena geschafft haben wird, so schicke ich doch hier das meinige. Es ist lustig zu sehen, was diese Menschenart eigentlich geärgert hat, was sie glauben daß einen ärgert, wie schal, leer und gemein sie eine fremde Existenz ansehen, wie sie ihre Pfeile gegen das Außenwerk der Erscheinung richten, wie wenig sie auch nur ahnen, in welcher unzugänglichen Burg der Mensch wohnt, dem es nur immer Ernst um sich und um die Sachen ist.

So manche Umstände und Verhältnisse fesseln mich noch hier, da ich jetzt nicht zu Ihnen kommen möchte, ohne wenigstens einige Tage bei Ihnen zu bleiben. Das Theater kommt kaum durch einige gute Stücke und Repräsentationen in den Gang, wobei eine neue Einrichtung bei der Regie meine Gegenwart erfordert.

Auch erwarte ich den jungen Jacobi in diesen Tagen und werde also noch eine Zeit lang Ihrer persönlichen Aufmunterung entbehren müssen.

Uebrigens geht alles seinen Gang und ich habe in manchen Capiteln meiner Studien gute Hoffnung. Grüßen Sie Humboldt[2] recht vielmals und sagen mir bald ein Wort wie Sie sich befinden und wie Ihre Arbeit gelingt.

Weimar den 5. December 1796.

G.

---

249. An Goethe.

Jena den 6. December 1796.

Ich habe einige Tage wieder durch schlechtes Schlafen beinahe ganz verloren und mich dadurch in meiner Arbeit, die sonst ganz gut vorrückt, sehr unangenehm unterbrochen gesehn. Freilich reizt eine solche Beschäftigung, wie meine gegenwärtige, die empfindliche, kränkliche Natur stärker, eben weil sie den ganzen Menschen mehr und anhaltender bewegt.

Vorgestern hatte ich eine halbe Hoffnung, Sie vielleicht hier zu sehen. Die neue Verzögerung thut mir sehr leid. Wenn Sie alsdann nur auch länger bleiben können.

Das schmutzige Product gegen uns, dessen Verfasser M. Dyk in Leipzig sein soll, ist mir schon vor einigen Tagen in die Hand gekommen. Ich hoffte, es sollte Ihuen unbekannt bleiben. Die Empfindlichkeit gewisser Lente kann freilich keinen nobleren Ausbruch nehmen; aber es ist doch bloß in Deutschland möglich, daß böser Wille und Rohheit darauf rechnen dürfen, durch eine solche Behandlung geachteter Namen nicht alle Leser zu verscherzen. Man sollte doch da, wo keine Scham ist, auf eine Furcht rechnen können, die diese Sünder im Zügel hielte; aber die Polizei ist so schlecht bestellt, wie der Geschmack.

Das unangenehme an der Sache ist dieses, daß die wohlweisen Herren Moderatisten, so wenig sie auch ein solches Product in Schutz nehmen können, doch triumphiren und sagen werden, daß unser Angriff darauf geführt habe, und daß das Scandal durch uns gegeben sei.

Sonst sind übrigens diese Distichen die glänzendste Rechtfertigung der unsrigen[1], und wer es jetzt noch nicht merkt, daß die Xenien ein poetisches Product sind, dem ist nicht zu helfen: reinlicher kounte die Grobheit und die Beleidigung von dem Geist und dem Humor nicht abdestillirt[2] werden als hier geschehen ist, und die ganze Dykische Partei sieht sich nun in dem Nachtheil, daß sie gerade in dem einzigen, was sie uns allenfalls hätte vorwerfen können, unendlich weiter gegangen ist. Ich bin doch begierig, ob sich nicht von selbst einige Stimmen auch für die Xenien erheben werden; denn wir können freilich auf so etwas nichts erwiedern.

Die Schrift der Madame Stael erwarte ich mit Begierde. Den Horen würde es eine vortheilhafte Veränderung geben, wenn wir das pikanteste und gehaltreichste daraus aufnähmen[3].

Mit der Agnes von Lilien werden wir, scheint es, viel Glück machen; denn alle Stimmen, die ich hier darüber hören konnte, haben sich dafür erklärt. Sollten Sie es aber denken, daß unsre großen hiesigen Kritiker, die Schlegels, nicht einen Augenblick daran gezweifelt, daß das Product von Ihnen sei? Ja die Madame Schlegel meinte, daß Sie noch keinen so reinen und vollkommenen weiblichen Charakter erschaffen hätten, und sie gesteht, daß ihr Begriff von Ihnen sich durch dieses Product noch mehr erweitert[4] habe. Einige scheinen ganz anders davon erbaut zu sein, als von dem vierten Bande des Meister. Ich habe mich bis jetzt nicht[5] entschließen können, diese selige Illusion zu zerstören.

Leben Sie recht wohl, und lassen Sie sich weder durch dieses unerwartete Geschenk noch durch jene Insolenz in Ihrer Ruhe stören. Was ist, ist doch und was werden soll, wird nicht ausbleiben.

Herzlich grüßen wir Sie alle.

Sch.

---

250. An Schiller.

Das Werk der Madame Stael liegt hiebei; es wird Sie gewiß erfreuen. Den Gedanken es für die Horen zu nutzen habe ich auch schon gehabt; es ließe sich vielleicht machen, daß man aus dem ganzen die eminentesten Stellen aushübe und sie in einer Folge hinstellte. Lesen Sie deshalb das Werk mit dem Bleistift in der Hand und streichen an, und bitten Sie Herrn von Humboldt um ein gleiches, dadurch erhält meine Wahl eine schnellere Bestimmung; sobald ich es zurück erhalte, kann ich anfangen. Eine Sendung Cellini ist fertig, wenn Sie derselben bedürfen.

Sie finden auch wieder eine Elegie, der ich Ihren Beifall wünsche. Indem ich darin mein neues Gedicht ankündige, gedenke ich damit auch ein neues Buch Elegien anzufangen. Die zweite wird wahrscheinlich die Sehnsucht ein drittesmal über die Alpen zu gehen enthalten, und so werde ich weiter, entweder zu Hause, oder auf der Reise fortfahren. Mit dieser wünschte ich eröffneten Sie das neue Jahr der Horen, damit die Menschen durchaus sehen daß man auf alle Weise fest steht und auf alle Fälle gerüstet ist.

Den Dykischen[1] Ausfall habe ich, da ich die Deutschen so lange kenne, nicht besonders gefunden; wir haben dergleichen noch mehr zu erwarten. Der Deutsche sieht nur Stoff und glaubt wenn er gegen ein Gedicht Stoff zurückgäbe, so hätte er sich gleichgestellt; über das Sylbenmaß hinaus erstreckt sich ihr Begriff von Form nicht.

Wenn ich aber aufrichtig sein soll, so ist das Betragen des Volks ganz nach meinem Wunsche; denn es ist eine nicht genug gekannte und geübte Politik daß jeder, der auf einigen Nachruhm Anspruch macht, seine Zeitgenossen zwingen soll, alles was sie gegen ihn in Petto haben, von sich zu geben. Den Eindruck davon vertilgt er durch Gegenwart, Leben und Wirken jederzeit wieder. Was half's manchen bescheidnen, verdienstvollen und klugen Mann, den ich überlebt habe, daß er durch unglaubliche Nachgiebigkeit, Unthätigkeit, Schmeichelei und Rücken und[2] Zurechtlegen, einen leidlichen Ruf zeitlebens erhielt? Gleich nach dem Tode sitzt der Advocat des Teufels neben dem Leichnam, und der Engel der ihm Widerpart halten soll, macht gewöhnlich eine klägliche Gebärde.

Ich hoffe daß die Xenien auf eine ganze Weile wirken und den bösen Geist gegen uns in Thätigkeit erhalten sollen; wir wollen indessen unsere positiven Arbeiten fortsetzen und ihm die Qual der Negation überlassen. Nicht eher als bis sie wieder ganz ruhig sind und sicher zu sein glauben, müssen wir, wenn der Humor frisch bleibt, sie noch einmal recht aus dem Fundament ärgern.

Lassen Sie mir so lange als möglich die Ehre als Verfasser der Agnes zu gelten. Es ist recht schade, daß wir nicht in dunklern Zeiten leben; denn da würde die Nachwelt eine schöne Bibliothek unter meinem Namen aufzustellen haben. Neulich versicherte mich jemand er habe eine ansehnliche Wette verloren, weil er mich hartnäckig für den Verfasser des Herru Starke gehalten.

Auch mir geht ein Tag nach dem andern, zwar nicht unbeschäftigt, doch leider beinahe unbenutzt herum. Ich muß Anstalt machen meine Schlafstelle zu verändern, damit ich morgens vor Tage einige Stunden im Bette dictiren kann[3]. Möchten Sie doch auch eine Art und Weise finden die Zeit, die nur eigentlich höher organisirten Naturen kostbar ist, besser zu nutzen. Leben Sie recht wohl und grüßen alles, was Sie umgiebt.

Weimar den 7. December 1796.

G.

---

251. An Schiller.

Der Wunsch Ihres Schwagers[1] der anfangs abgelehnt worden war, kommt wieder, und zwar durch den Herzog von Meiningen[2] zur Sprache. Die Erklärung daß Wolzogen[3] mit einer mäßigen Besoldung und dem letzten Platz in der Kammer[4] zufrieden sein wolle, macht die Gewährung eher möglich, da man ihm überhaupt nicht abgeneigt ist.

Da nun die Sache wieder an mich kommt, so finde ich in allen Rücksichten Ursache sie zu begünstigen; ich habe unter andern den Auftrag mich bei Ihnen näher um seinen moralischen Charakter zu erkundigen. Nun muß ich aber gestehen, es ist mit dem, was man moralischen Charakter nennt, eine eigene Sache; wer kann sagen wie sich jemand in einem neuen Verhältniß benehmen werde? Mir ist hierin genug daß Sie mit ihm in einem guten Verhältnisse stehen und daß Sie seine Nähe wünschen, beides beweist mir daß Sie gut[5] von ihm denken und daß Sie glauben, daß man, indem man ihn aufstellt, gut mit ihm fahren werde. Indessen haben Sie die Güte mir etwas über ihn zu schreiben, das ihn und sein Wesen näher bezeichnet und das ich vorlegen kann; lassen Sie aber in jedem Sinne ein Geheimniß bleiben daß hierüber etwas unter uns verhandelt worden ist. Leben Sie recht wohl; es sollte mich sehr freuen, wenn auch Ihnen durch diese Annäherung eines Verwandten ein neues Gute zuwüchse.

Weimar den 9. December 1796.

G.

[6] Man schreibt, Catharine sei endlich auch vom Throne ins Grab gestiegen.

---

252. An Goethe.

Jena den 9. December 1796.

Dank Ihuen für das vorgestern überschickte [1]. Die Elegie macht einen eigenen tiefen rührenden Eindruck, der keines Lesers Herz, wenn er eins hat, verfehlen kann. Ihre nahe Beziehung auf eine bestimmte Existenz giebt ihr noch einen Nachdruck mehr, und die hohe schöne Ruhe mischt sich dariu so schön mit der leidenschaftlichen Farbe des Augenblicks.. Es ist mir eine neue trostreiche Erfahrung, wie der poetische Geist alles Gemeine der Wirklichkeit so schnell und so glücklich unter sich bringt, und durch einen einzigen [2] Schwung, den er sich selbst giebt, aus diesen Banden heraus ist, so daß die gemeinen Seelen ihm nur mit hoffnungsloser Verweiflung nachsehen können.

Das Einzige gebe ich Ihuen zu bedenken, ob der gegenwärtige Moment zur Bekanntmachung des Gedichts auch ganz günstig ist? In den nächsten zwei, drei Monaten, fürchte ich, kann bei dem Publicum noch keine Stimmung erwartet werden gerecht gegen die Xenien zu sein. Die vermeintliche Beleidigung ist noch zu frisch; wir scheinen im Tort zu sein, und diese Gesinnung der Leser wird sie verhärten. Es kann aber nicht fehlen, daß unsere Gegner, durch die Heftigkeit und Plumpheit der Gegenwehr, sich noch mehr in Nachtheil setzen und die Bessergesinnten gegen sich aufbringen. Alsdann denke ich würde die Elegie den Triumph erst vollkommen machen.

Wie wenig man seinen Köcher gegen uns noch erschöpft habe, werden Sie aus beiliegendem Zeitungsblatt, das der **Hamburgischen Nenen Zeitung** angehängt und mir von Hamburg überschickt worden ist, abermals ersehen. Die Verfahrungsart in dieser Repartie wäre nicht unklng ausgedacht, wenn sie nicht so ungeschickt wäre ausgeführt worden. Ob vielleicht Reichardt — oder Baggesen? — dahinter steckt?

Was Sie in Ihrem letzten [3] Brief über die höhern [4] und entfernteren Vortheile solcher Zänkereien mit den Zeitgenossen sagen, mag wohl wahr sein: aber die Ruhe muß man freilich und die Aufmunterung von außen dabei missen können. Bei Ihuen übrigens ist dieß bloß ein inneres, aber gewiß kein äußeres Bedürfniß. Ihre so einzige, isolirt dastehende und energische Individualität fordert gleichsam diese Uebung; sonst aber wüßte ich wahrlich niemand, der seine Existenz in der Nachwelt weniger zu assecuriren brauchte.

Die Staelische Schrift habe ich erst heute zur Hand nehmen können; sie hat mich aber auch gleich durch einige treffliche Ideen angezogen. Ob für die Horen etwas damit zu machen sein wird, zweifle ich wieder, weil ich vor einigen Tagen eine Uebersetzung davon, die durch die Verfasserin selbst soll veranlaßt worden sein, als ganz nah erscheinend habe ankündigen hören.

Hier lege ich auch ein Exemplar der neuen Ausgabe des Almanachs bei, nebst einem Brieflein von Voß.

Möge die Muse mit ihren schönsten Gaben bei Ihnen sein und ihrem herrlichen Freund seine Jugend recht lange bewahren! Ich bin noch immer in der Elegie — jedem, der nur irgend eine Affinität zu Ihnen hat, wird Ihre Existenz, Ihr Individuum darin so nahe gebracht.

Ich umarme Sie von ganzem Herzen.

Sch.

253. An Schiller.

Für das übersendete Exemplar zweiter Ausgabe [1] danke ich schönstens [2]; sie nimmt sich recht gut aus und wird wahrscheinlich nicht liegen bleiben.

Daß Sie sich der Elegie erfreuen thut mir sehr wohl; ich vermuthe daß einige Gesellen bald nachfolgen werden. Was das Drucken betrifft, darüber bleibt Ihnen das Urtheil ganz anheim gestellt; ich bin auch zufrieden daß sie noch ruht. Ich werde sie indeß in der Handschrift Freunden und Wohlwollenden mittheilen; denn ich habe aus der Erfahrung daß man zwar bei entstandenem Streit und Gährung seine Feinde nicht bekehren kann, aber seine Freunde zu stärken Ursache hat.

Man hat mir wissen lassen daß nächstens etwas für den Almanach erscheinen werde, in welcher Form und in welchem Gehalt ist mir unbekannt. Ueberhaupt merke ich wird es schon Buchhändlerspeculation pro oder contra etwas drucken zu lassen. Das wird eine schöne Sammlung geben! Von dem edlen Hamburger, dessen Exercitium ich hier zurückschicke, wird es künftig heißen:

Auch erscheint ein Herr F* rhetorisch, grimmig, ironisch,
Seltsam gebärdet er sich, plattdeutsch, im Zeitungsformat.

Eine schnelle Uebersetzung des Staelischen Werkes ist zu vermuthen und ich weiß nicht ob man daher [3] einen Auszug wagen soll. Nutzt doch am Ende jeder eine solche Erscheinung auf seine Weise. Vielleicht nähme man nur wenig [4] heraus, wodurch man dem Publico und jenem Verleger den Dienst thäte, daß jedermann schnell darauf aufmerksam würde.

Die Art, wie Voß sich beim Almanach benimmt, gefällt mir sehr wohl; auf seine Ankunft freue ich mich recht sehr.

[5] Auf meinen gestrigen Brief erwarte ich eine baldige Antwort. Diderots Werk wird Sie gewiß unterhalten. Leben Sie recht wohl, grüßen alles, und erhalten mir Ihre so wohl gegründete Freundschaft und Ihre so schön gefühlte Liebe, und sein Sie das gleiche von mir überzeugt.

Weimar den 10. December 1796.

G.

254. An Goethe.

Es sollte mich recht freuen, meinen Schwager in Weimar angestellt zu wissen, besonders seiner eigenen Ausbildung wegen. Er hat Kopf und hat Charakter, und das Einzige, woran es ihm bis jetzt noch fehlte, war ein bildender Einfluß von außen und eine feste Bestimmung für seine Fähigkeit. Beides findet er in Weimar, und Sie selbst werden, wenn Sie ihn näher kennen, nicht ungern auf ihn wirken.

In Stuttgart fehlte es ihm seit dem Tod des Herzogs Karl, der viel auf ihn gehalten, an einer bestimmten und würdigen Beschäftigung, da er nur eine leere Hofstelle bekleidet und doch Kraft und Willen zu etwas besserm in sich fühlt. Wenn ihm in Weimar nur der Punkt gezeigt wird, worauf er seine Fähigkeit richten soll, so wird er es mit Ernst thun und gewiß nichts gemeines leisten. Er liebt unsern Herzog persönlich und wird sich darum doppelte Mühe geben, seine Achtung zu verdienen. Es ist nicht unbedeutend zu erwähnen, daß er sich für die Welt und für die Kunst zugleich gebildet hat, also à deux mains zu gebrauchen ist; für die Kunst ist er freilich noch lange nicht ausgebildet, aber er hat [1] gewiß einen guten Grund darin gelegt.

Für seinen übrigen Charakter stehe ich, wie man überhaupt für jemand stehen kann. Ich habe ziemlich lange und in einer gewissen Suite mit ihm gelebt und bin, je länger ich ihn kenne, immer zufriedener mit ihm gewesen, denn er ist wirklich mehr als er scheint. Seine Bescheidenheit und gründliche Rechtschaffenheit wird ihn dem Herzog gewiß empfehlen.

Leben Sie wohl für heute. Diderots Schrift wird uns manchen Stoff zum Gespräch geben, wie ich merke; einiges was ich zufällig aufgeschlagen, ist doch trefflich.

Jena den 11. [2] Dec.

Sch.

255. An Goethe.

Jena den 12. December 1796.

Hier kommt das eilfte Horenstück. Mit dem Botenmädchen sende ich morgen den Rest. Ich bitte Sie nun, von dem Titelkupfer des Almanachs noch so geschwind als möglich hundert und fünfzig Abdrücke machen zu lassen, wozu ich Papier sende. Gar sehr wünschte ich, daß ich Freitag früh entweder alles oder doch die Hälfte davon erhalten könnte.

Leider habe ich durch Schlaflosigkeit und fatales Befinden wieder etliche schöne Tage für meine Geschäfte verloren.

Dafür bin ich gestern über Diderot gerathen, der mich recht entzückt und meine innersten Gedanken bewegt hat. Fast jedes Dictum ist ein Lichtfunken, der die Geheimnisse der Kunst beleuchtet, und seine Bemerkungen sind so sehr aus dem Höchsten und aus dem Innersten der Kunst, daß sie auch alles was nur damit verwandt ist beherrschen und eben sowohl Fingerzeige für den Dichter als für den Maler sind. Gehört die Schrift nicht Ihnen selbst zu, daß ich sie länger behalten und wieder bekommen kann, so werde ich sie mir verschreiben.

Da ich zufällig an den Diderot zuerst gerathen, so bin ich noch nicht weiter an der Staelischen Schrift; beide Werke sind mir aber jetzt ein rechtes Geistesbedürfniß, weil meine eigene Arbeit, in der ich ganz lebe und leben[1] muß, meinen Kreis so sehr beschränkt.

Hier etwas von dem Neuesten über die Xenien. Ich werde, wenn der Streit vorbei ist, Cotta vermögen, alles was gegen die Xenien geschrieben worden, auf Zeitungspapier gesammelt drucken zu lassen, daß es in der Geschichte des deutschen Geschmacks ad Acta kann gelegt werden.

Auf die neue Auflage sind jetzt so viele Bestellungen gemacht, daß sie bezahlt ist. Selbst hier herum, wo so viel Exemplare zerstreut worden, werden noch nachgekauft.

Agnes von Lilien macht allgemeines Glück, [2] und mein ehemaliger Schwager Beulwitz nebst seiner Frau haben es mit einem ganz erstaunlichen Interesse und Bewunderung zusammen gelesen, welches sie herzlich verdrießen wird, wenn sie das wahre erfahren sollten [3].

Leben Sie recht wohl; alle Freunde grüßen und umarmen Sie aufs herzlichste.

Sch.

N. S.

Stellen Sie sich vor, daß Cotta die erste Kupferplatte, die Sie über Frankfurt an ihn geschickt, den 4. December noch nicht gehabt und vielleicht auch jetzt noch nicht hat. Die zweite später abgegangene ist bei ihm angelangt.

256. An Schiller.

Nur zwei Worte für heute, da meine Optica mir den ganzen Morgen weggenommen haben. Mein Vortrag reinigt sich immer mehr und das Ganze simplicirt[1] sich unglaublich, wie es natürlich ist, da eigentlich Elementarerscheinungen abgehandelt werden.

Den Sonntägigen Brief habe[2] erhalten und Gebrauch davon gemacht; ich vermuthe daß er die Sache entscheiden wird, wozu ich zum voraus Glück wünsche. Leben Sie recht wohl. Hier sende ich noch Titelkupfer; mag die flinke Terpsichore zum Verdruß ihrer Widersacher noch weiter in die Welt hinein springen.

Weimar am 14. December 1796.

G.

257. An Goethe.

Ich habe gestern und heute am Wallenstein so emsig[1] gearbeitet, daß ich den gestrigen Botentag ganz aus der Acht ließ, und mich auch heute nur im letzten Augenblick an die Post erinnerte.

Meinen besten Dank für Ihre freundschaftliche Verwendung in der bewußten Sache, die mich recht froh für die Zukunft macht. [2] Ich lebe sehr gern mit meiner Schwägerin, und mein Schwager bringt durch seine mir heterogene Art zu sein, die doch wieder ein Ganzes für sich ist, eine interessante Verschiedenheit in meinen Zirkel[3].

Auch für die Terpsichores[4] danke schönstens.

Seien Sie herzlich von uns allen gegrüßt.

Jena den 14. December 1796.

Sch.

258. An Goethe.

[Jena den 16. December 1796.][1]

Der December geht nach und nach vorbei und Sie kommen nicht. Ich fürchte bald, daß wir einander vor dem sieben und neunzigsten Jahr nicht wieder sehen werden. Mich freut übrigens zu hören, daß Sie die Optica ernstlich vorgenommen; denn mir däucht, man kann diesen Triumph über die Widersacher nicht frühe genug beschleunigen. Für mich selbst ist es mir angenehm, durch Ihre Ausführung in dieser Materie klar zu werden.

Meine Arbeit rückt mit lebhaftem Schritt weiter. Es ist mir nicht möglich gewesen, so lange wie ich anfangs wollte, die Vorbereitung und den Plan von der Ausführung zu trennen. Sobald die festen Punkte einmal gegeben waren, und ich überhaupt nur einen sichern Blick durch das Ganze bekommen, habe ich mich gehen lassen, und so wurden, ohne daß ich es eigentlich zu[2] Absicht hatte, viele Scenen im ersten Act gleich ausgeführt. Meine Anschauung wird mit jedem Tage lebendiger und eins bringt das andere herbei.

Gegen den Dreikönig-Tag denke ich soll der erste Act, der auch bei weitem der längste wird, so weit fertig sein, daß Sie ihn lesen können. Denn ehe ich mich weiter hinein wage, möchte ich gerne wissen, ob es der gute Geist ist, der mich leitet. Ein böser ist es nicht, das weiß ich wohl gewiß, aber es giebt so viele Stufen zwischen beiden.

Ich bin, nach reifer Ueberlegung, bei der lieben Prosa geblieben, die diesem Stoff auch viel mehr zusagt.

Hier die noch restirenden Horenstücke; das bezeichnete bitte an Herru v. Knebel abgeben zu lassen.

Leben Sie aufs beste wohl. Bei uns ist alles ziemlich gesund.

Sch.

259. An Schiller.

Daß es mit Wallenstein so geht, wie Sie schreiben, ist in der Regel, und ich habe desto mehr Hoffnung darauf, als[1] er sich nun selbst zu produciren anfängt, und ich freue mich den ersten Act nach dem Nenen Jahre anzutreffen. Eher werde ich aber auch nicht kommen, da mir noch eine Reise bevorsteht, von der ich das weitere melde, sobald[2] sie gewiß ist.

Die Optica gehen vorwärts, ob ich sie gleich jetzt mehr als Geschäft, denn[3] als Liebhaberei treibe; doch sind die Acten dergestalt instruirt daß es nicht schwer wird daraus zu referiren. Knebel nimmt Antheil daran, welches mir von großem Vortheil ist, damit ich nicht allein mir selbst sondern auch andern schreibe. Uebrigens ist und bleibt es vorzüglich eine Uebung des Geistes, eine Beruhigung der Leidenschaften und ein Ersatz für die Leidenschaften, wie uns Frau von Stael umständlich dargethan hat.

Schicken Sie mir doch dieses Buch bald zurück; jedermann verlangt daruach. Im Merkur ist schon Gebrauch davon gemacht. Diderot können Sie länger behalten; es ist ein herrliches Buch und spricht fast noch mehr an den Dichter als an[4] den bildenden Künstler, ob es gleich auch diesem oft mit gewaltiger Fackel vorleuchtet.

Leben Sie wohl, grüßen Sie alles; unsere Eisbahn ist sehr lustig. Jakobi ist bei mir; er hat sich recht wacker ausgebildet. Nächstens mehr.

Weimar am 17. December 1796.

G.

260. An Goethe.

Jena den 19.[1] December 1796.

Boie hat geantwortet, ich lege seinen Brief bei; da er für das Original des Cellini nichts scheint annehmen zu wollen, so werden Sie sich wohl selbst auf irgend eine Art mit ihm erklären müssen.

Madame Stael habe ich noch nicht zu Ende lesen können, da ich in den wenigen Stunden, wo ich an solch ein Buch kommen kann, allemal gestört worden. Um aber die andern Freunde nicht warten zu lassen, sende ich's Ihnen morgen mit dem Botenmädchen. Sie theilen mir die Schrift dann wohl wieder mit, wenn sie die Tour gemacht hat.

Körnern und seine Familie hat Ihre Elegie sehr lebhaft interessirt. Sie wissen nicht genug davon zu erzählen, und Ihrem[2] epischen Gedichte sehen sie[3] mit unbeschreiblicher Sehnsucht entgegen.

Leben Sie recht wohl. Ich schreibe in der Eile.

Sch.

---

261. An Schiller.

Das Werk der Frau von Stael ist angekommen und soll wieder zurückkehren, sobald die Neugierde der Freunde befriedigt ist. Sie werden Knebeln bei sich sehen und ihn ganz munter finden; er hilft mir, auf eine sehr freundschaftliche Weise, gegenwärtig an meinem optischen Wesen fort. Ich zeichne jetzt die Tafeln dazu und sehe daran, da sich alles verengt, eine mehrere Reife. Einen flüchtigen Entwurf zur Vorrede habe ich gemacht; ich communicire ihn nächstens um zu hören ob die Art, wie ich's genommen habe, Ihren Beifall hat.

Boies Brief kommt zurück; es ist mir sehr angenehm daß er mir den Cellini abtritt; ich will ihm etwa ein gutes Exemplar meines Romans dagegen geben und einen freundlichen Brief dazu schreiben.

Es freut mich sehr daß die Elegie bei Körner gut gewirkt hat. Im Ganzen bin ich aber überzeugt, daß Ihre Bemerkung richtig ist, daß sie nämlich öffentlich noch zu früh käme; ich bin auch privatim sehr sparsam damit umgegangen.

Den dritten Feiertag gehe ich mit dem Herzog nach Leipzig. Sagen Sie es außer Humboldten niemand und fragen Sie diesen Freund, ob er mir außer Professor Ludwig und Magister Fischer noch jemand zu sehen empfiehlt? Da wir wahrscheinlich auch auf Dessau gehen, so kommen wir unter zwölf bis vierzehn Tagen nicht zurück; wünschten Sie also vor meiner Abreise noch etwas von mir, so haben Sie die Güte mir es bald zu sagen.

Da mein armes Subject auf dieser Tour, besonders physisch, manches zu leiden haben wird, so hoffe ich, durch mancherlei neue Objecte bereichert zu werden.

Meine Fisch- und Wurmanatomie hat mir in diesen Tagen auch wieder einige sehr fruchtbare Ideen erregt.

Leben Sie recht wohl und thätig ins neue Jahr hinein und fahren Sie fort in dem dramatischen Felde Platz zu gewinnen. Wenn nur nicht auch der Januar hingeht ohne daß wir uns sehen. Leben Sie indessen recht wohl.

Schlegels werden wahrscheinlich von einem großen, völlig Literarischen Gastmahl erzählen, dem sie beigewohnt haben.

Weimar den 21. December 1796.

G.

262. An Goethe.

Das heutige Paket ist schon vorgestern dem Botenmädchen zugestellt worden, und heute erhalte ich es zurück, weil sie des Wassers wegen nicht fort konnte. Dieser Aufschub ist mir doppelt unangenehm, wie Sie aus dem Inhalt abnehmen werden.

Reichardt hat sich nun geregt, und gerade so wie ich erwartet hatte; er will es bloß mit mir zu thun haben und Sie zwingen, sein Freund zu scheinen. Da er sich auf dieses Trennungssystem ganz verläßt, so scheint mir's[1] nöthig, ihn gerade durch die unzertrennlichste Vereinigung zu Boden zu schlagen. Ignoriren darf ich seinen insolenten Angriff nicht, wie Sie selber sehen werden; die Replique muß schnell und entscheidend sein. Ich sende Ihnen hier das Concept, ob es Ihnen so recht ist. Sowohl Ihre Abreise als die Nothwendigkeit, bald mit der Gegenantwort aufzutreten, macht die Resolution dringend; daher bitte ich Sie um recht baldige Antwort. Wollen Sie selbst noch etwas thun, so wird es mir desto lieber sein, und ihm desto sicherer den Mund stopfen.

Wegen der Besuche in Leipzig schreibt Ihnen Humboldt selbst.

Ihr längeres Ausbleiben ist mir sehr unangenehm: möchte es nur Ihre jetzige schöne Thätigkeit nicht zu lang unterbrechen!

Boie wird durch Ihr Geschenk sich in reichem Maße geehrt und belohnt finden.

Knebel war bei mir und hat mir auch die Schottländer gebracht, die ganz gute Leute scheinen. Knebel erzählte mir auch viel von den optischen Unterhaltungen mit Ihnen; es freut mich, daß Ihre Mittheilung gegen ihn die Sache mehr in Bewegung brachte. Seine Idee, daß Sie das Ganze in einige Hauptmassen ordnen möchten, scheint mir nicht übel; man würde so schneller zu bestimmten Resultaten geführt, da man bei einer künstlichern Technik des Werks die Befriedigung erst am Ende findet. Auf Ihre Vorrede bin ich jetzt sehr begierig und hoffe sie noch vor Ihrer Abreise zu erhalten.

Leben Sie recht wohl. Alles grüßt herzlich und wünscht Ihnen viel Unterhaltung auf dieser Reise.

Jena den 25. December 1796.

Sch.

263. An Schiller.

[Weimar 27. December 1796.][1]

Ihr Paket erhalte ich zu einer Zeit, da ich so äußerst zerstreut bin daß ich weder die Sache, wie sie verdient, überdenken, noch darüber etwas beschließen kann. Lassen Sie mich also nur vorläufig eine ohngefähre Meinung sagen und übereilen Sie nichts. Der Gegner hat sich zu seiner Replik alle Zeit genommen, lassen Sie uns ja, da uns kein Termin zwingt, den Vortheil der reifsten[2] Ueberlegung nicht leidenschaftlich aus der Hand geben. Sie ist um desto nöthiger als die Sache prosaisch verhandelt werden soll und das erste Wort ist von der größten Bedeutung. Meo voto müßte unsere Prosa so ästhetisch als möglich sein, ein rednerischer, juristischer, sophistischer Spaß, der durch seine Freiheit und Uebersicht der Sache wieder an die Xenien selbst erinnerte. Ihr Aufsatz scheint mir zu ernsthaft und zu gutmüthig. Sie steigen freiwillig auf den Kampfplatz der dem Gegner bequem ist, Sie contestiren litem und lassen sich ein, ohne von den Exceptionen Gebrauch zu machen, die so schön bei der Hand liegen. Flüchtig betrachtet sehe ich die Sache so an:

Ein ungenannter Herausgeber von zwei Journalen greift einen genannten Herausgeber von einem Journal und einem Almanach deßhalb an daß er in einigen Gedichten verläumdet und als Mensch angegriffen worden sei.

Nach meiner Meinung muß man ihn bei dieser Gelegenheit aus seinem bequemen Halbincognito heraustreiben und zuerst von ihm verlangen, daß er sich auf seinen Journalen nenne, damit man doch auch seinen Gegner kennen lerne; zweitens[3], daß er die Gedichte wieder abdrucken lasse, die er auf sich zieht, damit man wisse wovon die Rede sei und worüber gestritten wird. Diese beiden Präliminarfragen müssen erst erörtert sein, ehe man sich einläßt; sie incommodiren den Gegner aufs äußerste und er mag sich benehmen wie er will so hat man Gelegenheit ihn zu persiffliren, die Sache wird lustig, die Zeit wird gewonnen, es erscheinen gelegentlich noch mehrere Gegner denen man immer beiher etwas abgeben kann, das Publikum wird gleichgültig und wir sind in jedem Sinne im Vortheil.

Ich finde auf der Reise gewiß so viel Humor und Zeit um einen solchen Aufsatz zu versuchen. Da wir Freunde haben die sich für uns interessiren so lassen Sie uns nicht unberathen zu Werke gehen.

Seitdem ich Ihnen jene Bemerkungen über die Elegie danke, habe ich manches erfahren und gedacht, und ich wünsche Ihnen bei der gegenwärtigen

(Schluß fehlt.)

1797.

264. An Schiller.

Leipzig den 1. Jannar 1797.

Ehe ich von hier weggehe muß ich noch ein Lebenszeichen von mir geben und kürzlich meine Geschichte melden. Nachdem wir am 28sten December uns durch die Windweben auf dem Ettersberge durchgewürgt hatten und auf Buttelstädt gekommen waren, fanden wir recht leidliche Bahn und übernachteten in Rippach. Am 29sten früh um 11 Uhr waren wir in Leipzig und haben der Zeit eine Menge Menschen gesehen, waren meist Mittag und Abends zu Tische geladen und ich entwich mit Noth der einen Hälfte dieser Wohlthat. Einige recht interessante Menschen haben sich unter der Menge gefunden, alte Freunde und Bekannte habe ich auch wieder gesehen, so wie einige vorzügliche Kunstwerke, die mir die Angen wieder ausgewaschen haben.

Nun ist noch heute ein saurer Neujahrstag zu überstehen, indem frühmorgens ein Cabinet besehen wird, Mittags ein großes Gastmahl genossen, Abends das Concert besucht wird, und ein langes Abendessen darauf gleichfalls unvermeidlich ist. Wenn wir nun so um 1 Uhr nach Hanse kommen steht uns, nach einem kurzen Schlaf, die Reise nach Dessau bevor, die wegen des eingefallenen starken Thauwetters einigermaßen bedenklich ist; doch wird auch das glücklich vorübergehen.

So sehr ich mich freue nach dieser Zerstreuung bald zu Ihnen in die Jenaische Einsamkeit zurückzukehren, so lieb ist mir's, daß ich einmal wieder so eine große Menschenmasse sehe, zu der ich eigentlich gar kein Verhältniß habe. Ich konnte über die Wirkung der literarischen[1] positiven und polemischen Schriften manche gute Bemerkung machen, und das versprochene Gegenmanifest wird nicht um desto schlimmer werden.

Leben Sie recht wohl. Da wir schon morgen nach Dessau gehen, so scheint es daß die Reise überhaupt nicht gar zu lange dauern wird.

Sagen Sie Herrn von Humboldt daß ich Doctor Fischern gesehen habe, und daß er mir recht wohl gefallen hat. Die Kürze der Tage und das äußerst böse Thauwetter hindern mich übrigens meinen Aufenthalt so[2] zu nutzen wie ich wohl wünschte; doch findet man zufällig manches was man sonst vergebens sucht. Leben Sie nochmals wohl, vergnügt und fleißig.

G.

265. An Schiller.

Nach einer vierzehntägigen Abwesenheit bin ich glücklich wieder zurückgekommen, von meiner Reise sehr wohl zufrieden, auf der mir manches Angenehme und nichts Unangenehmes begegnet ist. Ich habe viel davou zu erzählen und werde, sobald ich nur wieder hier ein wenig Ordnung gemacht, wenn es auch nur auf einen Tag ist, zu Ihuen hinüber kommen. Leider kann ich nicht sogleich, so sehr ich auch wünschte Herrn Oberbergrath Humboldt noch zu sprechen. Grüßen Sie beide Brüder aufs beste und schönste und sagen Sie daß ich sogleich Anstalt machen werde die verzeichneten Bücher Herrn Gentz [1] zu verschaffen.

Ich verlange sehr Sie wieder zu sehen, denn ich bin bald in dem Zustande daß ich für lauter Materie nicht mehr schreiben kann, bis wir uns wieder gesehen und recht ausgeschwätzt haben.

Poetisches hat mir die Reise nichts eingetragen als daß ich den Schluß meines epischen Gedichts vollkommen schematisirt habe. Schreiben Sie mir was Ihnen indessen die Muse gegönnt hat. Grüßen Sie Ihre liebe Frau und sagen mir wie die Kleinen sich befinden.

Weimar am 11. Januar 1797.

Mit dem Buche, das mir Rath Schlegel mitbrachte, geht es mir wunderlich. Nothwendig muß es einer der damals gegenwärtigen Freunde eingesteckt haben, denn ich habe es nicht wieder gesehen und deßhalb auch vergessen; ich will sogleich herumschicken um zu erfahren wo es steckt. Wenn Sie Schlegeln sehen, so sagen Sie ihm daß ich ihm ein Compliment von einer recht schönen Frau zu bringen habe, die sich sehr lebhaft für ihn zu interessiren schien.

G.

266. An Goethe.

Eben bekomme ich Ihren lieben Brief, der mich mit der Nachricht von Ihrer Zurückkunft herzlich erfreut. Diese Zeit Ihrer Abwesenheit von Jena währt mir unbeschreiblich lang; wiewohl es mir gar nicht an Umgang fehlte, so hat es mir doch gerad an der nöthigsten Stärkung bei meinem Geschäft gemangelt. Kommen Sie ja, so bald Sie können. Ich zwar habe nicht viel gesammelt was ich mittheilen könnte, desto begieriger aber und bedürftiger werde ich alles aufnehmen, was ich von Ihuen hören kann.

Wir sind alle so wohl, wie wir zu sein pflegen; unthätig bin ich gar nicht gewesen, wiewohl in diesen düstern drückenden[1] Wintertagen alles später reift, und die rechte Gestalt sich schwerer findet. Indessen ich sehe doch ins Helle und mein Stoff unterwirft sich mir immer mehr. Die erste Bedingung eines glücklichen Fortgangs meiner Arbeit ist eine leichtere Luft, und Bewegung; ich bin daher entschlossen, mit den ersten Regungen des Frühjahrs den Ort zu verändern und mir, wo möglich in Weimar, ein Gartenhaus, wo heizbare Zimmer sind, auszusuchen. Das ist mir jetzt ein dringendes Bedürfniß, und kann ich diesen Zweck zugleich mit einer größern und leichtern Communication mit Ihnen vereinigen, so sind vor der Hand meine Wünsche erfüllt. Ich denke wohl, daß es gehen wird.

Die Reichardtische Sache habe ich mir diese Zeit über aus dem Sinne geschlagen, weil ich mich darin[2] mit Freuden in Ihren Rath ergeben will. Sie überfiel mich in einer zu engen Zimmerluft, und alles was zu mir kommt, muß noch dazu beitragen, mir diese Widrigkeiten noch lastender zu machen.

Aber Wieland wird nun auch gegen die Xenien auftreten, wie Sie aus dem ersten Stück des Merkur ersehen werden. Es wäre doch unangenehm, wenn er uns zwänge, auch mit ihm anzubinden, und es frägt sich, ob man nicht wohl thäte, ihm die Folgen zu bedenken zu geben.

Ihre Aufträge sollen besorgt werden. Ich lege hier das zwölfte Horenstück bei, die übrigen Exemplare kommen übermorgen.

Wir umarmen Sie alle herzlich.

Jena den 11. Jannar 1797.

Sch.

---

267. An Goethe.

Jena den 17. Januar 1797.

Ich mache eben Feierabend mit meinem Geschäft und sage Ihnen noch einen guten Abend, eh ich die Feder weglege. Ihr letzter Besuch, so kurz er auch war, hat eine gewisse Stagnation bei mir gehoben, und meinen Muth erhöht. Sie haben mich durch Ihre Beschreibungen wieder in die Welt geführt, von der ich mich ganz abgetrennt fühlte.

Besonders aber erfreut[1] mich Ihre lebhafte Neigung zu einer fortgesetzten poetischen Thätigkeit. Ein neueres schöneres Leben thut sich dadurch vor Ihnen auf, es wird sich auch mir nicht nur in dem Werke, es wird sich mir auch durch die Stimmung, in die es Sie versetzt, mittheilen und mich erquicken. Ich wünschte besonders jetzt die Chronologie Ihrer Werke zu wissen; es sollte mich wundern, wenn sich an den Entwicklungen Ihres Wesens nicht ein gewisser nothwendiger Gang der Natur im Menschen überhaupt nachweisen ließe. Sie müssen eine gewisse, nicht sehr kurze, Epoche gehabt haben, die ich Ihre analytische Periode nennen möchte, wo Sie durch die Theilung und Trennung zu einem Ganzen strebten, wo Ihre Natur gleichsam mit sich selbst zerfallen war und sich durch

Kunst und Wissenschaft wieder herzustellen suchte. Jetzt däucht mir kehren Sie, ausgebildet und reif, zu Ihrer Jugend zurück, und werden die Frucht mit der Blüthe verbinden. Diese zweite Jugend ist die Jugend der Götter und unsterblich wie diese.

Ihre kleine und große Idylle und noch[2] neuerlich Ihre Elegie zeigen dieses, so wie die alten Elegien und Epigramme. Ich möchte aber von den früheren Werken, vom Meister selber, die Geschichte wissen. Es ist keine verlorene Arbeit, dasjenige aufzuschreiben was Sie davon wissen. Man kann Sie ohne das nicht ganz kennen lernen. Thun Sie es also ja, und legen auch bei mir eine Copie davon nieder.

Fällt Ihnen etwas von der Lenzischen Verlassenschaft in die Hände, so erinnern Sie sich meiner. Wir müssen alles was wir finden, für die Horen zusammenraffen. Bei Ihrem veränderten Plan für die Zukunft können Sie vielleicht auch die italienischen Papiere den Horen zu gut kommen lassen.

An den Cellini bitte ich auch zu denken, daß ich ihn etwa in drei Wochen habe.

Freund Reichardts Abfertigung bitte auch nicht ganz zu vergessen.

Leben Sie recht wohl.

Sch.

268. An Schiller.

Die wenigen Stunden, die ich neulich mit Ihnen zugebracht habe, haben mich auf eine Reihe von Zeit nach unserer alten Art wieder recht lüstern gemacht; sobald ich nur einigermaßen hier verschiedenes ausgeführt und manches eingerichtet habe, bringe ich wieder eine Zeit mit Ihnen zu, die, wie ich hoffe, in mehr als Einem Sinn für uns beide fruchtbar sein wird. Benutzen Sie ja Ihre besten Stunden, um die Tragödie weiter zu bringen, damit wir anfangen können uns zusammen darüber zu unterhalten.

Ich empfange soeben Ihren lieben Brief und läugne nicht daß mir die wunderbare Epoche in die ich eintrete, selbst sehr merkwürdig ist; ich bin darüber leider noch nicht ganz beruhigt, denn ich schleppe von der analytischen Zeit noch so vieles mit, das ich nicht los werden und kaum verarbeiten kann. Indessen bleibt mir nichts übrig als auf diesem Strom mein Fahrzeug so gut zu lenken als es nur gehen will. Was bei dieser Disposition eine Reise für Wirkung thut habe ich schon die letzten 14 Tage gesehen; indessen läßt sich ins Ferne und Ganze nichts voraussagen, da diese regulirte Naturkraft sowie alle unregulirten durch nichts in der Welt geleitet werden kann, sondern wie sie sich selbst bilden muß auch aus sich selbst und auf ihre eigne Weise wirkt. Es wird uns dieses Phänomen zu manchen Betrachtungen Anlaß geben.

Der versprochene Aufsatz ist so reif daß ich ihn in einer Stunde dictiren könnte, ich muß aber nothwendig vorher mit Ihnen noch über die Sache sprechen und ich werde um so mehr eilen bald wieder bei Ihnen zu sein. Sollte sich ein längerer Aufenthalt in Jena noch nicht möglich machen, so komme ich bald wieder auf einen Tag; solch ein kurzes Zusammensein ist immer sehr fruchtbar.

Eine Abtheilung Cellini corrigire ich gegenwärtig; haben Sie eine Abschrift von derjenigen die im nächsten Stück erwartet wird, so schicken Sie mir solche doch.

Ich schließe für dießmal und wünsche recht wohl zu leben.

Weimar am 18. Jannar 1797.

G.

269. An Goethe.

Jena 24. Januar 1797.

Nur zwei Worte für heute. Ich hoffte, nach Ihrem letzten Brief, Sie schon seit etlichen Tagen hier zu sehen. Die paar heitern Tage haben mich auch wieder in die Luft gelockt und mir wohlgethan. Mit der Arbeit geht's aber jetzt langsam, weil ich gerade in der schwersten Krise bin. Das seh ich jetzt klar, daß ich Ihuen nicht eher etwas zeigen kann, als bis ich über alles mit mir selbst im reinen bin. Mit mir selbst können Sie mich nicht einig machen, aber mein Selbst sollen Sie mir helfen mit dem Objecte übereinstimmend zu machen. Was ich Ihnen also vorlege, muß schon mein Ganzes sein, ich meine just nicht mein ganzes Stück, sondern meine ganze Idee davon. Der radicale Unterschied unserer Naturen, in Rücksicht auf die Art, läßt überhaupt keine andere, recht wohlthätige Mittheilung zu, als wenn das Ganze sich dem Ganzen gegenüber stellt; im einzelnen werde ich Sie zwar nicht irre machen können, weil Sie fester auf sich selbst ruhen als ich, aber Sie würden mich leicht über den Haufen rennen[1] können. Doch davon mündlich weiter.

Kommen Sie ja recht bald. Ich lege hier das neueste von Cellini bei, das neulich vergessen wurde.

Alles grüßt Sie. Die Humboldtin leidet doch viel bei ihren Wochen und es wird langwierig werden.

Leben Sie recht wohl.

Sch.

270. An Goethe.

[Jena den 27. Jannar 1797.][1]

Da Sie jetzt mit Farben beschäftigt sind, so will ich Ihnen doch eine Beobachtung mittheilen die ich heute, mit einem gelben Glase, gemacht. Ich betrachtete damit die Gegenstände vor meinem Fenster, und hielt es so weit horizontal vor das Auge, daß es mir zu gleicher Zeit die Gegenstände unter demselben zeigte, und auf seiner Fläche den blauen Himmel abspiegelte, und so erschienen mir an den hochgelb gefärbten Gegenständen alle die Stellen hell purpurfarbig, auf welche zugleich das Bild des blauen Himmels fiel, so daß es schien, als wenn die hochgelbe Farbe, mit der blauen des Himmels vermischt, jene Purpurfarbe hervorgebracht hätte. Nach der gewöhnlichen Erfahrung hätte aus dieser Mischung Grün entstehen sollen, und so sah auch der Himmel aus, sobald ich ihn durch das Glas betrachtete, und nicht bloß dariu abspiegelte. Daß aber in dem letztern Fall Purpur erschien, erklärte ich mir daraus, daß ich bei der horizontalen Lage des Glases durch die Breite desselben also den dickern Theil sah, der schon ins Röthliche fiel. Denn ich durfte bloß das Glas von der einen Seite zuhalten und die Gegenstände als wie in einen Spiegel hineinfallen lassen, so war da ein reines Roth, wo vorher Gelb gewesen.

Ich sage Ihnen mit meiner Bemerkung schwerlich etwas[2] neues, indessen wünschte ich zu wissen, ob ich mir das Phänomen recht erkärte. Hinge es wirklich nur von der größern oder geringeren Verdichtung des Gelben ab, um mit dem Blauen bald Purpur bald Grün hervorzubringen, so wäre die Reciprocität dieser zwei letztern Farben noch interessanter.

Haben Sie gelesen, was Campe auf die Xenien erwidert hat? Es geht eigentlich nur Sie an, und er hat sich auch höflich benommen, aber den Pedanten und die Waschfrau nur aufs neue bestätigt. Was das Archiv des Geschmacks und der Genius der Zeit zu Markte gebracht, haben Sie wohl schon gelesen, auch des Wandsbecker Boten klägliche Verse.

Leben Sie recht wohl. Ich wünschte, daß Sie bald von allen lästigen Amtsgeschäften[3] frei zur Muse zurückkehren möchten.

Sch.

271. An Schiller.

Sonntag, den 29. Jaunar 1797.

Wenigstens soll heute Abend Ihuen ein eilfertiges Blatt gewidmet sein, damit Sie doch im allgemeinen erfahren wie es mit mir steht.

Ich habe diese Woche einige bedeutende Contracte zu Staude gebracht. Erstlich habe ich Dem. Jagemann für den hiesigen Hof und das Theater gewonnen; sie ist als Hofsängerin angenommen und wird in den Opern manchmal singen, wodurch denn unsere Bühue ein ganz neues Leben erhält. Ferner habe ich auch mein episches Gedicht verhandelt, wobei sich einige artige Begebenheiten ereignet haben.

Daß bei solchen Umständen an keine ästhetische Stimmung zu denken ist läßt sich leicht begreifen; indessen schließen sich die Farbentafeln immer besser an einander, und in Betrachtung organischer Naturen bin ich auch nicht müßig gewesen; es leuchten mir in diesen langen Nächten ganz sonderbare Lichter, ich hoffe es sollen keine Irrwische sein.

Ihre Farbenbeobachtung [1] mit dem gelben Glase ist sehr artig; ich glaube daß ich diesen Fall unter ein mir schon bekanntes Phänomen subsumiren [2] kann, doch bin ich neugierig bei Ihnen gerade den Punkt zu sehen auf welchem es beobachtet worden.

Grüßen Sie doch Humboldt vielmals, und bitten um Vergebung daß ich die auf Italien sich beziehenden Bücher noch nicht geschickt; Mittwoch soll etwas [3] kommen.

Von Xenialischen Dingen habe ich die Zeit nichts gehört; in der Welt in der ich lebe klingt nichts literarisches weder vor noch nach; der Moment des Anschlagens ist der einzige der bemerkt wird. In Kurzem wird sich zeigen ob ich auf längere Zeit zu Ihnen kommen kann, oder ob ich nochmals nur eine augenblickliche Visite machen werde.

Leben Sie recht wohl; grüßen Sie was Sie umgiebt und halten sich zum Wallenstein so viel nur immer möglich ist.

G.

---

272. An Goethe.

Jena den 31. Jannar 1797.

Zu der guten Acquisition für die Oper wünsche ich Glück, und was das epische Werk betrifft, so hoffe ich, Sie sind in gute Hände gefallen. Das Werk wird einen glänzenden Absatz haben, und bei solchen Schriften sollte der Verleger billig keinen Profit zu machen suchen, sondern sich mit der Ehre begnügen. Mit schlechten Büchern mag er reich werden.

Weil doch von mercantilischen Dingen die Rede ist, so lassen Sie mich Ihnen eine Idee mittheilen, die mir jetzt sehr am Herzen liegt. Ich bin jetzt genöthigt, mich in der Wahl einer Wohnung zu beeilen, da ein Gartenhaus hier zu verkaufen ist, welches mir convenient wäre, wenn ich hier wohnen bleiben wollte. Da ich nothwendig auf einen Garten sehen muß, und die Gelegenheit so leicht nicht wieder kommen könnte, so müßte ich zugreifen.

Nun sind aber verschiedene überwiegende Gründe da, warum ich doch lieber in Weimar wohnen möchte, und könnte ich dort eine Wohnung von derselben Art finden, so möchte ich es wohl vorziehen. Nach den Erkundigungen, die ich habe anstellen lassen, wird dieses aber schwer halten. Da Sie neulich von Ihrem Gartenhause sprachen und meinten, es habe Raum genug, so wünschte ich zu wissen, ob Sie es vielleicht für eine längere Zeit entbehren und es mir ordentlich vermiethen könnten. Es ist ja ohnehin Schade daß es dasteht, ohne sich zu verinteressiren, und mir wäre sehr damit geholfen.

Wären Sie dazu nicht ungeneigt, und qualificirte sich das Haus in den wesentlichen Dingen dazu, Sommers und Winters bewohnt zu werden, so würden wir über die Veränderungen, die noch nöthig wären, leicht miteinander einig werden können.

Was den Garten betrifft, so stünde ich für meine Leute, daß nichts verdorben werden sollte.

Die Entfernung würde mich wenig abschrecken. Meiner Frau ist eine äußere Nothwendigkeit sich in Bewegung zu setzen sehr gesund, und was mich betrifft, so hoffe ich nach einigen Versuchen in freier Luft, mir auch mehr zutrauen zu können.

Vor der Hand wünschte ich nun bloß zu wissen, ob Sie überhaupt nur zu einer solchen Disposition geneigt wären; das übrige würde dann auf eine nähere Besichtigung ankommen.

Leben Sie recht wohl. Alles grüßt.

Sch.

Körner wünscht zu erfahren, ob Sie die bestellten Musikalien und den Katalog der Wackerischen Anction bekommen?

---

273. An Schiller.

Sie erhalten auch endlich wieder einmal einen Beitrag von mir und zwar einen ziemlich starken Heft Cellini; nun steht noch der letzte bevor, und ich wünsche daß wir alsdann wieder einen solchen Fund thun mögen. Auch einige Lenziana liegen bei. Ob und wie etwas davon zu brauchen ist, werden Sie beurtheilen. Auf alle Fälle lassen Sie diese wunderlichen Hefte liegen bis wir uns nochmals darüber besprochen haben.

Mein Gartenhaus stünde Ihuen recht sehr zu Diensten, es ist aber nur ein Sommeraufenthalt für wenig Personen. Da ich selbst so lange Zeit darin gewohnt habe, und auch Ihre Lebensweise kenne, so darf ich mit Gewißheit sagen daß Sie darin nicht hausen können, um so mehr als ich Waschküche und Holzstall wegbrechen lassen, die einer etwas größeren Haushaltung völlig unentbehrlich sind. Es kommen noch mehr Umstände dazu, die ich mündlich erzählen will.

Der zu verkaufende Garten in Jena ist wohl der Schmidtische? Wenn er wohnbar ist, sollten Sie ihn nehmen. Wäre denn einmal Ihr Herr Schwager hier eingerichtet, so könnte man auf ein freiwerdendes Quartier aufpassen und den Garten werden Sie, da die Grundstücke immer steigen, ohne Schaden wieder los. Jetzt ist ein Quartier, wie Sie es wünschen, hier auf keine Weise zu finden.

Von Rom habe ich einen wunderlichen Aufsatz erhalten, der vielleicht für die Horen brauchbar ist. Er hat den ehemals sogenannten Maler Müller zum Verfasser, und ist gegen Fernow gerichtet. In den Grundsätzen die er aufstellt hat er sehr recht, er sagt viel gründliches, wahres und gutes; so ist der Aufsatz auch stellenweise gut geschrieben, hat aber im Ganzen doch etwas[1] unbehülfliches und in einzelnen Stellen ist der Punkt nicht recht getroffen. Ich lasse das Werkchen abschreiben und theile es alsdann[2] mit. Da er genannt sein will, so könnte man es wohl mit seinem Namen abdrucken lassen und am Schlusse eine Note hinzufügen, wodurch man sich in die Mitte stellte und eine Art von pro und contra eröffnete. Herr Fernow möchte alsdann[2] im Merkur, Herr Müller in den Horen seine rechtliche Nothdurft anbringen und man hätte dabei Gelegenheit die mancherlei Albernheiten, die Herr Fernow mit großer Freiheit im Merkur debitirt[3], mit wenig Worten herauszuheben.

Körnern danken Sie recht vielmals für das überschickte Duett und den Catalogus; ersteres ist schon übersetzt und auf dem Theater. Leben Sie recht wohl! Mein Winterhimmel klärt sich auf und ich hoffe bald bei Ihnen zu sein; alles geht mir gut von statten und ich wünsche Ihnen das gleiche.

Weimar am 1. Februar 1797.

G.

---

274. An Goethe.

Jena den 2. Februar 1797.

Mit der gestrigen Sendung haben Sie mich recht erquickt, denn ich bin noch nie so in der Noth gewesen, die Horen flott zu erhalten als jetzt. Die Arbeit vom Maler Müller soll mir sehr lieb sein; er ist sicher eine unerwartete und neue Figur und es wird uns auch sehr helfen, wenn ein Streit in den Horen eröffnet wird. Die Lenziana, so weit ich bis jetzt hineingesehen, enthalten sehr tolles Zeug, aber die Wiedererscheinung dieser Empfindungsweise zu jetzigen Zeiten wird sicherlich nicht ohne Interesse sein, besonders da der Tod und das unglückliche Leben des Verfassers allen Neid ausgelöscht hat, und diese Fragmente immer einen biographischen und pathologischen Werth haben müssen.

Zu einem Nachfolger des Cellini wäre Vieilleville wohl sehr brauchbar, nur müßte er[1] freilich nicht sowohl übersetzt als ausgezogen werden. Wenn Sie selbst sich nicht daran machen wollen und auch nichts anders Masse gebendes wissen, so will ich mich an den Vieilleville machen und bitte mir ihn zu dem Ende zu senden.

[2]Niethammer, der diesen Brief mitnimmt, ist in der Angelegenheit nach Weimar gereist, sich beim Geh. Rath Voigt wegen einer außerordentlichen Professur in der Theologie zu melden. Es ist nämlich ein anderer philosophischer Professor Namens Lange darum eingekommen, und Niethammers ganzer Lebensplan ist davon abhängig, daß dieser Lange der viel neuer ist als er, ihm nicht zuvorkomme. Niethammer wird Sie bitten, Ihnen seine Angelegenheit vortragen zu dürfen, und Sie werden diese[3] arme Philosophie nicht stecken lassen. Er ist nicht

so unbescheiden, Ihnen zur Last fallen zu wollen, er wünscht bloß daß Sie dem Geb. Rath Voigt, und wenn es Gelegenheit dazu gäbe, dem Herzog selbst davon sagen möchten, daß Sie ihn kennen und einer solchen Beförderung nicht für unwürdig halten[3].

Daß mein Plänchen auf Ihr Gartenhaus unausführbar ist, beklage ich sehr. Ich entschließe mich ungern, hier sitzen zu bleiben; denn wenn Humboldt erst fort ist, so bin ich schlechterdings ganz allein, und auch meine Frau ist ohne Gesellschaft. Ich will mich doch noch erkundigen, ob das Gartenhaus des Geh. Rath Schmidt nicht verkäuflich ist; denn wäre es gleich in seinem jetzigen Zustand nicht bewohnbar, so könnte ich es doch, wenn es mein eigen wäre, in Staud richten lassen, welches ich auch bei dem Professor Schmidtischen hier thun müßte.

Leben Sie aufs beste wohl und kommen Sie ja, so bald Sie können.

Sch.

275. An Schiller.

Nach einer sehr staubigen und gedrängten Redoute kann ich Ihnen nur wenige[1] Worte sagen.

Erstlich sende ich hier das Opus des Maler Müllers abgeschrieben; ich habe es nicht wieder durchsehen können und lege daher auch das Original bei. Da Sie es wohl nicht sogleich brauchen, so conferiren wir vorher nochmals drüber und Sie überlegen ja wohl ob am Style irgend etwas zu thun ist. Leider vergleicht er sich selbst[2] ganz richtig mit einem Geist der nothgedrungen spricht, nur äußert er sich nicht so leicht und luftig wie Ariel. Vieles, werden Sie finden, ist ganz aus unserm Sinne geschrieben und, auch unvollkommen wie sie ist, bleibt eine solche öffentliche, ungesuchte und unvorbereitete Beistimmung schätzbar. Am Ende ist's und bleibt's[3] denn doch ein Stein, den wir in des Nachbars Garten werfen; wenu er auch ein bißchen aufpatscht, was hat's zu bedeuten. Selbst wenu wirklich etwas an Fernow ist, muß es durch Opposition ausgebildet werden, denn seine deutsche Subjectivität spricht nur immer entscheidender und alberner von Rom her.

Zweitens sende ich Ihnen einen Gesang eines wunderlichen Gedichtes. Da ich den Verfasser kenne, so macht mich das[4] im Urtheil irre. Was sagen Sie? glauben Sie daß er poetisch Talent hat? Es ist eine gewisse anmuthige freie[5] Weltansicht drin und eine hübsche Jugend; aber freilich alles nur Stoff, und wie mich dünkt keine Spur von einer zusammenfassenden Form. Gesetzt man hätte eine poetische Schule, wo man die Hauptvortheile und Erfordernisse der Dichtkunst, wenigstens dem Verstande eines solchen jungen Mannes klar machen könnte, was glaubten Sie, daß aus einem solchen Naturell gezogen werden könnte? Jetzt weiß ich ihm keinen Rath zu geben als daß er kleinere Sachen machen soll.

Meine Aussicht auf längere Zeit bei Ihuen zu bleiben, verschiebt sich abermals weiter hinaus. Die Anstellung der Jagemann und ihre Einleitung aufs Theater macht meine Gegenwart höchst nöthig; doch soll mich nicht leicht etwas abhalten Sonntag den 12ten zu Ihuen zu kommen; wir haben Vollmond und brauchen bei der Rückkehr das zerrissene Mühlthal nicht zu fürchten.

Den Vieilleville will ich schicken, denn ich darf nichts neues unternehmen. Vielleicht bildet sich die Idee zu einem Mährchen, die mir gekommen[6] ist, weiter aus. Es ist nur gar zu verständig und[7] verständlich, drum will mirs nicht recht behagen; kaun ich aber das Schiffchen auf dem Ocean der Imagination recht herumjagen, so giebt es doch vielleicht eine leidliche Composition die den Lenten besser gefällt als wenn sie besser wäre. Das Mährchen mit dem Weibchen im Kasten lacht mich manchmal auch wieder an, es will aber noch nicht recht reif werden.

Uebrigens sind jetzt alle meine Wünsche auf die Vollendung des Gedichtes gerichtet und ich muß meine Gedanken mit Gewalt davon zurückhalten, damit mir das Detail nicht in Augenblicken[8] zu deutlich werde wo ich es nicht ausführen kann. Leben Sie recht wohl und lassen mich etwas von Ihrer Stimmung und Ihren Arbeiten wissen.

Weimar den 4. Februar 1797.

G.

276. An Goethe.

Jena den 7. Februar 1797.

Sie haben mir in diesen letzten Botentagen einen solchen Reichthum von Sachen zugeschickt, daß ich mit dem Besichtigen noch gar nicht habe fertig werden können, besonders da mir von der einen Seite ein Garten, den ich im Handel habe, und von der andern eine Liebesscene in meinem zweiten Act den Kopf nach sehr verschiedenen Richtungen bewegen.

Indessen habe ich mich gleich an das Maler-Müllerische Scriptum gemacht, welches, zwar in einer schwerfälligen und herben Sprache, sehr viel vortreffliches enthält, und nach den gehörigen Abänderungen im Stil einen vorzüglich guten Beitrag zu den Horen abgeben wird.

In dem neuen Stück Cellini habe ich mich über den Guß des Perseus recht von Herzen erlustigt. Die Belagerung von Troja oder[1] von Mantua kanu keine größere Begebenheit sein, und nicht pathetischer erzählt werden als diese Geschichte.

Ueber das Epos, welches Sie mir mitgetheilt, werde ich Ihuen mehr sagen können, wenu Sie kommen. Was ich bis jetzt darin gelesen, bestätigt mir sehr Ihr Urtheil. Es ist das Product einer lebhaften und vielbeweglichen Phantasie, aber diese Beweglichkeit geht auch so sehr bis zur Unart, daß schlechterdings alles schwimmt und davonfließt, ohne daß man etwas von bleibender Gestalt dariu fassen könnte. Bei diesem durchaus herrschenden Charakter der bloßen gefälligen Mannigfaltigkeit und des anmuthigen Spiels würde ich auf einen weiblichen Verfasser gefallen sein, wenu es mir zufällig in die Hände gerathen wäre. Es ist reich an Stoff, und scheint doch äußerst wenig Gehalt zu haben. Nun glaube ich aber, daß das was ich Gehalt nenne, allein der Form fähig werden kann; was ich hier Stoff nenne, scheint mir schwer oder niemals damit verträglich zu sein.

Ohne Zweifel haben Sie jetzt auch die Wielandische Oration gegen die Xenien gelesen. Was sagen Sie dazu? Es fehlt nichts, als daß sie im Reichsanzeiger stünde.

Von meiner Arbeit und Stimmung dazu kaun ich jetzt gerade wenig sagen, da ich in der Krise bin, und mein bestes feinstes Wesen zusammennehme [2], um sie gut zu überstehen. Insofern ist mir's lieb, daß die Ursache die Sie abhält hieher zu kommen, gerade diesen Monat trifft, wo ich mich am meisten nöthig habe zu isoliren.

Soll ich Ihre Elegie nun etwa zum Druck abschicken, daß sie am Anfange Aprils ins Publicum kommt?

Zu dem Mährchen wünsche ich bald eine recht günstige Stimmung. Leben Sie recht wohl. Wir freuen uns, Sie auf den Sonntag zu sehen.

Sch.

277. An Schiller.

Ich freue mich daß Sie in Ihrem abgesonderten Wesen die ästhetischen Krisen abwarten können; ich bin wie ein Ball den eine Stunde der andern zuwirft. In den Frühstunden suche ich die letzte Lieferung Cellini zu bearbeiten. Der Guß des Perseus ist fürwahr einer von den lichten Punkten, so wie bei der ganzen Arbeit an der Statue bis zuletzt Naturell, Kunst, Handwerk, Leidenschaft und Zufall alles durcheinander wirkt und dadurch das Kunstwerk gleichsam zum Naturprodukt macht.

Ueber die Metamorphose der Insecten gelingen mir auch gegenwärtig gute Bemerkungen. Die Raupen, die sich letzten September in Jena verpuppten, erscheinen, weil ich sie den Winter in der warmen Stube hielt, nun schon nach und nach als Schmetterlinge und ich suche sie auf dem Wege zu dieser neuen Verwandlung zu ertappen. Wenn ich meine Beobachtungen nur noch ein Jahr fortsetze, so werde ich einen ziemlichen Raum durchlaufen haben; denn ich komme nun schon oft wieder auf ganz bekannte Plätze.

Ich wünsche daß der Handel mit dem Gartenhaus gelingen möge. Wenn Sie etwas daran zu bauen haben, so steht Ihuen mein Gutachten zu Diensten.

Die Wielandische Aeußerung habe ich nicht gesehen noch nichts [1] davon gehört; es läßt sich vermuthen daß er in der heilsamen Mittelstraße geblieben ist.

Leben Sie recht wohl; noch hoffe ich Sonntags zu kommen; Sonnabend Abend erfahren Sie die Gewißheit.

Weimar den 8. Februar 1797.

G.

278. An Goethe.

Jena den 10.[1] Februar 1797.

Es ist mir dieser Tage der Brief von Meyern wieder in die Hände gefallen, worin er den ersten Theil seiner Reise bis Nürnberg beschreibt. Dieser Brief gefällt mir gar wohl, und wenn sich noch drei, vier andere daran anschließen ließen[2], so wäre es ein angenehmer Beitrag für die Horen und die paar Louisdors könnte Meyer auch mitnehmen. Ich lege Ihnen die Copia hier bei.

Von Nicolai in Berlin ist ein Buch gegen die Xenien erschienen; ich hab' es aber noch[3] nicht zu Gesichte bekommen.

Ich habe jetzt ein zweites Gebot auf meinen Schmidtischen Garten gethan, 1150 Rthlr., und hoffe ihn um 1200[4] zu bekommen. Es ist vorderhand zwar[5] nur ein leichtes Sommerhaus, und wird auch wohl noch ein hundert Thaler kosten, um nur im Sommer bewohnbar zu sein; aber diese Verbesserung meiner Existenz ist mir alles werth. Wenn ich erst im Besitz bin, und Sie hier sind, dann wollen wir Sie bitten, uns zu rathen und zu helfen.

Alles weitere mündlich. Ich hoffe, Sie übermorgen gewiß zu sehen, schicke aber doch auf jeden Fall die Horen heute mit. Inlage an Herdern bitte abgeben zu lassen.

Der Auftrag an meinen Schwager ist besorgt.

Leben Sie recht wohl.

Sch.

279. An Schiller.

Die Horen habe ich erhalten und danke für deren schnelle Sendung. Morgen bin ich bei Ihnen und wir können uns über manches ausreden; morgen[1] Abend gehe ich zwar weg, hoffe aber über acht Tage auf längere Zeit wieder zu kommen.

Dem verwünschten Nicolai konnte nichts erwünschter sein als daß er nur wieder einmal angegriffen wurde; bei ihm ist immer bonus odor ex re qualibet, und das Geld das ihm der Band einbringt ist ihm gar nicht zuwider. Ueberhaupt können die Herren uns sämmtlich Dank wissen, daß wir ihnen Gelegenheit geben einige Bogen zu füllen und sich bezahlen zu lassen, ohne großen Aufwand von productiver Kraft.

Lassen Sie ja den Garten nicht weg, ich bin dem Local sehr günstig; es ist außer der Anmuth auch noch eine sehr gesunde Stelle. Leben Sie recht wohl, ich freue mich auf morgen. Ich esse mit Ihuen, aber allein; geheimer Rath Voigt, der mit mir[2] kommt, wird bei Hufelands einkehren und Nachmittags verschränken wir unsere Besuche.

Weimar den 11. Februar 1797.

G.

280. An Goethe.

Jena den 17. Februar 1797.

Ich wünsche, daß Sie neulich wohl mögen angekommen sein, Ihre Erscheinung war so kurz, ich habe mein Herz gar nicht ausleeren können. Aber es ist wirklich nothwendig, daß man einander, wenn es nicht auf länger sein kann, manchmal nur auf einige Stunden sieht, um sich nicht fremder zu werden.

Jetzt wird meine Sehnsucht, Luft und Lebensart zu verändern, so laut und so dringend, daß ich es kaum mehr aushalten kann. Wenn ich mein Gartenhaus einmal besitze und keine große Kälte mehr nachkommt, so mache ich mich in vier Wochen hinaus. Eher komme ich auch mit meiner Arbeit nicht recht vorwärts, denn es ist mir, als könnte ich in diesen verwünschten vier Wänden gar nichts hervorbringen.

Mein Schwager denkt mit Anfang des März zu kommen. Er befindet sich aber wegen seiner Wohnung in einiger Verlegenheit, weil diese erst nach Ostern frei wird, und wünschte doch gleich mit seiner Frau und dem Kinde zu kommen. Dürfte ich ihm in dem äußersten Fall, daß er kein Logis bis dahin finden könnte, wo das von ihm gemiethete Stitzerische frei wird, Hoffnung machen, daß Sie ihm Ihr Gartenhaus auf die paar Wochen überlassen wollen? Ich würde ihm rathen, meine Schwägerin so lange hieher ziehen zu lassen, aber da kommt unglücklicherweise die Blatterninoculation in meinem und Humboldts Hanse dazwischen, welche in drei, vier Wochen vor sich gehen soll, und meine Schwägerin will ihr Kind jetzt nicht inoculiren lassen. Ich weiß also keinen anderu Rath, und nehme darum meine Zuflucht zu Ihuen.

Wünschten[1] Sie Ihren Almanach nicht auf dem Papier gedruckt zu sehen, worauf ich hier schreibe? Es ist viel wohlfeiler als Velin und mir kommt es wirklich eben so schön vor. Das Buch kommt ohngefähr auf[2] 13 Gr., da das Velin 18 Gr. kostet. Hermann und Dorothea müßten sich prächtig darauf ausnehmen.

Leben Sie recht wohl. Sehen Sie, daß Sie sich sobald möglich von Ihren Geschäften[3] los machen und Ihr Werk vollenden.

Sch.

281. An Schiller.

Ich wage es endlich Ihnen die drei ersten Gesänge des epischen Gedichtes zu schicken; haben Sie die Güte es mit Aufmerksamkeit durchzusehen und theilen Sie mir Ihre Bemerkungen mit. Herrn von Humboldt bitte ich gleichfalls um diesen Freundschaftsdienst. Geben Sie beide das Manuscript nicht aus der Hand und lassen Sie mich es bald wieder haben. Ich bin jetzt an dem vierten Gesang und hoffe mit diesem wenigstens auch bald im Reinen zu sein.

Ihrem Herrn Schwager wollte ich mein Gartenhaus bis Ostern, aber freilich nur bis dahin, gern überlassen; doch würde es nur als die letzte Ausflucht zu empfehlen sein: denn es würde doch viel Umstände machen es für die jetzige Jahrszeit in Stand zu setzen, denn es ist kein Ofen darin, und Möbel könnte ich auch nicht geben. Allein das ganze Germarische Haus ist leer und die Fräulein, die ich so eben fragen lasse, will es im Ganzen oder zum Theil[1] auf sechs Wochen vermiethen, auch wohl Meubles dazugeben.

Bei dem großen Drange aber, der hier nach Quartieren ist, stehe ich nicht dafür daß diese Gelegenheit nur eine Woche offen bleibt. Sie müßten mir daher durch einen Boten anzeigen wie viel Raum man verlangt, und mir etwa zugleich melden wer bisher Ihres Herrn Schwagers Angelegenheiten besorgt hat, damit man sich mit ihm bereden könne.

Meyer grüßt aufs beste und hat beiliegendes sehr artiges Titelkupfer geschickt, das aber freilich in die Hände eines sehr guten Kupferstechers fallen sollte, worüber wir uns noch bereden wollen.

Der heutige Oberon fordert mich zur Probe; das nächstemal mehr.

Weimar am 18. Februar 1797.

G.

282. An Schiller.

Aus meinen betrübten Umständen muß ich Ihnen noch einen guten Abend wünschen. Ich bin wirklich mit Hausarrest belegt, sitze am warmen Ofen und friere von innen heraus, der Kopf ist mir eingenommen und meine arme Intelligenz wäre nicht im Stande, durch einen freien Denkactus, den einfachsten Wurm zu produciren, vielmehr muß sie dem Salmiak und dem Liquiriziensaft, als Dingen, die an sich den häßlichsten Geschmack haben, wider ihren Willen die Existenz zugestehn. Wir wollen hoffen daß wir, aus der Erniedrigung dieser realen Bedrängnisse, zur Herrlichkeit poetischer Darstellungen nächstens gelangen werden, und glauben dieß um so sichrer als uns die Wunder der stetigen Naturwirkungen bekannt sind. Leben Sie recht wohl. Hofrath Loder vertröstet mich auf einige Tage Geduld.

[Jena] den 27. Februar 1797.

G.

283. An Goethe.

[Jena den 27. Febr.][1]

Wir beklagen Sie herzlich, daß Sie etwas so ganz anderes hier[2] gefunden haben als Sie suchten. In solchen Umständen wünschte ich Ihnen meine Fertigkeit im Uebelbefinden, so würde Ihnen dieser Zustand weniger unerträglich sein. Es ist übrigens kein groß Compliment für die Elementarphilosophie, daß nur der Katarrh Sie zu einem so gründlichen Metaphysicus macht. Vielleicht kommen Sie in diesem Zustand der Erniedrigung und Zerknirschung dazu, Fichtens Aufsatz im Niethammerischen Journal zu durchlesen; ich hab' ihn heute angesehen und mit vielem Interesse gelesen.

Können wir Ihnen eine Bequemlichkeit verschaffen, so sagen Sie es uns ja. Schlafen Sie recht wohl; ich hoffe, wenn Sie sich morgen noch ruhig halten und das Wetter gut bleibt, so sehen wir Sie übermorgen.

Sch.

---

284. An Schiller.

Der Katarrh ist zwar auf dem Abmarsche, doch soll ich noch die Stube hüten und die Gewohnheit fängt an mir diesen Aufenthalt erträglich zu machen.

Nachdem die Insecten mich an den vergangenen Tagen beschäftigt, so habe ich heute den Muth gefaßt den vierten Gesang völlig in Ordnung zu bringen, und es ist mir gelungen; ich schöpfe daraus einige Hoffnung für die Folge. Leben Sie recht wohl und seien Sie von Ihrer Seite fleißig und sagen Sie der lieben Frau, daß ich für meine Theescheue durch den abscheulichsten Kräuterthee bestraft werde.

Jena am 1. März 1797.

G.

---

285. An Goethe.

[Jena den 1. März.][1]

Es freut mich herzlich, daß Loders Kräuterthee, so übel er auch schmeckt, einen poetischen Humor und Lust zum Heldengedicht bei Ihnen geweckt hat. Ich bin, obgleich von keinem Katarrh gehindert, seit gestern nicht viel avancirt, weil mein Schlaf wieder sehr in Unordnung gewesen. Doch hoffe ich meine zwei Piccolominis heute noch eine Strecke vorwärts zu bringen.

Haben Sie doch die Güte beiliegendes anzusehen und zu überlegen ob wir die Sache quaestionis nicht in Weimar beschleunigen, und allenfallsigen Obstakeln vorbeugen können. Es liegt mir gar zu viel an der Sache, und daß sie auch bald entschieden werde. Vielleicht hat Voigt dabei zu sagen, und da sind Sie wohl so gut, und schreiben ihm ein Wörtchen.

Erholen Sie sich sobald möglich, daß wir morgen wieder zusammen sein können.

Sch.

---

286. An Schiller.

Ich habe gleich an Geh. Rath Voigt geschrieben und schicke Ihnen den Brief um ihn nach Belieben absenden zu können. Zugleich erhalten Sie ein monstroses Manuscript, welches zu beurtheilen keines aller meiner Organe geschickt ist. [1]Möchten Sie es diese Nacht nicht brauchen! [2]

Mein Katarrh ist zwar merklich besser, doch fange ich an die Stube lieb zu gewinnen, und da es ohnedem scheint daß die Musen mir günstig werden wollen, so könnte ich wohl selbst meinen Hausarrest auf einige Tage verlängern, denn der Gewinnst wäre zu groß wenn man so unversehens ans Ziel gelangte.

Könnten Sie mir nicht einige Blätter von dem schönen glatten Papier zukommen lassen, und mir zugleich sagen wie groß die Bogen sind und was das Buch kostet? Leben Sie wohl und führen Sie nur auch, wachend oder träumend, Ihre Piccolomini's auf dem guten Wege weiter.

[Jena] den 1. März 1797.

G.

---

287. An Schiller.

Ich kann glücklicherweise vermelden daß das Gedicht im Gange ist und, wenn der Faden nicht abreißt, wahrscheinlich glücklich vollbracht werden wird. So verschmähen also die Musen den asthenischen Zustand nicht, in welchen ich mich durch das Uebel versetzt fühle, vielleicht ist er gar ihren Einflüssen günstig; wir wollen nun einige Tage so[1] abwarten.

Daß wir an Voigt wegen der Gartensache schrieben, war sehr gut. Bei der Pupillen-Deputation ist bis dato noch nichts eingegangen, die Sache muß also bei dem akademischen Syndikat betrieben werden. Ich dächte Sie schrieben Faselius was Sie hier von mir erfahren, und ersuchten ihn bei dem Syndikus Asverus auszuwirken, daß die Sache hinüber komme; drüben soll sie keinen Aufschub leiden[2]. Ich wünsche sehr, daß die Sache zu Staude komme, auch darum damit ich Ihnen bei meinem Hiersein noch einigen Rath zur künftigen Einrichtung geben könne. Leben Sie recht wohl und grüßen Ihre liebe Frau.

Jena am 3. März 1797.

G.

288. An Schiller.

Die Arbeit rückt zu und fängt schon an Masse zu machen, worüber ich denn sehr erfreut bin und Ihnen als einem treuen Freunde und Nachbar die Freude sogleich mittheile. Es kommt nur noch auf zwei Tage an, so ist der Schatz gehoben, und ist er nur erst einmal über der Erde, so findet sich alsdann [1] das Poliren von selbst. Merkwürdig ist's wie das Gedicht gegen sein Ende sich ganz zu seinem Idyllischen Ursprung hinneigt.

Jena den 4. März 1797.

[2] Wie geht es Ihnen?

G.

289. An Goethe.

[Jena den 4. März.] [1]

Ich wünsche Ihnen einen fröhlichen Abend zu einem schönen und, wie ich nicht zweifle, fruchtbaren Tag. Der heitre Himmel an diesem Morgen hat Sie wahrscheinlich auch belebt und erfreut, aber Sie haben recht wohl gethan, noch nicht auszugehen.

Es konnte gar nicht fehlen, daß Ihr Gedicht idyllisch endigte, sobald man dieses Wort in seinem höchsten Gehalte nimmt. Die ganze Handlung war so unmittelbar an die einfache ländliche Natur angebaut, und die enge Beschränkung konnte, wie ich mir's denke, nur durch die Idylle ganz poetisch werden. Das was man die Peripetie darin nennen muß, wird schon von weitem so vorbereitet [2], daß es die ruhige Einheit des Tons am Ende durch keine starke Passion mehr stören kann.

Vielleicht sehen wir Sie morgen? Es ist mir, ob wir gleich nicht zusammen gekommen, doch eine freundliche Idee, Sie uns so nah und jetzt in so guten Händen zu wissen. Schlafen Sie recht wohl.

Sch.

290. An Goethe.

Aus der bisherigen Abwechslung und Geselligkeit bin ich auf einmal in die größte Einsamkeit versetzt und auf mich selbst zurückgeführt. Außer Ihnen und Humboldt hat mich auch alle weibliche Gesellschaft verlassen, und ich wende diese Stille dazu an, über meine tragisch-dramatische Pflichten nachzudenken. Nebenher entwerfe ich ein detaillirtes Scenarium des ganzen Wallensteins, um mir die Uebersicht der Momente und des Zusammenhangs auch durch die Augen mechanisch zu erleichtern.

Ich finde, je mehr ich über mein eigenes Geschäft und über die Behandlungsart der Tragödie bei den Griechen nachdenke, daß der ganze Cardo rei in der Kunst liegt, eine poetische Fabel zu erfinden. Der Neuere schlägt sich mühselig und ängstlich mit Zufälligkeiten und Nebendingen herum, und über dem Bestreben, der Wirklichkeit recht nahe zu kommen, beladet er sich mit dem Leeren und Unbedeutenden, und darüber läuft er Gefahr, die tiefliegende Wahrheit zu verlieren, worin eigentlich alles Poetische liegt. Er möchte gern einen wirklichen Fall vollkommen nachahmen, und bedenkt nicht, daß eine poetische Darstellung mit der Wirklichkeit eben darum, weil sie absolut wahr ist, niemals coincidiren kann.

Ich habe diese Tage den Philoktet und die Trachinierinnen gelesen, und die letztern mit besonders[1] großem Wohlgefallen. Wie trefflich ist der ganze Zustand, das Empfinden, die Existenz der Dejanira gefaßt! Wie ganz ist sie die Hausfrau des Herkules, wie individuell, wie nur für diesen einzigen Fall passend ist dieß Gemälde, und doch wie tief menschlich, wie ewig wahr und allgemein. Auch im Philoktet ist alles aus der Lage geschöpft, was sich nur daraus schöpfen ließ, und bei dieser Eigenthümlichkeit des Falles ruht doch alles wieder auf dem ewigen Grund der menschlichen Natur.

Es ist mir aufgefallen, daß die Charaktere des Griechischen Trauerspiels, mehr oder weniger, idealische Masken und keine eigentliche Individuen sind, wie ich sie in Shakespear und auch in Ihren Stücken finde. So ist z. B. Ulysses im Ajax und im Philoktet offenbar nur das Ideal der listigen, über ihre Mittel nie verlegenen, engherzigen Klugheit; so ist Kreon im Oedip und in der Antigone bloß die kalte Königswürde. Man kommt mit solchen Charakteren in der Tragödie offenbar viel besser aus, sie exponiren sich geschwinder, und ihre Züge sind permanenter und fester. Die Wahrheit leidet dadurch nichts, weil sie bloßen logischen Wesen eben so entgegengesetzt sind als bloßen Individuen.

Ich sende Ihnen hier, pour la bonne bouche, ein allerliebstes Fragment aus dem Aristophanes, welches mir Humboldt dagelassen hat. Es ist köstlich, ich wünschte den Rest auch zu haben.

Dieser Tage bin ich mit einem großen prächtigen Pergamentbogen aus Stockholm überrascht worden. Ich glaubte, wie ich das Diplom mit dem großen wächsernen Siegel aufschlug, es müßte wenigstens eine Pension herausspringen, am Ende war's aber bloß ein Diplom der Akademie der Wissenschaften. Indessen freut es immer, wenn man seine Wurzeln weiter[2] ausdehnt und seine Existenz in andere eingreifen sieht.

Ich hoffe bald ein neues Stück Cellini von Ihuen zu erhalten.

Leben Sie recht wohl, mein theurer, mir immer theurerer[3] Freund. Mich umgeben noch immer die schönen Geister, die Sie mir hier gelassen haben, und ich hoffe immer vertrauter damit zu werden. Leben Sie recht wohl.

Jena den 4. April 1797.

Sch.

291. An Schiller.

Mir ergeht es gerade umgekehrt. Auf die Sammlung unserer Zustände in Jena bin ich in die lebhafte Zerstreuung vielerlei kleiner Geschäfte gerathen, die mich eine Zeit lang hin und her ziehen werden; indessen werde ich allerlei thun, wozu ich nicht die reinste Stimmung brauche.

Sie haben ganz recht daß in den Gestalten der alten Dichtkunst, wie in der Bildhauerkunst, ein Abstractum erscheint, das seine Höhe nur durch das was man Styl nennt, erreichen kann. Es giebt auch Abstracta durch Manier wie bei den Franzosen. Auf dem Glück der Fabel beruht freilich alles, man ist wegen des Hauptaufwandes sicher, die meisten Leser und Zuschauer nehmen denn doch nichts weiter mit davon, und dem Dichter bleibt doch das ganze Verdienst einer lebendigen Ausführung, die desto stetiger sein kann je besser die Fabel ist. Wir wollen auch deßhalb künftig sorgfältiger als bisher das was zu unternehmen ist, prüfen.

Hier kommt Vieilleville erster Theil, die übrigen kann ich nach und nach schicken.

Grüßen Sie Ihre liebe Frau; ich habe sie leider bei ihrem hiesigen Aufenthalte nicht gesehen.

Zu dem Diplom gratulire ich; dergleichen Erscheinungen sind, als barometrische Anzeigen der öffentlichen Meinung, nicht zu verachten.

Leben Sie recht wohl [1] und schreiben Sie [2] mir öfter, ob ich gleich in der ersten Zeit ein schlechter Correspondent sein werde.

Weimar am 5. April 1797.

G.

292. An Goethe.

Jena den 7. April 1797.

Unter einigen cabbalistischen und astrologischen Werken, die ich mir aus der hiesigen Bibliothek habe geben lassen, habe ich auch einen Dialogen über die Liebe, aus dem Hebräischen ins Lateinische übersetzt, gefunden, das [1] mich nicht nur sehr belustigt, sondern auch in meinen astrologischen Kenntnissen viel weiter gefördert hat. Die Vermischung der chemischen, mythologischen und astronomischen Dinge ist hier recht ins Große getrieben und liegt wirklich zum poetischen Gebrauche da. Einige verwundersam sinnreiche Vergleichungen der Planeten mit menschlichen Gliedmaßen lasse ich Ihnen herausschreiben. Man hat von dieser barocken Vorstellungsart keinen Begriff, bis man die Leute selbst hört. Indessen bin ich nicht ohne Hoffnung diesem astrologischen Stoff eine poetische Dignität zu geben.

Ueber die letzthin berührte Materie von Behandlung der Charaktere freue ich mich, wenn wir wieder zusammen kommen, meine Begriffe mit Ihrer Hülfe noch recht ins Klare zu bringen. Die Sache ruht auf dem innersten Grunde der Kunst, und sicherlich können die Wahrnehmungen, welche man von den bildenden Künsten hernimmt, auch in der Poesie viel aufklären. Auch bei Shakespear ist es mir heute, wie ich den Julius Cäsar mit Schlegeln durchging, recht merkwürdig gewesen, wie er das gemeine Volk mit einer so ungemeinen Großheit behandelt. Hier, bei der Darstellung des Volkscharakters, zwang ihn schon der Stoff, mehr ein poetisches Abstractum als Individuen im Auge zu haben, und darum finde ich ihn hier den Griechen äußerst nah. Wenn man einen zu ängstlichen Begriff von Nachahmung des Wirklichen zu einer solchen Scene mitbringt, so muß einen die Masse und Menge mit ihrer Bedeutungslosigkeit nicht wenig embarrassiren; aber mit einem kühnen Griff nimmt Shakespear ein paar Figuren, ich möchte sagen, nur ein paar Stimmen aus der Masse heraus, läßt sie für das ganze Volk gelten, und sie gelten das wirklich; so glücklich hat er gewählt.

Es geschähe den Poeten und Künstlern schon dadurch ein großer Dienst, wenn man nur erst ins Klare gebracht hätte, was die Kunst von der Wirklichkeit wegnehmen oder fallen lassen muß. Das Terrain würde lichter und reiner, das Kleine und Unbedeutende verschwände und für das Große würde Platz. Schon in der Behandlung der Geschichte ist dieser Punkt von der größten Wichtigkeit, und ich weiß, wie viel der unbestimmte Begriff darüber mir schon zu schaffen gemacht hat.

Vom Cellini sehne ich mich bald was zu bekommen, wo möglich für das Aprilstück noch, wozu ich es freilich zwischen heut und Mittwoch Abend in Händen haben müßte.

Leben Sie recht wohl. Die Frau grüßt aufs beste. Ich habe heute einen großen Posttag, sonst würde mehreres schreiben.

Sch.

---

293. An Schiller.

Herr von Humboldt, der erst morgen früh abgeht, läßt Sie schönstens grüßen und ersucht Sie beiliegenden Brief sogleich bestellen zu lassen.

Wir haben über die letzten Gesänge ein genaues prosodisches Gericht gehalten und sie[1] so viel als möglich war gereinigt. Die ersten sind nun bald ins reine geschrieben und nehmen sich, mit ihren doppelten Inschriften, gar artig aus. Ich hoffe sie die nächste Woche abzusenden.

Auch sollen Sie vor Mittwoch noch ein Stück Cellini zu zwölf geschriebnen Bogen erhalten. Es bleiben alsdann[1] etwa noch sechs für den Schluß.

Uebrigens geht es etwas bunt zu und ich werde in den nächsten vierzehn Tagen zu wenigem kommen.

Die astrologischen Verbindungen, die Sie mir mittheilen, sind wunderlich genug; ich verlange zu sehen was Sie für einen Gebrauch von diesem Material machen werden.

Ich wünsche die Materie, die uns beide so sehr interessirt, bald weiter mit Ihnen durchzusprechen. Diejenigen Vortheile, deren ich mich in meinem letzten Gedicht bediente, habe ich alle von der bildenden Kunst gelernt. Denn bei einem gleichzeitigen, sinnlich vor Augen stehenden Werke ist das überflüssige weit auffallender, als bei einem das in der Succession vor den Augen des Geistes vorbeigeht. Auf dem Theater würde man große Vortheile davon spüren. So fiel mir neulich auf daß man auf unserm Theater, wenn man an Gruppen denkt, immer nur sentimentale oder pathetische hervorbringt, da doch noch hundert andere denkbar sind. So erschienen mir diese Tage einige Scenen im Aristophanes völlig wie antike Basreliefe[3] und sind gewiß auch in diesem Sinne vorgestellt worden. Es kommt im Ganzen und im Einzelnen alles darauf an: daß alles von einander abgesondert, daß kein Moment dem andern gleich sei; so wie bei den Charakteren daß sie zwar bedeutend von einander abstehen, aber doch immer unter Ein Geschlecht gehören.

Leben Sie recht wohl und arbeiten Sie fleißig[4]; sobald ich ein wenig Luft habe, denke ich an den Almanach.

Weimar den 8. April 1797.

G.

294. An Goethe.

Jena den 11.[1] April 1797.

Ich sage Ihnen nur zwei Worte zum Gruß. Unser kleiner Ernst hat das Blatternfieber sehr stark, und uns heute mit öftern epileptischen Krämpfen sehr erschreckt; wir erwarten eine sehr unruhige Nacht und ich bin nicht ohne Furcht.

Vielleicht kann ich morgen mit erleichtertem Herzen mehr schreiben. Leben Sie recht wohl. Meine Frau grüßt Sie aufs beste. Den Cellini bitte[2] ja zu schicken.

Sch.

295. An Schiller.

Möge doch der kleine Ernst bald die gefährliche Krise überstehen und Sie wieder beruhigen!

Hier folgt Cellini, der nun bald mit einer kleinen Sendung völlig seinen Abschied nehmen wird. Ich bin, indem ich den patriarchalischen Ueberresten nachspürte, in das alte Testament gerathen und habe mich aufs neue nicht genug über die Confusion und die Widersprüche der fünf Bücher Mosis verwundern können, die denn freilich wie bekannt aus hunderterlei schriftlichen und mündlichen Traditionen zusammengestellt sein mögen. Ueber den Zug der Kinder Israel durch die Wüsten[1] habe ich einige artige Bemerkungen gemacht, und es ist der verwegne Gedanke in mir aufgestanden: ob nicht die große Zeit welche sie darin zugebracht haben sollen, erst eine spätere Erfindung sei? Ich will gelegentlich, in einem kleinen Aufsatze, mittheilen was mich auf diesen Gedanken gebracht hat.

Leben Sie recht wohl und grüßen Humboldts mit Ueberreichung beiliegender Berlinischen Monatschrift, und geben mir bald von sich und den Ihrigen gute Nachricht.

Weimar am 12. April 1797.

G.

296. An Goethe.

Ernstchen befindet sich wieder besser und scheint die Gefahr überstanden zu haben. Die Blattern sind heraus, die Krämpfe haben sich auch verloren. Die schlimmsten Zufälle hat der Zahntrieb gemacht, denn ein Zahn kam gleich mit dem ersten Fieber heraus und ein zweiter ist eben im Ausbrechen[1]. Sie werden mir wohl glauben, daß ich in diesen Tagen, anfangs bei der Gefahr und jetzt, da es besser geht, bei dem Schreien des lieben Kindes nicht viel habe thun können. In den Garten kann ich auch nicht eher, als bis es mit dem Kinde wieder in Ordnung ist.

Ihre Entdeckungen in den fünf Büchern Mosis belustigen mich sehr. Schreiben Sie ja Ihre Gedanken auf, Sie möchten des Weges so bald nicht wieder kommen. So viel ich mich erinnere haben Sie schon vor etlichen und zwanzig Jahren mit dem neuen Testament Krieg gehabt. Ich muß gestehen, daß ich in allem was historisch ist, den Unglauben zu jenen Urkunden gleich so entschieden mitbringe, daß mir Ihre Zweifel an einem einzelnen Factnm noch sehr raisonnabel vorkommen. Mir ist die Bibel nur wahr, wo sie naiv ist; in allem andern, was mit einem eigentlichen Bewußtsein geschrieben ist, fürchte ich einen Zweck und einen späteren Ursprung.

Haben Sie schon von einer mechanischen Nachbildung von Malereien etwas gesehen? Mir ist ein solches Werk kürzlich aus Duisburg zugeschickt worden, eine Clio, nicht gar halb Lebensgröße, steingrau mit Oelfarbe auf hellblauem[2] Grunde. Das Stück macht einen überaus gefälligen Effect und zu Zimmerdecorationen würde eine solche Sammlung sehr taugen. Wenn das Stück mir geschenkt sein sollte, was nicht ausdrücklich in dem Briefe steht, so wäre ich ganz wohl damit zufrieden. Ich kann mir aber von der Verfertigung keinen rechten Begriff machen.

Den Cellini erhielt ich vorgestern nicht frühe genug, um ihn vor dem Absenden noch ganz durchlesen zu können, nur bis zur Hälfte bin ich gekommen; habe mich aber wieder recht daran ergötzt, besonders über die Wallfahrt, die er in seiner Freude über das gelungene und besungene Werk anstellt.

Humboldt sagt mir von einem Chor aus Ihrem Prometheus, den er mitgebracht habe, hat mir ihn aber noch nicht geschickt. Er hat wieder einen Anfall von seinem kalten Fieber, das er vor zwei Jahren gehabt; auch das zweite Kind hat das kalte Fieber, so daß jetzt von der Humboldtischen Familie alles, bis auf das Mädchen, krank ist. Und doch spricht man noch immer von nahen großen Reisen.

Leben Sie recht wohl und machen Sie sich bald von Ihren zerstreuenden Geschäften frei.

Jena den 14. April 1797.

Sch.

297. An Schiller.

Schon durch Humboldt habe ich vernommen, daß Ihr Ernst wieder außer Gefahr sei und mich im stillen darüber gefreut; nun wünsche ich Ihnen herzlich zu dessen Genesung Glück.

Das Oratorium ist gestern recht gut aufgeführt worden und ich habe manche Betrachtung über historische Kunst machen können. Es ist recht schade daß wir dergleichen Erfahrungen nicht gemeinschaftlich erleben, denn wir würden uns doch viel geschwinder in dem Einen, was noth ist bestärken.

Montags gehen die vier Ersten Musen ab, indeß ich mich mit den fünf letztern fleißig beschäftige, und nun besonders die prosodischen Bemerkungen Freund Humboldts benutze.

Zugleich habe ich noch immer die Kinder Israel in der Wüste begleitet, und kann bei Ihren Grundsätzen hoffen, daß dereinst mein Versuch über Moses Gnade vor Ihren Augen finden soll. Meine kritisch-historisch-poetische[1] Arbeit geht davon aus: daß die vorhandenen Bücher sich selbst widersprechen und sich selbst verrathen, und der ganze Spaß den ich mir mache, läuft dahinaus[2], das menschlich wahrscheinliche von dem absichtlichen und blos imaginirten zu sondern und doch für meine Meinung überall Belege aufzufinden. Alle Hypothesen dieser Art bestechen blos durch das Natürliche des Gedankens und durch die Mannigfaltigkeit der Phänomene auf die er sich gründet. Es ist mir recht wohl, wieder einmal etwas auf kurze Zeit zu haben bei dem ich mit Interesse, im eigentlichen Sinne, spielen kann. Die Poesie, wie wir sie seit einiger Zeit treiben, ist eine gar zu ernsthafte Beschäftigung. Leben Sie recht wohl und erfreuen sich der schönen Jahrszeit.

Weimar den 15. April 1797.

G.

298. An Goethe.

Jena den 18. April 1797.

[1]Ich echappire so eben aus der bleiernen Gegenwart des Herrn Bouterwek[2], der mir einige Stunden lang schwer aufgelegen hat. Ich erwartete zum wenigsten einen kurzweiligen Gecken in ihm zu finden, statt dessen aber wars der seichteste lamentabelste Tropf, der mir lange vorgekommen ist. Er war auch in Weimar, sagte mir aber, daß er Sie nicht gesehen, welches mir sehr begreiflich war. Es ist schrecklich, diese Herren in der Nähe zu sehen, die bei dem Publikum doch auch was gelten, und ihre frühzeitige Impotenz und Nullität unter einer Kennermiene zu verstecken suchen.

Da ist unser Woltmann, dem nichts recht ist, was andre schreiben, dem's kein Mensch zu Danke machen kann. Jetzt habe ich seine Menschengeschichte, die eben heraus ist, durchblättert. Nein, das ist ein Greuel von einem Geschichtbuch, eine solche Impudenz[3] und Niaiserie zugleich und Tollheit können Sie sich nicht denken. Das Buch macht Fronte gegen Philosophie und Geschichte zugleich, und es ist schwer zu sagen, welcher von beiden es am meisten widerspricht. Ich gäbe aber wirklich etwas drum, wenn dieses Buch nicht geschrieben wäre, denn wenn es einem unrechten in die Hände fällt, so haben wir alle den Spott davon.

In meinen Arbeiten bin ich noch immer nicht viel vorwärts gekommen, die Unruhe bei mir, da wir einander auch nicht ausweichen können, zerstreute mich zu sehr. Indessen geht die Suppuration bei dem Kleinen gut von statten und ohne alle Zufälle, obgleich er sehr viele Blattern hat. Den Garten hoffe ich in vier Tagen beziehen zu können, und dann wird mein erstes Geschäft sein, ehe ich weiter fortfahre, die poetische Fabel meines Wallensteins mit völliger Ausführlichkeit niederzuschreiben. Nur auf diese Art kann ich mich versichern, daß sie ein stetiges Ganzes ist, daß alles durchgängig bestimmt ist. So lang ich sie bloß im Kopfe herumtrage, muß ich fürchten, daß Lücken übrig bleiben; die ordentliche Erzählung zwingt zur Rechenschaft. Diese detaillirte Erzählung lege ich Ihnen alsdann vor, so können wir darüber communiciren.

Zur Absendung der vier ersten Musen wünsche ich Glück. Es ist in der That merkwürdig, wie rasch die Natur dieses Werk geboren, und wie sorgfältig und bedächtlich die Kunst es ausgebildet hat.

Leben Sie recht wohl in diesen heitern Tagen. Wie freue ich mich[4], ins künftige jeden schönen Sonnenblick auch gleich im Freien genießen zu können. Vor einigen Tagen wagte ich mich zu Fuß und durch einen ziemlich großen Umweg in meinen Garten.

Meine Frau grüßt Sie aufs beste.

Sch.

299. An Schiller.

Ich erfreue mich besonders daß Sie von der Sorge wegen des Kindes befreit sind, und hoffe daß seine Genesung so fortschreiten wird. Grüßen Sie mir Ihre liebe Frau aufs beste.

[1] Herrn Bouterwek[2] habe ich nicht gesehen und bin nicht übel zufrieden daß diese Herren mich vermeiden.

Ich studire jetzt in großer Eile das alte Testament und Homer, lese zugleich Eichhorns Einleitung ins erste und Wolfs Prolegomena zu dem letzten. Es gehen mir dabei die wunderbarsten Lichter auf, worüber wir künftig gar manches werden zu sprechen haben.

Schreiben Sie ja sobald als möglich Ihr Schema zum Wallenstein und theilen Sie[3] mir's mit. Bei meinen jetzigen Studien wird mir eine solche Ueberlegung sehr interessant und auch für Sie zum Nutzen sein.

Einen Gedanken über das epische Gedicht will ich doch gleich mittheilen. Da es in der größten Ruhe und Behaglichkeit angehört werden soll, so macht der Verstand vielleicht mehr als an andere[4] Dichtarten seine Forderungen, und mich wunderte dießmal bei Durchlesung der Odyssee gerade diese Verstandesforderungen so vollständig befriedigt zu sehen. Betrachtet man nun genau was von den Bemühungen der alten Grammatiker und Kritiker, so wie von ihrem Talent und Charakter erzählt wird, so sieht man deutlich daß es Verstandsmenschen[5] waren, die nicht eher ruhten bis jene große Darstellungen mit ihrer Vorstellungsart überein kamen. Und so sind wir, wie denn auch Wolf sich zu zeigen bemüht, unsern gegenwärtigen Homer den Alexandrinern schuldig, das denn freilich diesen Gedichten ein ganz anderes Ansehen giebt.

Noch eine specielle Bemerkung. Einige Verse im Homer die für völlig falsch und ganz neu ausgegeben werden, sind von der Art wie ich einige selbst in mein Gedicht, nachdem es fertig war, eingeschoben habe um das Ganze klarer und faßlicher zu machen und künftige Ereignisse bei Zeiten vorzubereiten. Ich bin sehr neugierig was ich an meinem Gedicht, wenn ich mit meinen jetzigen Studien durch bin, zu mehren oder zu mindern werde geneigt sein; indessen mag die erste Recension in die Welt gehen.

Eine Haupteigenschaft des epischen Gedichts ist daß es immer vor und zurück geht, daher sind alle retardirende Motive episch. Es dürfen aber keine eigentliche Hindernisse sein, welche eigentlich ins Drama gehören.

Sollte dieses Erforderniß des Retardirens, welches durch die beiden Homerischen Gedichte überschwenglich erfüllt wird, und welches auch in dem Plan des meinigen lag, wirklich wesentlich und nicht zu erlassen sein, so würden alle Plane, die gerade hin nach dem Ende zu schreiten, völlig zu verwerfen oder als eine subordinirte historische Gattung anzusehen sein. Der Plan meines zweiten Gedichts hat diesen Fehler, wenn es einer ist, und ich werde mich hüten, bis wir hierüber ganz im klaren sind, auch nur einen Vers davon niederzuschreiben. Mir scheint die Idee außerordentlich fruchtbar. Wenn sie richtig ist, muß sie uns viel weiter bringen und ich will ihr gern alles aufopfern.

Mit dem Drama scheint mir's umgekehrt zu sein; doch hievon nächstens mehr. Leben Sie recht wohl.

Weimar am 19. April 1797.

G.

300. An Goethe.

Ich wollte Ihnen über Ihren letzten Brief, der mir sehr vieles zu denken gegeben, manches schreiben, aber ein Geschäft, das mir diesen Abend unvermuthet wegnimmt, hindert mich daran. Also nur ein paar Worte für heute.

Es wird mir aus allem, was Sie sagen, immer klarer, daß die Selbstständigkeit seiner Theile einen Hauptcharakter des epischen Gedichtes ausmacht. Die bloße, aus dem Innersten herausgeholte Wahrheit ist der Zweck des epischen Dichters: er schildert uns bloß das ruhige Dasein und Wirken der Dinge nach ihren Naturen; sein Zweck liegt schon in jedem Punkt seiner Bewegung; darum eilen wir nicht ungeduldig zu einem Ziele, sondern verweilen uns[1] mit Liebe bei jedem Schritte. Er erhält uns die höchste Freiheit des Gemüths, und da er uns in einen so großen Vortheil setzt, so macht er dadurch sich selbst das Geschäft desto schwerer: denn wir machen nun alle Anforderungen an ihn, die in der Integrität und in der allseitigen vereinigten Thätigkeit unserer Kräfte gegründet sind. Ganz im Gegentheil raubt uns der tragische Dichter unsre Gemüthsfreiheit, und indem er unsre Thätigkeit nach einer einzigen Seite richtet und concentrirt, so vereinfacht er sich sein Geschäft um vieles, und setzt sich in Vortheil, indem er uns in Nachtheil setzt[2].

Ihre Idee von dem retardirenden Gange des epischen Gedichts leuchtet mir ganz ein. Doch begreife ich noch nicht ganz, nach dem was ich von Ihrer neuen[3] Epopöe weiß, daß jene Eigenschaft bei dieser fehlen soll.

Ihre weitern Resultate, besonders für das Drama erwarte ich mit großer Begierde. Unterdessen werde ich dem Gesagten reiflicher nachdenken.

Leben Sie recht wohl. Mein kleiner Patient hält sich noch immer[4] recht brav, trotz des schlimmen Wetters. Meine Frau grüßt herzlich.

Jena den 21. April 1797.

Sch.

301. An Schiller.

[1]Ich danke Ihnen für Ihre fortgesetzten Betrachtungen über das epische Gedicht, ich hoffe, Sie werden bald nach Ihrer Art, in einer schönen Folge, die Natur und Wesen desselben entwickeln, hier indessen einige meiner Vermuthungen.

Ich suchte das Gesetz der Retardation unter ein höheres unterzuordnen, und da scheint es unter dem zu stehen, welches gebietet: daß man von einem guten Gedicht den Ausgang wissen könne, ja wissen müsse und daß eigentlich das Wie blos das Interesse machen dürfe. Dadurch erhält die Neugierde gar keinen Antheil an einem solchen Werke und sein Zweck kann, wie Sie sagen, in jedem Punkte seiner Bewegung liegen.

Die Odyssee ist in ihren kleinsten Theilen beinah retardirend, dafür wird aber auch vielleicht funfzigmal versichert und betheuert daß die Sache einen glücklichen Ausgang haben werde. So viele den Ausgang anticipirende Vorbedeutungen und Weissagungen stellen, wie mich dünkt das Gleichgewicht gegen die ewige Retardation wieder her. In meinem Hermann bringt die Eigenschaft des Plans den besondern Reiz hervor daß alles ausgemacht und fertig scheint und durch die retrograde Bewegung gleichsam wieder ein neues Gedicht angeht [2].

So hat auch das epische Gedicht den großen Vortheil daß seine Exposition, sie mag noch so lang sein, den Dichter gar nicht genirt, ja daß er sie in die Mitte des Werks bringen kann, wie in der Odyssee sehr künstlich geschehen ist. Denn auch diese retrograde Bewegung ist wohlthätig; aber eben deßhalb dünkt mich macht die Exposition dem Dramatiker viel zu schaffen, weil man von ihm ein ewiges Fortschreiten fordert und ich würde das den besten dramatischen Stoff nennen wo die Exposition schon ein Theil der Entwicklung ist.

Daß ich aber nunmehr dahin zurückkehre wo ich angefangen habe, so wollte ich Ihnen folgendes zur Prüfung unterwerfen:

Mein neuer Plan hat keinen einzigen retardirenden Moment, es schreitet alles von Anfang bis zu Ende in einer graden Reihe fort; allein er hat die Eigenschaft daß große Anstalten gemacht werden, daß man viele Kräfte mit Verstand und Klugheit in Bewegung setzt, daß aber die Entwicklung auf eine Weise geschieht, die den Anstalten ganz entgegen ist und auf einem ganz unerwarteten jedoch natürlichen Wege. Nun fragt sich ob sich ein solcher Plan auch für einen epischen ausgeben könne, da er unter dem allgemeinen Gesetz begriffen ist: daß das eigentliche Wie und nicht das Was das Interesse macht, oder ob man ein solches Gedicht nicht zu einer subordinirten Classe historischer Gedichte rechnen müsse. Sehen Sie nun mein Werther, wie sich etwa diese zerstreute und flüchtige Gedanken besser ausarbeiten und verknüpfen lassen [3]. Ich habe jetzt keine interessantere Betrachtung als über die Eigenschaften der Stoffe in wiefern sie diese oder jene Behandlung fordern. Ich habe mich darinnen so oft in meinem Leben vergriffen, daß ich endlich einmal ins Klare kommen möchte [4] um wenigstens künftig von diesem Irrthum nicht mehr zu leiden. Zu mehrerer Deutlichkeit schicke ich nächstens meinen neuen Plan [5].

Noch über einige Punkte Ihrer vorigen Briefe.

Woltmanns Menschengeschichte ist freilich ein seltsames Werk. Der Vorbericht liegt ganz außer meinem Gesichtskreise; das ägyptische Wesen kann ich nicht beurtheilen, aber wie er bei Behandlung der Israelitischen Geschichte das alte

Testament so wie es liegt, ohne die mindeste Kritik, als eine reine Quelle der Begebenheiten annehmen konnte, ist mir unbegreiflich. Die ganze Arbeit ist auf Sand gebaut, und ein wahres Wunderwerk, wenn man bedenkt daß Eichhorns Einleitung schon zehn Jahre alt ist und die Herderischen Arbeiten schon viel länger wirken. Von den unbilligen Widersachern dieser alten Schriften will ich gar nicht einmal reden.

Die Duisburger Fabrik, von der ich auch ein Musterbild erhalten habe, ist ein curioses Unternehmen das durch unsere Freunde im Modejournal verdient gelobt zu werden. Es ist ein Kunstgriff diese Arbeiten für mechanisch auszugeben, den die Engländer auch schon einmal mit ihrer Polygraphischen Gesellschaft versucht haben. Es ist eigentlich nichts mechanisches daran, als daß alles was dazu gehört mit der größten Reinlichkeit und in Menge durch einige mechanische Hülfsmittel[6] gemacht wird, und so gehört freilich eine große Anstalt dazu; aber die Figuren sind nichts desto weniger gemalt. Anstatt daß sonst Ein Mensch alles thut, so concurriren hier[7] viele. Das Wachstuch[8] des Grundes wird erst mit großer Sorgfalt bereitet und alsdann die Figur, wahrscheinlich von Blech ausgeschnitten, draufgelegt; nun streicht man den Raum umher sorgfältig mit einer andern Farbe über, und nun werden subalterne Künstler angestellt um die Figur auszumalen, das denn auch in großen Partien geschieht, bis zuletzt der Geschickteste die Contoure rectificirt und das Ganze vollendet. Sie haben artige Kunstgriffe um den Pinsel zu verbergen und machen allerlei Spässe, damit man glauben solle das Werk könne gedruckt sein. Langer[8a], ein Inspector von[9] der Düsseldorfer Galerie, ein guter und geschickter Mann, ist dabei interessirt und sie mögen immer auch in ihrer Art dem[10] Publico das Geld abnehmen. Nur weiß ich nicht recht wie die Sachen gebraucht werden sollen; sie sind nicht gut genug um in Rahmen aufgehängt zu werden, und dergleichen schon fertige Bilder in die Wände[11] einzupassen hat große Schwierigkeiten. Zu Thürstücken möchte es noch am ersten gehen. Zu loben ist daran die wahrhaft englische Accuratesse. Man muß das weitere abwarten.

Ich wünsche daß Sie bald in Ihren Garten ziehen und von allen Seiten beruhigt sein mögen.

Grüßen Sie mir Ihre liebe Frau aufs beste, so wie auch Humboldt dem ich eine baldige Wiederherstellung wünsche.

Weimar den 22. April 1797.

G.

---

302. An Goethe.

Jena den 25. April 1797.

Daß die Forderung des Retardirens aus einem höhern epischen Gesetze folgt[1], dem auch noch wohl auf einem andern Wege Genüge geschehen kann, scheint mir außer Zweifel zu sein. Auch glaube ich, es giebt zweierlei Arten zu retardiren, die eine liegt in der Art des Wegs, die andre in der Art des Gehens, und diese däucht mir kann auch bei dem geradesten Weg und folglich auch bei einem Plan, wie der Ihrige ist, sehr gut statt finden.

Indessen möchte ich jenes höhere epische Gesetz doch nicht ganz so aussprechen, wie Sie gethan haben. In der Formel: daß eigentlich nur das Wie und nicht das Was in Betrachtung komme ꝛc., dünkt es mir viel zu allgemein und auf alle pragmatische Dichtungsarten ohne Unterschied anwendbar zu sein. Wenn ich meinen Gedanken darüber kurz[2] heraussagen soll, so ist er dieser. Beide der Epiker und der[3] Dramatiker stellen uns eine Handlung dar, nur daß diese bei dem Letztern der Zweck, bei Ersterem bloßes Mittel zu einem absoluten ästhetischen Zwecke ist. Aus diesem Grundsatz kann ich mir vollständig erklären, warum der tragische Dichter rascher und directer fortschreiten muß, warum der epische bei einem zögernden Gange seine Rechnung besser findet. Es folgt auch, wie mir däucht, daraus, daß der epische sich solcher Stoffe wohl thut zu enthalten, die den Affect sei es der Neugierde oder der Theilnahme schon für sich selbst stark erregen, wobei also die Handlung zu sehr als Zweck interessirt, um sich in den Grenzen eines bloßen Mittels zu halten. Ich gestehe, daß ich dieses letztere bei Ihrem neuen Gedicht einigermaßen fürchte, obgleich ich Ihrer poetischen Uebermacht über den Stoff das Mögliche zutrauen darf.

Die Art wie Sie Ihre Handlung entwickeln wollen, scheint mir mehr der Komödie als dem Epos eigen zu sein. Wenigstens werden Sie viel zu thun haben, ihr das überraschende, Verwunderung erregende zu nehmen, weil dieses nicht so recht episch ist.

Ich erwarte Ihren Plan mit großer Begierde. Etwas bedenklich kommt es mir vor, daß es Humboldten damit auf dieselbe Art ergangen ist wie mir, ungeachtet wir vorher nicht[4] darüber communicirt haben. Er meint nämlich, daß es dem Plan an individueller epischer Handlung fehle. Wie Sie mir zuerst davon sprachen, so wartete auch ich immer auf die eigentliche Handlung; alles was Sie mir erzählten schien mir nur der Eingang und das Feld zu einer solchen Handlung zwischen einzelnen Hauptfiguren zu sein, und wie ich nun glaubte, daß diese Handlung angehen sollte, waren Sie fertig. Freilich begreife ich wohl, daß die Gattung, zu welcher der Stoff gehört, das Individuum mehr verläßt und mehr in die Masse und ein Ganzes zu gehen zwingt, da doch einmal der Verstand der Held darin ist, der weit mehr unter sich als in sich faßt.

Uebrigens mag es mit der epischen Qualität Ihres[5] neuen Gedichts bewandt sein, wie es will, so wird es gegen Ihren Hermann gehalten immer eine andere Gattung sein, und wäre also der Hermann ein reiner Ausdruck der epischen Gattung und nicht bloß einer epischen Species, so würde daraus folgen, daß das neue Gedicht um soviel weniger episch wäre. Aber das wollten Sie ja eben wissen, ob der Hermann nur eine epische Art oder die ganze Gattung darstelle, und wir stehen also wieder bei der Frage.

Ich würde Ihr neues Gedicht geradezu ein komisch-episches nennen, wenn nämlich von dem gemeinen eingeschränkten und empirischen Begriff der Komödie und des komischen Heldengedichts ganz abstrahirt wird. Ihr neues Gedicht, kommt mir vor, verhält sich ungefähr ebenso zu der Komödie, wie der Hermann zu dem Trauerspiel: mit dem Unterschied nämlich, daß dieser es mehr durch seinen Stoff thut, jenes mehr durch die Behandlung.

Aber ich will erst Ihren Plan erwarten, um mehr darüber zu sagen.

Was sagen Sie zu der Regenspurger Friedensnachricht? Wissen Sie etwas bestimmtes, so theilen Sie es uns ja mit. Leben Sie bestens wohl.

Sch.

[6]Was Sie den besten dramatischen Stoff nennen (wo nämlich die Exposition schon ein Theil der Entwicklung ist) das ist z. B. in den Zwillingen des Shakespear geleistet. Ein ähnliches Beispiel von der Tragödie ist[5] mir nicht bekanut, obgleich der Oedipus rex sich diesem Ideal ganz erstaunlich nähert. Aber ich kann mir solche dramatische Stoffe recht wohl denken, wo die Exposition gleich auch Fortschritt der Handlung ist. Gleich der Macbeth gehört darunter, ich kann auch die Räuber nennen.

Dem Epiker möchte ich eine Exposition gar nicht einmal zugeben; wenigstens nicht in dem Sinne, wie die des Dramatikers ist. Da er uns nicht so auf das Ende zutreibt, wie dieser, so rücken Anfang und Ende in ihrer Dignität und Bedeutung weit näher an einander, und nicht, weil sie zu etwas führt, sondern weil sie selber etwas ist, muß die Exposition uns interessiren. Ich glaube, daß man dem dramatischen Dichter hierin weit mehr nachsehen muß; eben weil er seinen Zweck in die Folge und an das Ende setzt, so darf man ihm erlauben, den Anfang mehr als Mittel zu behandeln. Er steht unter der Kategorie der Causalität, der Epiker unter der Substantialität; dort kann und darf etwas als Ursache von was anderm dasein, hier muß alles sich selbst um seiner selbst willen geltend machen.

Ich danke Ihnen sehr für die Nachricht, die Sie mir von dem Duisburger Unternehmen gegeben haben; die ganze Erscheinung war mir so räthselhaft. Wenn es sonst thunlich wäre, so würde es mich sehr reizen, ein Zimmer mit solchen Figuren zu dekoriren.

Morgen endlich hoffe ich meinen Garten zu beziehen. Der Kleine hat sich wieder ganz erholt, und die Krankheit, scheint es, hat seine Gesundheit noch mehr befestigt.

Humboldt ist heute fort; ich sehe ihn mehrere Jahre nicht wieder, und überhaupt läßt sich nicht erwarten, daß wir einander noch einmal so wieder sehen, wie wir uns jetzt verlassen. Das ist also wieder ein Verhältniß das als beschlossen zu betrachten ist und nicht mehr wieder kommen kann; denn zwei Jahre, so ungleich verlebt, werden gar viel an uns und also auch zwischen uns verändern.

303. An Schiller.

Mit dem Frieden hat es seine Richtigkeit. Eben als die Franzosen wieder in Frankfurt[1] einrückten und noch mit den Oesterreichern im Handgemenge waren, kam ein Courier, der die Friedensnachricht brachte; die Feindseligkeiten wurden sogleich eingestellt und die beiderseitigen Generale speisten mit dem Bürgermeister, im rothen Hause. Die Frankfurter haben doch also für ihr Geld und ihr Leiden einen Theater-Coup erlebt, dergleichen wohl nicht viel in der Geschichte vorkommen, und wir hätten denn auch diese wichtige Epoche erlebt. Wir wollen sehen was den[2] Einzelnen und dem Ganzen durch diese Veränderung zuwächst.

Mit dem was Sie in Ihrem heutigen Briefe über Drama und Epos sagen bin ich sehr einverstanden; so wie ich immer gewohnt bin daß Sie mir meine Träume erzählen und auslegen. Ich kann nun[3] nichts weiter hinzufügen, sondern ich muß Ihnen meinen Plan schicken, oder selbst bringen. Es werden dabei sehr feine Punkte zur Sprache kommen, von denen ich jetzt im allgemeinen nichts erwähnen mag. Wird der Stoff nicht für rein episch erkannt, ob er gleich in mehr als Einem Sinne bedeutend und interessant ist, so muß sich darthun lassen in welcher andern Form er eigentlich behandelt werden müßte. Leben Sie recht wohl, genießen Sie Ihres Gartens und der Wiedergenesung Ihres Kleinen.

Mit Humboldt habe ich die Zeit sehr angenehm und nützlich zugebracht; meine naturhistorischen Arbeiten sind durch seine Gegenwart wieder aus ihrem Winterschlafe geweckt worden, wenn sie nur nicht bald wieder in einen Frühlingsschlaf verfallen!

Weimar am 26. April 1797.

G.

Ich kann mich doch nicht enthalten noch eine Frage über unsere dramatisch-epische Angelegenheit zu thun. Was sagen Sie zu folgenden Sätzen:

Im Trauerspiel[4] kann und soll das Schicksal, oder welches einerlei ist, die entschiedne Natur des Menschen, die ihn blind da oder dorthin führt, walten und herrschen; sie muß ihn niemals zu seinem Zweck, sondern immer von seinem Zweck[5] abführen, der Held darf seines Verstandes nicht mächtig sein, der Verstand darf gar nicht in die Tragödie entriren als bei Nebenpersonen zur Desavantage des Haupthelden u. s. w.

Im Epos ist es gerade umgekehrt; bloß der Verstand, wie in der Odyssee, oder eine zweckmäßige Leidenschaft, wie in der Ilias, sind epische Agentien. Der Zug der Argonauten als ein Abenteuer ist nicht episch.

---

304. An Schiller.

Gestern, als ich der Fabel meines neuen Gedichtes nachdachte, um sie für Sie aufzusetzen, ergriff mich aufs neue eine ganz besondere Liebe zu diesem Werke welche nach allem was indeß zwischen uns verhandelt worden ist, ein gutes Vorurtheil für dasselbe giebt. Da ich nun weiß daß ich nie etwas fertig mache, wenn ich den Plan zur Arbeit nur irgend vertrant, oder jemanden offenbart habe, so will ich lieber mit dieser Mittheilung noch zurückhalten; wir wollen uns im allgemeinen über die Materie besprechen, und ich kann nach den Resultaten[1] im Stillen meinen Gegenstand prüfen. Sollte ich dabei noch Muth und Lust behalten, so würde ich es ausarbeiten und fertig gäbe es immer mehr Stoff zum Nachdenken, als in der Anlage; sollte ich daran verzweifeln so ist es immer noch Zeit auch nur mit der Idee hervorzutreten.

Haben Sie Schlegels Abhandlung über das epische Gedicht, im 11ten Stück Deutschlands, vom vorigen Jahr, gesehen? Lesen Sie es ja! Es ist sonderbar, wie er, als ein guter Kopf, auf dem rechten Wege ist und sich ihn doch gleich wieder selbst verrennt. Weil das epische Gedicht nicht die dramatische Einheit haben kann, weil man eine solche absolute Einheit in der Ilias und Odyssee nicht gerade nachweisen kann, vielmehr nach der neuern Idee sie noch für zerstückelter angiebt als sie sind; so soll das epische Gedicht keine Einheit haben, noch fordern, das heißt, nach meiner Vorstellung: es soll aufhören ein Gedicht zu sein. Und das sollen reine Begriffe sein, denen doch selbst die Erfahrung, wenn man genau aufmerkt, widerspricht. Denn die Ilias und Odyssee, und wenn sie durch die Hände von tausend Dichtern und Redacteurs gegangen wären, zeigen die gewaltsame Tendenz der poetischen und kritischen Natur nach Einheit. [2] Und am Ende ist diese neue Schlegel'sche Ausführung doch nur zu Gunsten der Wolfischen Meinung, die eines solchen Beistandes gar nicht einmal bedarf. Denn daraus daß jene großen Gedichte erst nach und nach entstanden sind, und zu keiner vollständigen und vollkommenen Einheit haben gebracht werden können (obgleich beide vielleicht weit vollkommner organisirt sind als man deult), folgt noch nicht: daß ein solches Gedicht auf keine Weise vollständig, vollkommen und Eins werden könne noch solle.

Ich habe indessen über unsere bisherigen Verhandlungen einen kleinen Aufsatz aus Ihren Briefen gemacht; arbeiten Sie doch die Sache weiter aus, sie ist uns beiden in theoretischer und praktischer Hinsicht jetzt die wichtigste[3].

Ich habe die Dichtkunst des Aristoteles wieder mit dem größten Vergnügen durchgelesen; es ist eine schöne Sache um den Verstand in seiner höchsten Erscheinung. Es ist sehr merkwürdig wie sich Aristoteles bloß an die Erfahrung hält und dadurch, wenn man will, ein wenig zu materiell wird, dafür aber auch meistens desto solider auftritt. So war es mir auch sehr erquickend zu lesen mit welcher Liberalität er die Dichter gegen Grübler und Krittler in Schutz nimmt, immer nur aufs wesentliche dringt und in allem andern so lax ist, daß ich mich an mehr als Einer Stelle verwundert habe. Dafür ist aber auch seine ganze Ansicht der Dichtkunst und der besonders von ihm begünstigten Theile so belebend, daß ich ihn nächstens wieder vornehmen werde, besonders wegen einiger bedeutenden Stellen, die nicht ganz klar sind und deren Sinn ich wohl erforschen möchte.

Freilich über das epische Gedicht findet man gar keinen Aufschluß in dem Sinne wie wir ihn wünschen.

Hier schicke ich die zwei letzten Verse eines Gedichts die empfindsame Gärtnerin. Es sollte ein Pendant zu den Musen und Grazien in der Mark geben; vielleicht wird es nicht so gut, eben weil es ein Pendant ist.

Ich erhole mich in diesen Stunden erst wieder von der Zerstreuung des vergangenen Monats, bringe verschiedene Geschäftssachen in Ordnung und bei Seite, damit mir der Mai frei werde. Wenn es mir möglich wird so besuche ich Sie. Leben Sie indessen recht wohl.

Weimar den 28. April 1797.

G.

305. An Goethe.

Eben als ich mich den Abend hinsetzte um Ihre beiden lieben Briefe zu beantworten, stört mich der Besuch des Rudolstädter Fürsten, der wegen der Inoculation seiner Kinder hier ist, und wie ich von diesem befreit bin, erhalte ich eine Humboldtische Visite. Es ist Nachts um 10 Uhr und ich kann Ihnen bloß einen freundlichen Gruß schicken. Sonntag Abends ein Mehreres.

Leben Sie recht wohl.

Jena den 28. April 1797.

Sch.

306. An Goethe.

Jena den 2. Mai 1797.

Ich begrüße Sie aus meinem Garten, in den ich heute eingezogen bin. Eine schöne Landschaft umgiebt mich, die Sonne geht freundlich unter und die Nachtigallen schlagen. Alles um mich herum erheitert mich und mein erster Abend auf dem eigenen Grund und Boden ist von der fröhlichsten Vorbedeutung.

Dieß ist aber auch alles, was ich Ihnen heute schreiben kann, denn über den Arrangements ist mir der Kopf ganz wüste geworden. Morgen hoffe ich endlich mit rechter Lust wieder an die Arbeit zu gehen und dabei zu beharren.

Wenn Sie mir den Text vom Don Juan auf einige Tage schicken wollten, würden[1] Sie mir einen Gefallen erweisen. Ich habe die Idee, eine Ballade draus zu machen, und da ich das Mährchen nur vom Hörensagen kenne, so möchte ich doch wissen, wie es behandelt ist.

Leben Sie recht wohl. Herzlich freue ich mich drauf, bald wieder eine Zeit lang mit Ihnen zu verleben.

Sch.

307. An Schiller.

Gestern habe ich angefangen an meinem Moses zu dictiren. Güssefeld verlangt für eine Karte in klein Folio zu zeichnen vier Louisd'or und will den Stich derselben für etwa zwei Carolin in Nürnberg besorgen. Glauben Sie daß der Spaß die Auslage werth sei, so will ich gleich Anstalt machen, es gehen doch immer ein paar Monate hin bis die Karte fertig wird. Mein Aufsatz kann recht artig werden, um so mehr als in der neuern Zeit die Theologen selbst die Bibelchronologie öffentlich verdächtig machen und überall eingeschobene Jahre zu[1] Ausgleichung gewisser Cyklen vermuthen.

Hier schicke ich den Aristoteles, wünsche viel Freude daran und sage für heute nichts weiter[2].

Weimar den 3. Mai 1797.

G.

[3]Auch schicke ich den zweiten Theil des Vieilleville und den verlangten Don Juan. Der Gedanke, eine Romanze aus diesem zu machen, ist sehr glücklich. Die allgemein bekannte Fabel, durch eine poetische Behandlung, wie sie Ihnen zu Gebote steht, in ein neues Licht gestellt wird guten Effect thun[4].

Ich wünsche[5] Glück zur neuen Wohnung und werde eilen Sie sobald als möglich darin zu besuchen.

G.

---

308. An Goethe.

Ich bin mit dem Aristoteles sehr zufrieden, und nicht bloß mit ihm, auch mit mir selbst; es begegnet einem nicht oft, daß man nach Lesung eines solchen nüchternen Kopfs und kalten Gesetzgebers den innern Frieden nicht verliert. Der Aristoteles ist ein wahrer Höllenrichter für alle, die entweder an der äußern Form sklavisch hängen, oder die über alle Form sich hinwegsetzen. Jene muß er durch seine Liberalität und seinen Geist in beständige Widersprüche stürzen: denn es ist sichtbar, wie viel mehr ihm um das Wesen als um alle äußere Form zu thun ist; und diesen muß die Strenge fürchterlich sein, womit er aus der Natur des Gedichts, und des Trauerspiels insbesondere, seine unverrückbare Form ableitet. Jetzt begreife ich erst den schlechten Zustand in den er die französischen Ausleger und Poeten und Kritiker versetzt hat: auch haben sie sich immer vor ihm gefürchtet, wie die Jungen vor dem Stecken. Shakespear, so viel er gegen ihn wirklich sündigt, würde weit besser mit ihm ausgekommen sein, als die ganze französische Tragödie.

Indessen bin ich sehr froh, daß ich ihn nicht früher gelesen: ich hätte mich um ein großes Vergnügen und um alle Vortheile gebracht, die er mir jetzt leistet. Man muß über die Grundbegriffe schon recht klar sein, wenn man ihn mit Nutzen lesen will; kennt man die Sache die er abhandelt nicht schon vorläufig gut, so muß es gefährlich sein, bei ihm Rath zu holen.

Ganz kann er aber sicherlich nie verstanden oder gewürdigt werden. Seine ganze Ansicht des Trauerspiels beruht auf empirischen Gründen: er hat eine Masse vorgestellter Tragödien vor Augen, die wir nicht mehr vor Augen haben; aus dieser Erfahrung heraus raisonnirt er, uns[1] fehlt größtentheils die ganze Basis seines Urtheils. Nirgends beinahe geht er von dem Begriff, immer nur von dem Factum der Kunst und des Dichters und der Repräsentation aus; und wenn seine Urtheile, dem Hauptwesen nach, ächte Kunstgesetze sind, so haben wir dieses dem glücklichen Zufall zu danken, daß es damals Kunstwerke gab, die durch das Factum eine Idee realisirten, oder ihre Gattung in einem individuellen Falle vorstellig machten.

Wenn man eine Philosophie über die Dichtkunst, so wie sie jetzt einem neuern Aesthetiker mit Recht zugemuthet werden kann, bei ihm sucht, so wird man nicht nur getäuscht werden, sondern man wird auch über seine rhapsodistische[2] Manier und über die seltsame Durcheinanderwerfung der allgemeinen und der allerparticularsten Regeln, der logischen, prosodischen, rhetorischen und poetischen Sätze rc. lachen müssen, wie z. B. wenn er bis zu den Vocalen und Consonanten zurückgeht. Denkt man sich aber, daß er eine individuelle Tragödie vor sich hatte, und sich um alle Momente befragte die an ihr in Betrachtung kamen, so erklärt sich alles leicht, und man ist sehr zufrieden, daß man bei dieser Gelegenheit alle Elemente, aus welchen ein Dichterwerk[3] zusammengesetzt wird, recapitulirt.

Ich wundere mich gar nicht darüber, daß er der Tragödie den Vorzug vor dem epischen Gedicht giebt: denn so wie er es meint, obgleich er sich nicht ganz unzweideutig ausdrückt, wird der eigentliche und objective poetische Werth der Epopöe nicht beeinträchtigt. Als Urtheiler und Aesthetiker muß er von derjenigen Kunstgattung am meisten satisfacirt sein, welche in einer bleibenden Form ruht und über welche ein Urtheil kann abgeschlossen werden. Nun ist dieß offenbar der Fall bei dem Trauerspiel, so wie er es in Mustern vor sich hatte, indem das einfachere und bestimmtere Geschäft des dramatischen Dichters sich weit leichter begreifen und andeuten läßt, und eine vollkommenere Technik dem Verstande weist, eben des kürzern Stadiums[4] und der geringeren Breite wegen. Ueberdem sieht man deutlich, daß seine Vorliebe für die Tragödie von einer kläreren Einsicht in dieselbe herrührt, daß er von der Epopöe eigentlich nur die generisch-poetischen Gesetze kennt, die sie mit der Tragödie gemein hat, und nicht die specifischen[5], wodurch sie sich ihr entgegensetzt; deßwegen konnte er auch sagen, daß die Epopöe in der Tragödie *enthalten* sei, und daß einer, der diese zu beurtheilen wisse, auch über jene absprechen könne: denn das allgemein pragmatisch-poetische der Epopöe ist freilich in der Tragödie enthalten.

Es sind viele[6] scheinbare Widersprüche in dieser Abhandlung, die ihr aber in meinen Augen nur einen höhern[7] Werth geben; denn sie bestätigen mir, daß das Ganze nur aus einzelnen Apperçus besteht und daß keine theoretische vorgefaßte Begriffe dabei im Spiele sind; manches mag freilich auch dem Uebersetzer zuzuschreiben sein.

Ich freue mich, wenn Sie hier sind, diese Schrift mit Ihnen mehr im einzelnen durchzusprechen.

Daß er bei der Tragödie das Hauptgewicht in die Verknüpfung der Begebenheiten legt, heißt recht den Nagel auf den Kopf getroffen.

Wie er die Poesie und die Geschichte mit einander vergleicht und jener eine größere Wahrheit als dieser zugesteht, das hat mich auch sehr von einem solchen Verstandesmenschen erfreut.

Es ist auch sehr artig wie er bemerkt, bei Gelegenheit dessen was er von den Meinungen sagt, daß die Alten ihre Personen mit mehr Politik, die Neuern[8] mit mehr Rhetorik haben sprechen lassen.

Es ist gleichfalls recht gescheid, was er zum Vortheil wahrer historischer Namen bei dramatischen Personen sagt.

Daß er den Euripides so sehr begünstigte, wie man ihm sonst schuld giebt, habe ich ganz und gar nicht gefunden. Ueberhaupt finde ich, nachdem ich diese Poetik nun selbst gelesen, wie ungeheuer man ihn misverstanden hat.

Ich lege Ihnen hier einen Brief von Voß bei, der eben an mich in Einschluß gekommen ist. Er sendet mir auch eine hexametrische Uebersetzung von Ovids Phaethon, für die Horen, die mir bei meiner großen Detresse sehr gelegen kommt. Er selbst wird auf seiner Reise Weimar und Jena nicht besuchen.

Was die Karte zum Moses betrifft, so wollen wir, wenn es Ihnen recht ist, den Lenzischen Aufsatz, den ich in das fünfte Horenstück einrücken lasse, dazu bestimmen, daß die Ausgabe für jene Karte davon bestritten wird. Ich habe Cotta versprochen, daß ihn kein Bogen mehr als vier Louisdors kosten solle; sonst hätte er die Horen nicht gut fortsetzen können. Auf diese Art aber macht es sich sehr gut. Sorgen Sie nur, daß wir den Moses und auch das Kupfer bald können abdrucken lassen.

Gehört der Aristoteles Ihnen selbst? Wenn das nicht ist, so will ich ihn mir gleich kommen lassen, denn ich möchte mich nicht gern sobald davon trennen.

Hier neue Horen. Auch folgt der Don Juan mit Dank zurück. Ich glaube wohl, das Sujet wird sich ganz gut zu einer Ballade qualificiren.

Leben Sie recht wohl. Ich habe mich an die neue Lebensart schon ganz gewöhnt und bringe, in Wind und Regen, manche Stunde mit Spazierengehen im Garten zu, und befinde mich sehr wohl dabei.

Jena den 5. Mai 1797.

Sch.

309. An Schiller.

Ich bin sehr erfreut daß wir grade zur rechten Stunde den Aristoteles aufgeschlagen haben. Ein Buch wird doch immer erst gefunden, wenn es verstanden wird. Ich erinnere mich recht gut daß ich vor dreißig Jahren diese Uebersetzung gelesen und doch auch von dem Sinne des Werks gar nichts begriffen habe. Ich hoffe mich bald mit Ihnen darüber weiter zu unterhalten. Das Exemplar ist nicht mein.

Voß hat mir einen sehr artigen Brief geschrieben und kündigt mir seine Arbeiten über die alte Geographie an, auf die ich sehr verlange.

Sowohl der Brief als das Couvert versprechen ein paar Homerische Karten, die ich aber nicht finde; vielleicht kommen sie mit den Ovidischen Verwandlungen.

In diesen Tagen, da ich mich seiner Homerischen Uebersetzung wieder viel bediente, habe ich den großen Werth derselben wieder aufs neue bewundern und verehren müssen. Es ist mir eine Tournüre eingefallen wie man ihm, auf eine liberale Art, könnte Gerechtigkeit widerfahren lassen, wobei es nicht ohne Aergerniß seiner saalbaderischen Widersacher abgehen sollte. Wir sprechen mündlich hierüber.

Daß wir den Ertrag [1] von Lenzens Mumie auf die Karte von Palästina anwenden wollen, ist mir ganz recht. Doch will ich noch einen Augenblick inne halten, bis ich sehe ob auch mein Moses wirklich fertig wird. Bisher hatte ich mich von der Idee Italiens fast ganz los gemacht, jetzt, da die Hoffnung wieder lebendig wird, so sehe ich wie nöthig es ist meine Collectaneen wieder vorzunehmen, zu ordnen und zu schematisiren.

Den 15ten dieses denke ich wieder bei Ihnen zu sein und eine Zeit lang zu bleiben; heute bin ich von einer zerstreuten Woche noch ganz verstimmt. Leben Sie recht wohl üud erfreuen sich der freien Luft und der Einsamkeit.

Weimar am 6. Mai 1797.

G.

---

310. An Goethe.

Jena den 10. Mai 1797.

Ich wurde gestern verhindert, Ihnen ein Wort zu sagen und hole es heute nach.

Auch mir hat Voß von Welttafeln geschrieben, die er Ihnen schicke; ich habe aber keine erhalten. Die Uebersetzung aus Ovid, die er mitgeschickt, ist sehr vortrefflich, mit der Bestimmtheit und auch mit der Leichtigkeit des Meisters.

Schade nur, daß er sich durch die elenden Streitigkeiten abhalten läßt, hieher zu kommen. Daß er lieber bei seinem Reichardt in Gibichenstein liegt, als zu uns kommt, kann ich ihm doch kaum vergeben.

Ich bin neugierig, auf welche Art Sie seine Uebersetzungsweise vertheidigen wollen, da hier der schlimme Fall ist, daß gerade das Vortreffliche daran studirt werden muß, und das Anstößige gleich auffällt.

Es sollte mir leid thun, wenn Sie Ihren Moses zurücklegten. Freilich ist es eine sonderbare Collision, in die er mit den italienischen Dingen kommt, aber nach dem, was Sie mir schon davon sagten, hätten Sie däucht mir wenig mehr zu thun, als ihn zu dictiren.

Ich freue mich auf Ihre Ankunft. Hier im freien werden wir noch einmal so gut unsre Angelegenheiten durchsprechen können. Leben Sie recht wohl. Alles grüßt Sie aufs beste.

Sch.

311. An Schiller.

Noch etwa acht Tage habe ich hier zu thun, indem sich bis dahin manches entscheiden muß[1]. Ich wünsche sehr wieder einige Zeit bei Ihnen zuzubringen, besonders bin ich jetzt leider wieder in einem Zustande von Unentschiedenheit in welchem ich nichts rechtes thun kann und mag.

Von Humboldt habe ich einen weitläufigen und freundschaftlichen Brief, mit einigen guten Anmerkungen über die ersten Gesänge, die er in Berlin nochmals gelesen hat. Auf den Montag schicke ich abermals viere fort und komme nach Jena um den letzten zu endigen. Auch mir kommt der Friede zu statten und mein Gedicht gewinnt dadurch eine reinere Einheit.

Ich wünsche Sie in Ihrem Garten recht vergnügt und thätig zu finden. Leben Sie recht wohl; ich kann in meiner heutigen Zerstreuung von dem vielen was ich zu sagen habe, nichts zu Papiere bringen.

Weimar am 13. Mai 1797.

G.

312. An Goethe.

Es ist recht schön, daß Sie Ihr Gedicht, das hier angefangen wurde auch hier vollenden. Die Judenstadt[1] darf sich was darauf einbilden. Ich freue mich schon im voraus, nicht auf das Gedicht allein, auch auf die schöne Stimmung, in welche die Dichtung und die Vollendung Sie versetzen wird.

Dadurch, daß Sie eine Woche später kommen, entgehen Sie einem großen Schmutz in meinem Hause, denn ich habe mich doch entschließen müssen, die Gartenseite des Hauses zu unterschwellen, welches heute angefangen worden. Bis jetzt hat mir eigentlich bloß die Neuheit dieser Existenz den Aufenthalt im Garten reizend machen konnen, denn entweder war das Wetter nicht freundlich oder das Bauwesen raubte mir die Ruhe. Es bekommt mir aber[2] übrigens sehr wohl hier, und an die Arbeit gewöhn' ich mich auch wieder.

Haben Sie nun die Schlegelische Kritik von Schlossern gelesen? Sie ist zwar in ihrem Grundbegriff nicht unwahr, aber man sieht ihr doch die böse Absicht und die Partei viel zu stark[3] an. Es wird doch zu arg mit diesem Herrn Friedrich Schlegel[4]. So hat er kürzlich dem Alexander Humboldt erzählt, daß er die Agnes, im Journal Deutschland, recensirt habe und zwar sehr hart. Jetzt aber da er höre sie sei **nicht** von Ihuen, so bedaure er, daß er sie so streng behandelt habe. Der Laffe meinte also, er müsse dafür sorgen, daß Ihr Geschmack sich nicht verschlimmere. Und diese Unverschämtheit kann er mit einer solchen Unwissenheit und Oberflächlichkeit paaren, daß er die Agnes wirklich für Ihr Werk hielt.

Das Geschwätz über die Xenien dauert noch immer fort; ich finde immer noch einen neuen Büchertitel, worin ein Aufsatz oder so was gegen die Xenien angekündigt wird. Neulich fand ich in einem Journal: Annalen der **leidenden Menschheit** einen Aufsatz gegen die Xenien.

Den Schluß des Cellini bitte nicht zu vergessen, und vielleicht fällt Ihnen beim Kramen in Ihren Papieren noch irgend etwas für die Horen oder für den Almanach in die Hände.

Leben Sie recht wohl. Meine Frau empfiehlt sich aufs beste.

Jena den 16. Mai 1797.

Sch.

313. An Schiller.

Es thut mir leid daß Sie vom nahen Bauwesen so viel dulden! Es ist ein böses Leiden und dabei ein reizender Zeitverderb[1], in seiner Nähe arbeitende Handwerker zu haben. Ich wünsche daß auch diese Ereignisse Sie nicht allzusehr zerstreuen mögen.

Ich suche so viel als möglich aufzuräumen, um mir ein paar ganz freie Wochen zu verdienen, und wo möglich die Stimmung zum[2] Schluß meines Gedichts zu finden. Von der übrigen lieben deutschen Literatur habe ich rein Abschied genommen. Fast bei allen Urtheilen waltet nur der gute oder der böse Wille gegen die Person, und die Fratze des Parteigeists ist mir mehr zuwider als irgend eine andere Carricatur.

Seitdem die Hoffnung das gelobte, obgleich jetzt sehr mißhandelte, Land zu sehen bei mir wieder aufgelebt, bin ich mit aller Welt Freund und mehr als jemals überzeugt: daß man im theoretischen und praktischen, und besonders in unserm Falle im wissenschaftlichen und dichterischen immer mehr mit sich selbst eins zu werden und eins zu bleiben suchen müsse. Uebrigens mag alles gehen wie es kann.

Lassen Sie uns, so lange wir beisammen bleiben, auch unsere Zweiheit immer mehr in Einklang bringen, damit selbst eine längere Entfernung unserm Verhältniß nichts anhaben könne.

Den Schluß des Cellini will ich in Jena gleich zum Anfange vornehmen; vielleicht findet sich auch sonst noch etwas und vielleicht wird Moses durch die Unterhaltung wieder lebendig. Leben Sie recht wohl, grüßen Ihre liebe Frau und genießen der freien Luft, die Ihnen doch früh oder spät gute Stimmung gewähren wird.

Weimar am 17. Mai 1797.

G.

314. An Schiller.

Ich fange nun schon an mich dergestalt an mein einsames Schloß- und Bibliothekwesen zu gewöhnen, daß ich mich kaum herausreißen kann und meine Tage neben den Büttnerischen Laren, zwar unbemerkt, aber doch nicht ungenutzt vorbeistreichen. Um 7 Uhr geh' ich ins Concert und dann zu Loder, ich werde also Sie und den freundlichen Himmel heute nicht sehen. Das Wetter verspricht gute Dauer, denn das Barometer ist gestiegen.

Ueber die Einleitung unseres Blumenmädchens hab' ich auch gedacht. Der Sache ist, glaub' ich, durch einen doppelten Titel und ein doppeltes Titelblatt geholfen, wo auf dem äußern, sonst der Schmutztitel genannt, die Stelle des Plinius dem Leser gleich entgegen kommt. Ich lasse in diesem Sinne gegenwärtig eine Abschrift für Sie machen.

Hierbei erhalten Sie zugleich noch ein kleines Gedicht, mit dem Wunsch daß es Ihnen wohl und vergnüglich sein möge. Mir geht es übrigens so gut daß die Vernunft des Petrarchs alle Ursache hätte mir einen großen Sermon zu halten.

Jena den 23.[1] Mai 1797.

G.

315. An Goethe.

Jena den 23. Mai 1797.

Dank Ihnen für Ihr[1] liebes Billet und das Gedicht. Dieß ist so musterhaft schön und rund und vollendet, daß ich recht dabei gefühlt habe, wie auch ein kleines Ganze, eine einfache Idee durch die vollkommene Darstellung einem den Genuß des höchsten geben kann. Auch bis auf die kleinsten Forderungen des Metrums ist es vollendet. Uebrigens belustigte es mich, diesem kleinen Stücke die Geistes-Atmosphäre anzumerken, in der Sie gerade leben mochten, denn es ist ordentlich recht sentimentalisch schön!

Ich wünsche Ihnen eine recht gute Nacht zu einem lustigen Abend, und möchte die schöne Muse, die bei Tage und wachend Sie[2] begleitet, sich gefallen lassen, Ihnen Nachts in der nämlichen, aber körperlichen Schönheit sich zuzugesellen.

Sch.

316. An Schiller.

Hier schicke ich eine Copie der Quittung und lege auch die Berechnung bei die ich mir aber zurück erbitte. Können Sie mir sagen wie viel ich erhalte, so wird es mir angenehm sein.

Die beiden handfesten Bursche Moses und Cellini haben sich heute zusammen eingestellt; wenn man sie neben einander sieht, so haben sie eine wundersame Aehnlichkeit. Sie werden doch gestehen, daß dieß eine Parallele ist, die selbst Plutarchen nicht eingefallen wäre. Leben Sie recht wohl bei diesem leidlichern Tage.

Jena den 27. Mai 1797.

G.

317. An Goethe.

[Jena den 27. Mai 1797.] [1]

Der heutige Tag ist recht hübsch, sein Gemüth zu sammeln, und ladet zur Arbeit ein. Moses so wie Sie ihn genommen ist dem Cellini wirklich gar nicht so unähnlich, aber man wird die Parallele greulich finden.

Hier die Rechnung. Das Geld will ich Ihnen lieber selbst geben, die Summe ist zu groß.

Leben Sie recht wohl.

Sch.

318. An Schiller.

Ich sende hiermit Ihren reellen Theaterbeutel mit Dank zurück; es hat wohl selten ein dramatischer Schriftsteller einen solchen ausgespendet.

Ich habe auch nunmehr die Rechnung ajustiren lassen, die Ihrige in Copia beigefügt und das Ganze unterschrieben, wodurch denn also das Jahr saldirt wäre. Nur wünschte ich die Escherische Quittung oder eine beglaubte [1] Abschrift derselben wegen der gezahlten 200 Stück Laubthaler zu haben, weil ich sie bei meiner Meyerischen Rechnung bedarf.

Gerning scheint Ernst zu machen; er meldet daß er Pfingsten nach Italien gehen will.

Böttiger wird morgen ankommen und einige Tage bleiben; es wird nun von Ihnen abhängen wann er Ihren Grund und Boden einmal betreten darf.

Heute werde ich nicht das Vergnügen haben Sie zu sehen; bei Tage wage ich mich nicht vor die Thüre und Abends bin ich zu einigen Feierlichkeiten geladen.

Der Eindruck von dem wiederholten Lesen des Prologs ist mir sehr gut und gehörig geblieben, allein der Aufwand wäre für ein einziges Drama zu groß. Da Sie einmal durch einen sonderbaren Zusammenfluß von Umständen diese Zeitepoche historisch und dichterisch bearbeitet haben, so liegt Ihnen individuell in der Hand wornach man sich im allgemeinen so weit umsieht: ein eigner Cyclus, in den Sie, wenn Sie Lust haben, auch Privatgegenstände hineinwerfen und sich für Ihre ganze dichterische Laufbahn alle Exposition ersparen können.

Sie äußerten neulich schon eine solche Idee und sie dringt sich mir jetzt erst recht auf.

Sie erhalten zugleich ein Gedicht das sich auch an einen gewissen Kreis anschließt. Leben Sie recht wohl und erfreuen sich des Abends der schön zu werden verspricht.

Jena am 28. Mai 1797.

G.

---

319. An Schiller.

Hierbei Urania. Möchten uns doch die neune, die uns bisher beigestanden haben, bald noch zum epischen Schweife verhelfen.

Meine Schriften, artig geheftet, liegen nunmehr für Boie da; ich will einen Brief dazu schreiben und sie, wohlgepackt, fortschicken. Sie haben wohl die Güte mir die Adresse anzuzeigen.

Ich lege auch die Zeichnung für die Decke des Musenalmanachs bei; die Absicht ist freilich daß das Kupfer auf bunt Papier gedruckt und die Lichter mit Gold gehöht[1] werden sollten. Es ist zu wünschen daß ein geschickter Kupferstecher mit Beurtheilung bei der Arbeit verfahre, damit sie auch ohne jene Aufhöhung[2] guten Effect thue.

Ich bitte mir den Gesang, sobald Sie ihn gelesen haben, wieder zurückzuschicken, indem ich ihn gleich abzusenden denke[3]. Leben Sie recht wohl und lassen den heutigen schönen Tag fruchtbar[4] sein.

Den 3. Juni 1797.

G.

---

320. An Schiller.

Hier schicke ich den Schlegel'schen Aufsatz, er scheint mir im Ganzen gut gedacht und gut geschrieben, einige Stellen habe ich angezeichnet, die mit wenigem verbessert werden könnten; Sie thun ja wohl das Gleiche und wenn ich den Aufsatz diesen Abend[1] mit nach Hause nehmen kann, so berichtige ich alles morgen mit ihm, so daß Sie Montag den hungrigen Stunden dieses Frühstück nebst einem Bissen Cellini vorsetzen können. Leben Sie recht wohl und lassen Ihren Taucher je eher je lieber ersaufen. Es ist nicht übel, da ich meine Paare in das Feuer und aus dem Feuer bringe, daß Ihr Held sich das entgegengesetzte Element aussucht.

Jena den 10. Juni 1797.

G.

321. An Schiller.

Dem Herren in der Wüste bracht'
Der Satan einen Stein,
Und sagte: Herr, durch deine Macht,
Laß es ein Brötchen sein!

Von vielen Steinen sendet dir
Der Freund ein Musterstück,
Ideen giebst du bald dafür
Ihm tausendfach zurück.

Jena am 13. Juni 1797.

G.

322. An Schiller.

Ich schicke das Restchen Cellini und das Blumenmädchen und erbitte mir dagegen die Dame des belles cousines, zu der ich unbekannter Weise eine besondere Neigung hege. Sodann auch den Almanach der die Würde der Frauen enthält, zu einem schwer zu errathenden Zwecke.

Das Barometer steht noch immer tief und nöthigt uns zu häuslicher, innerlicher Behaglichkeit. Ich komme diesen Nachmittag nur ein wenig, weil ich diesen Abend leider das helle Nachtmahl nicht mit einnehmen kann.

Jena den 13. Juni 1797.

G.

323. An Schiller.

Ich werde Sie leider heute nicht sehen; der Regen und die Nothwendigkeit heute Abend in dem Clubb einigermaßen angezogen zu sein, hindern mich an meiner gewöhnlichen Wallfahrt.

Ich schicke den veränderten Schlegel'schen Aufsatz, zu beliebigem Gebrauche, und wünsche daß der Taucher möge glücklich absolvirt sein.

Ich habe mich heute früh an Amlet des Saxo Grammaticus gemacht; es ist leider die Erzählung, ohne daß sie stark durchs Läuterfeuer geht, nicht zu brauchen; kann man aber Herr darüber werden, so wird es immer artig und wegen der Vergleichung merkwürdig.

Das Barometer will noch immer nicht weiter steigen und der Himmel scheint ohne dasselbe, aus eigner Macht und Gewalt, kein gut Wetter machen zu wollen. Leben Sie recht wohl.

Jena den 14. Juni 1797.

G.

---

324. An Schiller.

Leider muß ich mit meiner mineralogischen Gabe zugleich anzeigen daß ich abgerufen werde und heute Abend wegreise; ich komme auf alle Fälle noch einen Augenblick und bitte durch Ueberbringer um die beiden Fischbücher.

Jena den 16. Juni 1797.

G.

---

325. An Goethe.

Jena den 18. Juni 1797.

Seit Ihrer Entfernung habe ich schon einen Vorschmack der großen Einsamkeit, in die mich Ihre völlige Abreise versetzen wird. Glücklicherweise ist mir das Wetter jetzt günstig und ich kann viel [1] im Freien leben. Unterdessen beschäftigte mich der Vieilleville, denn die Stunden drängen sehr; doch habe ich auch etwas weniges poetisirt: ein kleines Nachstück zum Taucher, wozu ich durch eine Anekdote in S. Foix Essay sur Paris aufgemuntert wurde.

Ich sehe einer poetischen Thätigkeit jetzt mit rechter Lust entgegen und hoffe in den zwei nächsten Monaten auch etwas zu Stande zu bringen.

Die Entscheidung, ob Sie weiter gehen werden als nach der Schweiz, ist auch mir wichtig und ich erwarte sie [2] mit Ungeduld. Je mehr Verhältnissen ich jetzt abgestorben bin, einen desto größern Einfluß haben die wenigen auf meinen Zustand, und den entscheidendsten hat Ihre lebendige Gegenwart. Die letzten vier Wochen haben wieder Vieles in mir bauen und gründen helfen. Sie gewöhnen mir immer mehr die Tendenz ab (die in allem praktischen, besonders [3] poetischen eine Unart ist), vom allgemeinen zum individuellen zu gehen, und führen mich umgekehrt von einzelnen Fällen zu großen Gesetzen fort. Der Punkt ist immer klein und eng, von dem Sie auszugehen pflegen, aber er führt mich ins Weite und macht mir dadurch, in meiner Natur, wohl, anstatt daß ich auf dem andern Weg, dem ich, mir selbst überlassen, so gerne folge, immer vom weiten ins enge lomme, und das unangenehme Gefühl habe, mich am Ende ärmer zu sehen als am Anfang.

Von Humboldt habe ich noch immer keine Nachricht, er scheint noch nicht in Dresden angekommen zu sein, weil mir auch Körner nichts von ihm zu schreiben wußte. Jener Herr von Senf, den Ihnen Körner angemeldet, wird nicht in unsre Gegend kommen; er hat kürzlich eine Verhinderung erhalten.

Heute Abend ging meine Frau mit Wolzogen, der hier war, auf etliche Tage nach Weimar. Mich läßt der Vieilleville diese Woche[4] nicht vom Platz. Vergessen Sie doch nicht, mir den Chor aus Prometheus zu schicken.

Leben Sie recht wohl. Ich sehne mich bald wieder von Ihnen zu hören.

Jena, 18. Juni 97.[5]

Schiller.

326. An Schiller.

Bei dem heutigen Regenwetter mag es auf Ihrer Burg sehr einsam aussehen, doch ist eine weite Aussicht, wo Erde und Himmel so vielerlei Ansichten geben, mehr werth als man glaubt, wenn man sie täglich genießt. Ich wünsche bei dieser äußern Einschränkung guten Fortgang der Geschäfte.

Der Handschuh ist ein sehr glücklicher Gegenstand und die Ausführung gut gerathen; wir wollen ja dergleichen Gegenstände die uns auffallen künftig gleich benutzen. Hier ist die ganz reine That, ohne Zweck oder vielmehr im umgekehrten Zweck, was so sonderbar wohlgefällt.

Ich habe diese Tage mancherlei angegriffen und nichts gethan. Die Geschichte der Peterskirche habe ich besser und vollständiger schematisirt und sowohl diese Arbeit als der Moses und andere werden schon nach und nach reif werden. Ich muß die jetzige Zeit, die nur ein zerstreutes Interesse bei der Ungewißheit, in der ich schwebe, hervorbringt, so gut als es gehen will, benutzen, bis ich wieder auf eine Einheit hingeführt werde.

Den Chor aus Prometheus finde ich nicht, auch kann ich mich nicht erinnern daß ich ihn von Humboldt wieder erhalten habe, deswegen ich auch glaubte das Gedicht sei schon in Ihren Händen. Auf alle Fälle hat ihn Frau von Humboldt abgeschrieben und er wird also leicht von Dresden zu erhalten sein.

Vorgestern habe ich Wieland besucht, der in einem sehr artigen, geräumigen und wohnhaft eingerichteten Hause, in der traurigsten Gegend von der Welt, lebt; der Weg dahin ist noch dazu meistentheils sehr schlimm. Ein Glück ist's daß jedem nur sein eigner Zustand zu behagen braucht; ich wünsche daß dem guten Alten der seinige nie verleiden möge! Das Schlimmste ist wirklich, nach meiner Vorstellung, daß bei Regenwetter und kurzen Tagen an gar keine Communication mit andern Menschen zu denken ist.

Mein Zustand, der zwischen Nähe und Ferne, zwischen einer großen und kleinen Expedition sich hin und wieder wiegt, hat in dem Augenblicke wenig erfreuliches, und ich werde mich noch einige Wochen so hinhalten müssen. Bring' ich den guten Meyer auf Michael wieder zurück, so soll unser Winterleben eine gute Wendung nehmen. Wir haben in den letzten vier Wochen theoretisch und praktisch wirklich wieder schöne Fortschritte gethan, und wenn meine Natur die Wirkung hat die Ihrige ins begrenzte zu ziehen, so habe ich durch Sie den Vortheil daß ich auch wohl manchmal über meine Grenzen hinaus gezogen werde, wenigstens daß ich nicht so lange mich auf einem so engen Fleck herumtreibe. Kommt der alte Meister noch dazu, der die Reichthümer einer fremden Kunst mit[1] zum besten giebt, so soll es wohl an guten Wirkungen nicht fehlen. Ich lege den Handschuh wieder bei, der zum Taucher wirklich ein artiges Nach- und Gegenstück macht, und durch sein eignes Verdienst das Verdienst jener Dichtung um so mehr erhöht. Leben Sie recht wohl und lassen Sie bald von sich hören.

Weimar den 21. Juni 1797.

G.

327. An Schiller.

Da es höchst nöthig ist daß ich mir, in meinem jetzigen unruhigen Zustande, etwas zu thun gebe, so habe ich mich entschlossen an meinen Faust zu gehen und ihn, wo nicht zu vollenden, doch wenigstens um ein gutes Theil weiter zu bringen, indem ich das was gedruckt ist, wieder auflöse und, mit dem was schon fertig oder erfunden ist, in große Massen disponire, und so die Ausführung des Plans, der eigentlich nur eine Idee ist, näher vorbereite. Nun habe ich eben diese Idee und deren Darstellung wieder vorgenommen und bin mit mir selbst ziemlich einig. Nun wünschte ich aber daß Sie die Güte hätten die Sache einmal, in schlafloser Nacht, durchzudenken, mir die Forderungen, die Sie an das Ganze machen würden, vorzulegen und so mir meine eignen Träume, als ein wahrer Prophet, zu erzählen und zu deuten.

Da die verschiednen Theile dieses Gedichts, in Absicht auf die Stimmung, verschieden behandelt werden können, wenn sie sich nur dem Geist und Ton des Ganzen subordiniren, da übrigens die ganze Arbeit subjectiv ist: so kann ich in einzelnen Momenten daran arbeiten und so bin ich auch jetzt etwas zu leisten im Staude.

Unser Balladenstudium hat mich wieder auf diesen Dunst- und Nebelweg gebracht, und die Umstände rathen mir, in mehr als in Einem Sinne, eine Zeit lang darauf herum zu irren.

Das interessante meines neuen epischen Plans geht vielleicht auch in einem solchen Reim- und Strophendunst in die Luft; wir wollen es noch ein wenig cohobiren lassen. Für heute leben Sie recht wohl! Karl war gestern in meinem Garten, ohngeachtet des übeln Wetters, recht vergnügt. Ich hätte gern Ihre liebe Frau, wenn sie hier geblieben wäre, mit den Ihrigen heute Abend bei mir gesehen. Wenn Sie sich nur auch einmal wieder entschließen könnten die Jenaische Chaussee zu messen. Freilich wünschte ich Ihuen bessere Tage zu so einer Expedition.

Weimar den 22. Juni 1797.

G.

328. An Goethe.

Jena den 23. Juni 1797.

Ihr Entschluß an den Fanst zu gehen ist mir in der That überraschend, besonders jetzt, da Sie sich zu einer Reise nach Italien gürten. Aber ich hab' es einmal für immer aufgegeben, Sie mit der gewöhnlichen Logik zu messen, und bin also im Voraus überzeugt, daß Ihr Genius sich vollkommen gut aus der Sache ziehen wird.

Ihre Aufforderung an mich, Ihnen meine Erwartungen und Desideria mitzutheilen, ist nicht leicht zu erfüllen; aber so viel ich kann, will ich Ihren Faden aufzufinden suchen, und wenn auch das nicht geht, so will ich mir einbilden, als ob ich die Fragmente von Faust zufällig fände und solche auszuführen hätte. So viel bemerke ich hier nur, daß der Faust, das Stück nämlich, bei aller seiner dichterischen Individualität die Forderung an eine symbolische Bedeutsamkeit nicht ganz von sich weisen kann, wie auch wahrscheinlich Ihre eigene Idee ist. Die Duplicität der menschlichen Natur und das verunglückte Bestreben das Göttliche und das Physische im Menschen zu vereinigen, verliert man nicht aus den Augen; und weil die Fabel ins Grelle und Formlose geht und gehen muß, so will man nicht bei dem Gegenstand stille stehen, sondern von ihm zu Ideen geleitet werden. Kurz, die Anforderungen an den Faust sind zugleich philosophisch und poetisch, und Sie mögen sich wenden wie Sie wollen, so wird Ihuen die Natur des Gegeustandes eine philosophische Behandlung auflegen, und die Einbildungskraft wird sich zum Dienst einer Vernunftidee bequemen müssen.

Aber ich sage Ihuen damit schwerlich etwas neues, denn Sie haben diese Forderung in dem, was bereits da ist, schon in hohem Grade zu befriedigen angefangen.

Wenn Sie jetzt wirklich an den Fanst gehen, so zweifle ich auch nicht mehr an seiner völligen Ausführung, welches mich sehr erfreut.

Meine Frau, die mir Ihren Brief bringt, und eben von ihrer kleinen Reise mit dem Herrn Karl zurückkommt, verhindert mich heute mehr zu schreiben. Montag denke ich Ihuen eine neue Ballade zu senden; es ist jetzt eine ergiebige Zeit zur Darstellung von Ideen. Leben Sie recht wohl.

Sch.

329. An Schiller.

Dank für Ihre ersten Worte über den wieder auflebenden Faust. Wir werden wohl in der Ansicht dieses Werkes nicht variiren, doch giebt's gleich einen ganz andern Muth zur Arbeit, wenn man seine Gedanken und Vorsätze auch von außen bezeichnet sieht, und Ihre Theilnahme ist in mehr als Einem Sinne fruchtbar.

Daß ich jetzt dieses Werk angegriffen habe ist eigentlich eine Klugheitssache: denn da ich bei Meyers Gesundheitsumständen noch immer erwarten muß einen nordischen Winter zuzubringen, so mag ich, durch Unmuth über fehlgeschlagene Hoffnung, weder mir noch meinen Freunden lästig sein und bereite mir einen Rückzug in diese Symbol=, Ideen= und Nebelwelt mit Lust und Liebe vor.

Ich werde nur vorerst die großen erfundenen und halb bearbeiteten Massen zu euden und mit dem was gedruckt ist zusammen zu stellen suchen, und das[1] so lange treiben bis sich der Kreis selbst erschöpft.

Leben Sie recht wohl; fahren Sie fort mir etwas über Gegenstand und Behandlung zu sagen und schicken Sie mir die Ballade ja.

Weimar den 24. Juni 1797.

G.

330. An Goethe.

Jena den 26. Juni 1797.

Wenn ich Sie neulich recht verstanden habe, so haben Sie die Idee, Ihr neues episches Gedicht, die Jagd, in Reimen und Strophen zu behandeln. Ich vergaß neulich, ein Wort darüber zu sagen, aber diese Idee leuchtet mir ein, und ich glaube sogar, daß dieß die Bedingung sein wird, unter welcher allein dieses neue Gedicht neben Ihrem Hermann bestehen kann. Außerdem, daß selbst der Gedanke des Gedichts zur modernen Dichtkunst geeignet ist und also auch die beliebte Strophenform begünstigt, so schließt die neue metrische Form schon die Concurrenz und Vergleichung aus; sie giebt dem Leser eben sowohl als dem Dichter eine ganz andere Stimmung, es ist ein Concert auf einem ganz andern Instrument. Zugleich participirt es alsdann von gewissen Rechten des romantischen Gedichts, ohne daß es eigentlich eines wäre; es darf sich wo nicht des Wunderbaren, doch des Seltsamen und Ueberraschenden mehr bedienen, und die Löwen= und Tigergeschichte, die mir immer außerordentlich vorkam, erweckt dann gar kein Befremden mehr. Auch ist von den Fürstlichen Personen und Jägern nur ein leichter Schritt zu den Ritterfiguren, und überhaupt knüpft sich der vornehme Stand, mit dem Sie es in diesem Gedicht zu thun haben, an etwas Nordisches und Feudalisches an. Die griechische Welt, an die der Hexameter unausbleiblich erinnert, nimmt diesen Stoff daher weniger an, und die mittlere und neue Welt, also auch die moderne Poesie, kann ihn mit Recht reclamiren.

Den Faust habe ich nun wieder gelesen und mir schwindelt ordentlich vor der Auflösung. Dieß ist indeß sehr natürlich, denn die Sache beruht auf einer Anschauung und so lang man die nicht hat, muß ein selbst nicht so reicher Stoff den Verstand in Verlegenheit setzen. Was mich daran ängstigt ist, daß mir der Faust seiner Anlage nach auch eine Totalität der Materie nach zu erfordern scheint, wenn am Ende die Idee ausgeführt erscheinen soll, und für eine so hoch aufquellende Masse finde ich keinen poetischen Reif, der sie zusammenhält. Nun, Sie werden sich schon zu helfen wissen.

Zum Beispiel: es gehörte sich meines Bedünkens, daß der Faust in das handelnde Leben geführt würde, und welches Stück Sie auch aus dieser Masse erwählen, so scheint es mir immer durch seine Natur eine zu große Umständlichkeit und Breite zu erfordern.

In Rücksicht auf die Behandlung finde ich die große Schwierigkeit, zwischen dem Spaß und dem Ernst glücklich durchzukommen; Verstand und Vernunft scheinen mir in diesem Stoff auf Tod und Leben miteinander zu ringen. Bei der jetzigen fragmentarischen Gestalt des Fausts fühlt man dieses sehr, aber man verweist die Erwartung auf das entwickelte Ganze. Der Teufel behält durch seinen Realism vor dem Verstand, und der Faust vor dem Herzen Recht. Zuweilen aber scheinen sie ihre Rollen zu tauschen und der Teufel nimmt die Vernunft gegen den Faust in Schutz.

Eine Schwierigkeit finde ich auch[1] darin, daß der Teufel durch seinen Charakter, der realistisch ist, seine Existenz, die idealistisch ist, aufhebt. Die Vernunft nur kann [2]ihn glauben, und der Verstand nur kann[3] ihn so, wie er da ist, gelten lassen und begreifen.

Ich bin überhaupt sehr erwartend, wie die Volksfabel sich dem philosophischen Theil des Ganzen anschmiegen wird.

Hier sende ich meine Ballade. Es ist ein Gegenstück zu Ihren Kranichen. Schreiben Sie mir doch, wie es ums Barometer steht; ich wünschte zu wissen, ob wir endlich dauerhaftes Wetter hoffen können. Leben Sie recht wohl.

Sch.

---

331. An Schiller.

Der Ring des Polykrates ist sehr gut dargestellt. Der königliche Freund, vor dessen, wie vor des Zuhörers, Augen alles geschieht und der Schluß, der die Erfüllung in Suspenso läßt, alles ist sehr gut. Ich wünsche daß mir mein Gegenstück eben so gerathen möge! Ihre Bemerkungen zu Faust waren mir sehr erfreulich. Sie treffen, wie es natürlich war, mit meinen Vorsätzen und Planen recht gut zusammen, nur daß ich mir's bei dieser barbarischen Composition bequemer mache und die höchsten Forderungen mehr zu berühren als zu erfüllen denke. So werden wohl Verstand und Vernunft, wie zwei Klopffechter, sich grimmig herumschlagen, um Abends zusammen freundschaftlich auszuruhen. Ich werde sorgen daß die Theile anmuthig und unterhaltend sind und etwas denken lassen; bei dem Ganzen, das immer ein Fragment bleiben wird, mag mir die neue Theorie des epischen Gedichts zu statten kommen.

Das Barometer ist in steter Bewegung; wir können uns in dieser Jahrszeit keine beständige Witterung versprechen. Man empfindet diese Unbequemlichkeit nicht eher als bis man Anforderungen an eine reine Existenz in freier Luft macht; der Herbst ist immer unsere beste Zeit.

Leben Sie recht wohl und fahren Sie fleißig fort Ihren Almanach auszustatten. Da ich durch meinen Faust bei dem Reimwesen gehalten werde, so werde ich gewiß auch noch einiges liefern. Es scheint mir jetzt auch ausgemacht daß meine Tiger und Löwen in diese Form gehören; ich fürchte nur fast daß das eigentliche[1] Interessante des Sujets sich zuletzt gar in eine Ballade auflösen möchte. Wir wollen abwarten an welches Ufer der Genius das Schifflein treibt.

Den Ring schicke ich Mittwochs mit den Botenweibern.

Weimar am 27. Juni 1797.

G.

---

332. An Goethe.

Jena den 27. Juni 1797.

Ich lege hier zwei Gedichte bei, die gestern für den Almanach eingeschickt worden sind. Sehen Sie sie doch an, und sagen mir in ein paar Worten, wie Ihnen die Arbeit vorkommt, und was Sie sich von dem Verfasser versprechen. Ueber Producte in dieser Manier habe ich kein reines Urtheil, und ich wünschte gerade in diesem Fall recht klar zu sehen, weil mein Rath und Wink auf den Verfasser Einfluß haben wird.

Leben Sie recht wohl. Es ist hier unfreundlich und regnet, auch hat der heutige Tag nicht viel geboren.

Sch.

---

333. An Schiller.

Denen[1] beiden mir überschickten Gedichten, die hier zurückkommen, bin ich nicht ganz[2] ungünstig und sie werden im Publico gewiß Freunde finden. Freilich ist die Afrikanische Wüste und der Nordpol weder durch sinnliches noch durch inneres Anschauen gemalt, vielmehr sind sie beide durch Negationen dargestellt, da sie denn nicht, wie die Absicht doch ist, mit dem heiteren deutsch-lieblichen Bilde genugsam contrastiren. So sieht auch das andere Gedicht mehr naturhistorisch als poetisch aus, und erinnert einen an die Gemälde wo sich die Thiere alle um Adam im Paradiese versammeln. Beide Gedichte drücken ein sanftes, in Genügsamkeit sich auflösendes Streben aus. Der Dichter hat einen heitern Blick über die Natur, mit der er doch nur durch Ueberlieferung bekannt zu sein scheint. Einige lebhafte Bilder überraschen, ob ich gleich den quellenden[3] Wald, als negirendes Bild gegen die Wüste, nicht gern stehen sehe. In einzelnen Ausdrücken wie im[4] Versmaß wäre noch hie und da einiges zu thun.

Ehe man mehreres von dem Verfasser gesehen hätte, daß man wüßte ob er noch andere Moyens und Talent in andern Versarten hat, wüßte ich nicht was ihm zu rathen wäre. Ich möchte sagen in beiden Gedichten sind gute Ingredienzien zu einem Dichter, die aber allein keinen Dichter machen. Vielleicht thäte er am besten, wenn er einmal ein ganz einfaches Idyllisches Factnm wählte und es darstellte, so köunte man eher sehen wie es ihm mit der Menschenmalerei gelänge, worauf doch am Ende alles ankommt. Ich sollte deuken der Aether würde nicht übel im Almanach und der Wanderer gelegentlich ganz gut in den Horen stehen.

Der Ring, den ich hier wieder zurückschicke, hält sich bei wiederholtem Lesen sehr gut, er wird vielmehr besser, wie es jedes Gedicht von Werth thun muß, indem es uns in die Stimmung nöthigt die wir beim ersten Hören und Lesen nicht gleich mitbringen.

Leben Sie wohl bei diesem regnerischen, nicht allein den Gartenbewohnern sondern auch der Heuernte feindseligen Wetter.

Weimar den 28. Juni 1797.

G.

[5]Für die Schwämme danke schönstens.

---

334. An Goethe.

Jena den 30. Juni 1797.

Es freut mich, daß Sie meinem Freunde und Schutzbefohlenen nicht ganz ungünstig sind. Das Tadelnswürdige an seiner Arbeit ist mir sehr lebhaft aufgefallen, aber ich wußte nicht recht, ob das Gute auch Stich halten würde, das ich darin zu bemerken glaubte. Aufrichtig, ich fand in diesen Gedichten viel von meiner eigenen sonstigen Gestalt, und es ist nicht das erstemal, daß mich der Verfasser an mich mahnte [1]. Er hat eine heftige Subjectivität, und verbindet damit einen gewissen philosophischen Geist und Tiefsinn. Sein Zustand ist gefährlich, da solchen Naturen so gar schwer beizukommen ist. Indessen finde ich in diesen neuern[2] Stücken doch den Anfang einer gewissen Verbesserung, wenn ich sie gegen seine vormaligen Arbeiten halte; denn kurz, es ist Hölderlin, den Sie vor etlichen Jahren bei mir gesehen haben. Ich würde ihn nicht aufgeben, wenn ich nur eine Möglichkeit wüßte, ihn aus seiner eignen Gesellschaft zu bringen, und einem wohlthätigen und fortdauernden Einfluß von außen zu öffnen. Er lebt jetzt als Hofmeister in einem Kaufmannshause zu Frankfurt, und ist also in Sachen des Geschmacks und der Poesie bloß[3] auf sich selber eingeschränkt und wird in dieser Lage immer mehr in sich selbst hineingetrieben.

Für die Horen hat mir unsere Dichterin Mereau jetzt ein sehr angenehmes Geschenk gemacht, und das mich wirklich überraschte. Es ist der Anfang eines Romans in Briefen, die mit weit mehr Klarheit, Leichtigkeit und Simplicität geschrieben sind, als ich je von ihr erwartet hätte. Sie fängt darin an, sich von

Fehlern frei zu machen, die ich an ihr für ganz unheilbar hielt, und wenn sie auf diesem guten Wege weiter fortgeht, so erleben wir noch was an ihr. Ich muß mich doch wirklich drüber wundern, wie unsere Weiber jetzt, auf bloß dilettantischem Wege, eine gewisse Schreibgeschicklichkeit sich zu verschaffen wissen, die der Kunst nahe kommt.

Kennen Sie etwa einen gewissen Ahlwardt, Rector in Anklam, durch Uebersetzungen[4] des Kallimachos? Er hat sich zu den Horen angeboten und beruft sich auf Voß, der ihn an mich gewiesen. Er übersetzt aus alten und neuen Sprachen, und auch im Merkur 1795 soll mehreres aus Euripides, Ovid und auch aus Camoens von ihm stehen. Wenn Sie Böttiger sehen, so seien Sie doch so gütig, ihn nach diesem Subject zu fragen, und uns jene Merkur-Stücke durch ihn zu verschaffen. Er bietet mir Hero und Leander und einige Uebersetzungen aus dem Englischen an, und es wäre mir lieb wenn ich ihn brauchen könnte.

Ich wünschte daß die zwei leidlich heitern Tage, die wir wieder genossen haben, bei Ihnen fruchtbarer gewesen sein möchten als bei mir. Meine Krämpfe regten sich seit einigen Tagen wieder stärker, und ließen mich nicht schlafen. Ich wollte an den Faust denken, aber der Teufel in Natura wollte den poetischen nicht aufkommen lassen.

Leben Sie recht wohl.

Sch.

Ich habe einige Reminiscenzen aus einer Reise durch Nordamerika von Thomas Carver, und mir ist, als wenn sich diese Völkernatur in einem Lied artig darstellen ließe. Dazu müßte ich aber jenen Carver noch einmal ansehen. Ich hatte ihn von Knebeln, der aber wie ich höre fort ist. Vielleicht hat ihn Voigt, der mit Reisebeschreibungen reichlich versehen ist, und mir ihn wohl auf einen Botentag leiht.

---

335. An Schiller.

Ich will Ihnen nur auch gestehen daß mir etwas von Ihrer Art und Weise aus den Gedichten entgegensprach, eine ähnliche Richtung ist wohl nicht zu verkennen; allein sie haben weder die Fülle, noch die Stärke, noch die Tiefe Ihrer Arbeiten. Indessen recommandirt diese Gedichte, wie ich schon gesagt habe, eine gewisse Lieblichkeit, Innigkeit und Mäßigkeit und der Verfasser verdient wohl, besonders da Sie frühere Verhältnisse zu ihm haben, daß Sie das mögliche thun um ihn zu lenken und zu leiten.

Unsere Frauen sollen gelobt werden, wenn sie so fortfahren, durch Betrachtung und Uebung sich auszubilden. Am Ende haben die neuern Künstler sämmtlich keinen andern Weg. Keine Theorie giebt's, wenigstens keine allgemein verständliche, keine entschiedne Muster sind da, welche ganze Genres repräsentirten, und so muß denn jeder durch Theilnahme und Anähnlichung und viele Uebung sein armes Subject ausbilden.

[1] Hofrath Hirt ist hier; er ist mir auf manche Weise[2] eine fremde Erscheinung. Die Monumente der alten und neuen Kunst des herrlichen Landes, die er noch unverrückt verließ, sind ihm sehr lebhaft gegenwärtig und er weiß, als ein Mann von Verstande, eine vollständige Empirie recht gut zu ordnen und zu schätzen, wie er z. E. in der Baukunst, die eigentlich sein Fach ist, recht gut urtheilt. Die bekannte Idee der gleichsam symbolischen Uebertragung der vollendeten Holzbau-Construction auf den Bau mit Steinen, weiß er sehr gut durchzuführen und die Zweckmäßigkeit der Theile sowohl zum Gebrauch als zur Schönheit herzuleiten. In den übrigen Künsten hat er auch eine ausgebreitete Erfahrung; aber freilich bei eigentlich ästhetischen Urtheilen steht er noch auf dem Puncte wo wir ihn ehemals verließen, und in Absicht auf antiquarische Kenntnisse kann er neben Böttiger nicht bestehen, weil er weder die Breite noch die Gewandtheit hat. Im Ganzen ist mir seine Gegenwart sehr angenehm, weil sein Streben zugleich lebhaft und behaglich und ernsthaft ist ohne lästig zu sein. Er hat zu seinen architektonischen Demonstrationen sehr viel Blätter zeichnen lassen, wo das Gute und Fehlerhafte recht verständig neben einander gestellt ist.

Nach dem neuen Mitarbeiter so wie nach Caroer will ich mich erkundigen.

Hier liegt ein Blatt wegen der anderu Bücher bei das ich zu unterzeichnen und die paar andern mir zurückzuschicken bitte.

Meinen Faust habe ich, in Absicht auf Schema und Uebersicht, in der Geschwindigkeit recht vorgeschoben, doch hat die deutliche Baukunst die Luftphantome bald wieder verscheucht. Es käme jetzt nur auf einen ruhigen Monat an, so sollte das Werk zu männiglicher Verwunderung und Entsetzen, wie eine große Schwammfamilie aus der Erde wachsen. Sollte aus meiner Reise nichts werden, so habe ich auf diese Possen mein einziges Vertrauen gesetzt. Ich lasse jetzt das Gedruckte wieder abschreiben und zwar in seine Theile getrennt, da denn das neue desto besser mit dem alten zusammen wachsen kann.

Von Meyer habe ich die Zeit nichts wieder gehört. Von meinem Gedichte sind sieben Bogen angekommen, welche fünf Gesänge und die Hälfte des sechsten enthalten. Leben Sie recht wohl und gedenken Sie mein.

Weimar den 1. Juli 1797.

G.

336. An Goethe.

Jena den 4. Juli 1797.

Hirt hat mich in diesen drei Tagen recht interessant beschäftigt und mir manches zurückgelassen, worüber ich noch lange zu deulen haben werde. Seine Urtheile, wenn sie auch etwas befangen sind, ruhen auf einer vielfältigen und fortgesetzten Anschauung, und sprechen in wenig Worten fruchtbare Resultate einer lebendigen Beobachtung und eines gründlichen Studiums aus. Mir däucht, daß er in der Hauptsache mit Ihnen und Meyern ziemlich einig ist, wenigstens kann man lange mit ihm über das tiefste und innerste sprechen, ohne auf eine Dissonanz zu stoßen oder sich unverständlich zu sein. Ich hätte gewünscht, der dritte Mann zu sein, wenn Sie sich mit ihm über diese Gegenstände unterhalten, weil ich ein Gespräch über bildende Kunst aus eignem Mittel nicht lange unterhalten, wohl aber mit Nutzen zuhören kann.

Gegen Michel Ange ist er sehr eingenommen, und mir däucht, daß er ihn viel zu tief herabsetzt, wenn er ihm bloß einen Zeitwerth zugesteht. Indessen habe ich auch bei dem harten Urtheil über Michel Ange sein Raisonnement sehr verständig gefunden, und zweifle bloß an der richtigen Angabe des Factums worauf er es gründet.

Uebrigens weiß ich noch nicht recht, was ich von Hirten eigentlich denken soll und ob er bei einer längern Bekanntschaft die Probe halten würde. Vielleicht ist ihm manches nicht eigen, wodurch er jetzt in der That imponirt, wenigstens scheint mir die Wärme und Lebhaftigkeit, mit der er manches darzustellen wußte, nicht so eigentlich in seiner Natur zu liegen.

Lassen Sie sich doch von ihm etwas vom Maler Müller erzählen, wenn es noch nicht geschehen ist. Es ist kurzweilig genug, wie der Aufsatz in den Horen gegen Fernow entstanden ist.

Ich wünsche morgen von Ihnen zu hören daß der Faust vorgerückt ist. Mir hat Hirts Anwesenheit in diesen Tagen eine kleine Zerstreuung gemacht, nur der Einfall mit dem Nordamerikanischen Lied ist ausgeführt worden; ich lege das Liedchen bei, das der Veränderung wegen mit passiren mag.

Hier folgt der Bücherzettel, nebst einem Brief von Humboldt. Die Bücher werden Sie durch meinen Schwager erhalten, dem ich heut ein Paket sende.

Leben Sie recht wohl.

Sch.

337. An Schiller.

Faust ist die Zeit zurückgelegt worden; die nordischen Phantome sind durch die südlichen Reminiscenzen auf einige Zeit zurückgedrängt worden; doch habe ich das Ganze als Schema und Uebersicht sehr umständlich durchgeführt.

Es ist mir sehr lieb daß Sie unsern alten römischen Freund haben persönlich kennen lernen, Sie werden ihn und seine Arbeiten künftig besser verstehen. Man sieht auch bei ihm was bei einem verständigen Menschen eine reiche, beinahe vollständige, Empirie für Gutes hervorbringt. Darin urtheilen Sie über ihn ganz recht: daß seine logischen Operationen sehr[1] gut von statten gehen, wenn die Prämissen richtig sind; er kommt aber oft in den Fall daß er, wo nicht falsche, doch beschränkte und einseitige Prämissen als allgemeine voraussetzt, da es denn mit dem Schließen nur eine Zeit lang gut geht. So entspringt seine Abneigung gegen Michel Angelo [2] auch aus einer fixen unhaltbaren [3] Idee; so hat er in dem Aufsatz über Laokoon, den ich hier beilege, gar vielfach recht und doch fällt er im Ganzen zu kurz, da er nicht einsieht daß Lessings, Winkelmanns und seine, ja noch mehrere Enunciationen [4] zusammen, erst die Kunst begrenzen. Indessen ist es recht gut, wie er aufs charakteristische und pathetische auch in den bildenden Künsten dringt.

Ich habe bei dieser Gelegenheit mich eines Aufsatzes erinnert, den ich vor mehrern Jahren schrieb, und habe, da ich ihn nicht finden konnte, das Material, dessen ich noch wohl eingedenk bin, nach meiner (und ich darf wohl sagen, unserer) [5] jetzigen Ueberzeugung zusammengestellt. Vielleicht kann ich es Sonnabend überschicken. Der Hirtische Aufsatz ist eine gute Vorbereitung dazu, da er die neueste Veranlassung gegeben hat. Vielleicht giebt dieses, besonders wenn Meyer mit seinen Schätzen zurückkommt, Anlaß zu mehrerem, so wie ich doch auch gelegentlich wieder an die Peterskirche gehen werde, weit auch diese Abhandlung als Base von so manchem anderu betrachtet werden kann.

Das Todtenlied, das hier zurückkommt, hat seinen ächten realistisch-humoristischen Charakter, der wilden Naturen, in solchen Fällen, so wohl ansteht. Es ist ein großes Verdienst der Poesie uns auch in diese Stimmungen zu versetzen, so wie es verdienstlich ist den Kreis der poetischen Gegenstände immer zu erweitern. Leben Sie recht wohl, grüßen Ihre liebe Frau und gebrauchen und genießen der Zeit so viel und so gut als möglich ist.

Von Meyer habe ich noch nichts vernommen.

Weimar am 5. Juli 1797. G.

Wollten Sie mir doch eine Abschrift der Wallensteiner schicken? Ich habe sie unsrer Herzogin versprochen, die sich schon mehrmal [6] mit Interesse nach Ihrer Arbeit erkundigt hat.

338. An Goethe.

Jena den 7. Juli 1797.

Es wäre, däucht mir, jetzt gerade der rechte Moment, daß die griechischen Kunstwerke von Seiten des Charakteristischen beleuchtet und durchgegangen würden: denn allgemein herrscht noch immer der Winkelmannische und Lessingische Begriff und unsre allerneuesten Aesthetiker, sowohl über Poesie als Plastik, lassen sich's recht saner werden, das Schöne der Griechen von allem Charakteristischen zu befreien und dieses zum Merkzeichen des Modernen zu machen. Mir däucht, daß die neuern Analytiker durch ihre Bemühungen, den Begriff des Schönen abzusondern und in einer gewissen Reinheit aufzustellen, ihn beinah ausgehöhlt und in einen leeren Schall verwandelt haben, daß man in der Entgegensetzung des Schönen gegen das Richtige und Treffende viel zu weit gegangen ist, und eine Absonderung, die bloß der Philosoph macht und die bloß von einer Seite statthaft ist, viel zu grob genommen hat.

Viele, finde ich, fehlen wieder auf eine andere Art, daß sie den Begriff der Schönheit viel zu sehr auf den Inhalt der Kunstwerke als auf die Behandlung beziehen, und so müssen sie freilich verlegen sein, wenn sie den vaticanischen Apoll und ähnliche [1], durch ihren Inhalt schon schöne Gestalten, mit dem Laokoon, mit einem Faun oder andern peinlichen oder ignobeln Repräsentationen unter Einer Idee von Schönheit begreifen sollen.

Es ist, wie Sie wissen, mit der Poesie derselbe Fall. Wie hat man sich von jeher gequält und quält sich noch, die derbe oft niedrige und häßliche Natur im Homer und in den Tragikern bei den Begriffen durchzubringen, die man sich von dem Griechischen Schönen gebildet hat. Möchte es doch einmal einer wagen, den Begriff und selbst das Wort Schönheit, an welches einmal alle jene falsche Begriffe unzertrennlich geknüpft sind, aus dem Umlauf zu bringen und, wie billig, die Wahrheit in ihrem vollständigsten Sinn an seine Stelle zu setzen.

Den Hirtischen Aufsatz hätte ich recht gern in den Horen. Sie und Meyer würden dann, wenn der Weg einmal offen ist, den Faden um so bequemer aufnehmen können und das Publicum auch schon mehr vorbereitet finden. Auch ich fände meine Rechnung dabei, wenn diese Materie über das Charakteristische und Leidenschaftliche in den griechischen Kunstwerken recht zur Sprache käme, denn ich sehe voraus daß mich die Untersuchungen über das Griechische Trauerspiel, die ich mir vorbehalten habe, auf den nämlichen Punkt führen werden. Ihren Aufsatz erwarte ich mit Begierde.

Ich habe jetzt überlegt, daß der musikalische Theil des Almanachs vor allen Dingen fertig sein muß, weil der Componist sonst nicht fertig wird. Deßwegen bin ich jetzt an mein Glockengießerlied gegangen und studire seit gestern in Krünitz [2] Encyklopädie, wo ich sehr viel profitire. Dieses Gedicht liegt mir sehr am Herzen, es wird mir aber mehrere Wochen kosten, weil ich so vielerlei verschiedene Stimmungen dazu brauche und eine große Masse zu verarbeiten [3] ist. Ich hätte auch nicht übel Lust, wenn Sie mir dazu rathen, noch vier oder fünf kleine Nadowessische Lieder nachfolgen zu lassen, um diese Natur, in die ich einmal hineingegangen, durch mehrere Zustände durchzuführen.

Aus meiner projectirten Reise nach Weimar hat diese Woche nichts werden wollen, doch denke ich sie in der nächsten [4] auszuführen. Der Prolog ist jetzt noch auf Reisen; sobald er zurückkommt, schicke ich oder bringe ich ihn selbst [5].

Leben Sie recht wohl. Meine Frau grüßt Sie schönstens.

Sch.

---

339. An Schiller.

Ich versäume nicht Ihnen sogleich das Briefchen zu schicken das ich so eben von Meyer erhalte. Es war mein sehnlichster und ich darf wohl sagen, in diesem Augenblick einziger [1] Wunsch: ihn wieder in der Schweiz zu wissen, wo er sich das vorigemal so schön erholt hat, und sich diesmal gewiß auch wieder erholen wird.

Ich bereite mich nun zu meiner Abreise vor, damit ich nach der Ankunft des Herzogs gleich hinweggehen kann. Es wäre in hundert Betrachtungen sehr schön und gut, wenu Sie auf einige Tage herüber kommen könnten; ich würde Sie zwar auf alle Fälle noch einmal besuchen, aber das köunte doch nur auf einige Stunden sein und wir hätten denn doch noch manches zu bereden. Morgen früh ein mehreres. Leben Sie recht wohl.

Weimar den 7. Juli 1797.

G.

340. An Schiller.

Der Hirtische Aufsatz hat das große Verdienst daß er das charakteristische so lebhaft einschärft, und bei seiner Erscheinung die Sache mit Gewalt zur Sprache bringen muß. Ich will ihn für die Horen zu erhalten suchen. Hier kommt auch der meinige, den ich Ihuen im Ganzen und im Einzelnen als einen flüchtigen Aufsatz zur Nachsicht empfehle. Ich verlange zu hören wie Sie mit der Methode und dem Sinne zufrieden sind, so wie ich Meyers Urtheile über die eigentliche Darstellung des Kunstwerks begierig zu hören bin. Man könnte über die vornehmsten Statuen des Alterthums und andere Kunstwerke diese Abhandlung ausbreiten und ich bin mit Ihuen überzeugt, daß man dem der im Felde der Tragödie arbeitet, sehr erwünscht entgegen kommen würde.

Da unser Freund Meyer wieder auf nordischen [1] Grund und Boden gerettet ist, so seh' ich manches Gute voraus. Heute sage ich nicht mehr. Leben Sie recht wohl und bringen Sie die Glocke glücklich zu Staude, so wie ich auch noch [2] zu einigen nadowessischen Liedern rathe. Wenn es möglich ist so kommen Sie doch nächste Woche; es wäre doch auch hübsch wenn Sie mit Hirt in ein näheres Verhältniß kämen und von ihm selbst seine architektonischen Deductionen hören könnten.

Weimar den 8. Juli 1797.

G.

341. An Goethe.

Jena den 10. Juli 1797.

Sie haben mit wenig Worten und in einer kunstlosen Einkleidung herrliche Dinge in diesem Aufsatz ausgesprochen, und eine wirklich [1] bewundernswürdige Klarheit über die schwere [2] Materie verbreitet. In der That, der Aufsatz ist ein Muster, wie man Kunstwerke ansehen und beurtheilen soll; er ist aber auch ein Muster, wie man Grundsätze anwenden soll. In Rücksicht auf beides habe ich sehr viel draus gelernt.

Mündlich mehr darüber, denn ich denke ihn morgen selbst mitzubringen, wo ich, wenn nichts dazwischen kommt, nach drei Uhr bei Ihuen sein werde. Im Fall ich nicht wohl bei Ihuen logiren könnte, bitte ich mir's am Thor durch ein Zettelchen wissen zu lassen, daß ich bei meinem Schwager anfahre. Meine Frau kommt mit und wir denken bis Donnerstag zu bleiben.

Meyers glückliche Ankunft in seiner Vaterstadt und die schnelle Verbesserung seiner Gesundheit haben mich herzlich gefreut[3]. Auch die Gewißheit, für diesen Herbst und Winter wenigstens nicht so gar weit von Ihnen getrennt zu sein, ist mir sehr tröstlich.

Leben Sie recht wohl.

Sch.

[4]Humboldt ersucht Sie, ihm seinen Aeschylus, den er nothwendig brauche, bald möglichst nach Dresden zu schicken.

---

342. An Schiller.

Sie hätten mir zum Abschiede nichts Erfreulicheres und Heilsameres geben können als Ihren Aufenthalt der letzten acht Tage. Ich glaube mich nicht zu täuschen wenn ich dießmal unser Zusammensein wieder für sehr fruchtbar halte; es hat sich so manches für die Gegenwart entwickelt und für die Zukunft vorbereitet, daß ich mit mehr Zufriedenheit abreise, indem ich unterweges recht thätig zu sein hoffe und bei meiner Rückkunft Ihrer Theilnehmung wieder entgegen sehe. Wenn wir so fortfahren verschiedene Arbeiten gleichzeitig durchzuführen, und, indem wir die größeren sachte fortleiten, uns durch kleinere immer aufmuntern und unterhalten, so kann noch manches zu Staude lommen.

Hier ist der Polykrates zurück; ich wünsche daß die Kraniche mir bald nachziehen mögen. Auf den Sonnabend erfahren Sie das Nähere von meiner Abreise. Leben Sie recht wohl und grüßen Ihre liebe Frau. An Schlegel habe ich heute geschrieben.

Weimar den 19. Juli 1797.

G.

---

343. An Goethe.

Jena den 21. Juli 1797.

Ich kann nie von Ihuen gehen, ohne daß etwas in mir gepflanzt worden wäre, und es freut mich, wenn ich für das Viele was Sie mir geben, Sie und Ihren innern Reichthum in Bewegung setzen kann. Ein solches auf wechselseitige Perfectibilität gebautes Verhältniß muß immer frisch und lebendig bleiben, und gerade desto mehr an Mannigfaltigkeit gewinnen, je harmonischer es wird und je mehr die Entgegensetzung sich verliert, welche bei so vielen andern allein die Einförmigkeit verhindert. Ich darf hoffen, daß wir uns nach und nach in allem verstehen werden, wovon sich Rechenschaft geben läßt, und in demjenigen, was seiner Natur nach nicht begriffen werden kann, werden wir uns durch die Empfindung nahe bleiben.

Die schönste und die fruchtbarste Art, wie ich unsre wechselseitige Mittheilungen benutze und mir zu eigen mache, ist immer diese, daß ich sie unmittelbar auf die gegenwärtige Beschäftigung anwende, und gleich productiv gebrauche. Und wie Sie in der Einleitung zum Laokoon sagen, daß in einem einzelnen Knustwerk die Kunst ganz liege, so glaube ich muß man alles Allgemeine in der Kunst wieder in den besondersten Fall verwandeln, wenn die Realität der Idee sich bewähren soll. Und so, hoffe ich, soll mein Wallenstein und was ich künftig von Bedeutung hervorbringen mag, das ganze System desjenigen, was bei unserm Commercio in meine Natur hat übergehen können, in Concreto zeigen und enthalten.

Das Verlangen nach dieser Arbeit regt sich wieder stark in mir, denn es ist hier schon ein bestimmteres Object, was den Kräften ihre Thätigkeit anweist, und jeder Schritt ist hier schon bedeutender, statt daß ich bei neuen rohen Stoffen so oft leer greifen muß. Ich werde jetzt die Lieder zum Almanach zuerst fertig zu bringen suchen, weil mich die Componisten so sehr mahnen, dann mein Glück an den Kranichen versuchen und mit dem September zu der [1] Tragödie zurückkehren.

Die Nachrichten von Ihuen werden in die einfache Existenz, auf die ich jetzt eingeschränkt bin, einen fruchtbaren Wechsel bringen, und außer dem neuen was sie[2] mir zuführen, auch das alte, was unter uns verhandelt worden, wieder in mir lebendig machen.

Und so leben Sie wohl und deuken meiner bei unserm Freunde so wie Sie uns immer gegenwärtig sein werden. Meine Frau sagt Ihuen ein herzliches Lebewohl.

Sch.

[3] Den Chor aus Prometheus bitte nicht zu vergessen.

---

344. Schiller an H. Meyer, nach Stäfa.[1]

Jena den 21. Juli 1797.

Herzlich heißen wir Sie willkommen auf deutschem Boden, lieber Freund. Die Sorge um Sie hat uns oft beunruhigt, und innig freuen wir uns Ihrer zurückkehrenden Gesundheit.

Schämen muß ich mich, daß die erste Zeile von mir Sie schon wieder auf dem Rückweg zu uns antrifft, aber wie viel ich Ihnen auch mündlich[2] zu sagen gehabt hätte, so faud sich doch nichts, was ich über die Berge hätte schicken mögen. Was wir trieben und wie es um uns stand, das erfuhren Sie von unserm Freund, und der wird Ihuen auch gesagt haben, wie sehr Sie uns gegenwärtig waren. Von ihm habe ich mit herzlichem Antheil vernommen, was Sie betrifft, wie trefflich Sie Ihre Zeit benutzten und welche Schätze Sie für uns alle sammelten.

Auch wir waren indeß nicht unthätig wie Sie wissen, und am wenigsten unser Freund, der sich in diesen letzten Jahren wirklich selbst übertroffen hat. Sein episches Gedicht haben Sie gelesen; Sie werden gestehen, daß es der Gipfel seiner und unserer ganzen neueren Kunst ist. Ich hab' es entstehen sehen und mich fast eben so sehr über die Art der Entstehung als über das Werk verwundert. Während wir andern mühselig sammeln und prüfen müssen, um etwas leidliches langsam hervorzubringen, darf er nur leis an dem Baume schütteln, um sich die schönsten Früchte, reif und schwer, zufallen zu lassen. Es ist unglaublich, mit welcher Leichtigkeit er jetzt die Früchte eines wohlangewandten Lebens und einer anhaltenden Bildung an sich selber einärntet, wie bedeutend und sicher jetzt alle seine Schritte sind, wie ihn die Klarheit über sich selbst und über die Gegenstände vor jedem eitelu Streben und Herumtappen bewahrt. Doch Sie haben ihn jetzt selbst, und können sich von allem dem mit eignen Augen überzeugen. Sie werden mir aber auch darin beipflichten, daß er auf dem Gipfel, wo er jetzt steht, mehr darauf deulen muß, die schöne Form die er sich gegeben hat, zur Darstellung zu bringen als nach neuem Stoffe auszugehen, kurz daß er jetzt ganz der poetischen Praktik leben muß. Wenn es einmal einer unter Tausenden, die darnach streben, dahin gebracht hat, ein schönes vollendetes Ganzes aus sich zu machen, der kann meines Erachtens nichts besseres thun, als dafür jede mögliche Art des Ausdrucks zu suchen; denn wie weit er auch noch kommt, er kann doch nichts Höheres geben. — Ich gestehe daher, daß mir alles, was er bei einem längern Aufenthalt in Italien für gewisse Zwecke auch gewinnen möchte, für seinen höchsten und nächsten Zweck doch immer verloren scheinen würde. Also bewegen Sie ihn auch schon deßwegen, lieber Freund, recht bald zurückzukommen, und das, was er zu Hause hat, nicht zu weit zu suchen.

Ich habe die angenehme Hoffnung, vielleicht Sie beide diesen Winter wieder in der Nähe zu wissen, und so das alte schöne Leben der Mittheilung wieder fortzusetzen. Meine Gesundheit hat sich zwar nicht viel gebessert, doch auch nicht verschlimmert, und das ist ein gutes Zeichen; der Muth und die Lust sind geblieben, und der Uebergang von der Speculation zur Production hat mich erfrischt und verjüngt.

Auch Ihre Schülerin habe ich unterdessen kennen lernen und an ihrem Talent und angenehmen Wesen mich sehr erfreut. Sie denkt Ihrer mit lebhaftem Antheil und ich hoffe das poetische Taleut, das sich seither so schön bei ihr entwickelt hat, soll dem andern nicht geschadet haben.

Leben Sie wohl, mein werther Freund; ich sehe den nähern Nachrichten, die mir G. von Ihuen geben wird, mit Verlangen entgegen. Meine Frau grüßt Sie herzlich; die Familie hat sich unterdessen vermehrt, wie Sie vielleicht wissen, und Karln werden Sie recht gut und brav geartet finden.

Sch.

345. An Schiller.

Heute sage ich nichts als meinen besten Dank für Ihren beiderseitigen Abschiedsgruß und für die überschickten Horen.

Je länger ich hier bleibe je mehr Kleinigkeiten giebt's zu thun, und die Zeit vergeht ohne daß ich etwas empfange noch hervorbringe, und ich muß mich nun[1] in Acht nehmen daß ich nicht ungeduldig werde.

Rath Schlegel verläßt mich eben; es schien blos, daß sein Wunsch Ihnen wieder näher zu werden, ihn diesmal hieher[2] geführt habe.

Wollten Sie mir Ihren Taucher, Polykrates und Handschuh wohl nochmals abschreiben lassen, meine Abschriften habe ich an Meyer geschickt; vielleicht fänden sich aber doch unterwegs einige[3] gute Christen- oder Heidenseelen, denen man so etwas vorlesen möchte. Ehe ich weggehe schreibe ich auf alle Fälle noch.

Weimar am 22. Juli 1797.

G.

346. An Goethe.

Jena den 23. Juli 1797.

Das Warten, bei schon geschnürtem Bündel, ist ein höchst fataler Zustand, von dem ich Sie recht bald erlöst wünsche. Es ist gut, daß Sie gerade jetzt kleinere Beschäftigungen und Spiele vor sich sehen, wozu eine unterbrochene und halbe Stimmung allenfalls hinreicht.

Humboldt schreibt mir, daß seine Frau wieder das Fieber habe. Das wird eine schöne Reise werden, denn sie müssen jetzt schon in Dresden über die Zeit[1] liegen bleiben. Ich sage Ihnen das zum Troste, wie jener Jude zum Shylock: Andre Leute haben auch Unglück.

Die drei Stücke, die mir Humboldt eben zurückschickt, lege ich hier bei. An dem nadowessischen Liede findet Humboldt ein Grauen, und was er dagegen vorbringt ist bloß von der Rohheit des Stoffs hergenommen. Es ist doch sonderbar, daß man in poetischen Dingen und bei einer großen Annäherung auf Einer Seite doch wieder in so directen Oppositionen sein kann.

Den Zauberlehrling habe ich an meinen Stuttgarter Componisten geschickt; mir däucht daß er sich vortrefflich zu einer heitern Melodie qualificirt, da er in unaufhörlicher leidenschaftlicher Bewegung ist.

Leben Sie recht wohl. Ich schreibe übermorgen noch, wenn sich indeß nichts ereignet.

Sch.

[2]An Böttigern schicke ich heut die Klopstockiana und hab' auch ein paar Zeilen dazu geschrieben.

347. An Goethe.

Die Nachricht von Ihrem Uebelbefinden hat mich heute früh nach einer schlaflos zugebrachten Nacht sehr unangenehm empfangen; ich hoffe dieser Brief findet Sie schon in der Besserung, wozu vielleicht die Ankunft des Herzogs das ihrige beiträgt. Doch werden Sie unter diesen Umständen erst eine festere Gesundheit abwarten müssen.

Ich sende Ihnen hier zu Ihrer Recreation ein ganz neues Opus zu, welches die deutsche Industrie auf eine ganz neue Weise documentirt. Solch eine Erscheinung der Nullität, Absurdität und Frechheit ist doch wirklich nur in den neuesten Zeiten unsrer Literatur möglich, wo der schnelle Wechsel von Ideen und Formen das Mein und Dein nicht mehr zu bestimmen Zeit läßt. Ich habe unter anderm ganze halbe Seiten lange Stellen aus meinen ästhetischen Abhandlungen, ohne Citation, hier abgedruckt gefunden, und mich nicht wenig verwundert, meine ipsissima verba mir aus dem königlichen Munde entgegen schallen zu hören.

Dafür hat sich aber auch in diesen Tagen ein neuer Poet gemeldet, der endlich einmal etwas besseres verspricht. Er sitzt zu Friedberg bei Frankfurt, heißt Schmidt und wie ich aus seinem ganzen Habitus schließe, muß er recht in der wilden Einsamkeit und vielleicht in einer niedern Condition leben. Aus einigen Proben die ich beilege werden Sie sehen, daß an dem Menschen etwas ist, und daß aus einer rauhen harten Sprache ächte tiefe Empfindung und ein gewisser Schwung des Geistes herausblickt. Wenn dieser Halbwilde seine Sprache und den Vers recht in der Gewalt haben und sich eine äußre Anmuth zu einem innern Gehalte verschafft haben wird, so hoffe ich für die künftigen Almanache eine Acquisition an ihm zu machen. Wenn er Ihnen auch gefällt, so wäre die Frage, ob Sie ihm nicht, so wie unserm Hauptmann v. Steigentesch, in Frankfurt etwas [1] ans Herz legen könnten.

Ich breche für heute ab, denn die Feder fällt mir vor[2] Müdigkeit fast aus den Händen. Lassen Sie uns ja morgen erfahren, wie es um Sie steht; meine Frau läßt Ihnen auch von Herzen gute Besserung wünschen. Leben Sie recht wohl.

Jena, 25. Juli 1797.[3]

Sch.

---

348. An Schiller.

Herzlichen Dank für den Antheil an meinem Befinden! Die Folgen einer Erkältung hatten mich vier und zwanzig Stunden sehr übel geplagt, nun bin ich aber völlig wieder hergestellt und hoffe noch zu Ende dieser Woche zu reisen. Hier kommt der abermals ermordete, oder vielmehr in Fäulniß übergegangene Gustav der Dritte; es ist so recht eigentlich eine Bettelsuppe, wie sie das deutsche Publikum liebt. Diese Art Schriften sind an die Stelle der Gespräche im Reiche der

Todten getreten, die auf unsere Wahrheit liebende Nation immer großen Eindruck gemacht haben.

Der neue Dichter ist recht brav und es wäre mir angenehm ihn kennen zu lernen. Sie verbessern vielleicht noch hie und da eine Kleinigkeit, nur um der Klarheit willeu; seine Einsamkeit und Enge sieht man ihm freilich an.

Der Herzog ist gestern angekommen und sieht recht wohl aus; auch ist die berühmte Mariane Meyer hier; es ist schade daß sie nicht einige Tage früher kam, ich hätte doch gewünscht daß Sie dieses sonderbare Wesen hätten kennen lernen. Leben Sie recht wohl und grüßen Sie Ihre liebe Frau. Da ich Gedichte von der Haud Ihres Schreibers sah, glaubte ich schon die Kraniche fliegen zu sehen. Ich bin so außer Stimmung daß ich heute sogar meine Prosa bald schließen muß.

Weimar am 26. Juli 1797.

G.

349. An Goethe.

Jena den 28. Juli 1797.

In der Ungewißheit, ob dieser Brief Sie noch in Weimar findet, schreibe ich Ihnen nur ein paar Worte zum Abschied; es freut uns herzlich Sie sobald wieder hergestellt und endlich im Besitz Ihres Wunsches zu sehen. Möge nun auch die Reise einen guten Fortgang haben und Ihuen, wenn es an interressanten Bekanntschaften ja fehlte, durch die Musen verkürzt werden. Vielleicht fliegt aus Ihrem Reiseschiff eine schöne poetische Taube aus, wo nicht gar die Kraniche ihren Flug von Süden nach Norden nehmen. Diese ruhen noch immer bei mir ganz und ich vermeide selbst, daran zu denken, um einiges andre voraus zu schicken. Auch machen mir jetzt die Gedichte der Freunde und Freundinnen, die Ausgabe der Agnes von[1] Lilien und die Ausrüstung der Horen viele und gar nicht erfreuliche Diversionen.

Schlegeln habe ich einige Anmerkungen über seinen Prometheus gemacht, worüber er sich in der Antwort die ich beilege weitläuftig, aber nicht sehr befriedigend erklärt hat. Indessen ich habe das meinige gethan, und zu helfen war überhaupt nicht.

Ich habe meinem[2] neuen Friedberger Poeten Schmidt und auch Hölderlin von Ihrer nahen Ankunft in Frankfurt Nachricht gegeben; es kommt nun darauf an, ob die Leutchen sich Muth fassen werden, vor Sie zu kommen. Es wäre mir sehr lieb und auch Ihuen würden diese[3] poetischen Gestalten in dem prosaischen Frankfurt vielleicht nicht unwillkommen sein. Sie werden dort auch wohl den kaiserlichen Hauptmann v. Steigentesch finden [4]unb sehen was an ihm ist[5]. Noch einmal empfangen Sie unsern Segen zur Reise, und leben Sie recht wohl!

Sch.

350. An Schiller.

Morgen werde ich denn endlich im Ernste hier abgehen, gerade abermals vier Wochen später als ich mir vorgenommen hatte. Bei der Schwierigkeit loszukommen sollte von rechtswegen meine Reise recht bedeutend werden; ich fürchte aber daß sie den übrigen menschlichen Dingen gleichen wird. Von Frankfurt hören Sie bald wenigstens einige Worte.

Unsere Balladen-Versuche habe ich in diesen Tagen vorgelesen und guten Effect davon gesehen. Bei Ihrem Handschuh hat man den Zweifel erregt ob man sagen könne ein Thier lecke sich die Zunge; ich habe wirklich darauf nicht bestimmt zu antworten gewußt.

Schlegels Aufsatz kommt hier zurück; es ist freilich mit den Gedichten wie mit den Handlungen: man ist übel dran, wenn man sie erst rechtfertigen soll.

Leben Sie recht wohl. Sie sagten neulich daß zur Poesie nur die Poesie Stimmung gäbe, und da das sehr wahr ist, so sieht man wie viel Zeit der Dichter verliert wenn er sich mit der Welt abgiebt, besonders wenn es ihm an Stoff nicht fehlt. Es graut mir schon vor der empirischen Weltbreite, doch wollen wir das Beste hoffen, und wenn wir wieder zusammen kommen uns in manchen Erzählungen und Betrachtungen wieder erholen. Leben Sie recht wohl mit Ihrer lieben Frau und den Ihrigen.

Weimar am 29. Juli 1797.

G.

[1]Da Boie noch nichts hat von sich[2] hören lassen, so schicke ich den Postschein wenigstens als Zeugniß meines guten Willens und allenfalls zu irgend einem Gebrauch wenn das Paket sollte verloren sein. Sie haben ja wohl Gelegenheit sich bei Boie darnach zu erkundigen.

---

351. An Goethe.

Jena den 7. August 1797.

Wir sind recht verlangend zu erfahren, theurer Freund, wie Ihre Reise abgelaufen ist. Die drückende Hitze am Tage und die fast unaufhörlichen Gewitter des Nachts haben uns viel Sorge um Sie gemacht, denn es war hier kaum zum Aushalten, und ich habe mich seitdem noch nicht erholt, so heftig hat es meine Nerven angegriffen.

Ich kann Ihnen darum auch heute wenig sagen, denn ich fange kaum an, mich von starken Fieberbewegungen frei zu fühlen, die ich schon seit acht Tagen spüre, und fürchtete wirklich schon in eine ernstliche Krankheit zu fallen.

Zelter schickte mir dieser Tage die Melodien zu Ihrer Bajadere und zum Lied an Mignon. Das letztere gefällt mir besonders. Die Melodie zur Ballade paßt freilich nicht gleich gut zu allen Strophen, aber bei einigen wie bei der drittletzten macht sich der Chor: „wir tragen die Jugend ꝛc." sehr gut. Ich lege die Melodien bei, wenn Sie in Frankfurt ein paar schöne Stimmen fänden, die sie Ihuen vortragen können.

Herder hat mir nun auch unsre Balladen, die ich ihm communicirt hatte, zurückgeschickt; was für Eindruck sie aber gemacht haben, kann ich aus seinem Briefe nicht erfahren. Dagegen erfahre ich daraus, daß ich in dem Taucher bloß einen gewissen Nicolaus Pesce, der dieselbe Geschichte entweder erzählt oder besungen haben muß, veredelnd umgearbeitet habe. Kennen Sie etwa diesen [1] Nicolaus Pesce, mit dem ich da so unvermuthet in Concurrenz gesetzt werde? Uebrigens haben wir von Herdern wirklich nichts für den dießjährigen Almanach zu hoffen; er klagt über seine Armuth, versichert aber, daß er anderer Reichthum nur desto mehr schätze.

Ich habe in diesen Tagen Diderot sur la peinture wieder vorgehabt[2], um mich in der belebenden Gesellschaft dieses Geistes wieder zu stärken. Mir kommt vor, daß es Diderot ergeht wie vielen anderu, die das Wahre mit ihrer Empfindung treffen, aber es durch das Raisonnement manchmal wieder verlieren. Er sieht mir bei ästhetischen Werken noch viel zu sehr auf fremde und moralische Zwecke, er sucht diese nicht genug in dem Gegenstande[3] und in seiner Darstellung. Immer muß ihm das schöne Kunstwerk zu etwas anderm dienen. Und da das wahrhaftig Schöne und Vollkommene in der Kunst den Menschen nothwendig verbessert, so sucht er diesen Effect der Kunst in ihrem Inhalt und in einem bestimmten Resultat für den Verstand, oder für die moralische Empfindung. Ich glaube es ist einer von den Vortheilen unserer neueren Philosophie, daß wir eine reine Formel haben, um die subjective Wirkung des Aesthetischen auszusprechen, ohne seinen Charakter zu zerstören.

Leben Sie recht wohl. Erfreuen Sie uns bald mit guten Nachrichten. Von meiner Frau die herzlichsten Grüße, die Kleinen sind wohl auf; neues kann ich aus meinem kleinen Kreise nichts melden.

Sch.

---

352. An Schiller.

Ohne den mindesten Anstoß bin ich vergnügt und gesund nach Frankfurt gelangt und überlege in einer ruhigen und heitern Wohnung nun erst, was es heiße in meinen Jahren in die Welt zu gehen. In früherer Zeit imponiren und verwirren uns die Gegenstände mehr, weil wir sie nicht beurtheilen noch zusammenfassen können, aber wir werden doch mit ihnen leichter fertig, weil wir nur aufnehmen was in unserm Wege liegt und rechts und links wenig achten. Später kennen wir die Dinge mehr, es interessirt uns deren eine größere Anzahl und wir würden uns gar übel befinden, wenn uns nicht Gemüthsruhe und Methode in diesen Fällen zu Hülfe käme[1]. Ich will nun[2] alles was mir in diesen acht

Tagen vorgekommen ist[3] so gut als möglich zurechtstellen, an Frankfurt selbst als einer vielumfassenden Stadt meine Schemata probiren und mich dann zu meiner weitern Reise vorbereiten.

Sehr merkwürdig ist mir aufgefallen wie es eigentlich mit dem Publico einer großen Stadt beschaffen ist. Es lebt in einem beständigen Taumel von Erwerben und Verzehren, und das was wir Stimmung nennen, läßt sich weder hervorbringen noch mittheilen. Alle Vergnügungen[4], selbst das Theater, sollen nur zerstreuen und die große Neigung des lesenden Publicums zu Journalen und Romanen entsteht eben daher, weil jene immer und diese meist Zerstreuung in die Zerstreuung bringen.

Ich glaube sogar eine Art von Scheu gegen poetische Productionen, oder wenigstens in so fern sie poetisch sind, bemerkt zu haben, die mir aus eben diesen Ursachen ganz natürlich vorkommt. Die Poesie verlangt, ja sie gebietet Sammlung, sie isolirt den Menschen wider seinen Willen, sie drängt sich wiederholt auf und ist in der breiten Welt (um nicht zu sagen in der großen) so unbequem wie eine treue Liebhaberin.

Ich gewöhne mich nun alles wie mir die Gegenstände vorkommen und was ich über sie denke aufzuschreiben, ohne die genauste Beobachtung und das reifste Urtheil von mir zu fordern, oder auch an einen künftigen Gebrauch zu deuken. Wenn man den Weg einmal ganz zurückgelegt hat, so kann man mit besserer Uebersicht das vorräthige immer wieder als Stoff gebrauchen.

Das Theater habe ich einigemal besucht und zu dessen Beurtheilung mir auch einen methodischen Entwurf gemacht. Indem ich ihn nun nach und nach auszufüllen suche so[5] ist mir erst recht aufgefallen: daß man eigentlich nur von fremden Ländern, wo man mit niemand in Verhältniß steht, eine leidliche Reisebeschreibung schreiben könnte. Ueber den Ort, wo man gewöhnlich sich aufhält, wird niemand wagen etwas zu schreiben, es müßte denn von bloßer Aufzählung der vorhandenen Gegenstände die Rede sein; eben so geht es mit allem was uns noch einigermaßen nah ist, man fühlt erst daß es eine Impietät wäre, wenn man auch sein gerechtestes, mäßigstes Urtheil über die Dinge öffentlich aussprechen wollte. Diese Betrachtungen führen auf artige Resultate und zeigen mir den Weg, der zu gehen ist. So vergleiche ich z. B. jetzt[6] das hiesige Theater mit[7] dem Weimarischen; habe ich noch das Stuttgarter gesehen, so läßt sich vielleicht über die drei etwas allgemeines sagen das bedeutend ist und das sich auch allenfalls öffentlich produciren läßt.

Leben Sie recht wohl und halten Sie sich ja gesund und vergnügt in Ihrem Gartenhause. Grüßen Sie mir Ihre liebe Frau. Wenn ich nur einmal wieder ins Jenaische Schloß gelangen kann, soll mich sobald niemand heraustreiben. Es ist nur gut, daß ich zum Musenalmanach das meinige schon beigetragen habe, denn auf der Reise kann ich so wenig hoffen einem Gedichte als dem Phönix zu begegnen. Nochmals das schönste Lebewohl.

Frankfurt am Main den 9. August 1797.

G.

[8]Schmidt von Friedberg ist bei mir gewesen; es war keine unangenehme aber auch keine wohlthätige Erscheinung. Im ganzen ein hübscher junger Mensch, ein kleiner Kopf auf mäßigen Schultern, treffliche Schenkel und Füße, knapp, reinlich, anständig nach hiesiger Art gekleidet. Die Gesichtszüge klein und eng beisammen, kleine, schwarze Augen, schwarze Haare nahe am Kopf sanscülottisch abgeschnitten. Aber um die Stirne schmiedete ihm ein ehernes Band der Vater der Götter. Mit dem Munde machte er wunderliche Verzerrungen als wenn er dem, was er sagte noch einen gewissen eigenthümlichen Ausdruck geben wollte. Er ist der Sohn eines wohlhabenden Kaufmanns, der ihn zum Prediger bestimmte, dadurch ist der Mensch ganz aus seinem Wege gerückt worden. Ich glaube daß er, zu einem beschränkten Handel und Lebenswandel angeführt, recht gut gewesen wäre, da er Energie und eine gewisse Innigkeit zu haben scheint; unter einer Nationalgarde sähe ich ihn am allerliebsten. Die Folge mag es zeigen, aber ich fürchte es ist nicht viel Freude an ihm zu erleben. Voraus also gesetzt daß es kein gedrückter Mensch ist, sondern einer der, nach seiner Aussage, seiner Gestalt, seiner Kleidung in mäßigem Wohlbehagen lebt, so ist es ein böses Zeichen daß sich keine Spur von Streben, Liberalität, Liebe, Zutrauen an ihm offenbart. Er stellte sich mir in dem philisterhaften Egoismus eines Exstudenten dar. Dabei aber auch keine Spur von Rohheit, nichts schiefes in seinem Betragen außer der Mundverzerrung.

Ich nahm zur Base meiner Behandlung daß Sie ihn an mich schicken, und setzte also in diesem Sinne vieles voraus, aber es hat doch auch gar nichts allgemeines noch besonderes angeklungen, auch nichts über Reinhold und Fichte, die er doch beide gehört hat. Ueberhaupt konnte ich nichts bedeutendes von ihm herauslocken als daß er, seit einem Jahre, gewisse besondere Ansichten der Welt gewonnen habe, wodurch er sich zur Poesie geneigt fühle (das denn ganz gut sein möchte), daß er aber auch überzeugt sei, nur in einer gewissen Verbindung der Philosophie und Poesie bestehe die wahre Bildung. Wogegen ich nichts zu sagen habe, wenn ich es nur nicht von einem jungen Menschen hören müßte. Uebrigens ging er weg wie er gekommen war, ehe doch auch nur irgend[9] ein Gespräch sich eingeleitet hatte, und war mir für diesen kurzen Moment bedeutend genug. Der zurückgezognen Art nach erinnerte er mich an Hölderlin, ob er gleich größer und besser gebildet ist; sobald ich diesen gesehen habe, werde ich mit einer nähern Parallele aufwarten. Da auf meinem Lebensgange besonders in früheren Zeiten mir mehrere Naturen dieser Art begegnet sind und ich erfahren habe wo es eigentlich mit ihnen hinausgeht, so will ich noch ein allgemeines Wort hinzufügen: Menschen, die aus dem Kaufmannsstamm[10] zur Literatur und besonders zur Poesie übergehen, haben und behalten eine eigne Tournüre. Es läßt sich an einigen ein gewisser Ernst und Innigkeit bemerken, ein gewisses Haften und Festhalten, bei andern ein lebhaftes thätiges Bemühen; allein sie scheinen mir keiner Erhebung fähig, so wenig als des Begriffs, worauf es eigentlich ankommt. Vielleicht thue ich dieser Kaste unrecht und es sind viele aus andern Stämmen, denen es nicht besser geht. Denken Sie einmal Ihre Erfahrung durch, es finden sich wahrscheinlich auch Ausnahmen [11].

---

353. An Schiller.

[Frankfurt, 13. August.]

Es pflegt meist so zu gehen daß man für diejenigen die in Bewegung sind besorgt ist, und es sollte öfters umgekehrt sein. So sagt mir Ihr lieber Brief, vom 7ten, daß Sie sich nicht zum besten befunden haben, indeß ich von der Witterung wenig oder gar nicht litt. Die Gewitter kühlten, Nachts und Morgens, die Atmosphäre aus, wir fuhren sehr früh, die heißesten Stunden des Tages fütterten wir, und wenn denn [1] auch einige Stunden des Wegs bei warmer Tagszeit zurückgelegt wurden, so ist doch meist auf den Höhen und in den Thälern wo Bäche fließen, ein Luftzug. Genug ich bin mit geringer Unbequemlichkeit nach Frankfurt gekommen. [2] Hier möchte ich nun mich an ein großes Stadtleben wieder gewöhnen, mich gewöhnen nicht nur zu reisen sondern auch auf der Reise zu leben; wenn mir nur dieses vom Schicksal nicht ganz versagt ist, denn ich fühle recht gut daß meine Natur nur nach Sammlung und Stimmung strebt, und an allem keinen Genuß hat was diese hindert. Hätte ich nicht an meinem Hermann und Dorothea ein Beispiel daß die modernen Gegenstände, in einem gewissen Sinne genommen, sich zum epischen bequemten, so möchte ich von aller dieser empirischen Breite nichts mehr wissen. Auf dem Theater, so wie ich auch wieder hier sehe, wäre in dem gegenwärtigen Augenblick manches zu thun, aber man müßte es leicht nehmen und in der Gozzischen Manier tractiren; doch es ist [3] in keinem Sinne der Mühe werth.

Meyer hat unsere Balladen sehr gut aufgenommen. Ich habe nun, weil ich von Weimar aus nach Stäfa wöchentlich Briefe an ihn schrieb, schon mehrere Briefe von ihm hier erhalten; es ist eine reine und treufortschreitende Natur, unschätzbar in jedem Sinne. Ich will nur eilen ihn wieder persönlich habhaft zu werden und ihn dann nicht wieder von mir lassen [4].

Den Alten auf dem Topfberge bedaure ich herzlich, daß er verdammt ist durch, Gott weiß, welche wunderliche Gemüthsart, sich und andern auf eigenem Felde den Weg zu verkümmern. Da gefallen mir die Frankfurter Bankiers, Handelsleute, Agioteurs, Krämer, Juden, Spieler und Unternehmer tausendmal besser, die doch wenigstens selbst was vor sich bringen, wenn sie auch andern ein Bein stellen. — Der Nikolaus Pesce ist, so viel ich mich erinnere, der Held des Mährchens das Sie behandelt haben, ein Taucher von Handwerk. Wenn aber unser alter Freund bei einer solchen Bearbeitung sich noch der Chronik erinnern kann die das Geschichtchen erzählt, wie soll man's dem übrigen Publico verdenken wenn es sich bei Romanen erkundigt: ob das denn [5] alles fein wahr sei? Eben so ein merkwürdiges Beispiel giebt Diderot, der bei einem so hohen Genie, bei so tiefem Gefühl und klarem Verstand, doch nicht auf den Punkt kommen konnte zu sehen: daß die Cultur durch Kunst ihren eignen Gang gehen muß, daß sie keiner andern subordinirt sein kann, daß sie sich an alle übrige so bequem anschließt u. s. w., was doch so[6] leicht zu begreifen wäre, weil das Factum so klar am Tage liegt.

Aeußerst fratzenhaft erscheint der arme Kosegarten[7], der, nachdem er nun zeitlebens gesungen und gezwitschert hat, wie ihm von der lieben Natur die Kehle gebildet und der Schnabel gewachsen war, seine Individualität durch die Folterschrauben der neuen philosophischen Forderungen selbst auszurecken bemüht ist, und seine Bettlerjacke auf der Erde nachschleift, um ‚zu versichern,‘ daß er doch auch ohngefähr so einen Königsmantel in der Garderobe führe. Ich werde das Exhibitum sogleich an Meyern absenden. Indessen sind diese Menschen, die sich noch denken können daß das Nichts unserer Kunst alles sei, noch besser dran als wir andern, die wir doch mehr oder weniger überzeugt sind, daß das Alles unserer Kunst nichts ist.

.[8] Für einen Reisenden geziemt sich ein skeptischer Realism. Was noch idealistisch an mir ist, wird in einem Schatullchen, wohlverschlossen, mitgeführt wie jenes undenische Pygmäenweibchen; Sie werden also von dieser Seite Geduld mit mir haben. Wahrscheinlich werde ich Ihnen jenes Reisegeschichtchen auf der Reise zusammenschreiben können. Uebrigens will ich erst ein paar Monate abwarten. Denn obgleich in der Empirie fast alles einzeln unangenehm auf mich wirkt, so thut doch das Ganze sehr wohl, wenn man endlich zum Bewußtsein seiner eignen Besonnenheit[9] kommt[10]. Leben Sie recht wohl und interpretiren Sie sich, da Sie mich kennen, meine oft wunderlichen Worte: denn es wäre mir unmöglich mich selbst zu rectificiren und diese rhapsodischen Grillen in einen Zusammenhang und Bestand zu bringen.

Grüßen Sie mir Ihre liebe Frau und halten Sie unsere Agnes und Amalie ja recht werth. Man weiß nicht eher was man an solchen Naturen hat als bis man sich in der breiten Welt nach ähnlichen umsieht. Sie, mein Freund, haben die Gabe auch lehrend wirksam zu sein, die mir ganz versagt ist; diese beiden Schülerinnen werden gewiß noch manches Gute[11] hervorbringen, wenn sie nur ihre Apperçus mittheilen und in Absicht auf Disposition des Ganzen etwas mehr von den Grundforderungen der Kunst einsehen lernen[12].

Frankfurt den 14. Aug. 1797[13].

[14] Gestern habe ich die Oper Palmira aufführen sehen, die im Ganzen genommen sehr gut und anständig gegeben ward[15]. Ich habe auch dabei vorzüglich die Freude gehabt einen Theil ganz vollkommen zu sehen, nämlich die Decorationen; sie sind von einem Mailänder Fuentes[16], der sich gegenwärtig hier befindet. Bei der Theaterarchitektur ist die große Schwierigkeit, daß man die Grundsätze der ächten Baukunst einsehen, und von ihnen doch wieder zweckmäßig abweichen soll. Die Baukunst im höhern Sinne soll ein ernstes, hohes, festes Dasein ausdrücken, sie kann sich, ohne schwach zu werden, kaum aufs Anmuthige einlassen, auf dem

Theater aber soll alles eine anmuthige Erscheinung sein. Die theatralische Baukunst muß leicht, geputzt, mannigfaltig sein; und sie soll doch zugleich das Prächtige, Hohe, Edle darstellen. Die Decorationen sollen überhaupt, besonders die Hintergründe, Tableaus machen; der Decorateur muß noch einen Schritt weiter thun als der Landschaftsmaler, der auch die Architektur nach seinem Bedürfniß zu modificiren weiß. Die Decorationen zu Palmira geben Beispiele woraus man die Lehre der Theatermalerei abstrahiren könnte; es sind sechs Decorationen die auf einander in zwei Akten folgen, ohne daß eine wiederkommt; sie sind mit sehr kluger Abwechslung und Gradation erfunden. Man sieht ihnen an daß der Meister alle Moyens der ernsthaften Baukunst kennt; selbst da, wo er baut wie man nicht bauen soll und würde, behält doch alles den Schein der Möglichkeit bei und alle seine Constructionen gründen sich auf den Begriff dessen was im wirklichen gefordert wird. Seine Zierrathen sind sehr reich, aber mit reinem Geschmack angebracht und vertheilt. Diesen sieht man die große Stuccaturschule an, die sich in Mailand befindet und die man[17] aus den Kupferstichwerken des Albertolli[18] kann[19] kennen lernen. Alle Proportionen gehen ins schlanke, alle Figuren, Statuen, Basreliefs, gemalte Zuschauer gleichfalls; aber die übermäßige Länge und gewaltsamen Gebärden mancher Figuren sind nicht Manier, sondern die Nothwendigkeit und der Geschmack haben sie so gefordert. Das Colorit ist untadelhaft und die Art zu malen äußerst frei und bestimmt. Alle die perspectivischen Kunststücke, alle die Reize der nach Directionspuncten gerichteten Massen zeigen sich in diesen Werken. Die Theile sind völlig deutlich und klar ohne hart zu sein, und das ganze hat die lobenswürdigste Haltung. Man sieht die Studien einer großen Schule und die Ueberlieferungen mehrerer Menschenleben in dem unendlichen Detail und man darf wohl sagen daß diese Kunst hier auf dem höchsten Grade steht; nur Schade daß der Mann so kränklich ist, daß man an seinem Leben verzweifelt. Ich will sehen daß ich das was ich hier nur flüchtig hingeworfen habe, besser zusammenstelle und ausführe.

[20]Und so leben Sie wohl und lassen mich bald von sich hören. Ich bin oft auf Ihrer stillen Höhe bei Ihnen und wenn's recht regnet erinnere ich mich des Rauschens der Lentra und ihrer Gossen.

Nicht eher will ich wieder kommen als bis ich wenigstens eine Sattheit der Empirie empfinde, da wir an eine Totalität nicht denken dürfen. Leben Sie recht wohl und grüßen alles[21].

G.

354. An Schiller.

Frankfurt 16. Aug. 1797 [1].

Ich bin auf einen Gedanken gekommen, den ich Ihnen, weil er für meine übrige Reise bedeutend werden kann, sogleich mittheilen will, um Ihre Meinung zu vernehmen in wie fern er richtig sein möchte? und in wie fern ich wohl thue mich seiner Leitung zu überlassen? Ich habe indem ich meinen ruhigen und kalten Weg des Beobachtens [2], ja des bloßen Sehens ging, sehr bald bemerkt daß die Rechenschaft, die ich mir von gewissen Gegenständen gab, eine Art von Sentimentalität hatte, die mir dergestalt auffiel daß ich dem Grunde nachzudenken sogleich gereizt wurde, und ich habe folgendes gefunden: Das was ich im allgemeinen sehe und erfahre schließt sich recht gut an alles übrige an, was mir sonst bekannt ist, und ist mir nicht unangenehm, weil es in der ganzen Masse meiner Kenntnisse mitzählt und das Capital vermehren hilft. Dagegen wüßte ich noch nichts was mir auf der ganzen Reise nur irgend eine Art von Empfindung gegeben hätte, sondern ich bin heute so ruhig und unbewegt als ich es jemals, bei den gewöhnlichsten Umständen und Vorfällen gewesen. Woher denn also diese scheinbare Sentimentalität, die mir um so auffallender ist, weil ich seit langer Zeit in meinem Wesen gar keine Spur, außer der poetischen Stimmung, empfunden habe. Möchte nicht also hier selbst poetische Stimmung sein, bei einem Gegenstande der nicht ganz poetisch ist, wodurch ein gewisser Mittelzustand hervorgebracht wird?

Ich habe daher die Gegenstände, die einen solchen Effect hervorbringen, genau betrachtet und zu meiner Verwunderung bemerkt daß sie eigentlich symbolisch sind, das heißt, wie ich kaum zu sagen brauche: es sind eminente Fälle, die, in einer charakteristischen Mannigfaltigkeit, als Repräsentanten von vielen andern dastehen, eine gewisse Totalität in sich schließen, eine gewisse Reihe fordern, ähnliches und fremdes in meinem Geiste aufregen und so von außen wie von innen an eine gewisse Einheit und Allheit Anspruch machen. Sie sind also, was ein glückliches Sujet dem Dichter ist, glückliche Gegenstände für den Menschen, und weil man, indem man sie mit sich selbst recapitulirt, ihnen keine poetische Form geben kann, so muß man ihnen doch eine ideale geben, eine menschliche im höheren Sinn, das man [3] auch mit einem so sehr mißbrauchten Ausdruck sentimental nannte. Und Sie werden also wohl nicht lachen, sondern nur lächeln, wenn ich Ihnen hiermit zu meiner eignen Verwunderung darlege, daß ich, wenn ich irgend von meinen Reisen etwas für Freunde oder fürs Publicum aufzeichnen soll, wahrscheinlich noch in Gefahr komme empfindsame Reisen zu schreiben. Doch ich würde, wie Sie mich wohl kennen, kein Wort auch das verrufenste nicht fürchten, wenn die Behandlung mich rechtfertigen, ja wenn ich so glücklich sein könnte einem verrufenen Namen seine Würde wieder zu geben.

Ich berufe mich auf das, was Sie selbst so schön entwickelt haben, auf das was zwischen uns Sprachgebrauch ist und fahre fort: Wann ist eine sentimentale Erscheinung (die wir nicht verachten dürfen wenn sie auch noch so lästig ist) unerträglich? Ich anworte: wenn das Ideale unmittelbar mit dem Gemeinen verbunden wird. Es kann dies nur durch eine leere, gehalt- und formlose Manier geschehen, denn beide werden dadurch vernichtet, die Idee und der Gegenstand; jene, die nur bedeutend sein und sich nur mit dem bedeutenden beschäftigen kann, und dieser, der recht wacker brav und gut sein kann ohne bedeutend zu sein.

Bis jetzt habe ich nur zwei solcher Gegenstände gefunden: den Platz auf dem ich wohne, der in Absicht seiner Lage und alles dessen was darauf vorgeht in einem jeden Momente symbolisch ist, und den Raum meines großväterlichen Hauses, Hofes und Gartens, der aus dem beschränktesten, patriarchalischen Zustande, in welchem ein alter Schultheiß von Frankfurt lebte, durch klug unternehmende Menschen zum nützlichsten Waaren- und Marktplatz verändert wurde. Die Anstalt ging durch sonderbare Zufälle bei dem Bombardement zu Grunde und ist jetzt, größtentheils als Schutthaufen, noch immer das doppelte dessen werth was vor eilf Jahren von den gegenwärtigen Besitzern an die Meinigen bezahlt worden. In so fern sich nun denken läßt daß das Ganze wieder von einem neuen Unternehmer gekauft und hergestellt werde, so sehen Sie leicht daß es, in mehr als Einem Sinne, als Symbol vieler tausend andern Fälle, in dieser gewerbreichen Stadt, besonders vor meinem Anschauen, dastehen muß.

Bei diesem Falle kommt denn freilich eine liebevolle Erinnrung dazu; wenn man aber, durch diese Fälle aufmerksam gemacht, künftig bei weitern Fortschritten der Reise nicht sowohl aufs merkwürdige sondern aufs bedeutende seine Aufmerksamkeit richtete, so müßte man für sich und andere doch zuletzt eine schöne Ernte gewinnen. Ich will es erst noch hier versuchen was ich symbolisches bemerken kann, besonders aber an fremden Orten, die ich zum erstenmal sehe, mich üben. Gelänge das, so müßte man, ohne die Erfahrung in die Breite verfolgen zu wollen, doch, wenn man auf jedem Platz, in jedem Moment, so weit es einem vergönnt wäre, in die Tiefe ginge, noch immer genug Beute aus bekannten Ländern und Gegenden davon tragen.

Sagen Sie mir Ihre Gedanken hierüber in guter Stunde, damit ich erweitert, befestigt, bestärkt und erfreut werde. Die Sache ist wichtig, denn sie hebt den Widerspruch, der zwischen meiner Natur und der unmittelbaren Erfahrung lag, den in früherer Zeit ich niemals lösen konnte, sogleich auf, und glücklich. Denn ich gestehe Ihnen, daß ich lieber gerad nach Hause zurückgekehrt wäre, um, aus meinem Innersten, Phantome jeder Art hervorzuarbeiten, als daß ich mich noch einmal, wie sonst (da mir das Aufzählen eines Einzelnen nun einmal nicht gegeben ist) mit der millionfachen Hydra der Empirie herumgeschlagen hätte: denn wer bei ihr nicht Lust oder[4] Vortheil zu suchen hat der mag sich bei Zeiten zurückziehen.

So viel für heute, ob ich gleich noch ein verwandtes wichtiges Capitel abzuhandeln hätte, das ich nächstens vornehmen und mir auch Ihre Gedanken darüber erbitten werde. Leben Sie recht wohl, grüßen die Ihrigen und lassen von meinen Briefen, außer den Nächsten, niemand nichts[5] wissen noch erfahren.

Frankfurt den 17. August 1797.

G.

355. An Goethe.

Jena den 17. August 1797.

Die Vorstellung, welche Sie mir von Frankfurt und großen Städten überhaupt geben, ist nicht tröstlich, weder für den Poeten, noch für den Philosophen, aber ihre Wahrheit leuchtet ein, und da es einmal ein festgesetzter Punkt ist, daß man nur für sich selber philosophirt und dichtet, so ist auch nichts dagegen zu sagen; im Gegentheil, es bestärkt einen auf dem eingeschlagenen guten Weg, und schneidet jede Versuchung ab, die Poesie zu etwas äußerm zu gebrauchen.

So viel ist auch mir bei meinen wenigen Erfahrungen klar geworden, daß man den Leuten, im ganzen genommen, durch die Poesie nicht wohl, hingegen recht übel machen kann, und mir däucht, wo das eine nicht zu erreichen ist, da muß man das andere einschlagen. Man muß sie incommodiren, ihnen ihre Behaglichkeit verderben, sie in Unruhe und in Erstaunen setzen. Eins von beiden, entweder als ein Genius oder als ein Gespenst muß die Poesie ihnen gegenüber stehen. Dadurch allein lernen sie an die Existenz einer Poesie glauben und bekommen Respect vor den [1] Poeten. Ich habe auch diesen Respect nirgends größer gefunden als bei dieser Menschenklasse, obgleich auch nirgends so unfruchtbar und ohne Neigung. Etwas ist in allen, was für den Poeten spricht, und Sie mögen ein noch so ungläubiger Realist sein, so müssen Sie mir doch zugeben, daß dieses X der Same des Idealismus ist, und daß dieser allein noch verhindert, daß das wirkliche Leben mit seiner gemeinen Empirie nicht alle Empfänglichkeit für das poetische zerstört. Freilich ist es wahr, daß die eigentliche schöne und ästhetische Stimmung dadurch noch lange nicht befördert wird, daß sie vielmehr gar oft dadurch verhindert wird, so wie die Freiheit durch die moralischen Tendenzen; aber es ist schon viel gewonnen, daß ein Ausgang aus der Empirie geöffnet ist.

Mit meinem Protégé, Herrn Schmidt, habe ich freilich wenig Ehre aufgehoben, wie ich sehe, aber ich will so lange das Beste hoffen, bis ich nicht mehr kann. Ich bin einmal in dem verzweifelten Fall, daß mir daran liegen muß, ob andere Leute etwas taugen, und ob etwas aus ihnen [2] werden kann; daher werde ich diese Hölderlin und Schmidt so spät als möglich aufgeben.

Herr Schmidt, so wie er jetzt ist, ist freilich nur die entgegengesetzte Carricatur von der Frankfurter empirischen Welt, und so wie diese nicht Zeit hat, in sich hineinzugehen, so kann dieser und seines gleichen gar nicht aus sich selbst herausgehen. Hier möchte ich sagen, sehen wir Empfindung genug, aber keinen Gegenstand dazu; dort den nackten leeren Gegenstand ohne Empfindung. Und so sind überall nur die Materialien zum Menschen da, wie der Poet ihn braucht, aber sie sind zerstreut und haben sich nicht ergriffen.

Ich möchte wissen, ob diese Schmidt, diese Richter, diese Hölderlins absolut und unter allen Umständen so subjectivisch, so überspannt, so einseitig [3] geblieben wären, ob es an etwas primitivem [4] liegt, oder ob nur der Mangel einer ästhetischen Nahrung und Einwirkung von außen und die Opposition der empirischen

Welt in der sie leben gegen ihren idealischen Hang diese unglückliche Wirkung hervorgebracht hat. Ich bin sehr geneigt das letztere zu glauben, und wenu gleich ein mächtiges und glückliches Naturell über alles siegt, so däucht mir doch, daß manches brave Talent auf diese Art verloren geht.

Es ist gewiß eine sehr wahre Bemerkung, die Sie machen, daß ein gewisser Ernst und eine[5] Innigkeit, aber keine Freiheit, Rnhe und Klarheit bei denen, die aus einem gewissen Stande zu der Poesie rc. kommen[6], angetroffen wird. Ernst und Innigkeit sind die natürliche und nothwendige[7] Folge, wenn eine Neigung und Beschäftigung Widerspruch findet, wenn man isolirt und auf sich selbst reducirt ist, und der Kaufmannssohn, der Gedichte macht, muß schon einer größern Innigkeit fähig sein, wenn er überall nur auf so was[8] verfallen soll. Aber eben so natürlich ist es, daß er sich mehr zu der moralischen als ästhetischen Seite wendet, weil er mit leidenschaftlicher Heftigkeit fühlt, weil er in sich hineingetrieben wird, und weil ihn die Gegenstände eher zurückstoßen als festhalten, er also nie zu einer klaren und ruhigen Ansicht davon[9] gelangen kann.

Umgekehrt finde ich, als Beleg Ihrer Bemerkung, daß diejenigen welche aus einem liberalen Stande zur Poesie kommen eine gewiße Freiheit, Klarheit und Leichtigkeit, aber wenig Ernst und Innigkeit zeigen. Bei den ersten sticht das Charakteristische fast bis zur Carricatur, und immer mit einer gewissen Einseitigkeit und Härte hervor; bei diesen ist Charakterlosigkeit, Flachheit und fast Seichtigkeit zu fürchten. Der Form nach, möchte ich sagen, sind diese dem ästhetischen näher, jene hingegen dem Gehalte nach. — Bei einer Vergleichung unsrer Jenaischen und Weimarischen Dichterinnen bin ich auf diese Bemerkung gerathen[10]. Unsre Freundin Mereau hat in der That eine gewisse Innigkeit und zuweilen selbst eine Würde des Empfindens, und eine gewisse Tiefe kann ich ihr auch nicht absprechen. Sie hat sich bloß in einer einsamen Existenz und in einem Widerspruch mit der Welt gebildet. Hingegen Amelie Imhof ist zur Poesie nicht durch das Herz, sondern nur durch die Phantasie gekommen, und wird auch ihr Lebenlang nur damit spielen. Weil aber, nach meinem Begriff, das Aesthetische Eruft und Spiel zugleich ist, wobei der Ernst im Gehalte und das Spiel in der Form gegründet ist, so muß die Mereau das poetische immer der Form nach, die Imhof es immer dem Gehalt nach verfehlen. Mit meiner Schwägerin hat es eine eigne Bewandtniß, diese hat das Gute von beiden, aber eine zu große Willkür der[11] Phantasie entfernt sie von dem eigentlichen Punkt, worauf es ankommt.

Ich sagte Ihuen doch einmal, daß ich Kosegarten[12] in einem Briefe meine Meinung gesagt habe, und auf seine Antwort begierig sei. Er hat mir nun geschrieben, und sehr dankbar für meine Aufrichtigkeit. Aber wie wenig ihm zu helfen ist, sehe ich daraus, daß er mir in demselben Briefe das Anzeigeblatt seiner Gedichte beilegt, welches nur ein Verrückter geschrieben haben kann. Gewissen Menschen ist nicht zu helfen, und dem da besonders hat Gott ein ehern Band um die Stirne geschmiedet.

Endlich erhalten Sie den Ibykus. Möchten Sie damit zufrieden sein. Ich gestehe, daß ich bei näherer Besichtigung des Stoffes mehr Schwierigkeiten fand als ich anfangs erwartete, indessen däucht mir, daß ich sie größtentheils überwunden habe. Die zwei Hauptpunkte worauf es ankam schienen mir erstlich eine Continuität in die Erzählung zu bringen, welche die rohe Fabel nicht hatte, und zweitens die Stimmung für den Effect zu erzeugen. Die letzte Hand habe ich noch nicht daran legen können, da ich erst gestern Abend fertig geworden, und es liegt mir zuviel daran, daß Sie die Ballade bald lesen, um von Ihren Erinnerungen noch Gebrauch machen zu können. Das angenehmste wäre mir, zu hören, daß ich in wesentlichen Punkten Ihuen begegnete.

Hier auch zwei Aushängebogen vom Almanach. Ich werde meinen nächsten Brief an Sie unmittelbar an Cotta einschließen, da ich Sie gegen den Schluß des Monats nicht mehr in Frankfurt vermuthe.

Mit meiner Gesundheit geht es seit acht Tagen wieder besser und im Hause steht es auch gut. Meine Frau grüßt Sie herzlich. Von Humboldts habe ich seit ihrer Abreise aus [13] Dresden noch nichts [14] vernommen. Aus dem Gotterischen Nachlaß erhalte ich seine Oper: die Geisterinsel, die nach Shakespeares Sturm bearbeitet ist; ich habe den ersten Act gelesen, der eben [15] sehr kraftlos ist und eine dünne Speise. Indessen danke ich dem Himmel, daß ich einige Bogen in den Horen auszufüllen habe [16] und zwar durch einen so classischen Schriftsteller, der das Genie- und Xenien-Wesen vor seinem Tode so bitter beklagt hat — Und so zwingen wir denn Gottern, der lebend nichts mit den Horen zu thuu haben wollte, noch todt darin zu spuken.

Leben Sie recht wohl, lassen Sie bald wieder von sich hören.

Schiller.

356. An Schiller.

Frankfurt den 22. August 1797.

Ihr reiches und schönes Paketchen hat mich noch zur rechten Zeit erreicht. In einigen Tagen gedenke ich wegzugehen und kann Ihuen über diese Sendung noch von hier aus einige Worte sagen.

Der Almanach nimmt sich schon recht stattlich aus, besonders wenn man weiß was noch zurück ist. Die erzählenden Gedichte geben ihm [1] einen eignen Charakter.

Die Kraniche des Ibykus finde ich sehr gut gerathen; der Uebergang zum Theater ist sehr schön, und das Chor der Eumeniden am rechten Platze. Da diese Wendung einmal erfunden ist, so kann nun die ganze Fabel nicht ohne dieselbe bestehen, und ich würde, wenn ich an meine Bearbeitung noch denken möchte, dieses Chor gleichfalls aufnehmen müssen.

Nun auch [2] einige Bemerkungen: 1) der Kraniche sollten, als Zugvögel, ein ganzer Schwarm sein, die sowohl über den Ibykus als über das Theater wegfliegen; sie kommen als Naturphänomen[3] und stellen sich so neben die Sonne und andere regelmäßige Erscheinungen. Auch wird das Wunderbare dadurch weggenommen, indem es nicht eben dieselben zu sein brauchen; es ist vielleicht nur eine Abtheilung des großen wandernden Heeres und das Zufällige macht eigentlich, wie mich dünkt, das Ahnungsvolle und Sonderbare in der Geschichte. 2) Dann würde ich nach dem 14. Verse, wo die Erinnyen sich zurückgezogen haben, noch einen Vers einrücken, um die Gemüthsstimmung des Volkes in welche der Inhalt des Chors sie versetzt darzustellen, und von den ernsten Betrachtungen der Guten zu der gleichgültigen[4] Zerstreuung der Ruchlosen übergehen, und danu den Mörder zwar dumm, roh und laut, aber doch nur dem Kreise der Nachbarn vernehmlich, seine gaffende Bemerkung ausrufen lassen. Daraus entständen zwischen ihm und den nächsten Zuschauern Händel, dadurch würde das Volk aufmerksam u. s. w. Auf diesem Weg, so wie durch den Zug der Kraniche würde alles ganz ins Natürliche gespielt und nach meiner Empfindung die Wirkung erhöht, da jetzt der 15. Vers zu laut und bedeutend anfängt und man fast etwas anders erwartet. Wenn Sie hie und da an den Reim noch einige Sorgfalt wenden, so wird das übrige leicht gethan sein, und ich wünsche Ihnen auch zu dieser wohlgerathnen Arbeit Glück.

[5]Ueber den eigentlichen Zustand eines aufmerksamen Reisenden habe ich eigne Erfahrungen gemacht und eingesehen worin sehr oft der Fehler der Reisebeschreibungen liegt. Man mag sich stellen wie man will so sieht man auf der Reise die Sache nur von Einer Seite und übereilt sich im Urtheil; dagegen sieht man aber auch die Sache von dieser Seite lebhaft und das Urtheil ist in gewissem Sinne richtig. Ich habe mir daher Acten gemacht, worin ich alle Arten von öffentlichen Papieren die mir eben jetzt begegnen, Zeitungen, Wochenblätter, Predigtauszüge, Verordnungen, Komödienzettel, Preiscourante einheften lasse und sodann auch sowohl das, was ich sehe und bemerke, als auch mein augenblickliches Urtheil einhefte[6]; ich spreche sodann von diesen Dingen in Gesellschaft und bringe meine Meinung vor, da ich denn bald sehe in wie fern ich gut unterrichtet bin, und in wie fern mein Urtheil mit dem Urtheil wohl unterrichteter Menschen übereintrifft. Ich nehme sodann die neue Erfahrung und Belehrung auch wieder zu den Acten, und so giebt es Materialien, die mir künftig als Geschichte des äußern und innern interessant genug bleiben müssen. Wenn ich bei meinen Vorkenntnissen und meiner Geistesgeübtheit Lust behalte, dieses Handwerk eine Weile fortzusetzen, so kann ich eine große Masse zusammenbringen.

Ein paar poetische Stoffe bin ich schon gewahr worden, die ich in einem feinen Herzen aufbewahren werde, und danu kann man niemals im ersten Augenblicke wissen was sich aus der rohen Erfahrung in der Folgezeit noch als wahrer Gehalt aussondert.

Bei allem dem leugne ich nicht daß mich mehrmals eine Sehnsucht nach dem Saalgrunde wieder anwandelt, und würde ich heute dahin versetzt, so würde ich gleich, ohne irgend einen Rückblick, etwa meinen Faust oder sonst ein poetisches Werk anfangen können. [7]

An Wallenstein denken Sie wohl gegenwärtig, da der Almanach besorgt sein will, wenig oder nicht[8]? Lassen Sie mich doch davon, wenn Sie weiter vorwärts rücken, auch etwas vernehmen.

Das hiesige Theater ist in einem gewissen Sinne nicht übel, aber viel zu schwach besetzt; es hat freilich vor einem Jahre einen gar zu harten Stoß erlitten; ich wüßte wirklich nicht was für ein Stück von Werth und Würde man jetzt hier leidlich geben könnte.

[9] Frankfurt den 23. August 1797.

Zu dem was ich gestern über die Ballade gesagt muß ich noch heute etwas zu mehrerer Deutlichkeit hinzufügen. Ich wünschte, da Ihnen die Mitte so sehr gelungen, daß Sie auch noch an die Exposition einige Verse wendeten, da das Gedicht ohnehin nicht lang ist. Meo voto würden die Kraniche schon von dem wandernden Ibykus erblickt; sich, als Reisenden, verglich' er mit den reisenden Vögeln, sich, als Gast, mit den Gästen, zöge daraus eine gute Vorbedeutung, und rief' alsdann unter den Händen der Mörder die schon bekannten Kraniche, seine Reisegefährten, als Zeugen an. Ja, wenn man es vortheilhaft fände, so könnte er diese Züge schon bei der Schiffahrt gesehen haben. Sie sehen was ich gestern schon sagte, daß es mir darum zu thuu ist aus diesen Kranichen ein langes und breites Phänomen zu machen, welches sich wieder mit dem langen verstrickenden Faden der Eumeniden, nach meiner Vorstellung, gut verbinden würde. Was den Schluß betrifft habe ich gestern schon meine Meinung gesagt. Uebrigens hatte ich in meiner Anlage nichts weiter was Sie in Ihrem Gedicht brauchen können.

Gestern ist auch Hölderlin bei mir gewesen; er sieht etwas gedrückt und kränklich aus, aber er ist wirklich liebenswürdig und mit Bescheidenheit, ja mit Aengstlichkeit offen. Er ging auf verschiedene Materien auf eine Weise ein die Ihre Schule verrieth, manche Hauptideen hatte er sich recht gut zu eigen gemacht, so daß er manches auch wieder leicht aufnehmen kounte. Ich habe ihm besonders gerathen kleine Gedichte zu machen und sich zu jedem einen menschlich interessanten Gegenstand zu wählen. Er schien noch einige Neigung zu den mittlern Zeiten zu haben in der ich ihn nicht bestärken kounte. Hauptmann Steigentesch werde ich wohl nicht sehen; er geht hier ab und zu, meine Anfrage hat ihn einigemal verfehlt und ein Billet, das ich das letztemal für ihn zurückließ, findet er vielleicht erst nach meiner Abreise. Grüßen Sie Ihre liebe Frau und unsere dichterische Freundinnen. Ich habe immer noch gehofft Ihuen noch etwas zum Musenalmanach zu schicken; vielleicht ist die schwäbische Luft ergiebiger. Eigentlich gehe ich von hieraus erst in die Fremde und erwarte um[10] desto sehnlicher einen Brief von Ihuen bei Cotta.

G.

[11] Frankfurt den 24. August 1797.

Ich will Ihuen doch noch von einer Arbeit sagen die ich angefangen habe und die wohl für die Horen sein wird. Ich habe gegen zweihundert französische satyrische Kupfer vor mir; ich habe sie gleich schematisirt und finde sie gerichtet:

I. Gegen Fremde.
  a) England.
  b) Den Papst.
  c) Oesterreich.

II. Gegen Einheimische.
  a) Das alte Schreckensreich.
  b) Modefratzen.
    1. In ihrer Uebertriebenheit dargestellt.
    2. In Verhältnissen unter einander.
    3. In Verhältnissen zu veralteten Fratzen.
    4. In Finanz- oder anderu politischen Verhältnissen.
  c) Gegen Künstlerfeinde.

Ich fange an sie nun einzeln zu beschreiben und es geht recht gut; denn da sie meist dein Gedauken etwas sagen, witzig, symbolisch, allegorisch sind, so stellen sie sich der Imagination oft eben so gut und noch besser dar als dem Auge, und wenn man eine so große Masse übersehen kann, so [12] lassen sich über französischen Geist und Kunst, im allgemeinen, recht artige Bemerkungen machen und das Einzelnc, wenn man auch nicht lichtenbergisiren kann noch will, läßt sich doch immer heiter und munter genug stellen, daß man es gerne leseu wird. In der Schweiz finde ich gewiß noch mehr und vielleicht auch die frühern. Es würde daraus ein ganz artiger Aufsatz entstehen, durch welchen das Octoberstück einen ziemlichen Beitrag erhalten könnte. Im Merkur und Modejournal und anderswo sind schon einige angeführt, die ich nun ins ganze mit hereinnehme. Ich hoffe daß sich von dieser oder [13] ähnlicher Art noch manches auf der Reise finden wird und daß ich vom October an wieder mit tüchtigen Beiträgen werde dienen können. Denn eigentlich muß man sich's nur vornehmen, so geht es auch. Der gegenwärtige Almanach macht mir doppelt Freude, weil wir ihn doch eigentlich durch Willen und Vorsatz zu Staude gebracht. Wenn Sie Ihre dichterischen Freunde und Freundinnen nur immerfort aufmuntern und in Bewegung erhalten, so dürfen wir uns künftiges Frühjahr nur wieder vier Wochen zusammensetzen und der nächste ist auch wieder fertig.

Leben Sie recht wohl und schreiben mir oft und viel. Mein Koffer ist nach Stuttgart fort und wenn das Wetter, das diese letzte Zeit regnicht, kalt und trüb war, sich wie es scheint, wieder aufheitert, so lasse ich gleich anspannen. Durch die Bergstraße möchte ich freilich an einem recht heitern Tag.

G.

357. An Goethe.

Jena den 30. August 1797.

Ich glaubte mich auf dem Wege der Besserung als ich Ihuen das letztemal schrieb, aber seit acht Tagen leide ich an einem Katarrhalfieber und einem hartnäckigen Husten, der in meinem ganzen Hause grassirt. Das Fieber läßt mich heute zwar in Ruhe, aber der Hnsten plagt mich noch sehr und der Kopf ist mir ganz zerbrochen. Nur dieses, mein theurer Freund, wollte ich Ihnen zur Entschuldigung meines Stillschweigens melden.

Wir erwarten mit Sehnsucht Nachricht von Ihuen, und wünschten zu wissen, wo wir Sie jetzt zu suchen haben. Neue Aushängebogen erhalten Sie hiebei.

Ihren lieben Brief, den ich am 20. erhielt [1], muß ich versparen zu beantworten, bis mein Kopf wieder frei ist.

Auch auf der Reise muß ich Sie plagen, theurer Freund. Denken Sie doch zuweilen an die Horen, ob nicht die Reise selbst etwas dazu liefern kann. Das Bedürfniß ist groß, und jetzt um so mehr, da ich selbst zu jeder Einhülfe untauglich bin. Bei solchen Störungen werde ich Mühe haben, Stimmung und Zeit für meine Glocke zu finden, die noch lange nicht gegossen ist.

Leben Sie heiter und gesund und fahren Sie fort, mich auch aus der Ferne zu beleben. Wir und alles was zu uns gehört denken Ihrer mit dem herzlichsten Antheil. Meine Frau grüßt tausendmal. Leben Sie wohl.

Sch.

Vor einigen Augenblicken trifft Ihr letzter Brief ein zu unsrer unerwarteten großen Freude. Herzlich Dank für das, was Sie mir über den Ibykus sagen, und was ich von Ihren Winken befolgen kann, geschieht gewiß. Es ist mir bei dieser Gelegenheit wieder recht fühlbar, was eine lebendige Erkenntniß und Erfahrung [2] auch beim Erfinden so viel thut. Mir sind die Kraniche nur aus wenigen Gleichnissen zu denen sie [3] Gelegenheit gaben, bekannt und dieser Mangel einer lebendigen Anschauung machte mich hier den schönen Gebrauch übersehen, der sich von diesem Naturphänomen machen läßt. Ich werde suchen [4], diesen Kranichen, die doch einmal die Schicksalshelden sind, eine größere Breite und Wichtigkeit zu geben. Wie ich den Uebergang zu dem Ausrufe des Mörders anders machen soll, ist mir sogleich nicht klar, obgleich ich fühle, daß hier etwas zu thuu ist. Doch bei der ersten guten Stimmung wird sich's vielleicht finden.

Noch einmal Dank für Ihren Brief. Erlaubt es mir mein Zustand so schreibe ich übermorgen gewiß.

Leben Sie recht wohl.

S.

358. An Schiller.

Stuttgart den 30. August 1797.

Nachdem ich Sie heute Nacht, als den Heiligen aller, am schlaflosen Zustande leidenden, Menschenkinder, öfters um Ihren Beistand angerufen, und mich auch wirklich durch Ihr Beispiel gestärkt gefühlt habe, eines der schlimmsten Wanzenabenteuer im Bauche des römischen Kaisers zu überstehen, so ist es nunmehr meinem Gelübde gemäß Ihuen sogleich eine Nachricht von meinen Zuständen zu ertheilen.

Den 25sten ging ich von Frankfurt ab, und hatte eine angenehme Fahrt bei bedecktem Himmel bis Heidelberg, wo ich bei völlig heiterm Sonnenschein die Gegend fast den ganzen anderu Tag mit Entzücken betrachtete.

Den 27sten fuhr ich sehr früh ab, ruhte die heiße Zeit in Sinsheim [1] und kam noch bald genug nach Heilbronn. Diese Stadt mit ihrer Umgebung interessirte mich sehr; ich blieb den 28sten daselbst und fuhr den 29sten früh aus, daß [1a] ich schon um 9 Uhr in Ludwigsburg war, Abends um 5 Uhr erst [2] wieder wegfuhr und mit Sonnenuntergang nach Stuttgart kam, das in seinem Kreise von Bergen sehr ernsthaft in der Abenddämmerung dalag.

Heute früh recognoscirte ich allein die Stadt; ihre Anlage, so wie besonders die Alleen gefielen mir sehr wohl. An Herru Rapp faud ich einen sehr gefälligen Mann und schätzbaren Kunstliebhaber; er hat zur Landschaftscomposition ein recht hübsches Talent, gute Kenntniß und Uebung. [3]Wir gingen gleich [4] zu Professor Dannecker bei dem ich einen Hektor der den Paris schilt, ein etwas über Lebensgröße in Gips ausgeführtes Modell fand, so wie auch eine ruhende, nackte, weibliche Figur im Charakter der sehnsuchtsvollen Sappho, in Gips fertig und in Marmor angefangen; ferner eine kleine traurend sitzende Figur zu einem Zimmer-Monument. Ich sah ferner bei ihm das Gipsmodell eines Kopfes vom gegenwärtigen Herzog, der besonders in Marmor sehr gut gelungen sein soll, sowie auch seine eigne Büste, die ohne Uebertreibung geistreich und lebhaft ist. Was mich aber besonders frappirte, war der Originalausguß von Ihrer Büste, der eine solche Wahrheit und Ausführlichkeit hat, daß er wirklich Erstaunen erregt. Der Ausguß, den Sie besitzen, läßt diese Arbeit wirklich nicht ahnen. Der Marmor ist daruach angelegt und wenn die Ausführung so geräth, so giebt es ein sehr bedeutendes Bild. Ich sah noch kleine Modelle bei ihm, recht artig gedacht und angegeben; nur leidet er daran, woran wir modernen alle leiden: an der Wahl des Gegenstands. Diese Materie, die wir bisher so oft und zuletzt wieder bei Gelegenheit der Abhandlung über den Laokoon besprochen haben, erscheint mir immer in ihrer höhern Wichtigkeit. Wann werden wir armen Künstler dieser letzten Zeiten uns zu diesem Hauptbegriff erheben können!

Auch sah ich bei ihm eine Vase aus grau gestreiftem Alabaster, von Isopi, von dem uns Wolzogen so viel erzählte. Es geht aber über alle Beschreibung und niemand kann sich ohne Anschauung einen Begriff von dieser Vollkommenheit der Arbeit machen. Der Stein, was seine Farbe betrifft, ist nicht günstig, aber seiner Materie nach desto mehr. Da er sich leichter behandeln läßt als der Marmor, so werden hier Dinge möglich, wozu sich der Marmor nicht darbieten würde. Wenn Cellini, wie sich glauben läßt, seine Blätter und Zierrathen in Gold und Silber so[5] gedacht und vollendet hat, so kann man ihm nicht übel nehmen, wenn er selbst mit Entzücken von seiner Arbeit spricht.

Man fängt an den Theil des Schlosses der unter Herzog Karl, eben als er geendigt war, abbrannte, wieder auszubauen[6] und man ist eben mit den Gesimsen und Decken beschäftigt. Isopi modellirt die Theile, die alsdann von andern Stuccatoren ausgegossen und eingesetzt werden. Seine Verzierungen sind sehr geistreich und geschmackvoll; er hat eine besondere Liebhaberei zu Vögeln, die er sehr gut modellirt und mit andern Zierrathen angenehm zusammenstellt. Die Composition des Ganzen hat etwas originelles und leichtes.

In Professor Scheffauers Werkstatt (ihn selbst traf ich nicht an) fand ich eine schlafende Venus mit einem Amor, der sie aufdeckt, von weißem Marmor, wohlgearbeitet und gelegt; nur wollte der Arm, den sie rückwärts unter den Kopf gebracht hatte, gerade an der Stelle der Hauptansicht keine gute Wirkung thuu. Einige Basreliefs antiken Inhalts, ferner die Modelle zu dem Monument, welches die Gemahlin des jetzigen Herzogs, auf die, durch Gebete des Volks und der Familie, wieder erlangte Genesung des Fürsten aufrichten läßt. Der Obelisk steht schon auf dem Schloßplatze, mit den Gipsmodellen geziert.

In Abwesenheit des Professor Hetsch ließ uns seine[7] Gattin seinen Arbeitssaal sehen. Sein Familienbild in ganzen, lebensgroßen Figuren hat viel Verdienst, besonders ist seine eigne höchst wahr und natürlich. Es ist in Rom gemalt. Seine Portraite sind sehr gut und lebhaft und sollen sehr ähnlich sein. Er hat ein historisches Bild vor, aus der Messiade, da Maria sich mit Porcia, der Frau des Pilatus, von der Glückseligkeit des ewigen Lebens unterhält und sie davon überzeugt. Was sagen Sie zu dieser Wahl überhaupt? Und was kann ein schönes Gesicht ausdrücken das die Entzückung des Himmels vorausfühlen soll? Ueberdies[8] hat er zu dem Kopf der Porcia zwei Studien[9] nach der Natur gemacht, das eine nach einer Römerin, einer geist- und gefühlvollen, herrlichen Brünette, und das andre nach einer blonden guten weichen Deutschen. Der Ausdruck von beiden Gesichtern ist, wie sich's[10] versteht, nichts weniger als überirdisch, und wenn so ein Bild auch gemacht werden könnte, so dürften keine individuellen Züge darin erscheinen. Indeß möchte man den Kopf der Römerin immer vor Angen haben. Es hat mich so ein erzdeutscher Einfall ganz verdrießlich gemacht. Daß doch der gute bildende Künstler mit dem Poeten wetteifern will, da er doch eigentlich durch das was er allein machen kann und zu machen hätte, den Dichter zur Verzweiflung bringen könnte.

Professor Müllern faud ich an dem Graffischen Portrait, das Graff selbst gemalt hat. Der Kopf ist ganz fürtrefflich, das künstlerische Auge hat den höchsten Glanz; nur will mir die Stellung, da er über einen Stuhlrücken sich herüberlehnet, nicht gefallen, um so weniger da dieser Rücken durchbrochen ist und das Bild also unten durchlöchert erscheint. Das Kupfer ist übrigens auf dem Wege gleichfalls fürtrefflich zu werden. Sodann ist er an Auch einem Tod eines Generals beschäftigt, und zwar eines americanischen, eines jungen Mannes, der bei Bunkershill blieb. Das Gemälde ist von einem Americaner Trumbul[10a] und hat Vorzüge des Künstlers und Fehler des Liebhabers. Die Vorzüge sind: sehr charakteristische und vortrefflich tockirte Portraitgesichter; die Fehler: Disproportionen der Körper unter einander und ihrer Theile. Componirt ist es, verhältnißmäßig zum Gegenstande, recht gut und, für ein Bild auf dem so viel rothe Uniformen erscheinen müssen, ganz verständig gefärbt; doch macht es im ersten Anblick eine grelle Wirkung, bis man sich mit ihm wegen seiner Verdienste versöhnt. Das Kupfer thut im ganzen sehr gut und ist in seinen Theilen fürtrefflich gestochen. Ich sah auch das bewundernswürdige Kupfer des letzten Königs in Frankreich, in einem fürtrefflichen Abdruck aufgestellt.

Gegen Abend besuchten wir Herru Consistorialrath Ruoff[11], welcher eine treffliche Sammlung von Zeichnungen und Kupfern besitzt, wovon ein Theil zur Freude und Bequemlichkeit der Liebhaber unter Glas aufgehängt ist. Sodann gingen wir in Herrn Rapps Garten und ich hatte abermals das Vergnügen mich an den verständigen und wohlgefühlten Urtheilen dieses Mannes über manche Gegenstände der Kunst, so wie über Danneckers Lebhaftigkeit zu erfreuen[12].

[13] Den 31. August 1797.

Hier haben Sie ohngefähr den Inhalt meines gestrigen Tages, den ich, wie Sie sehen, recht gut zugebracht habe. [14] Uebrigens wären noch manche Bemerkungen zu machen. Besonders traurig für die Baukunst war die Betrachtung: was Herzog Karl, bei seinem Streben nach einer gewissen Größe hätte hinstellen können, wenn ihm der wahre Sinn dieser Kunst aufgegangen und er so glücklich gewesen wäre tüchtige Künstler zu seinen Anlagen zu finden. Allein man sieht wohl, er hatte nur eine gewisse vornehme Prachtrichtung, ohne Geschmack, und in seiner frühern Zeit war die Baukunst in Frankreich, woher er seine Muster nahm, selbst verfallen. Ich bin gegenwärtig voll Verlangen Hohenheim zu sehen.

Nach allem diesem, das ich niedergeschrieben habe, als wenn Ihuen nicht selbst schon ein großer Theil bekannt wäre, muß ich Ihuen sagen: daß ich unterweges auf ein poetisches Genre gefallen bin, in welchem wir künftig mehr machen müssen, und das vielleicht dem folgenden Almanach gut thuu wird. Es sind Gespräche in Liedern. Wir haben in einer gewissen ältern deutschen Zeit recht artige Sachen von dieser Art und es läßt sich in dieser Form manches sagen, man muß nur erst hineinkommen und dieser Art ihr eigenthümliches abgewinnen. Ich habe so ein Gespräch zwischen einem Knaben, der in eine Müllerin verliebt ist, und dem Mühlbach angefangen und hoffe es bald zu überschicken. Das poetisch-tropisch-allegorische wird durch diese Wendung lebendig, und besonders auf der Reise, wo einen so viel Gegenstände ansprechen, ist es ein recht gutes Genre.

Auch bei dieser Gelegenheit ist merkwürdig zu betrachten was für Gegenstände sich zu dieser besondern Behandlungsart bequemen. Ich kann Ihnen nicht sagen, um meine obigen Klaglieder zu wiederholen, wie sehr mich jetzt, besonders um der Bildhauer willen, die Mißgriffe im Gegenstand beunruhigen; denn diese Künstler büßen offenbar den Fehler und den Unbegriff der Zeit am schwersten. Sobald ich mit Meyern zusammenkomme und seine Ueberlegungen, die er mir angekündigt hat, nutzen kann, so will ich gleich mich daran machen und wenigstens die Hauptmomente zusammenschreiben. Denken Sie doch auch indeß immer weiter über die poetischen Formen und Stoffe nach.

Ueber das theatralisch-komische habe ich auch verschiednemal zu deulen Gelegenheit gehabt; das Resultat ist: daß man es nur in einer großen, mehr oder weniger rohen Menschenmasse gewahr werden kann, und daß wir leider ein Kapital dieser Art, womit wir poetisch wuchern könnten, bei uns gar nicht finden.

Uebrigens hat man vom Kriege hier viel gelitten und leidet immerfort. Wenn die Franzosen dem Lande fünf Millionen abnehmen[15], so sollen die Kaiserlichen nun schon an sechzehn Millionen verzehrt haben. Dagegen erstaunt man denn freilich, als Fremder, über die ungeheure Fruchtbarkeit dieses Landes und begreift die Möglichkeit solche Lasten zu tragen.

Ihrer und der Ihrigen erinnert man sich mit viel Liebe und Freude, ja ich darf wohl sagen, mit Enthusiasmus. Und somit sei Ihnen heute ein Lebewohl gesagt. Cotta hat mich freundlich eingeladen bei ihm zu logiren; ich habe es mit Dank angenommen, da ich bisher, besonders bei dem heißen Wetter, in den Wirthshäusern mehr als auf dem Wege gelitten habe[16]

[17] Den 4. September.

Dieser Brief mag nun endlich abgehen, hoffentlich finde ich einen von Ihnen bei Cotta in Tübingen, wohin ich nun bald zu gelangen gedenke. Hier ist es mir sehr wohl ergangen und ich habe in der Gesellschaft, in welche mich Ihr kleines Blatt[18] eingeführt, mich recht sehr wohl befunden: man hat mich auf alle Weise zu unterhalten, mir alles zu zeigen gesucht und mir mehrere Bekanntschaften gemacht. Wenn Meyer hier wäre, könnte ich mich wohl entschließen noch länger zu bleiben. Es ist natürlich daß ich in der Masse von Kunst und Wissenschaft nun erst manches gewahr werde, das ich noch wohl zu meinem Vortheil gebrauchen könnte; denn es ist wirklich merkwürdig, was für ein Streben unter den Menschen lebt. Was mich aber besonders erfreut und eigentlich mir einen längern Aufenthalt angenehm macht, ist daß ich in der kurzen Zeit mit denen Personen, die ich öfter gesehen habe, durch Mittheilung der Ideen, wirklich weiter komme, so daß der Umgang für beide Theile fruchtbar ist. Ueber einige Hauptpunkte habe ich mich mit Dannecker wirklich verständigt und in einige andre scheint Rapp zu entriren, der eine gar behagliche, heitere und liberale Existenz hat. Noch sind zwar seine Grundsätze die Grundsätze eines Liebhabers, die, wie bekannt, eine ganz eigne, der soliden Kunst nicht eben sehr günstige Tournüre haben; doch fühlt er natürlich und lebhaft und faßt die Motive eines Kunsturtheiles bald, wenn es auch von dem seinigen abweicht. Ich denke übermorgen von hier wegzugehen und hoffe in Tübingen einen Brief von Ihnen zu finden.

Außerdem, daß ich das was mir begegnet so ziemlich fleißig zu den Acten nehme, habe ich verschiednes, das durch Gespräch und Umstände bei mir rege wurde, aufgesetzt, wodurch nach und nach kleine Abhandlungen entstehen, die sich vielleicht zuletzt an einander schließen werden.

Leben Sie recht wohl, grüßen Sie alles und fahren Sie fort mir von Zeit zu Zeit unter Cottas Einschlag zu schreiben, der von meinem Aufenthalt immer unterrichtet sein wird.

G.

359. An Goethe.

Jena den 7. September 1797.

[1] erh. Stäfa den 23. Sept.

Endlich fange ich an, mich wieder zu fühlen und meine Stimmung wieder zu finden. Nach Abgang meines letzten Briefs an Sie hatte sich mein Uebel noch verschlimmert, ich habe mich lange nicht so schlimm befunden, bis endlich ein Vomitiv die Sachen wieder in Ordnung brachte. Fast alle meine Beschäftigungen stockten indessen und die wenigen leidlichen Augenblicke, die ich hatte, nahm der Almanach in Anspruch. Solch eine Beschäftigung hat durch ihren ununterbrochenen und unerbittlich[2] gleichen Rhythmus etwas wohlthätiges, da sie die Willkür aufhebt und sich streng, wie die Tagszeit, meldet. Man nimmt sich zusammen, weil es sein muß, und bei bestimmten Forderungen, die man an sich macht, geschieht die Sache auch nicht schlechter. Wir sind mit dem Druck des Almanachs jetzt bald im reinen, und wenn die Beiwerke, Decke, Titelkupfer und Musik, keinen Aufenthalt machen, kann das Werkchen vor Michaelis noch[3] versendet werden.

Mit dem Ibycus habe ich nach Ihrem Rath wesentliche Veränderungen vorgenommen, die Exposition ist nicht mehr so dürftig, der Held der Ballade interessirt mehr, die Kraniche füllen die Einbildungskraft auch mehr, und bemächtigen sich der Aufmerksamkeit genug, um bei ihrer letzten Erscheinung, durch das vorhergehende, nicht in Vergessenheit gebracht zu sein.

Was aber Ihre Erinnerung in Rücksicht auf die Entwicklung betrifft, so war es mir unmöglich, hierin ganz Ihren Wunsch zu erfüllen — Lasse ich den Ausruf des Mörders nur von den nächsten Zuschauern gehört werden, und unter diesen eine Bewegung entstehen, die sich dem Ganzen, nebst ihrer Veranlassung, erst mittheilt, so bürde ich mir ein Detail auf, das mich hier, bei so ungeduldig forteilender Erwartung, gar zu sehr embarrassirt, die Masse schwächt, die Aufmerksamkeit vertheilt u. s. w. Meine Ausführung soll aber nicht ins Wunderbare gehen, auch schon bei dem ersten Concept fiel mir das nicht ein, nur hatte ich es zu unbestimmt gelassen. Der bloße natürliche Zufall muß die

Katastrophe erklären. Dieser Zufall führt den Kranichzug über dem Theater hin, der Mörder ist unter den Zuschauern, das Stück hat ihn zwar nicht eigentlich gerührt und zerknirscht, das ist meine Meinung nicht, aber es hat ihn an seine That und also auch an das, was dabei vorgekommen, erinnert, sein Gemüth ist davon frappirt, die Erscheinung der Kraniche muß also in diesem Augenblick ihn überraschen, er ist ein roher dummer Kerl, über den der momentane Eindruck alle Gewalt hat. Der laute Ausruf ist unter diesen Umständen natürlich.

Da ich ihn oben sitzend annehme, wo das gemeine Volk seinen Platz hat, so kann er erstlich die Kraniche früher sehen, eh sie über der Mitte des Theaters schweben; dadurch gewinn' ich, daß der Ausruf der wirklichen Erscheinung der Kraniche vorhergehen kann, worauf hier viel ankommt, und daß also die wirkliche Erscheinung derselben bedeutender wird. Ich gewinne zweitens, daß er, wenn er oben ruft, besser gehört werden kann. Denn nun ist es gar nicht unwahrscheinlich, daß ihn das ganze Haus schreien hört, wenn gleich nicht alle seine Worte verstehen.

Dem Eindruck selbst, den seine Exclamation macht, habe ich noch eine Strophe gewidmet, aber die wirkliche Entdeckung der That, als Folge jenes Schreies, wollte ich mit Fleiß nicht umständlicher darstellen: denn sobald nur der Weg zu Auffindung des Mörders geöffnet ist (und das leistet der Ausruf, nebst dem darauf folgenden verlegenen Schrecken), so ist die Ballade aus; das andere ist nichts mehr für den Poeten.

Ich habe die Ballade, in ihrer nun veränderten Gestalt, an Böttiger gesendet, um von ihm zu erfahren, ob sich nichts darin mit altgriechischen Gebräuchen im Widerspruch befindet. Sobald ich sie zurückerhalte, lege ich die letzte Hand daran und eile dann damit in Druck. In meinem nächsten Briefe hoffe ich sie Ihnen nebst dem ganzen Rest des Almanachs abgedruckt zu senden. Auch Schlegel hat noch eine Romanze geschickt, worin Arions Geschichte mit dem Delphin behandelt ist. Der Gedanke wäre recht gut, aber die Ausführung däucht mir kalt, trocken und ohne Interesse zu sein. Er wollte auch die Sacontala als Ballade bearbeiten; ein sonderbares Unternehmen für ihn, wovor ihn sein guter Engel bewahren wolle.

Ihren vorletzten Brief vom 16.[4] August erhielt ich viel später, da Böttiger, der ihn zu besorgen hatte, abwesend war. Das sentimentale Phänomen in Ihnen befremdet mich gar nicht, und mir dünkt, Sie selbst haben es sich hinlänglich erklärt. Es ist ein Bedürfniß poetischer Naturen, wenn man nicht überhaupt menschlicher[5] Gemüther sagen will, so wenig leeres als möglich um sich zu leiden, so viel Welt, als nur immer angeht, sich durch die Empfindung anzueignen, die Tiefe aller Erscheinungen zu suchen, und überall ein Ganzes der Menschheit zu fordern. Ist der Gegenstand als Individuum leer und mithin in poetischer Hinsicht gehaltlos, so wird sich das Ideenvermögen daran versuchen und ihn von seiner symbolischen Seite fassen, und so eine Sprache für die Menschheit daraus machen. Immer aber ist das Sentimentale (in gutem Sinn) ein Effect des poetischen Strebens, welches, sei es aus Gründen die in dem Gegenstand, oder solchen, die in dem Gemüth liegen, nicht ganz erfüllt wird. Eine solche poetische Forderung, ohne eine reine poetische Stimmung und ohne einen poetischen Gegenstand, scheint Ihr Fall gewesen zu sein, und was Sie mithin an sich erfuhren, ist nichts als die allgemeine Geschichte der sentimentalischen Empfindungsweise und bestätiget alles das, was wir darüber mit einander festgesetzt haben.

Nur eins muß ich dabei noch erinnern. Sie drücken sich so aus, als wenu es hier sehr auf den Gegenstand ankäme; was ich nicht zugeben kann. Freilich der Gegenstand muß etwas bedeuten, so wie der poetische etwas sein muß; aber zuletzt kommt es auf das Gemüth an, ob ihm ein Gegenstand etwas bedeuten soll, und so däucht mir das Leere und Gehaltreiche mehr im Subject als im Object zu liegen. Das Gemüth ist es, welches hier die Grenze steckt, und das Gemeine oder Geistreiche kann ich auch hier wie überall nur in der Behandlung, nicht in der Wahl des Stoffes finden. Was Ihuen die zwei angeführten Plätze gewesen sind, würde Ihuen unter andern Umständen, bei einer mehr aufgeschlossenen poetischen Stimmung, jede Straße, Brücke, jedes Schiff, ein Pflug oder irgend ein anderes mechanisches Werkzeug vielleicht geleistet haben.

Entfernen Sie aber ja diese sentimentalen Eindrücke nicht, und geben Sie denselben einen Ausdruck so oft Sie können. Nichts, außer dem poetischen, reinigt das Gemüth so sehr von dem Leeren und Gemeinen, als diese Ansicht der Gegenstände, eine Welt wird dadurch in das einzelne gelegt, und die flachen Erscheinungen gewinnen dadurch eine unendliche Tiefe. Ist es auch nicht poetisch, so ist es, wie Sie selbst es ausdrücken, menschlich; und das menschliche ist immer der Anfang des poetischen, das nur der Gipfel davon ist.

Heute, als den 8ten, erhalte ich einen Brief von Cotta der mir sagt, daß Sie seit dem 30sten in Stuttgart wären. Ich kann Sie mir nicht in Stuttgart denken, ohne gleichfalls in eine sentimentale Stimmung zu gerathen. Was hätte ich vor sechzehn Jahren darum gegeben, Ihuen auf diesem Boden zu begegnen, und wie wunderbar wird mir's, wenu ich die Zustände und Stimmungen, welche dieses Local mir zurückruft, mit unserm gegenwärtigen Verhältniß zusammendenke.

Ich bin sehr erwartend, wie lang Sie in dortigen Gegenden zu verweilen Neigung und Veranlassung gefunden. Hoffentlich fand Sie mein Brief vom 30sten noch dort; der gegenwärtige aber trifft Sie wahrscheinlich erst in Zürich und bei unserm Freund, den ich herzlich grüße.

Schreiben Sie mir doch in Ihrem nächsten Briefe, wie es mit den für Sie bestimmten Exemplarien des Almanachs soll gehalten werden, wohin und an wen ich sie zu schicken habe.

Herzlich freue ich mich, daß Sie auch an die Horen gedacht haben und mich auf den October etwas dafür hoffen lassen. Bei den Anstalten, die Sie machten sich der Erfahrungsmasse um Sie herum zu bemächtigen, muß Ihuen ein unerschöpflicher Stoff zufließen.

Es war mir sehr angenehm, daß Hölderlin sich Ihuen noch präsentirt hat; er schrieb mir nichts davon, daß er's thuu wollte und muß sich also auf einmal ein Herz gefaßt haben. Hier ist auch wieder ein poetisches Genie, von Schlegels Art und Weise. Sie werden ihn im Almanach finden. Er hat Schlegels Pygmalion nachgeahmt und in demselben Geschmack einen symbolischen Phaethon geliefert. Das Product ist närrisch genug, aber die Versification und einzelne gute Gedauken geben ihm doch einiges Verdienst.

Leben Sie recht wohl und fahren Sie fort wie bisher mich Ihrem Geiste folgen zu lassen. Herzliche Grüße von meiner Frau. Ihr Kleiner höre ich ist ganz wieder hergestellt.

Sch.

360. An Schiller.

[Tübingen 14. September 1797.][1]

Ihr Brief vom 30. August, den ich bei meiner Ankunft in Tübingen erhalten, verspricht mir daß ein zweiter bald nachkommen solle, der aber bis jetzt ausgeblieben ist; wenu nur nicht das Uebel, von dem Sie mir schreiben. die Ursache von dieser Verspätung ist.

Ich freue mich daß Sie das was ich über den Ibykus geschrieben, nutzen mögen; es war die Idee worauf ich eigentlich meine Ausführung bauen wollte; verbunden mit Ihrer übrigen[2] glücklichen Behandlung, kann dadurch das Ganze Vollständigkeit und Rnudung erlangen. Wenn Sie nur noch für diesen Almanach mit der Glocke zu Staude kommen! denn dieses Gedicht wird eins der vornehmsten und besonderen Zierden[3] desselben sein.

Seit dem 4. September an dem ich meinen letzten Brief abschickte, ist es mir durchaus recht gut gegangen. Ich blieb in Stuttgart noch drei Tage, in denen ich noch manche Personen kennen lernte, und manches Interessante beobachtete. Als ich bemerken kounte, daß mein Verhältniß zu Rapp und Dannecker im Wachsen war und beide manchen Grundsatz, an dem mir theoretisch so viel gelegen ist, aufzufassen nicht abgeneigt waren, auch von ihrer Seite sie mir manches Angenehme, Gute[4] und Brauchbare mittheilten, so entschloß ich mich ihnen den Hermann vorzulesen, das ich denn auch in einem Abend vollbrachte. Ich hatte alle Ursache mich des Effects zu erfreuen, den er hervorbrachte, und es sind uns allen diese Stunden fruchtbar geworden.

Nun bin ich seit dem 7ten in Tübingen, dessen Umgebungen ich die ersten Tage, bei schönem Wetter, mit Vergnügen betrachtete und nun eine traurige Regenzeit, durch geselligen Umgang, um ihren Einfluß betrüge. Bei Herrn Cotta habe ich ein heiteres Zimmer, und, zwischen der alten Kirche und dem akademischen Gebäude, einen freundlichen, obgleich schmalen Ausblick ins Neckarthal. Indessen bereite ich mich zur Abreise und meinen nächsten Brief erhalten Sie von Stäfa.

Meyer ist sehr wohl und erwartet mich mit Verlangen. Es läßt sich gar nicht berechnen was beiden unsere Zusammenkunft sein und werden kann.

Je näher ich Herrn Cotta kennen lerne, desto besser gefällt er mir. Für einen Mann von strebender Denkart und unternehmender Handelsweise, hat er so viel mäßiges, sanftes und gefaßtes, so viel Klarheit und Beharrlichkeit, daß er mir eine seltne Erscheinung ist. Ich habe mehrere von den hiesigen Professoren kennen lernen, in ihren Fächern, Denkungsart und Lebensweise sehr schätzbare Männer, die sich alle in ihrer Lage gut zu befinden scheinen, ohne daß sie gerade einer bewegten akademischen Circulation nöthig hätten. Die großen Stiftungen scheinen den großen Gebäuden gleich, in die sie eingeschlossen sind; sie stehen wie ruhige Kolossen auf sich selbst gegründet und bringen keine lebhafte Thätigkeit hervor, die sie zu ihrer Erhaltung nicht bedürfen.

Sonderbar hat mich hier eine kleine Schrift von Kant überrascht, die Sie gewiß auch kennen werden: *Verkündigung des nahen Abschlusses eines Tractats zum ewigen Frieden in der Philosophie.* Ein sehr schätzbares Product seiner bekannten Denkart, das so wie alles was von ihm kommt die herrlichsten Stellen enthält, aber auch in Composition und Styl Kantischer als Kantisch. Mir macht es großes Vergnügen daß ihn die vornehmen Philosophen und die Prediger des Vorurtheils so ärgern konnten, daß er sich mit aller Gewalt gegen sie stemmt. Indessen thut er doch, wie mir scheint, Schlossern unrecht, daß er ihn einer Unredlichkeit, wenigstens indirect beschuldigen will. Wenn Schlosser fehlt, so ist es wohl darin daß er seiner innern Ueberzeugung eine Realität nach außen zuschreibt und kraft seines Charakters und seiner Denkweise zuschreiben muß; und wer ist in Theorie und Praxis ganz frei von dieser Anmaßung[1] — Zum Schlusse lasse ich Ihnen noch einen kleinen Scherz abschreiben; machen Sie aber noch keinen Gebrauch davon. Es folgen auf diese Introduction noch drei Lieder in deutscher, französischer und spanischer Art, die zusammen einen kleinen Roman ausmachen.

Der Edelknabe und die Müllerin.

Nach dem Altenglischen.[5]

Edelknabe.

Wohin? wohin?
Schöne Müllerin!
Wie heißt du?

Müllerin.

Lise.

Edelknabe[6].

Wohin denn, wohin?
Mit dem Rechen in der Hand?

Müllerin.

Auf des Vaters Laud,
Auf des Vaters Wiese!

Edelknabe.

Und gehst so allein?

Müllerin.

Das Heu soll herein,
Das bedeutet der Rechen.
Und im Garten daran
Fangen die Birn' zu reifen an,
Die will ich brechen.

Edelknabe.

Ist nicht eine stille Lanbe dabei?

Müllerin.

Sogar ihrer zwei,
An beiden Ecken.

Edelknabe.

Ich komme dir nach,
Und am heißen Mittag
Wollen wir uns drein verstecken.
Nicht wahr? im grünen vertraulichen Haus —

Müllerin.

Das gäbe Geschichten.

Edelknabe.

Ruhst du in meinen Armen aus?

Müllerin.

Mit nichten!
Denn wer die artige Müllerin küßt
Auf der Stelle verrathen ist.
Euer schönes dunkles Kleid
Thät' mir leid
So weiß zu färben.
Gleich und gleich! so allein ist's recht!
Ich liebe mir den Müllerknecht,
An dem ist nichts zu verderben.

*

Ich muß nicht vergessen zu dem glücklichen Fortschritt des Almanachs und zu Ritter Toggenburg zu gratuliren.

361. An Goethe.

Jena den 14. September 1797.

Zu meiner Freude erfahre ich aus Ihrem Stuttgarter Briefe, daß Sie sich auf meinem vaterländischen Boden gefallen, und daß die Personen, die ich Ihnen empfahl, mich nicht zum Lügner gemacht haben. Ich zweifle nicht, daß diese sieben Tage, die Sie selbst mit Vergnügen und Nutzen dort zugebracht, für Dannecker und Rapp Epoche machen und sehr gute Folgen haben werden; der erste besonders ist höchst bildungsfähig, und ihm mangelte [1] es bis jetzt nur an einer glücklichen Pflege von außen, die seinem reichen Naturell die gehörige Richtung gegeben hätte. Ich kann mir seine Fehlgriffe in der Kunst, da er diese sonst so ernstlich zu packen wußte und in einigen Hauptpunkten so entscheidend auf das wahre Wesen losgeht, nur aus einem gewissen Ueberfluß erklären; mir däucht daß seine poetische Imagination sich mit der artistischen, woran es ihm gar nicht mangelt, nur confundire.

Ueberhaupt frage ich Sie bei dieser Gelegenheit ob die Neigung so vieler talentvoller Künstler neuerer Zeiten zum Poetisiren in der Kunst nicht daraus zu erklären ist, daß in einer Zeit wie die unsrige es keinen Durchgang zum Aesthetischen giebt als durch das Poetische, und daß folglich alle auf Geist Anspruch machende Künstler, eben deßwegen weil sie nur durch ein poetisches Empfinden geweckt worden sind, auch in der bildenden Darstellung nur eine poetische Imagination zeigen. Das Uebel wäre so groß nicht, wenn nicht unglücklicherweise der poetische Geist in unsern Zeiten, auf eine, der Kunstbildung so ungünstige Art, specificirt wäre. Aber da auch schon die Poesie so sehr von ihrem Gattungsbegriff abgewichen ist (durch den sie allein mit den nachahmenden Künsten in Berührung steht), so ist sie freilich keine gute Führerin zur Kunst, und sie kann höchstens negativ (durch Erhebung über die gemeine Natur), aber keineswegs positiv und activ (durch Bestimmung des Objects) auf den Künstler einen Einfluß äußern.

Auch diese Verirrung der bildenden Künstler neuerer Zeit erklärt sich mir hinreichend aus unsern Ideen über realistische und idealistische Dichtung, und liefert einen neuen Beleg für die Wahrheit derselben. Ich denke mir die Sache so.

Zweierlei gehört zum Poeten und Künstler: daß er sich über das Wirkliche erhebt und daß er innerhalb des Sinnlichen stehen bleibt. Wo beides verbunden ist, da ist ästhetische Kunst. Aber in einer ungünstigen, formlosen Natur verläßt er mit dem Wirklichen nur zu leicht auch das Sinnliche und wird idealistisch und, wenn sein Verstand schwach ist, gar phantastisch; oder will er und muß er, durch seine Natur genöthigt, in der Sinnlichkeit bleiben, so bleibt er gern auch bei dem Wirklichen stehen und wird, in beschränkter Bedeutung des Worts, realistisch, und wenn es ihm ganz an Phantasie fehlt, knechtisch und gemein. In beiden Fällen also ist er nicht ästhetisch.

Die Reduction empirischer Formen auf ästhetische ist die schwierige Operation, und hier wird gewöhnlich entweder der Körper oder der Geist, die Wahrheit oder die Freiheit fehlen. Die alten Muster, sowohl im Poetischen als im Plastischen, scheinen mir vorzüglich den Nutzen zu leisten, daß sie eine empirische Natur die bereits auf eine ästhetische reducirt ist, aufstellen, und daß sie, nach einem tiefen Studium, über das Geschäft jener Reduction selbst Winke geben können.

Aus Verzweiflung, die empirische Natur womit er umgeben ist nicht auf eine ästhetische reduciren zu können, verläßt der neuere Künstler von lebhafter Phantasie und Geist sie lieber ganz, und sucht bei der Imagination Hülfe gegen die Empirie, gegen die Wirklichkeit. Er legt einen poetischen Gehalt in sein Werk, das sonst leer und dürftig wäre, weil ihm derjenige Gehalt fehlt, der aus den Tiefen des Gegenstandes geschöpft werden muß.

[2]Den 15. September 1797.

Es wäre vortrefflich, wenn Sie mit Meyern Ihre Gedanken über die Wahl der Stoffe für poetische und bildende Darstellung entwickelten. Diese Materie communicirt mit dem Innersten der Kunst, und würde zugleich durch ihre unmittelbare und leichte Anwendung auf wirkliche Kunstwerke sehr pragmatisch und ansprechend sein. Ich für mein Theil werde darüber auch meine Begriffe deutlich zu machen suchen.

Vor der Haud scheint mir, daß man mit großem Vortheil von dem Begriff der absoluten Bestimmtheit des Gegenstandes ausgehen könnte. Es würde sich nämlich zeigen, daß alle, durch eine ungeschickte Wahl des Gegenstandes, verunglückte Kunstwerke an einer solchen Unbestimmtheit und daraus folgender Willkürlichkeit leiden.

So scheint mir der Begriff dessen, was man einen prägnanten Moment nennt, sich vollkommen durch seine Qualification zu einer durchgängig bestimmten Darstellung zu erklären. Ich weiß in der poetischen Gattung keinen treffendern[3] Fall als Ihren Hermann. Hier würde sich vielleicht durch eine Art Induction zeigen lassen, daß bei jeder anderu Wahl der Handlung etwas hätte unbestimmt bleiben müssen.

Verbindet man mit diesem Satz nun den andern, daß die Bestimmung des Gegenstandes jedesmal durch die Mittel geschehen muß, welche einer Kunstgattung eigen sind, daß sie innerhalb der besondern Grenzen einer jeden Kunstspecies absolvirt werden muß, so hätte man, däucht mir, ein hinlängliches Criterium, um in der Wahl der Gegenstände nicht irre geleitet zu werden.

Aber freilich, wenn dieß auch seine Richtigkeit hätte, ist die Anwendung des Satzes schwer und möchte überall mehr Sache des Gefühls und des Ahnungsvermögens bleiben, als des deutlichen Bewußtseins.

Ich bin sehr neugierig auf das neue poetische Genre, woraus Sie mir bald etwas senden wollen. Der reiche Wechsel Ihrer Phantasie erstaunt und entzückt mich, und wenn ich Ihuen auch nicht folgen kann, so ist es schon ein Genuß und Gewinn für mich, Ihnen nachzusehen. Von diesem neuen Genre erwarte ich mir etwas sehr anmuthiges, und begreife schon im Voraus, wie geschickt es dazu sein muß, ein poetisches Leben und einen geistreichen Schwung in die gemeinsten Gegenstände zu bringen.

Von unserm Freund Humboldt habe ich heute Briefe bekommen. Es gefällt ihm in Wien gar nicht mehr, die italienische Reise hat er auch so gut als aufgegeben, ist aber beinah entschlossen nach Paris zu gehen, welches er aber wahrscheinlich, nach den neuesten Ereignissen dort, nicht zur Ausführung bringen wird. Er wird Ihnen, wie er schreibt, in diesen Tagen von sich Nachricht geben.

Ich habe immer noch viel von meinem Husten zu leiden, bin aber viel freier von meinem alten Uebel, wobei indeß meine Stimmung und meine Thätigkeit nicht viel gewinnt; denn das neue Uebel greift mir den Kopf weit mehr an als das[4] malum domesticum, die Krämpfe zu thuu pflegen. Indeß hoffe ich in acht oder zehn Tagen der Schererei des Almanachs los zu sein und wieder ernstlich an den Wallenstein gehen zu können. Das Lied von der Glocke habe ich bei meinem übeln Befinden[5] nicht vornehmen können noch mögen. Indessen fanden sich doch noch allerlei Kleinigkeiten für den Almanach, die eine Mannigfaltigkeit in meine Beiträge bringen und meinen Antheil an demselben ziemlich beträchtlich, machen.

Mit meinen Kranichen ist Böttiger sehr zufrieden gewesen, und Zeit und Lokal, worüber ich ihn consultirte, hat er sehr befriedigend dargestellt gefunden. Er gestand bei dieser Gelegenheit, daß er nie recht degriffen habe, wie sich aus dem Ibycus etwas machen ließe. Dieses Geständniß hat mich sehr belustigt, da es seinen Mann so schön charakterisirt.

Sie werden von Cotta den I und K Bogen des Almanachs erhalten haben; vielleicht kann ich heute noch einen schicken. Der Almanach wird stärker als der vom vorigen Jahr, ohne daß ich in der Auswahl hätte laxer sein müssen.

In meinem Hause geht es gut, und wir haben Karls Geburtstag gestern mit vieler Freude gefeiert. Heute hatten wir Vent aus Weimar bei uns, der mir sehr wohl gefällt; sonst hat sich meine Gesellschaft um keine neue Figur vermehrt. Meine Frau denkt Ihrer mit herzlichem Antheil, auch mein Schwager und Schwägerin empfehlen sich Ihuen aufs beste.

Leben Sie recht wohl, grüßen Sie Meyern und denken Sie meiner in Ihrem Kreise. Ihre Briefe sind für uns reichbeladne Schiffe, und machen jetzt eine meiner besten Freuden aus. Leben Sie wohl[6].

Schiller.

Sehen Sie doch das Blatt an, worein ich packe.

---

362. An Goethe.

Jena den 22. September 1797.

Ihr Brief nebst seinem Anhang hat uns wieder große Freude gemacht. Das Lied ist voll heiterer Laune und Natur. Mir däucht, daß diese Gattung dem Poeten schon dadurch sehr günstig sein müsse, daß sie ihn aller belästigenden Beiwerke, dergleichen die Einleitungen, Uebergänge, Beschreibungen ꝛc. sind, überhebt und ihm erlaubt, immer nur das Geistreiche und Bedeutende an seinem Gegenstand mit leichter Haud oben wegzuschöpfen.

Hier wäre also schon wieder der Ansatz zu einer neuen Sammlung, der Anfang einer „unendlichen" Reihe: denn dieses Gedicht hat, wie jede gute Poesie, ein ganzes Geschlecht in sich, durch die Stimmung die es gibt und durch die Form die es aufstellt.

Ich wäre sehr begierig gewesen, den Eindruck, den Ihr Hermann auf meine Stuttgarter Freunde gemacht, zu beobachten. An einer gewissen Innigkeit des Empfangens hat es sicher nicht gefehlt, aber so wenige Menschen können das Nackende der menschlichen Natur ohne Störung genießen. Indessen zweifle ich gar nicht, daß Ihr Hermann schlechterdings über alle diese Subjectivitäten triumphiren wird, und dieses durch die schönste Eigenschaft bei einem poetischen Werk, nämlich durch sein Ganzes, durch die reine Klarheit seiner Form und durch den völlig erschöpften Kreis menschlicher Gefühle.

Mein letzter Brief hat Ihuen schon gemeldet, daß ich die Glocke liegen lassen mußte. Ich gestehe daß mir dieses, da es einmal so sein mußte, nicht so ganz unlieb ist. Denn indem ich diesen Gegenstand noch ein Jahr mit mir herumtrage und warm halte, muß das Gedicht, welches wirklich keine kleine Aufgabe ist, erst seine wahre Reife erhalten. Anch ist dieses einmal das Balladenjahr, und das nächste hat schon ziemlich den Anschein das Liederjahr zu werden, zu welcher Classe auch die Glocke gehört.

Indessen habe ich die letzten acht Tage doch für den Almanach nicht verloren. Der Zufall führte mir noch ein recht artiges Thema zu einer Ballade zu, die auch größtentheils fertig ist und den Almanach, wie ich glaube, nicht unwürdig beschließt. Sie besteht aus 24 achtzeiligen Strophen, und ist überschrieben: Der Gang nach dem Eisenhammer, woraus Sie sehen daß ich auch das Feuerelement mir vindicirt habe [1], nachdem ich Wasser und Luft bereist habe. Der nächste Posttag liefert es Ihuen, nebst dem ganzen Almanach, gedruckt.

Ich wünsche nun sehr, daß die Kraniche in der Gestalt, worin Sie sie jetzt lesen, Ihuen Genüge thuu mögen. Gewonnen haben sie ganz [2] unstreitig durch die Idee, die Sie mir zu der Exposition gegeben. Anch denke ich hatte die neue Strophe, die ich den Furien noch gewidmet, zur genauen Bezeichnung derselben anfänglich noch gefehlt.

Kants kleinen Tractat habe ich auch gelesen, und obgleich der Inhalt nichts eigentlich neues liefert, mich über seine trefflichen Einfälle gefreut. Es ist in diesem alten Herrn noch etwas so wahrhaft 'jugendliches, das man beinah ästhetisch nennen möchte, wenn einen nicht die greuliche Form, die man einen philosophischen Canzleistil nennen möchte, in Verlegenheit setzte. Mit Schlossern kann es sich zwar so verhalten, wie Sie meinen, indessen hat seine Stellung gegen die kritischen Philosophen so etwas bedenkliches, daß der Charakter kaum aus dem Spiele bleiben kann. Auch kann man, däucht mir, bei allen Streitigkeiten, wo der Supernaturalism von denkenden Köpfen gegen die Vernunft vertheidigt wird, in die Ehrlichkeit ein Mistrauen setzen; die Erfahrung ist gar zu alt und es läßt sich überdem auch gar wohl begreifen.

Wir genießen jetzt hier sehr schöne Herbsttage; bei Ihuen mag wohl noch ein Rest von Sommer zu spüren sein. In meinem Garten werden schon große Anstalten gemacht, ihn für die künftigen Jahre recht zu verbessern. Uebrigens hatten wir keine schlechte Obstärnte, wobei Karl uns nicht wenig Spaß machte.

Wir zweifeln, bei dem zweifelhaften Ansehen des Kriegs und Friedens, noch immer an der nahen Ausführung Ihrer italienischen Reise, und geben zuweilen der Hoffnung Raum, daß wir Sie früher als wir erwarten durften, wieder bei uns sehen könnten.

Leben Sie recht wohl und Meyern sagen Sie die freundschaftlichsten Grüße von uns. Herzlich wünschen wir Ihuen Glück zu Ihrer Wiedervereinigung. Meine Frau grüßt Sie aufs beste.

Sch.

---

363. An Schiller.

Stäfa den 25. September 1797.

[1] Ihren erfreulichen Brief vom 7ten September habe ich vorgestern hier erhalten; da er länger ausblieb als ich hoffte, so mußte ich befürchten daß Ihr Uebel sich vermehrt habe, wie ich denn nun auch aus Ihrem Briefe leider erfahre. Möchten Sie doch in Ihrer Stille einer so guten Gesundheit genießen, als ich bei meiner Bewegung! Ein Blatt das beiliegt, sagt Ihuen wie es mir seit Tübingen ergangen ist. Meyer[1 a], den ich nun zu unserer wechselseitigen Freude wiedergefunden habe, befindet sich so wohl als[2] jemals und wir haben schon was ehrliches zusammen durchgeschwätzt. Er kommt mit trefflichen Kunstschätzen und mit Schätzen einer sehr genauen Beobachtung wieder zurück. Wir wollen nun überlegen in was für Formen wir einen Theil brauchen und zu welchen Absichten wir den andern aufheben wollen.

Nun soll es in einigen Tagen nach dem Vierwaldstädter See gehen. Die großen Naturscenen, die ihn umgeben, muß ich mir, da wir so nahe sind, wieder zum Anschauen bringen; denn die Rubrik dieser ungeheuern Felsen darf mir unter meinen Reise-Capiteln nicht fehlen. Ich habe schon ein paar tüchtige Actenfascikel gesammelt, in die alles, was ich erfahren habe, oder was mir sonst vorgekommen ist, sich eingeschrieben oder eingeheftet befindet, bis jetzt noch der bunteste Stoff von der Welt, aus dem ich auch nicht einmal, wie ich früher hoffte, etwas für die Horen herausheben könnte.

Ich doffe diese Reisesammlung noch um vieles zu vermehren und kann mich dabei an so mancherlei Gegenständen prüfen. Man genießt doch zuletzt, wenn man fühlt, daß man so manches subsumiren[3] kann, die Früchte der großen und anfangs unfruchtbar scheinenden Arbeiten, mit denen man sich in seinem Leben geplagt hat.

Da Italien, durch seine frühern Unruhen, und Frankreich durch seine neusten, den Fremden mehr oder weniger versperrt ist, so werden wir wohl vom Gipfel der Alpen wieder zurück dem Falle des Wassers folgen und, den Rhein hinab, uns wieder gegen Norden bewegen, ehe die schlimme Witterung einfällt. Wahrscheinlich werden wir diesen Winter am Fuße des Fuchsthurms vergnügt zusammen wohnen, ja, ich vermuthe sogar, daß Humboldt uns Gesellschaft leisten wird. Die sämmtliche Karavane hat, wie mir sein Brief sagt, den ich in Zürich faud, die Reise nach Italien gleichfalls aufgegeben; sie werden sämmtlich nach der Schweiz kommen. Der jüngere hat die Absicht sich in diesem für ihn in mehrern Rücksichten so interessanten Lande umzusehen, und der ältere wird wahrscheinlich eine Reise nach Frankreich, die er projectirt hatte, unter den jetzigen Umständen aufgeben müssen. Sie gehen den 1. October von Wien ab; vielleicht erwarte ich sie noch in diesen Gegenden.

Und nun wende ich mich in Gedanken zu Ihuen und Ihren Arbeiten. Der Almanach hat wirklich ein recht ordentliches Ansehen, nur wird das Publikum den Pfeffer zu den Melonen vermissen. Im allgemeinen wird nichts so sehnlich gewünscht als wieder eine Ladung Xenien und man wird betrübt sein die Bekanntschaft mit diesen Bösewichtern, auf die man so sehr gescholten hat, nicht erneuern zu können. Ich freue mich daß durch meinen Rath der Anfang Ihres Ibykus eine größere Breite und Ausführung gewinnt; wegen des Schlusses werden Sie denn wohl auch[4] Recht behalten. Der Künstler muß selbst am besten wissen in wie fern er sich fremder Vorschläge bedienen kann. Der Phaethon ist gar nicht übel gemacht und das alte Mährchen des ewig unbefriedigten Strebens der edlen Menschheit, nach dem Urquell ihres allerliebsten Daseins, noch so ganz leidlich aufgestutzt. Den Prometheus hat Meyer nicht auslesen können, welches denn doch ein übles Zeichen ist.

Die Exemplare des Almanachs die Sie mir bestimmen, haben Sie die Güte mir aufzuheben; denn wahrscheinlich werden Sie der regierenden Herzogin eins in in Ihrem eignen Namen zusenden. Mich verlangt recht dieses Werkchen beisammen zu sehen.

[5]Aus meinen frühern Briefen werden Sie gesehen haben daß es mir in Stuttgart ganz wohl und behaglich war. Ihrer ist viel und von vielen und immer aufs beste gedacht worden. Für uns beide, glaub' ich, war es ein Vortheil, daß wir später und gebildeter zusammentrafen.

Sagen Sie mir doch in dem nächsten Briefe wie Sie sich auf künftigen Winter einzurichten gedenken? ob Ihr Plan auf den Garten, das Griesbachische Haus, oder Weimar gerichtet ist. Ich wünsche Ihuen die behaglichste Stelle, damit Sie nicht bei Ihren andern Uebeln[6] auch noch mit der Witterung zu kämpfen haben.

Wenn Sie mir nach Empfang dieses Briefes sogleich schreiben, so haben Sie die Güte den Brief unmittelbar nach Zürich, mit dem bloßen Beisatz bei Herrn Rittmeister Ott zum Schwert zu adressiren. Ich kann rechnen, daß gegenwärtiges acht Tage läuft, daß eine Antwort ohngefähr[7] eben so lange gehen kann, und ich werde ohngefähr[8] in der Hälfte Octobers von meiner Bergreise in Zürich anlangen.

Für die Nachricht, daß mein Kleiner wieder hergestellt ist, danke ich Ihnen um so mehr als ich keine directe Nachricht schon seit einiger Zeit erhalten habe, und die Briefe aus meinem Hause irgendwo stocken müssen. Diese Sorge allein hat mir manchmal einen trüben Augenblick gemacht, indem sich sonst alles gut und glücklich schickte.

Leben Sie recht wohl, grüßen Sie Ihre liebe Frau und erfreuen Sie sich der letzten schönen Herbsttage mit den Ihrigen, indeß ich meine Wanderung in die hohen Gebürge austelle. Meine Correspondenz wird nun eine kleine Pause machen, bis ich wieder hier angelangt bin.

G.

[9]Bald hätte ich vergessen Ihnen zu sagen daß der Vers: es wallet und[10] siedet und brauset und zischt ꝛc. sich bei dem Rheinfall trefflich legitimirt hat; es war mir sehr merkwürdig wie er die Hauptmomente der ungeheuern Erscheinung in sich begreift. Ich habe auf der Stelle das Phänomen in seinen Theilen und im ganzen wie es sich darstellt zu fassen gesucht und die Betrachtungen, die man dabei macht, sowie die Ideen die es erregt abgesondert bemerkt. Sie werden dereinst sehen, wie sich jene wenigen dichterischen Zeilen gleichsam wie ein Faden durch dieses Labyrinth durchschlingen.

So eben erhalte ich die Bogen I. K. des Almanachs durch Cotta und hoffe nun auf meiner Rückkunft aus den Bergen und Seen wieder Briefe von Ihnen zu finden. Leben Sie recht wohl. Meyer wird selbst ein paar Worte schreiben. Ich habe die größte Freude daß er so wohl und heiter ist; möge ich doch auch dasselbe von Ihnen erfahren!

Herrliche Stoffe zu Idyllen und Elegien, und wie die verwandten Dichtarten alle heißen mögen, habe ich schon wieder aufgefunden, auch einiges schon wirklich gemacht, so wie ich überhaupt noch niemals mit solcher Bequemlichkeit die fremden Gegenstände aufgefaßt und zugleich wieder etwas producirt habe. Leben Sie recht wohl und lassen Sie uns theoretisch und praktisch immer so fortfahren.

[11]Stäfa, den 26. September gegen Abend.

Ich hatte meinen Brief eben mit einem kleinen Nachtrag geschlossen, als Graf Burgstall uns besuchte, der mit seiner jungen Frauen[12], einer Schottländerin, die er nicht lange geheirathet hat, aus England über Frankreich und die Schweiz nach Hause zurückkehrt. Er läßt Ihnen das schönste und beste sagen und nimmt einen recht wahren Antheil an dem was Sie sind und thun. Mir hat sein Besuch viel Freude gemacht, da seine frühere Tendenz zur neuern Philosophie, sein Verhältniß zu Kant und Reinhold, seine Neigung zu Ihuen, auch seine frühere Bekanntschaft mit mir gleich eine breite Unterhaltung eröffneten. Er brachte sehr artige Späße aus England und Frankreich mit, war gerade den 18. Fructidor in Paris gewesen und hatte also manche ernste und komische Scene mit erlebt. Er grüßt Sie aufs allerbeste und ich will nur schließen, damit die Briefe mit dem Schiffer, der unsern Postboten macht, noch fortkommen. Haben Sie etwa Gelegenheit Wielanden von Graf Burgstall zu grüßen so thuu Sie es doch.

G.

[13] Kurze Nachricht von meiner Reise von Tübingen nach Stäfa.

Den 16ten September fuhr ich von Tübingen, über Hechingen, Balingen und Wellendingen nach Tuttlingen. Die Tagereise ist groß, ich machte sie von 4 Uhr des Morgens bis halb 9 Uhr des Abends. Anfangs giebt es noch fürs Auge angenehme Gegenden, zuletzt aber, wenn man immer höher in der Neckarregion hinaufsteigt, wird das Laud kahler und weniger fruchtbar; erst in der Nacht kam ich in das Thal oder die Schlucht, die zur Donau hinunter führt; der Tag war trüb, doch zum Reisen sehr angenehm.

Deu 17ten von Tuttlingen auf Schaffhausen. Bei dem schönsten Wetter, fast durchgängig, die interessanteste Gegend. Ich fuhr von Tuttlingen um 7 Uhr, bei starkem Nebel aus, aber auf der Höhe fanden wir bald den reinsten Himmel, und der Nebel lag horizontal im ganzen Donauthal. Indem man die Höhe befährt, welche die Rhein- und Donauregion trennt, hat man eine bedeutende Aussicht, sowohl rück- als seitwärts, indem man das Donauthal bis Donaueschingen [13a] und weiter überschaut. Besonders aber ist vorwärts der Anblick herrlich; man sieht den Bodensee und die Graubündner Gebürge in der Ferne, näher Hohentwiel und einige andere charakteristische Basaltfelsen. Man fährt durch waldige Hügel und Thäler bis Engen, von wo sich südwärts eine schöne und fruchtbare Fläche öffnet, darauf kommt man Hohentwiel und die andern Berge, die man erst von Ferne sah, vorbei und gelangt endlich in das wohlgebaute und reinliche Schweizerland. Vor Schaffhausen wird alles zum Garten. Ich kam Abends bei schönem Sonnenschein daselbst an.

Den 18ten widmete ich ganz dem Rheinfall, fuhr früh nach Laufen und stieg von dort hinunter, um sogleich der ungeheuern Ueberraschung zu genießen. Ich beobachtete die gewaltsame Erscheinung, indeß die Gipfel der Berge und Hügel vom Nebel bedeckt waren, mit dem der Staub und Dampf des Falles sich vermischte. Die Sonne kam hervor und verherrlichte das Schauspiel, zeigte einen Theil des Regenbogens und ließ mich das ganze Naturphänomen in seinem vollen Glanze sehen. Ich setzte nach dem Schlößchen Wörth hinüber und betrachtete nun das ganze Bild von vorn und von weitem, danu kehrte ich zurück und fuhr von Laufen nach der Stadt. Abends fuhr ich an dem rechten Ufer wieder hinaus und genoß von allen Seiten bei untergehender Sonne, diese herrliche Erscheinung noch einmal.

Den 19ten fuhr ich, bei sehr schönem Wetter, über Eglisau nach Zürich, die große Kette der Schweizergebürge immer vor mir, durch eine angenehme, abwechselnde und mit Sorgfalt cultivirte Gegend.

Den 20sten einen sehr heitern Vormittag brachte ich auf den Züricher Spaziergängen zu. Nachmittags veränderte sich das Wetter, Professor Meyer kam, und weil es regnete und stürmte, blieben wir die Nacht in Zürich.

[14] Den 21sten fuhren wir zu Schiffe, bei heiterm Wetter, den See hinaufwärts, wurden von Herrn Escher zu Mittag, auf seinem Gute bei Herrliberg, am See, sehr freundlich, bewirthet, und gelangten Abends nach Stäfa.

Den 22sten, einen trüben Tag, brachten wir mit Betrachtung [15] der von Herrn Meyer verfertigten und angeschafften Kunstwerke zu, so wie wir nicht unterließen uns unsere Beobachtungen und Erfahrungen aufs neue mitzutheilen. Abends machten wir noch einen großen Spaziergang den Ort hinaufwärts, welcher von der schönsten und höchsten Cultur einen reizenden und idealen Begriff giebt. Die Gebäude stehen weit auseinander, Weinberge, Felder, Gärten, Obstanlagen breiten sich zwischen ihnen aus und so erstreckt sich der Ort wohl eine Stunde am See hin, und' eine halbe bis nach dem Hügel ostwärts, dessen ganze Seite die Cultur auch schon erobert hat. Nun bereiten wir uns zu einer kleinen Reise vor, die wir nach Einsiedel, Schwytz und die Gegenden um den Vierwaldstädter See vorzunehmen gedenken.

---

364. An Goethe.

Jena den 2. October 1797.

Endlich erhalten Sie den Almanach vollendet, bis auf die Musik, welche nachkommt. Ich erwarte in Ihrem nächsten Brief zu erfahren, an wen ich die übrigen Exemplarien, die für Sie bestimmt sind, abgeben soll. Oberons goldne Hochzeit finden Sie nicht in der Sammlung, aus zwei Gründen ließ ich sie weg. Erstlich dachte ich würde es gut sein, wenn wir aus diesem Almanach schlechterdings alle Stacheln wegließen und eine recht fromme Miene machten, und danu wollte ich nicht, daß die goldne Hochzeit, die noch so vielen Stoff zu einer größern Ausführung giebt, mit so wenig Strophen abgethan würde. Wir besitzen in ihr einen Schatz für das nächste Jahr, der sich noch sehr weit ausspinnen läßt.

Von dem Verfasser der Elegien, die Ihuen nicht übel gefallen werden, kann Ihuen wahrscheinlich Meyer selbst mehrere Auskunft geben. Sein Name ist Keller; er ist ein Schweizer, aus Zürich wie ich glaube, und hält sich als Künstler in Rom auf. Mir sind diese Elegien von einem Herrn Horner aus Zürich zugesendet worden. Vielleicht haben Sie letztern indeß schon selbst kennen lernen, er hat auch schon etwas zu den Horen gegeben.

Jetzt, da ich den Almanach hinter mir habe, kann ich mich endlich wieder zu dem Wallenstein wenden. Indem ich die fertig gemachten Scenen wieder ansehe, bin ich im Ganzen zwar wohl mit mir zufrieden, nur glaube ich einige Trockenheit darin zu finden, die ich mir aber ganz wohl erklären und auch wegzuräumen hoffen kann. Sie entstand aus einer gewissen Furcht, in meine ehemalige rhetorische Manier zu fallen, und aus einem zu ängstlichen Bestreben, dem Objecte recht nahe zu bleiben. Nun ist aber das Object schon an sich selbst etwas trocken, und bedarf mehr als irgend eines der poetischen [1] Liberalität; es ist daher hier nöthiger als irgendwo, wenn beide Abwege, das Prosaische und das Rhetorische, gleich sorgfältig vermieden werden sollen, eine recht reine poetische Stimmung zu erwarten.

Ich sehe zwar noch eine ungeheure Arbeit vor mir, aber soviel weiß ich, daß es keine faux frais sein werden; denn das Ganze ist poetisch organisirt und ich darf wohl sagen, der Stoff ist in eine reine tragische Fabel verwandelt. Der Moment der Handlung ist so prägnant, daß alles was zur Vollständigkeit derselben gehört, natürlich, ja in gewissem Sinn nothwendig darin liegt, daraus hervorgeht. Es bleibt nichts blindes darin, nach allen Seiten ist es geöffnet. Zugleich gelang es mir, die Handlung gleich vom Anfang in eine solche Präcipitation und Neigung zu bringen, daß sie in stetiger und beschleunigter Bewegung zu ihrem Ende eilt. Da der Hauptcharakter eigentlich retardirend ist, so thun die Umstände eigentlich alles zur Krise und dieß wird, wie ich denke, den tragischen Eindruck sehr erhöhen.

Ich habe mich dieser Tage viel damit beschäftigt, einen Stoff zur Tragödie aufzufinden, der von der Art des Oedipus Rex wäre und dem Dichter die nämlichen Vortheile verschaffte. Diese Vortheile sind unermeßlich, wenn ich auch nur des einzigen erwähne, daß man die zusammengesetzteste Handlung, welche der tragischen Form ganz widerstrebt, dabei zum Grunde legen kann, indem diese Handlung ja schon geschehen ist, und mithin ganz jenseits der Tragödie fällt. Dazu kommt, daß das Geschehene, als unabänderlich, seiner Natur nach viel fürchterlicher ist, und die Furcht daß etwas geschehen sein möchte, das Gemüth ganz anders afficirt, als die Furcht, daß etwas geschehen möchte.

Der Oedipus ist gleichsam nur eine tragische Analysis. Alles ist schon da, und es wird nur herausgewickelt. Das kann in der einfachsten [2] Handlung und in einem sehr kleinen Zeitmoment geschehen, wenn die Begebenheiten auch noch so complicirt und von Umständen abhängig waren. Wie begünstigt das nicht den Poeten!

Aber ich fürchte, der Oedipus ist seine eigene Gattung und es giebt keine zweite Species davon; am allerwenigsten würde man aus weniger fabelhaften Zeiten ein Gegenstück dazu auffinden können. Das Orakel hat einen Antheil an der Tragödie, der schlechterdings durch nichts anderes zu ersetzen ist; und wollte man das Wesentliche der Fabel selbst, bei veränderten Personen und Zeiten, beibehalten, so würde lächerlich werden, was jetzt furchtbar ist.

Ich habe lange nichts von Ihnen gehört, und sehe dem nächsten Brief mit

Ungeduld entgegen. Vielleicht erfahre ich daraus auch etwas näheres über Ihre Reise und Ihren künftigen Aufenthalt. Von Humboldts habe ich indessen nichts mehr gehört, doch finde ich es nicht unwahrscheinlich, daß sie sich noch nach der Schweiz wenden werden.

Wie steht es um Ihre Entwicklung antiker Bildhauerwerke, davon der Laokoon der Anfang ist? Ich habe diesen neuerdings wieder mit der höchsten Befriedigung gelesen und kann gar-nicht genug sagen, auf wie viele bedeutende fruchtbare Ideen, die Organisation ästhetischer Werke betreffend, er leitet. Hermann und Dorothea rumorieren[3] schon im Stillen; auch Körner schreibt mir daß er das Ganze gelesen, und findet, daß es in Eine Klasse mit dem besten gehöre, was Sie geschrieben. Dank's ihm der T—! [4]

Leben Sie recht wohl, theurer Freund! Meine Frau grüßt Sie aufs beste. Meyern viele Grüße.

Sch.

[5] Die schönen Exemplare des Almanachs sind noch nicht fertig. Einstweilen schick' ich ein gewöhnliches.

---

365. An Goethe.

Jena den 6. October 1797.

Herzlich willkommen war mir Ihr und Meyers Brief, den ich vor wenigen [1] Stunden erhalten. Ich eile ihn, wenn nur mit ein paar Zeilen zu beantworten, um Sie bei[2] Ihrer Rückkehr aus den Gebirgen freundlich zu begrüßen. Wir haben uns recht ungeduldig nach Nachrichten von Ihnen gesehnt, und doppelt erfreulich ist mir also Ihr heutiger Brief, der mir zu Ihrer baldigen Rückkehr Hoffnung macht. Wirklich sahe ich dem herannahenden Winter schon mit einer heimlichen Furcht entgegen, der mir nun so heiter zu werden verspricht. Mit meinem Befinden geht es nun wieder ordentlich, mein kleiner Ernst aber ist sehr hart vom Zahnen angegriffen und macht uns viele Sorge. Wir werden mit dem Abschied der guten Witterung in unsre alte Wohnung in der Stadt ziehen, und es kann sich recht wohl schicken, daß wir eine Zeitlang in Weimar leben. Alles kommt darauf an, daß ich im Wallenstein nur erst recht fest sitze, alsdann schadet mir keine Veränderung der Existenz, die mich sonst, bei meiner Unterwerfung unter die Gewohnheit, so leicht zerstreut.

Es freut mich nicht wenig, daß nach Ihrer Beobachtung meine Beschreibung des Strudels mit dem Phänomen übereinstimmt. Ich habe diese Natur nirgends als etwa bei einer Mühle studiren können, aber weil ich Homers Beschreibung von der Charybde genau studirte, so hat mich dieses vielleicht bei der Natur erhalten. Vielleicht führt Ihre Reise Sie auch an einem Eisenhammer vorbei, und Sie können mir sagen, ob ich dieses kleinere Phänomen richtig dargestellt habe.

Der Almanach ist nun, wie ich hoffe, in Ihren Häuden, und Sie werden ihm nun die Nativität stellen können. Es ist mir tröstlich, daß Sie den Phaethon passiren lassen, der mir bei seinem großen Volumen schon bange machte. Unter Schlegels Beiträgen sind die Stanzen über Romeo und Julie recht hübsch, und er hat sich darin, nach meiner Meinung, wirklich selbst übertroffen. Anch die Entführten Götter haden viel Gutes. Meyer findet noch vieles artige von seiner dichterischen Freundin.

Ich sende heute den ersten Transport des Almanachs nach Leipzig und bin nicht wenig neugierig nach dem Absatz — Es mag wohl wahr sein, daß uns die wenigsten Leser die Enthaltung von Xenialischen Dingen danken: denn wer auch selbst getroffen war, freute sich doch auch, daß des Nachbars Haus brannte.

Ich muß schließen, denn die Postzeit ist da. Bemerken Sie doch in Ihrem nächsten Briefe, ob ich fortfahren kann, die Briefe über Tübingen durch Cotta gehen zu lassen. Herzlich begrüßen wir Sie und Meyern, dem ich für seinen lieben Brief schönstens danke, wie auch meine Frau. Leben Sie recht wohl.

Sch.

---

366. An Schiller.

Stäfa am 14. October 1797.

[1] An einem sehr regnichten Morgen bleibe ich, werther Freund, in meinem Bette liegen, um mich mit Ihuen zu unterhalten und Ihuen Nachricht von unserm Zustande zu geben, damit Sie, wie bisher, uns mit Ihrem Geiste begleiten, und uns von Zeit zu Zeit mit Ihren Briefen erfreuen mögen.

Kaum hatte ich mich in Zürich mit dem guten Meyer zusammen gefunden, taum waren wir zusammen hier angelangt, kaum hatte ich mich an seinen mitgebrachten Arbeiten, an der angenehmen Gegend und ihrer Cultur erfreut, als die nahen Gebirge mir eine gewisse Unruhe gaben, und das schöne Wetter den Wunsch unterhielt mich ihnen zu nähern, ja sie zu besteigen. Der Instinct, der mich dazu trieb, war sehr zusammengesetzt und undeutlich; ich erinnerte mich des Effects den diese Gegenstände vor zwanzig Jahren auf mich gemacht, der Eindruck war im ganzen geblieben, die Theile waren verloschen[2] und ich fühlte ein wundersames Verlangen jene Erfahrungen zu wiederholen und zu rectificiren. Ich war ein anderer Mensch geworden und also mußten mir die Gegenstände auch anders erscheinen. Meyers Wohlbefinden und die Ueberzeugung daß kleine gemeinschaftliche Abenteuer, so wie sie neue Bekanntschaften schneller knüpfen, auch den alten günstig sind, wenn sie nach einigem Zwischenraum wieder erneut werden sollen, entschieden uns völlig, und wir reisten mit dem besten Wetter ab, das uns auch auf das vortheilhafteste elf Tage begleitete. In der Beilage bezeichne ich wenigstens den Weg den wir gemacht haben, ein vollständiges, obgleich aphoristisches Tagebuch theile ich in der Folge mit, indessen wird Ihre liebe Frau, die einen Theil der Gegenden kennt, vielleicht eins und[3] das andere aus der Erinnerung hinzufügen.

Bei unserer Zurückkunft fand ich Ihre beiden lieben Briefe, mit den Beilagen, die sich unmittelbar an die Unterhaltung anschlossen welche wir auf dem Wege sehr eifrig geführt hatten, indem die Materie von den vorzustellenden Gegenständen, von der Behandlung derselben durch die verschiedenen Künste oft von uns, in ruhigen Stunden, vorgenommen worden. Vielleicht zeigt Ihnen eine kleine Abhandlung bald, daß wir völlig Ihrer Meinung sind, am meisten aber wird mich's freuen, wenn Sie Meyers Beschreibungen und Beurtheilungen so vieler Kunstwerke hören und lesen. Man erfährt wieder bei dieser Gelegenheit daß eine vollständige Erfahrung die Theorie in sich enthalten muß. Um desto sichrer sind wir daß wir uns in einer Mitte begegnen, da wir von so vielen Seiten auf die Sache losgehen.

Wenn ich Ihnen nun von meinem Zustande sprechen soll, so kann ich sagen daß ich bisher mit meiner Reise alle Ursache habe zufrieden zu sein. Bei der Leichtigkeit die Gegenstände aufzunehmen, bin ich reich geworden ohne beladen zu sein, der Stoff incommodirt mich nicht, weil ich ihn gleich zu ordnen oder zu verarbeiten weiß, und ich fühle mehr Freiheit als jemals mannigfaltige Formen zu wählen um das Verarbeitete für mich oder andere darzustellen. Von den unfruchtbaren Gipfeln[4] des Gotthardts bis zu den herrlichen Kunstwerken, welche Meyer mitgebracht hat, führt uns ein labyrinthischer Spazierweg durch eine verwickelte Reihe von interessanten Gegenständen, welche dieses sonderbare Land enthält. Sich durchs unmittelbare[5] Anschauen die naturhistorischen, geographischen, ökonomischen und politischen Verhältnisse zu vergegenwärtigen, und sich dann durch eine alte Chronik die vergangnen Zeiten näher zu bringen, auch sonst manchen Aufsatz der arbeitsamen Schweizer zu nutzen, giebt, besonders bei der Umschriebenheit der helvetischen Existenz, eine sehr angenehme Unterhaltung, und die Uebersicht sowohl des Ganzen als die Einsicht ins Einzelne wird besonders dadurch sehr beschleunigt daß Meyer hier zu Hause ist, mit seinem richtigen und scharfen Blick schon so lange die Verhältnisse kennt und sie in einem treuen Gedächtnisse bewahrt. So haben wir in kurzer Zeit mehr zusammengebracht als ich mir vorstellen konnte, und es ist nur Schade, daß wir um einen Monat dem Winter zu nahe sind; noch eine Tour von vier Wochen müßte uns mit diesem sonderbaren Lande sehr weit bekannt machen.

Was werden Sie nun aber sagen wenn ich Ihnen vertraue daß, zwischen allen diesen prosaischen Stoffen, sich auch ein poetischer hervorgethan hat, der mir viel Zutrauen einflößt. Ich bin fast[6] überzeugt, daß die Fabel vom Tell sich werde episch behandeln lassen, und es würde dabei, wenn es mir, wie ich vorhabe, gelingt, der sonderbare Fall eintreten daß das Mährchen durch die Poesie erst zu seiner vollkommenen Wahrheit gelangte, anstatt daß man sonst um etwas zu leisten die Geschichte zur Fabel machen muß. Doch darüber künftig mehr. Das beschränkte höchst bedeutende Local, worauf die Begebenheit spielt, habe ich mir wieder recht genau vergegenwärtigt, so wie ich die Charaktere, Sitten und Gebräuche der Menschen in diesen Gegenden, so gut als in der kurzen Zeit möglich beobachtet habe, und es kommt nun auf gut Glück an ob aus diesem Unternehmen etwas werden kann.

Nnn aber entsteht eine Frage, die uns doch von Zeit zu Zeit zweifelhaft ist: wo wir uns hinwenden sollen? um sowohl Meyers Collectaneen als meinen eignen alten und neuen Vorrath aufs bequemste und baldigste zu verarbeiten. Leider sind hier am Orte die Quartiere nicht auf den Winter eingerichtet, sonst leugne ich nicht daß ich recht geneigt gewesen wäre hier zu bleiben, da uns denn die völlige Einsamkeit nicht wenig gefördert haben würde. Dazu kommt daß es der geschickteste Platz gewesen wäre um abzuwarten, ob Italien oder Frankreich aufs künftige Frühjahr den Reisenden wieder anlockt oder einläßt. In Zürich selbst kann ich mir keine Existenz denken und wir werden uns wohl nunmehr sachte wieder nach Frankfurt begeben.

Ueberhaupt aber bin ich auf einer Idee zu deren Ausführung mir nur noch ein wenig Gewohnheit mangelt; es würde nämlich nicht schwer werden sich so einzurichten daß man auf der Reise selbst mit Sammlung und Zufriedenheit arbeiten könnte. Denn wenn sie zu gewissen Zeiten zerstreut, so führt sie uns zu andern desto schneller auf uns selbst zurück; der Mangel an äußern Verhältnissen und Verbindungen, ja die lange Weile, ist demjenigen günstig der manches zu verarbeiten hat. Die Reise gleicht einem Spiel; es ist immer Gewinn und Verlust dabei, und meist von der unerwarteten Seite; man empfängt mehr oder weniger als man hofft, man kann ungestraft eine Weile hinschlendern, und danu ist man wieder[7] genöthigt sich einen Augenblick zusammenzunehmen. Für Naturen wie die meine, die sich gerne festsetzen und die Diuge festhalten, ist eine Reise unschätzbar, sie belebt, berichtigt, belehrt und bildet.

Ich bin auch jetzt überzeugt daß man recht gut nach Italien gehen köunte, denn alles setzt sich in der Welt nach einem Erdbeben, Braud und Ueberschwemmung so geschwind als möglich in seine alte Lage, und ich würde persönlich die[8] Reise ohne Bedenken unternehmen, wenn mich nicht andere Betrachtungen abhielten. Vielleicht sehen wir uns also sehr bald wieder, und die Hoffnung mit Ihuen das erbeutete zu theilen und zu einer immer größern theoretischen und praktischen Vereinigung zu gelangen, ist eine der schönsten, die mich nach Hause lockt. Wir wollen sehen was wir noch alles unterweges mitnehmen können. So hat Basel wegen der Nähe von Frankreich einen besondern Reiz für mich; auch sind schöne Kunstwerke sowohl ältere als ausgewanderte daselbst befindlich[9].

Den Schluß des Almanachs hoffe ich noch in Zürich zu erhalten, Cotta ist in seinen Speditionen sehr regelmäßig.

Den Ibykus finde ich sehr gut gerathen und beim Schlusse wüßte ich nun[9a] auch nichts mehr zu erinnern. Es verlangt mich nun sehr, das Ganze zu übersehen. Da meine artige Müllerin eine gute Aufnahme gefunden, so schicke ich noch ein Lied das wir ihren Reizen verdanken. Es wird recht gut sein wenn der nächste Almanach reich an Liedern wird, und die Glocke muß nur um desto besser klingen als das Erz länger in Fluß erhalten und von allen Schlacken gereinigt ist.

G.

[10]Stäfa am 17. October 1797

Noch habe ich nicht Zeit noch Stimmung finden können aus meinem größern Tagebuch einen Auszug zu machen, um Sie von unserer Bergreise näher zu unterrichten; ich sage also hier nur noch kürzlich: daß wir von Richterswyl auf Einsiedeln und von da auf Schwytz und Brunnen gingen; von da fuhren wir auf dem See bis Flüelen, gingen von da nach Altdorf und bestiegen den Gotthardt und kamen wieder zurück. In Flüelen setzten wir uns abermals ein und fuhren bis Beckenrieth, im Kanton Unterwalden, gingen zu Fuß auf Stanz und Stanz-Stade, von da schifften wir über auf Küßnacht, gingen auf Immisee, schifften auf Zug, wanderten auf Horgen und schifften wieder nach Stäfa herüber.

Auf dieser kurzen Reise haben wir die mannigfaltigsten Gegenstände gesehen und die verschiedensten Jahrszeiten angetroffen, wovon künftig ein mehreres.

Ueber die berühmte Materie der Gegenstände der bildenden Kunst ist ein kleiner Aufsatz schematisirt und einigermaßen ausgeführt; Sie werden die Stellen Ihres Briefes als Noten dabei finden. Wir sind jetzt an den Motiven als dem zweiten nach dem gegebenen Sujet: denn nur durch Motive kommt es zur inneren Organisation; alsdann werden wir zur Anordnung übergehen, und so weiter fortfahren. Wir werden uns blos an der bildenden Kunst halten und sind neugierig, wie sie mit der Poesie, die wir Ihnen hiermit nochmals[11] bestens empfohlen haben wollen, zusammentreffen wird.

Leben Sie recht wohl, grüßen Sie die Nächsten. Wenn Sie mir auf diesen Brief ein Wort sagen mögen, so schicken Sie es nur an Cotta. Seit gestern klingen die Nachrichten vom Rhein sehr kriegerisch und am Ende werden wir uns hinten herum durch Schwaben und Franken nach Hause schleichen müssen. Nochmals das beste Lebewohl.

[12]Meyer grüßt schönstens. So eben kommt die Aldobrandinische Hochzeit, die wir lange von Rom erwarten, über Triest, Villach und Constanz an. Nun sind alle unsre Schätze beisammen und wir können nun, auch von dieser Seite beruhigt und erfreut, unsern Weg antreten.

G.

[13] Uri den 1. October 1797.

War doch gestern dein Haupt noch so braun wie die Locke der Lieben,
Deren holdes Gebild still aus der Ferne mir winkt;
Silbergrau bezeichnet dir früh der Schnee nun die Gipfel,
Der sich in stürmender Nacht dir um den Scheitel ergoß.
Jugend, ach! ist[11] dem Alter so nah, durchs Leben verbunden,
Wie ein beweglicher Traum Gestern und Heute verband.

Der Junggesell und der Mühlbach.

Nach dem Altdeutschen.[15]

Gesell.

Wo willst du klares Bächlein hin,
So munter?
Du eilst, mit frohem leichten Sinn,
Hinunter.
Was suchst du eilig in dem Thal?
So höre doch und sprich einmal!

Bach.

Ich war ein Bächlein, Junggesell;
Sie haben
Mich so gefaßt damit ich schnell,
Im Graben,
Zur Mühle dort hinunter soll,
Und immer bin ich rasch und voll.

Gesell.

Du eilest mit gelaßnem Muth,
Zur Mühle,
Und weißt nicht was ich junges Blut
Hier fühle.
Es blickt die schöne Müllerin
Wohl freundlich manchmal nach dir hin?

Bach.

Sie öffnet früh, beim Morgenlicht,
Den Laden,
Und kommt ihr liebes Angesicht
Zu baden.
Ihr Busen ist so voll und weiß,
Es wird mir gleich zum Dampfen heiß.

Gesell.

Kann sie im Wasser Liebesglut
Entzünden,
Wie soll man Ruh mit Fleisch und Blut
Wohl finden?
Wenn man sie einmal nur gesehn,
Ach immer muß man nach ihr gehn.

Bach.

Dann stürz' ich auf die Räder mich
Mit Brausen,
Und alle Schaufeln drehen sich
Im Sausen.
Seitdem das schöne Mädchen schafft,
Hat auch das Wasser beßre Kraft.

Gesell.

Du Armer, fühlst du nicht den Schmerz
Wie andre?
Sie lacht dich an und sagt im Scherz:
Nun wandre!
Sie hielte dich wohl selbst zurück
Mit einem süßen Liebesblick?

Bach.

Mir wird so schwer, so schwer vom Ort
Zu fließen,
Ich krümme mich nur sachte fort.
Durch Wiesen;
Und käm' es erst auf mich nur an,
Der Weg wär' bald zurück gethan.

Gesell.

Geselle meiner Liebesqual,
Ich scheide,
Du murmelst mir vielleicht einmal
Zur Freude.
Geh, sag ihr gleich und sag ihr oft,
Was still der Knabe wünscht und hofft.

---

367. An Goethe.

Jena den 20. October 1797.

Vor einigen Tagen überschickte[1] uns Böttiger zwei schöne Exemplare Ihres Hermanns, womit wir sehr erfreuet wurden. Er ist also nunmehr in der Welt und wir wollen hören, wie sich die Stimme eines Homerischen Rhapsoden in dieser neuen politisch-rhetorischen Welt ausnehmen wird. Ich habe das Gedicht nun wieder mit dem alten ungeschwächten Eindruck und mit neuer Bewegung gelesen; es ist schlechterdings vollkommen in seiner Gattung, es ist pathetisch machtig und doch reizend in höchstem[2] Grade, kurz es ist schön was man sagen kann.

Auch den Meister habe ich ganz kürzlich wieder gelesen, und es ist mir noch nie so auffallend gewesen, was die[3] äußere Form doch bedeutet. Die Form des Meisters, wie überhaupt jede Romanform, ist schlechterdings nicht poetisch, sie liegt ganz nur im Gebiete des Verstandes, steht unter allen seinen Forderungen und participirt auch von allen seinen Grenzen. Weil es aber ein ächt poetischer Geist ist, der sich dieser Form bediente, und in dieser Form die poetischsten Zustände ausdrückte, so entsteht ein sonderbares Schwanken zwischen einer prosaischen und poetischen Stimmung, für das ich keinen rechten Namen weiß. Ich möchte sagen: es fehlt dem Meister (dem Roman nämlich) an einer gewissen poetischen Kühnheit, weil er, als Roman, es dem Verstande immer recht machen will — und es fehlt ihm wieder an einer eigentlichen Nüchternheit (wofür er doch gewissermaßen die Forderung rege macht), weil er aus einem poetischen Geiste geflossen ist. Buchstabiren Sie das zusammen wie Sie können, ich theile Ihnen bloß meine Empfindung mit.

Da Sie auf einem solchen Punkte stehen, wo Sie das Höchste von sich fordern müssen und objectives mit subjectivem absolut in Eins zerfließen[4] muß, so ist es durchaus nöthig dafür zu sorgen, daß dasjenige was Ihr Geist in Ein Werk legen kann, immer auch die reinste Form ergreife, und nichts davon[5] in einem unreinen Medium verloren gehe. Wer fühlt nicht alles das im Meister, was den Hermann so bezaubernd macht! Jenem fehlt nichts, gar nichts von Ihrem Geiste, er ergreift das Herz mit allen Kräften der Dichtkunst und gewährt einen immer sich erneuenden[6] Genuß, und doch führt mich der Hermann (und zwar bloß durch seine rein poetische Form) in eine göttliche Dichterwelt, da mich der Meister aus der[7] wirklichen Welt nicht ganz herausläßt.

Da ich doch einmal im Kritisiren bin, so will ich noch eine Bemerkung machen, die mir bei dem neuen[8] Lesen sich aufdrang. Es ist offenbar zu viel von der Tragödie im Meister; ich meine das Ahnungsvolle, das Unbegreifliche, das subjectiv Wunderbare, welches zwar mit der poetischen Tiefe und Dunkelheit, aber nicht mit der Klarheit sich verträgt, die im Roman herrschen muß und in diesem auch so vorzüglich herrscht. Es incommodirt, auf diese Grundlosigkeiten zu gerathen, da man überall festen Boden unter sich zu fühlen glaubt, und weil sich sonst alles so schön vor dem Verstand entwirret, auf solche Räthsel zu gerathen. Kurz mir däucht, Sie hätten sich hier eines Mittels bedient, zu dem der Geist des Werks Sie nicht befugte.

Uebrigens kann ich Ihnen nicht genug sagen, wie mich der Meister auch bei diesem neuen Lesen bereichert, belebt, entzückt hat — es fließt mir darin eine Quelle, wo ich für jede Kraft der Seele und für diejenige besonders, welche die vereinigte Wirkung von allen ist, Nahrung schöpfen kann[9].

368. An Schiller.

Zürich den 25. October 1797.

Ehe ich von Zürich abgehe nur einige Worte, denn ich bin sehr zerstreut und werde es wohl noch eine Weile bleiben, denn wir gedenken auf Basel, von da auf Schaffhausen, Tübingen und so weiter zu gehen, wahrscheinlich treffe ich am letzten Orte wieder etwas von Ihnen an. Keinen Musenalmanach, keinen Hermann habe ich noch gesehen, alles das und mehreres wird mir denn [1] wohl in Deutschland begegnen.

Wäre die Jahrszeit nicht so weit, so säbe ich mich wohl noch gern einen Monat in der Schweiz um, um mich von den Verhältnissen im ganzen zu unterrichten. Es ist wunderbar wie [2] alte Verfassungen, die bloß auf sein und erhalten gegründet sind, sich in Zeiten ausnehmen wo alles zum werden und verändern strebt. Ich sage heute weiter nichts als ein herzliches Lebewohl. Von Tübingen hören Sie mehr von mir.

Wir hatten kaum in diesen Tagen unser Schema über die zuläßlichen [3] Gegenstände der bildenden Kunst, mit großem Nachdenken, entworfen, als uns eine ganz besondre Erfahrung in die Quere kam. Ihuen ist die Zudringlichkeit des Vulkans gegen Minerven [4] bekannt, wodurch Erichthonius producirt wurde. Haben Sie Gelegenheit, so lesen Sie diese Fabel ja in der ältern Ausgabe des Hederichs [5] nach, und deuken dabei: daß Raphael daher Gelegenheit [6] zu einer der angenehmsten Compositionen genommen hat. Was soll denn nun dem glücklichen Genie gerathen oder geboten sein? Leben Sie nochmals recht wohl.

G.

---

369. An Goethe.

Jena den 30. October 1797.

Gottlob, daß ich wieder Nachricht von Ihnen habe! Diese drei Wochen, da Sie in den Gebirgen, abgeschnitten von uns, umherzogen, sind mir lang geworden. Desto mehr erfreute mich Ihr lieber Brief und alles was er enthielt — Die Idee von dem Wilhelm Tell ist sehr glücklich, und genau überlegt könnten [1] Sie, nach dem Meister und nach dem Hermann nur einen solchen, völlig local-charakteristischen Stoff, mit der gehörigen Originalität Ihres Geistes und der Frischheit der Stimmung behandeln. Das Interesse, welches aus einer streng umschriebenen [2], charakteristischen Localität und einer gewissen historischen Gebundenheit entspringt, ist vielleicht das einzige, was Sie sich durch jene beiden vorhergegangenen Werke nicht weggenommen haben. Diese zwei Werke sind auch dem Stoff nach ästhetisch frei, und so gebunden auch in beiden das Local aussieht und ist, so ist es doch ein rein poetischer Boden und repräsentirt eine ganze Welt. Bei dem Tell wird ein ganz andrer Fall sein; aus der bedeutenden Enge des gegebenen Stoffes wird da alles geistreiche Leben hervorgehen. Es wird darin liegen, daß man durch die Macht des Poeten recht sehr beschränkt und in dieser Beschränkung innig und intensiv gerührt und beschäftigt wird. Zugleich öffnet sich aus diesem schönen Stoffe wieder ein Blick in eine gewisse Weite des Menschengeschlechts, wie zwischen hohen Bergen eine Durchsicht in freie Fernen sich aufthut.

Wie sehr wünschte ich, auch dieses Gedichtes wegen, bald wieder mit Ihnen vereinigt zu sein. Sie würden sich vielleicht jetzt eher gewöhnen, mit mir darüber zu sprechen, da die Einheit und Reinheit Ihres Hermanns durch Ihre Mittheilungen an mich, während der Arbeit, so gar nicht gestört worden ist. Und ich gestehe daß ich nichts auf der Welt weiß, wobei ich mehr gelernt hätte, als jene Communicationen, die mich recht ins Innere der Kunst hineinführten.

Das Lied vom Mühlbach ist wieder charmant und hat uns große Freude gemacht. Es ist eine ungemein gefällige Einkleidung, die der Einbildungskraft ein reizendes Spiel verschafft; das Silbenmaß ist auch recht glücklich dazu gewählt. Auch die Distichen sind sehr lieblich.

Humboldt hat endlich einmal, und zwar aus München geschrieben. Er geht jetzt auf Basel los, wo er sich bestimmen wird, ob die Pariser Reise vor sich gehen soll oder nicht. Sie wird er also schwerlich mehr finden, es sei denn daß Sie den Winter noch bei Zürich zubringen werden, wohin er sich wenden wird, wenn er nicht nach Paris geht. Ein großes Salzbergwerk bei Berchtoldsgaden, worin er gewesen, beschreibt er recht artig. Die Baierische Nation scheint ihm sehr zu gefallen, und einen dortigen Kriegsminister Rumford [3] rühmt er sehr wegen seiner schönen und menschenfreundlichen Anstalten.

Wir sind jetzt wieder in der Stadt, wo wir uns sämmtlich wohlauf befinden. Ich arbeite an dem Wallenstein eifrig, wiewohl es sehr langsam geht, weil mir der viele und ungestaltbare Stoff so gar viel zu thun giebt.

Den Almanach haben Sie nun erhalten, so wie auch meinen Brief vom 2ten, 6ten und 20sten October, wie ich hoffe.

Leben Sie recht wohl mit Meyern, den wir herzlich grüßen. Möchte unser guter Genius Sie ja bald wieder zu uns führen. Meine Frau wird Ihnen selbst ein paar Zeilen schreiben. Ich las neulich den Hermann vor einer Gesellschaft von Freunden in Einem Abend vom Anfang bis zum Ende: er rührte uns wieder unbeschreiblich, und mir brachte er noch die Abende, wo Sie ihn uns vorlasen, so lebhaft zurück, daß ich doppelt bewegt war. Noch einmal: leben Sie recht wohl!

Sch.

370. An Schiller.

Tübingen den 30. October 1797.

Wir haben die Tour auf Basel aufgegeben, und sind gerade auf Tübingen gegangen. Die Jahrszeit, Wetter und Weg sind nun nicht mehr einladend, und da wir einmal nicht in der Ferne bleiben wollen, so können wir uns nun nach Hause wenden; welchen Weg wir nehmen ist noch unentschieden.

Den Almanach haben wir erst hier erhalten und uns besonders über den Eisenhammer gefreut. Sie haben kaum etwas mit so glücklichem Humor gemacht und die retardirende[1] Messe ist von dem besten Effect. Auch ist das Geheimniß sehr lobenswürdig.

Es freut mich daß Hermann in Ihren Häuden ist und daß er sich hält. Was Sie vom Meister sagen verstehe ich recht gut, es ist alles wahr und noch mehr. Gerade seine Unvollkommenheit hat mir am meisten Mühe gemacht. Eine reine Form hilft und trägt, da eine unreine überall hindert und zerrt. Er mag indessen sein was er ist, es wird mir nicht leicht wieder begegnen daß ich mich im Gegenstand und in der Form vergreife, und wir wollen abwarten was uns der Genius im Herbste des Lebens gönnen mag.

Viel Glück zum Wallenstein! Ich wünsche daß, wenn wir kommen, ein Theil schon sichtbar sein möge. Meyer grüßt bestens. Möchten wir Sie mit den Ihrigen recht gesund finden. Von der Hälfte des Wegs; von Frankfurt oder Nürnberg hören Sie noch einmal von uns.

[2]Humboldt hat von München geschrieben und geht nach Basel. Nochmals Lebewohl und Hoffnung baldigen Wiedersehens.

G.

* 371. An Schiller.

Wir haben zu unserer besondern Freude Knebeln hier angetroffen und werden daher etwas länger als wir gedachten verweilen. Die Stadt bietet mancherlei interessantes an, alte Kunstwerke; mechanische Arbeiten, so wie sich auch über politische Verhältnisse manche Betrachtungen machen lassen. Ich sage Ihuen daher nur ein Wort des Grußes und sende ein Gedicht[1]. Es ist das vierte zu Ehren der schönen Müllerin. Das dritte ist noch nicht fertig; es wird den Titel haben: Verrath und die Geschichte erzählen, da der junge Mann in der Mühle übel empfangen wird.[2] Bald habe ich das Vergnügen Sie wieder zu umarmen, und über hundert Dinge Ihre Gedanken zu erfragen. Meyer grüßt.

Nürnberg den 10. November 1797.

G.

[3]Die ächte poetische Begeisterung des Voßischen Liedes:

„Dicht gedränget Mann und Weib
Pflegen wir mit Punsch den Leib,
Wie den Fuchs die Grube
Wärmet uns die Stube."

hat mich äußerst erbaut.

---

372. An Schiller.

Die vier[1] Karolin sende mit Dank zurück und erbitte mir dagegen meine goldene[2] Bürgen. Auch habe ich noch durch den von Cotta mir so bald übermachten Betrag des Almanachs zu danken. Das Sprichwort: Was durch die Flöte gewonnen wird geht durch die Trommel fort, habe ich in besserm Sinne erfüllt, indem ich mir dafür ein Kunstwerk angeschafft, das auch Ihnen Freude machen und unsere gemeinschaftlichen Genüsse und Kenntnisse erhöhen und beleben soll. Meyer hat Ihnen schon etwas von unsern neusten Speculationen eröffnet und sich sehr Ihrer Theilnahme und Einwirkung gefreut. Sobald ich mich von meiner Zerstreuung erholt habe, will ich unsere Thesen aufsetzen, um alsdann darüber conferiren und ein glückliches Ganze ausbilden zu können. Ich bin überzeugt daß wir diesen Winter weit kommen werden.

Ich habe gestern zum erstenmal wieder in Ihrer Loge gesessen und wünsche Sie bald wieder darin einführen zu können. Da ich ganz als Fremder der Vorstellung zusah, so habe ich mich verwundert wie weit unsere Leute wirklich sind! Auf einem gewissen ebnen Wege der Natur und Prosa machen sie ihre Sachen über die Maße gut; aber leider im Momente wo nur eine Tinctur von Poesie eintritt, wie doch bei dem gelindesten pathetischen immer geschieht, sind sie gleich null oder falsch. Wunderlich genug schien es mir daß der Verfasser des Stücks, Ziegler, in eben dem Falle zu sein scheint; er findet recht artige komische Motive, und weil diese immer extemporan wirken, so behandelt er sie meist recht gut. Alle zarte sentimentale und pathetische Situationen aber, welche vorbereitet sein und eine Folge haben wollen, weiß er nicht zu tractiren, wenu er sie auch gefaßt hat; sie überstolpern sich und thuu keinen Effect, ob sie gleich nicht unglücklich angelegt sind. Ich verspreche mir von Ihrer Gegenwart recht viel Gutes fürs Theater und für Sie selbst. Ich hoffe bis zu Ihrer Ankunft auch wieder völlig in meiner Lage zu sein.

Für die bisher übersendeten Horen danke zum schönsten und bitte nun auch um einige Exemplare des Almanachs. Beiliegender Brief ist wieder ein ächtes Zeichen[3] bornirter Deutschheit. Die Räthsel-Geschichte ist nun schon mehrere Jahre vorbei und klingt immer noch nach. Welch ein glückliches National-Apperçu war nicht der Reichsanzeiger!

Leben Sie recht wohl. Unsere Schätze werden nun nach und nach ausgepackt und schon sind zur Aufstellung Anstalten gemacht. Bis Sie kommen, wird alles in der schönsten Ordnung sein.

Weimar am 22. November 1797.

G.

---

373. An Goethe.

Jena den 22. November 1797.

Noch einmal wünsche ich Glück zur frohen Ankunft. Wie angenehm ist mir's, wieder so leicht und schnell mit Ihnen communiciren zu können. Was Sie an Sachen und an Ideen mitgebracht, verspricht mir einen unterhaltungsreichen unterrichtenden Winter, und doppelt froh bin ich, daß ich einen Theil desselben in Ihrer Nähe zubringen kann. Fürs Theater wollen wir ja etwas zu wirken suchen, wenn auch niemand als wir selbst bei dem Versuche [1] was lernen sollte [2]. Haben Sie Einsiedels Schriftstellerei [3] darüber schon zu Gesicht bekommen? Hier ist doch Ein Mensch wenigstens mehr, der etwas darüber auszusprechen sucht, und in einem gewissen Kreise ein Interesse daran nähren wird.

Hier die Garvischen Briefe, die Ihnen auf eine andre, doch verwandte Art, als der Brief des Räthselmannes, die Deutsche Natur vergegenwärtigen werden.

Das Geld nebst den Almanachen wird das Botenmädchen übermorgen mitnehmen. Hätte ich gewußt, daß Sie das Gold wieder einlösen wollten, so hätte ich es gar nicht angenommen.

Leben Sie recht wohl für heute. Auf den Freitag mehr. Meyern grüße ich.

Sch.

---

374. An Goethe.

Jena den 24. November 1797.

Ich habe noch nie so augenscheinlich mich überzeugt, als bei meinem jetzigen Geschäft, wie genau in der Poesie Stoff und Form, selbst äußere, zusammenhängen. Seitdem ich meine prosaische Sprache in eine poetisch-rhythmische verwandle, befinde ich mich unter einer ganz andern Gerichtsbarkeit als vorher; selbst viele Motive, die in der prosaischen Ausführung recht gut am Platz zu stehen schienen, kann ich jetzt nicht mehr brauchen; sie waren bloß gut für den gewöhnlichen Hausverstand, dessen Organ die Prosa zu sein scheint; aber der Vers fordert schlechterdings Beziehungen auf die Einbildungskraft, und so mußte ich auch in mehreren meiner Motive poetischer werden. Man sollte wirklich alles, was sich über das gemeine erheben muß, in Versen, wenigstens anfänglich, concipiren, denn das Platte kommt nirgends so ins Licht, als wenn es in gebundener Schreibart ausgesprochen wird.

Bei meinen gegenwärtigen Arbeiten hat sich mir eine Bemerkung angeboten, die Sie vielleicht auch schon gemacht haben. Es scheint, daß ein Theil des poetischen Interesse in dem Antagonism zwischen dem Inhalt und der Darstellung liegt: ist der Inhalt sehr poetisch-bedeutend, so kann eine magre Darstellung und eine bis zum gemeinen gehende Einfalt des Ausdrucks ihm recht wohl anstehen, da im Gegentheil ein unpoetischer gemeiner Juhalt, wie er in einem größern Ganzen oft nöthig wird, durch den belebten und reichen Ausdruck poetische Dignität erhält. Dieß ist auch meines Erachtens der Fall, wo der Schmuck, den Aristoteles fordert, eintreten muß, denn in einem poetischen Werke soll nichts gemeines sein.

Der Rhythmus leistet bei einer dramatischen Production noch dieses große und bedeutende, daß er, indem er alle Charaktere und alle Situationen nach Einem Gesetz behandelt, und sie, trotz ihres innern Unterschiedes, in Einer Form ausführt, er[1] dadurch den Dichter und seinen[2] Leser nöthiget, von allem noch so charakteristisch-verschiedenem etwas allgemeines, rein menschliches zu verlangen. Alles soll sich in dem Geschlechtsbegriff des Poetischen vereinigen, und diesem Gesetz dient der Rhythmus sowohl zum Repräsentanten als zum Werkzeug, da er alles unter Seinem Gesetze begreift. Er bildet auf diese Weise die Atmosphäre für die poetische Schöpfung, das gröbere bleibt zurück, nur das geistige kann von diesem dünnen Elemente getragen werden.

Sie erhalten hier acht Almanache. Eigentlich waren Jhuen sechs auf Velin zugedacht, aber durch eine Confusion bei der Besorgung geschah es, daß mein Vorrath von schönen Exemplaren alle war, eh ich's wußte. Ich sende dafür zwei Exemplare mehr, und das ist Jhuen vielleicht lieber. Die Herzogin hat eins von mir erhalten, so auch Geh. Rath Voigt, Herder, Böttiger.

Zelter wünscht zu wissen, wie Sie mit seinen Melodien zur Bajadere und dem Lied an Mignon zufrieden sind. Er schreibt, daß unser Almanach ihm eine Wette von sechs Champagnerflaschen gewonnen habe, denn er habe gegen einen anderu behauptet: er würde gewiß keine Xenien enthalten.

Leben Sie bestens[3] wohl und sorgen Sie, daß ich bald etwas von Ihren ästhetischen Sätzen[4] zu leseu bekomme. An Meyern viele Grüße.

Sch.

---

375. An Schiller.

Weimar den 24. November 1797.

Ich schicke die Garvischen Briefe mit Dank zurück, und wünschte der arme alte kranke Mann schölte noch viel ärger auf uns, wenn er dadurch nur für[1] seine übrige Lebenszeit gesund und froh werden köunte. Welch eine Litanei von jammervollen Betrachtungen läßt sich nicht bei diesen Blättern recitiren[2], womit ich Sie wie billig verschone, weil sich Jhuen das alles schon aufgedrungen hat. Bemerkt man doch bei diesem so guten und wackern Manne keine Spur eines ästhetischen Gefühls! Von einer Seite sind seine Urtheile grob materiell und von der andern tractirt er die Sache als Ceremonienmeister, um ja besonders den subordinirten Talenten ihr Plätzchen anzuweisen. Es ist nur gut daß Sie ihn durch drei Worte wieder versöhnt haben.

Wie natürlich es doch solche Sittenrichter finden, daß ein Autor zeit seines Lebens seine besten Bemühungen verkennen, sich retardiren, necken, häufeln und hudeln lasse, weil das nun einmal so eingeführt ist! Und dabei soll er geduldig, seiner hohen Würde eingedenk, mit übereinander geschlagenen Händen, wie ein ecce Homo dastehen, nur damit Herr Manso[3] und seines gleichen, auch in ihrer Art, für Dichter passiren können.

Doch genug von diesen Armseligkeiten! Lassen Sie uns auf unsern Wegen immer beständig und rascher fortschreiten.

[4] Den 25. November.

Für Brief und Paket, die ich so eben erhalte danke ich schönstens und sage nur noch geschwind, und aus dem Stegreife, daß ich nicht allein Ihrer Meinung bin, sondern noch viel weiter gehe. Alles poetische sollte rhythmisch behandelt werden! das ist meine Ueberzeugung, und daß man nach und nach eine poetische Prosa einführen konnte, zeigt nur daß man den Unterschied zwischen Prosa und Poesie gänzlich aus den Angen verlor. Es ist nicht besser als wenn sich jemand in seinem Park einen trockenen See bestellte und der Gartenkünstler diese Aufgabe dadurch aufzulösen suchte daß er einen Sumpf anlegte. Diese Mittelgeschlechter sind nur für Liebhaber und Pfuscher, so wie die Sümpfe für Amphibien. Indessen ist das Uebel in Deutschland so groß geworden daß es kein Mensch mehr sieht, ja, daß sie vielmehr, wie jenes kröpfige Volk, den gesunden Bau des Halses für eine Strafe Gottes halten. Alle dramatische Arbeiten (und vielleicht Lustspiel und Farce zuerst[5]) sollten rhythmisch sein und man würde alsdann[6] eher sehen wer was machen kann. Jetzt aber bleibt dem Theaterdichter fast[7] nichts übrig als sich zu accommodiren, und in diesem Sinne kounte man Ihnen nicht verargen wenn Sie Ihren Wallenstein in Prosa schreiben wollten; sehen Sie ihn aber als ein selbstständiges Werk an, so muß er nothwendig rhythmisch werden.

Auf alle Fälle sind wir genöthigt unser Jahrhundert zu vergessen wenu wir nach unsrer Ueberzeugung arbeiten wollen. Denn so eine Saalbaderei in Principien, wie sie im allgemeinen jetzt gelten, ist wohl noch nicht auf der Welt gewesen, und was die neuere Philosophie gutes stiften wird ist noch erst abzuwarten.

Die Poesie ist doch eigentlich auf die Darstellung des empirisch pathologischen Zustandes des Menschen gegründet, und wer gesteht denn das jetzt wohl unter unsern fürtrefflichen Kennern und sogenannten Poeten? Hat ein Maun wie Garve, der doch auch zeitlebens gedacht haben will, und für eine Art von Philosophen galt, denn nur die geringste Ahnung eines solchen Axioms? Hält er Sie nicht darum nur für einen würdigen Dichter, weil Sie sich den Spaß gemacht haben die Aussprüche der Vernunft mit dichterischem Munde vorzutragen, was wohl zu erlauben, aber nicht zu loben ist. Wie gerne wollte ich diesen prosaischen Naturen erlauben vor den sogenannten unsittlichen Stoffen zurückzuschaudern, wenu sie nur ein Gefühl für das höhere poetisch sittliche, z. B. im Polykrates und Ibykus hätten und davon entzückt würden.

Lassen Sie uns, besonders da Meyer auch einen grimmigen Rigorism aus Italien mitgebracht hat, immer strenger in Grundsätzen und sichrer und behaglicher in der Ausführung werden! Das letzte kann nur geschehen wenn wir während der Arbeit unsere Blicke nur innerhalb des Rahmens fixiren.

Hierbei meine Elegie mit dem Wunsche einer freundlichen Aufnahme.

Zeltern bleiben wir auch sechs Bouteillen Champagner schuldig für die feste gute Meinung[8] die er von uns gehegt[9] hat. Seine Indische Legende ist mir sehr werth. Der Gedanke ist original und wacker; das Lied an Mignon habe ich noch nicht einmal gehört. Die Componisten spielen nur ihre eigne Sachen und die Liebhaber haben auch nur wieder besonders begünstigte Stücke. Auf meinem ganzen Wege habe ich niemand gefunden der sich in etwas fremdes und neues hätte einstudiren mögen.

Lassen Sie mich doch einige Exemplare der Melodien zum Almanach erhalten; sie fehlen bei denen mir übersendeten durchaus.

Möchten Sie doch mit Ihrem Wallenstein recht glücklich sein damit wir Sie desto eher bei uns sehen.

Ein herzliches Lebewohl und Gruß an die Ihrigen.

G.

---

376. An Schiller.

In dem übersendeten Pakete habe ich die Lieder-Melodien zum Almanach, wofür ich bestens danke, gefunden aber keinen Brief, der mir doch zu Ende und in der Mitte der Woche immer so erwünscht kommt. Aber auch ich habe wenig mitzutheilen indem ich in diesen letzten Tagen nur in der Welt gelebt und nichts gedacht oder gethan habe, was für uns beide ein gemeinschaftlich Interesse hätte. Noch sind wir beschäftigt die mitgebrachten Kunstsachen aufzustellen, und ich denke alles wird im besten Staud sein ehe Sie herüberkommen.

Haben Sie doch die Güte das Schauspiel das Prof. Rambach einschickte mir wieder zu senden; es enthält die Verrätherei aus Ueberzeugung.

Ich wünsche sehr zu hören wie Ihr rhythmischer Wallenstein gedeiht. Mir ist es jetzo so zu Muthe, als wenn ich nie ein Gedicht gemacht hätte oder machen würde. Es ist das beste daß die Stimmung dazu unerwartet und ungerufen kommt.

Leben Sie recht wohl und lassen mich bald wieder etwas von sich, Ihren Zuständen und Arbeiten vernehmen.

Weimar den 28. November 1797.

G.

377. An Goethe.

Jena den 28. November 1797.

Mit Ihrer Elegie haben Sie uns wieder große Freude gemacht. Sie gehört so recht zu der rein poetischen Gattung, da sie durch ein so simples Mittel, durch einen spielenden Gebrauch des Gegenstandes das tiefste aufregt und das höchste bedeutet.

Möchten noch viele solche Stimmungen in diesen düstern drückenden Tagen, die auch Ihnen wie ich weiß so fatal sind, Sie erheitern. Ich brauche meine ganze Elasticität um mir gegen den herunterdrückenden Himmel Luft und Raum zu machen.

Ich las in diesen Tagen die Shakespearischen Stücke, die den Krieg der zwei Rosen abhandeln, und bin nun nach Beendigung Richards III. mit einem wahren Erstaunen[1] erfüllt. Es ist dieses letzte Stück eine der erhabensten Tragödien die ich kenne, und ich wüßte in diesem Augenblick nicht ob selbst[2] ein Shakespearisches ihm den Rang streitig machen kann. Die großen Schicksale, angesponnen in den vorhergehenden Stücken sind darin auf eine wahrhaft große Weise geendiget, und nach der erhabensten Idee stellen sie sich neben einander. Daß der Stoff schon alles weichliche, schmelzende, weinerliche ausschließt, kommt dieser hohen Wirkung sehr zu statten; alles ist energisch darin und groß, nichts gemeinmenschliches stört die rein ästhetische Rührung, und es ist gleichsam die reine Form des tragisch furchtbaren was man genießt. Eine hohe Nemesis wandelt durch das Stück, in allen Gestalten, man kommt nicht aus dieser Empfindung heraus von Anfang bis zu Ende. Zu bewundern ist's, wie der Dichter dem unbehülflichen Stoffe immer die poetische Ausbeute abzugewinnen wußte, und wie geschickt er das repräsentirt, was sich nicht präsentiren[3] läßt, ich meine die Kunst Symbole zu gebrauchen, wo die Natur nicht kann dargestellt werden. Kein Shakespearisches Stück hat mich so sehr an die griechische Tragödie erinnert.

Der Mühe wäre es wahrhaftig werth, diese Suite von acht Stücken, mit aller Besonnenheit deren man jetzt fähig ist, für die Bühne zu behandeln. Eine Epoche könnte dadurch eingeleitet werden. Wir müssen darüber wirklich conferiren.

Leben Sie recht wohl mit unserm Freunde Meyer. Mein Wallenstein gewinnt von Tag zu Tag mehr Gestalt und ich bin wohl mit mir zufrieden.

Sch.

378. An Schiller.

Da Sie so viel Gutes von meiner Elegie sagen, so thut es mir um so mehr leid daß sich eine ähnliche Stimmung lange Zeit bei mir nicht eingefunden hat. Jenes Gedicht ist bei meinem Eintritt in die Schweiz gemacht, seit der Zeit aber ist mein thätiges, productives Ich, auf so manche angenehme und unangenehme Weise, beschränkt worden, daß es noch nicht wieder hat zur Fassung kommen können; diese müssen wir denn jetzt wieder in aller Demuth erwarten.

Ich wünsche sehr daß eine Bearbeitung der Shakespearischen Productionen Sie anlocken könnte. Da so viel schon vorgearbeitet ist und man nur zu reinigen, wieder aufs neue genießbar zu machen brauchte, so wäre es ein großer Vortheil. Wenn Sie nur erst einmal durch die Bearbeitung des Wallensteins sich recht in Uebung gesetzt haben so müßte jenes Unternehmen Ihuen nicht schwer fallen.

Leben Sie recht wohl. Die Jahrszeit übt leider ihre Rechte wieder über mich aus, und da ich nichts heiteres für diesmal aus eignen Kräften mittheilen kann, so sende ich eine Gerningische[1] Ode die ihren Effect nicht verfehlen wird.

Weimar am 29. November 1797.

G.

379. An Goethe.

Jena den 1. December 1797.

Zanken Sie nicht, daß das verlangte Lustspiel heute nicht mitkommt; es fiel mir erst spät Abend bei Licht ein es zu suchen, und das habe ich bald eine halbe Stunde ohne Erfolg gethan. Auf den Sonntag werde ich's der fahrenden Post mitgeben.

Es ist mir fast zu arg, wie der Wallenstein mir anschwillt, besonders jetzt, da die Jamben, obgleich sie den Ausdruck verkürzen, eine poetische Gemüthlichkeit unterhalten, die einen ins Breite treibt. Sie werden beurtheilen, ob ich kürzer sein sollte und könnte. Mein erster Act ist so groß, daß ich die drei ersten Acte Ihrer Iphigenia hineinlegen kann, ohne ihn ganz auszufüllen; freilich sind die hintern Acte viel kürzer. Die Exposition verlangt Extensität, so wie die fortschreitende Handlung von selbst auf Intensität leitet. Es kommt mir vor, als ob mich ein gewisser epischer Geist angewandelt habe, der aus der Macht Ihrer unmittelbaren Einwirkungen[1] zu erklären sein mag; doch glaube ich nicht, daß er dem dramatischen schadet, weil er vielleicht das einzige Mittel war, diesem prosaischen Stoff eine poetische Natur zu geben.

Da mein erster Act mehr statistisch oder statisch ist, den Zustand welcher ist darstellt, aber ihn noch nicht eigentlich[2] verändert, so habe ich diesen ruhigen Anfang dazu benutzt, die Welt und das Allgemeine, worauf sich die Handlung bezieht, zu meinem eigentlichen Gegenstand zu machen. So erweitert sich der

Geist und das Gemüth des Zuhörers, und der Schwung, in den man dadurch gleich anfangs versetzt wird, soll wie ich hoffe die ganze Handlung in der Höhe erhalten.

Ich habe Meyern neulich gebeten, mir Ihre Zeichnung für den nächsten Almanach zu verschaffen. Wir wollen dieß doch bei Zeiten thun, daß der Stich auch recht mit Muße gemacht werden kann. Auch wünschte ich von ihm eine Nemesis für meinen Wallenstein; es ist eine interessante und bedeutende Verzierung. Meyer wird sich eine ausdenken, die einen tragischen Charakter hat; ich wollte sie als Vignette auf dem Titelblatt selbst haben.

Kann ich nicht bald etwas für die Horen von Ihnen hoffen? In diesen düstern Decembertagen kann man doch nichts besseres thuu als Geld verdienen, das man in schöneren ausgiebt. Haben Sie den Moses nicht Lust jetzt zu volleuden oder findet sich vielleicht eine andre, schneller zu fertigende Materie? Ich bin sehr arm und die Stunden wollen doch nicht stille stehen.

Leben Sie recht wohl und erfreuen Sie sich mit Meyern Ihrer erbeuteten Kunstschätze, auf die ich sehr neugierig bin, und die uns zu specificirteren Urtheilen über die Kunst, die mir so sehr Bedürfniß sind, Anlaß geben werden. Meine Frau grüßt aufs beste.

Sch.

380. An Schiller.

Es wird für uns, sowohl praktisch als theoretisch, von der größten Bedeutung sein was es noch für einen Ausgang mit Ihrem Wallenstein nimmt. Sollte Sie der Gegenstand nicht am Ende noch gar nöthigen einen Cyklus von Stücken aufzustellen? Daß der Rhythmus in die Breite lockt ist ganz natürlich, denn jede poetische Stimmung mag sich's und anderu gern bequem und behaglich machen. Mich verlangt sehr etwas davon zu hören.

Mit Meyern will ich wegen der Kupfer zum Almanach und Wallenstein sprechen. Zu einem Portrait habe ich kein großes Zutrauen; es gehört so viel dazu um nur was leidliches hervorzubringen und noch besonders in diesem kleinen Format, und die Kupferstecher tractiren alles was zu einem Buche gehört so leicht und lose. Wäre es nicht besser im allgemeinen und symbolischen zu bleiben?

Ich selbst habe seit meiner Rückkunft kaum zur Stimmung gelangen können auch nur einen erträglichen Brief zu dictiren. Die Masse von Gegenständen die ich aufgenommen habe ist sehr groß, und das Interesse am aufschreiben und ausarbeiten ist zuletzt durch den Umgang mit Meyer sehr geschwächt worden. Sobald ich eine Sache einmal durchgesprochen habe, ist sie auf eine ganze Zeit für mich wie abgethan.

Ich muß nur altes und neues was mir in Sinn und Herzen liegt wieder einmal schematisiren; recht gerne schickte ich Ihuen etwas zu den Horen, es wird sich bald zeigen was ich leisten und liefern kann.

Leben Sie recht wohl und erfreuen uns bald mit Ihrer Ankunft und grüßen Sie Ihre liebe Frau recht herzlich.

Weimar am 2. December 1797.

G.

381. An Goethe.

Jena den 5. December 1797.

Nur einen Gruß kann ich Ihuen schreiben an diesem düstern Tage.. Das Wetter drückt mich äußerst und macht alle meine Uebel rege, daß selbst die Arbeit mich nicht erfreut.

Nach reiflich angestellten Ueberlegungen hab' ich gefunden, daß ich besser thue, die zwei ärgsten Wintermonate noch hier zuzubringen. Der Januar und Februar sind gefährliche Monate für mich, weil ich schon zweimal von einer Lungenentzündung darin heimgesucht worden bin; die leichteste Erkältung lann mir in dieser Periode dieses Uebel zuziehen, das ich jetzt nicht mehr wie sonst würde überstehen können. Bei einer solchen Disposition ist eine Veränderung der Gewohnheiten nicht zu wagen, und ans Ausgehen im Winter würde ich doch nicht denken dürfen in Weimar. Da aber das besprochene Logis äußerst eng ist, und die Kinder laum darin unterzubringen, so wäre keine Existenz für mich. Dazu kommt, daß die nächsten zwei Monate für meine Arbeiten entscheidend sind, und also von außen mich nichts drücken darf.

Einige Monate später werde ich ein Logis, das Ihuen nah ist, aufzutreiben suchen; das Wetter ist danu gelinder [1], ich kann über die Gasse gehen und alles wird mir leichter werden.

Vielleicht komme ich an einem schönen Decembertage auf einen Besuch hinüber, und nach dem Neujahr werden wir Sie und Meyern, hoffe ich, hier haben können.

Von Zumsteg in Stüttgart habe ich dieser Tage einen Brief erhalten, der mich wirklich freute. Er schreibt darin was ihn von unsern Gedichten im Almanach am meisten erfreut, und er hat wirklich — was wir lange nicht gewohnt sind zu erfahren — das bessere herausgefunden. Auch schreibt er, daß der Almanach in seiner Gegend eine allgemeine Sensation mache.

Leben Sie recht wohl. Ich bin heute nicht im Stande was [2] zu sagen.

Sch.

382. An Schiller.

Wenn Sie überzeugt sind daß ein Winteraufenthalt in Jena Ihrer Gesundheit und Ihren Arbeiten vortheilhafter sei, so macht es mir um so mehr Freude, da ich mich genöthigt sehen werde nach dem neuen Jahr hinüber zu gehen, um nur einigermaßen zur Sammlung und Faffung zu kommen, und wie sonderbar müßte mir Jena erscheinen wenn ich Sie drüben nicht anträfe? Ich freue mich nunmehr auf diesen Aufenthalt, da ich sonst, wenn ich Sie hüben hätte lassen müssen, nur zwiespältig mit mir selbst gewesen wäre.

Halten Sie sich ja zu Ihrem Wallenstein; ich werde wohl zunächst an meinen Faust gehen, theils um diesen Tragelaphen los zu werden, theils um mich zu einer höhern und reinern Stimmung, vielleicht zum Tell, vorzubereiten. Dabei soll gelegentlich an den nächsten Almanach gedacht werden, vielleicht fällt auch etwas für die Horen ab.

Lassen Sie uns ja auf dem eingeschlagnen Wege fortfahren! Es muß uns noch manches gelingen und Meyers Mitarbeit wird uns äußerst fördern. Auch können wir der Theilnahme des Publicums gewiß sein; denn ob man gleich im Ganzen immer darauf schilt, so enthält es doch im Einzelnen sehr gebildete Menschen, welche die redlichen und ernsten Bemühungen eines Schriftstellers zu schätzen wissen. Indessen mag der alte Wieland[1], laudator temporis acti, in diesen Hefen des achtzehnten Jahrhunderts sich betrüben (siehe das Novemb.=Stück des deutschen Merkurs p. 194); so viel klaren Wein als wir brauchen wird uns die Muse schon einschenken. Die schönen Sachen von Meyer zu sehen wäre wohl eine December=Spazierfahrt werth. Möchte Ihre Gesundheit sie Ihnen doch erlauben!

Weimar am 6. December 1797.

G.

---

383. An Goethe.

Jena den 8. December 1797.

Ich bin nun mit der Nothwendigkeit, die mich die nächsten Monate hier zurückhält, vollkommen ausgesöhnt, da die Reise nach Weimar nicht einmal der Weg gewesen wäre, mich mit Ihnen öfter zu vereinigen, und so wollen wir denn kommenden Monat das alte Leben mit Segen wieder beginnen, welches durch Meyers Anwesenheit nicht verlieren wird. Es ist wohl nicht übel, daß Sie zwischen Ihr erstes und zweites Epos den Faust einschieben. Sie schwellen dadurch den poetischen Strom, und erregen sich ein ungeduldiges Verlangen nach der neuen reinen Production, welches schon die halbe Stimmung ist. Der Faust, wenn Sie ihn nun durchgearbeitet, läßt Sie auch sicherlich nicht so, wie Sie zu ihm kommen; er übt und schärft irgend eine neue Kraft in Ihnen und so kommen Sie reicher und feuriger zu Ihrem[1] neuen Werke.

An den Wallenstein werde ich mich so sehr halten als ich kann, aber das pathologische Interesse der Natur an einer solchen Dichterarbeit hat viel angreifendes für mich. Glücklicherweise alterirt meine Kränklichkeit nicht meine Stimmung, aber sie macht, daß ein lebhafter Antheil mich schneller erschöpft und in Unordnung bringt. Gewöhnlich muß ich daher Einen Tag der glücklichen Stimmung mit fünf oder sechs Tagen des Drucks und des Leidens büßen. Dieß hält mich erstaunlich auf, wie Sie denken können. Doch gebe ich die Hoffnung nicht auf, den Wallenstein noch in dem nächsten Sommer in Weimar spielen zu sehen, und im nächsten Herbst tief in meinen Malthesern zu sitzen.

Diese beschäftigen mich jetzt zuweilen, wenn ich von der Arbeit ausruhe. Es ist etwas sehr anziehendes für mich in solchen Stoffen, welche sich von selbst isoliren und eine Welt für sich ausmachen. Ich habe diesen Umstand im Wallenstein sehr benutzt, und in den Malthesern wird er mich noch mehr begünstigen. Nicht nur daß dieser Orden wirklich ein Individuum ganz sui generis ist, so ist er es im Moment der dramatischen Handlung noch mehr. Alle Communication mit der übrigen Welt ist durch die Blokade abgeschnitten, er ist bloß auf sich selbst, auf die Sorge für seine Existenz concentrirt, und nur die Eigenschaften, die ihn zu dem Orden machen der er ist, können in diesem Moment seine Erhaltung bewirken.

Dieses Stück wird eben[2] so einfach behandelt werden müssen, als der Wallenstein complicirt ist, und ich freue mich im voraus in dem einfachen Stoff alles zu finden was ich brauche und alles zu brauchen, was ich bedeutendes finde. Ich kann ihn ganz in der griechischen Form und nach des Aristoteles. Schema, mit Chören und ohne die Acteneintheilung ausführen und werde es auch thun. Sagen Sie mir doch, woher denn die Acteneintheilung sich schreibt? Im Aristoteles fanden[3] wir nichts davon und bei sehr vielen griechischen Stücken würde sie gar nicht anzuwenden sein.

Körner schreibt mir, daß Geßler wieder in Dresden sei. Seine Italienerin soll er in der Schweiz gelassen haben, um sie dort noch zu formiren. Hoffentlich geht sie ihm unterdessen mit einem andern durch.

Von Humboldt habe ich seit sechs Wochen nichts gehört, und schließe daraus, daß er wirklich nach Paris ist: denn wenn er in der Schweiz ruhig säße, hätte ihn die bloße Langeweile zum Schreiben bringen müssen.

Leben Sie recht wohl und überstehen noch glücklich den Rest dieses Monats. Bei mir ist jetzt alles wohl. Meine Frau grüßt Sie aufs beste. Dem alten Meyer freue ich mich auch etwas von dem Wallenstein zu zeigen.

Sch.

384. An Schiller.

Die Nachricht, daß Sie diesen Winter nicht zu uns kommen würden hat unsere Schauspieler betrübt. Es scheint daß sie sich vorgesetzt hatten sich vor Ihnen Ehre zu machen. Ich habe sie mit der Hoffnung getröstet daß Sie uns aufs Frühjahr wohl besuchen würden. Sehr nöthig thut unserm Theater ein solcher neuer Anstoß, den ich gewissermaßen selbst nicht geben kann. Zwischen dem der zu befehlen hat und dem der einem solchen Institute eine ästhetische

Leitung geben soll, ist ein gar zu großer Unterschied. Dieser soll aufs Gemüth wirken und muß also auch Gemüth zeigen, jener muß sich verschließen um die politische und ökonomische Form zusammenzuhalten. Ob es möglich ist freie Wechselwirkung und mechanische Causalität zu verbinden weiß ich nicht; mir wenigstens hat das Kunststück noch nicht gelingen wollen.

Ich kann mir den Zustand Ihres Arbeitens recht gut denken. Ohne ein lebhaftes pathologisches Interesse ist es auch mir niemals gelungen irgend eine tragische Situation zu bearbeiten, und ich habe sie daher lieber vermieden als aufgesucht. Sollte es wohl auch einer von den Vorzügen der Alten gewesen sein, daß das höchste Pathetische auch nur ästhetisches Spiel bei ihnen gewesen wäre, da bei uns die Naturwahrheit mitwirken muß um ein solches Werk hervorzubringen? Ich kenne mich zwar nicht selbst genug, um zu wissen ob ich eine wahre Tragödie schreiben könnte; ich erschrecke aber blos vor dem Unternehmen und bin beinahe überzeugt daß ich mich durch den bloßen Versuch zerstören könnte.

Unser guter alter College Schnauß hat sich denn endlich auch davon gemacht. Vielleicht habe ich bei Bibliotheksachen künftig einigen Einfluß. Sagen Sie, ob Sie die Idee vor thunlich halten mit der ich mich schon lange trage: die hiesige, die Büttnerische und Akademische Bibliothek, virtualiter, in Ein Corpus zu vereinigen und über die verschiedenen Fächer, so wie über einen bestimmtern und zweckmäßigern Ankauf Abrede zu nehmen und Verordnungen zu geben. Bei der jetzigen Einrichtung gewinnt niemand nichts; manches Geld wird unnütz ausgegeben, manches Gute stockt, und doch sehe ich Hindernisse genug voraus die sich finden werden, nur damit das rechte nicht auf eine andere Art geschehe als das unzweckmäßige bisher bestanden hat.

Noch habe ich vierzehn Tage zu thun um manches einzuleiten, die neuen Theatercontracte in Ordnung zu bringen und was andere Dinge mehr sind. Dann will ich aber auch gleich zu meiner Tageseinsamkeit des Jenaischen Schlosses und zu unsern Abendgesprächen eilen.

Meyern werde ich wohl nicht mitbringen, denn ich habe die Erfahrung wieder erneuert: daß ich nur in einer absoluten Einsamkeit arbeiten kann, und daß nicht etwa nur das Gespräch, sondern sogar schon die [1] häusliche Gegenwart geliebter und geschätzter Personen meine poetische Quellen gänzlich ableitet. Ich würde jetzt in einer Art von Verzweiflung sein, weil auch jede Spur eines productiven Interesse bei mir verschwunden ist, wenn ich nicht gewiß wäre es in den ersten acht Tagen in Jena wiederzufinden.

Ich lege einen Band Gedichte bei von einem Menschen, aus dem vielleicht was [2] geworden wäre, wenn er nicht in Nürnberg lebte, und die Dichtart zu finden wüßte zu der er Talent hat. Manches dünkt mich hat ein humoristisches Verdienst, obgleich manches sehr mißlungen ist. Da Sie so gern von jungen Männern etwas hoffen und mancherlei Beiträge nutzen können, so kommt es auf Sie an ob man mit ihm das Verhältniß fortsetzen und ihm einigen Muth machen soll?

Leben Sie recht wohl, grüßen Sie Ihre liebe Frau.

Geßler riskirt viel die Schöne sich selbst zu überlassen. Es verdrießt mich daß wir ihn nicht angetroffen haben. Meyer kennt die Schöne. Uebrigens wandeln noch manche seltsame Kometen an dem Himmel Amors und Hymens herum; was sie deuten und bringen ist noch [3] ungewiß.

Ich lege noch einen kleinen historischen Versuch bei; sagen Sie mir doch Ihre Meinung darüber, und in wie fern man allenfalls eine kleine Sammlung ähnlicher Arbeiten einem Buchhändler empfehlen könnte?

Nochmals ein Lebewohl.

Weimar den 9. December 1797.

G.

385. An Goethe.

Jena den 12. December 1797.

Da ich in diesen Tagen die Liebesscenen im zweiten Act des Wallensteins vor mir habe, so kann ich nicht ohne Herzensbeklemmung an die Schaubühne und an die theatralische Bestimmung des Stückes deuten. Denn die Einrichtung des Ganzen erforderte [1] es, daß sich die Liebe nicht sowohl durch Handlung als vielmehr durch ihr ruhiges Bestehen auf sich und ihre Freiheit von allen Zwecken der übrigen Handlung, welche ein unruhiges planvolles Streben nach einem Zwecke ist, entgegensetzt und dadurch einen gewissen menschlichen Kreis vollendet. Aber in dieser Eigenschaft ist sie nicht theatralisch, wenigstens nicht in demjenigen Sinne, der bei unsern Darstellungsmitteln und bei unserm Publicum sich ausführen läßt. Ich muß also, um die poetische Freiheit zu behalten, so lange jeden Gedanken an die Aufführung [2] verbannen.

Sollte es wirklich an dem sein, daß die Tragödie, ihrer pathetischen Gewalt wegen, Ihrer Natur nicht zusagte? In allen Ihren Dichtungen finde ich die ganze tragische Gewalt und Tiefe, wie sie zu einem vollkommenen Trauerspiel hinreichen würde; im Wilhelm Meister liegt, was die Empfindung betrifft, mehr als Eine Tragödie; ich glaube, daß bloß die strenge gerade Linie, nach welcher der tragische Poet fortschreiten muß, Ihrer Natur nicht zusagt, die sich überall mit einer freieren Gemüthlichkeit äußern will. Alsdann glaube ich auch, eine gewisse Berechnung auf den Zuschauer, von der sich der tragische Poet nicht dispensiren kann, der Hinblick auf einen Zweck, den äußern Eindruck, der bei dieser Dichtungsart nicht ganz erlassen [3] wird, genirt Sie, und vielleicht sind Sie gerade nur deßwegen weniger zum Tragödiendichter geeignet, weil Sie so ganz zum Dichter in seiner generischen Bedeutung erschaffen sind. Wenigstens finde ich in [4] Ihnen alle poetischen Eigenschaften des Tragödiendichters im reichlichsten Maß, und wenn Sie wirklich dennoch keine ganz wahre Tragödie sollten schreiben können, so müßte der Grund in den nicht poetischen Erfordernissen liegen.

Haben Sie doch die Güte mir gelegentlich einige Komödienzettel, worauf das sämmtliche Personale der Schauspieler ist, beizulegen.

Ihre Idee wegen Vereinigung der drei Bibliotheken in Einem Ganzen wird gewiß jeder Vernünftige in Jena und Weimar ausgeführt wünschen. Fände man nur alsdann auch ein Subject welches fähig wäre, dem Ganzen vorzustehen und den Plan der Einheit und Vollständigkeit zu verfolgen. Es ist gewiß schon viel Materie da, vieles ist wohl doppelt und dreifach, womit neues kann eingetauscht werden; auch sehe ich nicht, warum man nicht noch einige neue Bäche in den Bibliothekfond leiten könnte.

Ich fürchte der neue Nürnbergische Dichter wird uns nicht viel Trost bringen. Es fehlt ihm wohl nicht ganz am Talent, aber so gar[5] sehr an Form und am[6] Bewußtsein dessen was er will. Indessen, ich habe nur wenig hineingeschaut, vielleicht bin ich just auf das schlimmste gerathen.

Den historischen Aufsatz habe ich noch nicht ganz durchlesen. Ich sende ihn, nebst meinem Urtheil, auf den Freitag.

Einsiedels Schrift über das Theater enthält doch[7] manches gut gedachte. Es ist mir unterhaltend wie diese Art von Dilettanten sich über gewisse Dinge, die aus[8] der Tiefe der Wissenschaft und der Betrachtung nur[9] geschöpft werden können, ausspricht, wie z. B. was er vom Stil und von der Manier sagt u. s. f.

Leben Sie recht wohl. Herzlich freue ich mich auf unsre Abende. Meine Frau ist sehr neugierig auf die Kometen, die an dem Himmel Amors und Hymens herum laufen. Grüßen Sie Meyern.

Sch.

---

386. An Schiller.

Die neuen Kunstwerke in unserm Hause ziehen uns heute früh einen Damenbesuch zu, deswegen nur so viel in Eile.

Eine Schilderung der Fähigkeiten unseres Theaterpersonals will ich Ihnen ehestens selbst machen, besonders bezüglich auf Ihr Stück dessen Bedürfnisse ich im allgemeinen doch kenne.

Uebrigens fahren Sie nur ohne Sorge fort. Die innere Einheit die der Wallenstein haben wird muß gefühlt werden und Sie haben große Privilegia auf dem Theater. Ein ideales Ganze imponirt den Menschen, wenn sie es auch im einzelnen nicht zu dechiffriren[1], noch den Werth der einzelnen Theile zu schätzen wissen.

Durch eine sonderbare Veranlassung bin ich aufgefordert über das deutsche Theater im allgemeinen zu denken, und da ich doch manchmal wider Willen im Schauspiel sitzen muß, so suche ich aus dieser Aufopferung einigen Gewinn[2].

Leben Sie recht wohl, ich freue mich daß die Zeit herannahet die mir ein gesammeltes Dasein und Ihre Nähe bescheren soll.

Weimar am 13. December 1797.

G.

387. An Goethe.

Jena den 15. December 1797.

Unsere Dichterin, Mereau, ist da und so kann ich für heut nur ein paar Worte schreiben.

Mit dem Aufsatze der hier zurückfolgt[1] und mit andern von diesem Schlage wird nicht viel zu machen sein. Er ist gar zu trocken und zu dürftig, und trotz der unnützen Parade mit Citaten und historischer Belesenheit enthält er nicht das geringste bedeutende Neue, was die Begebenheit aufhellen oder auch nur unterhaltender machen könnte. Soll aber bloß etwas damit verdient werden, so wird diese Absicht wohl eher durch Einrückung in Journale wie der Merkur ꝛc. als durch eine eigene Sammlung zu erreichen sein.

Ich habe schon öfters gewünscht, daß unter den vielen schriftstellerischen Speculationen solcher Menschen, die keine andre als compilatorische Arbeit treiben können, auch einer darauf verfallen möchte, in alten Büchern nach poetischen Stoffen auszugehen, und dabei einen gewissen Takt hätte, das Punctum saliens an einer, an sich unscheinbaren Geschichte zu entdecken. Mir kommen solche Quellen gar nicht vor, und meine Armuth an solchen Stoffen macht mich wirklich unfruchtbarer im Produciren, als ich's ohne das sein würde. Mir däucht ein gewisser Hyginus, ein Grieche, sammelte einmal eine Anzahl tragischer Fabeln entweder aus oder für den Gebrauch der Poeten. Solch einen Freund könnte ich gut brauchen. Ein Reichthum an Stoffen für möglichen Gebrauch vermehrt wirklich den innern Reichthum, ja er übt eine wichtige Kraft und es ist schon von großem Nutzen, einen Stoff auch nur in Gedanken zu beleben und sich daran zu versuchen.

Die Elisa von der[2] Recke hat mir ein voluminoses Schauspiel von ihrer Erfindung und Ausführung zugeschickt, mit der Plenipotenz zu streichen und zu zerstören. Ich werde sehen, ob ich es für die Horen brauchen kann; der Inhalt ist wie Sie leicht deulen können, sehr moralisch und so hoffe ich soll es auch durchschlüpfen. Ich muß auf jede Art für die Horen sorgen. Und daß so moralische Personen sich uns Ketzern und Freigeistern auf Gnade und Ungnade übergeben[3], besonders nach dem so lauten Xenienunfug, ist immer eine gewisse Satisfaction.

Humboldt hat wieder seit sechs Wochen nichts von sich hören lassen. Ich schließe daraus daß er nun doch nach Paris gegangen ist.

Leben Sie wohl für heute. Meine Frau grüßt aufs beste.

Sch.

388. An Schiller.

Hier überschicke ich den Hygin, und würde zugleich rathen sich die Adagia des Erasmus anzuschaffen, die leicht zu haben sind. Da die alten Sprichwörter meist auf geographischen, historischen, nationellen und individuellen Verhältnissen ruhen, so enthalten sie einen großen Schatz von reellem Stoff. Leider wissen wir aus der Erfahrung daß dem Dichter niemand seine Gegenstände suchen kann, ja daß er sich selbst manchmal vergreift.

Freund Meyer ist fleißig und schreibt seine Gedanken über diese Materie zusammen, es kommen die wunderbarsten Dinge zur Sprache.

Die Horen haben jetzo wie es scheint ihr weibliches Zeitalter; es ist auch gut wenn sie nur dadurch ihr literarisches Leben erhalten.

Ich bin bis[1] jetzt weder zu großem noch zu kleinem nütze und lese nur indessen, um mich im guten zu erhalten, den Herodot und Thucydides, an denen ich zum erstenmal eine ganz reine Freude habe weil ich sie nur ihrer Form und nicht ihres Inhalts wegen lese.

Mein größter Wunsch ist nunmehr bald bei Ihnen zu sein und die Annäherung der Sonne wieder zu empfinden; indessen nutze ich die trüben und bösen Tage so gut als möglich. Leben Sie recht wohl und thun Sie desgleichen.

Weimar am 16. December 1797.

G.

389. An Schiller.

Ich wünsche und hoffe daß gegenwärtiger Brief Sie wieder in leidlichen Gesundheitsumständen finden möge, und danke für das Schreiben Ihrer lieben Frau, die mir durch Mittheilung der energischen märkischen Kunstproducte[1] eine besondere Freude gemacht hat.

Ihr Brief vom zweiten October ist nebst dem Almanach auch wieder zurückgekommen und fehlt also nichts mehr an unserer wechselseitigen Correspondenz.

Oberons goldne Hochzeit haben Sie mit gutem Bedachte weggelassen. Sie ist die Zeit über nur[2] um das doppelte an Versen gewachsen und ich sollte meinen im Faust müßte sie am besten ihren Platz finden.

Seit der Erscheinung der Schlegelschen Recension meines Hermanns habe ich die Gesetze der Epopöe und des Dramas wieder durchgedacht und glaube auf gutem Wege zu sein. Die Schwierigkeit bei diesen theoretischen Bemühungen ist immer: die Dichtarten von allem zufälligen zu befreien. Nächstens erhalten Sie wohl einen kleinen Aufsatz darüber und ich mag daher nichts weiter voraussagen.

Den Verfasser der Elegien im Almanach kennt Meyer recht gut und wird

Ihnen dereinst selbst eine Schilderung desselben[3] machen; er ist eigentlich Bildhauer. Nach nichts verlangt mich jetzo mehr als nach Ihrem Wallenstein.

Erholen Sie sich ja bald wieder von Ihrem Uebel. Möchte ich doch schon diese Tage, die sich heiter anlassen, bei Ihnen zubringen können!

Weimar am 20. December 1797.

G.

---

390. An Goethe.

Jena den 22. December 1797.

Mein böser Anfall von Cholera ist zwar bald und glücklich wieder vorübergegangen, aber geschwächt und verstimmt hat er mich für die ganze Woche, daß ich an etwas poetisches auch nicht denken mag. Auch das böse Wetter kommt dazu, jede Thätigkeit in mir stocken zu machen.

Zu meiner nicht geringen Satisfaction fordert mir Cotta die letzten zweihundert Exemplare des Almanachs pressanter Weise ab, die ich mit Fleiß hier bei mir liegen ließ, um den Leipzigern nicht gleich die Stärke der Auflage zu verrathen, wenn etwa ein Quantum sollte unabgesetzt bleiben. Wie Cotta schreibt, so hat sich der übrige Vorrath, der etwa zweitausend Exemplare stark war, bereits vergriffen; diese zweihundert meint er würden wohl auch bald abgehen, da die Bestellungen noch ziemlich frisch[1] fortdauerten, und es möchte am Ende wohl eine zweite Auflage nöthig werden. Wir könnten in der That keinen glänzendern Triumph über die Neider davon tragen, die das Glück des vormjährigen Almanachs bloß den Anzüglichkeiten in den Xenien zugeschrieben haben. Es erweckte mir auch etwas mehr Vertrauen zu unserm deutschen Publicum, wenn wir sein Interesse, auch ohne Vermittlung irgend einer gemeinen Passion, durch die Gewalt der Poesie zu fesseln gewußt hätten.

Die Schlegelsche Recension Ihres Hermanns kenne ich noch nicht und weiß überhaupt nicht, von welchem Schlegel sie ist. Sie sei aber von welchem sie wolle, so finde ich bei keinem die ganze Competenz dazu, denn es gehört vorzugsweise zu Würdigung dieses Gedichts das was man Gemüth heißt, und dieses fehlt beiden, ob sie sich gleich der Terminologie davon anmaßen.

Ihren, dadurch veranlaßten, Aufsatz erwarte ich mit Verlangen. Oder werden Sie ihn nicht gleich selbst bringen?

Wir wünschten sehr zu wissen, wie bald wir auf Ihre Ankunft rechnen dürfen. Es wird nun bald ein halbes Jahr, daß wir nicht zusammen gelebt haben.

Meyern bitte herzlich zu grüßen. Es thut mir recht leid, daß ich seine Arbeiten so lange nicht sehe.

Leben Sie recht wohl.

Sch.

391. An Schiller.

In der Beilage erhalten Sie meinen Aufsatz, den ich zu beherzigen, anzuwenden, zu modificiren und zu erweitern bitte. Ich habe mich seit einigen Tagen dieser Kriterien beim Lesen der Ilias und des Sophokles bedient, so wie bei einigen epischen und tragischen Gegenständen, die ich in Gedanken zu motiviren versuchte, und sie haben mir sehr brauchbar, ja entscheidend geschienen.

Es ist mir dabei recht aufgefallen, wie es kommt, daß wir Modernen die Genres so sehr[1] zu vermischen geneigt sind, ja daß wir gar nicht einmal im Stande sind sie von einander zu unterscheiden. Es scheint nur daher zu kommen, weil die Künstler, die eigentlich die Kunstwerke innerhalb ihrer[2] reinen Bedingungen hervorbringen sollten, jenem[3] Streben der Zuschauer und Zuhörer, alles völlig wahr zu finden, gefällig[4] nachgeben. Meyer hat bemerkt, daß man alle Arten der bildenden Kunst hat bis zur Malerei hinantreiben wollen, indem diese durch Haltung und Farben die Nachahmung als völlig wahr darstellen kann. So sieht man auch im Gang der Poesie daß alles zum Drama, zur Darstellung des vollkommen Gegenwärtigen sich hindrängt. So sind die Romane in Briefen völlig dramatisch, man kann deßwegen mit Recht[5] förmliche Dialoge, wie auch Richardson gethan hat, einschalten; erzählende Romane mit Dialogen untermischt würden dagegen zu tadeln sein.

Sie werden hundertmal gehört haben, daß man nach Lesung eines guten Romans gewünscht hat, den Gegenstand auf dem Theater zu sehen, und wie viel schlechte Dramen sind daher entstanden! Eben so wollen die Menschen jede interessante Situation gleich in Kupfer gestochen sehen; damit nur ja ihrer Imagination keine Thätigkeit übrig bleibe, so soll alles sinnlich wahr, vollkommen gegenwärtig, dramatisch sein und das Dramatische selbst soll sich dem wirklich Wahren völlig an die Seite stellen. Diesen eigentlich kindischen, barbarischen, abgeschmackten Tendenzen sollte nun der Künstler aus allen Kräften widerstehen, Kunstwerk von Kunstwerk durch undurchdringliche Zauberkreise sondern, jedes bei seiner Eigenschaft und seinen Eigenheiten erhalten, so wie es die Alten gethan haben und dadurch eben solche Künstler wurden und waren. Aber wer kann sein Schiff von den Wellen sondern, auf denen es schwimmt? Gegen Strom und Wind legt man nur kleine Strecken zurück.

So war z. B. bei den Alten das[6] Basrelief ein nur[7] wenig erhobenes Werk, eine flache geschmackvolle Andeutung eines Gegenstandes auf einer Fläche; allein dabei kounte der Mensch nicht bleiben, es wurde halb erhoben, ganz erhoben, Glieder abgesondert, Figuren abgesondert, Perspective angebracht, Straßen, Wolken, Berge und Landschaften vorgestellt, und weil nun auch dies durch Menschen von Talent geschah, so fand das völlig Unzulässige desto eher Eingang, als man es dadurch gerade[8] dem ungebildeten Menschen um so[9] mehr nach seinem Sinne machte. So kommt unter Meyers Abhandlung die sehr artige, hierher gehörige

Geschichte vor, wie man in Florenz die aus Thon gebildeten Figuren erst glasirt, dann einfärbig, endlich mehrfärbig[10] gemalt und emaillirt hat.

Um nun zu meinem Aufsatze zurückzukommen, so habe ich den darin aufgestellten Maßstab an Hermann und Dorothea gehalten und bitte Sie deßgleichen zu thun, wobei sich ganz interessante Bemerkungen machen lassen, als z. B.

1. Daß kein ausschließlich episches Motiv, das heißt kein retrogradirendes, sich darin befinde, sondern daß nur die vier andern, welche das epische Gedicht mit dem Drama gemein hat, darinne gebraucht sind.

2. Daß es nicht außer sich wirkende, sondern nach innen geführte Menschen darstellt und sich auch dadurch von der Epopöe entfernt und dem Dramá nähert.

3. Daß es sich mit Recht der Gleichnisse enthält, weil bei[11] einem mehr sittlichen Gegenstande das Zudringen von Bildern aus der physischen Natur nur mehr[12] lästig gewesen wäre.

4. Daß es aus der dritten Welt, ob es gleich nicht auffallend ist[13], noch immer genug Einfluß empfangen hat, indem das große Weltschicksal theils wirklich, theils durch Personen, symbolisch, eingeflochten ist und von Ahnung, von Zusammenhang einer sichtbaren und unsichtbaren Welt doch auch leise Spuren angegeben sind; welches zusammen nach meiner Ueberzeugung an die Stelle der alten Götterbilder tritt, deren physisch-poetische Gewalt freilich dadurch nicht ersetzt wird.

Schließlich muß ich noch von einer sonderbaren Aufgabe melden, die ich mir in diesen Rücksichten gegeben habe, nämlich zu untersuchen: ob zwischen[14] Hektors Tod und der Abfahrt der Griechen von der Trojanischen Küste, noch ein episches Gedicht inne liege, oder nicht? ich vermuthe fast das letzte und zwar aus folgenden Ursachen:

1. Weil sich nichts Retrogradirendes findet[15], sondern alles unaufhaltsam vorwärts schreitet.

2. Weil alle noch einigermaßen retardirende Vorfälle das Interesse auf mehrere Menschen zerstreuen und, obgleich in einer großen Masse, doch Privatschicksalen ähnlich seyn. Der Tod des Achilles[15a] scheint mir ein herrlich tragischer Stoff, der Tod des Ajax, die Rückkehr des Philoktet sind uns von den Alten noch übrig geblieben. Polyxena, Hekuba[16] und andere Gegenstände aus dieser Epoche waren auch behandelt. Die Eroberung von Troja selbst ist, als ein[17] Erfüllungsmoment eines großen Schicksals, weder episch noch tragisch und kann bei einer ächten epischen Behandlung nur immer vorwärts oder rückwärts in der Ferne gesehen werden. Virgils rhetorisch-sentimentale Behandlung kann hier nicht in Betracht kommen.

So viel von dem was ich gegenwärtig einsehe, salvo meliori; denn, wenn ich mich nicht irre, so ist diese Materie, wie viele andere, eigentlich theoretisch unaussprechlich; was das Genie geleistet hat sehen wir allenfalls, wer will sagen was es leisten könnte oder sollte.

[18]Nun da die Boten gehen, nur noch ein Lebewohl für Sie und Ihre liebe

Frau. Halten Sie sich ja stille bis die böse Zeit vorüber ist. Von unserm Almanach höre ich überall her manches gute; wann ich kommen kann weiß ich noch nicht, die Theaterangelegenheiten halten mich fürcht' ich länger als ich glaubte, so lebhaft auch mein Wunsch ist Sie wiederzusehen. Nochmals ein Lebe Wohl.

Weimar den 23. December 1797.

G.

---

[19] Ueber epische und dramatische Dichtung

von

Goethe und Schiller.

Der Epiker und Dramatiker sind beide den allgemeinen poetischen[20] Gesetzen unterworfen, besonders dem Gesetze der Einheit und dem Gesetze der Entfaltung; ferner behandeln sie beide ähnliche Gegenstände, und können beide alle Arten von Motiven brauchen; ihr großer wesentlicher Unterschied beruht aber darin, daß der Epiker die Begebenheit als vollkommen vergangen vorträgt, und der Dramatiker sie als vollkommen gegenwärtig darstellt. Wollte man das Detail der Gesetze, wonach beide zu handeln haben, aus der Natur des Menschen herleiten, so müßte man sich einen Rhapsoden und einen Mimen, beide als Dichter, jenen mit seinem ruhig horchenden, diesen mit seinem ungeduldig schauenden und hörenden Kreise umgeben, immer vergegenwärtigen, und es würde nicht schwer fallen zu entwickeln, was einer jeden von diesen beiden Dichtarten am meisten frommt, welche Gegenstände jede vorzüglich wählen, welcher Motive sie sich vorzüglich bedienen wird; ich sage vorzüglich: denn, wie ich schon zu Anfang bemerkte, ganz ausschließlich kann sich keine etwas anmaßen.

Die Gegenstände des Epos und der Tragödie sollten rein menschlich, bedeutend und pathetisch sein: die Personen stehen am besten auf einem gewissen Grade der Cultur, wo die Selbstthätigkeit noch auf sich allein angewiesen ist, wo man nicht moralisch, politisch, mechanisch, sondern persönlich wirkt. Die Sagen aus der heroischen Zeit der Griechen waren in diesem Sinne den Dichtern besonders günstig.

Das epische Gedicht stellt vorzüglich persönlich beschränkte Thätigkeit, die Tragödie persönlich beschränktes Leiden vor; das epische Gedicht den außer sich wirkenden Menschen: Schlachten, Reisen, jede Art von Unternehmung die eine gewisse sinnliche Breite fordert; die Tragödie den nach innen geführten Menschen, und die Handlungen der ächten Tragödie bedürfen daher nur weniges Raums.

Der Motive kenne ich fünferlei Arten:

1. Vorwärtsschreitende, welche die Handlung fördern; deren bedient sich vorzüglich das Drama.

2. Rückwärtsschreitende, welche die Handlung von ihrem Ziele entfernen; deren bedient sich das epische Gedicht fast ausschließlich.

3. Retardirende, welche den Gang aufhalten, oder den Weg verlängern; dieser bedienen sich beide Dichtarten mit dem größten Vortheile.

4. Zurückgreifende, durch die dasjenige was vor der Epoche des Gedichts geschehen ist, hereingehoben wird.

5. Vorgreifende, die dasjenige was nach der Epoche des Gedichts geschehen wird, anticipiren; beide Arten braucht der epische so wie der dramatische Dichter, um sein Gedicht vollständig zu machen.

Die Welten, welche zum Anschauen gebracht werden sollen, sind beiden gemein:

1) die physische, und zwar erstlich die nächste, wozu die dargestellten Personen gehören und die sie umgiebt. In dieser steht der Dramatiker meist auf Einem Punkte fest, der Epiker bewegt sich freier in einem größern Local; zweitens die entferntere Welt, wozu ich die ganze Natur rechne. Diese bringt der epische Dichter, der sich überhaupt an die Imagination wendet, durch Gleichnisse näher, deren sich der Dramatiker sparsamer bedient.

2) die sittliche ist beiden ganz gemein, und wird am glücklichsten in ihrer physiologischen und pathologischen Einfalt dargestellt.

3) die Welt der Phantasieen, Ahnungen, Erscheinungen, Zufälle und Schicksale. Diese steht beiden offen, nur versteht sich, daß sie an die sinnliche herangebracht werde; wobei denn für die Modernen eine besondere Schwierigkeit entsteht, weil wir für die Wundergeschöpfe, Götter, Wahrsager und Orakel der Alten, so sehr es zu wünschen wäre, nicht leicht Ersatz finden.

Die Behandlung im Ganzen betreffend, wird der Rhapsode, der das vollkommen Vergangene vorträgt, als ein weiser Mann erscheinen, der in ruhiger Besonnenheit das Geschehene übersieht; sein Vortrag wird dahin zwecken, die Zuhörer zu beruhigen, damit sie ihm gern und lange zuhören, er wird das Interesse egal vertheilen, weil er nicht im Staude ist, einen allzulebhaften Eindruck geschwind zu balanciren, er wird nach Belieben rückwärts und vorwärts greifen und wandeln; man wird ihm überall folgen, denn er hat es nur mit der Einbildungskraft zu thun, die sich ihre Bilder selbst hervorbringt, und der es auf einen gewissen Grad gleichgültig ist, was für welche sie aufruft. Der Rhapsode sollte als ein höheres Wesen in seinem Gedicht nicht selbst erscheinen; er läse hinter einem Vorhange am allerbesten, so daß man von aller Persönlichkeit abstrahirte und nur die Stimme der Musen im Allgemeinen zu hören glaubte.

Der Mime dagegen ist gerade in dem entgegengesetzten Fall; er stellt sich als ein bestimmtes Individuum dar, er will daß man an ihm und seiner nächsten Umgebung ausschließlich Theil nehme, daß man die Leiden seiner Seele und seines Körpers mitfühle, seine Verlegenheiten theile und sich selbst über ihn vergesse. Zwar wird auch er stufenweise zu Werke gehen, aber er kann viel lebhaftere Wirkungen wagen, weil bei sinnlicher Gegenwart auch sogar der stärkere Eindruck durch einen schwächern vertilgt werden kann. Der zuschauende Hörer muß von Rechtswegen in einer steten sinnlichen Anstrengung bleiben, er darf sich nicht zum Nachdenken erheben, er muß leidenschaftlich folgen, seine Phantasie ist ganz zum Schweigen gebracht, man darf keine Ansprüche an sie machen, und selbst was erzählt wird muß gleichsam darstellend vor die Augen gebracht werden.

---

392. An Goethe.

[Jena den 26. December.] [1]

[2]Die Gegeneinanderstellung des Rhapsoden und Mimen nebst ihrem beiderseitigen Auditorium scheint mir ein sehr glücklich gewähltes Mittel, um der Verschiedenheit beider Dichtarten beizukommen. Schon diese Methode allein reichte hin, einen groben Mißgriff in der Wahl des Stoffs für die Dichtart oder der Dichtart für den Stoff unmöglich zu machen. Auch die Erfahrung bestätigt es; denn ich wüßte nicht, was einen bei einer dramatischen Ausarbeitung so streng in den Grenzen der Dichtart hielt' [3], und wenn man daraus getreten, so sicher darein zurückführte, als eine möglichst lebhafte Vorstellung der wirklichen Repräsentation der Bretter, eines angefüllten und bunt gemischten Hauses, wodurch die affectvolle [4] unruhige Erwartung, mithin das Gesetz des intensiven und rastlosen Fortschreitens und Bewegens einem so nahe gebracht wird.

Ich möchte noch ein zweites Hülfsmittel zur Anschaulichmachung dieses Unterschieds in Vorschlag bringen. Die dramatische Handlung bewegt sich vor mir, um die epische bewege ich mich selbst und sie scheint gleichsam stille zu stehn. Nach meinem Bedünken liegt viel in diesem Unterschied. Bewegt sich die Begebenheit vor mir, so bin ich streng an die sinnliche [5] Gegenwart gefesselt, meine Phantasie verliert alle Freiheit, es entsteht und erhält sich eine fortwährende Unruhe in mir, ich muß immer beim Objecte bleiben, alles Zurücksehen, alles Nachdenken ist mir versagt, weil ich einer fremden Gewalt folge. Beweg' ich mich um die Begebenheit, die mir nicht entlaufen kann, so kann ich einen ungleichen Schritt halten, ich kann nach meinem subjectiven Bedürfniß mich [6] länger oder kürzer verweilen, kann Rückschritte machen oder Vorgriffe thun u. s. f. Es stimmt dieses auch sehr gut mit dem Begriff des Vergangenseins, welches als stille stehend gedacht werden kann, und mit dem Begriff des Erzählens; denn der Erzähler weiß schon am Anfang und in der Mitte das Ende, und ihm ist folglich jeder Moment der Handlung gleichgeltend, und so behält er durchaus eine ruhige Freiheit.

Daß der Epiker seine Begebenheit als vollkommen vergangen, der Tragiker die seinige als vollkommen gegenwärtig zu behandeln habe, leuchtet mir sehr ein.

Ich setze noch hinzu: Es entsteht daraus ein reizender Widerstreit der Dichtung als Genus mit der Species derselben, der in der Natur wie in der Kunst immer sehr geistreich ist. Die Dichtkunst, als solche, macht alles sinnlich gegenwärtig, und so nöthigt sie auch den epischen Dichter, das Geschehene zu vergegenwärtigen, nur daß der Charakter des Vergangenseins nicht verwischt werden darf. Die Dichtkunst, als solche, macht alles Gegenwärtige vergangen und entfernt alles Nahe (durch Idealität), und so nöthigt sie den Dramatiker, die individuell auf uns eindringende Wirklichkeit von uns entfernt zu halten und dem Gemüth eine poetische Freiheit gegen den Stoff zu verschaffen. Die Tragödie in ihrem höchsten Begriffe wird also immer zu dem epischen Charakter hinaufstreben und wird nur dadurch zur Dichtung. Das epische Gedicht wird eben so zu dem Drama herunterstreben und wird nur dadurch den poetischen Gattungsbegriff ganz erfüllen; just das, was beide zu poetischen Werken macht, bringt beide einander nahe. Das Merkmal, wodurch sie specificirt und einander entgegengesetzt werden, bringt immer einen von beiden Bestandtheilen des poetischen Gattungsbegriffs ins Gedränge, bei der Epopöe die Sinnlichkeit, bei der Tragödie die Freiheit, und es ist also natürlich, daß das Contrepoids gegen diesen Mangel immer eine Eigenschaft sein wird, welche das specifische Merkmal der entgegengesetzten Dichtart ausmacht. Jede wird also der andern den Dienst erweisen, daß sie die Gattung gegen die Art in Schutz nimmt. Daß dieses wechselseitige Hinstreben zu einander nicht in eine Vermischung und Grenzverwirrung ausarte, das ist eben die eigentliche Aufgabe der Kunst, deren höchster Punkt überhaupt immer dieser ist, Charakter mit Schönheit, Reinheit mit Fülle, Einheit mit Allheit ꝛc. zu vereinbaren.

Ihr Hermann hat wirklich eine gewisse Hinneigung zur Tragödie, wenn man ihm den reinen strengen Begriff der Epopöe gegenüber stellt. Das Herz ist inniger und ernstlicher beschäftigt, es ist mehr pathologisches Interesse als poetische Gleichgültigkeit darin. So ist auch die Enge des Schauplatzes, die Sparsamkeit der Figuren, der kurze Ablauf der Handlung der Tragödie zugehörig. Umgekehrt schlägt Ihre[7] Iphigenie offenbar in das epische Feld hinüber, sobald man ihr[8] den strengen Begriff der Tragödie entgegenhält. Von dem Tasso will ich gar nicht reden. Für eine Tragödie ist in der Iphigenie ein zu ruhiger Gang, ein zu großer Aufenthalt, die Katastrophe nicht einmal zu rechnen, welche der Tragödie widerspricht. Jede Wirkung, die ich von diesem Stücke theils an mir selbst, theils an andern erfahren, ist, generisch, poetisch nicht tragisch[9] gewesen, und so wird es immer sein, wenn eine Tragödie, auf epische Art, verfehlt wird. Aber an Ihrer Iphigenie ist dieses Annähern ans Epische ein Fehler, nach meinem Begriff; an Ihrem Hermann ist die Hinneigung zur Tragödie offenbar kein Fehler, wenigstens dem Effecte nach ganz und gar nicht. Kommt dieses etwa davon, weil die Tragödie zu einem bestimmten, das epische Gedicht zu einem allgemeinen und freien Gebrauche da ist?

Für heute nichts mehr. Ich bin noch immer keiner ordentlichen Arbeit fähig, nur Ihr Brief und Aufsatz konnten mir unterdessen Beschäftigung geben. Leben Sie recht wohl. Sch.

393. An Schiller.

So leid es mir thut zu hören daß Sie noch nicht ganz zur Thätigkeit hergestellt sind, ist es mir doch angenehm daß mein Brief und Aufsatz Sie[1] einigermaßen beschäftigt hat. Ich danke für den Ihrigen, der eine Sache noch weiter führt, an der uns so viel gelegen sein muß. Leider werden wir Neuern wohl auch gelegentlich als Dichter geboren und wir plagen uns in der ganzen Gattung herum ohne recht zu wissen woran wir eigentlich sind; denn die specifischen Bestimmungen sollten, wenn ich nicht irre, eigentlich von außen kommen und die Gelegenheit das Talent determiniren. Warum machen wir so selten ein Epigramm im griechischen Sinn? weil wir so wenig Dinge sehen die eins verdienen. Warum gelingt uns das Epische so selten? weil wir keine Zuhörer haben. Und warum ist das Streben nach theatralischen Arbeiten so groß? weil bei uns das Drama die einzig sinnlich reizende Dichtart ist, von deren Ausübung man einen gewissen gegenwärtigen Genuß hoffen kann.

Ich habe diese Tage fortgefahren die Ilias zu studiren, um zu überlegen, ob zwischen ihr und der Odyssee nicht noch eine Epopöe inne liege. Ich finde aber nur eigentlich[2] tragische Stoffe, es sei nun daß es wirklich so ist, oder daß ich nur den epischen nicht finden kann. Das Lebensende[3] des Achill[4] mit seinen Umgebungen ließe eine epische Behandlung zu und forderte sie gewissermaßen, wegen der Breite des zu bearbeitenden Stoffs. Nun würde die Frage entstehen: ob man wohl thue einen tragischen Stoff allenfalls[5] episch zu behandeln? Es läßt sich allerlei dafür und dagegen sagen. Was den Effect betrifft, so würde ein Neuer der für Neue arbeitet immer dabei im[6] Vortheil sein, weil man ohne pathologisches Interesse wohl schwerlich sich den Beifall der Zeit erwerben wird.

So viel für diesmal. Meyer arbeitet fleißig an seiner Abhandlung über die zur bildenden Kunst geeigneten Gegenstände; es kommt dabei alles zur Sprache was auch uns interessirt und es zeigt sich, wie nah der bildende Künstler mit dem Dramatiker verwandt ist. Möchten Sie sich doch recht bald erholen und ich zur Freiheit gelangen Sie nächstens besuchen zu können.

Weimar am 27. December 1797.

G.

394. An Goethe.

Jena den 29. December 1797.

Unser Freund Humboldt, von dem ich Ihnen hier einen langen Brief beilege, bleibt mitten in dem neugeschaffnen Paris seiner alten Deutschheit getreu, und scheint nichts als die äußere Umgebung verändert zu haben. Es ist mit einer gewissen Art zu philosophiren und zu empfinden wie mit einer gewissen Religion; sie schneidet ab von außen und isolirt, indem sie von innen die Innigkeit vermehrt.

Ihr jetziges Geschäft, die beiden Gattungen zu sondern und zu reinigen, ist freilich von der höchsten Bedeutung, aber Sie werden mit mir überzeugt sein, daß, um von einem Kunstwerk alles auszuschließen, was seiner Gattung fremd ist, man auch nothwendig alles darin müsse einschließen können, was der Gattung gebührt. Und eben daran fehlt es jetzt. Weil wir einmal die Bedingungen nicht zusammenbringen können, unter welchen eine jede der beiden Gattungen steht, so sind wir genöthigt, sie zu vermischen. Gäb' es Rhapsoden und eine Welt für sie, so würde der epische Dichter keine Motive von dem tragischen zu entlehnen brauchen, und hätten wir die Hülfsmittel und intensiven Kräfte des griechischen Trauerspiels und dabei die Vergünstigung, unsere Zuhörer durch eine Reihe von sieben Repräsentationen hindurchzuführen, so würden wir unsere Dramen nicht über die Gebühr in die Breite zu treiben brauchen. Das Empfindungsvermögen des Zuschauers und Hörers muß einmal ausgefüllt und in allen Puncten seiner Peripherie berührt werden; der Durchmesser dieses Vermögens ist das Maß für den Poeten. Und weil die moralische Anlage die am meisten entwickelte ist, so ist sie auch die forderndste und wir mögen's auf unsre Gefahr wagen, sie zu vernachlässigen.

Wenn das Drama wirklich durch einen so schlechten Hang des Zeitalters in Schutz genommen wird, wie ich nicht zweifle, so müßte man die Reform [1] beim Drama anfangen, und durch Verdrängung der gemeinen Naturnachahmung der Kunst Luft und Licht verschaffen. Und dieß, däucht mir, möchte unter andern am besten durch Einführung symbolischer Behelfe geschehen, die in allem dem, was nicht zu der wahren Kunstwelt des Poeten gehört, und also nicht dargestellt, sondern bloß bedeutet werden soll, die Stelle des Gegenstandes verträten. Ich habe mir diesen Begriff vom Symbolischen in der Poesie noch nicht recht entwickeln können, aber es scheint mir viel darin zu liegen. Würde der Gebrauch desselben bestimmt, so müßte die natürliche Folge sein, daß die Poesie sich reinigte, ihre Welt enger und bedeutungsvoller zusammenzöge, und innerhalb derselben desto wirksamer würde.

Ich hatte immer ein gewisses Vertrauen zur Oper, daß aus ihr wie aus den Chören des alten Bacchusfestes das Trauerspiel in einer edlern Gestalt sich loswickeln sollte. In der Oper erläßt man wirklich jene servile Naturnachahmung, und obgleich nur unter dem Namen von Indulgenz, könnte sich auf diesem Wege das Ideale auf das Theater stehlen. Die Oper stimmt durch die Macht der Musik und durch eine freiere harmonische Reizung der Sinnlichkeit das Gemüth zu einer schönern Empfängniß; hier ist wirklich auch im Pathos selbst ein freieres Spiel, weil die Musik es begleitet, und das Wunderbare, welches hier einmal geduldet wird, müßte nothwendig gegen den Stoff gleichgültiger machen.

Auf Meyers Aufsatz bin ich sehr begierig; es werden sich daraus unfehlbar viele Anwendungen auf die Poesie ergeben.

Nach und nach komme ich wieder in meine Arbeit, aber bei dieser schrecklichen Witterung ist es wirklich schwer, sein Gemüth elastisch zu erhalten.

Möchten Sie nun bald frei sein und mir Thätigkeit, Muth und Leben mitbringen. Leben Sie recht wohl.

Sch.

395. An Schiller.

Da ich heute früh eine Gesellschaft erwarte um Meyers Arbeiten zu sehen, so will ich Ihnen nur für Ihren und den Humboldtischen Brief hiermit gedankt haben.

Ich bin Ihrer Meinung daß man nur deßwegen so strenge sondern müsse, um sich nachher wieder etwas[1] durch Aufnahme fremdartiger Theile erlauben[2] zu können. Ganz anders arbeitet man aus Grundsätzen als aus Instinkt, und eine Abweichung, von deren Nothwendigkeit man überzeugt ist, kann nicht zum Fehler werden.

Die theoretischen Betrachtungen können mich nicht lange mehr unterhalten, es muß nun wieder an die Arbeit gehen und dazu muß ich mich auf das alte Jenaische Kanapee, wie auf einen Dreifuß, begeben; wie ich denn überhaupt mich für dieses Jahr in unserm Kreise zu halten hoffe.

Leben Sie recht wohl. Es that[3] mir leid daß Ihre liebe Frau so bald wieder forteilte und nicht einmal zu unsern Kunstschätzen wallfahrten konnte. Ihre Hoffnung die Sie von der Oper hatten würden Sie neulich in Don Juan auf einen hohen Grad erfüllt gesehen haben; dafür steht aber auch dieses Stück ganz isolirt und durch Mozarts Tod ist alle Aussicht auf etwas ähnliches vereitelt.

Weimar den 30. December 1797.

G.

Zusammenstellung

der Abweichungen dieser Ausgabe von den früheren und Vergleichung derselben mit den Handschriften.

(Vorerinnerung. Die Originalhandschriften der Briefe Schillers werden mit S, die der Goethe'schen, wenn sie eigenhändig, mit G, wenn sie diktirt sind, mit g bezeichnet; im letztern Fall bedeutet danu ein vorkommendes G eine von Goethe gleich nach Niederschrift des Diktats vorgenommene Correctur. Die von Goethe später bei der Redaktion des Briefwechsels in die Handschriften eingetragenen Abänderungen, mit Bleistift, sind mit B, die als Druckmanuscript für die erste Ausgabe angefertigte Copie der Handschriften, die übrigens erst vom J. 1797 an vorhanden ist, mit M und die darin bald von Goethe, bald von Riemer vorgenommenen Verbesserungen mit m bezeichnet. Das Druckmanuscript und die erste Ausgabe sind gleichwerthig, und ihre Uebereinstimmung wird in der Regel nicht angemerkt. Ein durchschossenes Exemplar der ersten Ausgabe, welches eine Collation der Originalhandschriften und Copien von Briefen enthält, die, in der ersten Ausgabe fehlend, in die zweite aufgenommen sind, deren Originale sich aber nicht mehr vorfinden, ist mit C bezeichnet. Der Buchstabe d bedeutet das Fehlen eines Worts oder Satzes. Die Ausgaben von 1828, 1856 und 1870 erhalten nach ihrer Reihenfolge die Ziffern 1, 2 und 3; wo diese drei Ausgaben zusammenstimmen, ist ihre Bezeichnung weggelassen. So bedeutet z. B. in der zweiten Note zum ersten Brief „mit mir] d", daß die Worte „mit mir" in allen bisherigen Ausgaben fehlen. K bezeichnet Schillers Kalender, SK den Briefwechsel zwischen Schiller und Körner, SC den zwischen Schiller und Cotta, SH den zwischen Schiller und Humboldt, 2. Aufl., R Riemers Briefe von und an Goethe, KA die Zeitschrift „Kunst und Alterthum." Die voranstehenden fettgedruckten Zahlen beziffern die Briefnummer dieser Ausgabe.)

1. [1] dieselben. — [2] mit mir] d. — [3] Unternehmungen 1. — [4] Das Folgende ist die als Manuscript auf ein Folioblatt mit lateinischen Lettern gedruckte Einladung; „Die Horen" ist von Schiller übergeschrieben. — [5] poetischen und historischen. — [6] Hoffnung. — [7] Die Einladung hat „ihrem". — [8] mußte 1. — [9] größern] d. — [10] in dem Buchhändler Cotta von Tübingen] von Schiller in den leer gelassenen Raum der Einladung eingeschrieben. — [11] sechs] *** („Sechs" von Schiller eingeschrieben).

2. [1] von] mit.

4. (Mrgbl. 1828, Nr. 275). [1] erneuter. — [2] in 1. — [3] bei] d. — [4] haben. — [5] umwandeln. — [6] ist] bleibt. — [7] auf] d. — [8] derselbigen.

5. (Mrgbl. 1828, Nr. 277). [1] irdischen G. — [2] werden] d. — [3] sehr] d. — [4] jetzt] d.

7. [1] Kenntniß.

9. [1] auf drei Wochen mit dem Kinde. — [2] seinen. — [3] nothwendig für mich.

11. [1] Art] Weise.

12. Horenverleger] Herrn Verleger. — [2—3] Die das Cottaische . . . gerechnet hat] d 1. — [3] Loder]; K. B, 1.

13 (steht in den bish. Ausgg. nach 14). — [1] daß] d. — [2] Publicum.

17 (steht in den bish. Ausgg. nach 18). [1—2] die ich . . . fallen ließ] d.

18. [1] 19.] 16. G, 1—3.

19. [1] sage. — [2] darinn S, darinne.

20. [1] schlurfte G. — [2] lobte, theils zu loben. — [3] Goethe hatte erst geschrieben „wir wollen also". — [4] unverruckt G (und so auch in andern Worten, wie zurnck ꝛc.). — [5] Epigrammen G. — [6] zusammen. — [7] brauchen.

21. [1] desselben 1. — [2] davon. — [3] mit einander] d.

23. [1] gegen] um.

24. [1] Rheinholdische S, *** 1. — [2] Frankfurt (vgl. All. Ztg. 1870, Beil. zu Nr. 139).

26. [1] zu] so. — [2] Hofrath. — [3] ihr 1. — [4] diesen Stücken. — [5] besten] ersten. — [6] es] solches. — [7] nun] nur.

27. [1] Sourdinen. — [2] Carln.

29. [1] erschien'. — [2] Buchverleiher.

31. [1] versagen] vorenthalten. — [2] grüßt Sie vielmals.

32. [1] vortrefflichen. — [2] nebst dem] danebst der 1, 2. — [3] auch] d. — [4] beiden. — [5—6] und er mag . . . darein ergeben] d. — [7] heiterem 1. — [8] Hufeland, der Jurist] X. B, 1. — [9] de] d.

34. [1—2] Ohnehin . . . mehr thun.] d 1. — [3] wird] will.

35. [1—2] Dieser Absatz d 1. — [3] Kalb] K. 1.

Zwischen Nr. 36 und die folgende Nummer fällt ein Brief Goethes, worin von einer Klopstock'schen Ode die Rede ist, auf welche sich eine Stelle in Nr. 37 bezieht; derselbe ist verloren.

37. [1] erste] d. — [2] ihm in 1, ihm im 2, 3. — [3] einigen.

38. [1] gedenke.

40. [1] im zunehmenden. — [2] geistlicher 1, 2. — [3] alle] d. — [4] ich recht freundschaftlich mich. — [5] freut sich bei uns.

42. [1] gesehen. — [2] Sie.

43. [1] an vorgesetzte. — [2—3] Dieser Absatz, der in 1—3 eine eigene Briefnummer (44) bildet, ist in G die Nachschrift zu Nr. 43, auf demselben Blatt. — [4] Dieser Absatz, welcher auf der zum Briefumschlag verwendeten 4. Seite steht, fehlt in 1—3.

44. [1] Schütz] J. B, 1.

45. [1] Herr 1, 2.

47. [1] es] d 1, 2.

49. [1] zusammen.

50. [1] aufs] auf G. — [2] Procurator im vierten Stück in völliger Zierlichkeit

aufwarten. — [3] „Voigt“ und „Prorector“ deutlich in G (vgl. Arch. f. LG. IV, 467); gemeint ist nicht der GehR. Voigt in Weimar, sondern der Prof. F. S. Voigt in Jena.

51. [1] fruchtlos] lang. — [2] versichert] betheuert. — [3] acht und einen halben.

52. [1] fängt. — [2] sehr] d 2.

53. [1] ihnen 2. — [2] sie 2.

54. [1] zu hören] d (wobei das Komma nach „erwartend“ fehlt).

56. [1] etwas] was..

57 steht in 1—3 nach der folgenden Nummer.

58. [1] und] d. — [2] worden. — [3] bloß] d. — [4] bis Montag den sehnlich erwarteten Procurator. — [5—7] Das Folgende steht in S auf demselben Blatt wie das Vorausgegangene und ist die Nachschrift vom folgenden Tage; in den bisherigen Ausgg. bildet es eine eigene Briefnummer mit dem Datum: „Jena, den 20. März 1795.“ — [6] recht] d.

59. [1] werden zusammen.

60. [1] vor der Hand] d.

61. [1] „X. Y. Z.“ auch in G.

64. [1] zweite] d 1, 2. — [2] thun würde] würde thun können. — [3] können] d. — [4] Novitäten] Varietäten 1, 2. — [5] sagen. — [6] sehr] d.

65. [1] mit] auf. — [2] deutschen] d.

66. [1] letztere g (sechste G). — [2] völlig g (nicht corr.).

67. [1] angezeichneten Stellen. — [2—3] Dieser Absatz d 1. — [4] auch] nach. — [5] noch] d.

68. [1] 18.] 17. S, 1, 2, 3 (vgl. A. f. LG. IV, 467). — [2] einzelnen] d. — [3] wie bei den] in beiden.

70. [1] ob es aus 1, 2. — [2] einigen 1, 2. — [3] gäbe 1, 2. — [4] hier] d. — [5] Nachfrage ist nach Ihrem Meister.

72. [1] meinen Plan. — [2] Diese Nachschrift in 1—3 vor der Unterschrift.

73. [1] zum andern] d 1, 2. — [2] das erste Semester.

74. [1] eine] meine 3.

75. [1] durchlesen] gelesen. — [2] ihr 2. — [3] unsern eignen Mitteln.

76. [1] von hier an eigenhändig.

77. [1] wegen] d 1, 2.

79. [1] Fernow] F. B, 1. — [2] Baggesen] B. B, 1. — [3] schuldigen] d. — [4] habe ich.

80. (Dieser Brief ist in 1 nicht besonders numerirt). [1] Demüthigungen] wunderlichen Verwechselungen B, 1, 2, 3. — [2] Giaffar der Barmecide] der Ardinghello 1, 2, 3 (nicht in B). — [3] Klingers hinterlaßne arabische Garderobe] Heinse's Mantel 1, 2, 3 (in B veränderte Goethe bloß das „hinterlaßne“ in „vollständige“). — [4] in dem vortheilhaftesten Lichte erschien] mich schon vertraulicher zu nähern wagen durfte (in B nicht corr.).

81. (Ueber diesen Brief schrieb Schiller: „erhalten den 27. Jul.“) [1] hiesigen Aufenthaltes] Hierseyns. — [2] Madame Brun] Y. B, V. 1. — [3] F. B, 1. — [4] Freunde werden 1. — [5] Frau] Personen 1. — [6] brauchen 1. — [7] sie und ihr] dieser 1. — [8] hat. — [9] diesem und anderm] diesen. — [10] für G.

82. [1] Klingerische] Heinse'sche (in S nicht corr.). — [2] einem solchen Namen] einer solchen Firma (in S nicht corr.). — [3] indessen. — [4] Ihnen] d.

83. (Ueber diesen Brief schrieb Schiller: „erhalten 3. August".)

Zwischen diesen und den folgenden Brief fällt ein uns verlorener Brief Goethes an Schiller, den dieser laut K, 2 am 7. August erhielt; vgl. auch Schiller an Humboldt, 9. Aug. 1795.

84. [1] Das Datum d S, 1, 2, 3, ergänzt aus K, 2 (vgl. A. f. LG. II., 562). — [2] Schreibfehler] Schriftstellernamen 1, 2.

85. [1] und um der. — [2] den g. — [3] vor g. — [4] Anfang Septembers. —

86. [1] dieses sechste] dieses VIte S, das fünfte 1, 2. — [2] die Anführungszeichen d. — [3] eigentlichen 1, 2. — [4] oder] d. — [5] Saite hätte mögen ein wenig anklingen hören.

87. [1] Von hier an eigenhändig.

88. [1] wohl] d. — [2] siebenten g, 1, 2. — [3] fadesten g (reinsten G). — [4] grüßt Sie.

90. [1] 21.] 22. S, 2, 3 (der 21. war ein Freitag).

91. [1] bereden] berechnen 2, 3.

92. [1] heiter 1, 2. — [2] 24. G, 1, 2, 3 (vgl. K, 3. u. A. f. LG. IV, 468).

93. [1] verflossen. — [2] der. — [3] ein größerer.

94. [1] einander recht", 1. — [2] ganz oder getrennt.

95. [1] Extrakt 1. — [2] 28 S.

96. [1] Der 2, 3. — [2] Leben Sie recht wohl.] d.

97. [1] Hrn. v.] d. — [2] drinnen.

98. [1] Resolutionen.

99. [1] alles hier bei mir. — [2] Stand] Zustande. — [3] kleinen poetischen. — [4] Dieses Verzeichniß, das die bish. Ausgg. zwischen den 4. und 5. Absatz eingeschaltet haben, steht in S auf einem besondern Blatt. — [5] neuen. — [6] Gedichte. — [7] Homer von Herder.

100. [1] aber] d. — [2] Mineralogie] mineralogische. — [3] sich] d G.

101. [1] einbogige . . . dreybogig. — [2] zu] in. — [3] Gentsch G.

Zwischen Nr. 103 und 104 fällt ein in K, 5 verzeichneter Brief Schillers vom 25. September; derselbe ist nicht vorhanden.

104. [1] in] d 1, 2.

105. [1] noch] d. — [2] sehr] d.

107. [1] Das Datum d g, 1, 2, 3 (vgl. SH, Nr. 29). — [2] und anmuthig] d 1. — [3] höchstens] ungefähr 1. — [4] Das Folgende bildet in den bish. Ausgg. eine eigene Briefnummer, während es, von Goethes Hand, nur eine Nachschrift zum Vorausgehenden ist und auf demselben Briefbogen steht. — [5] nicht Humboldt. — [6] Diese Distichen, von Goethes Hand, stehen auf der, sonst leeren, vierten Seite des Bogens.

Vor die folgende Nr. 108 fällt Goethes Brief aus Eisenach, 13. Okt., den Schiller am 16. erhielt (K, 6); derselbe ist nicht vorhanden.

109. [1] übrig] nöthig.

111. [1] Das Datum, welches deutlich in S steht, d 1, 2, 3. — [2] thut. — [3] davor. — [4] von Stael. — [5] übergeben.

Zwischen diesen und den folgenden Brief fällt ein, uns verlorener Brief Goethes, welchen Schiller am 21. Okt. erhielt (K, 7).

112. (Dieser Brief fehlt 1). [1] Das Datum, aus K, 7 ergänzt, d S, 2.

114. [1] am Ende noch. — [2] mit] d 3. — [3] Philister] Gegner 1. — [4]—[5] Voß . . . abominabel sind.] d 1. — [6] Sie 2, 3.

115. [1] kurzes] d.

116. [1] 1. Nov.] d S, 1, 2; (in 1, 2 stand dieser Brief nach dem vom 26. Okt.). — [2] Jacob in Halle] J. in H. 1. — [3] Manso] M. 1. — [4] Wolfs] W. 1. — [5] Anwendung.

118. [1] dürfte] könnte. — [2] anthun wollen 2, 3. — [3] abgegeben 1. — [4] verlassen 1.

Zwischen diesen und den folgenden fallen 2 Briefe Goethes, die Schiller laut K, 9 und 10 am 11. und 18. Nov. erhalten hat, und in deren letzterem Goethe den Tod seines Kindes anzeigte; dieselben sind nicht vorhanden.

119. [1] schickt. — [2] Soden] P. 1.

120. (Die erste Hälfte dieses Briefs, bis „was denken Sie, wie es dem armen" (im 6. Absatz), fehlt in 1 und bildet in 2 die Nr. 127; die zweite Hälfte, von „Ich erhalte" bis zum Schluß (in 1: Nr. 121) steht in 2 unter Nr. 123. Das die beiden Theile verbindende Fragment: „Roman gehen werde . . . wiederkehren werde", ist in 3 eingesetzt.) — [1] viele 2, 3. — [2] sogleich 2, 3. — [3] darein 2, 3. — [4] zu] d g, 2, 3. — [5—6] Roman . . . werde.] d 1, 2. — [7] hier] d 1, 2. — [8] neulich so 1. — [9] Das Folgende von Goethes eigner Hand.

121. [1] Knebelsche] Schmidtische B, 1, 2, 3. — [2—5] Was den Vorschuß . . . diesem Artikel.] d 1. — [3] Knebelschen] Kn. S, d 2, 3. — [4] gerne] gerade 3. — [6] Stolberge, Lichtenberge] St., L. B, 1. — [7] unsers Professor Voigts] * B, 1. — [8] Stolbergs] St. B, 1. — [9] Humboldt] Ein Freund.

122. [1] Christen alles was von jeher vernünftig. — [2] Dieser Absatz d 1. — [3] Das Folgende eigenhändig.

124. [1—2] Ich kann's . . . gut sei?] d 1. — [3] d. h. Facius. — [4] Stolbergische] St. B, 1—3.

125. [1—2] dem der Kopf . . . stehen muß] d 1. — [3] zweiten] II. S, eilften 1 2, 3. — [4] Was für klägliche Postanstalten!] d.

127. [1] Idyllen. — [2—3] Die Elegien . . . Properz senden.] d 1.

128. [1] gegenwärtig] jetzt. — [2] arme Teufel] gute Mann B, 1, 2, 3. — [3] eine g] die B, 1, 2, 3. — [4] Das Folgende eigenhändig.

129. [1] prächtig] günstig 2.

130. [1] Von hier an eigenhändig.

131. [1] 23.] 25. 2. — [2] kleine. — [3] jüngern. — [4—5] Wenn er . . . gutes davon.] d. — [6] nicht wieder.

132. [1] wieder auf einige Zeit mit Freiheit. — [2] zugekommen 1, 2. — [3—4] Daß Cotta . . . erlassen.] d 1. — [5] drucken. — [6] Erklärungen.

133. [1—7] Was Sie . . . parat sein wird.] d 1. — [2] überrascht 2, 3. — [3—4] Auf Cottas . . . beleben kann.] d 2, 3. — [5] Geldlieferung. — [6] vergessen.
[8] nebst einer] und eine. — [9] glücklicherweise] d 1. — [10] und nicht Schütz] d 1. — [11] Dieser] Schütz 1.

134. [1—3] Die Abbildung . . . festgesetzt worden.] d 1. — [2] Seifersdorfer Unwesens] S . . . dorfer Anwesens 2, 3.

135. [1—4] Ich habe . . . leise anrühren.] d 1. — [2] ihm 2, 3. — [3] zwar] gar 2, 3. — [5] ein gewisser] d. — [6] Metamorphose. — [7] gute] d. — [8] allgemein] d. — [9] bin ich S. — [10] Böttiger] P. 1.

136. (fehlt 1; abgedruckt in R, 135). [1] Das Datum, aus K, 13 ergänzt, fehlt

g, in R und 2: December 1795. — [2] dieses] des R. — [3] jener R, Jones 2. — [4] mit] und 2, 3. — [5] alten armen 2, 3. — [6] Das Folgende eigenhändig. — [7] recht] d 2, 3.

137. [1] Das Datum, welches in S, 1, 2 fehlt, aus K, 13 ergänzt.

138. [1] vier Uhr.

139. [1] Das Datum d S, 1, 2. — [2] sie. — [3] nah] noch.

141. [1] gut] d 1.

142. [1] Gernig 2, 3. — [2] elender S] ärmlicher G (Goethe corrigirte mit Tinte). [3] Jakob] d. — [4] Goethe gab diesem Distichon durch Ueberschreiben von Ziffern und Correcturen mit Tinte nachstehende Fassung:

Sollte Kantische Worte der hohle Schädel nicht fassen?
Hast du in hohler Nuß nicht auch Devisen gesehn?

[5] Dieses Distichon ist von Goethe am Ende des Briefbogens, hinter die vorausgegangenen geschrieben. Bei der Redaktion des Briefwechsels nahm danu Goethe mit Bleistift einige unleserlich gewordene Correcturen vor und strich dann das Ganze weg.

143. [1] acht d. — [2] wieder] d 1. — [3–7] Die verlangten . . . beschäftigt ist.] d 1. — [4] die] d 2, 3. — [5] aus Frankfurt] d 2, 3. — [6] geschwind wieder 2, 3. [8] Von hier an eigenhändig.

144. [1] Charlotte Kalb] die Freundinn B, 1. — [2–5] Es thut . . . Muster vor.] d 1. — [3] Ihuen] d 2, 3. — [4] Rosen-Bordüren 2, 3. — [6] sehr] d.

145. [1] nun] d. — recht wohl 2, 3.

146. [1] Das Datum, aus K, 17 ergänzt, d S, 1, 2. — [2] namentlich] d. — [3] Die Aufsätze. — [4] vorgestellt. — [5] und was des Zeuges mehr ist] u. s. w. 2, 3. — [6] neuen.

147. [1] doch nun. — [2] wird dadurch die g. — [3] befördert g. — [4] da] d 1. — [5] geliebt] gibt.

148. [1] Ihuen wohl. — [2] bei mir] d 1. — [3] erdenklichen] ordentlichen. — [4] Nekromantie.

149. [1] ganz kurzer 2, 3. — [2] ohnedieß. — [3] Das Folgende eigenhändig.

150. [1] sehr] d 2, 3. — [2] das] d. — [3] nicht. — [4] drei bis vier 1. — [5] Joinville 1, Torville 2, 3. — [6] mit der. — [7] Dieser Absatz d.

151. [1] Dieser Absatz d 1 und steht in 2, 3 am Schluß des vorigen Briefs statt des dort neu eingeschalteten. — [2] hiesige Buchhandlung. — [3] Dieser Absatz d 1. — [4] Abramsen S.

152. [1] Dieser Absatz, der in 1 fehlt, steht in 2, 3 vor Datum und Unterschrift.

153. [1] brauchen g. — [2] und] d 2.

154. [1] letzten.

155. [1–2] Dieser Satz d 1. — [3] irgend] d. — [4–5] von Goethe eingeschrieben. — [6] einmal] d 2. — [7] ist] d.

Zwischen Nr. 155 und die folgende fällt ein Brief Schillers vom 14. Febr. (K, 19), der verloren ist.

156. [1] desto] d 1.

157. [1] will] kann 1. — [2] von Charlotte Kalb] v. C. 1.

158. [1] zu erhalten] d 1.

159. [1] Diese in 1, fehlende Nachschrift steht in 2, 3 vor der Unterschrift.

160. (Fehlt in den bish. Ausgg.). Das Datum d g.

161. (Fehlt in den bish. Ausgg.). Das Datum dG (vgl. E. Köpke, Charlotte Kalb, S. 145).

162. (Fehlt 1.) [1]Das Datum dG, 2. — [2–3] Dieser Satz d 2, 3.

163. [1] Dieser Satz d — [2]Diese Note steht in 1—3 im Brieftext.

164. [1]und mir g. — [2]Buch des Romans. — [3]mich.

165. [1] 12.] 11. S, 1, 2, 3 (vgl. K, 25; der Brief ist am 12. geschrieben und wohl erst am 13. expedirt).

166. [1] und die Empfindung. — [2] dem Papiere g. — [3] wohl nun. — [4] Bemühungen. — [5] daß es der.

167. [1]Antworten. — [2]ihm] d 1. — [3]jetzt] d 1.

168. [1] wieder] d. — [2]gegenwärtig] jetzt. — [3]so glücklich. — [4]Die Nachschrift eigenhändig.

169. [1]von dem] d 1. — [2]die Reime. — [3] viele 2, 3. — [4] Charlotte Kalb] C. K. 1. — [5]die Frau von Stein] eine Freundin B, 1, 2, 3.

170. [1]Dieser Absatz d 1. — [2]wohl] d 2, 3. — einem 2, 3.

171. [1] nicht] d. — [2]führt] zieht. — [3] uns] d 1.

172. [1] politischen] poetischen. — [2]wenn. — [3]länger] d.

173. [1]diese] die. — [2]und grüßen.

174. [1] nach der Intention] d.

175. [1] noch zurück 1. — [2]schönen.

176. [1] gemischt 1. — [2]diese 1. — [3]wurde. — [4]im frischen.

177. [1] erst Ihre Gesinnungen 1; erst Ihre Gesinnung 2, 3. — [2]ist] d. — [3]ernsten] d 1. — [4] ihn] dg.

178. [1]Belohnungsschreiben 2.

179. [1]beengte 1. — [2]Klarheit, Gleichheit 1. — [3]aber] d 1. — [4]tief] d 1. — [5]weicher] reichlicher 1. — [6]über ein S (danu „über" getilgt und „ein" in „das" geäudert), dieß 1, 2, 3. — [7]Erinnerung. — [8] so] d 1. — [9] von 3. — [10]poetische] schöne 1. — [11]in gewissem Sinne] d 1. — [12] daß] d g.

180. [1] wünsche 1. — [2]zu dem mittlern Sarkophag, 1. — [3]Bemerkungen. — [4]ihre S 1. — [5]der] d. — [6]Gange 1.

181. [1]die. — [2]sehr] d 1. — [3]heraus. — [4] einmal erst. — [5]denken] sehen 1. — [6]diesem Verhältniß. — [7]sehr] d 1. — [8]aristokratische. — [9]Herkunft 1. — [10]alsdann manche] einige. — [11]Dieser Absatz d 1. — [12] schickt 2, 3.

182. [1] wahr 1. — [2] gedenke. — [3]alsdann] also. — [4] hinweghelfen.

183. [1]Das Datum d S, 1, 2. — [2]Kalbische und Steinische] K. und St. 1. — [3]Die Familie Kalb] Q. 1 (in B eingeklammert, ohne nähere Bezeichnung).

184 (fehlt in 1). [1]das] d 2, 3. — [2]es] dg. — [3] nimmt das Päckchen selbst] von Goethe in g eingeschrieben. — [4]mehr als] von Goethe in g eingeschrieben. — [5]dann. — [6]7. Juli] dg, 2. — Die Grenzboten vom Juli 1873, Nr. 41, veröffentlichen zwei größere angeblich in diesem Brief Nr. 184 fehlende, nach dem 2. Alinea einzuschaltende Absätze. Da sich dieselben nicht in dem Originalbrief finden, müssen sie einem Concept entnommen sein, aus welchem Goethe den Brief dictirte, wobei er danu jene Stellen wegließ. Sie haben folgenden Wortlaut: „Sehr erwünscht ist es, daß Sie die ganze Masse noch einmal übersehen könnten, ehe Sie mir das achte Buch zurückgeben und mir Ihre Gedanken ausführlicher darüber sagen. Ich selbst werde vielleicht noch lange nicht im Staude sein, diesen Blick zu thun und was ich nicht durch Ihre Augen sehen

könnte, mir vielleicht lange verborgen bleiben. [Abs.] Ich selbst glaube kaum daß eine andere Einheit als die der fortschreitenden Stetigkeit in dem Buche zu finden sein wird, doch das mag sich zeigen und da es eine Arbeit so vieler Jahre und wenn nicht ein Günstling doch ein Zögling der Zeit ist, so bin ich wenn man kleines und großes vergleichen darf hier zugleich Homer und Homeride bei einem ,obgleich nur im allgemeinen angelegten Plan bei einer ersten Haltbarkeit und der zweiten Umarbeitung bei einer tausendfältigen Abwechselung der Zustände war es vielleicht das Gemüth allein, das diese Masse bis auf den Grad organisiren konnte. Helfen Sie mir nun, da wir so weit sind, durch Ihre liebevolle Theilnahme bis ans Ende und durch Ihre Betrachtnahme über das Ganze auch für die Zukunft. Ich werde, insofern man in solchen Dingen Herr über sich selbst ist, mich künftig nur an kleinere Arbeiten halten, nur den reinsten Stoff wählen um in der Form wenigstens alles thun zu können was meine Kräfte vermögen. Außer Hero und Leander habe ich eine bürgerliche Idylle im Sinn, weil ich doch so etwas auch muß gemacht haben. Leben Sie recht wohl und schreiben Sie mir von Zeit zu Zeit. Diese Woche habe ich manches in irdischen ja in unterirdischen Geschäften zu thun und es wird mir immer äußerst wohlthätig sein wenn mich ein Laut von Ihnen aus der Gesellschaft der Kobolde herausruft."

185. (Mrgbl. 1828, Nr. 299.) [1] bloße. — [2] jener 1. — [3] es] sie S, 1. — [4] deutlich. — [5] auch] d 1. — [6] unter der. — [7] Dichtwerks. — [8] sie S, 1. — [9] und daraus . . . entspringen] d 1. — [10] vagen] regen. — [11] schönste 1. — [12] Innigkeit 1. — [13] das Folgende steht in 1 als Nachschrift zu Schillers Brief vom 9. Juli.

186. (Mrgbl. 1828, Nr. 301.) — [1] hingehen g (hingeben?) — [2] Summe, Gott weiß aus was. — [3] eine so.

187. [1] recht wohl. — [2–3] Diese Nachschrift, von Goethes Hand, d 1.

188. [1] auch wohl. — [2] Sie 2. — [3] gut dabei bedient. — [4] nicht. — [5] sie 1. — [6] bloß] nur. — [7] das] d 1. — [8] Gange 1. — [9] eines 1. — [10] gefallen 3. — [11] ihn] d 2. — [12] könnte. — [13] Hiernach folgt in 1 die Nachschrift zu Nr. 185: „Noch ein kleines Anliegen" &c. &c. — [14] 11. Juli] d S, 1, 2. Diese ganze Nachschrift bildet in 1 eine selbständige Briefnummer 187.

189. [1] 11. Juli] d S, 1, 2.

190. [1] einer so. — [2] Juni 1.

191. [1] wie] als. — [2] doch] noch 2, 3. — [3] gestorben 1, 2.

192 (fehlt 1; R, 137). [1–2] Leben Sie wohl . . . Jahre alt.] d 2, 3 (H. Hauff hatte diese Stelle, in welcher Goethe seine Verbindung mit Chr. Vulpius als einen „Ehstand" bezeichnet und gewissermaßen für legitim erklärt, in die 2. Auflage aufgenommen. Sie wurde aber kassirt, und es mußte ein Carton gedruckt werden. Auch die 3. Ausg. durfte diese Stelle nicht bringen). — [3] der] d.

194. [1] Das Datum, aus K, 27 ergänzt, d S, 1, 2, 3. — [2] unsern 1. — [3] noch] und.

195. [1] Das Folgende, in den bisherigen Ausgaben eine eigene Nr. bildend, steht auf demselben Bogen, wie das Vorausgegangene. — [2] Contingenter g. — [3] davor g. — [4] dieser g (unserer G). — [5] und] d 1. — [6] Das Folgende d 1. — [7] ihren] d 2, 3.

196. [1] 25] 23. S, 1, 2, 3 (vgl. K, 27).

197. [1] erst] d 1.

198. [1] Frauen. — [2] geben 2, 3. — [3] wünsche 1. — [4] Herr] d 2, 3. — [5] Kammerrath 1.

199. [1] Das Datum, aus K, 27 ergänzt, d S, 1, 2, 3. — [2] den 1.

200. [1] Darinne g. — [2] Wetterscheidung g (in B corr.). — [3] wieder] d 1. — [4] Contingenter g.

201. [1] ungern S. — [2] letzten] d. — [3] wegen] d S, 1. — [4] niemanden angreifen] in einander greifen 1. — [5] und Schröderischen] d. — [6] Heß] * 1.

202. [1] den 1. — [2] Ganzes. — [3] meine 1. — [4] wie ich denke] d 1.

203. [1] waren g 1. — [2] wieder] d 1.

204. [1] noch] d 1. — [2] auch] noch 1. — [3] recht wohl.

205. [1] einer 2. — [2] noch] d 2. — [3] halben] d 2, 3. — [4] die 2. — [5] Die Unterschrift d g. — [6] Einströmen 2, 3.

206. [1] Ihre Versuche wahrscheinlich.

207. [1] erkennen 1. — [2] ganz] d 1. — [3–4] natürlichem . . . Braunschweig] G.

208. [1] Das Datum, aus K, 28 ergänzt, d S, 1, 2.

209. [1] Das Datum (vgl. K, 28) d S, 1, 2. — [2] des Septembers. — [3] gar] d 1.

210. [1] staatliches g 1, 2, 3. — [2] daran g. — [3] wohl 1. — [4] recht] gar 1. — [5] Conz] C 1. — [6] noch] d 1.

211. [1] Briefe über Frankfurt.

Zwischen diesen und den folgenden fällt ein Brief Sch.s vom 16. Aug. (K, 28), der verloren ist.

212. [1] Aufenthalt 1. — [2] Das Folgende eigenhändig.

213. [1] morgen] d. — [2] oder 1. — [3] schönen] d. — [4] gesellige g 1.

214. [1] über Ihre Idylle in Berlin 1. — [2] beste 1. — [3] nöthig S, 1.

216. [1] eben] aber 2. — [2] etwa noch.

217. [1] Hofbuchhandlung.

218 (steht in den bish. Ausgg. nach dem folgenden Brief). [1] an 1. — [2] hiesiger Buchhandlung 1.

219. [1] Das Folgende ist von Goethe mit Bleistift durchstrichen und fehlt demgemäß in 1; 2 und 3 haben dasselbe vor Datum und Unterschrift.

220. [1] Sch. schrieb hier erst Schle, strich es dann aus und schrieb wie oben S**. — [2] Buchhändler S.

221. [1] Freundin] d 1.

222. [1] in Händen] d. — [2] dem] d 2. — [3] wünschen. — [4] Hier haben 1, 2, 3 noch den Zusatz: „Leben Sie recht wohl."

223. [1–2] Machen . . . gefaßt.] d 1. — Auf der Adresse ist bemerkt: „nebst einer leeren Büchse".

224. [1] Reise 1. — [2] Letztere. — [3] mir] nur 1.

225. [1] Das Datum d S, 1, 2, 3 (vgl. K, 31).

226 fehlt in 1. 18.] 17. G, 1, 2, 3 (obschon das Datum des 17. von Goethes Hand herrührt, ist doch der 18. richtig, wie aus der Nachschrift zu Nr. 128 und aus Schillers Antwort vom 19. hervorgeht).

227. [1] Unbedeutendheit 2, 3. — [2] sagte. — [3] auch unter andern. — [4] recht wohl.

228. [1] wieder einmal. — [2] zwei letzten] zweyten 1. — [3] Dieser Satz eigenhändig. — [4] am Dienstag.

229. [1] Ganzes. — [2] nun] d 1. — [3] Schiller schrieb erst „für gewisse Forderungen" und strich dann die letztern Worte — [4] 24 Louisdors] — B, 1. — [5] Dieser Absatz d 1. — [6] Der Brief hat in S weder Schluß noch Unterschrift.

230. [1] Loder] d 1. — [2] verlieren 1.

231. [1] Dieser] Humboldt 2, 3. — [2] liberalen. — [3], er sei eine völlige Null] d 1. — [4] einen seden 1. — [5] Interesses.

232. [1] Hirtischen] — B, 1. — [2] weiß 1. — Auf der Adresse steht: „nebst einer Schachtel".

233. [1] paar] d. — [2] Hirtischen] — B, 1. — [3] Tage die Eingeweide der Thiere näher zu betrachten angefangen 1. — Nach einer Angabe der Grenzboten, Nr. 41 vom Jahr 1873, sollen nach dem ersten Absatz noch die Worte folgen: „vielleicht kann er mit dem zweiten Stück des gegenwärtigen Jahres aushelfen, das mir fehlt"; deßgleichen nach dem 3. Absatz die Perioden: „Ich habe auch schon gedacht, ob man nicht die drei Gesänge meines epischen Gedichts indessen sollte etwa ins erste Stück geben, bis das liebe Frühjahr die übrigen brächte. Es ist aber auch gewagt, den Anfang besonders von so einer kleinen Composition, die sich leicht übersehen läßt zu publiciren und danu muß man doch auch den leidigen Mammon gedenken, denn da das Ganze so stark wird, als die Luise von Voß, so würde es wenigstens einen halben Band meiner Schriften geben, wobei ich dennoch den Spaß hätte, es auf Einmal gedruckt zu sehen, ich weiß daher nicht recht, was man thuu oder lassen soll"; endlich nach dem 5. Absatz die Sätze: „Das zweite Stück des philosophischen Journals hat sich soeben gefunden. Freund Niethammer erhält daher beiliegende nun mit Dank zurück." Von allen diesen angeblichen Ergänzungen gilt das oben zu Nr. 184 Gesagte.

234. [1] und eins. — [2] noch] auch. — [3] Voß] . . . 1. — [4] Böttiger] . . . 1. — [5] Diese Nachschrift d 1.

235. [1] vom Prinzen August] von — B, 1. — [2] Hirtische] — B, 1. — [3] wieder fertig 1.

236. [1] und 1. — [2] letzten. — [3] Mlle. Vulpius] — B, 1, 2, 3 (für 2, welches diese Worte ursprünglich aufgenommen hatte, wurden diese kassiert und mußte ein Carton gedruckt werden). — [4] Gothaischen] — B, 1.

239. [1] Böttigers] — B, 1. — [2] Charlotte] — B, 1.

240. [1] erbitte. — [2] von Metall g (formidabel G). — [3] 14.] 13 g, 1, 2, 3 (vgl. K, 32 und A. f. LG. IV, 470).

241. [1–2] Dieser Absatz d 1. — [3] künftig] d 1.

Zwischen diese und die folgende Nummer käme ein Brief Schillers vom 16. Nov. (in K, 33 ist die Ziffer 16 beim Druck ausgefallen) und die Antwort Goethes, welche Schiller am 18. Nov. (K, 33) erhielt; beide Briefe sind nicht vorhanden.

242. [1] Pfennig. — [2] von. — [3] Dieser Absatz d 1. — [4] Leben Sie wohl.] d.

243. [1] Freiheit] Klarheit 1 (g: Neuheit, was corrigirt ist). — [2] sehr productiv 1. — [3] mausen g 1. — [4–5] Dieser Absatz d 1.

244. [1] Der Agnes 1. — [2] schreibst 1, 2. — [3] von.

245. [1] Humboldt 1. — [2] wohl] d g.

246. [1] Jahrszeit. — [2] nur] nun 1. — [3] noch] d 1. — [4] besinnungslose 1. — [5] heikliger. — [6] individuell 1.

247. [1] sehr] d 1. — [2] in dem. — [3] fordert g (voll G).

248. [1] ließe. — [2] Humboldts.

249. [1] unsern. — [2] abdistillirt. — [3] nähmen. — [4] gestärkt 1. — [5] noch nicht.

250. [1] tückischen g (Dükischen G). — [2] und] d. — [3] könne 1.

251 (fehlt in 1). [1–4] Die Worte „Ihres Schwagers", „Herz. von Mein.",

„Wolzogen“ und „dem letzten Platz in der Kammer“ sind von Goethe in die leer gelassenen Stellen des Dictats eingeschrieben. — [2] Meiningen] Weimar 2. — [5] Gutes 2, 3. — [6] Diese Nachschrift, von Goethes Hand, d 2, 3.

252. [1] Uebersendete. — [2] einzigen] d 1. — [3] letztern 1. — [4] höhern] nähern 2, 3.

253. [1] Aufgabe 2. — [2] danke zum schönsten 1. — [3] deßhalb 1. — [4] nur ein wenig 1. — [5] Von hier an eigenhändig.

254 fehlt in den bisherigen Ausgaben. — [1] hat] d S. — [2] 11.] 10 S (vgl. K, 34 und Nr. 251, 252 und 256).

255. [1] ich lebe und ganz leben 1. — [2—3], und mein ehemaliger ... erfahren sollten] d 1.

256. [1] simplificirt 1. — [2] habe ich 2.

257. [1] so emsig am Wallenstein. — [2—3] Ich lebe ... meinen Zirkel.] d 1. — [4] Terpsichore.

258 (steht in den bisherigen Ausgaben nach der folgenden Nummer). [1] Das Datum, aus K, 34 ergänzt, d S, 1, 2, 3 (vgl. A. f. LG. IV, 470 f.). — [2] zur.

259. [1] als] da. — [2] sobald] so 1. — [3] dann] d g. — [4] an] d 1.

260. [1] 19.] 18 S, 1, 2, 3 (vgl. K, 35, wo der Einlauf des Boie'schen Briefs auf den 19. verzeichnet ist). — [2] ihrem 1. — [3] Sie 1.

262. [1] scheint's mir.

263 (fehlt in den bisherigen Ausgg). [1] Das Datum, aus K, 35 ergänzt, d g. — [2] reichsten g (reifsten G). — [3] zweitens G.

264. [1] literarischen g M] belletristischen m, 1, 2, 3. — [2] so gut.

265. [1] Gentsch g (vgl. Goethes Briefe an W. v. Humboldt S. 24 f.).

266. [1] drückenden düstern. — [2] darein 1.

267. [1] freut 1. — [2] noch] auch 1.

269. [1] rennen] werfen 1.

Zwischen diesen und den folgenden fällt ein Brief Goethes, den Schiller laut K, 38 am 25. empfing und am 27. beantwortete; derselbe ist nicht vorhanden.

270. [1] Das Datum, aus K, 38 ergänzt, d S, 1, 2. — [2] was. — [3] Geschäften 1.

271. [1] Farbenbetrachtung 1. — [2] subsummiren g, 1, 2, 3. — [3] es 1.

273. [1] doch immer etwas. — [2] alsdenn g.

274. [1] er] d. — [2] Dieser Absatz d 1. — [3] diese] die.

275. [1] einige 1. — [2] selbst] d. — [3] bleibt 1. — [4] dieß 1. — [5] freie anmuthige. — [6] zugekommen 1. — [7] verständig und] d 1. — [8] Detail in Augenblicken nicht 1.

276. [1] und 1. — [2] mein Bestes zusammen nehme. 1.

277. [1] nichts] etwas m 1.

278. [1] 10.] 9. s, 1, 2, 3 (vgl. K, 39; der Freitag ist der Botentag). — [2] daran schließen wollten m 1. — [3] noch] d 1. — [4] 1200 Rthlr. — [5] zwar] d 1.

279. [1] morgen] am m, 1. — [2] mir] d 1.

280. [1] Wünschen. — [2] auf] d 1. — [3] Ihrem Geschäft.

281. [1] zum Theil] theilweise.

Zwischen diesen Brief und Nr. 282 fällt ein Brief Goethes, den Schiller nach dem K, 39 am 20. (?) Febr. erhielt und worin dessen noch am selben Tag erfolgter Besuch in Jena angekündigt wurde.

283. [1] Das Datum d S, 1, 2, 3. — [2] hier d 2.

285. [1] Das Datum d S, 1, 2, 3.

286. [1—2] d 1. — [2] brauchen? 2, 3.

287. [1] so einige Tage 1. — [2] erleiden 1.

288. [1] alsdenn g. — [2] Von Goethes Hand.

289. [1] Das Datum d S, 1, 2, 3. — [2] zubereitet.

290. [1] besonders] d 1. — [2] weiter] d. — [3] theurer 1.

291. [1] wohl] d g. — [2] Sie] d 1.

292. [1] der m, 1, 2, 3.

293. [1] sie] d 1. — [2] Aristoteles g, M (Aristophanes G, m). — [3] Barelieffen g, Barelieffe G, M 1. — [4] recht fleißig.

294. [1] 11.] 12. S, 1 (vgl. K, 41; Dienstag war der Botentag). — [2] bitte ich.

295. [1] durch die Wüsten] in der Wüste 1, durch die Wüste 2, 3.

296. [1] Herausbrechen 1. — [2] hellbraunem.

297. [1] kritisch historisch, poetische g (in m corr.). — [2] dahin hinaus.

298. [1] Die ersten beiden Absätze d 1. — [2] Bouterwek] B. 2, 3. — [3] Impotenz 2, 3. — [4] mich] d S.

299. (Morgenbl. 1829, Nr. 47.) [1] Der Absatz d 1. — [2] B. 2, 3. — [3] Sie] d. — [4] andern 1. — [5] Verstandesmenschen 2, 3.

300. (Morgenbl. 1829, Nr. 47). [1] uns] d. — [2] versetzt 1. — [3] neuen] d. 1. — [4] immer noch 1.

301. [1] Die ersten 6 Absätze („Ich danke ... neuen Plan.") fehlen in den bisherigen Ausgaben. — [2] angiebt g (angeht G). — [3] lassen] d g. — [4] möge g. — [5] schicke ... Plan.] G. — [6] durch einige mechanische Hülfsmittel] G. — [7] hier] wir g. — [8] Wachsthum g (Wachstuch G). — [8a] Lange g, 1, 2, 3. — [9] von] d 1. — [10] Art dort dem 1. — [11] Wand 1.

302. [1] erfolgt. — [2] kurz darüber 1. — [3] der] d. — [4] nicht vorher. — [5] ihres 3. — [6] Das Folgende bis zum Schluß, in den bisherigen Ausgg. eine eigene Briefnummer (in 2, 3 mit dem Datum 22. April) bildend, befindet sich auf einem Beiblatt zum Brief Nr. 302 und stellt sich bloß als Nachschrift zu diesem dar.

303. [1] in Frankfurt wieder 1. — [2] dem. — [3] nun] d. — [4] Drama g (Trauerspiel G). — [5], sondern immer von seinem Zweck] d 1.

304. [1] dem Resultate. — [2] Nach den Grenzb. 1873 Nr. 41 folgt hier angeblich noch der Satz: „Aristoteles, den die Herrn immer gern meistern möchten und den ich in diesen Tagen auch wieder vornehmen will, scheint mir diese Sache viel besser getroffen zu haben." — [3] Nach den Grenzb. folgt hier die Stelle: „Humboldts Gegenwart hat meine Schädelstätte wieder einigermaßen in Bewegung gesetzt, ich weiß nicht, wie lange das Leben, das durch ihn erregt worden, fortdauern wird." — Nach einer ferneren Mittheilung in Nr. 44 der Grenzb. von 1873 hatte der Brief 304 ursprünglich eine andere Anordnung: Die ersten 2 Absätze mit den in Nr. 41 der Grenzb. mitgetheilten Zusätzen finden sich ebenso im „Original". Dann folgt unmittelbar (nach „fortdauern wird") der Absatz „Hier schicke ich", dem sich der Absatz „Ich erhole mich" anschließt. Dieser endet jedoch mit den Worten: „besuche ich Sie", indem der jetzige Schluß „Leben Sie indessen recht wohl" mit dem Datum von fremder Hand hinzugefügt und gewissermaßen aus Nr. 305 herübergenommen sind. Auf die Worte „besuche ich Sie" folgt dann zum Schluß der 4. Absatz mit den Worten: „Ich habe die Dichtkunst" bis „wie wir ihn wünschen". Allen diesen Angaben gegenüber ist zu erklären, daß oben im Text der Brief, wie er im wahren

„Original" vorliegt, vollständig zum Abdruck gebracht ist, daß die Schlußworte „Leben Sie indessen recht wohl" sowie das Datum von Goethes eigener Hand sind und daß im Uebrigen wiederholt auf das zum Brief Nr. 184 Gesagte zu verweisen ist.

306. [1]werden.

307. [1]zur 3. — [2] weiter nichts. 1. — [3] Diese Nachschrift, die in g auf der Rückseite des Briefblatts steht, hat in den bisherigen Ausgaben eine eigene Nummer. — [4] machen (zu „Effect thuu" vgl. 319). — [5] wünsche Ihnen.

308. [1]und uns 1. — [2]rhapsodische (vgl. Nr. 403). — [3]Dichtwerk 1. — [4]Studiums. — [5] specificischen SM (specifischen 1, 2, 3). — [6]viel. — [7] einen neuen hohen. — [8]Neuen. — [9] vier] — 1.

309. [1]etwas g (den Ertrag G).

311. [1]manches zu entscheiden hat 1.

312. [1]Judenstadt S (sehr deutlich). — [2]aber] d 1. — [3]stark] sehr. — [4]Sch. hatte ursprünglich geschrieben „Herrn Schlegel", danu nachträglich noch Frid. eincorrigirt.

313. [1] Zeitvertreib 1. — [2] zum] vom g (in M nicht corr.).

314. [1] 23.] 27. 1.

315. [1] ihr 1. — [2] sie 1, 2.

317. [1] Das Datum d S, 1—3.

318. [1] beglaubigte.

319. [1] erhöht. — [2] ohne Aufhebung g (ohne sene Aufhöhung G). — [3] gedenke. — [4] recht fruchtbar.

320. [1] diesen Abend] heute 1.

325. [1] viel] d. — [2] Sie 1, 3. — [3] und besonders 1. — [4] diese Woche] d 1. — [5] Das Datum d 1—3 (gegen die Datirung vom 18., die bei diesem Briefe doppelt vorkommt, erheben sich einige Bedenken; K, 44 giebt den 20. an, wohl den Tag der Absendung des Briefs; der „Handschuh", den Sch. an G. sendet, wurde erst am 19. fertig. Goethes Antwort vom 21. zeigt ebenfalls an, daß er den Brief erst an diesem Tag erhalten hatte; vgl. noch A. f. LG. IV, 472 und VIII, 428).

326. [1] mir g (mit G), M, 1—3.

329. [1] das] d 1.

330. [1] auch] d 1. — [2—3] ihn glauben ... nur kann] d 1.

331. [1] eigentlich.

333. [1] Den. — [2] ganz] d 1. — [3] Quell in den g (quellenden G). — [4] in g 1. — [5] Eigenhändig.

334. [1] mahnte] erinnerte 1. — [2] neuen. — [3] bloß] d 1. — [4] Uebersetzung 1.

335. [1—2] Hofrath ... Weise] von Goethes Hand.

337. [1] ganz 1. — [2] Agnolo g. — [3] und haltbaren g (unhaltbaren G). — [4] Enunciationen] von Goethe eincorrigirt. — [5] Die Klammern d. — [6] manchmal 2, 3.

338 (steht in 1—3 nach der folgenden Nummer). [1] andere ähnliche. — [2] Krünitzens. — [3] bearbeiten 2. — [4] nächsten Woche. — [5] selbst mit 1.

339. [1] mein einziger 1.

340. [1] nordischem. — [2] noch] d 2, 3.

341. [1] wirklich] d 2, 3. — [2] schöne 1. — [3] erfreut. — [4] Diese Nachschrift steht in 1—3 vor der Unterschrift.

343. [1] zur. — [2] Sie. — [3] Diese Nachschrift vor der Unterschrift 1—3.

344. (Dieser Brief findet sich nicht in den Originalhandschriften.) [1] Die Ueberschrift: „An Professor Meyer, nach Stäfa" in M von Goethes Hand. — [2] mündlich] d 2.

345. [1] nur 2, 3. — [2] wieder hieher 1. — [3] einige] ein Paar 1.

346. [1] über die Zeit in Dresden 1. — [2] Diese Nachschrift steht in 1—3 an der Spitze des folgenden Briefs.

Zwischen diesen und den folgenden fällt Goethes Brief, den Schiller am 25. erhielt (K, 46) und am selben Tag beantwortete; derselbe ist nicht vorhanden.

347. [1] was. — [2] für S 1. — [3] Das Datum (irrthümlich 24., wie auch S hat) steht in 1—3 zu Anfang des Briefs.

349. [1] von] d 1. — [2] meinen 1. — [3] die 1. — [4—5] und sehen was an ihm ist] d 1.

350. [1] Die Nachschrift d 1. — [2] von sich hat.

351. [1] den 1. — [2] vorgeholt 1. — [3] Zustande 1.

352. Die ersten 5 Absätze dieses Briefs sind in Goethes Schweizer Reise unter dem Datum Frankfurt, 8. Aug., aufgenommen. — [1] kämen. — [2] nun] mir 1. — [3] ist] d 1. — [4] Vergnügen. — [5] so] d 1. — [6] jetzt] d. — [7] jetzt mit. — [8] Mit diesem Absatz beginnen die bisherigen Ausgaben eine neue Nummer; allein das Folgende steht mit dem Vorausgehenden auf Einem Bogen, und das Ganze bildet somit einen fortlaufenden Brief. — [9] irgend nur. — [10] Kaufmannsstand g (— stamm G). — [11] Hier schließt der Briefbogen und der Brief, den Schiller am 15. Aug. erhielt, K. 48.

353. Die bisherigen Ausgaben haben hier keine neue Nummer; in g beginnt ein neuer Brief, den Schiller am 28. Aug. empfing. Das Datum d g, 1, 2, 3. — [1] denn] d 1, dann 2, 3. — [2—4] Diese Stelle bis zum Schluß des 2. Absatzes ist in die Schw. R. (Frankfurt, 15. Aug.) aufgenommen. — [3] ist es 1. — [5] denn das. — [6] so] d 1. — [7] Kosegarten] T. B, 1. — [8—10] Diese Stelle ist in die Schw. R. (Frankfurt, 19. Aug.) aufgenommen. — [9] Besinnung M 1, 2, 3 (Besonnenheit g, Schw. R.). — [11] Gute] d 1. — [12] Hier schließen 1, 2, 3 den Brief und fügen „G." als Unterschrift bei (in M fehlt diese). — [13] Das Datum (g entnommen, welchem M, 1 folgen) d 2, 3; das Folgende mit dem vorausgehenden auf Einem Briefbogen stehend, bildet in 1, 2, 3 einen eigenen Brief. — [14] Diesen ganzen Absatz nahm Goethe in die Schw. R., unter dem gleichen Datum, auf. — [15] wird 1. — [16] Für diesen Namen war in g Platz gelassen; G. setzte ihn erst bei B ein. — [17] man kann 1. — [18] Kupferstich und Werken des Alberteli g („Kupferstichwerken" ward in m, „Albertolli" schon in G corrigirt; aus diesen Stellen der Handschrift u. a. ist ersichtlich, daß der Brief nicht dictirt, sondern aus dem Concept abgeschrieben ist). — [19] kann] kaum g, d 1. — [20] Das Folgende bis zum Schluß von Goethes Hand. — [21] Die Ausgaben 2 und 3 haben am Schluß dieses Briefs das unrichtige, nicht in der Handschrift befindliche Datum „Frankfurt, 17. August".

354. (Morgenblatt 1829, Nr. 48.) [1] Das Datum (g entnommen, dem M und 1 folgen) d 2, 3. — [2] Beobachters M, 1, 2, 3. — [3] das man] was man g, das G, M, das ich m 1 (Goethe wollte erst nur „was" durch „das" ersetzen, strich aus Versehen „man" mit weg und ersetzte das fehlende Pronomen dann im Druckmanuscript mit „ich"). — [4] und 1. — [5] nichts] etwas m, 1.

355. [1] dem. — [2] od aus ihnen was. — [3] einsylbig. — [4] Primitiverem 1. — [5] eine] d 1. — [6] Poesie kommen 2, 3. — [7] nothwendige natürliche. — [8] etwas. — [9] daran 1. — [10] auf diese Bemerkung gerathen.] auf Bemerkungen gerathen, die ich

mitzutheilen mir vorbehalte. B (mit Einklammerung, d. h. Streichung des Folgenden bis zum Schluß des Absatzes; jener Goethe'sche Redaktionszusatz, den alle Ausgaben beibehielten, wurde aber widersinnig, als 2 die gestrichene Stelle, also eben jene Bemerkung mittheilte), 1, 2, 3). — [11] Willkür der] d 2, 3. — [12] Kosegarten] A. B, 1. — [13] von. — [14] noch nichts] nichts weiter 1. — [15] aber] eben 2, 3. — [16] habe] d g.

356. [1] erzählten Gedichte geben immer g (von G corrigirt). — [2] auch] noch. — [3] Naturphänomene. — [4] gleichzeitigen 1. — [5—7] Diese Stelle bis zum Schluß des übernächsten Absatzes ist in die Schw. R. unter dem Datum „Frankfurt, 15. Aug." aufgenommen. — [6] einfüge m, 1, 2, 3 (einschalte Schw. R.). — [8] gar nicht 1. — [9] Unter diesem Datum beginnen 1, 2, 3 eine neue Briefnummer; in g steht das Folgende auf demselben Blatt wie das Vorausgehende. — [10] um] nun 1. — [11] Mit diesem Datum eröffnen 1, 2, 3 eine neue Briefnummer; das Folgende steht indeß auf einem Quartblatt, welches nur eine Beilage zu Brief Nr. 356 ist; Schiller erhielt den Brief am 30. Aug. — [12] Auge. So 1 (mit Auslassung der Worte: „und wenn man . . . übersehen kann"). — [13] und 1.

357. [1] erhalten 1. — [2] und Erfahrung] d. — [3] Sie 1. — [4] versuchen 2.

358. [1] Sinzheim g, 1, 2, 3. — [1a] so daß 2, 3. — [2] erst] d. — [3—12] Die Stellen von hier bis „Lebhaftigkeit zu erfreuen" sind unter dem Datum Stuttgart, 30. Aug., in die Schw. R. aufgenommen. — [4] gleich] bloß. — [5] so] d g, M (in m von Goethe eingeschrieben). — [6] aufzubauen. — [7] dessen m, 1, 2, 3. — [8] Ueberdem 1. — [9] Statuen g (Studien G). — [10] sich. — [10a] Trombul g, Schw. R., 1, 2, 3. — [11] Raff g, M, Rueff Schw. R., 1 (Ruoff 2, 3). — [13] Mit diesem Datum beginnen 1, 2, 3 einen neuen Brief; das Folgende steht indeß mit dem Vorhergehenden auf Einem Briefbogen. — [14—16] Das Folgende bis „gelitten habe" ist, wenig verändert, auch in die Schw. R., unter dem Datum des 31. Aug., aufgenommen. — [15] abnehmen g, M (abnahmen Schw. R., 1, 2, 3). — [17] Auch dieser Abschnitt, mit welchem 1—3 einen neuen Brief beginnen, bildet in g mit dem Vorhergehenden einen fortlaufenden Text. — [18] Das „kleine Blatt" ist verloren.

359. (Dieser Brief, am 7. begonnen und am 8. vollendet, steht in den bisherigen Ausgaben nach dem folgenden.) [1] Der Empfangsvermerk von Goethes Hand. — [2] unerbittlichen. — [3] noch vor Michaelis. — [4] 17. 2, 3 (es ist der am 16. Aug. begonnene und am 17. beendete Brief Nr. 354). — [5] menschliche 1.

360. [1] Das Datum, aus der Schw. R. ergänzt, d g, 1—3. (Hat Schiller diesen Brief nach K, 49 am 18. Sept. empfangen, so ist der 14. unrichtig, da Briefe von Tübingen nach Jena mindestens 7 Tage liefen; dann würde sich die Datirung „11. Sept." empfehlen, an welchem Tag Goethe einen ähnlichen Brief an H. Meyer schrieb. Indeß ist der 14. gewiß richtig: Schiller bekam dann den Brief frühestens am 21. Sept. und theilte sofort Cotta einen Auszug aus demselben mit, vgl. SC, S. 256; Goethen antwortete er Tags darauf; vgl. noch A. f. LG. II, 563 und IV, 474.) — [2] übrigen, g, M (übrigens m 1, 2, 3). — [3] und eine besondere Zierde m (von Riemer), 1, 2, 3. — [5] Gute, Angenehme. — [5] altenglisch B, Altenglisch m, 1, 2, 3. — [6] Fremder g (Edelknabe G).

361. [1] mangelt. — [2] Mit diesem Abschnitt, der in S mit dem Vorausgehenden auf Einem Briefbogen steht, eröffnen 1, 2, 3 einen neuen Brief. — [3] treffendern] d 1, treffenden 2. — [4] das] d 2. — [5] Uebelbefinden. — [6] recht wohl.

362. [1] vindicire 1. — [2] ganz] d 1.

363. [1]Die ersten 4 Absätze sind unter demselben Datum in die Schw. R. aufgenommen. — [1a] Meyern g, 1, 2, 3. — [2] als] wie 1. — [3] subsummiren g, 1, 2, 3. — [4] auch wohl. — [5] Das Folgende bis zum letzten Absatz auf S. 312 ist in die Schw. R. unter dem Datum des 25. Sept. aufgenommen. — [6] Sie bei Ihren andern Uebeln nicht. — [7] ohngefähr] d 1. — [8] ohngefähr] d Schw. R., 2, 3. — [9] Diese Nachschrift, mit dem Vorausgehenden auf Einer Seite stehend, bildet in 1 eine besondere Nummer und steht in 1, 2, 3 hinter der „Kurzen Nachricht ꝛc.". — [10] und] es M, 1, 2, 3. — [11] Das Folgende, mit welchem 2, 3 (in 1 fehlt dieser Abschnitt) eine selbständige Briefnummer beginnen, ist nur die um einen Tag jüngere Nachschrift zum Brief 363 vom 25. Sept., mit welchem es in Einer Sendung abgeschickt wurde und am 6. Okt. in Schillers Hände gelangte. — [12] Frau 2, 3. — [13] Diese „Kurze Nachricht", auf ein besonderes Blatt geschrieben, fand sich nicht bei den Originalbriefen, sondern beim Druckmanuscript vor: sie ist nicht dictirt, sondern copirt. — [13a] Doneschingen M, 1, 2, 3. — [14] Die folgenden beiden Absätze finden sich mit einigen Abänderungen auch in der Schw. R. — [15] Betrachtungen.

364. [1]praktischen 1. — [2]einfachsten] kleinsten 1. — [3]rumoren m, 1, 2, 3. — [4] Dieses Sätzchen, gestrichen m, d 1. — [5] Die Nachschrift in 1—3 vor der Unterschrift.

365. [1]einigen 1. — [2]vor.

366. [1–9]Die folgenden 8 Absätze bis „daselbst befindlich" sind unter demselben Datum mit kleinen Aenderungen in die Schw. R. aufgenommen. — [2] verloschen g, erloschen M, Schw. R. 1, 2, 3. — [3]oder. — [4]dem ... Gipfel Schw. R., M, 1, 2, 3. — [5]durch unmittelbares Schw. R., m, 1, 2, 3. — [6]fest 2, 3. — [7]wieder] d 2, 3. — [8] diese 2, 3. — [9a] nun] d 1. — [10] Mit diesem Datum beginnen die bisherigen Ausgaben eine neue Nummer; es ist aber kein eigener Brief, sondern nur ein drei Tage später als das vorige geschriebenes Blatt, auf dem sich die beiden unten folgenden Gedichte befinden. Das Ganze wurde mit Einer Expedition abgeschickt und traf am 27. Okt. in Jena ein. — [11]nochmals hiermit. — [12]Dieser Absatz bis zur Unterschrift eigenhändig. — [13] Dieses Gedicht mit dem folgenden bildet in 1 eine eigene Briefnummer, in 2 und 3 sind dieselben vor dem Brief Stäfa, 17. Oktober, eingeschaltet. In der Schw. R. ist das Müllergedicht dem Brief vom 25. September beigegeben. In der Handschrift ist das Gedicht Uri auf die 2., das Müllergedicht auf die 3. u. 4. Seite des Briefbogens geschrieben, dessen 1. Seite der Brief vom 17. Okt. bildet. — [14] Jugend ist, ach! g (Jugend, ach! ist G). — [15] nach dem altdeutschen g, M, altdeutsch B, gestrichen m, d 1, 2, 3.

367. [1] schickte. — [2]im höchsten. — [3]die] eine. — [4]verfließen. — [5]daran. — [6]erneuernden. — [7] einer. — [8] neuen] d. — [9] Hier ist die 4. Seite des Briefbogens zu Ende, und da der Brief keinen Schluß und keine Unterschrift hat, muß angenommen werden, daß die zweite Hälfte desselben verloren ist. Sch. berichtete darin auch über Wallenstein, worauf sich G. in seiner Antwort Nr. 370 bezog.

368. (Der Brief findet sich auch in der Schw. R.) [1]dann. — [2] wie sich g, M, 1. — [3] zulässigen m (nicht von Goethe), 1' 2, 3 (zuläßlichen Schw. R.). — [4] die Minerven 1. — [5] des Hedrichs g, M, des Hedrich m, des Hederich Schw. R., 1, Hederichs 2, 3. — [6] daher Gelegenheit] von ihr Anlaß m, 1.

369. [1] konnten g, M (könnten 1, 2, 3). — [2] unscheinbaren M (umschriebenen m, von Goethes Hand). — [3]Rumdohr S, M, 3, Ramdohr 2 (Rumford m, 1).

370 (auch in die Schw. R. aufgenommen, mit Weglassung des 2. und 3. Absatzes). [1] Ihre tardirende g (von Goethe corr.). — [2] Das Folgende eigenhändig.

371. [1] Das Gedicht liegt nicht bei den Handschriften. — [2] In der Schweizer Reise, wo dieser Brief abgedruckt ist und die Reise abschließt, findet sich hier noch folgende Einschaltung: „Wir haben in dem freundlichen Zirkel der Kreisgesandten bereits einige frohe Tage verlebt, und gedenken erst den 15ten von hier abzugehen. Wir werden den geraden Weg über Erlangen, Bamberg und Cronach nehmen, und so hoffe ich denn in wenig Tagen das Vergnügen zu haben, Sie wieder zu umarmen" u. s. f. Diese Stellen fehlen im Originalbrief, und es ist daher augenfällig, daß G. bei der Redaktion der Schw. R. nicht diesen, sondern das Concept benützt hat. — [3] Diese Nachschrift, die in 1 fehlt, findet sich auf der Rückseite des Briefs.

372. [1] achtzehen g (vier G). — [2] meinen goldene g, meinen goldnen 1, 2, 3. — [3] Zeugniß 1.

373. [1] Versuchen. — [2] sollten. — [3] Schriftstellerei] Schrift m, 1.

374 (steht in 3 nach 375). [1] er] d. — [2] seine. — [3] bestens] d 1. — [4] Sätzen] Schätzen m, 1, 2, 3. (Die Correktur in m ist falsch, es sind die „Thesen" der Nr. 372 gemeint.)

375. [1] auf. — [2] absehen g (rezitiren G). — [3] Manso]* m, 1. — [4] Mit diesem Datum beginnen die bish. Ausgg. eine neue Briefnummer; es ist nur die Fortsetzung des Briefs vom 24. und steht mit diesem auf Einem Briefbogen. — [5] zuerst] überhaupt 1. — [6] alsdenn g. — [7] fast] weiter 1. — [8] Ueberzeugung 1. — [9] gehabt 1.

377. [1] Stannen. — [2] selbst] sonst 3. — [3] repräsentiren.

378. [1] Gerningische] *sche m, 1.

379. [1] Einwirkung 2, 3. — [2] eigentlich noch nicht.

381. [1] gelinde 2, 3. — [2] etwas 1.

382. [1] Wieland] gestrichen m, d 1, 2, 3.

383. [1] ihrem 1. — [2] eben] aber 2, 3. — [3] fanden 2, 3.

384. [1] die] d 1. — [2] was] schon etwas 1. — [3] noch] d 1.

385. [1] erfordert. — [2] Ausführung 1. — [3] verlassen 1. — [4] in] d S. — [5] sogar. — [6] an 1. — [7] doch] d 1. — [8] die nur aus. — [9] nur] d.

386. [1] auch im einzelnen nicht dechiffriren g, auch nicht im Einzelnen zu dechiffriren m (von Goethe corr.), 1, 2, 3. — [2] Gewinn zu ziehen 2, 3.

387. [1] zurück erfolgt. — [2] der] d S. — [3] ergeben 1.

388. [1] bis] d.

389. [1] Kunstproducte] Naturproducte m (von Goethe corr.), 1. — [2] nur d 2, 3. — [3] desselben] d.

390. [1] frisch] d 1.

391. (Dieser Brief steht auch in KA, VI, 1, 7 ff., dessen Text wir, da er offenbar der bessere ist, hier folgen, während g nicht dictirt, sondern copirt ist und manche Fehler zeigt; M stimmt mit KA.) [1] sehr] d 1, 2. — [2] ihren g, 2, 3. — [3] dem g, 2, 3. — [4] gefällig] d g, 2, 3. — [5] mit Recht] mitunter B, 2, 3 (g, KA, M, 1: mit Recht). — [6] ein g, 2, 3. — [7] nur] d g. — [8] gerade dadurch 1. — [9] um so] desto g. — [10] die Figuren aus Thon glasirt, und erst einfärbig, danu mehrfärbig g, 2, 3. — [11] bei] d 1. — [12] mehr] d 2, 3. — [13] ob es gleich nicht auffallend ist g, KA, M] ob gleich nicht auffallend G, ob es gleich auffallend ist 1, obgleich nicht auffallend 2, 3. — [14] nicht zwischen g, 2, 3. — [15] mehr findet g, 2, 3. — [15a] Achills g. — [16] Polyxena und He-

kuba g, 2, 3. — [17] ein] d g, 2, 3. — [18] Dieser Absatz d KA, 1; er ist in g mit anderer Tinte geschrieben; offenbar ließ G. das Vorhergehende aus dem Concept abschreiben und dictirte danu den Schluß. — [19] Dieser Aufsatz, der in den bish. Ausgg. vor dem Brief steht, dessen Beilage er ist, fehlt in den Handschriften, findet sich dagegen in M; er ist auch abgedruckt in KA VI, 1, 1, dessen Text wir folgen, sowie im Morgbl. 1829, Nr. 75, und findet sich ebenso in Goethes Werken. — [20] poetischen] d M, 1—3.

392. (KA IV. 1, 14. Das Original findet sich nicht in den Handschriften, aber eine Copie in M. Unser Text folgt KA.) [1] Das Datum, aus K, 55 ergänzt, d KA, 1, 2, 3. — [2] Offenbar fehlt der Anfang des Briefs. — [3] hielt KA, M; hielte 1, 2, 3. — [4] effectvolle M, 1, 2. — [5] sinnliche] d M, 1, 2, 3. — [6] mich] nicht M, getilgt m, d 1, 2, 3 („nicht" in M verlesen für „mich" und in m als sinnlos getilgt). — [7] ihre KA. — [8] ihr] d M, 1, 2. — [9] ist, generisch, poetisch nicht tragisch KA, M] ist, generisch, poetisch und tragisch 1, ist generisch poetisch und tragisch 2, ist generisch poetisch, nicht tragisch 3.

393. (KA VI, 1, 20). [1] Sie] d M 1. — [2] eigentlich nur M, KA, 1. — [3] Lebende g (Lebensende G). — [4] Achills g. — [5] ebenfalls 1. — [6] in g.

394. (KA VI, 1, 22; das Original fehlt unter den Handschriften.) — [1] Reforme KA.

395. [1] wieder etwas] d M, 1, 2, 3. — [2] etwas erlauben g, wieder etwas erlauben M, 1, 2, 3. — [3] thut.

Berichtigungen.

In Nr. 162, Z. 7 ist statt „Glastubus": „Glas-Cubus"; S. 254, Z. 12 v. u. statt 812 zu leseu: 312.

Außerdem bittet man folgende Berichtigungen der Notenbezeichnungen vorzunehmen: S. 56, Z. 19: Semestre [2]; Nr. 116, Z. 9: Wolfs [4], Z. 12: Anwendungen [5]; S. 92, Z. 20: [3] Leben; S. 115, Z. 3: [3] Hiebei ... Louisdors, ein; S. 119, Z. 6: erhalten [1]; S. 206, Z. 3: und [2], Z. 4: und; S. 225, Z. 4: halten; S. 236, Z. 4 v. u: alsdann etwa; S. 237, Z. 11: Aristophanes [2]; S. 252, Z. 14 v. u.: vier [9]; S. 261, Z. 5: 97 [5].

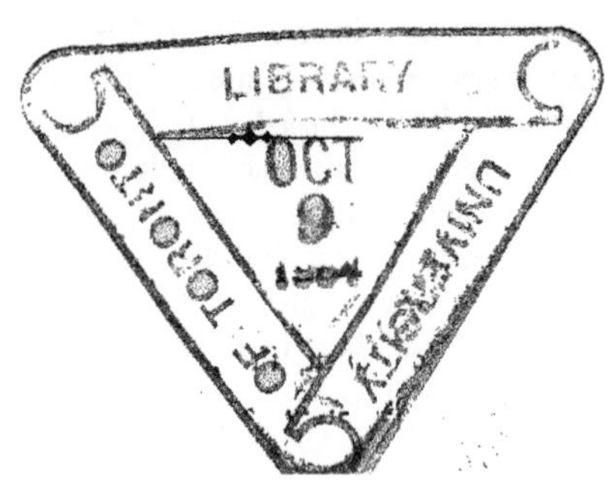

Einliegendes Blatt enthält den Wunsch einer, Sie unbegrenzt hochschätzenden, Gesellschaft, die Zeitschrift, von der die Rede ist, mit Ihren Beyträgen zu beehren, über deren Rang und Werth nur Eine Stimme unter uns seyn kann. Der Entschluß Eur Hochwohlgebohren, diese Unternehmung durch Ihren Beytritt zu unterstützen wird für den glücklichen Erfolg derselben entscheidend seyn, und mit größter Bereitwilligkeit unterwerfen wir uns allen Bedingungen unter welchen Sie uns denselben zusagen wollen.

Hier in Jena haben sich die H. H. Fichte, Woltmann und von Humboldt zur Herausgabe dieser Zeitschrift mit mir vereinigt, und da einer nothwendigen Einrichtung gemäß, über alle einlaufenden Mscripte die Urtheile eines engern Ausschusses eingeholt werden sollen, so würden Hochwohlgebohren uns unendlich

Lightning Source UK Ltd.
Milton Keynes UK
UKHW022225140219
337291UK00006B/294/P